2024 上海工会年鉴

《上海工会年鉴》编纂委员会　编

上海社会科学院出版社

《上海工会年鉴(2024)》编纂委员会

主　　任：郑钢淼

副 主 任：侯继军　桂晓燕

委　　员：(以姓氏笔画为序)

王　宇	王厚富	方君华	方国涛	石文鑫	叶　耿	朱伟红
朱兆开	朱　军	庄晓晴	刘荣华	孙　伟	阳　刚	杜　健
李友钟	李　伟	李庆红	李　芳	李　昕	李俊强	李海东
杨　军	杨其景	杨茂铎	杨春花	杨　敏	肖美芳	吴建良
何元庆	佘　群	沈刚毅	宋　慧	张　义	张永东	张　芹
张建英	张贺雷	张艳萍	张善民	陆　强	陈春霖	陈　鲁
邵丹华	苗启新	林晓珏	竺　敏	金　燕	周海健	赵丹丹
胡晓昱	昝　琳	姚　军	夏　冰	夏柱道	顾　文	顾立立
顾　奚	顾　瑾	钱　蔚	倪　倩	奚　珣	高　健	高　越
黄　勤	常朝晖	崔校军	彭　瑶	董海明	蒋雅红	谢录杰
谢　莉	谢海龙	蔡伟东	潘建军	潘　敏	薛建华	魏梓兴

《上海工会年鉴(2024)》编辑部

主　　编：桂晓燕

副 主 编：王宗辉

特约编辑：(以姓氏笔画为序)

李　明	何文庆	张　敏	陈美琴	陈　嵘	邵新宇	桂云林
钱传东	徐冬梅	曹宏亮				

执行编辑：李　帅

市第十五次工代会开幕式上，中共上海市委书记陈吉宁作重要讲话　　　　　　　　（贡俊祺　摄）

市第十五次工代会开幕式上，全国总工会党组书记、副主席、书记处第一书记徐留平作重要讲话　　　（贡俊祺　摄）

9月8日，市人大常委会党组副书记、副主任，市总工会主席郑钢淼一行走访调研上海工会管理职业学院，了解指导学院教学科研管理工作 （展 翔 摄）

6月15日，时任市总工会党组书记、副主席黄红到普陀区调研了解工会在推动企业发展中的作用发挥情况 （陆 蕾 摄）

9月28日，松江区总工会举办学习贯彻习近平新时代中国特色社会主义思想主题教育青年宣讲活动　（朱剑欢　摄）

6月10日，"学思践悟二十大精神，踔厉奋发伟大新征程"上海教工学习习近平用典大赛复赛在上海交通大学成功举办

（王心愿　摄）

6月20日，城投集团工会举行"学习新思想·聆听她声音"群瑛讲堂暨女职工主题教育专题座谈

（赵永哲　摄）

10月9—12日,中国工会第十八次全国代表大会在北京人民大会堂召开

（工人出版社　供稿）

中国工会十八大上海市代表团召开分团会议

（贡俊祺　摄）

中国工会十八大期间,市人大常委会党组副书记、副主任,市总工会主席郑钢淼接受记者专访

（贡俊祺　摄）

10月19—20日,市总工会在杨树浦水厂举办上海工会学习贯彻中国工会第十八次代表大会精神培训班

（陈亚男　摄）

11月30日,全国教科文卫体工会系统学习宣传中国工会十八大精神长三角地区巡讲活动在上海教育会堂成功举办

（陈德安　摄）

10月13日,上海电信工会举行中国工会十八大精神进班组宣讲活动

（殷茵摄）

5月16日,上海市工会第十五次代表大会在上海世博中心开幕(贡俊祺　摄)

5月25日,长宁区总工会召开学习贯彻市第十五次工代会精神暨组织建设"百日攻坚"行动推进会
(万黎　摄)

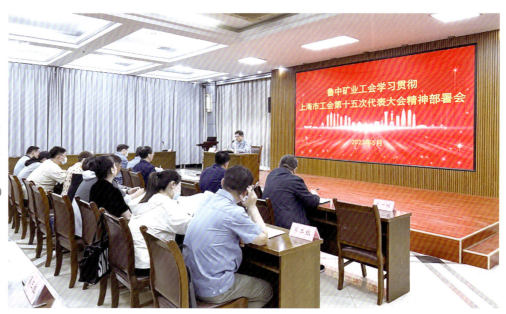

5月28日,鲁中矿业工会召开学习贯彻市第十五次工代会精神部署会
(刘炜权　摄)

8月15日，上海爱奇艺新媒体科技有限公司工会在临空园区正式揭牌成立
（市总基层工作部 供稿）

市总工会重点关注户外职工爱心接力站的服务运营。图为外卖小哥在接力站接饮热水
（市总基层工作部 供稿）

第六届进博会期间，市总工会在国家会展中心设立"职工驿站"，服务进博会一线职工、志愿者
（市总基层工作部 供稿）

4月27日，2023年上海市五一劳动奖表彰大会在上海友谊会堂隆重举行

（市总基层工作部　供稿）

4月27日，市总工会在宛平剧院举办"勇当奋斗者 共谱新篇章"庆祝五一国际劳动节特别节目

（劳动报社　供稿）

5月22日，市总工会开展"守正创新谱新篇 匠心智造赢未来"工匠秀场专题活动

（市总基层工作部　供稿）

3月5日,市总工会在豫园商城举办"学雷锋精神·展劳动风采——劳模工匠志愿服务"活动,时任市总工会主席莫负春在现场慰问了参加活动的劳模

（姜　杰　摄）

3月30日,市总工会、东方国际集团在虹桥品汇联合举办"创新·时尚·融合"劳模工匠共话发展活动

（方整源　摄）

10月8日,上海大零号湾工匠学院揭牌

（汪自强　摄）

11月17日,上海工人新村展示馆开馆仪式在杨浦区228街坊劳模广场隆重举行 （张秀鑫 摄）

4月28日,松江区总工会在区工人文化宫举行庆祝"五一"国际劳动节暨职工原创节目文艺汇演

（朱剑欢 摄）

6月27日,崇明劳模工匠进校园企业活动在崇明区青少年活动中心正式启动

（袁佳琪 摄）

5月31日,市总工会在上海展览中心举行"提升创新力　聚力促发展"2023年上海职工劳动和技能竞赛推进会

（市总基层工作部　供稿）

10月24日,第六届进博会立功竞赛推进会在国家会展中心举行

（市总基层工作部　供稿）

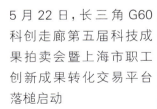

5月22日,长三角G60科创走廊第五届科技成果拍卖会暨上海市职工创新成果转化交易平台落槌启动

（市总基层工作部　供稿）

7月28—30日，上海市总工会参加第二届大国工匠创新交流大会暨大国工匠论坛（朱 㸃 摄）

1月16日，上海职工在2023年全国职工"五小"优秀创新成果发布活动中荣获佳绩
（市总基层工作部　供稿）

12月7日，首届全国外卖配送行业职业技能竞赛在沪举办
（市总基层工作部　供稿）

10月31日,"七彩秀带　普陀来赛" 2023 年普陀区汽车行业技能比武大赛正式启动　　（周舸扬　摄）

浦东新区总工会在上飞浦东基地举办第四届浦东新区"大飞机杯"航空制造业职业技能大赛
　　　　（吴周筠　摄）

12月7日,宝山区总工会举行生物医药职业技能竞赛团体赛暨颁奖仪式
　　　　（庄轶凡　摄）

10月27日,市总工会与市人民检察院联合召开"工会＋检察院"职工劳动权益保障工作推进会,建立"工会＋检察院"职工劳动权益保障协同工作机制 （秦利佳 摄）

12月1日,市总工会成立第六届法律顾问团 （秦利佳 摄）

5月30日,市总工会与市一中院举行"法院工会"劳动争议诉调对接合作会议,成立"法院工会"劳动争议诉调对接工作室 （秦利佳 摄）

3月30日,圆通速递有限公司(全网)一届一次职代会(扩大)会议在上海总部召开

（朱建强　摄）

7月13日,拉扎斯网络科技有限公司(饿了么)签订全国网约送餐行业首份(全网)集体合同

（王珍宝　摄）

8月31日,普陀区总工会举办"协商竞赛促和谐·靠谱工会助发展"行业集体协商技能竞赛决赛

（周舸扬　摄）

4月10日,浦东新区总工会召开工会推进多元化解工作现场会暨2023年度公益法律服务行动启动仪式（吴周筠 摄）

4月7日,普陀区总工会举行"朱雪芹职工法律援助工作室"七周年主题活动

（周舸扬 摄）

3月21日,嘉定区总工会开展"法律沙龙"主题系列活动 （张 舒 摄）

7月5日,市总工会在宝武大厦召开上海工会促进安全生产工作会议

（劳动报社　供稿）

开展"会聘上海"校园行系列招聘活动

（赵田野　摄）

11月29日,市总工会举办上海工会创建家庭友好型工作场所暨"爱心妈咪小屋"十周年主题活动

（穆维贞　摄）

5月31日，浦东新区总工会在张江举办"安康杯"竞赛工作推进会暨万名骑手"车轮上的安全"竞赛启动仪式

（吴周筠　摄）

外卖骑手在"静安区总工会职工服务中心户外职工爱心接力站"内扫描二维码填写"微心愿"

（夏晨荷　摄）

1月26日，闵行区总工会在七宝老街举办"闵工惠"嘉年华暨"七宝工会 LIFE"路演活动（汤怡　摄）

11月18日,外高桥造船有限公司工会举办""携手亲情,与邮同行"邮轮家庭日活动（顾卫青 摄）

经济权益

5月20日,市交通委工会举办上海公交职工关爱日活动（顾心砚 摄）

9月,上海城投集团工会开展"城投人看城投"专场活动 （赵永哲 摄）

8月22日，首届上海职工文化季开幕

（宋　昶　摄）

2月3日，市总工会举办"我奋斗，我幸福" 2023年机关系统总结表彰会

（王家辉　摄）

市工人文化宫与上海人民广播电台合作制作播出融媒体读书节目《我们读书吧》（陈　鸿　摄）

4月24日,庆祝百联集团成立20周年职工文艺汇演在SMG文广大厦举行

（姜　杰　摄）

10月,上海医药集团工会举办文艺新人选拔赛决赛

（陈玮雯　摄）

宝山区举行优秀职工书屋交流品鉴活动

（庄轶凡　摄）

5月27日,2023年"仪电杯"第一届上海市职工射箭大赛在浦东新区新场古镇举行 （李琳摄）

6月中旬,第八届上海职工篮球联赛男子4人制比赛在奉贤举办

（钱洁摄）

6月18日,上海市第九届教工运动会在上海大学宝山校区闭幕

（王心愿摄）

编辑说明

1.《上海工会年鉴》是系统记述上年度本市工会工作成果的资料性工具书。本年鉴编纂工作由上海市总工会主办，各区局（产业）工会及市总工会机关部室、直管单位供稿，年鉴编辑部负责编纂，至今连续出版了29卷。

2.本年鉴框架体例采用分类编排方法，设置栏目—分目—条目三级架构。共设21个栏目，79个分目，1129个条目，选辑照片256幅，图表29份，年鉴总字数为91万字。

3.本年鉴卷首设宣传彩页，用以概要记录上海工会重要信息。正文起首部分设"特载""专文""专记"等栏目，"特载"用以特辑党和国家领导以及全国总工会、上海市委领导的重要文章（讲话）；"专文"选辑上海市总工会领导对上海工会工作所作的总结性、综合性、指导性的署名文章（讲话）；"专记"则着重记录上年度上海工会各项特色性、开创性工作。

4.各记事栏目之首设"综述"，区局（产业）工会及市总工会直管单位栏目设"概况"，用以综合记述本地区（系统）、本部门（单位）的总体情况，便于考察比较各年度工作连续性及对比资料的完整性、系统性。除此之外，各记事分目之首设"概要"，记录专项工作取得的新进展并介绍各级工会的经验做法。

5.本年鉴所辑录的市总工会机关部室、区局（产业）工会、直管单位提供的文章、照片、图表等资料，其记录时间均为2023年1月1日至12月31日；其编排按市总工会机关部室、区局（产业）工会、直管单位的顺序排列，年鉴卷尾设"索引"以便查询。

6."统计"栏目中所辑录的相关统计数据均由市总工会统计部门提供，在其他栏目中出现的数据，则由相关撰稿单位的作者提供。

7.本年鉴的目录索引采用主题词分析索引法，按条目主题词首字汉语拼音字母顺序排列。

8.本年鉴的正文内容制作成CD-R电子光盘，附于年鉴的封三随书赠送，便于读者使用检索。

2024
上海工会年鉴

目　　录

2024
上海工会年鉴

特　　载

以习近平新时代中国特色社会主义思想为指导 组织动员亿万职工为强国建设民族复兴团结奋斗

——在中国工会第十八次全国代表大会上的报告

（2023年10月9日）

王东明

各位代表，同志们：

现在，我代表中华全国总工会第十七届执行委员会向大会作报告，请予审议。

中国工会第十八次全国代表大会，是在我国迈上全面建设社会主义现代化国家新征程、向第二个百年奋斗目标进军的关键时刻召开的一次十分重要的大会。大会的主题是：坚持以习近平新时代中国特色社会主义思想为指导，全面贯彻党的二十大精神，深入贯彻习近平总书记关于工人阶级和工会工作的重要论述，全面落实全心全意依靠工人阶级根本方针，忠诚履职、勇于担当，组织动员亿万职工为全面建设社会主义现代化国家、全面推进中华民族伟大复兴团结奋斗。

一、新时代我国工运事业的发展和过去五年的工作

党的十八大以来，以习近平同志为核心的党中央始终关心关爱工人阶级，高度重视并有力领导推进党的工运事业和工会工作。习近平总书记每逢"五一"国际劳动节都以不同方式向职工群众致以节日祝贺，每到一地考察都深入基层看望劳动模范、慰问职工群众，亲临全总机关与劳模代表座谈，多次给劳模和一线职工等回信，向首届大国工匠创新交流大会致贺信，领导召开党的历史上第一次中央党的群团工作会议，亲自谋划指导产业工人队伍建设改革和工会改革，为党的工运事业和工会工作领航掌舵、把关定向。亿万职工群众牢记习近平总书记和党中央的殷殷嘱托，坚定不移听党话、跟党走，诚实劳动、勤勉工作，锐意创新、敢为人先，汇聚起奋进新时代的磅礴力量，在打赢脱贫攻坚战、全面建成小康社会、统筹推进疫情防控和经济社会发展、有效应对风险挑战中发挥了重要作用。在这一伟大历史进程中，我国职工队伍不断壮大，素质持续提高，精神面貌焕然一新，创新创造成绩斐然，展示出我国工人阶级团结奋斗的时代风采。

中国工会十七大以来，我们坚持以习近平新时代中国特色社会主义思想为指导，深入贯彻习近平总书记关于工人阶级和工会工作的重要论述，围绕中心、服务大局，积极进取、勇担责任，聚焦主责主业、坚持改革创新，保持和增强政治性、先进性、群众性，推动各项工作取得新进展新成效，奋力谱写了党的工运事业和工会工作新篇章。

——全面学习贯彻习近平新时代中国特色社会主义思想，坚定拥护"两个确立"、坚决做到"两个维护"。坚持把学习贯彻习近平新时代中国特色社会主义思想作为首要政治任务，完善理论学习制度，扎实开展"不忘初心、牢记使命"主题教育、党史学习教育、学习贯彻习近平新时代中国特色社会主义思想主题教育，坚持不懈用党的创新理论统一思想、统一意志、统一行动。深入贯彻习近平总书记关于工人阶级和工会工作的重要论述，推动公开出版《习近平关于工人阶级和工会工作论述摘编》，定期召开学习贯彻重要论述理论研讨会，形成学习贯彻党的工运创新理论的制度性安排，深刻领悟"两个确立"的决定性意义，增强"四个意识"、坚定"四个自信"、做到"两个维护"。

——大力加强思想政治引领，团结引导职工群众听党话、跟党走。认真履行政治责任，推动习近平新时代中国特色社会主义思想进企业、进车间、进班组，走近职工身边、走进职工心里。推动理想信念教育进一步常态化制度化，开展党史、新中国史、改革开放史、社会主义发展史宣传教育，加强红色工运资源的挖掘保护和管理运用，命名一批全国职工爱国主义教育基地。广泛开展"中国梦·劳动美"主题宣传教育，每年发布全国"最美职工"，推动全社会大力弘扬劳模精神、劳动精神、工匠精神。打造"工"字系列职工文化特色品牌，新建职工书屋5万余家，强化工会网上舆论引导，团结职工群众唱响主旋律。

——团结动员广大职工积极建功新时代，充分发挥工人阶级主力军作用。围绕国家重大战略、重大工程、重大项目、重点产业，开展"当好主人翁、建功新时代"、"建功'十四五'、奋进新征程"等主题劳动和技能竞赛，扎实推进企业开展劳动竞赛、"五小"等群众性创新创造活动，参与竞赛活动的企事业单位和职工数量年均分别达到58万余家、5806万人次。开展劳动模范和先进工作者选树工作，共表彰全国劳动模范和先进工作者2493名、全国五一劳动奖4952个、全国五一巾帼奖2200个。举办大国工匠创新交流大会、大国工匠论坛，选树宣传"大国工匠年度人物"，建设工匠学院360家、劳模工匠创新工作室8万多家。统筹开展工会系统援藏援疆工作。抓好工会定点扶贫和帮扶工作，在打赢脱贫攻坚战、全面推进乡村振兴中发挥积极作用。

——深化产业工人队伍建设改革，努力建设高素质劳动大军。坚决贯彻习近平总书记重要指示批示精神，认真履行牵头抓总职责，研究制定深化产业工人队伍建设改革的意见，建立健全推进改革工作机制，推动将产业工人队伍建设改革纳入专项督查。构建产业工人技能形成体系，搭建建功立业平台，完善职业发展制度。开展产业工人队伍建设改革试点，十大产业百家企业深化产业工人队伍建设改革专项行动，实施产业工人队伍建设改革提升年、深化年

行动,发挥国有企业示范带动作用,推动非公企业落实改革举措,持续推动产业工人队伍建设改革走深走实。

——切实履行维权服务基本职责,促进提高职工生活品质。加大城市困难职工帮扶解困力度,工会系统建档立卡的549.9万户城市困难职工家庭如期实现解困脱困。构建常态化梯度帮扶长效机制,工会两节送温暖活动筹集资金218.7亿元,慰问职工4250.6万人次。加大对职工劳动就业、收入分配、社会保障、劳动安全卫生等权益的维护力度,指导企业依法开展工资集体协商,推动完善职工社会保障制度,加强女职工权益维护和关爱服务。突出抓好重点群体维权服务,推动健全落实新就业形态劳动者权益维护制度和政策,推动解决拖欠农民工工资问题,做好核工业等特殊困难群体帮扶工作。持续开展"尊法守法·携手筑梦"服务农民工公益法律服务行动,服务农民工2900多万人次。加强服务职工基础设施建设,提升职工服务中心(困难职工帮扶中心)综合服务职工功能,推进工人文化宫、工人疗休养院规范化建设,建成13.1万个工会户外劳动者服务站点,加强职工互助保障组织建设,开展职工公益活动。应对突如其来的新冠疫情,推出支持受疫情影响严重的行业和小微企业发展等20条举措,筹集资金77.5亿元,帮扶慰问职工2289.5万人次。

——积极构建和谐劳动关系,切实防范化解劳动领域风险隐患。贯彻总体国家安全观,坚持维权维稳相统一,建立健全落实"五个坚决"要求长效机制,一手抓防范化解,一手抓引领构建,坚决维护职工队伍和社会大局和谐稳定。发挥部委协同工作机制和工会联动工作机制作用,强化劳动关系风险监测、分析、预防和处置,切实把矛盾纠纷解决在基层、化解在萌芽状态。加强企事业单位民主管理制度建设,规范集团职代会制度,推进省级厂务公开协调领导机构建设。开展集体协商稳就业促发展构和谐三年行动,推动完善协调劳动关系三方机制。推动建立完善劳动争议多元化解协作联动机制,联合人社、法院、司法等部门构建"调裁诉援"有效衔接工作体系,推进劳动领域多元解纷"一站式"平台建设。

——扎实推进改革创新,有效激发工会组织的生机活力。积极参与工会法等法律法规修改工作,加强工会工作法治化建设。推行"重点建、行业建、兜底建"模式,开展新就业形态劳动者入会集中行动、百人以上企业建会专项行动和社会组织建会专项行动,实现全国互联网百强企业全部建会,新增新就业形态劳动者会员1227万余人。扎实开展"转作风、解难题、促发展、保稳定"专项行动,推进"县级工会加强年"专项工作,加强财务管理、资产监督管理、经费审查审计监督等,工会工作的整体效能不断提升。

——全面加强党的建设,努力建设模范机关。贯彻新时代党的建设总要求,每年召开全国工会党风廉政建设、推进全面从严治党工作会议,自觉接受各级纪委监委驻工会机关纪检监察组监督,不断把全面从严治党引向深入。严格执行中央八项规定及其实施细则精神,制定实施加强党的政治建设的具体措施,持之以恒正风肃纪反腐,风清气正的良好政治生态持续提升。坚持改进工作作风、密切同职工群众联系,常态化开展工会系统机关干部赴基层蹲点工作,全国共组成蹲点工作组1.5万个,派出蹲点干部4.5万余人。

五年来,我们认真做好工会港澳台工作,加强与各国工会组织、区域和国际工会组织的交流交往,圆满举办第十一届金砖国家工会论坛,成功连任国际劳工组织工人正理事,积极服务国家外交和总体战略。

所有这些成就的取得,根本在于有以习近平同志为核心的党中央的坚强领导,在于有习近平新时代中国特色社会主义思想的科学指引。这些成就是各级党委、政府和社会各界大力支持、鼎力相助的结果,是历届工会老领导和老同志勤奋工作、无私奉献的结果,是全国亿万职工群众和工会工作者辛勤耕耘、不懈奋斗的结果。在这里,我代表中华全国总工会第十七届执行委员会并以本次大会的名义,向以习近平同志为核心的党中央致以崇高的敬意!向中央和国家机关各部门,向各级党委、人大、政府、政协,向共青团、妇联等群团组织以及社会各界,向中国人民解放军指战员、武警部队官兵和公安干警,表示衷心的感谢!向全国职工群众、工会工作者和曾经战斗在工会工作战线上的老领导、老同志,致以崇高的敬意!

在充分肯定成绩的同时,我们也清醒地认识到,工会工作与党中央的要求、亿万职工群众的期盼相比,还存在不少差距和不足。主要表现在:职工思想政治引领的针对性实效性不够,影响力需要进一步增强;维权服务不能充分满足职工群众多样化需求,广度、深度、精准度有待提高;新就业形态领域工会组建率、新就业群体入会率不够高,在加强组织建设和作用发挥上需要持续用力;工会组织的改革创新有待深化,数字化转型需要加快步伐;一些工会干部主动担当作为、狠抓工作落实的劲头不足,专业素养、创新能力有待进一步提高,等等。对此,我们必须高度重视,以时不我待的责任感使命感攻坚克难、持续努力,切实加以解决。

二、坚持用习近平新时代中国特色社会主义思想统领工会工作

习近平新时代中国特色社会主义思想,是当代中国马克思主义、二十一世纪马克思主义,是中华文化和中国精神的时代精华,实现了马克思主义中国化时代化新的飞跃,是党和国家必须长期坚持的指导思想。党确立习近平总书记党中央的核心、全党的核心地位,确立习近平新时代中国特色社会主义思想的指导地位,是党在新时代取得的重大政治成果,反映了全党全军全国各族人民共同心愿。实践充分证明,"两个确立"是新时代党和国家事业取得历史性成就、发生历史性变革的决定性因素,是党和人民战胜一切艰难险阻、应对一切不确定性的最大确定性、最大底气、最大保证,必须倍加珍惜、坚定维护、长期坚持。

党的二十大郑重宣示"从现在起,中国共产党的中心任务就是团结带领全国各族人民全面建成社会主义现代化强国、实现第二个百年奋斗目标,以中国式现代化全面推进中华民族伟大复兴",吹响了奋进新征程的时代号角。中国工人阶级作为中国共产党最坚实最可靠的阶级基础,始终凝聚在党的旗帜下,牢牢把握我国工人运动时代主题,为完成党在不同历史时期的中心任务作出了重要贡献;中国工会作为党领导下的职工群众组织,始终忠诚党的事业,组织动员和服务亿万职工群众,充分发挥了桥梁纽带作用。党的中心任务就是中国工人运动和工会工作的主题和方向。新征程上，中国工人阶级和工会一定要在以习近平同志为核心的党中央坚强领导下，以党的旗帜为旗帜、以党的意志为意志、以党的使命为使命，坚定理想信念、坚守使命追求，自觉团结奋斗、积极改革创新，以更加豪迈的姿态、勇于担当的精神，为实现全面建成社会主义现代化强国、以中国式现代化全面推进中华民族伟大复兴的宏伟目标而奋勇前进。

党的十八大以来，习近平总书记从党和国家事业发展全局出发，就党的工运事业和工会工作发表一系列重要讲话、作出一系列重要指示，强调要坚持党对工运事业和工会工作的领导，永远保持自觉接受党的领导这一优良传统，坚定不移走中国特色社会主义工会发展道路；要坚持全心全意依靠工人阶级的根本方针，巩固工人阶级的领导阶级地位，充分发挥工人阶级的主力军作用；要牢牢把握为实现中华民族伟大复兴中国梦而奋斗的时代主题，紧紧围绕党和国家工作大局，组织带领广大职工群众为实现发展目标建功立业；要加强对职工群众的思想政治引领，引导职工群众听党话、跟党走，巩固党执政的阶级基础和群众基础；要深化产业工人队伍建设改革，努力建设高素质劳动大军；要大力弘扬劳模精神、劳动精神、工匠精神，依靠劳动创造扎实推进中国式现代化；要坚持以职工为中心的工作导向，切实实现好、维护好、发展好工人阶级和广大劳动群众合法权益；要围绕保持和增强政治性、先进性、群众性，深入推进工会改革创新，健全联系广泛、服务职工的工会工作体系。

习近平总书记关于工人阶级和工会工作的重要论述，系统阐明了新时代党的工运事业和工会工作的地位作用、工运主题、发展道路、目标任务、根本保证，深刻回答了新时代为什么要全心全意依靠工人阶级、怎样全心全意依靠工人阶级、建设什么样的工会、怎样建设工会等方向性、根本性、战略性重大问题，为新时代新征程党的工运事业和工会工作提供了根本遵循。这一重要论述，是习近平新时代中国特色社会主义思想的重要组成部分，是对马克思主义劳动学说和工运学说的继承和发展，是对中华优秀传统文化的传承和发扬，是对党领导工运事业丰富实践和宝贵经验提炼升华的重大成果，把我们党对工人运动和工会工作的规律性认识提升到一个新高度，为新时代工运事业和工会工作创新发展指明了前进方向、提供了行动指南，具有重大政治意义、深远历史意义、深刻理论意义、鲜明实践意义。

新征程上，我们要全面深入学习贯彻习近平新时代中国特色社会主义思想，深入贯彻习近平总书记关于工人阶级和工会工作的重要论述，深刻把握党的创新理论的丰富内涵、精神实质和实践要求，深刻领会这一重要思想的世界观方法论和贯穿其中的立场观点方法，更好地把党的创新理论转化为认识世界、改造世界的强大力量，更好把握新时代新征程工运事业和工会工作的特点与规律，增强做好工会工作的责任感使命感，提高履职尽责的能力和水平。要坚持用党的创新理论武装头脑、指导实践、推动工作，以实际行动把亿万职工群众紧紧团结在党的周围，不断夯实党长期执政的阶级基础和群众基础，切实维护职工群众合法权益，努力解决好急难愁盼问题，不断增强广大职工群众的获得感、幸福感、安全感，千方百计调动亿万职工群众的积极性、主动性、创造性，唱响"咱们工人有力量"的时代强音。

三、今后五年的主要工作

今后五年工作的总体要求是：坚持以习近平新时代中国特色社会主义思想为指导，全面贯彻党的二十大精神，深入贯彻习近平总书记关于工人阶级和工会工作的重要论述，紧紧围绕党和国家工作大局，忠诚党的事业、竭诚服务职工，改革创新、奋发进取，保持和增强政治性、先进性、群众性，持续提高引领力、组织力、服务力，充分发挥党联系职工群众的桥梁纽带作用，团结引导亿万职工群众坚定不移听党话、跟党走，为全面建设社会主义现代化国家、全面推进中华民族伟大复兴发挥主力军作用。

（一）坚持党的全面领导，引导职工群众更加紧密团结在党的周围

坚持不懈用习近平新时代中国特色社会主义思想凝心铸魂。巩固拓展学习贯彻习近平新时代中国特色社会主义思想主题教育成果，全面实施"研读原著、专题研讨、调查研究、转化运用"党的创新理论学习行动，系统掌握习近平新时代中国特色社会主义思想的科学内涵、精神实质和实践要求，做到学思用贯通、知信行统一，自觉用习近平新时代中国特色社会主义思想坚定理想、锤炼党性、指导实践、推动工作，不断提高政治判断力、政治领悟力、政治执行力，深刻领悟"两个确立"的决定性意义，增强"四个意识"、坚定"四个自信"、做到"两个维护"，始终在思想上政治上行动上同以习近平同志为核心的党中央保持高度一致。深入学习贯彻习近平总书记关于工人阶级和工会工作的重要论述，深化理论研究、学理阐释，掌握其核心要义和精神实质，健全完善学习贯彻、创新落实的制度性安排。

强化职工思想政治引领。广泛开展理想信念、社会主义核心价值观、"四史"、"中国梦·劳动美"、"大国工匠"、"最美职工"、"万名劳模工匠宣讲党的创新理论"等系列教育和活动，不断增强职工群众的政治认同、思想认同、理论认同、情感认同，筑牢亿万职工团结奋斗的共同思想基础。加强职工文化阵地建设，开展丰富多彩、喜闻乐见的职工文体活动，打造健康文明、昂扬向上、全员参与的职工文化，不断满足广大职工精神文化需求。切实加强工会宣传工作，按照统筹协调、守正创新、特色鲜明、深度融合的理念，形成党组统一领导、宣传部门牵头抓总、各有关部门及各级工会协同协作、主流媒体和新媒体各展所长的工会宣传工作格局，做强做优工会舆论宣传。

（二）聚焦高质量发展这个首要任务，组织职工群众建功立业、创新创造

深化产业工人队伍建设改革。履行工会牵头抓总职责，围绕实施制造强国战略，突出新型工业化、新兴产业、数字经济和技术创新，聚焦产业工人思想引领、建功立业、素质提升、地位提高、队伍壮大等重点工作，推动落实终身职业技能培训制度，强化资源协同、政策联动，抓住主要问题实现重点突破，多措并举推动整体提升，努力培养造就更多大国工匠、高技能人才，充分激发产业工人的创造精神和奋进力量，为建设现代化产业体系作贡献。

广泛深入持久开展劳动和技能竞赛。围绕国家重大战略、重大工程、重大项目、重点产业，以技术创新为导向，深入开展"建功'十四五'、奋进新征程"主题劳动和技能竞赛，探索新产业新业态竞赛活动新形式，打造影响力大、引领力强的竞赛品牌。持续组织职工参加技术革新、技术协作、发

明创造、合理化建议、网上练兵和"五小"等群众性创新创造活动,推动形成"建功新时代、比学赶帮超"的新风尚。

突出发挥劳模工匠示范引领作用。大力弘扬劳模精神、劳动精神、工匠精神,开展"劳模工匠进校园"、"劳模工匠助企行"等活动。构建线下线上结合的工匠学院建设体系,深化劳模和工匠人才创新工作室建设,强化职工创新成果展示交流和应用转化。建立完善关心关爱劳模工匠和技能人才的常态化机制,推动落实劳模工匠待遇,提升劳模工匠地位,让劳动光荣、技能宝贵、创造伟大在全社会蔚然成风。

引导企业充分发挥主体作用。推动企业建会强会、维护职工劳动经济权益、推进企业民主管理等,努力构建和谐劳动关系;通过劳动竞赛、技能培养、畅通职业发展通道、创建劳模和工匠人才创新工作室等,组织引导职工群众立足岗位、勤学苦练、深入钻研、敢为人先,持续点燃创新创造激情。

(三)用心用情做好维权服务工作,实现好、维护好、发展好职工群众根本利益

着力维护职工群众劳动经济权益。把稳就业摆在更加突出的位置,深化工会就业创业服务,加强失业困难群体就业兜底帮扶。推动用人单位开展工资集体协商,完善职工工资决定、合理增长、支付保障机制,健全技术工人薪酬激励机制,促进企业内部分配进一步向一线职工、技术工人倾斜,助力实现共同富裕。加强新就业形态劳动者权益保障,完善协商协调机制,推动平台企业合法规范用工、科学调整算法、完善劳动定额标准,推进职业伤害保障试点工作。推动完善社会保险法规政策体系,促进多层次社会保障有序衔接,扩大覆盖面,提升保障水平。完善工会劳动保护监督机制,加强安全生产和职业健康工作,深化"安康杯"竞赛等群众性安全生产活动。

大力开展服务帮扶。加强工会服务工作的研究分析,在做好传统服务的基础上,适应时代要求和职工群众需求,全面运用数字化技术,推出更多更好更及时的服务职工群众项目。积极推进职工服务阵地建设,建好用好工人文化宫、职工书屋、工人疗休养院、服务中心等。以实施双15工程为牵引,加强和规范工会户外劳动者服务站点建设。巩固城市困难职工解困脱困成果,与提高职工生活品质有效衔接,推动改革发展成果更多惠及广大职工群众。推动农民工平等享受城镇基本公共服务,开展关爱农民工子女主题活动,推进职工健康服务。叫响做实工会送温暖、送清凉、金秋助学、职工医疗互助等工作品牌,加强职工公益基金组织建设。深入开展"暖边绿境"关爱职工专项行动。积极维护女职工合法权益,充分保障女职工特殊权益,促进男女平等和女职工全面发展。加强工会系统援藏援疆工作,做好工会定点帮扶助力乡村振兴工作。

加强企事业单位民主管理制度建设。把企事业单位民主管理作为发展全过程人民民主的重要形式,努力推动以职工代表大会为基本形式的企事业单位民主管理制度落地落实。推动国有企业加强民主管理,促进非公有制企业建立健全民主管理,保障职工群众主人翁地位,提高职工群众创造性和企业竞争力。

积极推动构建和谐劳动关系。充分发挥协调劳动关系三方机制作用,探索行业和谐劳动关系创建活动试点。推动政府与同级工会联席会议制度规范化常态化发展,健全工作机制,合理设置议题,增强实效性。抓好劳动关系发展态势监测,加强分析研判,及时采取相应对策措施。积极参与劳动争议多元化解,探索总结新时代劳动领域"枫桥经验",推动劳动争议调解组织建设,推进"工会+法院+检察院+人社+司法"协作联动机制,健全劳动领域矛盾纠纷预防调处化解体系。联合开展新就业形态劳动者权益保障专项行动,推进新时代和谐劳动关系创建活动,培育选树1000个基层协调劳动关系公共服务样板站点。

(四)着眼统筹发展和安全,坚决维护劳动领域政治安全

加强工会意识形态工作。落实意识形态工作责任制,加强阵地建设和管理,严把政治方向关、舆论导向关、价值取向关,牢牢掌握工会意识形态工作领导权。加强网络信息员队伍建设,开展"网聚职工正能量 争做中国好网民"主题活动,巩固壮大奋进新征程、建功新时代的主流思想舆论。

强化维护劳动领域政治安全体系和能力建设。加强组织领导,建立健全统一指挥、各方协同、纵横连通、实时高效的工作体系。建强用好部委协同机制,做实下沉地方联动机制。坚持日常和定期沟通协调机制,强化应急、处置管理。

有效防范化解劳动领域重大风险隐患。常态化开展职工队伍风险隐患专项排查化解工作。推进全国工会系统12351维权服务热线建设,努力提升维护劳动者合法权益和维护劳动领域政治安全能力。加强工会信访问题源头治理、风险预警和应对处置。深化工会社会组织工作,强化政治引领、示范带动、联系服务,及时有效解决职工群众切身利益问题。

(五)突出抓好基层基础工作,打通服务职工群众"最后一公里"

实施大抓基层三年行动。针对基层缺经费、缺办公场所、缺工作人员等难题,统筹规划、多措并举,系统推进、分步落实,争取经过三年努力,基层直接服务职工群众的能力大幅提升。加强指导帮扶,推动不同区域、不同行业工会工作协调发展、平衡发展。

大力推进基层工会建设。全面推进互联网企业、平台企业建会扩面提质,督促其分支机构、加盟企业等建立基层工会组织。推进国有企业工会规范化建设,发挥国有企业工会示范带动作用,持续推进非公有制企业建会强会工作,加强工业园(区)、乡镇(街道)、村(社区)工会、区域性行业性工会联合会建设。

加强对基层的指导和帮扶。采取普遍轮训和专门培训相结合、线上线下相结合等方式,有计划分步骤对基层工会工作者进行培训,提高社会化工会工作者待遇。深入推进工会组织和工会会员实名制,精准服务基层。常态化开展各级工会机关干部赴基层蹲点工作,将蹲点与推动工会重点工作、难题调研、试点探索等结合起来,持续为基层工会注入动力活力。

(六)贯彻全面依法治国部署要求,大力推进工会工作法治化

推动完善劳动法律法规体系。推动加大工会法实施力度,参与产业工人队伍建设立法工作,推动新就业形态劳动

者等涉及职工维权服务和工会领域的法律法规制定。强化劳动领域法律法规执行，推动健全涉职工和工会工作的法律监督制度，建立健全与人大执法检查、行政执法等协作配合机制。壮大工会劳动法律监督员、劳动保护监督检查员、劳动争议调解员、兼职仲裁员等工会法律人才队伍。

加强工会法治宣传和法律服务。落实全国工会法治宣传教育五年规划，丰富法治宣传教育形式内容，推动企业管理者和职工群众增强法治观念，推动形成尊法学法守法用法风气。加快推进工会法律服务体系建设，叫响做实"尊法守法·携手筑梦"服务农民工公益法律服务行动。加强与司法行政部门沟通协作，发挥法律援助工作者作用，进一步加大职工法律援助工作力度。

（七）深化工会改革和建设，有效发挥党联系职工群众的桥梁纽带作用

持续深化工会机关改革。进一步加强系统谋划、顶层设计，优化资源配置，深入查找在思想观念、体制机制、能力素质、作风建设等方面的问题，完善创新工作体系、工作内容和工作方式，充分发挥机关部门和干部的能动性、创造性，努力把各级工会组织都建设成为名副其实的职工之家，使所有工会干部都成为职工群众信赖的娘家人、贴心人。

健全完善工会组织体系。构建全总、产业工会、地方工会、基层工会之间高质高效的矩阵网络系统。加强领导、压实责任，确保必要资源，加快建立健全基层组织体系。广泛运用现代先进理念、先进工具和先进方式，大幅提高组织效能、个人能力。

健全完善资金资产管理体系。创新工会财务管理和监督检查机制，深化工会经费收缴管理改革，实施全面预算绩效管理，加强工会财务信息一体化建设。加强工会资产管理和监督检查，推进工会资产标准化规范化建设，确保工会资产安全完整、保值增值和有效利用。严格工会经费审查审计监督，推进工会常态化经审监督体系建设，推进审查审计全覆盖。完善对机关干部和直属单位的综合考核，强化上级工会在财务、资产、经审领域对下一级工会的监督检查。

全面加快工会系统数字化建设。创建直达亿万职工群众、集成工会全部服务内容的服务终端，让亿万职工群众享受"一键入会"、"一网全通"，以及高效、实时、精准的"一终端全维服务"。完善线上线下服务资源，加快创建线上工会、云上课堂、线上援助、数字展馆等一系列线上、云上产品和服务，强化线上线下融合，倍增服务能力和效果。

（八）加强工会和职工对外交流交往合作，讲好中国工人阶级故事

健全与港澳台工会和劳动界交流合作机制。持续办好港澳工会"五一"代表团、港澳工会青年研讨营等品牌交流活动，推动发展壮大爱国爱港爱澳力量。强化粤港澳三地工会协调合作，开展爱国主义教育、国情国策宣讲，增强港澳职工爱国思想。深化两岸工会和职工交流交往，办好海峡职工论坛、台湾工会青年研讨营等活动，在更宽领域、更深层次拓展对台交流，团结台湾职工坚定反"独"促统。

积极开展工会双边多边国际交流。加强同各国工会组织、区域和国际工会组织的交流合作，厚植构建人类命运共同体理念，增进同各国工人阶级的友谊。参与全球劳工治理和工会南南合作，增强发展中国家工会在国际劳工事务中的代表性和发言权。做深做实做细"一带一路"职工人文交流、产业工人技能国际交流、共建国家工会干部汉语研修奖学金等工会品牌项目，推动海外中资企业维护职工合法权益。

（九）落实新时代全面从严治党要求，推动工会系统党的建设高质量发展

落实全面从严治党政治责任。深入学习贯彻习近平总书记关于党的建设的重要思想，以党的政治建设为统领全面加强党的各项建设，深化政治机关建设和模范机关创建，大力开展对党忠诚教育。加强对"一把手"和领导班子的监督。扎实做好党组内部巡视工作，巩固深化中央巡视整改成果。

强化党组织政治功能和组织功能。加强工会系统党的组织体系建设，持续推进"四强"党支部建设，严格落实党内政治生活制度，用好批评和自我批评武器。加强对党员干部全方位管理和经常性监督，引导党员增强党员意识、发挥先锋模范作用。完善党建工作考核评价机制，全面促进党建工作提质增效。

加强工会干部队伍建设。巩固干部队伍教育整顿成果，落实新时代好干部标准，树立正确选人用人导向，健全完善兼、挂职工作机制，发挥工会院校培训主渠道作用，完善网络培训体系，提升工会干部能力素质，教育引导工会干部树牢正确政绩观，鼓足干事创业的精气神，打造忠诚干净担当的高素质专业化工会干部队伍。切实改进工作作风，深入基层、深入一线，密切联系职工群众，加强调查研究，掌握职工群众所思所想所盼，用心用情为基层和职工群众办实事、解难题。

坚持以严的基调强化正风肃纪反腐。严格贯彻执行中央八项规定及其实施细则精神，坚持纠"四风"、树新风，教育引导党员干部牢记"三个务必"，弘扬伟大建党精神。把纪律建设摆在更加突出位置，强化经常性纪律教育，开展常态化警示教育，强化制度建设和廉政文化建设。紧盯关键少数、重点领域和薄弱环节，加强廉洁风险排查和防控，坚持有腐必反、有案必查，一体推进不敢腐、不能腐、不想腐。

各位代表、同志们，新时代新征程召唤工人阶级谱写壮丽而崭新的篇章，赋予工会组织光荣而艰巨的使命。让我们更加紧密地团结在以习近平同志为核心的党中央周围，全面贯彻习近平新时代中国特色社会主义思想，踔厉奋发、埋头苦干，组织动员亿万职工群众为以中国式现代化全面推进强国建设、民族复兴伟业而团结奋斗！

专　文

在市总十五届二次全委（扩大）会议结束时的讲话

郑钢淼

今天，我们用了一天时间，召开市总十五届二次全委（扩大）会议，认真学习贯彻中央、市委和全总有关精神要求，就工会贯彻落实十二届市委三次全会精神，在深化高水平改革开放、推动高质量发展的全市大局工作中，更好发挥工会作用，做出全面部署。今天会议选举产生了上海市出席中国工会第十八次全国代表大会的代表。审议通过市总工会第八届女职工委员会委员候选人名单。审议通过市总十五届二次全委（扩大）会议决议。会议开得很好，下面，我再强调几点工作。

第一，做好迎接、宣传和贯彻中国工会十八大有关工作。 中国工会十八大召开在即，这是广大职工群众和工会干部政治生活中的一件大事。开好这次大会，做好迎接、学习、宣传、贯彻等各项工作，是各级工会组织和工会干部的共同责任。今天的会议选出了上海出席中国工会十八大的代表，各位代表要履职尽责，为中国工会未来五年的发展积极建言献策。会议结束以后，要及时、广泛、深入宣传中国工会十八大精神，夯实广大职工群众共同奋斗的思想基础；要深刻学习领会、贯彻落实中国工会十八大提出的目标任务，推动工会事业不断取得新进步。

第二，抓好年度工作任务的推动落实。 从现在起到年底，只有几个月的时间了，要认真梳理年度节点工作，对标对表，迎难而上，抢抓进度，确保圆满完成全年各项目标任务。

要增强使命感。工会工作要围绕中心、服务大局，就是要紧紧围绕市委市政府的中心工作，在服务国家战略、服务上海高质量发展中体现担当、展现作为。今天会议就贯彻市委全会精神、落实市第十五次工代会提出的目标任务做了进一步部署，各级工会要积极行动起来，结合年初确定的各项重点工作，抓紧推进，以钉钉子精神推动工作

落细落实、落地见效。

要增强责任感。工会工作最大的优势就是联系职工群众广泛，始终与职工群众站在一起，要特别注意发挥工会联系广泛、服务职工的优势，把服务中心大局具体体现到服务职工上，体现到服务职工的成效上，体现到广大职工的切身感受上。通过工会组织的渠道，通过工会干部细致入微的工作，把党和政府的关心关怀，传递给每一位职工。

要增强紧迫感。上海经济恢复性增长及转型升级过程中，劳资纠纷更加复杂多变，安全生产形势依然严峻，对工会组织维护职工权益、维护社会和谐稳定提出了更高要求。各级工会要把预防化解劳资纠纷、促进安全生产摆在重要位置，作为一把手工作来抓。要注重事前预防，发挥群防群治优势，及时排查安全隐患，排摸劳动关系矛盾的苗头性、倾向性问题，提前做好研判和应对。一旦发生劳资纠纷或安全事故，要第一时间到现场了解情况，做好沟通协调工作，协助党政妥善处置。要增强政治敏锐性，坚决做好风险防范抵御工作，坚决防止经济纠纷向社会领域甚至政治领域扩散。要加强汇报和沟通，涉及劳资纠纷、安全生产的有关信息和工作及时向同级党政和上级工会汇报通报，确保信息畅通，形成工作合力。

第三，以主题教育为契机提升群众工作本领。 当前，第一批主题教育已经进入收尾阶段，第二批教育活动即将全面展开，各级工会在开展主题教育过程中，要坚决落实突出一个"实"字的重要要求，理论学习要实、调查研究要实、服务职工要实，把主题教育成果转化为推动工作、促进发展的强大动力。

一是要扎实学。要深入学习领会习近平总书记关于工人阶级和工会工作的重要论述。这是做好工会工作的理论指引、专业指引。新一届市总代表、委员中，有不少和我一样，做工会工作时间不长，尤其要加强学习，把自己摆进去，把本职工作摆进去，倾听职工和企业，增进与职工群众的感情，真正为职工群众做好服务。

二是要踏实干。要牢固树立问题意识，聚焦新趋势新挑战，聚焦强化"四大功能"，聚焦职工群众最需要最关切的问题，集聚工会资源和力量，着力推动解决，实现工作突破。要始终以职工需求为导向检视各项工作，坚持让职工群众满意、受益。

大道至简，实干为要。各位委员、同志们，让我们以更加强烈的责任担当、更加饱满的精神状态、更加扎实的工作作风，推动工会工作创新发展，为上海深化高水平改革开放、推动高质量发展贡献智慧和力量。

在市总工会机关系统主题教育总结会议上的讲话

黄 红

黄红

深入学习贯彻习近平新时代中国特色社会主义思想主题教育虽然告一段落，但"学思想、强党性、重实践、建新功"只有进行时，没有完成时，我们要坚持好、运用好这次主题教育积累的宝贵经验，持续巩固拓展主题教育成果，知行合一、求真务实，踔厉奋发、勇毅前行，奋力开创工会事业发展新局面。

一是要持续强化理论武装。要持续深入学习领会习近平新时代中国特色社会主义思想、党的二十大精神，深入学习贯彻刚刚由中央文献出版社出版的《习近平关于工人阶级和工会工作论述摘编》，组织广大党员干部认认真真读原著、学原文、悟原理，在通读、精读、研读上下功夫，不断筑牢思想根基、坚定理想信念。要创新学习方式方法、用活学习资源，运用这次主题教育中形成的学习好做法、好经验，比如，联组学习、每周一集中学习日、领导干部领学领读等，以市总党组中心组学习为引领，带动直管单位中心组学习和机关各部室的学习。各级党组织要落实好党建带团建制度机制，加强对团员和青年主题教育的指导。要充分利用青年理论学习分享会、"我会我来说""阅读马拉松超级赛"等学习交流平台，推动市总机关系统团员和青年主题教育入脑入心、见行见效。

二是要持续抓好整改落实。主题教育期间，市总机关系统各级党组织结合本单位实际制定了问题清单，通过各级领导班子和广大党员干部的共同努力，一批疑难问题得到了解决，但是仍然存在一些遗留问题尚未解决。对那些还未啃掉的"硬骨头"和尚未解决的难点问题，要紧盯不放、久久为功，坚持一抓到底、抓出成效，只有这样才能真正巩固好主题教育的成果。前期，市总党组和各直管单位党组织均召开了专题民主生活会，希望各级领导班子要将会前梳理问题和谈心谈话、会上相互批评意见，以及主题教育调查研究成果转化清单、整改整治尚未完成的任务等贯通起来，列出清单，分解任务，制定完善整改方案，

细化整改措施，明确整改时限和责任，认真抓好问题整改。要坚持"当下改"和"长久立"相结合，在出台改革方案、制定政策制度、推进重大任务等方面充分听取基层一线的意见建议，问需于民、问计于民，更好推动工会工作高质量发展。

三是要持续推进为民办事。要牢固树立"以职工为中心"的发展思想，在完善制度机制、强化跟踪问效上用力使劲，持续深入推进"我为职工办实事"实践活动，耐心倾听群众诉求，积极回应职工关切，要多讲职工听得懂、听得进、愿意听的话，要多做职工需要做、希望做的事，以扎实的工作作风、工作成效取信于职工。市总机关系统各基层党组织要持续开展"一个支部一件实事""点亮微心愿"等活动，切实把职工最关心、最期盼的问题和诉求解决好，不断提升广大职工群众的获得感、幸福感、安全感，在推动创造高品质生活中展现工会组织新作为。

四是要持续增强使命担当。要进一步增强只争朝夕的使命感紧迫感，增强干事创业的使命担当和工作本领，紧紧围绕市第十五次工代会和即将召开的中国工会十八大提出的目标和任务，紧紧围绕年度重点工作，真抓实干、务求实效。要持续深化产业工人队伍建设改革，推动建设更富创造力、更具竞争力的知识型、技能型、创新型劳动者大军。要持续推进上海"五个中心"建设、城市数字化转型、长三角一体化发展等全国引领性劳动竞赛。要创新推进上海"3+6"重点产业、四大新赛道和五大未来产业领域劳动竞赛。要扎实推进职工生活品质提升工程，聚焦就餐、体检、医疗保障、工间休息、出行安全等基本权益，升级服务内容、创新服务模式。要深化细化"六步工作法"，筑牢职工队伍和谐稳定的"防火墙"。要按照"重点建、行业建、兜底建"的原则，梳理建会工作清单，集中力量推动一批重点企业建会，推动工会组织广覆盖。

五是要持续全面从严治党。要深入贯彻落实新时代党的建设总要求，扎实推进全面从严治党向纵深发展。要坚持落实管党治党政治责任，落实"一岗双责"，坚持"严"的主基调不放松，完善工作措施，形成强大合力，推动压力层层传导、责任环环相扣，形成齐抓共管的良好局面。要深化运用监督执纪"四种形态"，将监督贯穿纪检工作全过程，做实做深日常监督，紧盯重点对象、重点领域和重要环节加强监督。要持续推进市总机关系统廉政风险防控工作，强化流程监控和风险管控，防止巡视整改问题反弹回潮。要严格落实中央八项规定精神，深化细化全面从严治党"四责协同"机制，推进政治监督具体化、精准化、常态化。

厚植工匠人才成长沃土
全力建设产业工人技能形成体系

周　奇

产业工人是推动高质量发展的主力军，技能人才是支撑中国制造、中国创造的重要力量。在新的历史时期，深化产业工人队伍建设改革，加快构建产业工人技能形成体系，不断提高产业工人技术技能水平，是新时代赋予的新使命。

一、新时代构建产业工人技能形成体系面临新任务新要求

党的二十大报告提出，要着力推动高质量发展，建设现代化产业体系，推进新型工业化，加快建设制造强国、质量强国。上海新型产业体系建设始终紧紧跟随国家各项政策和城市升级发展的步伐。上海"十四五"规划提出，要聚焦关键领域，以国家战略为引领，推动创新链、产业链融合布局，努力实现产业规模倍增。要实现第二个百年奋斗目标，实现上海高质量发展，都需要培养更多高素质技术技能人才、能工巧匠、大国工匠，这既是时代诉求，又是发展导向。因此，我们要进一步落实改革措施，推动产业工人精进技能、创造价值。

二、多措并举探索实践，推动产业工人队伍技能素质提升

近年来，上海工会始终把提升产业工人技能素质作为产业工人队伍建设改革核心任务，厚植工匠和高技能人才成长沃土，不断推动技能人才与产业发展同频共振。

一是打造适应产业发展的竞赛新格局，推动高技能人才队伍建设。劳动和技能竞赛是工会的传统品牌，随着产业的转型升级和职工队伍的发展变化，竞赛由"速度型""体力型"转向"智力型""效益型"。如浦东引领区人工智能技能大赛紧密对接人工智能产业的新技术发展与应用，航空制造业技能大赛以加快国产飞机产业技术工人队伍建设为目标，设置比赛项目等。二是打造多样性群众性技术展示平台，释放高技能人才创新创造活力。群众性经济技术创新活动是提升企业创新力的重要

载体，也是培育高技能人才的重要路径。市总工会举办"上海职工优秀创新成果奖"评选、上海职工科技节等活动，开展劳模工匠创新工作室创建，把懂技术、会创新的职工群众聚集在一起，有力夯实建立创新人才高地的群众基础。三是打造上海工匠品牌，激励更多产业工人技能成才。党的二十大报告，把培养大国工匠、高技能人才与战略科学家、卓越工程师一起纳入了人才强国战略。近年来，市总工会实施"上海工匠"千人选树计划，并通过建造工匠馆、开办工匠学院、创设工匠讲堂等十大项目形成"培育、宣传、引领"三位一体的工匠品牌，让工匠在各类舞台上讲述成长经历、传递精神品质，激励广大职工走技能成才、技能报国之路。四是推进产教融合，畅通技能人才成长渠道。上海工会积极推动企业与院校深度合作，联合市教委等7个部门出台指导意见，将"关于推动校企合作加强一线技能人才队伍建设"作为市政府与市总工会联席会议议题。此外，对接发展战略需求和职工需要，探索"双元制"继续教育模式、企业新型学徒制等，促进人才培养供给侧和产业发展需求侧全方位深度融合。

三、立足中国式现代化，持续推动新时代高技能人才队伍建设

站在新的历史起点，要广泛深入持久开展各种形式的劳动和技能竞赛，不断健全产业工人技能形成体系建设，团结动员广大职工为推进中国式现代化建功立业。

一是协同推进形成合力。构建党委领导、政府主导、政策支持、企业主体、社会参与的高技能人才工作体系。工会应发挥广泛联系职工的组织优势，与党委政府部门协同推进，下好一盘棋，共同推进高技能人才队伍建设。二是深化竞赛育人机制。聚焦现代化产业体系，以全国引领性竞赛为牵引，建立健全"培训、练兵、比武、晋级、激励"五位一体的竞赛育人机制，聚焦七大前沿产业深化群众性创新活动，为上海构筑产业发展新优势提供人才保障和技能支撑。三是擦亮工匠品牌。聚焦先进制造业、现代服务业和战略性新兴产业，培育好具有上海产业特色和城市特点的大国工匠。充分发挥劳模工匠引领、带动和辐射作用，围绕重点、难点问题开展技术创新和交流，带动一批技能职工成长成才。四是深化产教融合。发挥工会"桥梁纽带"作用，联合相关部门，紧扣产业发展特点，推动建立新时代工匠学院。发挥企业主体作用，引导带动产业链、供应链上下游企业、中小微企业开展技能提升培训。积极推动"技师＋工程师"队伍建设，贯通技能人才与专业技术人才职业发展通道，助力高技能人才培养。

凝聚动员全市女职工为奋力谱写
中国式现代化上海新篇章而团结奋斗

桂晓燕

党的二十大报告明确,坚持男女平等基本国策,保障妇女儿童合法权益。消除影响平等就业的不合理限制和就业歧视,建立生育支持政策体系,充分体现了以习近平同志为核心的党中央在男女平等问题上的价值观念、基本立场和政治主张。习近平新时代中国特色社会主义思想特别是关于工人阶级、工会工作、妇女工作的重要论述,为新时期工会女职工工作提供了根本遵循。《工会法》《妇女权益保障法》《上海市工会条例》《上海市妇女权益保障条例》等法律法规的制定实施,明确了妇女在经济建设、社会生活和家庭生活等方面享有的权益,为工会女职工组织履行职责提供了法治保障。《中国妇女发展纲要(2021—2030年)》《上海市妇女儿童发展"十四五"规划》提出了促进妇女全面发展的主要目标和策略措施,为工会女职工组织有效发挥桥梁纽带作用提供了政策支持。

旗帜指引航程,使命凝聚力量。上海工会女职工组织要紧紧围绕党的二十大确定的目标任务,贯彻落实上海深化高水平改革开放、推动高质量发展、建设具有世界影响力的社会主义现代化国际大都市的总体部署,准确把握女职工工作新形势新任务,凝心铸魂、开拓创新,最广泛地动员全市女职工奋进新征程、建功新时代,为谱写中国式现代化上海新篇章贡献"半边天"的智慧和力量。

要增强思想引领力,女职工政治底色更加鲜亮。紧紧围绕团结奋斗的时代要求,履行好团结引导职工群众坚定不移听党话、矢志不渝跟党走的政治责任,大力弘扬劳模精神、劳动精神、工匠精神,激发女职工自信自强的精神力量和创造美好未来的坚定意志。

要增强发展凝聚力,女职工职业素养更加卓越。紧紧围绕推动高质量发展这一首要任务,拓展女职工建功立业平台,拓宽女职工成长发展渠道,助力女职工全面发展需求,完善女职工作用发挥机制,充分发挥女职工干事创业的积极性、主动性、创造性。

要增强维权保障力,女职工劳动关系更加和谐。紧紧围绕男女平等基本国策,保障好、发展好女职工劳动经济、民主管理、安全卫生等各项权益,推动完善政策体系,提升维权服务效能,更好适应女职工多样化、差异化需求,确保女职工队伍和谐稳定。

要增强品牌服务力,女职工品质生活更加美好。紧紧围绕女职工对高品质生活的新期待,提升女职工精神文化、身心健康、婚恋交友等服务项目的精准性、覆盖率,服务品牌美誉度、影响力进一步彰显,推进建设家庭友好型工作场所,帮助女职工共享社会发展成果、劳动条件和生活品质持续改善。

要增强组织吸引力,女职工组织体系更加完备。紧紧围绕女职工就业形态、工作方式、劳动关系的多元变化,最大限度地把女职工组织建到新领域、新业态、新阶层、新群体中去,把工作力量和资源进一步向基层倾斜,扩大女职工组织和服务工作的有效覆盖,切实把基层组织建设成为女职工想得到、找得着、信得过、靠得住的"大家庭"。

要增强改革创新力,女职工工作格局更加完善。紧紧围绕工会工作法治化、数字化、社会化趋势,改进创新女职工工作方式方法,推动解决瓶颈难题,整合联动各方资源,完善"全会做女职工工作"机制,推动构建全会协同、上下联动、各方支持、合力推进的上海工会女职工工作格局。

创办首届上海职工文化季　打造人人可参与、可出彩、可受益、可享有的职工文化盛宴

丁　巍

首届上海职工文化季是市总工会进一步贯彻落实党的二十大精神和市十二次党代会精神，围绕"举旗帜、聚民心、育新人、兴文化、展形象"，建设社会主义文化强国的一项有力举措，也是进一步加强职工思想政治引领，提升广大职工文化素养的一次生动实践。

习近平总书记强调"工会组织要打造健康文明、昂扬向上、全员参与的职工文化"，为新时代职工文化建设指明了方向、明确了目标。在迈向全面建设社会主义现代化国家的新征程上，上海工会守正创新，举办首届"上海职工文化季"具有非常重要的意义。

一是让职工文化建设"亮点频出"。各级工会以首届职工文化季为抓手，以职工需求为导向，开展内容丰富、形式新颖的文化活动，形成具有鲜明"工"字特色的上海职工文化"品牌矩阵"。

二是让职工文化建设"佳作迭出"。努力创作出一批传播中华传统文化、体现上海城市精神、弘扬劳模精神、劳动精神、工匠精神的优秀文艺作品，以高质量文化供给提升广大职工幸福感、获得感。

三是让职工文化建设"人才辈出"。首届职工文化季以"奋斗有你　最美是你"为主题，挖掘一批职工"才艺达人""文化能人"，培育一批"文艺爱好者""文化志愿者"，选树一批"职工艺术家"，进一步突出职工群众的主体地位。

在4个多月的时间里，市总工会示范引领，联动区局（产业）工会，共同打造属于职工群众的文化盛会，让"上海文化"品牌多一张闪亮的名片。具体而言，从以下四个方面，举办好首届上海职工文化季。

第一，打造零门槛、全免费、人人皆可参与的文化赛事活动。以赛促学、以文化人，通过五大文化赛事，打造健康文明、昂扬向上、全员参与的职工文化。一是开展上海职工讲发展变化、说身边先进宣讲大赛，结合全总中国梦·劳动美全国职工宣讲比赛主题，开展"随手录、随时传，面对手机讲一讲，发朋友圈晒一晒，相互之间赞一赞"宣讲活动，展现"咱们身边有榜样"。二是开展快递小哥（外卖送餐员）好声音大赛，带领快递小哥、外卖送餐员提振热爱生活的精气神，挖掘"好声音"达人，组建快递小哥合唱团，唱响"咱们心中有梦想"。三是开展上海职工微电影大赛，聚焦劳模工匠、各行各业"最美劳动者"，用镜头讲好新时代奋斗故事、劳动故事、感人故事，讲述"咱们时代有信仰"。四是开展上海职工班组全家福摄影大赛，记录动人笑脸、定格拼搏画面，展现班组团结奋斗、争创一流的良好形象，凸显"咱们工人有力量"。五是开展上海职工（市民）文化网络大赛，聚焦"人民城市"理念，打造融知识平台、社交功能、解压放松、公益惠民为一体的工会"网红"赛事，彰显"咱们工会有担当"。

第二，打造全覆盖、各领域、人人皆可出彩的文化展示舞台。思想引领、以文育人，通过两项展演展示，让职工以主人翁姿态，站在人生的舞台中央。一是推出上海劳模工匠馆系列沉浸式情景剧展演，讲述"抓斗大王"包起帆、大国工匠王曙群、"七一勋章"获得者黄宝妹、"人民教育家"于漪等一批劳模工匠的感人故事，进一步提升劳模馆、工匠馆的影响力、传播力、感染力。二是开展上海职工优秀文艺作品征集展演，面向全市职工征集舞蹈等各类优秀文艺作品，鼓励更多非公企业职工、新就业形态劳动者从车间走向舞台、从会场走到剧场，让每个劳动者都有"人生出彩的机会"，选树一批思想性强、艺术性高、特色鲜明的职工优秀文艺作品，挖掘培育一批职工文艺达人、高人、能人，让更多职工能在文化季实现艺术梦想。

第三，打造暖民心、惠民生、人人皆可受益的文化服务项目。通过开展传统文化非遗项目直通车服务，聚焦松江顾绣、徐行草编、中医香囊等非遗项目，举办11场线下活动、4场线上直播，让传统文化的轮子开进企业、楼宇、园区，为职工送上传统文化大餐。

第四，打造接地气、聚人气、人人皆可享有的职工文化品牌。全市65家区局（产业）工会同步推出各具区域特点、行业特色的101项子项目菜单，主要涵盖文化惠民服务、红色文化寻访、职工文艺展示、职工文化比赛等，让广大职工群众就近就便体验、参与、享有工会文化活动，打通文化服务"最后一公里"。

在上海提升职工生活品质工作总结推进会上的讲话

徐　珲

今天的会议围绕提升职工生活品质的主题，全面总结回顾权益保障条线全年工作，并对"幸福直通车""午餐难""安康杯"等重点项目情况进行总结。下半场还将对品质提升试点工作进行总结交流。总的来说，2023年工会权益保障工作成果丰硕、成效显著、成绩喜人。下面，我讲三点意见。

一、提高认识，勇担使命，认真学习贯彻中国工会十八大精神，充分发挥工会组织纽带桥梁作用

党的二十大报告指出，要增进民生福祉，提高人民生活品质，要采取更多惠民生、暖民心举措，着力解决好人民群众急难愁盼问题。中国工会十八大报告指出，要巩固城市困难职工解困脱困成果，与提高职工生活品质有效衔接，推动改革发展成果更多惠及广大职工群众。随着时代发展和社会进步，人民对美好生活的向往更加强烈，我们要认识到，提高职工生活品质，是一个长远的目标，是党中央交给工会组织的政治任务，是推进中国式现代化、实现全体人民共同富裕的重要组成部分；也是一个崭新的方向，是我们在保障生活困难底线、保障职业安全底线的基础上，权益保障工作迈上的新台阶、打开的新局面；更是一个重要的抓手，是工会团结凝聚广大职工，充分调动职工积极性、服务大局的一个重要举措。

落到具体工作中，就要紧紧围绕新时代、新形势、新要求，做到"胸中有大局、心中有职工"。胸中有大局，就是要牢记"国之大者"，找准工会工作与中心任务的结合点、切入点、着力点，比如"安康杯"有力结合了生产安全的要求和职工的安全权益，"幸福直通车"有效结合了营商环境的需要和职工的生活品质，开辟全新的服务模式，都是很好的、可以借鉴的思路。心中有职工，就是要站稳"职工立场"，不单单是发发物资、搞搞活动这么简单，要设身处地为职工考虑、为职工服务，以心换心感动职工，让他们对工会有归属感、荣誉感。

二、强化支持，落实责任，推动形成环环相扣、层层助力的工作格局

多年来，各级工会在职工服务工作上做了很多工作，积累了很多经验，做出了自己的特色。但对照新时代高质量发展的要求，还存在一些工作壁垒。大家要进一步打开视野、打开思路、打开格局。要认识到，提高职工生活品质，是一项系统工程。

在宏观层面，要创造好的环境条件，包括政策环境、资源条件、工作指导等。在联动政府部门、集聚社会资源基础上，积极探索赋能基层工会的方式方法。比如，"午餐难"实事项目，不仅改善"看得见摸得着"的用餐条件，还提炼了五大类解决方案和十佳案例；"幸福直通车"项目，为各级工会提供"零预算"职工关爱服务的同时，也集聚了很多优质商户；品质提升试点工作，全国首创的互学互访交流机制，充分发挥了工会网络的优势，搭建了有效的跨界交流的平台。

在微观层面，要具体抓推动、抓落实。今天参加会议的大部分是基层工会。基层工会是直接面对职工、服务职工的一线阵地。职工需要什么，你们有第一人称视角；职工是否满意，你们掌握第一手信息。大家要用好现有的资源和平台，积极争取党委行政的大力支持，认真打造或完善适合本单位情况的特色项目，确保各项工作落地见效。

三、提前筹划，精心组织，持续擦亮工会服务品牌

临近年关，各级工会要把贯彻落实工会十八大精神，与工作实际结合起来，提前筹划好2024年的各项工作。

一是聚焦重点，加强调研。职工的所需所想是要靠我们主动关心、主动了解得来的。各区局（产业）工会要加强对一线情况的排摸调研，尤其是了解职工共性的需求、一线职工的追求、特殊群体的诉求。各级要加强职工对各项工作反馈的收集，做一些有针对性地优化改善。各试点单位也可以相互交流、分享、探讨各自的调研情况，起到"1+1>2"的作用。

二是聚焦品牌，深化服务。"暖心关爱""安康护航""品质提升"三大行动，包含了巩固城市解困脱困成果的底线、守护职工职业生命健康的红线、提升职工生活品质的服务线。一年下来，三大行动已经成为深入人心的工会品牌。各区局（产业）工会要充分发挥品牌影响力，推动三大行动做深做实。同时也要推动自身工作的系统化、品牌化，打造各具特色的工会服务品牌。

三是聚焦项目，推动实事。会上预告了市总工会2024年十大服务职工实事项目。各级工会要把实事项目作为倾听职工呼声、解决职工困难的重要抓手，将市级层面的项目与本级的工作规划有机结合，持续完善制度、机制建设。各区局（产业）工会要尽早谋划，形成具有本级特色的2024年项目清单。

抓住财务资产助力工会大局发力点
切实提高服务保障水平

张立新

一年来，全市工会坚持以习近平新时代中国特色社会主义思想为指导，聚焦主责主业、围绕中心大局，在预算管理、经费收支、制度建设、职工服务阵地"两性两化"建设、财务资产综合管理等方面取得了较好成效。当前和今后一个时期，各级工会要认真学习领会总书记考察上海重要讲话精神，锐意进取、开拓创新，切实提高服务保障水平，不断夯实服务保障基础，有效发挥服务保障效能，奋力开创上海工会财务资产工作新局面。

一、提高政治站位，增强整体大局观

（一）充分认识经费收缴的重要意义。经费收缴是工会提升服务职工能力的重要保障，是开展各项工作的有力支撑。要继续提高经费收缴的法制意识，严格落实经费收缴的制度要求，严禁截留、挪用经费。要进一步发挥上海工会经费自主收缴的优势，建立经费收缴考核与年度转移支付补助相挂钩的机制，激励各级工会把经费收缴工作摆在突出位置，保证工会经费总盘子稳步增长。

（二）充分认识预算管理的重要意义。要坚持"四个加强""三个不得"原则，科学编制年度预算，进一步提高预算管理科学化、规范化水平。要参照《上海市总工会预算项目库管理办法（试行）》，逐步建立和完善本地区本系统的预算项目库，不断强化项目全生命周期管理。要落实《上海工会项目支出绩效评价实施细则（试行）》，积极采用单位自评、引入第三方等方式开展预算项目绩效评价，在持续扩大绩效评价覆盖面的基础上，推动工作走深走实。

（三）充分认识资产管理的重要意义。要把资产管理作为深化改革创新、加强自身建设的重要抓手，有针对性的做好各类基础性工作，强化确权、及时统计、动态管理，确保资产安全，严防资产流失，努力实现资产保值增值、有效利用。市总所属的、存在自有收入的企事业单位要加强经济效益管理，明确经营考核指标、分析资产盈利能力，在坚持公益性服务性方向不变的基础上，力争降本增效。

二、强化管理水平，坚持创新大方向

（一）加强制度体系建设。各级工会要坚持问题导向、目标导向，及时了解政策落实各个环节的难点堵点，善于发现工作开展过程中的瓶颈制约，着手《上海基层工会经费收支管理实施办法》的修订工作。各区局（产业）工会要依据《上海市基层以上工会支出管理暂行办法》《上海市基层以上工会经费支出政策口径》，制定本地区本系统的基层以上工会经费支出实施细则，细化项目、明确标准、分级管理，确保基层以上工会经费使用合理规范。

（二）加强工人文化宫阵地建设。各区总工会要以工人文化宫"两性两化"试点工作为抓手，建立职工文化阵地运转长效机制，推动职工文化阵地高质量发展。要严格按照《坚持公益性服务性方向，推进上海工会职工文化阵地社会化市场化运作的实施细则》《工人文化宫"两性两化"试点有关政策口径解释》要求，结合实际开展调研，有力探索符合实际的"两性两化"运作模式，办好工人文化宫。

（三）加强干部队伍建设。各级要重视和关心财务资产干部的培养，主动提供学习机会和工作平台，从思想淬炼、政治历练、实践锻炼、专业训练四个维度，锤炼一支对党忠诚、心系职工、专业精通、风清气正的财务资产干部队伍。财务资产干部要深入学习贯彻总书记关于工人阶级和工会工作的重要论述，强化服务意识，提升自身素质，切实解决实际难题，做到关键时刻冲得上去、重要任务扛得下来。

三、提升监督质效，把握从严主基调

（一）明晰财务资产监督的政治属性。新时代工会系统财务资产监督，是加强党对财会监督工作全面领导的重要举措，是提升财务资产规范化管理水平的具体抓手。各级要胸怀"国之大者"，树立正确的监督思维理念，找准出发点，盯牢基本面，完善方法论，公平公正、实事求是做好财务资产监督工作。

（二）加大重点工作财务监督力度。各级工会要贯彻全总、市总工作部署，聚焦预算绩效评价、经费支出管理办法执行情况，小额缴费工会组织工会经费全额返还支持政策落实情况等，扎实开展专项财务监督，确保取得实效。各区局（产业）工会要压实主体责任，按照"下管一级"原则，推进本地区本系统财务监督全覆盖。

（三）规范基建项目的监督管理。各直管单位要严格按照《关于加强和规范市总工会本级重大建设项目监督管理的实施意见》《市总工会本级小改小建项目工程管理实施办法》要求，进一步加强对重大建设项目和小改小建项目的监督管理，规范建设程序和投资行为，提高资金使用效益和项目管理水平。

扎实有力做好本年度工会系统劳动关系各方面工作

赵德关

根据上海市工会第十五次代表大会总体部署和市总主要领导指示要求，2023 年本市工会系统劳动关系条线工作的总体思路是：围绕推进企事业单位民主管理、多元预防调处化解劳动领域矛盾纠纷、防范化解劳动领域重大风险、开展职工法律服务、联系引导社会组织以及加强劳动领域普法与依法治理等方面开展工作，切实维护职工合法权益，推动构建和谐劳动关系，维护劳动领域政治安全。结合当前工作实际及下阶段工作安排，着重抓好以下四方面工作。

一是加强群体性劳资纠纷预防预警和联动调处工作。今年以来，本市职工队伍总体稳定。今年上半年，上海工会群体性劳资纠纷履职平台收到的预警、纠纷和舆情 110 件，同比上升超过 30%，特别发生了浦发银行、特斯拉、一兆韦德、红星美凯龙、富士康、比路电子、克莉丝汀、家乐福等具有较大社会影响的群体性事件，市委和全总高度关注，郭芳副市长、钢森主席先后作出重要批示。目前，在浦东、黄浦、闵行、普陀、松江、青浦、临港等区局（产业）工会联动调处下，事态已趋于平稳，部分已平息。下阶段，我们还是要以"时时放心不下"的责任意识，抓早抓实劳动领域各类影响安全稳定突出风险隐患的排查预警和防范化解。一方面，要盯紧规模性裁员、劳动关系变更、欠薪欠保等近期较为突出的劳动领域风险点，及时发现和研判隐患矛盾；另一方面，要提高政治敏感性，要从人数、金额、传播媒介、社会影响等方面综合判定涉稳风险，既要主动上报、过程管理，防止长期亮红灯，避免信息不对称。这里特别强调，要加强劳动领域涉稳涉政治安全情报信息报送工作，全总要求对于各地发生影响职工队伍稳定、劳动领域政治安全的重要紧

急情况以及涉稳涉政治安全重大事件应在事发后 1 小时内上报全总，一般劳动领域涉稳政治安全事件应在 48 小时内报送。近期，市总层面也将研究完善相关工作机制，各区局（产业）工会要进一步做好相关纠纷、预警和舆情的报送工作，我们将对报送情况进行通报、考核。

二是推动民主协商、民主制度建设提质增效。去年以来，市工会会同浦东、杨浦、普陀、青浦等区总工会，积极推动饿了么、美团、叮咚、盒马以及圆通、中通、韵达、极兔等互联网平台建立民主协商、民主管理制度。下阶段，我们要全面推广新就业形态民主协商、民主管理多元模式，推动总部在沪互联网平台企业普遍建立民主协商制度，并重点督促、推动各类协商成果落地落实。今年以来，我们积极推动部分市属国有企业建立集团层面职代会制度，以及本市知名外资企业、百强互联网企业和民营企业建立职代会等民主管理制度。如，绿地集团、联合投资建立了集团层面职代会制度；长宁、杨浦工会分别指导科大讯飞和 B 站召开了一届一次职代会。下阶段，各区局（产业）工会要结合实施"和谐劳动关系建设优化指导服务"市法治为民办实事项目，重点聚焦建制环节，按照本年度重点企业建制工作推进清单，抓好落实。

三是推动工会多元解纷、法律服务信息化建设。上海工会"劳动争议调解"服务将于今年 8 月底前，接入由市司法局牵头的"随申办"系统"解纷一件事"平台，市、区两级17 家职工法律援助中心将全部纳入解纷机构库的行业性专业性调解组织，实现工会劳动争议调解线上和线下"一口"受理的双通道。各区总工会要积极做好系统介入、平台受理和调解等工作，加大工会调解在职工法律服务供给中的比重。同时，进一步加强法律援助站点信息化建设，推广静安、宝山等区工会探索在"随申办"各区应用场景开发工会法律服务通道，使职工寻求法律服务更加便捷高效。

四是加快推进召开本年度政府与工会联席会议。2022年度市政府与市总工会联席会议已于去年 11 月召开，各区总工会要普遍在 9 月底前，按照"1+X"议题协商模式，完成区级层面联席会议的召开。同时，进一步指导各街道（乡镇、园区）普遍运行联席会议制度，并因地制宜建立健全联席会议议题的征集提出、协商确定、督促落实等配套制度，形成多级联席会议上下联动的工作格局。下半年，市总工会还将梳理、建立"本市政府与工会联席会议议题库"，各区局（产业）工会要积极配合。

切实发挥经审委员常态化作用　做好委员履职工作

庄　勤

《中国工会章程》明确："各级工会代表大会选举产生同级经费审查委员会。工会经费审查委员会向同级会员大会或会员代表大会负责并报告工作。"加强经费审查委员会建设，必须有效发挥经审委员的作用。

一、经审委员履职基本情况

目前，经审委员履职方式集中体现为：一是按要求参加会议。如：经审委员除列席市总全委会外，每年按时参加经审全委会，讨论市总工会本级工会经费预算、本年度经费预算执行情况、预算调整方案、决算草案等，做出审查决议；讨论审定向市工代会和全委会提交的市总经审会工作报告；讨论通过市总工会经费审查工作制度、办法和经审工作考核、表彰等重要事项。二是贯彻落实目标任务。经审委员结合工作实际，将市工代会确定的目标任务、市总工会年度重点工作内容，在其所在系统、单位，通过审查和审计的方式跟踪政策贯彻落实情况；密切联系本系统本单位职工群众，及时反映职工群众呼声，帮助协调解决职工群众的困难。三是参与调研或专项工作。如邀请部分经审委员参加对市总法律援助专项资金、劳模待遇与劳模资金使用情况等开展专项审计等。

二、经审委员履职存在的主要问题

（一）部分经审委员履职意识不强。调研发现，部分经审委员尤其是基层一线代表，委员履职意识还不强，仅停留在按时参加市总经审会议，讨论发言不够积极；也有一些感到对上级工会情况了解不多，不会履职、不敢履职。一些身兼数职的委员，由于日常工作繁忙，从委员履职角度跨前思考、主动作为的意识还不强。

（二）常态化履职成效还不明显。主要原因：一是履职方式比较单一。受制于日常经审全委会频次不高、会期较短等，造成在会议期间的履职不够充分；代表、委员参与市总专项工作和专题调研，受限于调研、会议规模，实际参与面不够广泛。二是履职要求不够细化。2018年7月，市总工会出台关于加强市工会代表大会代表和市总工会委员履行职责的意见（试行），由于对代表、委员履职要求比较原则，没有具体的指标要求，同时缺少跟踪落实，造成委员履职成效不明显。三是履职评价体系不够完善。缺少对经审委员履职工作考核评价和激励机制，履职积极性没有被充分调动。

（三）履职培训力度有待进一步增强。一是履职培训还不够"专"。现有的各类工会干部培训从加强经审委员履职的角度出发，专门开发设计课程，开展专题培训，交流履职工作尚显不足。二是履职培训还不够"多"。对于经审委员的培训一般安排在每年一次的经审干部年度培训中，由于时间较紧，培训内容以介绍工会审计政策为主，长效化、常态化轮训体系尚未建立。三是培训内容针对性还不够"强"。日常培训内容主要还是涉及会议精神传达、重点工作推进，针对经审委员提高审计工作水平等方面的培训还不够多。

（四）经审委员队伍稳定性不够强。调研发现，一些基层一线尤其是非公企业的代表，届内岗位流动较快，一定程度上造成履职不能延续。同时，工作实践中，由于退休、岗位调整等原因，委员届中调整的情况也较普遍，替补的经审委员上任后，对工会和经审会工作需要熟悉了解，一定程度上影响了作用发挥。

三、关于进一步发挥经审委员作用的举措

一是切实加强对经审委员思想政治引领。坚持用习近平新时代中国特色社会主义思想武装头脑，教育引导广大代表、委员深刻认识新时代上海工会面临的新形势新任务和职工群众对工会组织的新期待新要求，凝聚思想共识、依法主动履职。坚持增强经审委员的使命意识、责任意识，支持他们在履职中充分发挥好桥梁纽带作用。

二是持续深化经审委员履职工作。高度重视经审委员的参会权，支持委员对工会的预决算提出意见和建议。根据实际，市总经审会通过专题调研、参加视察等方式，围绕市总工会有关重大决策、重要工作、重点项目和职工群众关心的热点问题，组织委员进行调研审查。

三是建立健全委员联系基层机制。突出关键少数，聚焦委员，以委员履职尽责带动代表履职尽责。在《上海市总工会经费审查委员会委员履职办法（试行）》中，明确履职方式除参会以外，还要求委员每年参加1次调研（座谈会、研讨会）、完成1次经审培训、参与1次年审实务工作、指导1次审计监督工作、提出1条经审意见等。

四是切实提升经审委员履职本领。探索采取以"审"代训方式，安排经审委员参与重点审计项目，在实践中提升经审工作本领。开展多种形式的履职工作交流，及时总结推广发挥代表、委员作用取得的成效和方式方法。

专　记

学习贯彻习近平新时代中国特色社会主义思想主题教育

【开展学习贯彻习近平新时代中国特色社会主义思想主题教育】 2023年，市总工会机关牢牢把握"学思想、强党性、重实践、建新功"总要求，围绕中心服务大局，聚焦"忠诚党的事业、竭诚服务职工"的职责使命，党组书记履行第一责任人职责，班子成员落实"一岗双责"，以上率下，推动主题教育与工会工作高质量发展互促并进。设立"3个日"学习制度(每周一"集中学习日"、每周四"调研日"、周末双休日利用半天时间"自学日")，班子成员领读习近平关于工人阶级和工会工作的重要论述以及党中央、市委规定的学习书目等材料，机关各部室和各直管单位党组织主要负责人在所在单位领学研学，带动青年党员职工开展上海职工直播课堂、"我会我来说"交流会、"青春心向党，奋进新征程"青年理论学习分享会等学习活动。及时跟进学习总书记"五一"重要指示、中国工会十八大、市第十五次工代会精神等。与市司法局党委联组学习，赴中科院上海高等研究院大科学装置和上海航天设备总厂参观见学，赴中国劳动组合书记部旧址陈列馆、沪西工人半日学校历史陈列馆、三山会馆等开展红色工运寻访活动。制定《市总工会领导班子主题教育调查研究工作实施方案》，班子成员领题调研，深入到园区、企业等开展调研194次，形成"破难题，促发展"举措18项，提出对策建议162条。拓展充实民生项目清单，持续深入开展"我为职工办实事""一个支部一件实事"活动，办好群众身边好事实事73件，优化形成"新就业形态劳动者权益协商协调、困难职工梯度帮扶、群体性劳动关系矛盾防范化解、促进安全生产、劳动争议诉裁调对接"等5方面制度机制。深入开展工会系统作风建设专项行动，制订《关于在上海市总工会第十五届委员会委员中开展赴基层蹲点调研活动方案》，各级工会成立310个蹲点工作组，共安排689名干部赴基层蹲点。

（马育群）

【浦东新区总工会主题教育取得实效】 第二批主题教育展开后，浦东新区总工会通过落实"联"的机制、注重方法运用、对标先进经验扎实推进主题教育取得实效。坚持把"四联"工作机制作为重要载体和抓手，推动思想解放、认识提升、责任抓实。与区教育局、区民政局协同，最大限度地把社会组织职工吸纳到工会组织中来；与区人社局、区司法局、区市场监管局、区邮政管理局等部门共同推进平台企业集体协商机制、组织关心关爱活动等方面推出新举措。与浦东电信局党委开展联组学习，在数智工会建设、劳动技能竞赛等方面开展深度合作。与中国移动、咪咕视讯、联仁健康、数字产业等企业，就工会数字化转型开展联动协作。与区检察院围绕"工会＋检察院"职工劳动权益保障工作，联合签署《关于共同推进职工劳动权益保障构建和谐劳动关系工作的合作协议》。坚持把理论学习、调查研究、推动发展、检视整改等贯通起来，有机融合、一体推进。注重抓好主题教育与党建工作相结合，推动落实全面从严治党主体责任，并以务实举措着力向基层党支部延伸，推进模范机关和文明处室创建和"三进三服务"工作，形成区总工会机关党建品牌体系。注重抓好主题教育与中国工会十八大、市第十五次工代会和区第五次工代会确立的目标任务相结合，打造浦东"劳模故事汇"品牌项目，深化"奋进新征程、建功引领区"主题劳动和技能竞赛，积极推进职工品质生活集约平台建设，探索加快浦东数智工会建设，不断在工作实践中深化主题教育成效。将"浦江经验""枫桥经验""四下基层"等内容纳入学习，着力破解工会工作的难点堵点。打通重点企业建会难点，实行包干联系制，形成4个工作专班，以上率下深入开展工作督导和业务指导，圆满达成16家重点企业建会任务。盯紧重点人群，提升新就业形态劳动者服务能级，构建一张服务阵地布局图，全区370余个阵地全部向户外职工开放；规范一套服务标准，统一"浦东户外劳动者服务"绿色标识，延伸6项基础配置。合力打造楼宇"枫桥经验"，成立区联合调解中心工会分中心——陆家嘴工作站，组建"工会维权干部＋公职律师＋购买社会律师"法律服务团，探索形成"五联促调"一站式立体维权机制。（吴周筠）

【虹口区总工会、区体育局开展主题教育读书班暨联组学习】 10月31日，虹口区总工会党组、虹口区体育局党组开展主题教育读书班暨中心组(扩大)联组学习会。区委主题教育办第二联络组组长李宏磊、第五联络组组长高大石、区纪委监委第二派驻纪检监察组组长林崇到会指导，区总工会领导班子成员、区体育局领导班子成员参加学习。会议由区总工会党组书记、副主席、区体育局党组书记周静主持，区体育局局长王维参加。会上，区总工会副主席杨海涛、曹玉杰，区体育局副局长李希恩、金力炜结合深化学

4月13日，市总工会机关系统召开学习贯彻习近平中国特色社会主义思想主题教育动员会

（黄春华）

习习近平新时代中国特色社会主义思想和自身工作作学习体会交流。周静指出，今年区总工会与区体育局在为全区职工群众提供丰富的文体产品供给作了很多有益的探索和尝试，产生了1+1>2的合力作用，取得了积极的成果。接下来区总工会和区体育局要继续以开展主题教育为契机，进一步深化联合、联动、联建，推进虹口工会工作和体育工作再上新台阶。她强调，要坚持提高站位，增强学思践悟的责任感使命感；要坚持抓细抓实，强化理论武装的系统性指导性；要坚持守正创新，提升各项工作的引领力感染力。区总工会、区体育局全体人员参加学习。

（马伟杰）

【虹口区总工会召开学习贯彻习近平新时代中国特色社会主义思想主题教育读书班】 10月10—11日，虹口区总工会组织召开学习贯彻习近平新时代中国特色社会主义思想主题教育第一期、第二期读书班。第一期读书班以原汁原味读原文及经验交流研讨的形式展开。区总工会党组书记、副主席周静主持会议，区总工会全体处级领导班子成员参加学习。周静领读《习近平著作选读》第一卷《人民对美好生活的向往，就是我们的奋斗目标》篇目，她和区总工会副主席杨海涛、曹玉杰、万滨依次作了交流发言。第二期读书班以集中理论学习、观看视频党课、领导领学和研讨交流的形式展开。以"践行新思想，做职工群众最可信赖的'娘家人'"为主题，重点学习《习近平新时代中国特色社会主义思想专题摘编》《习近平著作选读》部分篇章。周静作题为《坚持走自己的道路发展现代化》教育宣讲。最后，周静在讲话中指出，本期读书班以多样化形式开展学习，既是为了全方位深入了解习近平新时代中国特色社会主义思想，也是为了将理论学习更好地运用到实际工作中去，切实提高工作效能。

（马伟杰）

【静安区总工会召开学习贯彻习近平新时代中国特色社会主义思想主题教育动员大会】 9月15日，静安区总工会召开学习贯彻习近平新时代中国特色社会主义思想主题教育动员大会，对区总工会主题教育进行全面动员和部署。区总工会党组书记、副主席许俊讲话，区总工会副主席黄亚芳主持。区委主题教育领导小组办公室第五联络组组长陆颖参加。会上，黄亚芳传达市学习贯彻习近平新时代中国特色社会主义思想主题教育第一批总结暨第二批部署会议、静安区学习贯彻习近平新时代中国特色社会主义思想主题教育动员大会相关精神。许俊指出，要结合静安工会实际，深刻把握开展主题教育的重大意义，深刻把握开展主题教育"学思想、强党性、重实践、建新功"的总要求，确保主题教育走深走实。9月份，静安区总工会围绕"推动高质量发展""文化自信自强""全面从严治党"等主题，开展四期深入学习贯彻习近平新时代中国特色社会主义思想主题教育读书班。

（王于辰）

【闵行区总工会、区人社局开展主题教育联组学习】 10月17日，闵行区总工会、区人社局党组中心组召开主题教育联组学习。双方围绕"学习习近平总书记关于民生工作的重要论述，构建和谐劳动关系、促进闵行高质量发展"开展集中研讨。区人大常委会副主任、区总工会主席杨其景参加学习，传达学习贯彻中国工会十八大精神。会议由区人社局党组书记、局长沈萍主持。双方中心组成员围绕学习习近平总书记考察江西重要讲话精神，《党的十八大以来习近平总书记对上海工作的重要指示汇编》，进行交流研讨。区委主题教育第一联络组组长赵芝娟、第三联络组组长张平到会指导。

（王 凯）

【闵行区总工会召开主题教育活动暨中心组学习（扩大）会】 10月25日，闵行区总工会召开学习贯彻习近平新时代中国特色社会主义思想主题教育活动暨中心组学习（扩大）会，全体干部职工参加。会上，区总工会党组书记、副主席朱冬梅传达习近平总书记同中华全国总工会新一届领导班子成员集体谈话时的重要讲话精神，领学最新修订的《中国工会章程》。全国五一劳动奖章获得者、全国十大"最美职工"、上海爱登堡电梯有限公司首席技师潘阿锁以《当个好员工，成就工匠梦》为题，讲述了个人成长奋斗经历。

（王紫安）

【嘉定区总工会举办学习贯彻习近平新时代中国特色社会主义思想主题教育读书班】 9月26日，嘉定区总工会学习贯彻习近平新时代中国特色社会主义思想主题教育读书班开班。区总工会党组书记、常务副主席李敏主持会议，区总工会全体处级领导班子成员参加。李敏在讲话中指出，要以此次主题教育为契机，坚持不懈用党的创新理论武装头脑，全面学习把握习近平新时代中国特色社会主义思想的科学体系和精髓要义，坚定自觉地捍卫"两个确立"、做到"两个维护"，始终同以习近平同志为核心的党中央保持高度一致。随后，开展了"推进主题教育，领悟初心使命"主题党日活动，复旦大学星火党员志愿服务队成员、复旦大学公共卫生学院2021级硕士翁冰冰作专题宣讲，并现场观摩了红色电影《望道》。

（张 舒）

【金山区总工会召开学习贯彻习近平新时代中国特色社会主义思想主题教育动员大会】 9月15日，金山区总工会召开学习贯彻习近平新时代中国特色社会主义思想主题教育动员大会。区人大常委会副主任、党组成员，区总工会主席蒋雅红出席会议并讲话，区委主题教育办第四联络小组组长周金龙及组员到会指导。区总工会党组书记、副主席朱新阳作动员讲话。区总工会党组成员、副主席邢扬主持会议。区总工会副主席、党组成员孙素华传达学习中央、市委、区委主题教育相关会议、文件精神。蒋雅红指出，要充分认识开展主题教育的重大意义，持续深学细悟习近平新时代中国特色社会主义思想，围绕中心服务大局推动工会工作取得新成效。要提高政治站位，切实增强开展主题教育的使命担当；要围绕中心任务，统筹推进主题教育和业务工作；要精心组织实施，推动主题教育取得实效。朱新阳要求，要认真学习贯彻中央、市委、区委精神，全面把握开展主题教育的重大意义和目标要求，始终在思想上政治上行动上同以习近平同志为核心的党中央保持高度一致。要锚定目标任务、抓好重点环节，将理论学习贯穿主题教育始终，深入开展调查研究，推动高质量发展，对标对表开展检视整改，扎实推进党支部主题教育，全力推进主题教育各项工作。要加强组织领导，区总工会党组成立主题教育领导小组，发扬严实作风，强化宣传引导，确保主题教育取得实实在在成效。区总工会领导班子成员、区管三级调研员、区总工会机关各级党组织党员、区总工会党组主题教育领导小组办公室成员参加会议。　　　　（翁引明）

【金山区总工会分别与金光村、武警上海总队执勤五支队三大队开展主题教育联组学习】 9月26日，金山区总工会与金光村开展学习贯彻习近平新时代中国特色社会主义思想主题教育联组学习。区委主题教育办第四联络组副组长何国忠和组员到会指导。区总工会党组领导班子成员，漕泾镇总工会班子成员，区总中层以上干部，金光村两委班子成员、党小组长参加。本次联组学习，邀请区委党校副教授孙百灵作题为"全面推进乡村振兴 率先实现农业农村现代化"讲座。学习会还邀请专职签约律师上海市群成律师事务所金晨洁开展"以案释法"案例解析普法宣传。10月10日，区总工会与武警上海总队执勤第五支队执勤三大队开展主题教育联组学习。本次联组学习，邀请全国劳模陈林根主讲"奋斗兑现蘑菇梦 劳动创造新奇迹"。区总工会党组领导班子成员、区总工会三级调研员、武警执勤三大队官兵参加。　（翁引明）

【金山区总工会学习贯彻习近平新时代中国特色社会主义思想主题教育读书班开班】 9月25日，金山区总工会学习贯彻习近平新时代中国特色社会主义思想主题教育读书班开班，区总工会党组书记、副主席朱新阳作开班动员。他指出，要讲政治、强党性，抓紧抓好理论学习；要读原著、悟原理，学深悟透思想精髓；要转作风、求实效，示范带动学以致用。区委主题教育办第四联络小组成员到会指导。区总工会领导班子成员，区总工会机关全体党员参加。随后，朱新阳围绕《回顾百年奋斗史，奋进时代新征程——党领导下的百年红色工运历程与深刻启示》主题上党课。他从新民主主义革命时期、社会主义革命和建设时期、改革开放时期、中国特色社会主义新时代4个历史阶段，回顾了党领导下百年来中国工运的奋斗历程，并结合金山工会工作实际提出了4点要求：一是要以主题教育为契机，不断开创金山工运事业发展新局面；二是要把握时代主题，充分发挥工人阶级主力军作用；三是要构建和谐劳动关系，维护劳动领域政治安全；四是要坚持改革创新，不断实现职工群众的愿景期盼。区总工会副主席、党组成员孙素华作主题教育读书班工作部署。10月24日，区总工会组织全体党员赴北外滩、三山会馆开展读书班现场教学。　（翁引明）

【金山区总工会召开主题教育课题调研成果交流会】 12月13日，金山区总工会召开学习贯彻习近平新时代中国特色社会主义思想主题教育课题调研成果交流会。区总工会党组书记、副主席朱新阳主持会议并讲话，区委主题教育办第四联络小组组长周金龙及组员到会指导。区总工会领导班子成员，亭林镇、吕巷镇总工会主席，区总工会各部室负责人，区工人文化宫负责人参加会议。会上，区总工会领导班子成员及联合调研课题亭林镇、吕巷镇总工会主席分别作调研课题交流汇报。朱新阳强调，要在思想认识上再提升，把调查研究和理论武装统筹起来，理论指导实践，巩固扩大主题教育成果；要在整改落实上再用功，强化问题导向，结合调研中发现的突出问题，推动检视问题持续拓展、整改落实持续发力；要在成果转化上再用力，坚持"实"的导向，把调研中发现的好经验、好做法总结固化为长效机制，推动新就业形态劳动者入会、金山工匠培养选树等工作取得新突破，推动金山工运事业高质量发展。周金龙充分肯定主题教育专题调研成效，他指出，要持续用力，通过调查研究发现问题，解决问题；要破解难题，保持坚韧不拔的毅力，以攻坚克难的精神推动工作进一步开展；要建章立制，保持工作的常态化长效化；要推动高质量发展，注重成果转化，以久久为功的韧劲，开创金山工会工作新局面。
　　　　　　　　　（翁引明）

【松江区总工会召开学习贯彻习近平新时代中国特色社会主义思想主题教育部署会】 9月20日，松江区总工会党组召开学习贯彻习近平新时代中国特色社会主义思想主题教育部署会。区总工会党组书记、副主席徐青主持会议并讲话，区总工会党组成员、副主席余永丰作工作部署。会上，徐青要求，要提高政治站位，深刻认识主题教育的重大意义，切实增强开展好主题教育的责任感和使命感；要坚持实干笃行，全面掌握目标任务，推动主题教育各项工作走心走深走实；要加强组织领导，注重统筹推进，推动主题教育取得实效。区总工会党组领导班子成员、二级巡视员、机关党总支及下属各党支部负责人，全体在职党员及离退休党员代表参加会议。（杨佳玲）

10月30日，松江区总工会、团区委、区妇联召开学习贯彻习近平新时代中国特色社会主义思想主题教育联组学习会
　　　　　　　　　　　　（朱剑欢）

【松江区总工会分别与农业银行松江支行党委及团区委、区妇联开展主题教育联组学习】 10月，松江区总工会分别与农业银行松江支行党委及团区委、区妇联开展学习贯彻习近平新时代中国特色社会主义思想主题教育联组学习。11日，区总工会党组与农业银行松江支行党委开展读书班联组学习会，通过现场教学、主旨发言、红色宣讲等方式，推动主题教育走深走实。区总工会党组成员、副主席余永丰和农业银行松江支行党委委员、副行长徐世峰等围绕"全过程人民民主"主题，结合各自工作作主旨发言。区总工会一行现场观摩农业银行松江支行"新时代金融职工讲习堂"，观看《红色印记》《流金岁月》视频课程。区总工会经审会主任杨辉兰，区总工会党组成员、副主席余永丰，区总工会副主席、机关党总支书记金莺，分别原文领学《党的二十大报告》《习近平著作选读》《习近平新时代中国特色社会主义思想专题摘编》关于"全过程人民民主"部分内容。30日，区总工会、团区委、区妇联在区工人文化宫开展联组学习，以开设微课堂、原原本本学原文和深入研讨交流的形式开展学习。区委主题教育领导小组办公室第四联络组组长殷仁明，区总工会、团区委、区妇联班子领导、中层干部出席学习会。会上，3家单位就产学研结合、青年职工求职交友等工作进行深入沟通交流。 （高秀珍、杨 韵）

【崇明区总工会召开学习贯彻习近平新时代中国特色社会主义思想主题教育部署会】 9月21日，崇明区总工会召开学习贯彻习近平新时代中国特色社会主义思想主题教育部署会。区总工会党组书记、副主席秦文新出席并主持会议。区总工会领导班子成员、区总工会机关全体工作人员及所属党支部全体党员参加会议。秦文新就认真学习、深刻领会中央、市委、区委主题教育部署会议精神，不折不扣抓好贯彻落实，提出3点意见，要切实提高政治站位，深刻认识主题教育的重大意义；要创新落实重点措施，推动主题教育有力有序开展；要切实加强组织领导，确保主题教育取得实实在在成效。 （袁佳琪）

【仪电工会开展工会干部学习贯彻习近平新时代中国特色社会主义思想主题教育专题辅导】 4月19日，市仪表电子工会组织系统工会干部开展学习贯彻习近平新时代中国特色社会主义思想主题教育专题辅导报告会，来自仪电工会第七次代表大会代表、各基层企业工会主席等130余人参加学习。报告会上，上海工会管理职业学院党委书记王厚富作题为《学习领会习近平总书记关于工人阶级和工会工作的重要论述》的专题辅导，全面系统地阐述习近平关于工人阶级和工会工作的重要论述的形成脉络、基本内涵和实践要求，为仪电系统工会条线的党员、干部开展好习近平新时代中国特色社会主义思想主题教育，以主题教育新成效推动工会工作新发展，团结引导职工听党话、跟党走提供帮助。 （周黎俊）

【上港集团工会化主题教育成效为服务职工实效】 2023年，上港国际港务(集团)股份有限公司工会在集团党委的统一领导下积极开展主题教育，并立足工会主业主责，加强集中学习和调查研究，突出锤炼党性、突出学深悟透、突出解决问题、突出提升能力，将服务职工作为推进主题教育活动的重要抓手，扎实开展"一个工会一件实事"活动，不断满足职工对美好生活的向往。制订下发《开展"一个工会组织一件实事"活动实施意见》，将其与年度服务职工实事形成"N+1"工作机制，持续推进服务职工工作。广大工会干部依托"三级联系机制"广泛倾听职工心声，聚焦职工最关心最直接最现实的问题，通过长效实事项目和年度实事项目相结合的方式，统筹安排建立契合需求的服务职工实事项目清单。各级工会组织将为职工办实事开展情况作为向党组织报告工会工作的重要组成部分，同时积极加强与行政方的协调沟通，争取更大支持。每个项目均有专人负责、有计划措施、有跟踪推进、有监督考核。坚持将职工满意度作为实事项目成效的评价标准，组织开展职工满意度测评，并在职工(代表)大会或会员(代表)大会上进行报告，报集团工会备案。对测评中收集的意见和建议认真进行分析，并制订改进措施。

（张 容）

【上海电信打造主题教育"劳模讲堂"】 2023年，根据中国电信集团主题教育领导小组的统一安排部署，上海电信工会上海市委员会创新打造"劳模讲堂"开展宣传贯彻活动。6月2日，"劳模讲堂"先后来到金山分公司和奉贤分公司。在金山分公司，上海电信工会副主席金小铭和两届全国党代表、全国劳模邱莉娜为"劳模讲堂"揭牌。"劳模讲堂"分两个环节，在"劳模宣讲"环节，来自不同领域的劳模代表以主题演讲的形式，总结在主题教育活动中所学所获所感，结合自身经历、成长体会分享故事，并就自身所在的工作领域，分享工作经验、专业成果和技术技能，大力弘扬劳模精神、劳动精神和工匠精神。在"劳模座谈"环节，一线员工代表与劳模面对面座谈。在活动开始前，相关单位会先收集来自基层一线关于"产数销售""强基深改""客户服务"和"网络维护"4个方向的"疑难杂症"，在活动中让劳模代表和一线员工充分沟通，进行思想碰撞，在互动中延伸新的问题，促进双方更深入的思考。 （殷 茵）

【市教育工会举办学习习近平用典大赛复赛】 6月10日，市教育工会举办的"学思践悟二十大精神，踔厉奋发伟大新征程——上海教工学习习近平用典大赛复赛"在上海交通大学闵行校区档案文博管理中心举办。来自全市教育系统67家单位的96支队伍同台竞技。复赛分两场进行，围绕习近平总书记在重要讲话和文章中引用的典故展开，以2人团队形式现场答题。第一环节为必答题环节，选手需在答题板上完成作答。题目涵盖历史、文学、政治等各个领域，考验选手对典故的领悟能力。第二环节为抢答题环节，这不仅是智慧和记忆的考验，更是理解和反应的考验。简答题拓展延伸了典故的内涵，选手结合时政和工作实际精准阐述，更体现扎实的理论基础和实践体悟。 （陈晓丹）

【上海城投集团工会举办主题教育成果展示暨青年职工理论学习分享会】 9月27日，上海城投主题教育成果展示暨青年职工理论学习分享会在杨树浦水厂大礼堂举行。活动由市总工会主办,上海城投(集团)有限公司工会承办,市工人文化宫协办,通过劳动报视频号、劳动观察 APP 面向全市职工在线直播。时任市总工会党组书记、副主席黄红,市总工会党组成员、副主席丁巍出席会议,集团党委副书记、工会主席杨茂铎出席并致辞,集团党委委员、组织部部长张鹤出席,市工人文化宫、《劳动报》相关负责人、各区局(产业)工会宣教分管主席、宣教部部长以及上海城投集团相关职能部门负责人、直属单位领导、工团负责人、青年职工代表等 170 余人参加会议。会议以"感悟思想伟力,建功人民城市"为主题,紧紧围绕主题教育总要求,通过"原文通读+"模式,将读原著、学原文、悟原理与成长成才、岗位建功、技能报国相结合,以舞蹈、朗诵、情景剧、歌曲等文艺形式,展现青年职工坚持党的领导,积极践行新思想新精神,在人民城市建设中勇担"两个确保"使命任务、创造城市美好生活的学习体会和实践感悟。会前,与会人员参观了有着 140 年历史的杨树浦水厂厂区和滨江栈道。

(赵永哲)

【世纪出版集团工会开展主题教育现场教学活动】 6 月 9 日,世纪出版集团有限公司工会组织工会干部前往崇明开展主题教育现场教学,与光明集团崇明农场进行联组学习,并举行"世纪工会林"命名揭牌暨图书捐赠仪式。集团党委副书记、工会主席杨春花,崇明农场董事长张国江出席活动并讲话,崇明农场党委书记成岗主持。崇明农场党群部门负责人和世纪出版集团工会全委会成员、各直属单位工会主席近 40 人参加活动。集团工会在各直属单位的支持下,向崇明农场职工书屋捐赠一批价值 2 万元的"世纪好书"。期间,工会干部一行实地考察了市水生野生动植物保护研究中心基地——中华鲟梦园,了解长江口水生野生动植物及种质资源保护的相关成果,并参观"水中国宝"中华鲟抢救和驯化养殖设施及科研设备。

(施纪仁)

【上海工会管理职业学院党委开展学习贯彻习近平新时代中国特色社会主义思想主题教育】 2023 年,上海工

上海工会管理职业学院党委主题教育读书班参观调研上海邮政博物馆

(张 凡)

会管理职业学院紧紧围绕"学思想、强党性、重实践、建新功"的总要求,以学铸魂、以学增智、以学正风、以学促干,深入开展主题教育。深化理论学习,累计组织开展读书班 8.5 天,专题研讨 18 次,"1+3+X"述学 17 次,基层党组织依托"三会一课"、主题党日开展学习 19 次。开展调查研究,注重精准选题,共开展"四不两直"调研 43 次,蹲点式深入调研 9 次,案例解剖式调研 8 次,完成 4 项课题报告,转化 7 项调研成果。注重检视整改,紧盯骨干教师流失等问题进行案例剖析,充分利用"四联"机制,积极争取市委组织部、市人社局、市委党校的大力支持,有效解决了群团组织干校教师职称评审通道不畅这一老大难问题。学院党委将"当下改"与"长久立"相结合,建章立制,巩固深化主题教育成果,强化主责主业履职能力,为上海工会创新发展贡献力量。 (张 凡)

【市总工会职工服务中心开展习近平新时代中国特色社会主义思想主题教育】 年内,市总工会职工服务中心党总支深入推进习近平新时代中国特色社会主义思想主题教育,做到规定动作不遗漏,自选动作有亮点。理论学习注重勤学深学。建立"专班领学+分享互学+全员共学+以行践学+视频辅导"的学习机制,开展 15 期专题读书班,做到"勤"学习;学深悟透将感想交流覆盖领导班子及全体党员,组织党员开展领读打卡计划、行

走的党课等实践活动,让党员干部学深一层。调查研究注重求真求实。深入开展调研 65 次,对调研中发现的问题作综合梳理、分类处理,制订问题清单 4 项、整改措施 11 条、专项整治方案 1 项,形成 4 篇调研报告。推动发展注重解题破题。形成全市工会服务阵地建设规范,通过三级考核体系,加强现有工会实体型阵地的监督管理工作;找准服务职工项目创新发展突破口,开展助力困难职工家庭"菜篮子"行动,启动"会聘上海"困难职工家庭就业护航行动;推动两级职工服务中心服务职工队伍发展,组织全市 1+16 职工服务中心开展 2023 年服务职工"星"主播工作展示展评暨"我为服务职工综合体建设献一计"评选活动,以"主播"形式展示各区服务职工工作特色和亮点、以"展评"方式,带动辐射 16 个区职工服务中心干部队伍建设,为推进"服务型、枢纽型、高质量"服务职工综合体建设提供队伍保证。检视整改注重对标对表。找准找实问题,做实做细清单,注重问题项目化管理、清单式推进,落细落实举措,开展"奋进新征程,清风伴我行"中心廉洁文化月活动,确保干部队伍教育整顿工作扎实推进。 (沙佳玮)

【市职工互助保障中心深入开展学习贯彻习近平新时代中国特色社会主义思想主题教育】 2023 年,市职工互助保障中心紧紧围绕"学思想、强党性、重实践、建新功"的总要求,深入

开展学习贯彻习近平新时代中国特色社会主义思想主题教育，将理论学习、调查研究、推动发展、检视整改、建章立制有机融合，破难题、促发展、办实事、解民忧。组织开展读书班7.5天，领导班子成员述学18次，党委中心组学习26次，专题研讨8次，领导班子成员上党课3次，确定调研课题3项，完成为民办实事举措18项。(焦斐斐)

【市总工会洞庭西山休养院学习贯彻习近平新时代中国特色社会主义思想主题教育】 2023年，市总工会洞庭西山休养院党支部深入开展学习贯彻习近平新时代中国特色社会主义思想主题教育。认真组织理论学习，以《习近平新时代中国特色社会主义思想专题摘编》《习近平新时代中国特色社会主义思想学习纲要》为重点，通过读原文、书记上党课、支委领学、党员结对共学等方式开展理论学习活动。开展丰富的主题党日活动，3月14日，组织开展"保护母亲湖，环保志愿行"沿太湖环境整治志愿服务；4月3日、4月19日、4月29日，组织开展义务拔草主题党日活动；9月2日，组织开展2023吴中慈善一日捐活动；10月26日，组织开展义务献血活动。开展"两新"竞赛促发展，餐饮部、客房部、营销部共申报3个竞赛课题，以"两新"竞赛为抓手，为休养院高质量发展共同出力。(蔡玉蓉)

学习宣传贯彻中国工会十八大精神

【举办学习贯彻中国工会十八大精神培训班】 中国工会十八大召开后，市总工会第一时间召开专题会，分别向市总工会党组班子成员和机关及直管单位干部传达学习大会精神。10月19—20日，在杨树浦水厂举办上海工会学习贯彻中国工会第十八次代表大会精神培训班。市人大常委会副主任、党组副书记、市总工会主席郑钢淼出席开班式并作动员讲话。时任市总工会党组书记、副主席黄红主持，并以《深入学习中国工会第十八次全国代表大会精神，推动工运事业和上海工会工作创新发展》为题讲授第一课。两天的专题培训中，全国总工会研究室主任王利中作《深入学习贯彻习近

平总书记关于工人阶级和工会工作的重要论述，切实把中国工会十八大会议精神落到实处》专题报告；市人大常委会法制工作委员会立法二处处长王娟作《解读〈工会法〉与〈上海市工会条例〉》专题报告。市总工会十五届委员，各区局产业工会主席、党组书记，市总工会机关各部室、直管单位主要负责人等200余人参加了培训。
(陈亚男)

【浦东新区总工会举办学习贯彻中国工会第十八次全国代表大会精神培训班】 10月24日，浦东新区总工会举办学习贯彻中国工会第十八次全国代表大会精神培训班。区人大常委会副主任、区总工会主席、党组书记倪倩主持会议并讲话。会上，倪倩传达学习习近平总书记同全总新一届领导班子成员集体谈话时的重要讲话精神、中国工会十八大精神，介绍了浦东代表参加会议情况，着重阐述了浦东工会贯彻落实习近平关于工人阶级和工会工作的重要论述和中国工会十八大精神的实践探索，并作《深入学习中国工会第十八次全国代表大会精神，为服务保障浦东引领区建设，推动产业工人队伍建设作出新贡献》的主题报告。上海工会管理职业学院党委副书记、院长李友钟到会宣讲，科思创(上海)投资有限公司工会主席项青、大赛璐药物手性技术(上海)有限公司质量管理部分析组组长曹利琳两名工会十八大代表分享了参会感受，区科经委工会、金桥开发区工会、南汇新城镇工会等基层工会，以及刘华新、丁洁等劳模工匠代表分别作了主题发言。区总工会领导班子成员，各直属工会主席、专职副主席、部分劳模先进代表，区委主题教育办联络七组，机关事业单位全体干部参加了本次培训。
(吴周筠)

【徐汇区总工会认真学习宣传贯彻中国工会十八大精神】 10月，中国工会十八大在北京胜利召开。徐汇区总工会下发《徐汇区总工会关于认真学习宣传贯彻中国工会十八大精神的通知》，通过举办学习贯彻习近平新时代中国特色社会主义思想主题教育专题党课暨中国工会第十八次全国代表大会精神传达学习会等方式及时传达学

习，并专门组织了两场全区工会干部、劳模先进代表以及职工代表参加的专题党课、辅导报告。之后，区各级工会认真开展了中国工会十八大精神的传达学习宣传工作。 (周 吉)

【杨浦区总工会举办学习宣传贯彻中国工会十八大精神专题宣讲会】 10月26日，杨浦区总工会学习宣传贯彻中国工会十八大精神专题宣讲会在沪东工人文化宫职工文体中心召开。中国工会十八大代表、区人大常委会副主任、区总工会主席董海明出席并宣讲。董海明传达了习近平总书记同全总新一届领导班子成员集体谈话时的重要讲话精神、蔡奇代表党中央发表的致辞、王东明代表中华全国总工会第十七届执行委员会作的工作报告、徐留平致中国工会十八大闭幕词重要精神，以及大会基本情况和相关选举情况，分享了在本次中国工会十八大的所见所闻。区文旅工会、美团(上海)工会、欧坚集团工会作交流发言。区总工会领导班子成员，区总工会委员、经审委员，各街道总工会主席、专职副主席，行业、直属工会主席(主任)，区总工会所属事业单位班子成员，区属企业(集团)工会主席，部分基层工会主席代表和区总工会全体机关干部参加。
(张秀鑫)

【静安区总工会召开学习宣传贯彻中国工会十八大精神专题会】 10月25日，静安区总工会以"线下+视频"形式召开全区工会干部学习宣传贯彻中国工会十八大精神会议。区人大常委会副主任、区总工会主席林晓珏作为大会代表，传达了中国工会十八大精神。区总工会党组书记、副主席许俊主持会议。林晓珏宣讲了习近平总书记关于工人阶级和工会工作的重要论述、中国工会十八大精神及习近平总书记同全总新一届领导班子成员集体谈话时的重要讲话。她指出，中国工会十八大是在我国迈上全面建设社会主义现代化国家新征程、向第二个百年奋斗目标进军的关键时刻召开的一次十分重要的大会。各级工会要深刻认识中国工会十八大的重要意义，用实际行动坚定拥护"两个确立"、坚决做到"两个维护"。她要求，要认真学习领会蔡奇代表党中央的致辞精神，

全心全意依靠工人阶级,切实履行工会基本职责;要认真学习领会王东明作的大会报告,深化工会改革创新,适应不同群体职工多元化需求,帮助解决职工急难愁盼问题,不断提高工会组织引领力、组织力、服务力;要加强宣传宣讲,迅速兴起学习宣传贯彻热潮,凝聚起推动静安高质量发展的磅礴力量。 （张圣奥）

【闵行区总工会举办中国工会十八大精神专题宣讲会】 10月23日,闵行区总工会在紫竹高新区培训中心,举办学习贯彻习近平新时代中国特色社会主义思想主题教育读书班暨中国工会第十八次全国代表大会精神专题宣讲会。会议由区总工会党组书记、副主席朱冬梅主持。区人大常委会副主任、区总工会主席杨其景传达了中国工会十八大精神。杨其景强调,闵行各级工会要以习近平新时代中国特色社会主义思想为指导,深入贯彻落实习近平总书记关于工人阶级和工会工作的重要论述,认真贯彻落实中国工会十八大精神。要坚持围绕区委"一南一北"发展战略,以"强信心、聚合力、促发展"为主题,全力打造"全生命周期服务、全过程人民民主、全方位宣传展示"平台,团结引领全区广大职工奋力谱写中国式现代化闵行实践的时代篇章。会议同步进行线上直播,5000余名职工在线收看。 （王紫安）

【嘉定区总工会贯彻落实中国工会十八大精神培训班开班】 10月26日,嘉定区总工会贯彻落实中国工会十八大精神培训班开班。开班式上,中国工会十八大代表、区人大常委会副主任、区总工会主席陆强学习传达了习近平总书记在同中华全国总工会新一届领导班子成员集体谈话时的重要讲话精神,并对中国工会十八大精神进行了全方位的深入解读。他要求,要统一思想,提高政治站位,把认真学习贯彻习近平总书记重要讲话精神与学习中国工会十八大精神结合起来,切实把思想和行动统一到重要讲话精神上来;要精准谋划,抓好工作重点,推动重要讲话精神落实落地,奋力开创新时代嘉定工会工作新局面;要始终坚持服务高质量发展,着力激发创造活力,不断深化产业工人队伍建设

改革,始终坚持以职工为中心的导向,切实履行维权服务基本职责;要带头学、主动学,学深学透、学有所得,深刻领会精神实质和核心要义,推动重要讲话精神走向基层。区总工会第七届委员会全体委员、区直属工会主席、街镇总工会专职副主席、部分劳模、工匠、职工代表,以及区总工会机关、直管单位全体工作人员共150余人参加。 （黄点点）

【金山区总工会专题学习传达中国工会十八大精神】 10月26日,金山区总工会召开中国工会十八大精神专题报告会。区人大常委会副主任、党组成员,区总工会主席蒋雅红传达大会精神,区总工会党组书记、副主席朱新阳主持会议。区六届工会委员会委员、经审委员、女职委员,各直属工会主席、副主席,区总工会机关及直管单位全体人员参加会议。蒋雅红介绍了中国工会十八大概况,传达了大会报告的主要内容及大会期间有关会议精神,并就上海代表团的参会情况作分享。她强调,区各级工会要进一步学习贯彻落实中国工会十八大精神,要提高政治站位,深刻理解把握大会指导思想的丰富内涵;要营造浓厚氛围,全面领会学习宣传贯彻好大会精神的重要意义;要紧密结合实际,着力推动大会精神转化为高质量发展的强大动能。朱新阳就学习贯彻落实中国工会十八大精神提出工作要求,他指出,要深入学习领会;要广泛宣传动员;要抓好贯彻落实。 （郁蔚）

【松江工会掀起学习贯彻中国工会十八大精神热潮】 10月,中国工会十八大胜利召开后,松江区总工会第一时间学习宣传贯彻中国工会十八大精神,持续在全区各级工会组织和广大职工中掀起学习贯彻大会精神热潮。10月27日,区总工会召开学习贯彻习近平新时代中国特色社会主义思想主题教育党课暨中国工会十八大精神传达学习会。区总工会党组书记、副主席徐青结合主题教育开展以来的个人学习感悟以及参加中国工会十八大的切身感受,讲授了题为《深刻领悟践行党的二十大精神奋力开创工会工作新篇章》的党课。11月3日,举办松江工会学习贯彻中国工会十八大精神培训班。特邀上海工会管理职业学院党委副书记、院长李友钟作题为《学习贯彻中国工会第十八次全国代表大会精神推进工运事业和工会工作创新发展》的授课。此外,区总工会还编订《中国工会十八大学习辅导手册》口袋书,鼓励职工利用碎片化时间"充电"学习。发动街镇、委局工会干部和基层工会干部把理论课堂搬到职工生产生活现场,分层分类开展学习会、"微宣讲"等活动70余场,覆盖职工6000余人,推动中国工会十八大精神进园区、进工地、进班组。

（高秀珍、周宛琳、戚嘉雯）

【青浦区总工会举办贯彻落实中国工会十八大精神培训班】 10月31日、11月1日,青浦区总工会在东方绿舟

青浦区总工会举办贯彻落实中国工会第十八次全国代表大会精神培训班
（朱建强）

宾馆举行贯彻落实中国工会第十八次全国代表大会精神培训班。区总工会第六届委员会全体委员、非区总工会委员的委、局、区属公司工会主席,区总工会中层以上干部参加培训。培训邀请上海工会管理职业学院党委副书记、院长李友钟以《学习贯彻中国工会第十八次全国代表大会精神,推进工运事业和工会工作创新发展》为题作专题辅导。同时,还安排《工会经费管理与使用》《工会法》《中国工会章程(修正案)》相关法规学习。培训期间,学员们围绕学习宣传贯彻中国工会十八大精神,开展分组交流讨论。

(朱建强)

【崇明区总工会召开学习贯彻中国工会十八大精神会议】 11月1日,崇明区总工会召开学习贯彻中国工会十八大精神会议,区人大常委会副主任、区总工会主席张建英出席会议。会议邀请上海工会管理职业学院教学部教师牛雪峰作中国工会十八大精神宣讲,邀请中国工会十八大代表、上海冠华不锈钢制品股份有限公司高级电气工程师、"崇明工匠"周胜勇分享参会感受。区总工会领导班子成员,各乡镇总工会、长兴企业集团及生态企业集团工会主席、副主席,各委局、区属企事业单位工会主席,区总工会机关事业全体工作人员及全体社工参加会议。

(袁佳琪)

【机电工会学习贯彻中国工会十八大精神】 10月26日,市机电工会在机电大厦召开学习贯彻中国工会十八大精神研讨会。中国工会十八大代表、上海电气集团党委副书记、市机电工会主席朱兆开传达宣讲大会精神并就学习贯彻落实作安排部署,机电工会常务副主席袁胜洲主持,副主席万敏莉、李敏出席。朱兆开介绍了中国工会十八大的盛况以及党中央致辞、中国工会十八大报告,传达学习了习近平总书记同中华全国总工会新一届领导班子成员集体谈话时发表的重要讲话精神。与会人员就如何认真学习宣传贯彻习近平总书记重要讲话精神、落实好中国工会十八大确定的各项目标任务、谋划机电工会未来五年的重点工作展开分组研讨,结合企业工作实际踊跃发言、各抒己见,提出了很多

建设性意见和建议。市机电工会委员会委员、二级次企业工会主席及机电工会各部室负责人50余人参加会议。

(孙益民)

【仪电工会召开学习贯彻中国工会十八大精神专题会】 10月24日,市仪表电子工会召开学习贯彻中国工会第十八次代表大会精神专题会。仪电工会第七届委员会委员、经费审查委员会委员、各重点子公司、直属单位以及基层企业工会干部共80余人参加会议。中国工会十八大代表、仪电工会主席顾文结合自己的参会体会,重点传达了蔡奇代表党中央发表的致辞、王东明所作报告的主要精神、徐留平所致的大会闭幕词;传达了市总领导在上海工会学习贯彻中国工会十八大精神培训班上的讲话精神,并对《工会法》《中国工会章程(修正案)》《上海市工会条例》进行了解读。会议要求,仪电各级工会和广大职工要结合《习近平关于工人阶级和工会工作论述摘编》的学习,迅速掀起学习宣传贯彻落实中国工会十八大精神的热潮,把学习宣传贯彻中国工会十八大精神与做好仪电工会当前和今后一段时期的工作相结合,切实做到四个"紧密结合"(与加强仪电职工思想政治引领紧密结合;与推动仪电新百年高质量发展紧密结合;与对标工会工作新任务新要求紧密结合;与贴近职工现实需求紧密结合),组织动员广大职工干在实处、走在前列,不断开创仪电工会工作的新局面。

(周黎俊)

【上实集团工会、医药工会举办中国工会十八大精神学习暨基层工会主席培训班】 11月8日,上海上实(集团)有限公司工会、市医药工会举办中国工会十八大精神学习暨基层工会主席培训班。上海上实集团工会、医药工会全委委员、各级工会主席、副主席、工会干部等140余人参加培训。上实集团党委副书记、工会主席,医药集团党委书记姚嘉勇出席开班式并作动员讲话。医药集团工会主席余群作工会十八大精神专题宣讲。上实集团工会副主席季定,医药集团工会副主席陆全宏、刘杰,兼职工会副主席朱阳出席会议。

(陈玮雯)

【国网上海市电力公司工会认真学习中国工会十八大精神】 10月18日,国网上海市电力公司工会召开十届二十次全委会,认真学习宣传贯彻中国工会十八大精神。公司副总经理、工会主席陈春霖出席会议并讲话。他以《学习领会新精神,扛起使命谱新篇》为题,从深入领会、深刻理解中国工会第十八次全国代表大会精神,原原本本、沉浸学习《习近平关于工人阶级和工会工作论述摘编》,认真贯彻、迅速掀起学习贯彻中国工会十八大精神热潮等方面,详细传达了中国工会十八大精神。公司工会副主席、经审委主任,公司工会第十届委员会全体委员、公司工会相关处室负责人和各基层单位工会负责人参加了会议。

(于勐)

【上海石化开展"认真学习宣传贯彻习近平总书记重要讲话精神,贯彻落实中国工会十八大目标任务"活动】 11月,为进一步学习宣传贯彻习近平总书记重要讲话精神,贯彻落实中国工会十八大目标任务,中国石化上海石油化工股份有限公司工会举办学习贯彻中国工会十八大精神专题培训班,各部门、各基层单位以及机关部室共97名工会主席和工会干部参加。同步下发专门通知,要求各级工会把学习贯彻中国工会十八大精神作为当前和今后一段时间公司各级工会组织和工会干部的主要政治任务。

(卜晨)

【宝武工会举办贯彻落实中国工会十八大精神专题培训班】 中国工会十八大闭幕后,中国宝武钢铁集团有限公司工会第一时间向集团公司党委报告大会精神,并组织集团工会机关干部学习蔡奇代表党中央的致辞,学习落实中国工会十八大报告、《中国工会章程(修正案)》等重要文件,举办集团工会干部贯彻落实中国工会十八大精神专题培训班。培训要求,全体工会干部要在全面学习上下功夫,完整、准确、全面领会中国工会十八大精神,为贯彻落实打下坚实基础。要在全面把握上下功夫,坚持历史和现实、理论和实践、国际和国内相结合的办法,从整体到局部、再从局部到整体进行反复揣摩,全面掌握中国工会十八

大精神。要在全面落实上下功夫,贯彻落实大会精神要有计划、有部署,在把握总目标、总方向、总要求的前提下,对各项目标和任务进行细化,有针对性地拿出落实的具体方案,制订明确的时间表、施工图,扎扎实实向前推进。各级工会工作者要认真学、深入学、扎实学、系统学,学用结合,以学促干,学深悟透工会十八大精神,聚焦贯彻落实集团半年度工作会议精神,以"四化"为方向引领,以"四有"为经营纲领,引导广大职工既要树立危机意识,也要坚定信心、奋勇拼搏,以实际行动为宝武成为世界一流企业建功立业。此外,培训班还特邀全国总工会研究室主任王利中现场授课,他从党和国家事业发展全局战略高度,全方位、深层次阐明了工会十八大精神的核心内涵及精髓要义,为集团公司工会后续开展工作指明了前进方向,提供了重要遵循。

（王冠鹏）

【上海航天深入宣传贯彻中国工会十八大精神】 10月16日,上海航天局工会召开中国工会第十八次全国代表大会精神宣贯会。会议介绍了中国工会十八大的主要议程和基本情况,并就过去五年工会工作的成就和经验、今后五年工会工作的主要任务进行了学习宣传。中国工会十八大代表、局工会主席李昕着重对蔡奇代表党中央在中国工会十八大会上的致辞和王东明作的大会工作报告进行了详细的导读。会议号召上海航天各级工会要以习近平新时代中国特色社会主义思想为指导,认真学习贯彻习近平总书记关于工人阶级和工会工作的重要论述,更好地把握新时代工运事业和工会工作的特点和规律,立足航天发展的新常态和职工群众的新需求,坚持高站位思想引领、高质量建功立业、高品质服务职工、高标准民主管理和高水平自身建设,把工会的政治优势、组织优势转化为企业发展优势、竞争优势,团结动员全体职工以"高质量、高效率、高效益"为目标,担当作为、克难奋进,以更加优异的成绩奋力开创航天事业发展新局面。

（周欣彬）

【上海船舶工会干部学习中国工会十八大精神】 10月25—27日,上海船舶工业有限公司工会举办了工会干部业务能力提升培训班,来自上海船舶系统内15家基层工会的40余名工会干部参加培训。中船上海船舶工会副主席姚莹在开班仪式上作动员讲话,要求各级工会要把学习贯彻中国工会十八大精神作为当前和今后一个时期的重大政治任务,努力把学习成效转化为坚定的理想信念、过硬的政治本领,增强工会组织的政治性、先进性、群众性,提高工会组织的引领力、组织力、服务力。工会干部要注重学做结合,融会贯通,强化工会自身建设,有力推动企业高质量发展。各级工会要真正把学到的知识运用到工作实践中去,展现新思维、新活力、新作为。培训班还专门邀请市总工会、上海工会管理职业学院、宝武集团的老师进行授课,设置了学习贯彻中国工会十八大精神、工会文书写作、工会劳动保护、劳动争议调处、基层工会规范化建设等课程,让学员们补足"精神之钙"、汲取"业务之氧"、多添"创新之力",实现了思想政治素质和履职能力"双提升"。

（朱高嵩）

【上海化工区工会开展学习贯彻中国工会十八大精神】 11月10日,上海化学工业区工会组织召开学习贯彻中国工会十八大精神暨2024年度务虚会。会上学习传达了中国工会十八大会议精神《中国工会章程（修正案）》,开展了工会经费使用管理培训。会议要求各级工会组织紧密结合自身实际,用改革的思维、创新的办法,把中国工会十八大会议精神落实到工会实际工作中去,把学习成效体现在推动工会工作高质量发展上。

（陆佳慧）

【中远海运集团工会深入学习宣传贯彻中国工会十八大精神】 中国工会十八大闭幕后,中国远洋海运集团有限公司工会第一时间向集团党组作了专题报告,并于10月16日召开专题会议传达学习中国工会十八大精神,于10月20日与中国宝武工会组织联学,邀请全国总工会研究室主任王利中对大会精神进行专题辅导,集团工会常委、委员、直属各单位及三级单位工会主席等850余人参加学习。11月9日,集团工会印发《关于认真学习宣传贯彻习近平总书记重要讲话精神努力完成中国工会十八大确定的目标任务的通知》,就公司各级工会学习宣传贯彻工作进行了全面部署,推动会议精神进船舶、进班组、进网点、进科室。

（颜龙生）

【上港集团工会召开学习贯彻中国工会十八大精神专题会议】 10月25日,上海国际港务（集团）股份有限公司工会召开学习贯彻中国工会第十八次全国代表大会精神会议,中国工会十八大代表、集团党委副书记、工会主席庄晓晴作宣讲并就贯彻落实大会精神讲话。庄晓晴重点传达了蔡奇代表党中央发表的致辞和王东明所作报告的主要精神,介绍了大会概况并分享了参会体会。她强调,学习宣传贯彻中国工会十八大精神,是当前和今后一段时间,集团各级工会首要的政治任务,全体工会干部要带头学深悟透、带头成为宣讲员。要通过各种形式,让中国工会十八大精神进班组、到一线,要把全港职工的智慧和力量凝聚到贯彻落实大会确定的目标任务上来,切实推动党中央的决策部署在集团工会系统落地见效。她要求,集团各级工会组织和广大工会干部,要旗帜鲜明讲政治,把坚持党的全面领导作为工会工作第一要求,持续深化职工思想政治引领;要真抓实干勇担当,始终把服务集团高质量可持续发展作为工会工作第一任务,持续深化港口产业工人队伍建设改革;要学深悟透善思考,始终把学懂弄懂做实作为工会工作第一标准,持续深化工会自身改革创新;要淬炼党性强作风,始终把全面从严治党作为工会工作第一纪律,持续深化工会党的建设;要厚植情怀勤服务,始终把职工满意作为工会工作第一目标,持续深化维权维护和竭诚服务。

（张 容）

【上海电信工会举办宣传贯彻中国工会十八大精神辅导报告会】 11月28日,中国电信集团工会上海市委员会召开宣传贯彻中国工会十八大精神辅导报告会。上海电信公司副总经理、工会主席常朝晖出席,公司全体工会干部和劳模代表、员工代表近500人以线下和线上方式参加。报告会特邀上海工会管理职业学院党委副书记、院长李友钟为大家作题为《学习贯彻中国工会第十八次全国代表大会精神,推进工运事业和工会工作创新发展》的辅导报告,李院长作为中国工会十八大代表,讲述了参加大会的亲身经历和长期以来从事工会工作的深切体会,他从全国工代会发展历程、工会十八大背景及基本情况、深刻领会习近平总书记重要论述贯彻大会精神的若干思考三个方面,宣贯大会精神,指明今后工会工作的目标任务。常朝晖要求,要以本次辅导报告为契机,继续深入学习宣传贯彻落实中国工会十八大精神,按照公司党委的部署安排,紧密联系企业实际,深刻认识和理解党中央对工会工作提出的任务要求,科学把握新时代新征程群众工作的方式方法,深入了解服务型、科技型、安全型企业员工队伍的特点,研究制定贯彻落实举措,组织动员上海公司广大员工在推动企业高质量发展,奋力开创电信工会工作新局面。

(殷 茵)

【**上海机场集团工会举办学习贯彻中国工会十八大精神宣讲会**】 11 月 22 日,上海机场(集团)有限公司工会举办学习贯彻中国工会十八大精神宣讲会,并特邀中国工会十八大代表、上海工会管理职业学院院长李友钟作中国工会十八大精神专题辅导。集团公司工会委员会委员、经费审查委员会委员、女职工委员会委员、直属单位工会办公室负责人、基层单位工会主席、直属单位工会专(兼)职干事等近 80 人参加。宣讲会由集团公司党委副书记、工会主席张永东主持。李友钟结合参加中国工会十八大的亲身体验和深切体会,辅导与会人员深入学习领会习近平总书记关于工人阶级和工会工作的重要论述,从习近平总书记同中华全国总工会新一届领导班子成员集体谈话时发表的重要讲话、中国工会十八大概览、中国工会十八大报告的核心要义和《中国工会章程》修订等四方面进行了细致专业的解读。李友钟勉励各级工会干部认清方位,清醒认识中国工人运动和工会工作的外部环境;提高站位,深刻理解中国工人运动和工会工作的政治意蕴;厘清定位,准确把握中国工会在国家治理体系中的角色作用;守好本位,切实落实以职工为本的工会工作原则;履职到位,积极发挥工会工作在治国理政中的经常性基础性作用;不负地位,强化自身建设增强三性提升三力。

(张雯倩)

【**上海机场集团工会召开五届八次全委(扩大)会学习传达中国工会十八大精神**】 10 月 13 日,上海机场(集团)有限公司工会召开五届八次全委(扩大)会,学习传达贯彻中国工会第十八次全国代表大会精神。集团公司党委副书记、工会主席张永东出席会议并讲话。集团公司工会委员会全体委员、经费审查委员会委员、女职工委员会委员、直属单位工会办公室主任(党群部、综合办负责人)、基层单位工会主席等 70 余人出席会议。会上,中国工会十八大代表张永东介绍了参加中国工会十八大的总体情况,传达蔡奇代表党中央所作致辞、中国工会十八大报告主要精神和中国工会十八大选举产生新一届领导班子等情况,部署集团公司各级工会组织学习宣传贯彻中国工会十八大精神相关工作。张永东指出,认真学习贯彻大会精神是当前和今后一段时期各级工会组织的重要政治任务。各级工会组织和工会干部要全面系统学习领会中国工会十八大精神,将学习贯彻中国工会十八大精神与学习《习近平关于工人阶级和工会工作论述摘编》、蔡奇代表党中央致辞、王东明所作的中国工会十八大报告结合起来,融会贯通,把握好精神实质和核心要义,与企业高质量发展的中心任务相结合,与本单位实际相结合,把智慧和力量凝聚到实现这次大会确定的目标任务要求上来,开创工会工作新局面。要贯彻落实好中国工会十八大精神,扎实推进改革创新,推动工会改革、产业工人队伍建设改革等重点工作创新发展。广大工会干部要坚持以职工为中心的工作方针,竭诚为职工服务,把好事办好,让职工群众真正感受到工会是职工之家,工会干部是职工最可信赖的娘家人、贴心人。

(张雯倩)

【**上海海事局工会召开学习贯彻中国工会十八大精神宣讲会**】 11 月 23 日,中国海员工会上海海事局工会组织召开学习贯彻中国工会十八大精神宣讲会。局工会两委委员、各基层工会主席等 20 余人参会。局工会主席胡晓昱带领两委委员、各基层工会主席学习中国工会十八大报告、《中国工会章程(修正案)》等大会文件精神,并重点解读了习近平总书记同新一届中华全国总工会领导班子成员集体谈话时的重要讲话精神。各级工会干部在深入学习后表示要把学习好、领会好、宣传好、贯彻好中国工会十八大精神,作为当前和今后一个时期的首要政治任务。紧密结合实际工作,把习近平总书记关于工会工作的要求和工会十八大精神内化为自身理想信念,转化为踔厉奋发、勇毅前行的强劲动力,迅速推动在工会和职工群众中形成生动实践,为上海海事高质量发展贡献更大力量。

(陆智静)

【**市绿化市容行业工会组织传达中国工会十八大精神**】 10 月 31 日,市绿化和市容管理局工会三届九次全委(扩大)会议、市绿化市容行业工会三届七次全委(扩大)会议召开。局工会、行业工会主席、二级巡视员肖龙根作为中国工会第十八次代表大会代表,在会上传达了中国工会十八大精神,他要求各基层工会组织迅速掀起学习宣传贯彻中国工会十八大精神的热潮,把广大工会干部和职工群众的思想和行动统一到中央精神与全总要求上来,并结合学习宣传贯彻中国工会十八大精神,高质量完成好今年的工作任务,谋划好明年的工作重点,在奋进新征程中做出新贡献。来自局工会、行业工会的近 90 名代表出席了会议。

(盖永华)

【**市人社局工会举办中国工会十八大精神培训**】 10 月,中国工会第十八次全国代表大会召开后,市人力资源和社会保障局工会立即组织局系统各级工会认真学习《习近平关于工人阶级和工会工作论述摘编》、蔡奇代表党中央作的致辞,以及中国工会十八大报告等,并通过培训、讲座、研讨等多种方式,推动广大职工群众牢记习近平总书记和党中央的殷殷嘱托,努力在本市人社部门唱响劳动最光荣、劳动最崇高、劳动最伟大的时代强音。

(瞿葆仁)

【**全国教科文卫体工会系统学习宣传中国工会十八大精神长三角地区巡讲**

全国教科文卫体工会系统学习宣传中国工会十八大精神巡讲活动现场，劳模工匠代表举行微访谈
（王心愿）

活动在上海举行 11月30日，全国教科文卫体工会系统学习宣传中国工会十八大精神长三角地区巡讲活动在上海教育会堂成功举办。市教卫工作党委副书记、教育工会主席张艳萍，市卫生健康委员会副主任罗蒙，中国教科文卫体工会卫生体育工作部部长郎佩剑、市总工会宣教部副部长李明，以及中国教科文卫体工会、长三角地区教科文卫体工会有关负责人等出席。上海教育科技卫生系统职工和学生代表近200人现场聆听宣讲。活动同时线上图片直播，上海教育电视台全程录制播出。此次宣讲采用"劳模讲，讲劳模"等职工喜闻乐见的方式，宣传展示了教科文卫体系统劳模工匠的先进事迹和崇高精神。活动现场，中国工会十八大代表周平红、华子恺分别作题为《发扬劳模劳动工匠精神，打造世界一流内镜中心》《"为党育人，为国育才"奋进新征程 建功新时代》的宣讲报告。劳模工匠代表王如竹、任敏华、钱文昊通过微访谈形式，共话新时代劳模精神、劳动精神、工匠精神。杭州科技职业技术学院余云建、同济大学姚启明分别讲述"中国好导游""中国赛道设计第一人"的劳模故事。上海科创职业技术学院演绎情景剧《沃土》，安徽师范大学路丙辉、南京理工大学韩啸携手带来情景思政演说《我们》，上海教工牵梦合唱团唱响《劳动最光荣》。本次上海站巡讲是全国教科文卫体工会系统学习宣传中国工会十八大精神长三角地区巡讲活动的第三站。活动以"弘扬三种精神，凝聚强国力量"为主题，由中国教科文卫体工会主办，上海市教育工会、上海市科技工会、上海市医务工会、江苏省教育科技工会、浙江省教育工会、安徽省教科文卫体工会共同承办。为深入学习宣传贯彻中国工会十八大精神，大力弘扬劳模精神、劳动精神、工匠精神，本次宣讲活动特别聘请了王如竹、任敏华、华子恺、余云建、张巨浪、周平红、姚启明、钱文昊、韩啸、路丙辉等一批三省一市的劳模工匠，作为上海教育科技卫生系统"三种精神"宣讲团特聘导师，并在现场为他们颁发了聘书。 （陈晓升、柯婷）

【市体育局工会召开中国工会十八大精神集中学习会】 10月31日，市体育局工会在体育大厦召开学习传达中国工会第十八次全国代表大会精神暨市体育局系统工会干部集中学习会。中国工会十八大代表、市体育局副局长、工会主席宋慧出席并传达大会精神。她从大会基本情况、蔡奇代表党中央致辞的主要精神、王东明所作报告的主要精神、王东明在十八届一次执委会上的讲话精神、徐留平的闭幕词精神五方面，结合工作实际与个人参会感受，传达了中国工会第十八次全国代表大会会议精神，并就学习宣传贯彻好大会精神作安排部署。她要求，要赓续政治本色提高站位；要坚持工会本原明确定位，与时俱进地履行好工会的教育、建设、维护、参与的职能；要历炼过硬本领拓展方位；要尽心工作本职落实到位。作为体育系统的工会工作者，要紧紧把握新时代对工会工作提出的新要求和新任务，紧密联系实际，不断强化推动体育事业发展的责任和使命感，满足人民群众对美好生活的体育需求。大力推进群众体育、竞技体育、青少年体育、体育产业快速发展，加快构建与全球著名体育城市相匹配的体育公共服务体系、体育竞赛综合实力、体育产业发展格局，更好推动城市建设、更好助力社会民生、更好赋能区域发展。以顽强拼搏、勇攀高峰的体育精神，努力为活力上海添彩、为体育强国助力。
（孙晔）

【市经信系统工会召开学习贯彻中国工会十八大精神专题宣讲会】 11月2日，市经济和信息化工作系统工会以"奋进新征程，勇担新使命"为主题，召开学习贯彻中国工会第十八次全国代表大会精神专题宣讲会。中国工会十八大代表、市经济信息化工作党委副书记、市经济信息化系统工会主任张义出席并做宣讲。张义重点传达了王东明代表中华全国总工会第十七届执行委员会作的《以习近平新时代中国特色社会主义思想为指导组织动员亿万职工为强国建设民族复兴团结奋斗》工作报告精神，并对系统各级工会组织下一步学习贯彻中国工会第十八次全国代表大会精神提出3点要求，要加强职工思想政治引领，迅速掀起学习贯彻中国工会十八大精神的热潮；要聚焦高质量发展，持续打造职工建功立业、创新创造的舞台；要坚持以职工为中心的工作导向，持续深化维权维稳和服务保障。各级工会组织要用心用情打造服务品牌，升级服务内容、创新服务模式，促进职工生活品质提升。宣讲会上，市总工会兼职副主席王曙群，中国电信上海分公司副总经理、工会主席常朝晖，中国移动上海分公司副总经理、工会主席梁志强，阿斯利康全球研发中心电力设施设备维护工崔龙吉就推进中国工会十八大精神落地见效分别作专题宣讲。市经信系统各单位工会主席、工会干部、劳模工匠和一线职工代表出席会议。
（黄俭、顾捷）

【申通地铁集团工会举办学习贯彻中国工会十八大精神培训班】 11月3日，申通地铁集团有限公司工会举办传达学习贯彻中国工会第十八次全国代表大会精神培训班。培训特邀劳动报社党委书记、总编辑崔校军传达宣讲大会精神，邀请中国工会十八大代表、维保通号分公司维护五部信号工耿凡翔分享参会感悟。集团党委委员、工会主席蔡伟东主持会议并就进一步组织学习贯彻进行部署。崔校军就深刻领悟习近平总书记同中华全国总工会新一届领导班子成员集体谈话时的重要讲话精神进行交流，传达中国工会十八大主要会议精神，解读大会工作报告，为集团全体工会干部深入领悟和贯彻习近平总书记对工会工作的殷切期望以及党中央对工会工作的重要指示提供有力指导。耿凡翔结合本人成长历程分享了他的学习体会，并表达了上海地铁职工群众充分发挥工人阶级主力军作用，立足岗位，投身上海地铁新发展的坚强决心。蔡伟东指出，要深刻领悟大会精神，切实把握新时代工会工作方向；组织学习大会精神，充分发挥工会组织引领力、组织力、服务力；深入落实大会精神，有力推动上海地铁高质量发展。集团工会第三届委员会委员、经费审查委员会委员、女职工委员会委员，各单位工会主席、工会干部参加了本次会议。

（汪嘉琦）

【上海城投集团工会举办学习贯彻中国工会十八大精神培训班】 11月6—7日，上海城投（集团）有限公司工会举办学习贯彻中国工会第十八次全国代表大会精神培训班。中国工会十八大代表、集团党委副书记、工会主席杨茂铎出席，传达中国工会十八大精神并做开班动员，集团工会委员、各直属单位工会主席（负责人）、副主席以及三层级单位工会主席（负责人）参加培训。杨茂铎传达习近平总书记同全总新一届领导班子成员集体谈话时的重要讲话精神，传达中国工会十八大精神，并结合自身参会体会和工会实际，就学习贯彻总书记重要讲话精神及中国工会十八大精神，进行了相关部署。此外，培训班还邀请中国工会十八大代表、上海工会管理职业学院李友钟院长作《新时代工运事

10月25日，隧道股份工会召开学习宣传贯彻中国工会十八大精神专题会议
（吴 艳）

业的理论指导和行动指南——学习贯彻习近平总书记关于工人阶级和工会工作的重要论述》的专题宣讲。参训学员分成4组，结合实际工作，围绕学习贯彻落实习近平总书记重要讲话精神、中国工会十八大精神，开展小组讨论。城投公路、城投水务、城投控股、城投环境、城投兴港、长兴前卫6家单位工会负责人，作了关于学习贯彻落实习近平总书记重要讲话精神、中国工会十八大精神的交流发言。

（赵永哲）

【上海工会管理职业学院承办学习贯彻中国工会十八大精神优秀班组长培训班】 11月9日—12月13日，上海工会管理职业学院先后承办两期学习贯彻中国工会十八大精神优秀班组长培训班。市总工会党组成员、副主席桂晓燕作开班动员。来自各区局（产业）工会的80余名班组长参加培训。培训班按照班组长岗位培育需求，设置安排了中国工会十八大精神、班组创新管理、红色工运教育、学员交流座谈等多方面课程内容，确保中国工会十八大精神及时准确地传达给全市各区局（产业）工会和一线职工。

（陈亚男）

【上海工会管理职业学院开发中国工会十八大专项新课】 2023年，为深刻领会习近平总书记关于工人阶级和工会工作的重要论述，学习好、领会好、宣传好、贯彻好中国工会十八大精神，上海工会管理职业学院落实市总

工作部署，开发《学习贯彻中国工会十八大精神，推动党的工运事业和工会工作创新发展》《学习贯彻中国工会十八大精神，开创工会工作新局面》《〈中国工会章程〉（修正案）解读》等中国工会十八大专项新课项目，将大会精神和要求纳入相关课程和课题研究，承办"学习贯彻中国工会十八大精神"市总工会委员班和优秀班组长培训班。

（郑 涵）

上海市工会第十五次代表大会

【召开上海市工会第十五次代表大会】 5月15—17日，在上海市委和中华全国总工会的指导下，上海市工会第十五次代表大会（简称"第十五次工代会"）在世博中心胜利召开。上海市委书记陈吉宁，中华全国总工会党组书记、副主席、书记处第一书记徐留平，市领导龚正、陈通、郭芳、胡世军、郑钢森、肖贵玉，市高级法院院长贾宇、市检察院检察长陈勇，驻沪部队领导汪昱、焦占锋、黄德华，全总有关部门负责人，市各人民团体负责人，部分委办局、各区党委有关负责人，以及在工会工作过的老领导、老同志等出席了大会开幕式。来自全市各行各业、各条战线的830名代表出席了大会。大会审议通过上海市总工会第十四届委员会工作报告、财务工作报告、经费审查委员会工作报告等决议，选出上海市总工会第十五届委员会委员159人、经费审查委员会委员33人。大会

深刻分析新时代新征程上海工会事业发展面临的新形势,指明在谱写中国式现代化上海新篇章中上海工会的使命担当,明确今后五年上海工会工作的总体要求和目标任务。大会指出,习近平总书记高度重视工人阶级和工会工作,为工会事业和工会工作的创新发展指明了方向。上海工会一定要牢记习近平总书记的谆谆嘱托、殷切期望,深刻认识"两个确立"的决定性意义,增强"四个意识"、坚定"四个自信"、坚决做到"两个维护",按照中央和市委的要求,牢牢把握为实现中华民族伟大复兴的中国梦而奋斗的工人运动时代主题,充分发挥工人阶级主力军作用,履职尽责、担当作为、迎难而上、砥砺前行,切实团结凝聚起全市职工群众的磅礴力量,在波澜壮阔的历史洪流中乘风破浪,为强国建设、民族复兴增添新的荣光,为奋力谱写中国式现代化上海新篇章做出工会的历史性贡献。大会强调,未来五年工会的使命任务是:推动建设与团结奋斗的时代要求相适应的职工思想引领工程;推动建设与经济高质量发展相适应的产业工人队伍;推动建设与全过程人民民主最佳实践地相适应的职工权益维护机制;推动建设与高品质生活需求相适应的职工服务网络;推动建设与经济社会发展相适应的工会组织体系;推动建设与城市治理现代化相适应的工会工作格局。大会选举产生了由郑钢淼等159人组成的上海市总工会第十五届委员会,选举产生了由庄勤等33人组成的上海市总工会第十五届经费审查委员会,为上海工会事业和工会工作的创新发展奠定了坚实的组织基础。 (李　帅)

【长宁区总工会深入贯彻市十五次工代会精神扎实推进组织建设"百日攻坚"行动】 5月25日,长宁区总工会召开学习贯彻市十五次工代会精神暨组织建设"百日攻坚"行动推进会。会上,长宁区各街道(镇、园区)工会就"百日攻坚"行动启动以来的推进情况逐一进行汇报,分析研究在推进过程中遇到的难点堵点,并结合市第十五次工代会精神的学习,就下阶段工作计划进行介绍。会议指出,学习贯彻市第十五次工代会精神是全区各级工会今后一段时间的重要任务,要

将学习宣传市第十五次工代会精神与学习贯彻党的二十大精神有机结合起来,与完成年度目标任务有机结合起来。要坚持固本培元,在服务大局中担当作为;要坚持攻坚突破,在服务长宁高质量发展中担当作为;要坚持职工为本,在维护职工合法权益中担当作为;要坚持守正创新,在推进工会自身建设中担当作为。据悉,"百日攻坚"行动推出以来,长宁区各街道(镇、园区)工会聚焦非公企业建会建制、职工实名制入会等目标任务,积极争取党工委支持,整合各方工作力量,严密压实工作责任,迅速有力推进各项工作并取得了明显成效。7家百人以上重点企业完成工会组建,全区新增实名制工会会员4.5万余人,推动科大讯飞等知名企业成功召开职代会。 (万　黎)

【虹口区总工会召开传达市第十五次工代会精神专题会议】 5月29日,虹口区总工会召开传达上海市工会第十五次代表大会精神专题会议。区人大常委会副主任、区总工会主席谢海龙出席会议并讲话,区总工会党组书记周静主持会议,区总工会副主席曹玉杰传达了大会精神。区总工会机关及下属事业单位全体干部参加了会议。谢海龙指出,要高站位学习,全面把握市第十五次工代会精神,把广大工会干部、职工群众的思想和行动统一起来;要高标准贯彻,全面推动各项工作落地落实;要高水平管理,进一步振奋精神、开拓进取。他强调,全区各级工会组织要以推进全面从严治党为抓手,全面加强全区各级工会组织思想政治建设、干部队伍建设,不断激发全区广大工会干部干事创业的积极性、主动性和创造性。要凝聚全社会的力量,要更加主动地走出去、沉下去,深入开展调查研究,了解和掌握基层一线职工的所思、所盼、所想。 (马伟杰)

【杨浦区总工会召开"贯彻落实市第十五次工代会精神,奋力谱写杨浦工会高质量发展新篇章"专题学习会】 5月30日,杨浦区总工会召开"贯彻落实市第十五次工代会精神,奋力谱写杨浦工会高质量发展新篇章"专题学习会暨季度工作例会。深入贯彻落

实市第十五次工代会和区委、区政府季度工作会精神,紧盯年初确定的各项目标任务,继续跑出工会发展"加速度"。区人大常委会副主任、区总工会主席董海明传达市第十五次工代会精神并讲话。他要求,要全面学习市第十五次工代会精神,在宣传贯彻中强化引领,凝聚职工;要全面对标区委和市总工会工作要求,在担当作为中服务大局,服务职工。6月20日,区总工会举行党组中心组(扩大)学习会暨2023年第一期杨浦工会大讲堂,进一步深入学习贯彻市第十五次工代会精神。市十五次工代会代表、市总工会研究室主任王宗辉受邀作《学习宣传贯彻上海市工会第十五次代表大会精神》专题讲座。 (张秀鑫)

【金山区选举产生出席市第十五次工代会代表】 4月20日,金山区召开工会会员代表会议,选举产生了23名金山区出席上海市工会第十五次代表大会代表。区总工会第六届委员会委员、经费审查委员会委员、女职工委员会委员、直属工会主席、劳模代表、新就业形态劳动者代表等89人出席会议。会议由区人大常委会副主任、党组成员、区总工会主席蒋雅红主持。会议依法选举产生金山区出席上海市工会第十五次代表大会的代表,代表涵盖了工会工作者、先进模范人物、生产和工作一线工人、管理及专业技术人员、新就业形态和灵活就业群体、外来务工人员等。蒋雅红代表区总工会对当选代表表示祝贺。她强调,希望当选代表要知责于心,以严于律己的责任感走在前,当好领航员;要履责于行,以心系职工的使命感履好职,当好联络员;要担责于身,以时不我待的紧迫感尽好责,当好宣传员。 (翁引明)

【金山区总工会专题学习传达市第十五次工代会精神】 5月18日,金山区总工会专题学习上海市工会第十五次代表大会精神。区人大常委会副主任、党组成员、区总工会主席蒋雅红主持会议并讲话,区总工会党组书记、副主席徐红强传达大会精神。区总工会机关、区工人文化宫全体干部职工,工荟中心负责人参加学习会。徐红强从报告内容、报告要义等方面

对市第十五次工代会精神进行传达，学习市委书记陈吉宁、全总党组书记、副主席徐留平在开幕式上的讲话精神和市委常委、副市长郭芳在市总工会第十五届委员会第一次全体会议上的讲话精神，与会人员围绕学习进行交流。蒋雅红就学习贯彻落实好市第十五次工代会精神提出了具体工作要求，一是要加强学习宣传，凝聚思想共识，在助力金山社会经济发展上创出新成果；二是要加强工作谋划，大力贯彻落实，在团结引领金山职工建功立业上展现新作为；三是要着力固本强基，勇于担当使命，在扩大金山工会组织凝聚力和影响力上实现新跨越。

（翁引明）

【**仪电工会选举产生出席市第十五次工代会代表**】 4月19日，市仪表电子工会在市工人疗养院召开会员代表会议。仪电工会第七次代表大会代表、仪电集团各基层企业工会主席、仪电工会参加市第十五次工代会代表候选人建议人选等近130人参加会议。会议根据市总工会《关于做好上海市工会第十五次代表大会代表选举工作的通知》要求，在市总工会和仪电集团党委的指导下，按照代表条件、代表名额、代表构成要求，认真组织所属各重点子公司和直属单位工会，履行必要的民主程序，产生了市工会第十五次代表大会代表候选人建议人选。会议以差额选举的方式，选举顾文、乔艳君、张桂华、宋延勇等4人为参加市工会第十五次代表大会的代表。

5月23日，宝山区总工会举办传达学习市第十五次工代会精神暨2023年宝山工会干部培训班
（庄轶凡）

（周黎俊）

【**仪电工会召开市第十五次工代会、市第十六次妇代会精神传达学习会**】 6月9日，市仪表电子工会召开市工会第十五次代表大会、市第十六次妇女代表大会精神传达学习会。仪电工会主席、上海仪电参加市第十五次工代会、第十六次妇代会代表，仪电工会第七届委员会委员、经费审查委员会委员、女职工委员会委员，各重点子公司、直属单位以及基层企业工会干部等80余人参加了会议。会上，市第十五次工代会代表、仪电工会主席顾文传达了上海市工会第十五次代表大会精神；云赛智联股份有限公司党委委员、副总经理、工会主席乔艳君和上海仪器仪表自控系统检验测试所有限公司党支部书记、副总经理，上海市劳动模范宋延勇分别分享参会心得和学习体会。市十六次妇代会代表、云赛智联股份有限公司上海数翼信息技术分公司资深智慧城市规划师熊婕传达了市妇代会精神并作了"巾帼心向党，奋进新征程"的学习体会分享。会议要求，要学思践悟会议精神，确保仪电工会各项工作高标准落实；要充分发挥仪电产业工人主力军作用，确保仪电百年新征程行稳致远；要做实做优服务职工实事项目，确保主题教育走深走实。

（周黎俊）

【**医药工会专题学习市第十五次工代会精神**】 5月22日，市医药工会召开第七届第十二次全委会，专题传达学习上海市工会第十五次代表大会精神，并对下一步贯彻落实工代会精神作部署安排。会议从大会概况、报告内容、报告要义等方面传达了市第十五次工代会精神，学习了市委书记陈吉宁、全总党组书记、副主席、书记处第一书记徐留平的重要讲话精神。会上，参与此次工代会的代表分享了参会感受，来自一线的劳模先进畅谈学习体会，多名与会人员围绕会议精神学习情况进行了交流。 （金思聪）

【**国网上海市电力公司工会召开十届十五次全委会学习贯彻市第十五次工代会精神**】 5月24日，国网上海市电力公司工会召开十届十五次全委会暨二季度工作会议，认真学习贯彻上海市工会第十五次代表大会精神以及公司二季度工作会议精神，更好推进公司工会各项工作高质量开展。公司副总经理、工会主席陈春霖出席会议并讲话。他指出，要坚定立场，在工会政治建设中展示担当；要强基固本，在推进改革创新中焕发活力；要服务大局，在推动电网发展中彰显作为；要关爱职工，在当好桥梁纽带中实现价值。会议集中学习《深入学习贯彻习近平总书记关于工人阶级和工会工作的重要论述》一书，学习宣传上海市第十五次工代会精神，传达了近阶段国网公司党组、华东工委、公司党委有关工作精神和要求，基层工会代表在会上作了工作经验交流。公司工会副主席、女工委主任、公司工会第十届委员会全体委员、公司工会相关处室负责人和各基层单位工会负责人参加会议。 （于 劼）

【**鲁中矿业有限公司工会学习传达上海工会十五大精神**】 5月28日，鲁中矿业有限公司工会召开专兼职工会干部会议，集中学习上海市工会第十五次代表大会精神，并就学习宣传贯彻会议精神进行专题部署。鲁中矿业有限公司党委副书记、工会主席石文鑫向公司广大专兼职工会干部介绍了上海市工会第十五次代表大会召开的有关情况和取得的主要成果，传达学习上海市委书记陈吉宁，中华全国总工会党组书记、副主席、书记处第一书记徐留平在大会上的重要讲话精神，领会学习莫负春代表上海市总工会第十四届委员会所作的工作报告。

会议还对学习宣传和贯彻落实上海市工会第十五次代表大会精神的具体工作进行安排部署。鲁中矿业有限公司各基层单位工会主席、专兼职工会干部等20余人参加会议。　（刘炜权）

【上港集团工会召开学习宣传贯彻市第十五次工代会精神会议】 5月19日，上海国际港务（集团）有限公司工会召开学习宣传贯彻上海市工会第十五次代表大会精神会议，集团党委副书记、工会主席庄晓晴组织传达市委书记陈吉宁，全国总工会党组书记、副主席、书记处第一书记徐留平在开幕式上的重要讲话精神，对大会报告进行解读。她要求，上海港要迅速兴起学习贯彻落实市第十五次工代会精神的高潮，特别是集团本级工会干部要带头学习宣传、带头贯彻落实、带头开展调研，努力提高讲政治、懂政策、精业务、善服务的本领。全港各级工会组织要紧密结合当前习近平新时代中国特色社会主义思想主题教育、紧密结合集团中心工作、紧密结合集团工会重点工作任务、紧密结合职工群众所思所想所急所盼，通过学习、宣讲、讨论、交流等，让会议精神和上级要求进班组、下船组，努力把学习成效转化为工作干劲，坚持主业主责，坚持竭诚服务，在积极建设工会大学校、大舞台、大家庭、大平台、大格局方面用心用力用情用劲，团结更广泛职工群众为全面建成上海国际航运中心、加快建设具有世界影响力的社会主义国际大都市、谱写中国式现代化上海新篇章做出上港人新的更大的贡献。

（张 容）

【上港集团工会召开全面贯彻落实市第十五次工代会精神推进会】 7月20日，上海国际港务（集团）有限公司工会召开全面贯彻落实上海市工会第十五次代表大会精神推进会，集团党委副书记、工会主席庄晓晴就进一步推进贯彻落实市第十五次工代会精神，做好集团工会下半年工作发表讲话。她指出，集团各级工会干部要进一步凝心聚力，提振信心，把工作做实做深做细，引领全港职工群众全面落实市第十五次工代会精神，以更饱满的精神状态争取更优异的工作业绩。要以"实"字贯穿始终，推动主题教育走深走实，理论学习要入脑入心，调查研究要实事求是，服务大局要见行见效。要以"干"字当头，团结带领广大干部职工全力以赴完成年度重点目标和任务。做到在干中学、学中干，始终坚持主业主责，大力弘扬"三种精神"。她强调，各级工会当前要配合行政持续做好防暑降温、防台防汛等各项工作，确保安全措施到位、防护用品到位、关心关爱到位，切实保障每位一线职工的身心健康和生命安全。

（张 容）

【市经信系统工会认真做好中国工会十八大和市第十五次工代会代表推荐工作】 上海市经济和信息化工作系统工会根据市总工会分配的代表名额和结构要求，认真制订代表选举工作方案，召开选举工作动员部署会，动员基层工会组织自下而上、上下结合，做好代表人选酝酿工作。将工代会代表人选推荐工作作为凝聚、发掘、吸纳系统优秀职工代表的重要平台，严格标准、严肃认真做好代表考察及公示工作，规范做好代表选举工作，顺利完成了系统2名中国工会十八大和10名上海市工会十五大代表推荐工作。

（黄 俭、顾 捷）

【世纪出版集团工会组织开展市第十五次工代会精神学习活动】 5月16日，世纪出版（集团）有限公司工会组织直属单位工会干部、劳模工匠先进代表、职工代表近百人，集中收看市第十五次工代会开幕盛况，并开展学习交流。集团党委副书记、工会主席杨春花作为代表参加大会。会后，她向集团工会干部和劳模先进及职工代表宣讲工代会精神。她指出，集团工会干部要把这次大会精神作为今后工作的前进方向，勇于担起新使命，阔步迈向新征程，全力实现新跨越。

（施纪仁）

【上海工会管理职业学院学习宣传贯彻市第十五次工代会精神】 年内，为学习宣传贯彻上海工会第十五次代表大会精神，推动学院教学培训高质量发展，上海工会管理职业学院通过开展辅导报告、举办专题教研活动等形式，组织全体专兼职教师深入学习领会工代会报告，学习体会上海市委书记陈吉宁，中华全国总工会党组书记、副主席、书记处第一书记徐留平在工代会开幕会上的重要讲话以及新当选市总工会郑钢淼主席接受的《劳动报》专访精神，引导教师学深学透市第十五次工代会精神，做好工代会精神宣讲阐释工作。同时学院组织教师将工代会内容和要求纳入相关课程，编发工会智库，为市总提供决策参考。

（郑 涵）

深化产业工人队伍建设改革

【持续深化产业工人队伍建设改革】 2023年，市总工会围绕适应新型产业结构要求，注重加强与市产改协调小组成员单位的沟通协调，制定实施《关于充分发挥上海国有企业在推进

4月17日，铁路上海局集团公司工会召开会员代表会议，选举出席上海市工会第十五次代表大会代表　　　　（徐 君）

产业工人队伍建设改革中带动作用的实施意见》《关于建立健全推进上海产业工人队伍建设改革分类指导机制的实施意见》等政策文件，推动校企合作、产教融合，引导企业和社会力量参与职业教育，拓宽产业工人技能提升路径，推动产业工人队伍素质、结构、规模与上海产业发展需求相适应。9—11月，牵头开展市委产业工人队伍建设改革专项督查，对14个市级职能部门、16个区及相关企业进行督查并形成专项督查报告。12月，推动召开市推进产业工人队伍建设改革工作会议，研究全市产业工人队伍建设改革形势，部署推进下一阶段改革重点工作。开展"第十三批上海市劳模创新工作室"创建工作，推动全市在职劳模普遍建立创新工作室，指导41个新兴产业非公企业劳模工匠建立创新工作室并授牌，全年新增100个市级劳模创新工作室、80个市级工匠创新工作室。12月19日，上海航天设备制造总厂有限公司对接机构总装组组长王曙群荣获2023年何梁何利基金"科学与技术创新奖"，成为国内首位获此殊荣的高技能人才。　（王子彧）

【浦东新区启动新一轮产业工人队伍建设改革】　2023年，经浦东新区五届区委全面深化改革委员会第十次会议审议通过，浦东新区启动实施产业工人队伍建设改革新方案。围绕"政治上保证、制度上落实、素质上提高、权益上维护"等四方面要求，区总工会牵头28个产改工作领导小组成员单位，共同制定实施《推进新时期浦东新区产业工人队伍建设改革行动方案（2023—2025年）》，明确提出"五个全面"（全面提升产业工人队伍政治地位、全面构建产业工人技能形成和评价体系、全面完善产业人才的发展制度、全面深化产业工人维权保障制度、全面提升产业工人生活品质）的目标任务，并细化为44项具体项目和量化指标，持续把浦东产业工人队伍建设改革推向深入。　（吴周筠）

【徐汇区总工会多措并举激励职工提升技能】　2023年，徐汇区总工会持续加大对企业和职工的补助力度，激发职工提升技能的积极性、主动性。奖励技能人才，申报获得晋升技师、高级技师奖

9月28日，市推进产业工人队伍建设改革第四督查小组赴奉贤区开展现场督查　（冒亚雯）

励7人，获得一线职工授权发明专利奖励12人。发挥地方教育附加专项资金在鼓励企业开展职工培训方面的积极作用，在2022年企业已完成的教育附加企业直补中，61家企业获得补助，共培训项目267个、人员34389人次，审核后拨付金额达1310万元。　（周　吉）

【市推进产业工人队伍建设改革第二督查小组赴普陀区开展实地督查】　10月26日，市推进产业工人队伍建设改革第二督查小组一行8人，在组长赵德关的带领下赴普陀区开展实地督查。普陀区人大常委会党组副书记、副主任，区总工会主席姚军，副区长蒋龙出席会议，区委组织部、区委宣传部、区发改委、区教育局、区人社局、区国资委、区总工会等部门负责人及基层企业负责人、产业工人代表参加会议。蒋龙汇报普陀区产业工人队伍建设改革工作自查情况，姚军围绕普陀目前产业分布及现状、区总工会牵头抓总情况、普陀工作亮点作补充汇报。赵德关代表第二督查小组对督查情况进行反馈，并提出3点建议，要提高站位，充分认识产业工人队伍建设改革的极端重要性；要坚持问题导向，破解产业工人队伍建设改革的瓶颈问题；要以督查为契机，推动产业工人队伍建设改革实践纵向发展。督查组一行还查阅了台账资料，并与相关职能部门和基层企业负责人、产业工人代表座谈交流，了解听取部门、企业和职工对改革情况的意见建议。

　（陆　蕾）

【市推进产业工人队伍建设改革第二督查小组赴金山区开展实地督查】　10月20日，市推进产业工人队伍建设改革第二督查小组在组长、市总工会副主席桂晓燕、赵德关的带领下赴金山区开展实地督查。金山区委副书记袁罡向督查组汇报金山产业工人队伍建设改革工作推进情况。区人大常委会副主任、党组成员，区总工会主席蒋雅红出席会议，区委组织部、区委宣传部、区发改委、区经委、区教育局、区人社局、区国资委、区总工会等部门负责人及基层企业负责人、产业工人代表共20余人参加。桂晓燕代表第二督查小组对督查情况进行反馈，她指出，金山区对产业工人队伍建设改革工作高度重视，科学规划，不断优化产业工人成长环境，形成了一系列具有金山特色的改革成果与经验。随后她提出2点建议，一是加强产业工人职业技能培训，不断创新突破、优化升级培训类型与内容；二是加大产改相关政策归集、宣传力度，推动更多好政策、好经验在金山落地见效。袁罡表示，下一步金山区将按照市督查组提出的工作要求，在区委、区政府的正确领导下，直面问题补齐短板，全力以赴提高质效，不断健全完善金山产改领导小组工作机制，切实把督查整改成效转化为推进金山产业工人队伍建设改革工作高质量发展的强大动力，创新、丰富产改"金山经验"，总结推广先进改革经验及政策举措，深化社会各界对于产改工作的了解和认同，吸

引更多高素质产业工人在金山安家落户。期间，督查组一行查阅台账资料，并与相关职能部门和基层企业负责人、产业工人代表座谈交流，了解听取部门、企业和职工对改革情况的意见建议。 （郁 蔚）

【松江区总工会与上海视觉艺术学院举行合作签约】 5月19日，松江区总工会与上海视觉艺术学院合作签约仪式在上海视觉艺术学院举行，上海视觉艺术学院董事长朱自强、区人大常委会副主任、区总工会主席吴建良出席。签约仪式后，松江区总工会把学院的优质资源请进区工人文化宫，带来专业的培训、展览、演出，为松江职工的文化生活注入蓬勃动力。同时，松江区总工会也为视觉艺术学院提供各类展览展示平台，合力探索校宫及校企合作模式，共同打造文化阵地，树立合作品牌，提升职工的艺术鉴赏力及创造力。 （高 蕾）

【市推进产业工人队伍建设改革第一督查小组赴青浦区开展实地督查】 9月28日，市总工会一级巡视员周奇、副主席张立新带领市推进产业工人队伍建设改革情况第一督查小组赴青浦区开展实地督查。青浦区人大常委会副主任、区总工会主席高健汇报青浦区推进产业工人队伍建设改革情况。联合督查组在听取汇报后，组织企业负责人、产业工人代表和区有关部门召开座谈会。周奇代表市联合督查第一工作组对青浦推进产业工人队伍建设改革工作进行反馈，并对青浦推进产业工人队伍建设改革的下一步工作提出要求和建议。青浦区推进产业工人队伍建设改革领导小组成员，相关委办局分管领导，企业负责人、产业工人代表20余人参加督查座谈会。 （朱建强）

【市推进产业工人队伍建设改革第四督查小组赴奉贤区开展实地督查】 9月28日，市推进产业工人队伍建设改革第四督查小组一行，在上海工会管理职业学院党委书记王厚富的带领下到奉贤区开展实地督查。区委副书记唐晓腾、副区长吕将出席。会上，唐晓腾代表区委、区政府向督查组汇报了2022年以来奉贤推进产业工人队伍

建设改革情况和下阶段工作重点。王厚富充分肯定奉贤区产业工人队伍建设改革工作取得的成果，并提出建议。期间，督查组一行查阅台账资料，并与相关职能部门和基层企业负责人、产业工人代表座谈交流，了解听取部门、企业和职工对改革情况的意见建议。 （冒亚雯）

【中国机械冶金建材工会调研上海电气产业工人队伍建设改革情况】 11月25日，全国机械冶金建材系统产业工人队伍建设改革现场推进会结束之际，中国机械冶金建材工会副主席、分党组成员关明赴上海机电工会调研产业工人队伍建设改革情况，上海电气集团党委副书记、市机电工会主席朱兆开作汇报，常务副主席袁胜洲出席。关明一行首先来到上海电气李斌技师学院工业机器人实训车间，实地考察技能人才队伍的培训培养情况，详细了解学院在学生教学设计、技能等级认定、技能竞赛等方面的经验做法，并对企业积极发挥主体作用推进产改给予充分肯定。朱兆开围绕机电工会的历史沿革、深化产业工人队伍建设改革的主要做法及成效、存在的问题及面临的挑战、未来努力方向进行汇报。座谈会上，关明交流了中国工会十八大精神。他指出，推进产业工人队伍建设改革是习近平总书记和党中央交给工会的一项重大政治任务，是中国工会十八大确定的重点任务，各级工会要深刻认识推进产业工人队伍建设改革的重要性紧迫性，努力实现企业高质量发展和产业工人队伍全面发展。 （张 鹤）

【仪电工会举办"推进新时期产业工人队伍建设"第五期班组长培训班】 8月18—19日，市仪表电子工会在华鑫慧享中心举办了为期两天的仪电系统"推进新时期产业工人队伍建设"第五期班组长培训班，近50位来自仪电系统基层企业的班组长参加培训。此次培训班课程内容涵盖了仪电工会"荣耀百年，奋进仪电"系列活动之百名职工走进仪电参观寻访、班组长素质能力提升、班组安全成果展示等。培训中，班组长先后参观了红色文化进国企《上海国资国企红色基因展暨上海仪电百年发展历程展》、上海无线

电博物馆、上海仪电展示厅；认真学习旨在提高班组长业务水平和素质能力的《班组长领导的艺术，团队合作与沟通技巧》课程，以及关系职工劳动保护、生产安全健康的《安全生产事故案例分析和预防》等内容，同时结合安全生产"1000班组"建设、查身边隐患安全生产"随手拍"系列活动，进行了成果交流分享展示活动。 （周黎俊）

【中交上航局工会专题调研基层单位产业工人队伍建设改革情况】 4月25日，中交上海航道局有限公司工会以公司各基层单位、项目部为调研对象，以书面调研和实地调研相结合的形式，对各单位产业工人队伍建设改革总体情况、服务保障措施、思想政治建设、能力素质建设、工作亮点和存在困难以及希望公司给予支持的意见和建议等6个方面进行调研。局党委副书记、纪委书记、工会主席方君华先后带队前往中港疏浚公司第五分公司、勘察设研公司九水项目部、华南市政公司和中山项目总部等基层一线开展实地调研，以听取调研汇报、开展座谈交流、组织现场答疑等形式，了解掌握产业工人队伍建设的亮点做法、典型经验及存在困难，并收集基层单位对产业工人队伍建设方面的意见和建议。调研期间，方君华指出，各单位要坚持党建引领，在把准正确航向中强根铸魂；要加快素质提升，在建强成长平台中增益赋能；要强化民主管理，在筑牢保障基础中凝心聚力。 （龚海清）

【上海石化实施"职工晋升技师、高级技师奖励"计划】 2023年，中国石化上海石油化工股份有限公司实施"职工晋升技师、高级技师奖励"计划，共30名技师、高级技师获奖励（其中技师20名，高级技师10名）。公司工会和市总工会各奖励4万元，共下达奖励8万元。1人获评发明专利奖励，市总工会奖励2000元。 （顾 倩）

【上海机场"腾飞大学"举行首届学历教育合作办学班毕业典礼】 9月27日，上海机场（集团）有限公司"腾飞大学"首届学历教育合作办学班2023届城市公共安全管理专业本科班毕业

典礼在上海开放大学隆重举行。上海机场集团党委副书记、工会主席张永东,上海开放大学副校长张瑾出席并讲话。集团公司各直属单位工会主席、工会办公室主任、上海开放大学教师代表、毕业生代表等参加典礼。教师代表上海开放大学公共管理学院院长芦琦、优秀毕业生代表上海虹桥国际机场有限责任公司消防急救保障部刘东君先后发言。张永东向75位完成学业的一线职工表示热烈祝贺,他指出,毕业不是终点,希望全体毕业生能够秉持着对上海这座城市和上海机场的热爱,以强烈的使命感和责任感,将所学所知运用到实际工作中,以更高的标准和更优秀的表现投身于上海机场高质量发展,为上海航空枢纽建设贡献智慧和力量。为深入推进产业工人队伍建设改革,2021年开始,上海机场集团工会与上海开放大学合作开办"腾飞大学",满足广大职工学习需求,服务企业改革发展。 (张雯倩)

【**上海机场集团工会赴浙江省机场集团工会开展推进产改等工作交流**】 8月10日,上海机场(集团)有限公司党委副书记、工会主席张永东带队赴浙江省机场集团就产业工人队伍建设改革、职工品质生活打造等开展工作交流,集团公司工会副主席、集团公司工会兼职副主席、集团公司工会办公室、人力资源部、股份公司市场部等相关部门人员参加。浙江省机场集团工会详细介绍了产业工人队伍建设改革成果、职业技能等级企业自主认定开发共建项目、职工品质生活打造经验做法以及萧山机场现场运营管理模式,双方就共同推动与加强技能人才培养、企业职业技能等级认定等方面进行了深入的交流。会上,上海机场集团工会与浙江省机场集团工会签订技能强企合作框架协议。双方将在考评员专家库、认定设备器材、教材及培训大纲开发等方面实现资源共享,此外还将适时组织开展考前培训、技能人才交流等活动,进一步增进长三角地区机场行业技能等级认定工作共建共享。 (张雯倩)

关于灵活就业人员参加本市职工基本养老、职工基本医疗保险有关问题的通知

沪人社规〔2023〕5 号

各区人力资源和社会保障局、医疗保障局，国家税务总局上海市各区税务局、第三税务分局，市社会保险事业管理中心，市就业促进中心，市医疗保险事业管理中心，各有关单位：

根据《中华人民共和国社会保险法》、人力资源社会保障部等八部门《关于维护新就业形态劳动者劳动保障权益的指导意见》（人社部发〔2021〕56号）和《中共上海市委上海市人民政府关于深化医疗保障制度改革的实施意见》（沪委发〔2020〕32号）等有关规定，结合本市实际，现就本市灵活就业人员参加本市职工基本养老、职工基本医疗保险（以下简称"基本养老、医疗保险"）有关问题通知如下：

一、本通知所称灵活就业人员是指年满16周岁且男性未满60周岁、女性未满55周岁，在本市劳动就业的自雇人员、无雇工个体工商户、未在用人单位参加基本养老、医疗保险的非全日制从业人员以及其他灵活就业人员。

二、灵活就业人员就业登记和社会保险登记采取个人承诺制、推行集成化办理。就业登记和社会保险登记可以网上办理，也可以在社会保险经办机构、公共就业服务机构或街道、乡（镇）社区事务受理服务中心办理。办理就业登记和社会保险登记后，按规定缴纳基本养老、医疗保险费。

三、灵活就业人员缴纳基本养老、医疗保险费的基数在本市上年度全口径城镇单位就业人员月平均工资的60%至300%之间，由本人自行选择。缴纳职工基本养老保险费的比例为24%，缴纳职工基本医疗保险费的比例为11%。

四、灵活就业人员参保缴费后，社会保险经办机构为其建立基本养老、医疗保险个人账户，按照国家和本市规定记账并计算缴费年限。

五、灵活就业人员基本养老、医疗保险关系的转移接续等，按国家和本市相关规定执行。

六、灵活就业人员实行按月缴费，不得以事后追补缴费的方式增加缴费年限。

七、灵活就业人员男性年满60周岁、女性年满55周岁，缴费年限（含视同缴费年限，下同）满15年的，可以申请按月领取基本养老金，符合国家和本市规定条件的，月基本养老金计发按照本市企业职工基本养老保险办法的规定执行；缴费年限不满15年，待遇领取地按照国家和本市规定确定在本市的，可以继续缴费至满15年后申请按月领取基本养老金。

八、灵活就业人员按规定缴纳职工基本医疗保险费后，其基本医疗保险待遇，以及医保综合减负办法、医保退休待遇认定等按照本市职工基本医疗保险同类人员有关规定执行。等待期按照《关于本市城镇从事自由职业人员、无雇工的个体工商户以及其他灵活就业人员享受基本医疗保险待遇设置等待期的通知》（沪人社医发〔2012〕45号）的有关规定执行。

九、在本市灵活就业的香港、澳门、台湾居民，按照本通知规定执行。

在本市灵活就业的取得在华永久居留资格的外国人，参照本通知规定执行。

在本市农民专业合作社（联合社）和家庭农场从事农业劳动的从业人员，以集体参保的方式，参照本通知规定执行。本市农民专业合作社（联合社）凭本市市场监管部门出具的《农民专业合作社法人营业执照》，本市家庭农场凭所在区农业农村部门出具的相关凭证，到社会保险经办机构办理参保登记手续。

十、本通知自2023年5月1日起实施，有效期至2028年4月30日。

2023 年 3 月 31 日

要闻大事

【全国总工会慰问团来沪送温暖】 1月12、13日，时任全国总工会党组成员、经费审查委员会主任李晓钟带领送温暖慰问团来沪慰问，先后来到上海机床厂有限公司、上海恒润数字科技集团股份有限公司、上海天阳钢管有限公司等单位，慰问企业劳模和一线职工，探望"七一勋章"获得者、全国著名劳模黄宝妹，为广大职工送去党委、政府和工会组织的关怀与温暖。时任市总工会副主席张得志、经审会主任丁巍等陪同。

（焦斐然）

【郭芳一行调研市总工会】 2月20日，时任市委常委、副市长郭芳调研市总工会。座谈会上，郭芳指出，市总工会要在党的领导下做好职工思想引领，用党的创新理论宣传职工、教育职工、引导职工；要深刻认识上海肩负的使命责任，在服务上海经济社会发展中彰显工会新作为；要聚焦优化营商环境加强和谐劳动关系建设，聚焦职工技术技能素质提升，组织开展长期性、可持续的系列技能大赛，培育更多大国工匠、高技能人才，打造高素质的产业工人队伍，着力提高全要素生产率，助力上海城市综合实力和核心竞争力持续提升；要在高质量发展背景下开展专项调研，全面、客观地反映真实情况和职工群众"急难愁盼"问题，为市委市政府科学决策、务实施策提供参考依据。会前，郭芳在市总工会主要领导的陪同下参观了劳动模范风采展示馆。 （徐鑫悦）

【徐留平一行来沪考察调研上海工会工作】 4月17—18日，全国总工会党组书记、副主席、书记处第一书记徐留平来沪考察调研上海工会工作。时任市总工会主席莫负春，党组书记、副主席黄红陪同考察调研。在沪期间，徐留平一行先后参观中共一大纪念馆、中国劳动组合书记部旧址陈列馆、上海劳动模范风采展示馆；考察徐汇滨江规划展示中心、党群服务站、滨江公共开放空间等。在市总机关召开调研座谈会，听取上海工会总体工作和推进上海工会数字化转型打造智慧工会服务平台的情况汇报。他指出，互联网时代下，社会关系、企业的组织关系发生了非常大的变化，对工会工作如何开展，提出了一系列的问题，上海工会要锲而不舍深化工会改革和建设，突出抓好基层工会建设，构建数智化时代工会工作新形态，让上海工会的名片擦得更亮。市总工会副主席周奇、张得志、桂晓燕，时任纪检监察组长胡霞菁，副主席朱雪芹、王曙群，经审会主任丁巍出席座谈会。全总办公厅主任吕国泉、研究室主任王利中参加上述活动。 （徐鑫悦）

【莫负春一行赴上海工会管理职业学院调研指导宝山校区建设】 4月12日，时任市人大常委会副主任、市总工会主席莫负春到工会学院宝山校区修缮工程施工现场，实地检查工程进展情况。学院党委书记王厚富、院长李友钟、城建学院党委书记褚敏以及设计、施工、监理等参建单位领导陪同调研。莫负春察看宿舍楼、综合楼等单体施工现场，仔细询问老楼改造过程中沉降处理、结构加固等问题处理的施工方案，察看学员宿舍设计布局样板间，并召开现场会。会上，上海城建职业学院汇报修缮工程和改扩建工程进展情况，各参建单位作交流发言。莫负春指出，宝山校区功能提升项目是落实中央群团改革要求的重要事项，事关上海群团改革和工会工作发展大局，希望各方继续一起努力，按照既定目标加快推进新建项目，确保安全、确保质量、确保进度，努力建成一所设施齐全、功能完备、质量优良的现代一流干部学院；要继续优化方案、完善设计，在细节上精益求精，以求美观耐用；加强与宝山区对接，推进周边环境改善；工会学院要结合新校区建设，提早谋划软件建设，拓展业务领域，提升教学、培训、科研水平，做好运维等准备工作。 （张 凡）

【谭天星一行来沪参加中国工会十八大报告座谈会并开展调研】 5月18—20日，时任全国总工会副主席、书记处书记、党组成员谭天星一行来沪参加中国工会十八大报告座谈会。会上，沪苏浙皖三省一市总工会围绕工会十八大报告提纲作交流发言并提出相关意见建议，部分区局（产业）工会和劳模代表作交流发言。会后，谭天星对企事业单位民主管理工作情况进行调研，他先后赴美团（上海）、杨浦区长白228街坊、复旦大学、宝钢股份、波克科技股份有限公司等单位，实地考察调研互联网平台企业、街面小二级工会、高校、央企以及民营企业的民主管理工作，并组织召开推进企事业单位民主管理制度建设调研座谈会。在沪期间，一行人还参观了劳动组合书记部旧址陈列馆。（徐鑫悦）

【高凤林一行来沪考察调研第七届全国职工优秀技术创新成果】 5月24—25日，全国总工会副主席、中国航天科技集团有限公司第一研究院首席技能专家高凤林来沪考察调研第七届全国职工优秀技术创新成果。调研中，高凤林指出，各行各业的劳模工匠们要听党话、跟党走，做推进中国式现代化的排头兵；要学技术、长本领，做创新驱动发展的先行者；要敢担当、讲奉献，做推动高质量发展的主力军。 （徐鑫悦）

4月17日，全总党组书记、副主席、书记处第一书记徐留平一行调研中国劳动组合书记部旧址陈列馆 （姚 磬）

【杨宇栋一行调研本市劳动关系和谐企业构建、产业工人队伍建设改革等工作】6月1—2日，全国总工会副主席、书记处书记、党组成员杨宇栋一行来沪调研本市劳动关系和谐企业构建、产业工人队伍建设改革等工作。调研组一行先后考察参观圆通大数据中心、圆通劳动争议调解工作站、华新镇政府、江南造船集团等点位，并看望慰问了劳模、工匠和困难职工代表。　（徐鑫悦）

【郑钢淼一行调研机电工会】 6月5日，市人大常委会副主任、党组副书记，市总工会主席郑钢淼在上海电气集团党委书记、董事长冷伟青，市总工会党组成员、副主席桂晓燕、徐珲的陪同下，调研上海市机电工会，上海电气集团党委副书记、市机电工会主席朱兆开作汇报。这也是市总工会新一届领导班子调研的第一家产业工会。郑钢淼一行来到上海电气自动化集团所属上海机床厂有限公司实地了解企业发展情况，他沿着百米文化长廊观摩厂史，走进高端数控机床实验中心，察看高精密磨床的加工过程，并与工人亲切交谈，仔细询问工作、住房等职工关切的问题。在李云龙劳模创新工作室，他认真听取工作室运作情况介绍，当了解到李云龙四十年如一日扎根一线钻研磨削工艺时，为其新时代工匠精神点赞。冷伟青介绍了上海电气的发展历史、新产业新赛道布局和当前的经济运行情况。朱兆开就机电工会工作思路、简要历史和基本情况、当前的工作情况和面临的问题与思考四个方面作了汇报。市机电工会常务副主席袁胜洲、副主席万敏莉、李敏，自动化集团和上海机床厂相关负责人参加调研。　（张 鹤）

【邹震一行来沪调研企业工会工作】 8月31日，中华全国总工会书记处书记、党组成员邹震一行来沪调研平台企业工会组建、企业工会建设及职工创新工作室创建等工作。调研组一行人先后赴京东亚洲一号物流园区、东方国际集团进博好物畅购集、JAPAN MALL、上海国际友城港、上海卷烟厂钟明劳模创新工作室和百联集团进行考察调研。调研中，邹震一行与企业负责人、劳模工匠、一线劳动者、基层工会干部深入交流。在京东园区，他详细了解工会组织建会及工会在助推企业发展中的情况，并充分肯定上海在新就业形态工会组建方面进行的探索和创新。在东方

国际集团，他对集团近年来围绕国家发展战略，发挥进博会平台功能、放大进博会溢出效应，推动展品变商品、参展商变投资商等进行的积极尝试与探索表示肯定。在上海卷烟厂，他对职工创新工作室的创建工作给予了高度的评价。在百联集团，他指出，集团组建20年以来，始终在传承中创新、在探索中求变，走过了不平凡的发展道路，企业自身也得以发展壮大，希望百联工会加强对职工的政治思想引领，把职工的思想统一到党的二十大精神上来；激发职工一心一意促进企业发展的动力，立足岗位，集思广益，弘扬劳模精神、劳动精神、工匠精神；维护职工合法权益，关心关爱低收入群体，为职工群众办好实事；丰富职工精神文化生活，培养团队精神，增强职工对企业的信心；强化党建引领，以党建带工建，齐心协力促进集团继续保持上海商业零售行业排头兵的优势地位。

（钱晓明、叶艺勤、丁佳杰、姜 杰）

【郑钢淼一行教师节前夕走访调研上海工会管理职业学院】 9月8日，在第三十九个教师节即将到来之际，市人大常委会副主任、党组副书记，市总工会主席郑钢淼，市总工会党组成员、副主席桂晓燕一行，专程来到上海工会管理职业学院，看望慰问教职工代表并召开调研座谈会，深入了解学院教学科研管理等工作情况，为一线教职工送上节日的祝福和诚挚的问候。调研座谈会上，学院党委书记王厚富、院长李友钟就学院工作整体情况、宝山校区建设等作汇报。他强调，学院全体教职员工要深入学习贯彻习近平总书记关于工人阶级和工会工作的重要论述，牢固树立政治家办校治学的意识，守牢守好工会干部教育培训主阵地；要突出抓好工会干部培训工作，在着力提升培训质量和覆盖面的同时，不断拓展面向基层工会、服务一线职工的工作领域，探索劳模工匠培训、班组长培训等新课程，构建更完备系统的培训项目和课程体系；要进一步抓好科研与智库工作，切实加强理论研究、实践研究，坚持问题导向、效果导向，深耕基层一线，在理论研究中解决问题、推动工作；要深入开展对外交流合作工作，在与复旦大学共建马克思主义工运理论研究基地的基础上，进一步探索学术交流平台建设的有效途径和

办法，确保全市工运理论及工会工作研究取得丰硕成果；要扎实做好学院软硬件建设，在提升教学硬件设施质量水平的同时，聚集更多一流师资，持续培养优秀人才，推动学院高质量发展更上新台阶。
　　　　　　　　　　（张 凡）

【吴清调研市总工会】 9月11日，时任上海市委委员、常委、副书记吴清到市总工会调研。座谈会上，吴清指出，上海工会要传承红色基因、弘扬光荣传统，有效发挥工会组织桥梁纽带作用；要发挥政治引领作用，毫不动摇加强党的领导，把"两个确立""两个维护"落到工会工作的具体实践中去，切实履行意识形态工作责任，密切关注职工队伍思想动态，及时回应职工关切，主动化解风险矛盾；要服务现代化建设大局，坚持围绕中心任务，最大限度地激发职工群众的积极性、主动性、创造性；要在服务职工群众上持续用力，用心用情为职工群众排忧解难，提升工会服务意识、服务能力、服务效果；要加强工会自身建设，适应新的经济发展、技术进步、社会转型和形势变化，创新工会服务方式、服务模式，探索数字化智能化赋能和助力工会工作。会前，吴清在市总工会主要领导的陪同下参观了劳动模范风采展示馆。
　　　　　　　　　　（徐鑫悦）

【马璐一行来沪参加全国总工会推进"劳模工匠助企行"专项行动试点工作座谈会】 9月26—27日，全国总工会副主席、书记处书记、党组成员马璐来沪出席全国总工会推进"劳模工匠助企行"专项行动试点工作座谈会。会上，她强调，"劳模工匠助企行"专项行动是深化产业工人队伍建设改革、提升产业工人技能素质的重要抓手，也是促进工会自身改革、服务经济社会发展的重要举措；专项行动为劳模工匠搭建更大平台，让新时代劳模工匠在全面建设社会主义现代化国家的新征程上，为构建现代产业体系、推动高质量发展发挥更大作用；试点省市工会要充分重视、积极推进。会后，马璐一行还调研了上海工会"劳模工匠助企行"工作情况。调研组先后考察调研中通快递总部、中通快递网点并慰问一线快递员。她指出，要充分发挥企业的主体作用，重视平台企业工会工作，注重推动加盟商建工会，进一步加强对快递小哥的关心关爱和

权益保障。地方工会、企业工会要贯彻落实全国新就业形态劳动者工会工作推进会精神，按照《深入推进新就业形态劳动者工会工作三年行动计划》，做好快递小哥权益保障等各项工作，让他们能获得应有的尊重和成长。（徐鑫悦）

【李金英一行调研本市工青妇贯彻落实党的二十大和总书记同工青妇新一届领导班子成员集体谈话时的重要讲话精神情况】 11月21—23日，中央纪委国家监委驻全国总工会机关纪检监察组组长、全国总工会党组成员李金英一行，来沪调研本市工、青、妇三家单位贯彻落实党的二十大战略部署、总书记同三家群团组织新一届领导班子成员集体谈话时重要讲话精神情况。调研组一行先后考察调研张江科学城、劳动组合书记部旧址陈列馆、中国商飞、索尔维公司、大金空调等点位，并同市总工会、团市委、市妇联有关负责人开展访谈。　　　　　（徐鑫悦）

【钟洪江一行来沪调研本市维护劳动领域政治安全地方协同机制、工会工作法治化建设、12351职工维权服务热线等情况】 11月23—24日，全国总工会副主席、书记处书记、党组成员钟洪江一行，来沪调研上海维护劳动领域政治安全地方协同机制、工会工作法治化建设、12351职工维权服务热线等情况。一行人先后参观考察了浦东新区联调中心工会分中心陆家嘴调解站、市第一中级人民法院、市总工会职工服务中心、静安区总工会职工援助服务中心。

之后，调研组在市总工会机关召开了推进企事业单位民主管理制度建设调研座谈会，市总工会、市职工服务中心、浦东新区总工会等参加座谈并作工作汇报。在沪期间，调研组还参观了劳动组合书记部旧址陈列馆。　（徐鑫悦）

【郑钢淼一行调研上海船舶产业工人队伍建设改革工作】 11月27日，市人大常委会副主任、党组副书记、市总工会主席郑钢淼，时任市总工会党组书记、副主席黄红一行到外高桥造船有限公司进行上海船舶系统工会工作调研。中国船舶集团党群工作部主任丁文强，中船上海船舶工业有限公司党委书记、董事长李恒劭等陪同调研。调研中，丁文强衷心感谢市委、市政府、市总工会对中国船舶集团总部迁驻上海所给予的无微不至的关心和支持。他表示，中国船舶集团将牢牢把握新时代新征程使命任务，有效发挥工会组织桥梁纽带作用，以劳动和实干托起造船强国梦，为上海发展、民族复兴再立新功。李恒劭介绍了上海船舶系统工会工作概况，回顾了上海船舶工业的发展史。上海三大造船公司工会主席相继汇报了产教融合、匠心赋能、劳动竞赛和工会组织建设等工作的开展情况。郑钢淼指出，上海船舶系统各级工会紧扣我国工人运动时代主题，聚焦产业中心任务，健全多层级、多领域、多特色的立功竞赛体系，引领广大职工勇毅担当、追求卓越，创造了我国由造船大国迈向造船强国的一个又一个里程碑，形成了一系列可复制、可推广的先进经验和做法，

在提振发展信心、推动经济发展中发挥了重要作用。他强调，上海船舶系统各级工会要坚持以职工为中心，进一步引导广大职工树立辛勤劳动、诚实劳动、创造性劳动的理念；要持续深化职工素质工程，厚植船舶工业高质量发展的强大动能；要积极推进全过程人民民主，全面构建和谐劳动关系，实现职工与企业共同发展。黄红对上海船舶系统各级工会工作给予高度评价。她指出，上海船舶系统各级工会要继续深化职工队伍建设，始终走在新时代产业工人队伍改革的前列；要竭诚服务职工群众，积极打造职工与企业命运共同体；要强化工会自身建设，构筑船舶行业工会发展硬支撑。调研中，郑钢淼、黄红一行还观看中国船舶集团宣传片，并参观外高桥造船展示厅和大型邮轮建造现场。
　　　　　　　　　　（朱高嵩）

【郑钢淼一行观摩上海电气产业工人群像展】 12月20日，市人大常委会副主任、党组副书记、市总工会主席郑钢淼，时任市总工会党组书记、副主席黄红一行来到主题为"能源的奋进者"的上海电气能源装备产业工人群像展观摩。市机电工会常务副主席袁胜洲陪同。郑钢淼一行对上海电气产业工人做出的卓越贡献表示高度肯定。（张 鹤）

【全国总工会慰问团来沪送温暖】 12月26—27日，人力资源和社会保障部党组成员、副部长，中华全国总工会副主席（兼）吴秀章率全国总工会慰问团来上海送温暖。慰问团首先来到美团、圆通等平台物流企业，看望慰问一线外卖、快递员，深入了解企业发展情况、新就业形态劳动者权益保障情况，详细了解他们的工作时间、工作内容、困难与需求。随后，慰问团一行实地走访斜土路街道社区卫生服务中心医务人员工间休息室、闵行区劳动人事争议职工法律援助中心梅陇镇分中心、户外劳动者服务站点等工会服务阵地，慰问站点工作人员和一线职工。他指出，维护职工合法权益、竭诚服务职工群众，是工会组织的基本职责，工会干部要利用好各类阵地，提升服务能力，切实解决职工的急难愁盼问题，把工会建成温暖的职工之家。接着，慰问团来到上海建设路桥机械设备有限公司原高级技师、中国"0001号"高级技师证书获得者、全国

11月27日，市人大常委会副主任、党组副书记，市总工会主席郑钢淼一行到外高桥造船有限公司调研产业工人队伍建设改革工作 （顾卫青）

劳模刘海珊家中进行慰问。吴秀章详细询问了老人的生活情况和身体恢复情况,叮嘱工会干部及时掌握老劳模的生活和困难情况,继续做好关心关爱劳动模范工作,切实增强劳模的幸福感、获得感。在沪期间,慰问团还专程调研慰问了世界技能博物馆和青浦区"8090青年创业基地"。他鼓励场馆工作人员要进一步发挥好社会教育功能,弘扬精益求精的工匠精神,让劳动光荣、技能宝贵、创造伟大在全社会蔚然成风。

(徐鑫悦)

2023 年大事记

1 月

6 日 市总工会印发《上海市基层以上工会支出管理暂行办法》,解决基层以上各层级工会没有统一的支出管理制度,实现上海各级工会收支管理制度全覆盖。

16 日 2022 年度市总工会机关系统党组织书记党建工作述职评议会举行。市总工会领导班子成员,机关各部室党支部书记、派驻纪检组副组长;各直管单位党政主要负责人、在职党支部书记代表等出席。

17 日 市总工会十四届十二次全委(扩大)会,在市工人疗养院花月亭举行。市总工会十四届委员、经审委员、非委员区局(产业)工会主席等出席。

19 日 市总工会民主生活会(市总老领导专场)举行。市总工会领导班子成员、市总工会老领导出席。

31 日 市总工会党组民主生活会举行。时任市人大常委会副主任、市总工会主席莫负春出席会议并讲话。市总工会党组成员,市纪委、市委组织部相关人员,市委第十五督导组成员出席。

2 月

1 日 2023 年市总工会权益保障条线工作会议,在沪东工人文化宫职工文体中心举行。时任市总工会副主席张得志出席会议并讲话,各区总分管主席、部长、职工服务中心主任参加会议。

2 日 上海援外干部座谈会,在市总工会机关召开,时任市人大常委会副主任、市总工会主席莫负春出席并讲话,时任市总工会党组书记、副主席黄红主持会议,时任市总工会副主席张得志,本市援藏、援疆、援青、援滇干部联络组／指挥部负责人出席。

3 日 我奋斗我幸福——2023 年市总工会机关系统总结表彰会暨市总工会机关系统职工文艺展示,在工人疗养院花月亭举行。市市级机关工作党委委员、直属机关党委书记、二级巡视员田霞,市总工会领导班子成员出席。市总工会机关干部、各直管单位领导班子成员,在职党支部书记、工会主席,青年理论学习小组组长,劳模先进代表等参加。

同日 茉莉花剧场重启仪式暨话剧《大桥》首演于茉莉花剧场举行。启动仪式上,时任市总工会主席莫负春,上海广播电视台台长、上海文化广播影视集团有限公司总裁宋炯明,以及茉莉花剧场的建设者代表周杰上台,共同重启剧场。当天,劳模工匠、职工代表观看了复排的经典话剧《大桥》。

6—9 日 中国职工发展基金会理事长武建光一行来沪调研。市总工会领导周奇、桂晓燕、朱雪芹、张刚先后陪同调研。

10 日 苏浙皖三省职工来沪疗养交流活动推荐线路评审会,在华建集团华东设计研究院会议中心举行。市总工会领导张得志、丁巍出席。

14 日 2023 年上海工会劳动关系条线工作会议在虹口区工人文化宫举行。时任市总工会副主席张得志出席并讲话。

17 日 2023 年上海工会组织建设工作推进会,在沪东工人文化宫职工文体中心召开。时任市总工会党组书记、副主席黄红出席会议并讲话,市总工会副主席周奇、二级巡视员张刚,各区总主席、党组书记、分管主席;著名外企工会联合会主席、副主席及部分外企工会代表出席。

20 日 时任市委常委、副市长郭芳一行到市总机关调研,市总工会领导班子成员,市总机关各部室主要负责人出席。

21 日 市市级机关工作党委调研市总工会机关系统党建工作。市市级机关工作党委委员、直属机关党委书记、二级巡视员田霞通报市总工会 2022 年机关党建工作责任制落实情况,经综合测评,市总工会机关党建工作责任制落实情况为好(94.7 分)。时任市总工会党组书记、副主席黄红,市总工会经审会主任、直属机关党委书记丁巍出席会议。

24 日 "幸福新空间"上海医务职工休息室建设现场推进会,在上海交通大学医学院附属瑞金医院举行。时任市总工会党组书记、副主席黄红,市卫健委一级巡视员方秉华出席并讲话。各区总及医务工会分管领导,公交、地铁、环卫公厕休息室相关负责人、职工休息室样板间设计单位相关人员参加。

同日 市总工会机关系统"我会我来说",在市总机关礼堂举行。市总工会基层工作部副部长吴丽丽和中共二十大代表、上海第一食品连锁发展有限公司专柜柜长郁非作交流发言。各直管单位党组织书记、工会主席、团组织负责人、青年理论学习小组负责人及市总工会机关干部参加。

27 日 市劳动模范协会第七届会员代表大会在上海展览中心友谊会堂召开。时任市人大常委会副主任、市总工会主席莫负春出席会议并讲话。时任市总工会党组书记、副主席黄红,副主席桂晓燕,市劳模协会会员代表等,共约 300 人出席会议。

28 日 市总工会党组理论学习中心组(扩大)学习会,在市总机关礼堂举行。华东师范大学石云教授作"深化工会改革和建设,有效发挥桥梁纽带作用——党的二十大与新时代新征程的工会工作"专题辅导报告。市总工会领导班子成员,机关全体干部,各直管单位党政主要负责人在主会场参加。各区总工会主席、党组书记及相关人员,各直管单位其他班子成员,在职党支部书记,工会组织、团组织主要负责人,青年理论学习小组组长等在分会场视频参加。

3月

1日 市职工技术协会第八次会员代表大会，在市工人疗养院花月亭举行，时任市人大常委会副主任、市总工会主席莫负春出席会议并讲话。市总工会副主席周奇、王曙群，市职工技术协会第八次会员代表，市总有关部室负责人共约300人参加会议。大会选举王曙群为市职工技术协会会长，王伟、王军、田明、吴建良、陆凯忠、陈晓勤、陈景毅、钟立欣、袁胜洲、钱传东、韩国华、谢邦鹏、熊朝林等为副会长。

同日 市职工技术协会八届一次理事会、监事会，在市工人疗养院花月亭举行。时任市总工会党组书记、副主席黄红，副主席周奇、王曙群，市职工技术协会八届理事、监事，市总有关部室负责人约150人出席会议。

2日 全国财贸轻纺烟草行业暨上海市职工书画展，在市工人文化宫举行。中国财贸轻纺烟草工会、中储粮直属工会，市总工会及市纺织工会有关领导、书画专家评委出席。

同日 "尊法守法，携手筑梦" 2023年上海工会农民工公益法律服务行动启动仪式举行。市总工会副主席张得志，市司法局、市律协、奉贤区委、区总、区司法局有关领导，法律志愿团成员出席仪式。

3日 市总女工委七届五次全委（扩大）会议暨纪念"三八"国际劳动妇女节113周年主题活动，在宛平剧院举行。市总工会领导班子成员，市总机关各部室主要负责人，第七届市总工会女工委委员、女工干部、女职工代表出席。

同日 2023年"看上海、品上海、爱上海"主题系列活动暨"闵工惠"嘉年华活动启动仪式，在龙湖闵行天外广场举行。时任市总工会副主席张得志，市商委、文旅局、闵行区、部分区局（产业）工会领导，职工代表等，共约500人出席。

5日 "学雷锋精神，展劳动风采'中国梦·劳动美'——劳模工匠志愿服务活动"，在豫园商城举行。时任市人大常委会副主任、市总工会主席莫负春，时任市总工会党组书记、副主席黄红，副主席桂晓燕出席活动。

16日 "中国梦·劳动美——人民城市，奋斗有我"上海职工直播课堂嘉定专场，在沃尔沃汽车亚太区总部开讲。活动邀请李香花、朱士昇、王勤、管富根四位劳动模范，分享自己的劳动故事、奋斗故事。时任市总工会党组书记、副主席黄红，嘉定区委副书记周文杰等出席活动。

17日 第二十四届上海读书节闭幕式暨2022年上海职工（市民）文化网络大赛风采展，在上海图书馆东馆举行。时任市人大常委会副主任、市总工会主席、市振兴中华读书指导委员会主任莫负春，市委宣传部副部长、市精神文明建设委员会办公室主任、上海市振兴中华读书指导委员会第一副主任潘敏，时任市总工会党组书记、副主席黄红，上海图书馆馆长、上海科学技术情报研究所所长陈超，上海开放大学党委书记楼军江等出席活动，并在现场共同点亮上海市振兴中华读书活动40周年传承标识。各区局（产业）工会分管副主席、宣教部长，各区工人文化宫负责人，文化网络大赛优秀单位代表参加活动。

同日 2023年市总工会机关系统党的工作暨推进全面从严治党工作会议，在市总工会机关举行。时任市总工会党组书记、副主席黄红出席并讲话，市总工会其他领导，派驻纪检组副组长、纪检监察室主任，各区总工会党组书记，市总工会机关各部室正副部长（主任），直管单位领导班子成员、在职党支部书记参加。

同日 市总工会十四届经审会十一次全委会召开，会议审查通过了市总工会2022年度经费收支决算（草案）和2023年度经费收支预算（草案），市总工会资产管理委员会2022年度收支决算（草案）和2023年度经费收支预算（草案），市总工会本级2022年度经费收支决算和2023年度经费收支预算（草案）。

20日 市工会组织工作会议，在市工人疗养院花月亭举行。时任市总工会副主席周奇出席会议并讲话。各区局（产业）工会负责人参加。

同日 奋进新征程，巾帼绽芳华——巾帼劳模走进上海交通大学活动举行。市总工会副主席桂晓燕出席会议并讲话。上海交通大学师生代表，劳模、全国巾帼建功标兵、上海市三八红旗手代表出席活动。

21日 上海—六安市总工会对口合作框架协议签约座谈会，在市总机关举行。时任市总工会副主席张得志出席座谈会并讲话。安徽省六安市总工会，金山、松江、青浦区总工会，上海工会管理职业学院、职工技术协会、海鸥控股（集团）有限公司负责人出席。

28日 全国工会领导机关干部赴基层蹲点工作视频会议（上海分会场），在市工人疗养院一楼多功能厅召开。市总工会领导班子成员，市总工会机关各部室、各直管单位主要负责人出席。

同日 市工会干部大会，在市工人疗养院花月亭举行。市总工会领导班子成员，市总十四届委员、经审委员，非委员区局（产业）工会主席、各区总党组书记出席会议。

30日 "创新·时尚·融合"劳模工匠共话发展活动，在虹桥品汇"天空广场"举行。时任市人大常委会副主任、市总工会主席莫负春，市总工会党组书记、副主席黄红，副主席周奇、桂晓燕出席。各区、相关局（产业）工会负责人、女工委主任，劳模工匠先进代表参加活动。

同日 圆通速递一届一次职工代表（扩大）会议在青浦举行。全国总工会权益保障部、国防邮电工会、国家邮政局、市邮政局有关领导，各区总工会负责人和职工代表等出席会议。时任市总工会党组书记、副主席黄红出席会议并讲话，时任市总工会副主席张得志主持会议。来自圆通速递有限公司华东、华南、华北、华中、西南、东北、西北7个大区的180位职工代表参加本次职代会。

31日 2023年市总工会宣教工作会议，上海工会关心关爱职工暨致敬最美劳动者摄影图片交流展示（直播）会，在上海电信培训中心报告厅举行。时任市总工会党组书记、副主席黄红出席会议并讲话，市总工会副主席桂晓燕主持会议，各区局（产业）工会负责人、宣教部长，市、区工人文化宫（体育场）主任出席。

同日 "幸福直通车，品质心生活"启动仪式举行。时任市总工会副主席张得志，各区总工会分管副主席，试点单位代表出席启动仪式。

4月

4日 市总工会党组理论学习中心组（扩大）学习会在市总工会机关礼堂举行。全国人大代表、上海华虹（集团)有限公司党委书记、董事长张素心作《深入学习贯彻全国两会精神,全面推进高质量发展》专题辅导报告。市总工会领导班子成员,机关全体干部,各直管单位党政主要负责人在主会场参加。各区总工会主席、党组书记及相关人员,各直管单位其他班子成员,在职党支部书记,工会组织、团组织主要负责人,青年理论学习小组长等在分会场视频参会。

7日 长三角及协作区域职工疗休养交流活动启动仪式分别在黄浦区中央商场、上海国际旅游度假区举行。时任市总工会党组书记、副主席黄红,时任市总工会副主席张得志出席。苏浙皖闽四省总工会领导,上海部分区局(产业)及工会领导出席交流活动。

13日 市总工会机关系统学习贯彻习近平新时代中国特色社会主义思想主题教育动员会,在市总工会机关礼堂举行。市委第七巡回指导组成员,机关全体党员,直管单位党政领导班子成员、处级以上干部及在职党支部书记出席。

17—18日 全国总工会党组书记、副主席、书记处第一书记徐留平一行在沪考察调研。时任市人大常委会副主任、市总工会主席莫负春,时任市总工会党组书记、副主席黄红陪同考察调研。其间,徐留平一行参观了中共一大纪念馆、中国劳动组合书记部旧址陈列馆、上海劳动模范风采展示馆;考察了徐汇滨江规划展示中心、党群服务站、滨江公共开放空间等。在市总工会机关召开调研座谈会,听取了上海工会总体工作和推进上海工会数字化转型打造智慧工会服务平台的情况汇报。市总工会领导班子成员出席座谈会。全总办公厅主任吕国泉、研究室主任王利中参加了上述活动。

24日 上海"职业病防治宣传周"启动仪式,在上海国际会议中心举行。时任市总工会副主席张得志出席并讲话。

27日 2023年上海市五一劳动奖表彰会,在上海展览中心友谊会堂举行。时任市委常委、副市长郭芳,市人大常委会副主任陈靖,市政协副主席吴信宝,市政府副秘书长赵祝平出席表彰会,时任市人大常委会副主任、市总工会主席莫负春主持会议。市总工会主席室领导,各区局(产业)工会主席,全国、市五一劳动奖代表等约800人出席。

同日 "勇当奋斗者,共谱新篇章"2023年上海市庆祝五一国际劳动节特别节目,在宛平剧院举行。市总工会领导班子成员,市总机关各部室、各直管单位主要党政负责人,各区局(产业)工会干部,劳模职工代表观看演出。

29日 "人民城市 劳动赞歌"五一劳模工匠志愿服务日主题活动,在五角场商圈下沉式广场举行。时任市人大常委会副主任、市总工会主席莫负春,时任市总工会党组书记、副主席黄红,市总工会副主席桂晓燕,及市文明办、杨浦区领导,杨浦区文明办、市医务工会负责人,劳模先进、职工代表等出席主题活动。

5月

4日 市总工会十四届经审会十二次全委会召开,会议审议通过财务资产管理部关于上海市总工会第十四届委员会财务工作报告和经审办关于市总工会第十四届经费审查委员会工作报告。

5日 市总工会领导班子成员,机关各部室主要负责人,派驻纪检监察组副组长,各直管单位党政主要领导赴中科院上海高等研究院大科学装置参观见学。

6日 市总工会机关系统举行学习贯彻习近平新时代中国特色社会主义思想主题教育集中学习。市总工会领导班子成员,机关各部室正副部长(主任),派驻纪检监察组副组长、监察室主任,各直管单位党政主要领导参加。

16日 市工会第十五次代表大会开幕。市委书记陈吉宁,中华全国总工会党组书记、副主席、书记处第一书记徐留平出席开幕会并讲话。市领导龚正、陈通、郭芳、胡世军、郑钢淼、肖贵玉,市高级法院院长贾宇、市检察院检察长陈勇,驻沪部队领导汪昱、焦占锋、黄德华等出席。时任市人大常委会副主任、市总工会主席莫负春代表市总工会第十四届委员会作工作报告。团市委副书记邬斌代表人民团体向大会致贺词。时任市总工会党组书记、副主席黄红主持会议。

17日 市工会十五次代表大会闭幕。在随后召开的一次全会上,选举产生市总工会新一届领导班子。市人大常委会副主任、党组副书记郑钢淼当选主席,黄红、桂晓燕、丁巍、徐珲、张立新、赵德关、朱雪芹、王曙群当选副主席,选举产生18名常委。在经审会一次全会上,庄勤当选经审会主任。

22日 由市总工会、市发改委、市科委、市教委、市人社局、市知识产权局、团市委和市科协等联合主办的上海职工科技节开幕。市人大常委会副主任、市总工会主席郑钢淼出席并为长三角G60科创走廊第五届科技成果拍卖会暨上海市职工创新成果转化交易平台启动首拍,松江区委书记程向民致辞。开幕式上揭牌成立上海市职工创新成果转化交易平台、上海市工匠人才知识产权运营促进中心、长三角G60科创走廊高水平应用型高校协同创新联盟产教融合示范基地、上海长三角科创投资促进会驻G60联合办公室。时任市总工会党组书记、副主席

5月17日,郑钢淼率新一届市总工会领导班子集体瞻仰中国劳动组合书记部旧址陈列馆

(展 翔)

黄红出席开幕式。

29日 市总工会机关系统学习贯彻习近平新时代中国特色社会主义思想主题教育读书班集中学习暨"学思想、见行动，推动工会事业高质量发展"——"我会我来说"学习交流会，在市总工会机关礼堂举行。市委第七巡回指导组成员，市总工会机关全体干部，直管单位党政主要负责人、工会主席，各单位团组织负责人、青年理论学习小组负责人等参加。

30日 市第一中级人民法院、市总工会劳动争议诉调对接签约仪式，在市第一中级人民法院举行。市高级人民法院审委会专职委员米振荣，时任市总工会党组书记、副主席黄红，市总工会党组成员、副主席桂晓燕，市第一中级人民法院党组书记、院长陆卫民，党组成员、副院长徐世亮出席签约仪式，市总工会、市一中院相关负责人参加。

31日 "提升创新力，聚力促发展"2023年上海职工劳动和技能竞赛推进会暨2023年上海工匠选树启动仪式，在世贸商城金色大厅举行。市人大常委会副主任、党组副书记，市总工会主席郑钢淼出席会议并讲话。时任市总工会党组书记、副主席黄红主持会议，全总劳动和经济工作部副部长金勇、市总工会一级巡视员周奇及竞赛组委会相关单位负责同志参加会议。

6月

2日 "中国梦·劳动美——人民城市，奋斗有我"上海职工直播课堂闵行专场活动，在莘庄商务区维璟中心举行。时任市总工会党组书记、副主席黄红，市总工会党组成员、副主席桂晓燕，闵行区委，闵行、松江区总工会领导，职工代表等出席。

19日 市总工会党组与市司法局党委主题教育理论学习中心组联组学习，在市司法局机关举行。市总工会和市司法局领导班子成员及相关部（处）室主要负责人出席。

25日 2023年上海工会二季度主席例会，在上海航天局举行。市人大常委会副主任、党组副书记，市总工会主席郑钢淼主持会议并讲话；时任市总工会党组书记、副主席黄红出席会议并讲话。市总工会领导周奇、桂晓燕、丁巍、胡霞菁、徐珲、张立新、赵德关、朱雪芹、

王曙群、庄勤，各区总工会主席、党组书记，部分局（产业）工会主席出席会议。徐汇、黄浦、闵行、青浦、上海航天、上海电气、上海移动、经信系统、申通地铁、东浩兰生等10家单位工会主席做交流发言。周奇、桂晓燕、丁巍、徐珲、张立新、赵德关就分管工作布置了三季度重点任务。

27日 长三角地区"数聚长三角，智汇创未来"数字赋能高质量发展职工劳动和技能竞赛决赛，在联通大厦举行。时任市总工会党组书记、副主席黄红出席颁奖仪式并讲话，市经济信息化工作党委副书记、经济信息化系统工会主任张义，安徽省总工会一级巡视员张文静，市总工会副主席桂晓燕，江苏省总工会二级巡视员蒋先宏等出席活动。

28日 2023年推进长三角高质量一体化发展工会工作联席会，在临港新片区经济发展有限公司举行。全国总工会副主席、书记处书记、党组成员马璐在北京以视频形式出席会议并讲话。全总有关部门负责人，沪苏浙皖三省一市总工会主席、党组书记、有关副主席、相关部门负责人出席会议。苏浙皖沪三省一市总工会主席魏国强、刘忻、何树山、郑钢淼先后讲话。苏浙皖三省总工会党组书记、副主席徐大勇、吕志良、徐发成先后交流发言。上海市总工会一级巡视员周奇介绍首届"长三角大工匠"选树命名情况，上海市总工会党组成员、副主席桂晓燕介绍2023年推进长三角高质量一体化发展工会工作方案。会议由时任上海市总工会党组书记、副主席黄红主持。

30日 市总工会机关系统"七一"党员集体过政治生日座谈会举行。时任市总工会党组书记、副主席黄红，市总工会党组成员、副主席、直属机关党委书记丁巍，市总工会机关各部室、各直管单位党组织负责人，机关系统入党20、30周年及新发展党员代表出席座谈会。

7月

5日 上海工会促进安全生产工作会议，在宝武大厦举行。市人大常委会副主任、党组副书记，市总工会主席郑钢淼出席并讲话。时任市总工会党组书记、副主席黄红主持会议。市卫健委、市应急管理局等相关单位领导出席会议。

6日 上海—香港工会工作座谈会，在市总工会机关举行。时任市总工会党组书记、副主席黄红，副主席徐珲，香港工会联合会有关领导及香港电梯业总工会代表团成员出席。

同日 "青春心向党·奋进新征程"市总工会机关系统学习贯彻习近平新时代中国特色社会主义思想主题教育集中学习会暨青年理论学习分享会，在徐家汇书院报告厅举行。市总工会领导班子成员，市委主题教育第七巡回指导组，市市级机关工作党委、团工委领导，市总工会机关各部室、各直管单位党政主要负责人、青年理论学习小组成员出席。

7日 市劳模协会第七届常务理事会第一次会议举行。市总工会党组成员、副主席丁巍出席会议并讲话。

13日 "饿了么"平台全网一届一次职工代表大会（扩大）会议，在上海特种设备监督检验技术研究院举行。时任市总工会党组书记、副主席黄红出席会议并讲话。全国总工会副主席、书记处书记、党组成员江广平，全国总工会权益保障部部长粟斌，中国财贸轻纺烟草工会副主席彭艺，普陀区委、总工会、长风新村街道相关负责人，一线职工代表参加。

31日 新兴产业职工劳动和技能竞赛座谈会举行。市总工会党组成员、副主席桂晓燕出席并讲话，相关区、产业工会分管领导，部门负责人，部分非公企业工会负责人出席。

8月

1日 "工会送清凉，防暑保安康"——"一瓶水传递爱"公益项目启动仪式，在来伊份零食博物馆举行。时任市总工会党组书记、副主席黄红，市总工会党组成员、副主席徐珲出席。

2日 "中国梦·劳动美——人民城市，奋斗有我"上海职工直播课堂松江专场，在松江区工人文化宫开讲。时任市总工会党组书记、副主席黄红，松江区区委副书记韦明，市总工会党组成员、副主席丁巍，松江区人大常委会副主任、区总工会主席吴建良等出席活动。

14日 市总工会领导班子学习贯彻习近平新时代中国特色社会主义思想主题教育调研成果交流会举行。市委第七巡回指导组成员，市总工会领导

班子成员,机关各部室正副部长(主任),直管单位党政主要领导出席。

16日 市政协总工会界别委员专题调研暨界别工作室活动,在市园林科学规划研究院举行。时任市总工会党组书记、副主席黄红,经审会主任庄勤,市政协总工会界别委员出席。

17日 上海职工工间休息室建设工作推进会,在上海体育场新闻发布厅举行。时任市总工会党组书记、副主席黄红,党组成员、副主席徐珲,各区和相关局工会领导、权益保障部长出席。

21日 市工会代表会议暨市总工会十五届二次全委(扩大)会议,在市工人疗养院花月亭举行。会议选举产生80名上海出席中国工会十八大代表。

30日 “幸福直通车”上半年总结会议暨上汽活动中心专场活动举行。市总工会党组成员、副主席徐珲出席活动并讲话。

31日 市总工会女职工委员会八届一次全委(扩大)会议、上海工会女职工工作会议,在市工人疗养院花月亭举行。市人大常委会副主任、党组副书记,市总工会主席郑钢淼出席闭幕式并讲话;时任市总工会党组书记、副主席黄红出席会议并作总结讲话;市总工会领导班子成员出席相关会议。市妇联党组书记、主席马列坚到会并致贺辞。会议选举桂晓燕为新一届女职工委员会主任委员,田霞、朱雪芹、刘霞、李铭、宋慧、张艳萍、林晓珏、谈琳、黄勤、蒋雅红等10人当选副主任委员,选举产生常委22人。

9月

1日 “圆梦中国汽车出海 · 助力集团高质量发展”上海青年职工理论学习分享会第1站在上海汽车集团股份有限公司开讲。市委主题教育第七巡回指导组组长程绣明,时任市总工会党组书记、副主席黄红,市总工会党组成员、副主席丁巍出席。各区、局(产业)工会分管副主席、宣教部负责人参加活动。

11日 时任市委常委、副书记吴清到市总工会机关调研。在市总工会主要领导的陪同下,参观了上海劳模风采展示馆,并与市总工会领导班子成员一起座谈交流。市总工会机关各部室主要负责人参加。

15日 2023年对口支援地区工会干部来沪挂职欢迎仪式在苏河湾中心举行,来自青海果洛、新疆喀什、西藏日喀则和云南省四地的17名工会干部到上海市相关区局产业工会进行为期2个月的挂职锻炼。时任市总工会党组书记、副主席黄红,党组成员、副主席徐珲,经审会主任庄勤,相关区局(产业)工会负责人、来沪挂职干部出席欢迎仪式。

20日 “中国梦 · 劳动美——人民城市,奋斗有我”上海职工直播课堂上海移动专场活动举行,4位来自上海移动的劳模工匠代表步彤、刘璐、鲍伟华、梁志强分别结合各自成长经历,围绕城市数字化转型主题,分享了对劳模精神、劳动精神、工匠精神的感悟。时任市总工会党组书记、副主席黄红,党组成员、副主席丁巍与上海移动的劳模工匠职工代表参加了本次活动。

21—22日 上海工会权益保障工作培训班举行。市总工会党组成员、副主席徐珲出席并讲话。区局(产业)工会负责人、权益保障部部长参加。

25日 市总工会机关系统学习贯彻习近平新时代中国特色社会主义思想主题教育总结会举行。市总工会领导班子成员,机关各部室正副部长(主任),各直管单位党政领导班子成员,处级以上干部,直属机关团委书记、副书记等出席。

27日 全国总工会推进“劳模工匠助企行”专项行动试点工作座谈会在上海召开。全国总工会副主席、书记处书记、党组成员马璐出席会议并讲话。全国总工会劳动和经济工作部副部长姜文良,上海市总工会党组成员、副主席桂晓燕,苏浙闽粤工会分管领导,及有关部门负责人出席。

同日 2023年上海工会三季度主席例会,在上海仪电集团华鑫慧享中心举行。市人大常委会副主任、党组副书记,市总工会主席郑钢淼主持会议并讲话;时任市总工会党组书记、副主席黄红出席会议并讲话。市总工会领导周奇、丁巍、徐珲、张立新、赵德关,各区总工会主席、党组书记,部分局(产业)工会主席出席会议。浦东、普陀、杨浦、闵行、金山、仪电集团、航道局、国网电力、上汽集团、绿化市容行业、电力股份等11家单位工会主席作交流发言。周奇、丁巍、徐珲、张立新、赵德关就分管工作布置四季度重点任务。

同日 “感悟思想伟力 · 建功人民城市”上海青年职工理论学习分享会第2站暨上海城投主题教育成果展示在杨树浦水厂大礼堂举行。时任市总工会党组书记、副主席黄红,市总工会党组成员、副主席丁巍等出席分享会。部分区、局(产业)工会分管领导、宣教部门负责人参加当天活动。

10月

7日 时任市委常委、副书记吴清接见出席中国工会十八大上海代表团成员并作动员。市人大常委会副主任、党组副书记,市总工会主席郑钢淼,时任市总工会党组书记、副主席黄红,党组成员、副主席桂晓燕,经审会主任庄勤等参加。

12日 上海工会第二期劳模研修班开班式,在上海第二工业大学举行。市总工会党组成员、副主席丁巍出席并讲话,200名劳模学员参加。

14日 2023年上海职工家政服务技能竞赛暨全国家政服务业职业技能竞赛上海选拔赛决赛,在上海开放大学举行。市总工会党组成员、副主席桂晓燕,市家政协会会长孙美娥,上海开放大学副校长张瑾等出席活动,各区总分管领导、市总相关部门负责人、参赛代表参加。

18日 市总工会印发《上海工会项目支出绩效评价实施细则(试行)》,从项目支出绩效评价的方式、对象和内容、指标、标准、评分方法、组织管理实施和评价结果应用公开等方面,对开展工会项目支出绩效评价提出具体要求,建立科学、合理的项目支出绩效评价管理体系,推进上海工会全面实施预算绩效管理。

23日 2023年云南省高技能人才培训班开班仪式,在上海航天智能装备有限公司举行。市总工会副主席桂晓燕、王曙群,云南省总工会有关领导、参训学员出席开班仪式。

24日 市总工会党组理论学习中心组召开学习(扩大)会,传达学习习近平总书记在同中华全国总工会新一届领导班子成员集体谈话时重要讲话精神。市总工会领导班子成员,机关各部室部长(主任),派驻纪检组副组长,各直管单位党政班子成员参加。

24—25日 市总工会召开征求《本

市基层以上工会支出政策口径》意见座谈会，市总工会党组成员、副主席张立新出席。

26日 市总工会召开2024年度上海工会报刊发行工作会议，市总工会党组成员、副主席丁巍出席并讲话。

同日 全国纺织服装设计职工职业技能竞赛暨2023年"中华杯"上海市纺织服装设计职工技能大赛颁奖典礼，在上海国际时尚中心举行。时任市总工会党组书记、副主席黄红，副主席桂晓燕、朱雪芹、王曙群，中国职工技协、各区、相关局（产业）工会负责人，参赛选手代表出席。

27日 "检察院＋工会"职工劳动权益保障公益诉讼、民事支持起诉工作推进会（视频），在市检察院召开。时任市总工会党组书记、副主席黄红，党组成员、副主席赵德关，最高人民检察院、全国总工会、市检察院有关领导，市检察院各分院、各区检察院负责人，各区总党组书记、分管主席出席。会上签署《关于建立"工会＋检察院"职工劳动权益保障协同工作机制的意见》。

30日 对口支援地区工会干部来沪培训开班仪式，在上海工会管理职业学院举行。市总工会党组成员、副主席桂晓燕出席开班式并讲话。

11月

2日 "坚持守正创新，打造传世精品"上海青年职工理论学习分享会第3站在世纪出版集团举行。时任市总工会党组书记、副主席黄红，世纪出版集团党委副书记、工会主席杨春花，市总工会党组成员、副主席丁巍出席分享会。

8日 2023年女工干部培训班开班式，在上海工会管理职业学院举行，市总工会党组成员、副主席桂晓燕出席开班式并讲话。

9日 学习贯彻中国工会第十八次全国代表大会精神优秀班组长培训班一期开班式，在上海工会管理职业学院举行，市总工会党组成员、副主席桂晓燕出席开班式并讲话。

21日 2023年上海工匠评审发布会，在上汽集团培训中心举行。时任市总工会党组书记、副主席黄红，副主席桂晓燕、张立新、赵德关、朱雪芹，经审会主任庄勤出席。

26日 由市总工会机关、市工人文化宫、市总工会职工服务中心相关人员组成的市总工会代表队参加市级机关第九套广播体操大赛，荣获二等奖。

28日 2023年劳模创新工作室领衔人研修班，在上海工会管理职业学院举行，市总工会副主席桂晓燕出席开班式并讲话。

29日 2023年市总机关系统青年干部培训班开班式，在上海工会管理职业学院举行，市总工会经审会主任庄勤出席开班式并讲话。

同日 "十年暖心路，小屋见大爱"上海工会爱心妈咪小屋十周年主题活动，在杨树浦水厂举行。时任市总工会党组书记、副主席黄红讲话，市职工帮困基金会名誉理事长叶惠娟，市总副主席、女工委主任桂晓燕，市总女工委副主任，市文明办、卫健委领导，各区局（产业）工会女工委主任、女工干部，获奖代表出席。

同日 "中国梦·劳动美——人民城市，奋斗有我"上海职工直播课堂奉贤专场举行，秦瑛、许玮、何建忠3位来自奉贤区的劳模工匠代表围绕"兴在乡村，美在贤城"主题，分享了他们的奋斗故事。时任市总工会党组书记、副主席黄红，奉贤区委副书记唐晓腾，市总工会党组成员、副主席丁巍、徐珲，奉贤区劳模工匠职工代表参加活动。

12月

5日 "激扬创新创造，建设网络强国"上海青年职工理论学习分享会第4站在上海电信举行。时任市总工会党组书记、副主席黄红，市总工会党组成员、副主席丁巍、徐珲，市委党史研究室副主任王旭杰等出席分享会。

同日 2023年上海市第二届网约配送员职业技能大赛决赛开幕式，在普陀区党群服务中心举行。市总工会党组成员、副主席桂晓燕出席并讲话。各区总工会分管主席，相关企业负责人，参赛选手代表出席。

6日 2023年市政府与市总工会联席会议，在市政府第一会议室召开。市政府与市总工会联席会议协调小组组长、市人大常委会副主任、党组副书记，市总工会主席郑钢森出席会议并讲话，市政府与市总工会联席会议协调小组组长、副市长华源主持会议并讲话。联席会议协调小组副组长、市政府副秘

书长赵祝平，时任市总工会党组书记、副主席黄红，联席会议协调小组成员单位和有关部门（单位）分管负责人，劳模先进代表等出席会议。

7日 第一届全国外卖配送行业职业技能竞赛，在普陀区党群服务中心举行。市总工会党组成员、副主席桂晓燕，中国财贸轻纺烟草工会、中国职工发展基金会相关领导出席活动。相关企业负责人、参赛选手代表参加。

同日 2024年"尊法守法·携手筑梦"职工公益法律服务行动启动仪式，在澳康达（上海）名车广场举行。市总工会党组成员、副主席赵德关，市司法局、市律协领导，市总工会、市司法局、嘉定区总工会相关部门负责人等出席。现场展演普法文艺节目，向普法志愿服务队和普法阵地授旗揭牌等。上海工会"尊法守法·携手筑梦"法律知识线上问答活动同步上线。

同日 市总工会印发《上海市总工会预算项目库管理办法（试行）》，明确项目设置的原则、项目申报和审核要求，提高预算编制的科学性、规范性和精准性。

11日 "发展全过程人民民主与工会工作"学术研讨会，在复旦大学举行。时任市总工会党组书记、副主席黄红出席并讲话，市总工会一级巡视员周奇、副主席桂晓燕，复旦大学马克思主义学院有关领导，部分区局（产业）工会主席，市总工会机关各部室负责人，有关专家学者等出席研讨会。

13日 上海职工工间休息室建设工作总结推进会召开。市人大常委会副主任、党组副书记、市总工会主席郑钢森出席并作重要讲话。时任市总工会党组书记、副主席黄红出席。市卫生健康委员会、市绿化和市容管理局、市道路运输管理局、申通地铁、久事集团等相关单位领导出席会议。

15日 "服务职工我做主，播出工会最强音"2023年服务职工"星"主播工作展示评比暨"我为服务职工综合体献一计"评选活动，在沪东工人文化宫职工文体中心举行。时任市总工会党组书记、副主席黄红出席并讲话，党组成员、副主席丁巍、徐珲，各区总工会党组书记或分管副主席，市、区职工服务中心负责人，职工代表参加。

16日 "四季恋歌·冬之恋——好'市'成双来"单身青年职工交友活

动,在八佰秀创意园举行。市总工会党组成员、副主席桂晓燕出席,本市单身青年职工约 400 人参加。

19 日 中国技协城市主产业职业技能(上海)联赛暨全国网络与信息安全技能竞赛、上海市职工创新成果转化第二场拍卖会暨高校科研院所专场活动,在松江区工人文化宫举行。时任市总工会党组书记、副主席黄红,党组成员、副主席桂晓燕出席。

20 日 市职工保障互助会员大会,在机电大厦召开。市总工会党组成员、副主席徐珲出席并讲话。

22 日 深入学习贯彻习近平总书记考察上海重要讲话精神 2024 年上海工会工作务虚会,在市工人疗养院花月亭举行。市人大常委会副主任、党组副书记,市总工会主席郑钢淼出席会议并讲话。时任市总工会党组书记、副主席黄红主持会议。市总工会领导班子成员,各区局(产业)工会主席、各区总工会党组书纪(常务副主席),部分市总工会常委、市政协总工会届别委员,市总工会机关各部室主要负责人出席会议。

同日 2023 年市推进产业工人队伍建设改革暨厂务公开民主管理工作推进会议召开。时任市委常委、副书记吴清出席会议并讲话。市人大常委会副主任、党组副书记,市总工会主席郑钢淼主持会议,副市长华源宣读有关表彰决定。会议通报了全市推进产业工人队伍建设改革专项督查情况、厂务公开民主管理工作情况。有关地区和企业代表作交流发言。

26 日 市总工会机关系统党务、纪检干部培训班,在工会管理职业学院举行。市总工会机关系统在职党支部书记、直管单位党组织书记、市总工会机关各部室和各直管单位党建联络员、直管单位纪委书记、党总支纪检委员参加。市总工会党组成员、副主席、直属机关党委书记丁巍参加培训并作总结讲话。

关于 2023 年调整本市退休人员基本养老金的通知

沪人社规〔2023〕10 号

各区人民政府，市政府各委、办、局，各有关单位：

根据《人力资源社会保障部 财政部关于 2023 年调整退休人员基本养老金的通知》（人社部发〔2023〕28 号），经市政府同意，从 2023 年 1 月 1 日起调整本市企业和机关事业单位退休人员基本养老金。现将有关事项通知如下：

一、调整范围

2022 年 12 月 31 日前已按规定办理退休手续并按月领取基本养老金的退休人员。

二、调整办法

（一）每人每月增加 61 元。

（二）按本人缴费年限（含视同缴费年限），每满 1 年每月增加 1 元，增加额不足 15 元的，补足到 15 元。

（三）按本人 2022 年 12 月份按月领取的基本养老金为基数，每月增加 1.8%（增加额尾数不足一角的，见分进角）。

（四）2022 年 12 月 31 日前年满 70 周岁的人员，按下述办法增加基本养老金：年满 70 周岁不满 75 周岁（1948 年至 1952 年期间出生）的人员，每人每月增加 25 元；年满 75 周岁不满 80 周岁（1943 年至 1947 年期间出生）的人员，每人每月增加 35 元；年满 80 周岁（1942 年及以前出生）的人员，每人每月增加 45 元。

（五）2022 年当年内女年满 60 周岁（1962 年出生）、男年满 65 周岁（1957 年出生）的人员，每人每月增加 120 元。

（六）建国前参加革命工作并符合原劳动人事部劳人险〔1983〕3 号文规定享受原工资 100% 退休费的老工人、两航起义人员、持有中国海员工会核准颁发起义船员证书的招商局驾船起义人员，按上述规定增加基本养老金后，每人每月再增加 200 元。

三、资金列支

按本通知增加基本养老金所需费用，凡参加本市企业养老保险的，由企业基本养老保险基金列支；凡参加本市机关事业单位养老保险的，由机关事业单位基本养老保险基金列支。

四、实施时间

本通知自 2023 年 7 月 13 日起实施，有效期至 2023 年 12 月 31 日。

2023 年 7 月 11 日

工 会 概 貌

工会组织

【概要】 上海市总工会机关设9个内设机构，分别为办公室、研究室、组织部、基层工作部、劳动关系工作部、权益保障部、宣传教育部、财务资产管理部、经费审查委员会办公室。按有关规定设置直属机关党委、纪委和工会。市总工会机关核定人员编制82名，所辖区局(产业)工会120个。市总工会下属9家直管单位，分别是上海工会管理职业学院、市工人文化宫、劳动报社、市职工技协服务中心、市总工会职工服务中心、市职工保障互助中心、市总工会幼儿园、市退休职工服务中心、海鸥控股(集团)有限公司。　(宋 昶)

工会事业发展情况

【综述】 2023年，在中共上海市委和全国总工会的领导下，上海工会坚持以习近平新时代中国特色社会主义思想为指导，深入学习贯彻习近平总书记考察上海重要讲话精神，贯彻落实习近平总书记关于工人阶级和工会工作的重要论述，按照中国工会十八大和市第十五次工代会的部署要求，工会工作取得新成就。一是不断加强职工思想政治引领，职工群众听党话、跟党走的行动更加自觉。紧密结合学习贯彻习近平新时代中国特色社会主义思想主题教育，学思想、强党性、重实践、建新功，深刻领悟"两个确立"的决定性意义，做到"两个维护"。在全市各级工会推广"青年职工理论分享会"工作平台，打造上海工会理论传播品牌。试点开展"劳模工匠助企行"，组织劳模工匠开展技术帮扶、技能培训，助力企业高质量发展。持续擦亮"劳模工匠进校园""劳模工匠志愿服务""百名劳模工匠服务千家企业和校园"等活动品牌，不断增强劳模精神、劳动精神、工匠精神的感召力。实施"党的诞生地"红色文化传承弘扬工程三年行动计划，发布16个红色工运场馆、10条寻访路线。举办首届"奋斗有你，最美是你"上海职工文化季，带动65家区局(产业)工会同步推出101个文化项目。二是牢牢把握工人运动时代主题，产业工人队伍建设改革持续深化。承担市委专项督查，对14个市级职能部门、16个区及相关企业进行督查。召开市推进产业工人队伍建设改革工作会议。制订《关于充分发挥上海国有企业在推进产业工人队伍建设改革中带动作用的实施意见》《关于建立健全推进上海产业工人队伍建设改革分类指导机制的实施意见》等政策文件，扎实推进全市产业工人队伍建设改革各项工作。大力开展深化"五个中心"建设、浦东社会主义现代化建设引领区等6大全国引领性劳动竞赛，辐射带动近80个区局(产业)工会开展重点竞赛631项。与苏浙皖总工会联合开展16项竞赛活动，助力长三角一体化发展。探索建立职工创新成果孵化转化机制，全年完成拍卖项目83个、上线推介项目919个，意向成交额达24.82亿元。三是认真履行维权服务基本职责，广大职工获得感、幸福感、安全感切实增强。全面完成服务职工实事项目，建设改善1512间工间休息室，建成51家职工健身驿站，新建和升级优化74个健康服务点。组织11.2万名职工赴长三角及协作地区疗休养。服务职工"幸福直通车"公益市集举办线下活动248场，带动经济效益逾4500万元。将382个低收入岗位纳入监测范围。开发实施助力困难职工家庭"菜篮子"行动等18个项目，投入帮扶资金总额1899.36万元，为3.4万名职工解决生活困难。升级新就业形态劳动者健康体检、互助保障等服务，61.2万人参保新就业形态劳动者互助保障。全市工会户外职工爱心接力站增至3383家，增幅超过134%。深化"安康杯"竞赛，组织职工排查安全生产隐患15.5万条，督促完成整改15.1万项。四是坚决维护劳动领域政治安全，职工队伍和工会组织更加团结统一。牵头建立维护劳动领域政治安全专项工作机制。组织开展职工队伍稳定风险排查化解专项行动，全年共排查、化解群体性劳资纠纷劳动关系矛盾预警和互联网舆情341件。在全国范围内率先探索建立新就业形态劳动者权益协商协调机制，推动饿了么等9家总部在沪互联网平台企业全部建立全网协商协调机制，推动美团(上海)等网约送餐平台企业建立地区总部民主协商制度，相关经验得到全国总工会主要领导批示。建立"工会＋检察院"公益诉讼、民事起诉协同工作机制，实现工会劳动法律监督与检察机关法律监督的双向赋能。对1.38万家企业实施和谐劳动关系建设优化指导服务，提出整改建议2.45万条，帮助476家企业平稳推进重大改革。五是扎实推进工会改革创新，工会组织吸引力凝聚力明显增强。组织全体代表积极参会，认真履职，为中国工会十八大和市第十五次工代会圆满成功贡献智慧力量。完成市总工会女工委换届。成功推进90家重点企业建会。积极推进在区、街镇层面建立保安、物流、家政、直播等行业工会联合会，全市共有"小二级"工会1191家、覆盖企业6.18万个、职工近160万人。全年新增"扫码入会"会员40.5万人，新增新就业形态工会会员27.3万人。

(陈美琴)

2023工会界别市政协委员参政议政

【概要】 2023年，市政协总工会界别委员围绕上海经济社会发展大局、政协工作全局和工会中心工作，积极履职，充分发挥参政议政作用。一是加强总工会界别自身建设。重点开展党的二十大精神和中国工会十八大精神学习宣传，全面深入学习领会习近平总书记与全国总工会新一届领导班子成员集体谈话时的重要讲话精神，为界别工作提供坚实的思想保障和专业支撑。开展好专题调研、视察考察、交流研讨等活动，与教育界开展"促进产教融合"联组学习活动，围绕深化产教融合、校企合作，全面提升产业工人技能素质等建言献策。做实委员工作室，组织界别委员现场观摩市环卫行业开展工资集体协商，研究探讨提高户外职工和低收入群体的措施办法。深化界别工作组建设，支持提案工作、学习调研、宣传信息，组织协调4个工作组在各自开展特色工作的基础上，进一步加强合作、形成合力，推动界别工作提质增效。二是加强对新就业形态劳动者权益维护情况的调研考察。重点关注出行、外卖、即时配送等行业，加大对美团、饿了么等共享经济用工服务平台企业的考察、调研和协商，从建会入会、思想引领、权益维护、源头参与、精准服务等方面入手，探索制订更务实的政策、更人性的举措、更精准的服务、更便捷的操作，切实为这一群体加强服务保障、畅通诉求渠道、落实第三方监管，有效制止平台企业刻意规避法律、侵害劳动者权益的短期行为,切实维护好新业态从业人员的合法权益。三是加强对高技能人才(一线技能工人)发展权益情况的调研考察。聚焦本市高技能人才(一线技能工人)需求缺口较大、人才流失严重的问题,从切实提高薪酬待遇和政治待遇、建立完善技术等级晋升制度、给予住房和子女义务教育政策支持、激发技术创新动力等方面着手,广泛听取各类企业、行业协会、一线技能工人和社会公众的意见,密切跟踪技术工人各项发展权益落实情况,补齐高技能人才的结构性缺口,为助推上海高质量发展提供技能和人才支撑。四是加强对共同富裕背景下社会分配制度的调研考察。围绕"让发展成果更多更公平地惠及全体劳动者"目标,聚焦如何分好切好"蛋糕"建言献策。推广本市环卫行业职工工资集体协商工作经验,着力解决公共服务行业一线职工工作量大、工作时间长、工作环境差的问题,在提高工资待遇、改善工作环境、解决后顾之忧等方面建言献策,扎实推动共同富裕。

(王继平)

政府与工会联席会议

【概要】 2023年,全市政府与工会联席会议三级联动格局以及"1+X"议题模式运行良好,按照"上下联动""全市一盘棋"的总体要求,各区按照"1+X"议题协商模式,将去年市级联席会议的议题择一纳入今年区级指定议题,同时结合实际共确定35项议题开展会商,研究细化配套落地措施。各街道(乡镇、园区)共提出282项议题,主要涉及本区域经济发展、优化营商环境、公共服务、职工技能提升和关心关爱、新就业形态劳动者权益保障等方面实际需求,内容聚焦、形式灵活、措施具体。

(殷崇莉)

【召开2023年度市政府与市总工会联席会议】 12月6日,本市召开市政府与市总工会联席会议(扩大会议),会议审议通过了《关于进一步完善新就业形态劳动者权益维护机制,助力本市优化营商环境建设的议题》《关于进一步压实安全生产主体责任落实,助力城市安全发展的议题》两项议题。市政府与市总工会联席会议协调小组组长,市人大常委会副主任、党组副书记,市总工会主席郑钢淼出席会议并讲话,市政府与市总工会联席会议协调小组组长、副市长华源主持会议并讲话。市政府与市总工会联席会议协调小组副组长、市政府副秘书长赵祝平,时任市总工会党组书记、副主席黄红,市政府办公厅、市发展改革委、市经济信息化委、市教委、市科委、市人力资源社会保障局、市住房城乡建设管理委、市国资委、市市场监管局、市应急局、市工商联、市商务委、市交通委、市医疗保障局、市邮政管理局等联席会议协调小组成员单位和有关部门(单位)分管负责人,市总工会副主席、市纪委监委驻市总工会机关纪检监察组组长,各区联系工会的副区长、区总工会主席,劳模先进代表等出席会议。会上,赵祝平代表市政府通报2022市政府与市总工会联席会议议题落实情况,黄红代表市总工会通报本市各地区联席会议制度建设推进情况和上海工会服务市委、市政府工作大局的重要举措及重点工作。会议认为,各级政府和各级工会要加强协调联动,合力推动联席会议议题落地落实;要注重机制建设,持续推动联席会议制度创新发展。会议强调,要抓好学习,结合自身工作,深入学习习近平总书记考察调研上海重要讲话精神;要抓好落实,结合地区实际,全面落实会议通过的议题;要抓好总结,深入基层调研,及时解决调研时发现的新问题、新挑战;要抓好推动,结合联席会议机制,确保各项工作整体、有序推动。要不断为联席会议议题赋予新内涵,努力将党政所需、职工所急、工会所能有机结合起来,不断推动联席会议部署落地落实。(殷崇莉)

【2022年度市政府与市总工会联席会议审议通过的3项议题有效落实】 2022年市政府与市总工会联席会议审议通过的3项议题均得到全面落实,相关工作取得积极成效。在落实《关于深化产教融合,提升职工创新创造能力,助推上海高质量发展的议题》方面,市国资委、市教委会同市总工会,在全市建立57个岗位实训基地、52个生产一线现场教学点、68个技能大师工作室和208个市级首席技师工作室,全年开展职业培训80万人次。推动上海交通大学等7所高校入选国家级职业教育"双师型"教师培训基地。制发《关于全面推进企业职业技能等级认定工作的通知》,在集成电路、生物医药、人工智能等740个职业(工种)领域实现自主开发评价办法和评价规范,推动企业建立自主评价、政府部门指导监管的技能人才评价新模式。举办市第一届职业技能大赛、"1+6+X"职工职业技能系列竞赛和"建功十四五,奋进新征程"劳动和技能竞赛等活动,推荐9项职工创新项目参选第七届全国职工优秀技术创新成果奖评选并成功获奖,申报职工合理化建议和先进操作法优秀成果604项。在落实《关于推动本市快递、外卖送餐等行业普遍建立民主协商制度的议题》方面,市邮政管理局、市商务委、市总工会等单位聚焦维护新就业形态劳动者的诉求表达渠道,在提炼总结饿了么"协商恳谈"模式、美团(上海)"职代会联合会议"模式以及杨浦家政"建会建制

12月6日,上海市政府与市总工会联席会议(扩大会议)在市政府召开

(展 翔)

工作联动"模式的基础上,以圆通(全网)职代会(扩大)会议为试点,推动"三通一达"、极兔、德邦等快递业头部平台企业建立全网集体协商制度并召开全网职代会(扩大)会议,协商成果覆盖全国行业内近25万个直营和加盟网点超过220万名劳动者。进一步指导"饿了么"平台开展全网集体协商,形成"1+3"全网集体合同,覆盖全国7大片区、1.1万个站点服务商和300万名劳动者。在落实《关于建设改善医务工作者、公共交通行业司乘人员、公厕保洁员等从业人员工间休息室的议题》方面,市总工会围绕"一个总标准、一批样板间、千间休息室"的年度工作目标,联合市卫健委、市交通委、市绿化市容局、久事、申通地铁等部门和企业,共同构筑起"1+4"职工工间休息室建设服务标准体系,在医务、公交、地铁、环卫公厕四大行业建设改善1400间职工工间休息室并重点打造了42间职工工间休息室样板间,通过单位自查、阵地普查、市级抽查的三级考核,确保职工工间休息室管理有序、运行正常、服务到位,满足不同职工的多样化需求,取得了良好的社会效应。

(殷崇莉)

【2023年度市政府与市总工会联席会议审议通过两项议题】 2023年市政府与市总工会联席会议(扩大会议)审议通过了两项议题:一是由市总工会、市商务委、市交通委、市人社局、市住房城乡建设管理委、市市场监管局、市医保局、市邮管局等部门提出《关于进一步完善新就业形态劳动者权益维护机制,助力本市优化营商环境建设的议题》,针对新就业形态劳动者在劳动报酬、算法优化、社会保险、住房保障、职业安全和民主参与等方面的诉求,更加精准聚焦新就业形态劳动者"急难愁盼"问题,综合运用立法保障、政府监管、民主协商等多种手段,更好保障新就业形态劳动者劳动权益,助力营造市场化、法治化、国际化一流营商环境。二是由市总工会、市应急管理局、市国资委、市市场监管局、市工商联等提出《关于进一步压实安全生产主体责任落实,助力城市安全发展的议题》,进一步结合《安全生产法》《上海市安全生产条例》等相关法规政策贯彻落实,做实事前预防、过程管控、事后整改的全链条安全管理体系,发挥监管指导和服务保障协同发

11月1日,浦东新区召开2023年区政府与区总工会联席会议(吴周筠)

力优势,推动企业落实安全生产主体责任,构建职工全面参与安全生产新格局。

(殷崇莉)

【浦东新区召开政府与工会联席会议】 11月1日,浦东新区召开2023年区政府与区总工会联席会议。区政府与工会联席会议协调小组组长,区人大常委会副主任,区总工会党组书记、主席倪倩,区政府与工会联席会议协调小组组长、副区长张娣芳出席会议并讲话。会上,区政府办公室通报2022年区政府与工会联席会议议题落实情况及2023年各街镇、开发区联席会议制度推进落实情况,区总工会通报工会主要工作。会议审议并通过《关于整合资源力量,加大推进社会组织建会力度的议题》《关于进一步加强新就业形态劳动者权益保障的议题》两项议题。区政府与工会联席会议成员单位及邀请单位分管领导,新区各街道办事处、镇政府、开发区相关工作分管领导、总工会主席(负责人)等90余人参加会议。 (吴周筠)

【普陀区召开政府与工会联席会议】 7月19日,普陀区召开2023年区政府与区总工会联席会议,区政府与区总工会联席会议协调小组组长、区人大常委会副主任、区总工会主席姚军出席会议并讲话,区政府与区总工会联席会议协调小组组长、副区长王珏主持会议并讲话。会上,区总工会党组书记、副主席徐军通报工会服务区委、区政府工作大局的重点工作、深化工会改革的有关情况。区政府办公室副主任汤燕通报本区今年经济社会发展情况,以及政府工

作中涉及的工会工作情况。区总工会副主席赵龙北汇报普陀工会"关于查找身边隐患、保障职工安全"三年行动计划工作情况,下阶段工会促进安全生产重点工作以及2022年联席会议提出的普陀区"职工健康驿站"建设的落实情况。会议审议通过了区卫健委提出的《关于普陀区首批医务职工休息室建设工作的议题》。会议指出,要强化联席会议制度议题落实,充分发挥联席会议制度在提振区域经济发展、化解劳动关系矛盾方面的积极作用。会议强调,要更好服务经济社会发展大局,围绕"高质量发展"和"服务职工"两个关键,让广大职工群众享受改革开放成果;要找准工会工作服务党政工作大局的切入点和着力点,引领职工团结一心,在推进普陀高质量发展进程中担当作为;要把深化改革、促进发展中涉及广大职工群众的热点、难点问题,作为联席会议的工作重点,加强调查研究,提出意见建议,抓好督促落实。区政府与区总工会联席会议协调小组成员单位以及相关议题涉及单位及部门负责人参加会议。

(陆蕾)

【虹口区召开政府与工会联席会议】 10月16日,虹口区召开2023年区政府与区总工会联席会议,区政府与区总工会联席会议协调小组组长、人大常委会副主任、区总工会主席谢海龙出席会议并讲话,会议由区政府与区总工会联席会议协调小组组长、副区长陈筱洁主持。区政府与工会联席会议协调小组成员单位等40余人参加会议。会上,区政府办公室副主任陈晓峰通报2022年区

政府与区总工会联席会议议题落实情况。区总工会党组书记、副主席周静通报2022年各街道政府与工会联席会议议题落实情况。会议审议通过《关于强化北外滩区域职工服务阵地建设的议题》《关于健全虹口区公职律师和谐劳动关系公益法律志愿服务机制建设的议题》两项议题。会议指出,要结合学习贯彻二十大精神,将联席会议制度规范与惠民政策落地紧密联系起来,倾听职工心声、了解职工需求,回应和解决好民声民意。会议强调,要明确工作目标,发挥联席会议制度的积极作用;要注重过程实践,推动联席会议提质增效;要抓好成果转化,优化联席会议平台资源整合。 (马伟杰)

【静安区召开政府与工会联席会议】9月21日,2023年静安区政府与区总工会联席(扩大)会议召开。区政府与工会联席会议协调小组组长、区人大常委会副主任、区总工会主席林晓珏,区政府与工会联席会议协调小组组长、副区长龙婉丽,区联席会议协调小组副组长、区总工会党组书记、副主席许俊等出席。会上通报2022年区政府和区总工会联席会议议题落实情况,各街镇政府和总工会联席会议制度推进情况以及今年工会重点工作。会议审议并通过了《关于劳动关系建设,持续优化区域营商环境的议题》《关于加强静安区安全生产工作,提升职工权益保障的议题》和《关于加强静安区医务职工工间休息室建设的议题》3项议题。会议要求,要提高思想认识,进一步用好联席

会议的制度平台,抓好会前沟通、会中协商、会后督办,不断推动联席会议制度深入发展;要聚焦主业主责,发挥好联席会议制度的积极作用,进一步着力提升协商协调机制效能,形成"政府重视支持、工会积极作为、相关职能部门密切配合"的工作格局。会议强调,要把牢政治方向,将联席会议制度作为深入践行全过程人民民主的有力抓手;要把握关键环节,将联席会议制度作为助推政府与工会工作有机结合的重要平台;要强化协作意识,将联席会议制度作为源头维护职工合法权益的长效机制。 (黄琼)

【宝山区召开政府与工会联席(扩大)会议】9月28日,2023度宝山区政府与区总工会联席(扩大)会议在区政府召开。会议审议并通过《关于加强建筑工地食品安全管理工作,守护职工安全健康》和《关于建立建筑工程领域劳资纠纷协调化解机制》两项议题。区人大常委会副主任、区总工会主席顾瑾和副区长薛飒飒出席会议。区政府办公室副主任孙鲁峰通报2022年议题落实情况和区政府重点工作。区总工会党组书记、副主席沈玉春通报了2023年各街镇(园区)政府和工会联席会议召开情况和宝山工会重点工作。 (朱艳)

【闵行区召开政府与工会联席会议】8月10日,闵行区2023年区政府与区总工会联席会议在上海家树建设集团有限公司召开。区政府与区总工会联席会议协调小组组长、区人大常委会副主

任、总工会主席杨其景,区政府与区总工会联席会议协调小组组长、副区长刘艳出席会议并讲话。会上,区政府通报了2022年联席会议议题落实情况。区总工会通报了2022年各镇、街道、莘庄工业区联席会议制度推进情况与闵行工会重点工作。会议审议通过《关于培育创新型职工,提升职工创新创造能力,助推闵行高质量发展的议题》《关于开展全闵职工e起来运动,推动运动助力心理健康》两项议题,并发布闵行区安全生产倡议书。会议强调,发挥好政府与工会联席会议制度的优势,进一步增强工作的系统性、整体性和协同性,强化工作落实的执行力、创造力、穿透力,以敢闯敢为敢干的精神动力,助力闵行"一南一北"重点区域发展迈上新台阶。会议要求,要进一步推进联席会议制度建设的规范化,聚焦议题选取环节、狠抓议题实施环节,确保落地见效;切实加强工作机制建设,进一步创新联席会议制度建设的运行模式,汇聚工作合力,注重向下延伸,健全考核机制,让联席会议制度在推动全过程人民民主方面发挥更大作用。区政府与区总工会联席会议协调小组成员单位的分管领导以及部分街镇总工会主席等参加会议。 (王凯)

【金山区召开政府与工会联席会议】11月15日,2023年金山区政府与区总工会联席会议在区工商联大厦召开,区政府与工会联席会议协调小组组长、区委常委、常务副区长邱运理,区政府与工会联席会议协调小组组长、区人大常委会副主任、区总工会主席蒋雅红出席会议并讲话。各联席会议成员单位、街镇(园区)相关负责人等50余人出席了本次会议。会议通报了金山经济社会发展情况、工会重点工作内容、2022年区联席会议议题落实情况和2023年各街镇(园区)联席会议推进情况。会议审议通过《强化本区危化行业企业安全教育培训提升安全生产工作质效》《进一步提升金山工匠"含金量"激励更多新时代奋斗者》和《解决本区新就业形态劳动者租房困难切实保障职工住房需求》3项议题。会议强调,要把握党政所需、职工所盼、工会所能,更好地推动联席会议工作落实见效;要抓好议题落实,确保成果转化;要坚持目标导向,科学确定联席会议议题;要提高思想认

9月28日,2023年宝山区政府与区总工会联席(扩大)会议在区政府召开
(庄轶凡)

识，更好发挥联席会议的作用。会议指出，中国工会十八大提出要推动政府与同级工会联席会议制度规范化常态化发展，持续推动联席会议制度建设高质量发展。要提高思想认识，充分认识联席会议制度的平台优势；要围绕中心发展，切实增强联席会议制度的运行实效；要加大协调联动，推动联席会议制度规范化常态化发展。　（钱海东）

【松江区召开政府与工会联席（扩大）会议】 12月1日，松江区召开2023年区政府与区总工会联席（扩大）会议。会上，区政府办公室主任、区政府与区总工会联席会议协调小组副组长石屹通报2022年联席会议议题落实情况。区总工会党组书记、副主席、区政府与区总工会联席会议协调小组副组长徐青通报2022年各街镇、经开区联席会议推进情况以及2023年松江工会重点工作。会议审议并通过《关于建设改善医务行业职工工间休息室》和《关于工会系统选树激励一线优秀技能型职工人才相关政策纳入区人才政策》两项议题。区总工会与区卫健委、区人社局就相关议题发言磋商，并达成共识。区政府与区总工会联席会议协调小组成员单位的

分管领导以及部分街镇总工会主席等参加会议。　（丁　璇）

【青浦区召开政府与工会联席会议】 11月29日，2023年青浦区政府与区总工会联席会议在区会议中心召开。会上，区政府办公室通报2022年联席会议议题落实情况，区总工会通报2023年各街镇联席会议制度推进情况及今年区总工会重点工作推进情况。会议审议通过了《关于加强企业安全教育培训，全面落实全员安全责任制》《关于推进户外职工爱心接力站建设与优化》两项议题。区政府与区总工会联席会议各成员单位分管领导，各街镇分管领导、总工会主席参加会议。　（朱建强）

【奉贤区召开政府与工会联席（扩大）会议】 9月23日，奉贤区召开2023年政府与区总工会联席（扩大）会议。区政府与工会联席会议协调小组组长、副区长吕将出席会议并讲话。会议审议通过《关于推进工程建设领域农民工民主集体协商机制的议题》和《关于推进企业安全教育培训筑牢企业安全防护铁墙的议题》两项议题。联席会议成员单位分管领导，各镇、街道、开发区、头桥

集团分管领导、总工会主席，区总工会主席室和中层以上干部等50余人参加会议。　（李凤英）

【崇明区召开政府与工会联席会议】 8月29日，2023年崇明区政府与区总工会联席会议顺利召开。区人大常委会副主任、区总工会主席张建英，副区长张秩通出席会议并讲话，区总工会党组书记、副主席秦文新主持会议。本次会议通报了今年政府工作情况、2022年议题落实情况及今年工会工作情况，并对今年新提交的议题进行审议。张建英就如何进一步做好联席会议工作，更好服务经济社会发展大局，提出三点意见：一是统一思想认识，准确把握建立完善政府工会联席会议制度的重要意义；二是聚焦重点任务，推动联席会议制度取得更大实效；三是加大协调联动，推动联席会议制度规范化常态化发展。张秩通强调，要联动互通，统筹推进联席会议工作有效落实；要聚焦重点，充分发挥联席会议制度的平台作用；要提质增效，持续激发联席会议制度的新动能。区政府与区总工会联席会议协调小组成员单位的分管领导以及部分街镇总工会主席等参加会议。　（袁佳琪）

上海市总工会 2023 年重要文件选编

序号	发布日期	发布文号	文件名称	备注
1	1月6日	沪工总财〔2023〕3号	关于印发《上海市基层以上工会支出管理暂行办法》的通知	
2	1月12日	沪工总财〔2023〕8号	关于做好2022年度全市工会资产统计工作的通知	
3	1月14日	沪工总发〔2023〕2号	关于在2023年全国五一劳动奖和工人先锋号评选中对国家重大工程建设C919大型客机取证交付项目进行单列表彰的请示	
4	1月18日	沪工总基〔2023〕11号	关于命名2022年度上海市工匠创新工作室的决定	
5	1月18日	沪工总基〔2023〕12号	关于命名第十二批"上海市劳模创新工作室"的决定	
6	1月19日	沪工总办〔2023〕22号	关于转发全总《关于开展2023年女职工普法宣传月活动的通知》的通知	
7	1月20日	沪工总财〔2023〕13号	上海市总工会关于调整基层工会开展春游秋游活动标准的通知	
8	1月20日	沪工总财〔2023〕14号	关于开展2023年"看上海、品上海、爱上海"主题系列活动的通知	
9	1月28日	沪工总财〔2023〕16号	上海市总工会关于上海小额缴费工会组织工会经费全额返还支持政策的通知	
10	1月31日	沪工总办〔2023〕15号	关于印发《2023年上海市总工会服务职工实事项目实施方案》的通知	
11	2月1日	沪工办〔2023〕1号	关于印发《上海市总工会常委会2023年工作要点》的通知	
12	2月16日	沪工总基〔2023〕23号	关于命名2022年上海工匠的决定	

（续表）

序号	发布日期	发布文号	文件名称	备注
13	2月24日	沪工总发〔2023〕3号	上海市总工会 上海市司法局 上海市律师协会关于开展2023年"尊法守法·携手筑梦"服务农民工公益法律服务行动的通知	与市司法局、市律师协会联合发文
14	2月27日	沪工总基〔2023〕26号	上海市总工会关于推荐评选2023年全国五一劳动奖和全国工人先锋号的通知	
15	3月6日	沪工总劳〔2023〕38号	关于2022年全年上海工会预防和化解群体性劳资纠纷履职情况的通报	
16	3月14日	沪工总组〔2023〕39号	关于印发《2023年上海工会干部教育培训计划》的通知	
17	3月14日	沪工总权〔2023〕41号	关于推进本市建立健全工会安全生产工作领导机构的通知	
18	3月15日	沪工总发〔2023〕5号	关于召开上海市工会第十五次代表大会的请示	
19	3月16日	沪工总权〔2023〕48号	关于组织开展身边隐患、保职工安康、促企业发展专项行动的通知	
20	3月16日	沪工总组〔2023〕52号	关于做好上海市工会第十五次代表大会代表选举工作的通知	
21	3月23日	沪工总审〔2023〕54号	关于转发《中华全国总工会关于印发〈中国工会审计条例〉的通知》的通知	
22	3月30日	沪工总研〔2023〕84号	上海市总工会2023年调查研究工作方案	
23	4月6日	沪工总基〔2023〕75号	关于开展上海市模范职工之家、模范职工小家、优秀工会工作者选树工作的通知	
24	4月11日	沪工总宣〔2023〕83号	关于做好2023年上海劳动模范健康体育锻炼活动的通知	
25	4月19日	沪工总劳〔2023〕86号	关于印发《上海工会贯彻落实"加强集成创新持续优化营商环境行动"的措施方案》的通知	
26	4月23日	沪工总基〔2023〕89号	关于推荐评选2023年上海市五一劳动奖的通知	与市人社局联合发文
27	4月23日	沪工总权〔2023〕98号	上海市总工会关于印发《上海工会服务阵地管理办法（试行）》的通知	
28	4月25日	沪工总基〔2023〕99号	关于表彰2023年上海市五一劳动奖的决定	与市人社局联合发文
29	4月25日	沪工总基〔2023〕100号	关于2022年"建功'十四五'奋进新征程——推进高质量发展上海职工劳动和技能竞赛"的表扬决定	
30	5月18日	沪工总基〔2023〕109号	关于表扬上海市市模范职工之家、模范职工小家、优秀工会工作者的决定	
31	5月24日	沪工总组〔2023〕110号	关于上海市总工会第十五届委员会第一次全体会议和上海市总工会第十五届经费审查委员会第一次全体会议选举结果的报告	
32	6月5日	沪工总组〔2023〕111号	关于转发《人力资源社会保障部、中华全国总工会关于评选全国工会系统先进集体、先进工作者和劳动模范的通知》的通知	
33	6月8日	沪工总财〔2023〕112号	关于转发全总财务部《关于实施小额缴费工会组织工会经费全额返还支持政策的补充通知》的通知	
34	6月16日	沪工总权〔2023〕117号	关于做好2023年本市夏季职工劳动保护和防暑降温工作的通知	
35	6月19日	沪工办发〔2023〕9号	关于印发《上海市总工会领导班子成员分工》的通知	
36	6月20日	沪工总权〔2023〕118号	关于各级工会组织促进安全生产工作的通知	
37	6月27日	沪工总基〔2023〕120号	关于命名2023年上海工会星级爱心妈咪小屋的通知	
38	6月29日	沪工总宣〔2023〕122号	关于加强工人文化宫阵地管理的通知	
39	7月15日	沪工总办〔2023〕130号	关于印发《上海市总工会关于加强新时代工会女职工工作的实施意见》的通知	
40	7月17日	沪工总劳〔2023〕133号	关于加强本市劳动领域涉稳涉政治安全情报信息报送工作的通知	
41	7月21日	沪工总劳〔2023〕134号	关于推进建立新就业形态协商协调机制的情况报告	
42	7月24日	沪工总研〔2023〕138号	关于建立健全推进上海产业工人队伍建设改革分类指导机制的实施意见	
43	8月15日	沪工总组〔2023〕141号	关于全总十八届执委会委员候选人推荐人选和全总十八届经审会委员候选人推荐人选的情况报告	
44	8月16日	沪工总发〔2023〕19号	关于上海推荐全国工会系统先进集体、先进工作者和劳动模范情况的报告	

（续表）

序号	发布日期	发布文号	文件名称	备注
45	8月25日	沪工总组〔2023〕149号	关于上海市出席中国工会第十八次全国代表大会代表推荐、资格审查和选举结果的报告	
46	9月11日	沪工总研〔2023〕167号	关于开展2023年度上海工会统计年报调查的通知	
47	9月22日	沪工总财〔2023〕169号	上海市总工会关于转发《中华全国总工会办公厅关于加强基层工会经费收支管理的通知》的通知	
48	10月18日	沪工总财〔2023〕171号	上海工会项目支出绩效评价实施细则（试行）	
49	12月1日	沪工总基〔2023〕199号	关于命名第十三批"上海市劳模创新工作室"的决定	
50	12月8日	沪工总办〔2022〕157号	上海市总工会关于推荐评选2023年全国五一巾帼标兵岗、全国五一巾帼标兵的通知	
51	12月13日	沪工总财〔2023〕211号	关于印发《上海市基层以上工会经费支出政策口径》的通知	
52	12月27日	沪工总权〔2023〕213号	上海市总工会关于组织开展2024年元旦春节送温暖活动的通知	

上海市总工会领导及各部室负责人名单

中共上海市总工会党组名录
党组书记　黄　红(女)
党组成员　周　奇(2023.06免)
　　　　　张得志(2023.04免)
　　　　　桂晓燕(女)
　　　　　胡霞菁(女,2023.11免)
　　　　　丁　巍(女)
　　　　　徐　珲(2023.06任)
　　　　　朱洪德(2023.11任)
　　　　　张立新(2023.06任)
　　　　　赵德关(2023.06任)

上海市总工会一级巡视员名录
一级巡视员　周　奇(2023.04任)

上海市总工会二级巡视员名录
二级巡视员　张　刚(2023.03免)

上海市总工会第十五届委员会主席、副主席、常委名录
主　席　郑钢淼
副主席　黄　红(女)　桂晓燕(女)
　　　　丁　巍(女)　徐　珲
　　　　张立新(挂职)
　　　　赵德关(挂职)
　　　　朱雪芹(女,兼任)
　　　　王曙群(兼职)
常　委(18名,按姓氏笔画为序)
　　　　王厚富　　　朱伟红(女)
　　　　朱兆开　　　庄　勤(女)
　　　　李友钟　　　张　义
　　　　陆　强　　　陈春霖

　　　　邵丹华(女)　赵丹丹
　　　　姚　军(女)　顾　瑾(女)
　　　　顾文磊　　　徐　文
　　　　徐　渭　　　翁冬艳(女)
　　　　董海明　　　蔡伟东

上海市总工会第十五届经费审查委员会主任、副主任、常委名录
主　任　庄　勤(女)
副主任　陆　娟(女)
常　委(5名,按姓氏笔画为序)
　　　　许　俊(女)　孙　磊
　　　　张漪琼(女)　陈　华
　　　　黄　蕾(女)

上海市总工会各部室负责人名录
办公室
主　任　陈美琴(女)
副主任　张　敏(女)
　　　　陈展阳(2023.01免)
　　　　孙继军(挂职,2023.07免)
　　　　吴新民(2023.08任)
　　　　赵　萌(女,2023.11任)
研究室
主　任　王宗辉
副主任　何文庆(女)
　　　　王子彧
组织部
部　长　庄　勤(女)
副部长　范　瑜(女)
基层工作部
部　长　桂云林(女)

副部长　吴新民(2023.08免)
　　　　赵　萌(女,2023.11免)
　　　　吴丽丽(女,2023.07任)
　　　　董凌云(2023.11任)
劳动关系工作部
部　长　曹宏亮(2023.07任)
副部长　孔瑞琨(2023.01任)
权益保障部
部　长　邵新宇(女)
副部长　朱莉颖(女)
宣传教育部
副部长　李　明
　　　　邹晓鹰(女)
财务资产管理部
部　长　黄银萍(女)
副部长　徐冬梅(女)
　　　　周　静(女)
经审办
副主任　陆　娟(女)

上海市总工会直属机关党、纪、工、团负责人名录
直属机关党委
书　记　丁　巍(女,兼任)
专职副书记　刘培顺
直属机关纪委
书　记　刘培顺
机关系统工会
主　席　刘培顺
直属机关团委
书　记　管一珉(女,兼任)

基层组织建设

综　述

2023年，上海各级工会在工会组建方面积极履行职责，多措并举、攻坚克难，取得新突破、新成效，工会组织覆盖面持续扩大。全年新增会员40.5万人，工会实名制会员达到750万人。一是通过"清单制"推进重点企业建会。按照市总工会下发一批、区总工会上报一批相结合的方式，聚焦"三个百强"（百强民营企业、百强外资企业、百强互联网企业）和区属重点企业，排摸梳理建会情况，形成建会清单，压实工作责任。建立重点企业建会月报告制度，上下联动，攻克一批建会老大难企业，提升非公企业组建率。2023年成功推进90家重点企业建会。包括支付宝（中国）、上海众源网络（爱奇艺）、瑞庭网络（安居客）、商汤科技、商米科技等知名互联网企业；中欧基金、太平船务、日上免税行、亚瑟士、威能中国、昂跑体育等知名外企；欧普照明、中建信控股、万向区块链、孟伯智能物联网、人工智能研究院、博锐安生物制药、复旦复华药业、明亚保险等重点民营企业。二是突出重点群体，推进新就业形态劳动者入会。结合区域经济特点，在护工护理、物流货运等新就业形态和灵活就业群体集中的行业，依托行业协会牵头，联合主管部门合力推动，推进区或街镇层面建立行业工会联合会，扩大工会对灵活就业群体的组织覆盖。2023年成立浦东新区保安行业工会、金山区交通运输与物流行业工会、金山区建筑行业工会、静安区大宁路街道新媒体直播行业工会、奉贤区庄行镇文创设计行业工会等。同时，按照"条里牵头、块里兜底、属地建会、在地服务"的原则，推进新就业形态劳动者属地入会，全年新增新就业形态工会会员27.3万人。三是夯实基层基础，加强"小二级"工会组织规范化建设。开展加强"小二级"工会规范化建设调研，挖掘各区探索推进"小二级"工会规范化建设的做法。加强示范引领，开展"小二级"工会优秀案例交流展示活动，推荐产生88个优秀案例。

（汪思齐）

新就业形态劳动者入会

【概要】　2023年，上海工会落实全国总工会《深入推进新就业形态劳动者工会工作三年行动计划（2023—2025年）》《推进社会组织建会专项行动方案》，坚持"条里牵头、块里兜底、属地建会、在地服务"的原则，持续推进新就业形态劳动者入会。一是推动重点建。注重发挥平台企业的示范引领作用，推动饿了么、美团、"三通一达"（即圆通速递、申通速递、中通速递、韵达快递）、享道出行等平台发挥引领作用，与区域联动，推进新就业形态劳动者入会。如推动"享道出行"与杨浦区平凉路街道总工会联动，通过平台牵头宣传发动，地区工会兜底吸纳入会，吸纳网约车司机入会超过5000名。二是推动行业建。结合区域经济特点，不断完善区级行业工会引领、街镇行业工会联合会广覆盖的行业工会组织体系。浦东成立保安行业工会，金山成立交通运输与物流行业工会，徐汇、长宁、静安成立养老护理行业工会；适应上海新产业的发展，徐汇、静安、奉贤分别推动成立天平街道咖啡行业工会联合会、大宁路街道新媒体直播行业工会、庄行镇文创设计行业工会等街镇级行业工会；依托临港司机之家，成立了临港地区货运行业联合工会。三是做实兜底建。推动"小二级"工会发挥兜底吸纳会员的作用，建设680个快递外卖站点工会小组，松江、嘉定等区实现站点全覆盖。持续用好灵活就业群体工会会员项目经费，为12.7万名灵活就业会员提供"五送"服务。深入推进"扫码入会"，杨浦开展扫码入会百日攻坚行动，宝山、闵行、嘉定实行网格化、区域化工作承包制度。全年新增新就业形态工会会员27.3万人。（汪思齐）

【浦东新区成立养老服务行业工会联合会】　9月25日，浦东新区养老服务行业工会联合会第一次代表大会在周浦镇长乐养护院成功召开。在区总工会、区民政局、区养老和社会福利事务中心、区养老服务行业协会的关心与推动下，浦东新区养老服务行业工会联合会正式成立。会上，区养老服务行业工会联合会筹备组通过了大会选举办法，表决通过了总监票人、监票人。根据《工会法》和《中国工会章程》有关规定，职工代表以无记名投票方式，成功选举产生浦东新区养老服务行业工会联合会第一届委员会和经费审查委员会。

（吴周筠）

【浦东新区成立保安服务行业工会联合会】　10月31日，浦东新区保安服务行业工会联合会第一次代表大会在浦东新区工人文化宫成功召开。在区总工会、区公安分局、区保安服务协会的关心与推动下，浦东新区保安服务行业工会联合会正式成立。会上，浦东新区保安服务行业工会联合会筹备组通过了大会选举办法，表决通过总监票人、监票人。根据《工会法》和《中国工会章程》有关规定，会议以无记名投票方式，成功选举产生浦东新区保安服务行业工会联合会第一届委员会和经费审查委员会。

（吴周筠）

【徐汇区总工会认真抓好新就业形态劳动者入会和服务工作】　2023年，徐汇区总工会扎实推进外卖配送、快递站点建立工会小组，吸引更多快递员、外卖配送员加入工会。同时，贴合灵活就业群体实际需求，提供个性化、多样化的服务形式和服务内容，做好灵活就业群体补贴项目工作，新发展新就业形态劳动者会员7526名。康健街道建立了新就业形态劳动者工会联合会，天平街道建立咖啡行业工会联合会，通过"小二级"工会覆盖新就业形态劳动者。

（周　吉）

【静安区成立全市首家白领午餐行业工会】　6月20日，静安区白领午餐行业工会第一届第一次会员代表大会在金盛源召开，区总工会副主席黄亚芳、石门二路街道党工委副书记、总工会主席周彬慧等出席。来自白领午餐各成员单位推荐产生的48名会员代表参加会议。会议选举产生了静安区白领午餐行业第一届工会委员会。会议指出，静安区的白领午餐工会系全市首创，也是全市首家白领午餐的行业工会。会议强调，要写好团结引领新篇章，进一步增强做好行业工会工作的责任感和使命感；要走好融合发展的新路径，进一步找准工作的切入点和发力点；要用好队伍建设的"暖"实力，进一步当好职工的贴心人和娘家人。行业工会不仅要解决餐厅职工的"急难愁盼"，更要提高站位，通过白领午餐这一特色工作关注静安白领群体的"急难愁盼"，体现行业工会的责任担当。

（陆芸芸）

【金山区成立养老照护行业工会联合

会】3月1日,金山区养老照护行业工会联合会成立大会暨第一届第一次会员代表大会在区公共服务中心召开。区总工会党组书记、副主席徐红强,区民政局党组副书记、副局长、工会主席常菁,区民政局副局长、党组成员杨金出席会议。来自全区养老照护行业的54名会员代表和11名行业工会联络员参加会议。常菁为金山区养老照护行业工会联合会揭牌。杨金为金山区养老照护行业工会联合会联络员颁发聘书。会议选举产生上海市金山区养老照护行业工会联合会第一届委员会、经费审查委员会、女职工委员会。会议要求,要聚焦思想引领凝共识,在强基赋能中壮筋骨;要聚焦急难愁盼办实事,在服务职工中下真功;要聚焦典型示范鼓干劲,在比学赶超中树标杆;要聚焦"三化建设"促规范,在稳步发展中蓄动能。此次成立的金山区养老照护行业工会联合会共涉及11个街镇(高新区),涵盖32家会员单位、1053名会员。

(卫婷怡)

【金山区成立建筑行业工会联合会】3月24日,金山区建筑行业联合工会成立大会暨第一届第一次会员代表大会在区建设工程安全质量监督站党群服务点召开。区总工会党组书记、副主席徐红强,区建管委党组副书记、副主任、工会主席周尽染,区总工会副主席、党组成员邢扬,区建管委工会第二届委员会全体委员出席。会前,举行了会员代表入会宣誓仪式。会上,会员代表选举产生了金山区建筑行业联合工会第一届委员会、经费审查委员会。会议要求:要不忘初心,在思想政治引领上下真功;要多措并举,在扩大组织覆盖面上寻突破;要关心关爱,在提升职工群众满意度上出实招;要助推发展,在服务大局中显担当。周尽染为金山区建筑行业联合工会联络员颁发聘书。据悉,金山区共有近2.4万名建筑行业从业人员,近年来,区总工会主动创新建会新模式、职工入会新方式,先后在全区14个在建工地试点开展扫码入会工作,共吸纳千余名建筑行业从业人员入会。

(卫婷怡)

【金山区成立交通运输与物流行业工会联合会】5月30日,金山区交通运输与物流行业工会联合会成立大会暨第一届第一次会员代表大会在区公共服务中心召开。区交通委党组书记、主任陈莽,区总工会党组书记、副主席徐红强,区交通委党组副书记、副主任、工会主席陶海英出席会议。区交通委工会副主席崔美娟代表金山区交通运输与物流行业工会联合会筹备组作《上海市金山区交通运输与物流行业工会联合会第一届第一次会员代表大会筹备工作报告》。大会审议通过了表决办法、选举办法、"三委"候选人名单、监票人名单。会议选举产生区交通运输与物流行业工会联合会第一届委员会、经费审查委员会和女职工委员会。陈莽、徐红强为上海市金山区交通运输与物流行业工会联合会揭牌。陶海英为上海市金山区交通运输与物流行业工会联合会联络员颁发聘书。新当选主席陶海英作表态发言。陈莽、徐红强对工会联合会成立表示祝贺并讲话。金山区交通运输与物流行业工会联合会共涉及11个街镇(高新区),涵盖153家会员单位、1257名会员。

(卫婷怡)

小三级工会组织

【概要】2023年,结合"县级工会加强年"工作要求,市总工会持续夯实"小三级"工会组织规范化程度,激发基层活力。一是推进工会数字化转型加强"两库"(即工会组织库、会员库)建设。上海工会实名制会员数达到750万人,比上一年度增加40.5万人。二是加大建会覆盖力度。累计发放新建会运转启动资金310万元,惠及606个新建基层工会组织。三是调动非公企业工会主席积极性。在地区考核发放履职津贴的基础上,给予获市级及以上模范职工之家、优秀工会工作者、五一劳动奖状(章)及劳动模范等称号的非公企业工会兼职主席每月给予200元补贴,累计为609名工会主席发放补贴146万余元。四是提升街镇(开发区)总工会工作能力。加强各区街镇(开发区)总工会人员队伍建设,对街镇(开发区)总工会聘用的工会工作指导员按照每人每月600元的标准进行补贴,累计为231名工会工作指导员发放补贴166万元。五是组织开展"小二级"工会优秀案例交流展示活动。为搭建基层工会相互学习和交流展示的平台,市总工会基层工作部于10月开展"小二级"工会优秀工作案例征集选树工作,共有104家区域性、行业性工会组织参评,推荐产生优秀案例88个。

(汪思齐)

【徐汇区加强"小三级"工会建设】2023年,徐汇区总工会积极推进社会组织建会专项行动,依托全国总工会社会组织数据库和区民政局提供的相关数据,各街道镇总工会深入摸底排查,集中力量攻坚,采取单独建、联合建、行业覆盖、区域兜底等形式,推动具备条件的社会组织依法建会、职工广泛入会。全年,本区社会组织单独建会104家,覆盖建会158家,会员5871人。一是提升"小二级"工会组织建设水平。加强区域性、行业性"小二级"工会建设,同区民政局紧密合作,成立徐汇区养老机构护理行业工会联合会,进一步加强了区域内养老机构和工会组织的服务联系和管理,成立西岸智塔工会联合会、武康安福风貌街区工会联合会、长桥社区市集工会联合会等14家"小二级"工会;积极探索新兴行业工会组建,创新成立了市首家心理咨询行业工会——徐家汇街道心理咨询行业工会,促进区域内心理咨询行业健康发展;推动重点园区、楼宇、商圈等职工集聚区域的"小二级"工会开展规范化创建,切实做到"建组织、重管理、强维权、创特色、出亮点";挖掘各街镇区域性、行业性工会各有特色的案例和经验做法,推荐参加市总工会"小二级"工会优秀工作案例评选,其中1家获得一等奖,3家二等奖,2家三等奖。二是加强区域重点企业建会。围绕市百强企业、承诺建会企业、百人以上企业等重点企业建会清单,组织力量,整合资源,攻坚克难,成功完成上海商汤智能科技有限公司、上海极氢蓝色新能源技术有限公司、上海智多鱼信息科技有限公司等16家区域重点企业建会。新建工会组织101家,覆盖近8000名职工。

(周吉)

【长宁区总工会召开组织建设工作推进会暨"五大行动"动员部署会】3月17日,长宁区总工会在区工人文化宫召开长宁工会组织建设工作推进会暨"五大行动"动员部署会。区总工会领导班子、各部室负责人,各系统(集团、公司)、街道(镇、园区)、直属单位、长宁区属行业工会主席、专职副主席参加会议。区人大常委会副主任、区总工会主席潘敏结合形势任务和工作现状，对全面开展"五大行动"（即百日攻坚、先锋引领、赋能发展、暖心护航、群星闪耀）提出明确要求。他指出，要提高认识，坚定方向，切实增强履行政治责任的使命感；要目标引领，协同推进，切实增强夯实主责主业的责任感；要提升成效，形成声势，切实增强完成目标任务的紧迫感。

（万 黎）

【普陀区召开靠谱工建联盟工作会议】
3月9日，普陀区靠谱工建联盟工作会议成功召开。会议审议通过了理事成员名单、靠谱工建联盟章程。区总工会副主席、波克科技股份有限公司党总支书记、上海市劳模刘忠生当选理事长。会议启动了2023年靠谱工建联盟品牌项目，发布了《普陀区总工会助力优化营商环境实施方案》15条措施。区人大常委会副主任、区总工会主席姚军出席会议并讲话，区总工会党组书记、副主席徐军，区投促办副主任张慧凡，区工商联副主席薛颖，区总工会党组成员、副主席郑宣，区总工会兼职副主席、波克科技有限公司党总支书记刘忠生，以及各街镇总工会主席、副主席，各街镇工建联盟成员单位代表等参加会议。会议指出，要党建带工建，主动造势，打造展示工建成果的舞台；要"三联"（联心、联情、联智）促融合，善于借势，打造共享工建资源的平台；要阵地强服务，巧用运势，打造推动区域发展的引擎。靠谱工建联盟理事单位还一同参观了波克党群服务阵地和刘忠生劳模创新工作室。

（陆 蒈）

【闵行区总工会开展工会组建"百日集中行动"】 5月起，为进一步夯实工会基层基础，扩大工会组织覆盖面，增强工会组织吸引力凝聚力，闵行区总工会集中100天时间开展工会组建"百日集中行动"，成功推进中建信控股、顺诠科技、复旦复华药业、兆维科技等一批百强企业和重点企业建会。全区扫码入会人数达到53.5万名，发展灵活就业群体会员并参加灵活就业D类保障10764人。

（王骏奇）

【金山区总工会推动上海凯莱英公司组建工会】 12月19日，上海凯莱英生物技术有限公司工会成立大会暨上海湾区高新区新建工会授牌仪式在高新区生物医药产业园隆重举行。区总工会党组成员、副主席邢扬，新金山发展公司党委副书记、纪委书记、工会主席顾菊英，上海凯莱英生物技术有限公司副总经理田洁，区总工会基层工作部部长卫婷怡等参加。会上，上海凯莱英生物技术有限公司工会第一届第一次会员代表大会35名代表，以无记名投票方式选举产生了上海凯莱英生物技术有限公司工会第一届委员会，经费审查委员会。邢扬对凯莱英公司工会的成立及活动的成功举办表示热烈祝贺，对新金山发展公司工会在基层工会组建、产业工人队伍建设、职工维权服务等方面取得的工作成效给予肯定。年内，新金山发展公司工会结合产业布局，积极探索将工会组建嵌入产业发展链、产业工人成长链、关爱职工服务链，成功组建基层工会14家，涵盖职工1500余名。

（卫婷怡）

【青浦区总工会举办外资企业工会建设推介会】 9月26日，由青浦区总工会主办，区外商投资企业协会、香花桥街道总工会联合承办的青浦区外资企业工会建设推介会"走进青浦工业园区"活动，在福维克家用电器制造（上海）有限公司举行。推介会上，发布"三同步、三纳入"工会组织建设联动机制。三同步，是指园区招商同步宣传，企业落户同步建会，职工入职同步服务；三纳入，是指把工会的内容、建会的流程、对企业的发展和职工的关怀纳入到招商的政策、纳入到企业的服务、纳入到职工的保障。香花桥街道党工委委员、总工会主席曹慧作主题为《搭建平台、强化服务，助力优化营商环境》的工会政策宣讲。上海美特幕墙有限公司、贝亲母婴用品上海有限公司、上海索菲玛汽车滤清器有限公司等外资企业代表分享各自企业工会工作经验。 （朱建强）

【青浦区召开"百日建会"专项行动现场会】 12月12日，加强组织建设，激发基层活力——青浦工会"百日建会"专项行动（2021—2023年）现场会在书香门地集团股份有限公司召开。青浦区委常委、组织部部长李方明出席会议并讲话。市总工会基层工作部领导、青浦区总工会全体班子成员，各镇、街道总工会负责人，各委、办、局、区属公司工会主席，企业家代表，社工代表参加会议。会议表彰"百日建会"专项行动十佳案例及十佳提名案例，发布第二轮"百日建会"专项行动（2024—2026年）目标及主要任务。华新镇党委副书记周慧娜，金泽镇人大副主席、总工会主席王金荣，书香门地集团股份有限公司董事长卜立新，移动智地产业园工会联合会主席张艳，韵达快递上海青浦雷珏网点工会主席谢宗凯，分别作题为《守正创新亮品牌，党工共建促发展》《五镇携手、先行示范，勇当工建共建排头兵》《以文化人、以文兴业，推动企业文化软实力成为企业发展竞争力》《打造长三角数字干线重要节点上的"小二级"工会》《大力弘扬"小蜜蜂"精神，做美好生活的创造者和守护者》的交流发言。

（朱建强）

8月15日，上海爱奇艺新媒体科技有限公司工会正式揭牌成立（万 黎）

【奉贤区着力夯实工会组织建设】 2023

年，奉贤区总工会不断加强工会组织建设，全年共成立工会组织301家，比上年增加134家，新发展会员4.96万人。年内，为符合条件的9156名"灵活就业"D类职工办理入会手续。积极探索奉贤特色产业（行业）工会建设路径，聚焦新就业形态劳动者等重点群体，通过"重点建、行业建、兜底建"，进一步扩大工会组织覆盖和工作覆盖。4月，区安徽商会工会成立，覆盖企业数101个，职工数5000人；6月，成立庄行镇文化创意产业行业工会联合会，960名职工入会全覆盖；9月，区家政服务行业工会成立，覆盖家政服务企业19家，职工1005人；10月，新建南桥镇社会组织工会联盟、奉城汽车零部件企业工会联盟、上海龙湖金汇天街等多家工会联盟。

（祝笑成）

【奉贤区域化工建联盟暨县级工会加强年工作推进会召开】 8月24日，由奉贤区总工会主办的党建引领"工"绘同心——奉贤区域化工建联盟助力"贤城贤治"暨县级工会加强年工作推进会在区会议中心顺利召开。会上，发布奉贤区域化工建联盟首批共享阵地、2023年度共建项目清单和《关于成立上海市奉贤区"党建引领'工'绘同心"区域化工建联盟的工作方案》。市总工会党组成员、副主席桂晓燕，区委副书记唐晓腾，市总工会基层工作部部长桂云林，区委组织部副部长、区社会工作党委书记黄军华，区级机关工作党委书记胡红兵，区总工会党组书记、常务副主席邵丹华、区总工会其他领导班子，区域化工

建联盟成员单位相关领导、区直属工会分管领导、工会主席、副主席等160余人参会。

（薛思涵）

【上海电建公司工会建立北翟路工建联盟】 8月14日，上海电建北翟路工建联盟揭牌成立。上海电力建设有限责任公司下属位于北翟路片区的调试所公司、物资公司、监理公司、送变电公司正式组成工会联盟。该联盟的成立，标志着公司工会在区域化工会组织建设方面有了新探索。公司工会制订《上海电建北翟路工建联盟实施方案》，明确联盟的构建、任务和方向。4家单位工会主席签署工建联盟协议，正式展开"联动、联合、联情"的深度合作。启动仪式后，由工建联盟组织的首个活动"创新领航，智慧演进"优秀论文技能竞赛随即举行。当天4家公司的8名职工分享了各自结合工作实际的研究成果，涵盖企业的物资管理、安全管理、质量管理、技术创新等方面。最终，来自调试所公司的杨伟平《1350MW锅炉燃烧调整技术研究》和金麒麟《配置3台电泵的超超临界机组深度调峰给水再循环控制》获得一等奖。

（傅诚）

【铁路上海局集团公司加强基层工会组织建设】 2023年，中国铁路工会上海铁路局委员会大力加强工会组织建设。3月13日，集团公司工会召开第二届委员第五次全委（扩大）会议，集团工会主席、副总经理何元庆代表集团公司工会常委会作题为《守正创新，对标找差，求实问效，团结带领广大职工在建设一流

的现代运输企业新征程中充分彰显担当展示作为》的工作报告。规范基层工会换届改选，公布年度换届计划安排，编印《基层工会换届选举工作手册》，指导26家基层单位顺利召开工代会。推进基层工会组织建设调整，根据集团公司生产力布局调整，指导合肥高铁基础设施段、职工培训中心、合肥、杭州枢纽指挥部、上海东站项目管理部做好工会组建筹备工作，指导做好徐州铁路枢纽工程建设指挥部撤销和上铁文广、上铁国旅公司重组整合中工会相关工作。加强新职工入会工作，指导基层工会通过培训宣传、填写入会申请书登记表、举行入会仪式、发放会员证等形式，增强新职工会员意识，共发放新会员证2.4万本。

（严光临）

【宝地资产公司加强基层工会组织建设】 2023年，上海宝地不动产资产管理有限公司扎实推进工会组织建设，制订下发《宝地资产直属单位工会工作评价办法》，突出"一会一表"，从重点工作、基础工作、品牌工作三个维度进行评价，推动基层单位工会守正创新。组织实施"一工会一品牌"创建行动，带动基层工会服务能力和工作质量进一步提升。根据公司改革调整及时做好工会组织调整，指导产城中心、文商旅召开首届工代会；指导宝地南京、宝地上实、园区健康制订换届改选方案，按期规范换届；指导园区通勤、现代园、文商旅、物业事业部、寓舍等单位规范履行工会干部调整民主程序。加强工会财务管理，修订下发《工会财务管理细则》，完成公司工会2022年经费决算和2023年经费预算，规范工会财务账务管理，开展2022年度基层工会经费审查，组织工会经审会会同审计部对下属14家基层工会经费使用管理情况开展联合审计，及时督促相关单位整改落实发现的问题。

（朱宏）

工会社工队伍建设

【闵行区总工会举办"社工大学堂"培训】 9月、12月，闵行区总工会以"凝聚队伍，提升水平"为主题，举办"社工大学堂"一、二期培训，区工汇社会工作服务中心全体社工参加。首期培训于9月26—27日举办，培训设置"深入学习贯彻党的二十大精神"、新就业形态

8月24日，奉贤区总工会召开区域化工建联盟暨县级工会加强年工作推进会

（薛思涵）

工会建设等理论课程,以及素质拓展活动。第二期培训于 12 月 20 日举办,以工会工作基本知识为主要内容,邀请上海工会管理职业学院讲师金世育进行授课。培训结束后,开展了应知应会知识考试,进一步强化了工会社工对工会工作基础知识的掌握与应用。"社工大学堂"旨在提升工会社工专业化能力的同时,为工会社工队伍凝聚力建设搭建平台。

(王紫安)

【松江工惠社会服务中心召开工作站规范化建设现场会】 9 月 1 日,松江工惠社会服务中心召开工作站规范化建设现场会,区总工会党组成员、副主席余永丰出席会议并讲话。会上,宣布站长、副站长任用名单,讲解《2023 年松江区职业化社会化工会工作者绩效考核通知》,小昆山镇总工会作经验分享。与会人员参观了小昆山工作站,翻阅了相关文件资料。各街镇、经开区总工会专职副主席、区总工会职能部门负责人、工惠中心负责人、各工作站站长、副站长等 45 人参加会议。

(顾文杰)

【松江区开展社会化工会工作者培训班】 7 月 4—6 日,松江区总工会开展社会化工会工作者培训班。本次培训从党的二十大精神解读、基层工会实务、工会经费的管理和使用等多角度、多方位、多形式地开展培训交流,提升社会化工会工作者队伍的政治理论素质和业务能力。全区 118 名社会化工会工作者参加培训。

(杨佳玲)

【青浦区总工会召开社工管理工作会议】 9 月 21 日,青浦区总工会召开社会化工会工作者管理工作会议,部署安排 2023 年新录用社会化工会工作者轮岗锻炼、上岗培训等有关工作。区总工会社会化工会工作者管理工作组成员,各镇、街道总工会以及西虹桥公司工会副主席,2023 年新录用的 20 名社会化工会工作者参加会议。

(朱建强)

爱心接力站建设

【概要】 2023 年,市总工会全力落实全国总工会"双 15 工程"要求,大力推动"工会驿站"建设,以重点区域实现 15 分钟服务圈交叉覆盖为目标,提高站点覆盖、优化站点布局,在市区和郊区重

4 月 18 日,全国总工会党组书记、副主席、书记处第一书记徐留平赴虹桥机场调研机场站坪休息室建设情况

(顾 胤)

点区域站点布局密集,达到了 15 分钟服务圈覆盖的要求。截至年底,全市工会驿站达到 3383 家,新增 1941 家,与"双 15 工程"前相比,增长 134%。一方面,市总工会加强了"数字可视化"建设,积极与"百度地图"合作,基本完成全市工会驿站在百度地图等 APP 上线,使职工能在手机端直接导航至离当前位置最近的站点。另一方面,推进创新了工会驿站的服务形式,拓展服务功能。首次在进博会场馆内设立点位,为保障展会的户外劳动者、志愿者提供服务;探索流动驿站,弥补郊区空白点;叠加"微心愿"、法律援助、健康咨询讲座等工会人气服务及阵地功能,进一步提升驿站的知晓率、使用率、满意率。此外,市总工会积极参与"全国最美工会户外劳动者服务站点"的推树活动,累计 125 家市级"户外职工爱心接力站"成功当选。全年,全市工会驿站已覆盖服务人数 60.22 万人,累计服务 699.68 万人次;创设"园区(楼宇)健康服务点"156 家,辐射园区 95 个、楼宇 42 个、商圈 17 个,建设者小镇 2 个,共覆盖 3.13 万家企业、89.82 万名职工。

(左鑫荣)

【非洲工会统一组织总书记阿里兹基·马祖德一行参访陆家嘴街道户外劳动者之家】 10 月 22 日,非洲工会统一组织总书记阿里兹基·马祖德一行参访陆家嘴街道户外劳动者之家,浦东新区总工会党组成员、副主席王洪,陆家嘴街道党工委副书记、办事处主任吴峥嵘等陪同。区总工会、陆家嘴街道向马祖德介绍浦东户外职工服务站点的建设

规范及空间运作相关情况。马祖德饶有兴趣地与现场参与重阳节活动的"小哥"和社区居民共同互动,并对一分钟就能完成非机动车换电的换电柜产生了浓厚的兴趣,在得知上海市总工会为新就业形态群体制定了全面的保障计划时,不由得竖起了大拇指。他表示,浦东基层点很务实,可以很明确地看到工会在保护职工权益时作出的努力,包括建设很多基础设施,为职工提供丰富多样的服务和活动。

(吴周筠)

【浦东新区总工会发布优化提升职工服务品质能级的建设指引】 年内,为加强爱心接力站建设,浦东新区总工会发布《关于优化提升职工服务品质能级的建设指引》。《指引》明确,户外职工驿站的"六有"标准要实现复合多能,即有统一标识名称、有合理的建设布局、有健全的服务设施、有完善的服务功能、有规范的管理制度、有在线一键式查询,形成"6+X"的服务菜单,延伸原有的 6 项基础配置(空调、冰箱、微波炉、饮水、排插和桌椅),因点制宜扩展 X 项个性服务。至年底,服务站点形成了覆盖全区的"清凉矩阵",为高温天气户外劳动者避暑休息提供便利,解决"吃饭难、喝水难、休息难、如厕难"等现实问题,还通过资源联配、公益助推互济互助,加大"送清凉"的力度。

(吴周筠)

【普陀区总工会启动户外职工爱心接力站夏日送清凉活动】 6 月 16 日,"工"享清凉,"会"聚服务——普陀区总工会户外职工爱心接力站夏日送清凉活动

暨首批五星站点授牌仪式在甘泉路街道幸福 600 户外职工爱心接力站举行。区人大常委会副主任、区总工会主席姚军，市总工会职工服务中心主任陈鲁，甘泉路街道党工委书记吴新华及区医务工会、各街道（镇）总工会、相关服务阵地负责人、户外职工代表等 80 余人参加会议。普陀区总工会围绕区域内户外职工爱心接力站、职工法援点、职工学堂、健康服务点等 7 大类 100 余个服务站点，开展"星级"站点创建。陈鲁为首批"五星站点"授牌。甘泉路街道幸福 600 户外职工爱心接力站、长征镇祥和片区"普工英"靠谱驿站、真如镇街道总工会职工学堂、曹杨新村街道枫桥苑健康服务点通过"百站升级"现场评估，获评"五星"站点称号。普陀区 10 个街道、镇总工会发布"户外职工爱心接力站夏日送清凉项目"，为户外职工送上专属"靠谱"服务。活动现场设立户外职工清凉集市，为户外职工提供免费理发、物品维修、健康理疗等项目，为户外职工送上高温慰问品，靠谱工建联盟理事单位上海青创社会服务中心认领了户外职工的微心愿。（陆蕾）

【普陀区总工会启动普工英驿站 626 靠谱活动日】 6 月 26 日，普陀区总工会举办"普工英驿站 626 靠谱活动日"。市总工会权益保障部四级调研员庄若冰，普陀区总工会党组书记、副主席徐军，长寿路街道党工委副书记、办事处主任沈捷，长寿路街道党工委书记、总工会主席吕欢等参加活动。当天，长寿路街道创享塔普工英靠谱驿站揭幕。该驿站为涵盖工作、生活、审美、文化等多方面的复合空间，亦是服务职工新阵地。徐军在活动上还发布了"626 普工英驿站靠谱活动日"这一服务品牌——靠谱有我，精彩由你！现场举办"创享精彩长寿，乐享靠谱驿站"精彩活动，赠送爱心午餐券，为快递外卖小哥送清凉，为创建平安长寿社区守护辖区内企业健康发展的安全生产监督员颁发聘书，普陀交警支队一大队开展"交通安全知识讲座竞赛"、夏季高温防暑降温宣传、香囊 DIY 制作以及各类政策咨询服务。当天，12 个已建成的普工英驿站同时开展 4 大类 15 个项目活动，包含服务咨询、知识讲堂、影视戏曲、手工 DIY 等。 （陆蕾）

【普陀区总工会发布"四季为你，全天守候"服务品牌】 8 月 22 日，由普陀区总工会与桃浦镇联合举办的"为爱接力，向'新'传递——户外职工开心一'夏'"主题活动，在桃浦镇未来岛 S06 党群服务中心普工英靠谱驿站开展。区人大常委会副主任、区总工会主席姚军，区总工会、桃浦镇、区纪委监察组第二派驻纪检监察组相关负责人出席，各街镇总工会主席、副主席，户外职工爱心接力站站长代表、工建联盟成员单位代表、户外职工代表等参加活动。活动当天，新版"普陀工会服务职工阵地手绘地图"发布，方便户外职工按图索骥。《普陀区户外职工爱心接力站服务手册》同步推出，详细介绍了区内户外职工爱心接力站的服务地址、时间和内容。这本手册也是一本专属普陀户外职工的"服务护照"，职工可以前往 10 个普陀区最具特色的站点打卡盖章，集满任意 10 个印章就能兑现一次微心愿。区总工会以户外职工实际需求为导向，持续提供四季应景的功能和服务，为职工服务做加法、做乘法，让接力站的服务更有高度、力度和温度。"四季"惊喜盒子现场打开，户外职工代表翻开对应四季不同服务项目的盲盒，里面有来自春天的芬芳——鲜花、抱枕被、热气眼罩，来自夏天的清凉——龙虎清凉用品、毛巾、充电宝，来自秋天的甘甜——随行杯、自热锅和小零食，来自冬天的温暖——暖手宝、保温饭盒、帽子。同时，区总工会开启普工英爱心传递项目，未来岛园区向上海青创社会服务中心递出"爱心接力棒"。每年 2 月至 11 月，全区 10 个街镇将每月轮流为属地户外职工开展专项服务行动。区总工会为户外职工代表送上清凉慰问，结合"一瓶水传递爱"公益项目，为爱心专送车赠旗，向普陀全区 59 个户外职工爱心接力站派送 12000 瓶装水以及爱心物资。现场还设立了嘉年华纳凉市集，为户外职工提供互动游戏和贴心服务，持续打造好服务职工的"1 平米温暖"。 （陆蕾）

【嘉定区 2 家户外职工爱心接力站获评 2023 年全国"最美驿站"】 12 月，全国总工会发布 2023 年"最美工会户外劳动者服务站点"名单，上海有 50 个驿站上榜。嘉定区唐行户外职工爱心接力站和嘉定区安亭老街户外职工爱心接力站也获得此次殊荣。安亭老街户外职工爱心接力站成立于 2022 年 8 月，是安亭镇总工会斥资建设，专门用于服务户外职工的场所。唐行户外职工爱心接力站建设于 2018 年 7 月，2020 年此站点为"户外职工爱心接力站"升级站点。2021 年 7 月搬迁至"我嘉邻里中心"一楼，新站点整合资源，将户外职工爱心接力站、爱心妈咪小屋、职工书屋和职工健康服务点等功能融入其中，成为职工活动及服务的阵地。（陈燕丽）

【奉贤区"五一"公园开园暨户外职工智慧爱心接力站启用】 4 月 21 日，由市总工会、奉贤区人民政府指导，奉贤区总工会、区绿化市容局主办的"三个精神"凝初心、贤美职工谱新篇——奉贤区"五一"公园开园暨户外职工智慧爱心接力站启用仪式，在"五一"公园内举行。时任市总工会党组书记、副主席黄红为本次活动致辞。副区长吕将颁发结对证书。区政协党组副书记、副主席邵惠娟和区文联主席陆建国为区总工会职工志愿者服务队和护绿队授证，并向队长授旗。市总工会党组成员、副主席桂晓燕和区人大常委会党组副书记、副主任包蓓英为户外职工智慧爱心接力站揭牌。区委副书记、区长袁泉宣布奉贤区"五一"公园开园。市总工会宣教部有关领导、各区总工会领导，奉贤区总工会领导班子成员，各街镇、开发区、头桥集团及有关单位工会主席，部分劳模工匠、新就业形态劳动者及职工代表参加活动。 （徐伟）

【锦江国际集团工会积极参与户外职工爱心接力站创建】 2023 年，锦江国际（集团）有限公司工会积极参与户外职工爱心接力站创建，集团所属单位户外职工爱心接力站现有 6 家，各站点坚持提供饮水、餐食加热、手机充电、应急药箱、现场小憩等服务内容。寒暑两季，夏季送清凉，冬季送温暖，是集团爱心接力站的传统服务项目。夏季高温酷暑，集团工会会统一派送高温慰问用品，每一家爱心接力站点早早就准备好了毛巾、花露水、盐汽水等清凉用品。冬季寒风刺骨，户外职工可以随时走进站点暖暖身，热热饭，喝杯热茶，真正做到将温暖送到每位户外职工的心里。为形成供需合理的双向机制，集团工会注重提升服务质量，不定期对各站点开展工作自查，配合所在区职工服务保障部门,定期检查各站点的硬件设施、服务人员、服务环境,优化站点功能,适时开展户外职工座谈会,收集需求,听取建议,调整服务,做到让户外职工敢走进门,能坐下来。

（孙佳绮）

【百联集团工会加强户外职工爱心接力站建设】 12月1日,百联集团有限公司工会在联华标超新闸路店举行关心关爱活动,慰问户外职工和志愿者。联华标超新闸店经考核获得全国总工会"最美工会户外劳动者服务站点"称号,集团工会以此为契机,在市总工会领导下新增户外劳动者服务站点68家。其中,联华标超门店13家,商投逸刻门店55家,现百联集团户外职工爱心接力站总数达到128家。在提供各项服务的基础上,更新了一批设施设备,培训了一批志愿人员,并额外配置了"百联爱心包"(内置邦迪、指甲钳等应急物品),在应急时刻为户外职工提供暖心服务。

（姜 杰）

【城建物资开展"砼心源"职工驿站建设工作】 2023年,上海城建物资有限公司工会按照"实用、实际、实效"的原则,大力推进"砼心源"职工驿站一期建设工作。各基层工会结合基地站点的实际场地情况和工会会员的分布情况,因地制宜地完善职工学习、交流、娱乐、休憩场所和设施设备,做到功能目标定位清晰。截至年底,公司下属基地站点已初步建成7个"砼心源"职工驿站,成为了直面职工、联系职工、服务职工的工会工作阵地。

（陈 静）

职工之家建设

【概要】 2023年,市总工会在工会基层组织中把建会建制与建家紧密结合起来,持续深入开展建家活动。一是开展模范职工之家选树表扬。于3月下旬启动上海市模范职工之家、模范职工小家和优秀工会工作者选树工作,通过自下而上,逐级申报,两审两公示等规范流程,授予上海市陆家嘴金融贸易区总工会等118个集体为"上海市模范职工之家"、浦东新区城管执法局督察大队工会小组等189个集体为"上海市模范职工小家"、丁文辉等144人为"上海市优秀工会工作者"。二是开展全国模范职工之家/职工小家复查工作。根据全

国总工会统一部署,市总工会开展了对2015年至2020年期间受表彰的全国模范职工之家/职工小家复查工作,通过多种渠道对253家受表彰单位仔细查找、考证相关信息后,划分至70家区局产业工会。经全面仔细复查后,126个全国模范职工之家中,保留荣誉称号122家,因单位破产、终止或撤销,拟收回奖牌和证书情况4家;127个全国模范职工小家中,保留荣誉称号122家;因单位破产、终止或撤销拟收回奖牌和证书情况5家。

（汪思齐）

【徐汇区总工会做好模范职工之家、小家和优秀工会工作者选树】 4月,徐汇区总工会落实市总工会对模范职工之家系列申报推优的部署,精心开展上海市模范职工之家、模范职工小家、优秀工会工作者推荐申报工作。将推荐选树过程作为深化职工之家(小家)建设、推动基层工会规范化建设、创先争优的过程,通过选树模范职工之家、模范职工小家和优秀工会工作者,树立榜样,示范引领,营造比学赶超氛围。经筛选评比,2023年,4家工会获市模范职工之家,6个工会小组获市模范职工小家,4名个人获市优秀工会工作者称号。

（周 吉）

【上海航天局工会新建职工心理关爱阵地】 12月,上海航天局工会职工心理关爱阵地——"情绪宇宙探索站"正式揭牌。"情绪宇宙探索站"位于上海航

天创新创业中心,是上海航天局工会建立的一个线下职工心理关爱阵地,分为情绪洞察区、星程辅导区、星空舒缓区、心流律动区和引航阅读区5个板块,形成"情绪识别—情绪疏导—情绪赋能"的"全链条"服务流程。同时,在阵地中大力引进数字化心理服务设施及自助体验设备,如Emosense心探、AI智能心理咨询师、正向情绪引导训练器等,以数字化的辅助诊疗设备为航天人的身心健康提供服务。

（周欣彬）

【铁路上海局集团公司工会推进"职工之家"建设】 2023年,中国铁路工会上海铁路局委员会将"职工之家"创建活动作为推进基层工会工作、评判工作质量的重要抓手,持续开展"建家"活动。指导基层工会按照"职工之家"创建办法,细化创建标准,开展创建活动。召开年度会员(代表)大会,开展会员评家活动,落实评家工作。开展年度"两模三优"评选,围绕组织建设、民主管理、维护职能、劳动竞赛、工作创新5个方面,共表彰模范职工之家30个、先进职工之家30个、模范职工小家155个、优秀工会工作者127人、优秀工会积极分子188人、优秀工会之友29人。积极参加上级评选,根据《上海市总工会关于表扬上海市模范职工之家、模范职工小家、优秀工会工作者的决定》,铁路上海局集团公司工会被授予市模范职工之家,上海高铁基础设施段金山北综合

静安区石门二路街道"石二分之一"新空间党群服务站健康服务点的中医在为白领职工号脉

（彭雯颖）

维修车间工会被授予市模范职工小家。　　　　　　　　　　（严光临）

【上海邮政工会打造精品小家】 2023年，根据中国邮政集团工会《中国邮政职工小家规范化建设与管理指导手册》，上海邮政工会在全面完成职工小家规范化建设基础上，打造了21个精品职工小家，分别从硬件和软装等方面进行改善和提升，下拨专项经费21万元，不断增强职工小家品质，提升员工幸福指数。　　　　　　（王　瑛）

【市人社局工会探索建家新路径】 2023年，市人力资源和社会保障局属机关工会根据部分处室分散、值班职工就餐难的实际情况，探索推进职工之家与党群服务中心建设相融合的"建家"新路径，并顺利完成威海路老干部处、职鉴中心、虹江路信访办以及3家社保分中心职工之家的改造升级，以焕然一新的硬件设施，更好服务职工群众。以职工之家为依托，指导局属14家基层工会广泛设立职工书屋、职工健身驿站、职工健康服务点、"方便小灶台"等，提供跑步机等基础健身器材以及疾病预防、健康教育等安全健康服务，并为基层工会配送图书、爱心药箱等基础物资，共计28.2万元。　　　　　　（瞿葆仁）

【市体育局工会持续推进职工之家建设】 2023年，市体育局工会继续推进基层工会阵地建设，探索将职工之家、职工书屋等建设成为职工活动的阵地，指导体彩中心新建职工之家、二体校新建职工书屋。坚持基础建设和示范项目两手抓，一方面切实提升"职工之家"等工会阵地覆盖率，着力帮助职工解决工间休息、健身场所等实际问题，实现"从无到有"；另一方面，积极推动已建成的"职工之家"做精做优，着力打造"模范职工之家"，实现"从有到优"。发动职工参加市总工会举办的"玫瑰书香女职工主题阅读活动"，切实发挥职工书屋、女职工阅读阵地的精神文化家园作用。　　　　　　　（孙　晔）

【市监狱局工会加强职工之家建设】 2023年，市监狱管理局工会大力加强职工之家建设。一是开展职工之家情况调研。由局工会主席带队，通过深入基层一线、召开座谈会、电话调研等方式，对基层工会职工之家活动场所建设情况和工会干部队伍建设情况开展调研，撰写调研报告，并就调研中发现的问题制定日程，有序推进，逐一解决。二是推进基层工会"一监一品"建设，在宝山监狱召开"一监一品"现场推进会。分别指导宝山监狱、军天湖监狱、青浦监狱、女子监狱、南汇监狱创建符合各自特色的"一监一品"文化品牌，并为简乐队、舞蹈团、龙狮团、啦啦操、鼓乐队提供经费支持。三是开展职工之家相关荣誉申报推荐工作。吴家洼监狱一监区分工会获得上海市及全国模范职工小家、四岔河监狱肖寒获得全国职工书屋建设"突出贡献工作者"荣誉。　　　　（江海群）

【百联集团2个集体获市职工之家系列荣誉】 5月8日，百联集团2个集体获市职工之家系列荣誉，物贸大厦工会被授予市模范职工之家，三联光学割边车间工会小组被授予市模范职工小家。物贸大厦工会持续增强组织活力，团结职工践行百联文化，通过加强企业民主建设共建温馨家园、提升职工技能打造智慧楼宇、推进实事项目赋能快乐驿站，把工会建成了职工群众信赖的职工之家。三联光学割边车间工会小组在眼镜技术创新、技能人才培养、和谐班组建设等方面，在高度近视、特大棱镜、异形切边等光学技术高原勇攀高峰，实现突破，创造了产品的高附加值，培育了一批又一批引领行业的配镜技术人才。　　　　　　　（姜　杰）

关于继续阶段性降低本市城镇职工社会保险费率的通知

沪人社规〔2023〕9 号

各区人民政府，市政府各委、办、局，各有关单位：

为贯彻落实党中央、国务院和市委、市政府决策部署，进一步减轻用人单位负担，增强市场主体活力，经市政府同意，本市在确保职工各项社会保险待遇不受影响、按时足额支付的前提下，继续阶段性降低失业保险和工伤保险费率。现将有关事项通知如下：

一、继续阶段性降低失业保险费率

从 2023 年 5 月 1 日至 2024 年 12 月 31 日，本市失业保险继续执行 1% 的缴费比例，其中单位缴费比例 0.5%，个人缴费比例 0.5%。

二、继续阶段性降低工伤保险费率

从 2023 年 5 月 1 日至 2024 年 12 月 31 日，本市一类至八类行业用人单位工伤保险基准费率，继续在国家规定的行业基准费率基础上下调 20%。

社会保险经办机构按照规定考核用人单位浮动费率时，按照调整后的行业基准费率执行。

三、本通知自 2023 年 5 月 1 日起实施，有效期至 2024 年 12 月 31 日。

2023 年 4 月 27 日

2024

上海工会年鉴

经济建设

综　述

2023年，市总工会深入学习贯彻习近平总书记关于工人阶级和工会工作的重要论述以及考察上海重要讲话精神，认真贯彻党中央、全国总工会和市委的决策部署，围绕国家重大战略和上海经济社会发展大局，团结动员广大职工踊跃投身高质量发展主战场，为谱写中国式现代化上海新篇章贡献智慧和力量。一是以"提升创新力，聚力促发展"为主题开展职工劳动和技能竞赛。以6大全国引领性竞赛（"五个中心"建设、浦东引领区、长三角一体化高质量发展、城市数字化转型、优化营商环境、进博会）为牵引，指导80个区局产业工会开展631项重点竞赛项目，参赛企业约2万家，覆盖职工约298万人次，涉及约9万个班组，带动约70万人次职工提升技能水平，涉及各类建设项目133项。二是开展优秀竞赛项目评选。市总工会结合上年度竞赛完成情况，围绕国家重大战略和上海的重大工程、重大项目、重点产业、重点领域，按照生产型、智能型、技能型3种竞赛类型，开展了优秀竞赛项目征集。62个区局（产业）工会和相关单位通过初步筛选后，申报了以一线职工为主的竞赛项目430个，经评审表扬189个单位（集体），44名优秀个人。三是开展岗位创新交流活动。大力开展群众性经济创新活动，组织参加第二届大国工匠创新交流大会暨大国工匠论坛，上海展区展出了"工匠人才培养选树体系"和"一线职工创新服务体系"，以及"上海工匠十大系列品牌"；推荐上海职工优秀创新成果参评第七届全国职工优秀技术创新成果交流活动，共有7个成果获奖；作为全国首批五家试点省市之一，开展上海"劳模工匠助企行"专项行动；启动第三届上海职工优秀创新成果奖评选和表彰工作；开展"第十三批上海市劳模创新工作室"创建工作；以"创新、时尚、融合"为主题，举办上海时装周"劳模工匠共话发展"创新交流活动等。（郑　超）

劳动和技能竞赛

【概要】　2023年，市总工会以"提升创新力，聚力促发展"为主题开展职工劳动和技能竞赛，80区局产业工会和单位报送竞赛方案，申报重点竞赛项目631个。围绕深化提升三大先导产业"上海方案"，开展"五个中心"功能升级立功竞赛。围绕浦东高水平改革开放，持续推进"高能级硬核产业""高质量法治保障""高水平项目建设""高品质服务"专项竞赛。围绕全面完成长三角一体化发展第二轮三年行动计划，开展长三角生态绿色一体化发展示范区专项竞赛、虹桥国际开放枢纽建设总体方案立功竞赛。围绕深化经济、生活、治理数字化转型，开展加快推进城市数字化转型职工劳动和技能竞赛，加快建设国际数字之都。围绕市场化、法治化、国际化方向，对标上海优化营商环境6.0版，开展优化营商环境竞赛。围绕第六届进博会，开展培训、练兵、比武、竞赛、献计等竞赛活动。会同苏浙皖总工会深化长三角地区职工劳动和技能竞赛，竞赛聚焦重点产业、重点领域，围绕工业机器人、信息技术应用、新能源汽车、智能交通、优化营商环境等方面开展16项竞赛活动，助力长三角一体化发展国家战略，服务构建新发展格局。联合市经信委举办长三角地区"数聚长三角，智汇创未来"数字赋能高质量发展职工劳动和技能竞赛决赛。举办"5G赋能，上海智造"5G智能工厂实践方案案例，挖掘一批"5G+工业互联网"新技术新场景应用成果。举办2023年上海职工家政服务技能竞赛暨全国家政服务业职业技能竞赛上海选拔赛，全市逾350家家政企业参加竞赛。举办市第三届网约配送员职业技能大赛，16个区总工会及饿了么、美团、达达、盒马、叮咚买菜、闪送等平台企业分别组队参赛。（王　琪）

10月26日，全国纺织服装设计职工职业技能竞赛决赛在沪举行（方整源）

【举办职工职业技能系列竞赛】　5月，由市总工会主办的2023年上海职工职业技能"1＋6＋X"系列竞赛在上海职工科技节开幕式上全面启动，50多家区局（产业）工会组织近500家企事业单位，1.8万余名职工参与并晋级市级技能比武，1.2万人次参与市级赛前技能培训。本次竞赛对标全国职工职业技能大赛的传统工种，聚焦本市三大先导产业、六大重点产业的新型产业体系，着眼四大新赛道和五大未来产业布局，涉及时尚产业、生物医药、集成电路、人工智能、智能制造、新材料、新职业、汽修行业、物业行业等领域共设置了18个竞赛项目。其中服装设计、智能产线装调与运维、网络信息安全管理员3个项目在中国职工技协的指导和支持下，决赛规格上升为中技协主办的城市主产业职业技能联赛，吸引了20余个城市选派的60余名选手来沪参赛。同时根据对口受援地区工会的需求，西藏日喀则、新疆喀什、云南省、福建三明、安徽六安5地总工会选派16位选手分别组队来沪参赛观赛。（陈　青）

【举办"数聚长三角，智汇创未来"长三角数字赋能高质量发展职工劳动和技能竞赛】　6月27日，"数聚长三角，智汇创未来"长三角地区数字赋能高质量发展职工劳动和技能竞赛决赛在上海举行。时任上海市总工会党组书记、副主席黄红出席颁奖仪式并讲话，上海市经济信息化工作党委副书记、经济信息化系统工会主席张义，安徽省总工会一级巡视员张文静，上海市总工会党组成员、副主席桂晓燕，江苏省总工会二级巡视员蒋先宏出席活动。长三角地区数字赋能高质量发展职工劳动和技能竞赛由沪苏浙皖总工会联合经信（工信）等部门共同举办。竞赛围绕数字产业化、产业数字化、治理数字化等方面，聚焦工业数据、数字政务、数字金融、数字农业4个赛道，通过项目发布、案例展示等方式，为三省一市职工搭建交流平台，激发职工创新创造活力，挖掘数字化应用优秀成果，发现、培育数字领域高水平人才，助力开创数字化引领长三角一体化高质量发展新局面。

（王　琪）

【举办家政服务技能竞赛暨全国家政服务业职业技能竞赛上海选拔赛】 10月14日，由市总工会主办，杨浦区总工会、市家庭服务业行业协会承办，上海开放大学等协办的2023年上海职工家政服务技能竞赛暨全国家政服务业职业技能竞赛上海选拔赛决赛在上海开放大学举行。来自全市16个区的51名优秀选手汇聚一堂，比拼技艺，角逐"金牌阿姨"荣誉称号。市总工会党组成员、副主席桂晓燕，杨浦区人大常委会副主任、区总工会主席董海明，市家庭服务业行业协会会长孙美娥，上海开放大学副校长张瑾共同出席启动仪式。竞赛按照国家职业技能标准，紧扣全国家政服务业职业技能竞赛要求，设置了母婴护理、整理收纳、养老护理3个竞赛项目，旨在以赛促学、以赛促训，培育发掘技能人才，选树行业先进典型，提升家政服务专业化、规范化水平，助力家政服务业高质量发展。经过一天的角逐，大赛产生一等奖3名、二等奖6名、三等奖9名，将从中选出9名选手代表上海参加2023年首届全国家政服务业职业技能竞赛决赛。

（王　琪）

【举办第六届"凝心聚力进博会，建功立业创一流"立功竞赛推进会】 10月26日，由市总工会、市级机关工作党委、市商务委、市市场监督管理局联合推进的"凝心聚力进博会，建功立业创一流"第六届进博会立功竞赛推进会在国家会展中心（上海）举行。市人大常委会副主任、党组副书记，市总工会主席郑钢淼，副市长华源等为来自市商务委、大数据中心、光明集团、久事集团等20支

参赛队伍代表授旗。本届进博会立功竞赛，紧紧围绕进博会"越办越好"的总要求，设交易消费、营商环境、服务保障、科技赋能4大赛道，进一步发挥进博会国际采购、投资促进、人文交流、开放合作4大平台功能，优化精益求精的服务保障，展示包容开放的城市形象，放大溢出带动的综合效应。（王　琪）

【举办5G智能工厂实践方案竞赛】 12月1日，由市总工会主办、中国移动上海公司承办的"5G赋能，上海智造"2023年上海5G智能工厂实践方案竞赛举行成果发布会暨颁奖仪式。市总工会党组成员、副主席桂晓燕出席活动并致辞，中国移动上海公司副总经理、工会主席梁志强致欢迎辞，相关区局产业工会负责人、参赛单位职工代表150余人参加本次活动。本次5G智能工厂实践方案竞赛是市总工会城市数字化转型职工劳动和技能竞赛的重要组成部分，在基础设施建设、厂区现场升级、关键环节应用以及智能诊断评估与优化4个赛道开展比拼。各参赛单位的实践方案紧紧围绕工厂全流程场景，以及智能制造能力成熟度评估诊断与优化开展，利用5G创新应用赋能工厂建设发展，推动制造业转型，解决工业痛点问题。发布会现场发布了竞赛产生的20个优秀成果案例，竞赛一等奖成果《5G赋能宝钢全连接工厂协同智造》《基于5G专网的船厂生产互联应用》和《上汽乘用车5G智能工厂建设》通过TED演讲、AI互动等方式进行现场展示。发布会现场，与会领导和劳模工匠代表共同点亮"劳模工匠助企行"魔方，正式启动中国移动上海公司劳模工匠助企行活动。（王　琪）

【举办上海市第二届网约配送员职业技能大赛】 12月5日，市第二届网约配送员职业技能大赛决赛在普陀区党群服务中心举行。市总工会党组成员、副主席桂晓燕出席活动并现场观摩了比赛。各区总工会以及饿了么、美团、顺丰、盒马、达达、叮咚买菜、闪送等7大平台推荐的26支队伍，共计78名顶尖骑手同台竞技，角逐个人赛和团体赛的桂冠。决赛设置理论考试和技能实操2个环节，理论考试采用在线答题形式，包含单选题、多选题2种题型，由安全知识、业务知识等内容组成。技能实

操则模拟了骑手从接单到送单的全过程，涵盖"配送前准备、接单大厅、异常处置、安全配送、准时送达"5个技能实操项目。技能实操除兼顾配送速度之外，在每个环节中，又分别设置了各种"突发状况"，考验骑手的临场应变能力。如在"准时送达"环节，就包含交通事故、路途中餐品撒漏、无法上楼异常、联系不上用户等多种情况，骑手需要在完成配送的同时，找到这些突发状况的"最优解"。经过激烈角逐，来自饿了么的骑手张传武获得个人赛第一名。其他取得优异成绩的选手，被推荐参加首届全国外卖配送行业职业技能竞赛。

（王　琪）

【举办首届全国外卖配送行业职业技能竞赛】 12月7日，由中国财贸轻纺烟草工会、上海市总工会主办的首届全国外卖配送行业职业技能竞赛在沪举办。来自全国6家平台企业的40名外卖配送员齐聚普陀区党群服务中心，在2023年首届全国外卖配送行业职业技能竞赛中一展风采。本次竞赛以《网约配送员国家职业技能标准（2021年版）》的有关知识和技能要求及网约配送行业新知识、新技术、新技能等内容，对选手依次进行配送前准备、规范配送、安全行驶、配送实操和异常处置5项内容考核。实操考核模拟外卖配送全过程，包括接单前准备、订单接收、取餐验餐、配送服务、异常处理、客户服务等内容。比赛还对配送中的极端情况进行了模拟，重点考察外卖配送员专业基础知识、沟通协调能力、突发事件处置能力等。经过数小时的配送技能角逐，来自杭州的饿了么女骑手黄晓琴夺得冠军。综合成绩排名前10名的选手获得"最佳骑手奖"。

（王　琪）

【举办职工数控骨干软件以及操作技能提升培训活动】 12月7—8日，市职工技术协会委托职工数控技术实训基地举办2023年市职工数控骨干软件以及操作技能提升培训，来自浦东、闵行、松江等区局（产业）工会及多家非公企业的50名职工参训。本次培训采用专业知识讲座与上机操作相结合的形式，内容涉及VERICUT或UG典型多轴零件仿真与加工等，提高参训职工的数控加工工艺理论、软件应用及实际操作技能水平。

（康佳琦）

【中国技协城市主产业职业技能(上海)联赛暨全国网络与信息安全管理员职工职业技能竞赛决赛在松江成功举办】12月19日,中国职工技术协会城市主产业职业技能(上海)联赛暨全国网络与信息安全管理员职工职业技能竞赛决赛在松江区工人文化宫举办。决赛现场,49支队伍、147名网络安全职工选手展开角逐。竞赛聚焦"数据安全",对标世界技能大赛模式,将理论知识与实战操作相结合,通过个人赛考查参赛选手在网络与信息安全管理方面的综合能力。通过团队赛的形式,以真实网络环境为基础的模拟演练和技术考核等方式,考查选手们的网安攻防技术、现场应变能力和团队协作能力。经过1天比赛,吴庆文等10名选手获个人一等奖,杨雅乐等20名选手获个人二等奖,王子腾等30名选手获个人三等奖;上海松江极客谷代表队等5个团队获团体一等奖;湖北省十堰国网代表队等10个团队获团体二等奖;上海电信代表队二队等20个团队获团体三等奖。

（高秀珍）

【开展市第二届汽车维修擂台赛】12月27日,市职工技术协会委托上海高级轿车维修技术培训中心举办上海市第二届汽车维修行业职工擂台赛竞赛。本届擂台赛分为理论知识测试和实车操作两部分,并将新能源汽车维修技术增至比赛内容的50%,由全国五一劳动奖章获得者、市劳动模范、上海工匠陶巍担任裁判长。来自各区局(产业)工会和协会汽车修理专业委员会成员单位的92名选手参加竞赛并决出一等奖1名、二等奖2名、三等奖3名,前6名获得"上海交通行业技术能手"称号。

（包瑞雪）

【浦东新区总工会开展"奋进新征程,建功引领区"劳动和技能大赛】2023年,浦东新区总工会以"奋进新征程,建功引领区"为主题开展一系列劳动和技能大赛。大赛围绕"四高"(即高能级硬核产业、高质量法治保障、高水平项目建设、高品质公共服务)主题开展,明确了12个区级竞赛项目、18个区域性行业性竞赛项目为年度重点项目。其中,"高能级硬核产业"竞赛11项、"高质量法治保障"竞赛1项、"高水平项目建设"竞赛2项、"高品质公共服务"竞赛16项。

（吴周筠）

【浦东新区总工会举办2023年首届"骑士杯"网约配送员技能大赛】9月3日,2023年首届"骑士杯"浦东新区网约配送员技能大赛圆满收官。此次大赛由市总工会、团市委和市人社局指导,区总工会、团区委、区人社局主办,张江科学城康桥工业区总工会承办,上海凯达职业技能培训学校协办,是首次由市区两级多部门联动,面向社会组织的网约配送行业专场职业技能大赛,吸引了知名网约配送企业和平台的3000余名网约配送骑手报名参赛。大赛决出了金牌骑士奖2名、银牌骑士奖3名、铜牌骑士奖5名、优秀选手奖20名,饿了么、盒马鲜生、叮咚买菜、美团、达达等网约平台获优秀组织奖。

（吴周筠）

【浦东新区总工会举办第四届"大飞机杯"航空制造业职业技能大赛】9月19日,由区总工会、区人社局主办,祝桥镇总工会、中国商飞上海飞机制造有限公司承办的2023年第四届浦东新区"大飞机杯"航空制造业职业技能大赛暨上飞公司第二届职工技能运动会在上飞公司浦东基地开幕。大赛聚焦"蓝天梦"主题,强化高端产业引领功能,设置了航空制造业飞机数控铣工、钳工两个竞赛项目,以浦东祝桥地区为重点,充分发挥出"大飞机产业园"的优势。吸引了7家航空企业的200余名选手参赛。

（吴周筠）

【浦东新区总工会举办人工智能创新应用大赛】10月27日,由浦东新区总工会、区发改委、区科经委、区教育局、区人社局、团区委等共同举办的2023浦东新区人工智能创新应用大赛圆满落幕。共151支队伍报名参赛,最终两个赛道共有12支队伍分别获得一、二、三等奖,8个团队获得优胜奖。大赛首次引入"赛训融合＋赛证合一"的概念,参与竞赛培训的选手可获得由市计算机行业协会颁发的专项培训证书,获奖的优秀选手将由组委会向市人工智能行业协会推荐,免费参加人工智能训练师职业技能等级鉴定。比赛由区总工会牵头指导,特别邀请上海浦东投资控股(集团)有限公司、上海现代服务业发展研究院、市人工智能研究院有限公司等机构,共同成立了"项目加速服务工作组",给每支参赛队伍专业的建议和指导,加快优秀团队优质项目落户浦东。

（吴周筠）

【普陀区总工会举办餐饮行业职工技能大赛】10月30日,由普陀区总工会主办,长寿路街道总工会、区餐饮行业工会承办的"佳肴远飘香,食尚长有味"餐饮行业职工技能大赛开赛。经街镇工会预选,来自餐饮行业的16支队伍同台竞技。区总工会党组成员、副主席郑宣,长寿路街道人武部部长茅开明以及各系统、街镇工会负责人、职工代表现场观摩比赛。决赛的每支参赛队伍由3名队员组成,包括1位领队、1位冷菜厨师和1位热菜厨师,须完成1道冷菜和1道热菜的烹制。大赛既考查参赛厨师对中国传统饮食文化的领会,也考验选手对食材的运用与烹制技能。冷菜的主题是"丹桂飘香",由参赛队伍自行选材备料,在现场完成作品;热菜的主材是鸭子,各参赛队伍可自由发挥,自主

10月27日,2023年浦东新区人工智能创新应用大赛圆满落幕（吴周筠）

决定烹饪方式及口味,在后厨进行现场烹饪。评委团由4位专业裁判和3位现场观众组成。评委团一一品尝,对参赛选手精湛娴熟的烹饪技能给予充分肯定。 （陆蕾）

【普陀区总工会举办汽车行业技能比武大赛】 10月31日,"七彩秀带,普陀来赛"普陀区汽车行业技能比武大赛在桃浦镇新杨园区举行。区人大常委会副主任、区总工会主席姚军出席活动。市交通委工会,以及区总工会、人社局、教育局、桃浦镇、长征镇、真如镇街道、长风新村街道等相关负责人参加。本次比赛设"新能源汽车故障诊断与排除""汽车发动机维护保养及故障检测""网约车驾驶员车辆使用综合项目"3大赛道。大赛吸引全区40支队伍参赛。经过一天的紧张比赛,最终角逐出3个团体奖项、18个个人奖项。其中,来自上海富林新能源汽车销售服务有限公司吴圆明、上海众国通泓汽车销售服务有限公司万涛、上海金际汽车服务有限公司黄俊分获三大赛道个人奖一等奖。活动现场还成立了普陀区"工"引领·劳模工匠导师团,启动了普陀区劳模工匠助企行。上海市五一劳动奖章获得者、普陀工匠陆长云,上海市五一劳动奖章获得者、普陀工匠金晶,普陀工匠谷亚运,普陀工匠贾亮成为首批导师,并现场受聘"工匠导师"。 （陆蕾）

【杨浦区总工会举行职工"讲书人"职业技能大赛】 3月21日起,杨浦区总工会联手区教育工会开展读享经典·各"书"己见——杨浦职工"讲书人"新职业技能大赛。"讲书人"围绕"红色国学、榜样致敬、人文科学、新式父母、终身成长"5大主题,用3分钟来推荐一本对自己有启发的书籍。开赛后,共收到杨浦职工投稿视频224个,经过层层筛选,最终15名选手脱颖而出晋级决赛。在5月9日举办的决赛中,来自同济大学第一附属中学的虞宙凭借其对于《红星照耀中国》一书的独到见解和表达夺冠。 （张秀鑫）

【杨浦区总工会举办沪明合作·沙县小吃制作技能争霸赛】 5月27日,由三明市总工会、杨浦区总工会、三明市沙县区总工会共同主办的沪明合作·沙县小吃制作技能争霸赛开赛。本次技能竞赛旨在通过沙县小吃技能竞技的形式,进一步提升沙县小吃劳动者的技能水平和服务品质,助力将沙县小吃打造成为沪明合作的典范,增进两地的经济文化交流。来自上海地区沙县小吃门店的20余名业主参加竞赛。最终,产生一等奖1名,二等奖和三等奖各3名,获奖者被授予"三明市五一劳动奖章""三明市巾帼建功标兵""沙县区五一劳动标兵""沙县区巾帼建功标兵"等证书称号。 （张秀鑫）

【杨浦区总工会举办长期护理保险护理服务人员职业技能竞赛】 8月2日,杨浦区总工会举办"杨"技能风采,"浦"护理华章——长期护理保险护理服务人员职业技能竞赛。本次竞赛由区医保局、区总工会主办,区医养照护行业工会联合会协办。7月中旬启动以来,各护理机构按照竞赛要求,认真组织开展内部培训,逐级选拔,共选送50名优秀护理员代表,围绕长护险42项服务内容,结合实地调研中收集的失能家庭服务需求,参加技能培训及现场决赛。决赛共产生一等奖1名、二等奖3名、三等奖6名、优胜奖10名,同步选出首届杨浦区长护险"最美护理员"10人、提名奖11人。 （张秀鑫）

【杨浦区总工会举办养老护理职业技能竞赛】 8月31日,杨浦区民政局、区人社局、区总工会联合主办的杨浦区养老护理职业技能竞赛。全区68家养老机构选派100名一线护理员参加,由初赛中脱颖而出的12位护理员选手参与决赛。竞赛的项目设置涵盖养老护理员技能竞赛和机构带教师竞赛两个部分,通过案例实操、方案撰写等形式,充分激发一线养老护理员学技术、练本领、比技能的热潮。 （张秀鑫）

【宝山区总工会举办生物医药职业技能竞赛】 9月13日,由宝山区总工会、区人社局、区社会工作党委主办的首届宝山区生物医药职业技能竞赛在上海大学正式启动。启动后,竞赛吸引了来自宝山区的21家重点生物医药企业的102名职工参赛,上海大学医学院提供技术和场地支持。12月7日,竞赛举办团体赛暨颁奖仪式,市总工会党组成员、副主席桂晓燕,区委副书记陆奕绎,区委常委、副区长王骕,区人大常委会副主任、区总工会主席顾瑾,市委第六巡回督导组史正菲出席活动。经过初赛和决赛的激烈角逐,最终上海润达榕嘉生物科技有限公司获得团体赛金奖,艾博生物科技(上海)有限公司郭晓利获得《生物医药实验操作》(细胞培养)项目金奖,上海上药康希诺生物制药有限公司程玲俐获得《分析检测实验操作》(蛋白分析测定)项目金奖。市总工会基层工作部,上海大学医学院及区相关部门,各街镇总工会,区内重点生物医药企业和职工代表等200余人参加了活动。 （朱艳）

【闵行区举办应急救护技能竞赛】 4月21日,闵行区举办"关爱生命·'救'在身边"应急救护技能竞赛。竞赛由区总工会、区卫生健康委、区红十字会主办,新虹街道党工委、办事处承办,区医疗急救中心协办。各镇、街道、莘庄工业区总工会主席、红十字会会长、区工会界别政协委员,以及相关部门负责人参加活动。竞赛根据不同对象,设立"医务职工组"和"企业职工组"两个组别,通过初赛选拔,共30支参赛队90名选手进入决赛。决赛现场,参赛选手们全情投入、通力协作,充分展示应急救护的规范操作流程。经过角逐,贝联特种金属制品(上海)有限公司、莱尔德电子材料(上海)有限公司获企业职工组一等奖,闵行区精神卫生中心、闵行区肿瘤医院获医务职工组一等奖。 （马传军）

【闵行区总工会举办"闵聚匠心·宠爱有加"首届宠物美容技能竞赛】 5月13日,闵行区总工会举办"闵聚匠心·宠爱有加"首届闵行区宠物美容技能竞赛。竞赛由区总工会、区农业农村委员会主办,华漕镇人民政府承办,市宠物行业协会、区犬类管理办公室等单位协办。竞赛设立专业组和创意组两个组别,在1400余名从业人员中选拔出20名进入决赛,现场角逐竞赛奖项,最终两个组别各评出一等奖1名、二等奖2名、三等奖3名,优秀奖4名。活动现场,区总工会、区农业农村委员会授牌3个片区"宠物行业技能培训基地",授聘一批宠物行业技能培训师。活动还设置了文明养宠办证、宠物领养、宠物露营摄影、宠物市集,不断引领带动新业态、新行业加强职工技能培训,助力孵化和

5月13—14日，"闵聚匠心·宠爱有加"闵行区首届宠物美容技能竞赛现场　　（马传军）

孕育市场认可、技能专业的新就业群体和新兴职业。　　（马传军）

【闵行区举办汽车维修技能竞赛】 10月13日，由闵行区总工会主办的区"大虹桥杯"汽车维修技能竞赛在永达别克七宝店拉开帷幕。本次技能竞赛共分两大类项目，分别是汽车发动机维修保养和汽车维修接待。通过前期报名、选拔，共20支队伍参加总决赛。最终，上海永达通途汽车销售服务有限公司获团体奖一等奖。"大虹桥"北部工会联盟以首场汽修技能竞赛为契机，不断拓展"百千万创新型职工"选树培育途径，促进更多职工实现技能成才。（马传军）

【闵行区举办纺织行业服装设计大赛】 6月28日，由闵行区总工会主办的"风雅东方·旗韵闵行"纺织行业服装设计大赛落幕。大赛围绕"生活旗袍、职业旗袍、礼服旗袍"设计制作，在全区纺织企业遴选推荐基础上，经专家组评定、复赛选拔，最终20组选手的79件成衣作品亮相决赛现场。决赛邀请全国服装专业资深专家担任评审，经过激烈角逐，李莎、邓赟的《绽》，王菲的《物兮》，杨玉娟的《江山骧首》获得一等奖，三组作品的设计师被推荐命名为"东方时尚工匠"，由上海纺织工会颁发荣誉证书。活动现场，上海闵行职业技术学院、上海东海职业技术学院为代表的职业院校，与衣恋（上海）时装贸易有限公司、上海乔治白实业有限公司进行"校企合作"签约，进一步深化产教融合，推进职工继续教育创新发展。（马传军）

【闵行区举办集成电路行业职工创设计大赛】 10月18日，闵行区总工会举办"绽放芯风采·建功新时代"闵行区集成电路行业职工创设计大赛决赛在中铁大厦举行。大赛由市总工会指导，区总工会主办，莘庄镇人民政府、莘庄镇总工会承办。大赛共历时3个多月，吸引区内106家集成电路企业参赛。经遴选推荐、资料审核、初赛评审等环节，11支参赛队进入决赛路演，经激烈比拼，大赛评出一等奖1名、二等奖2名、三等奖3名、优胜奖4名。决赛现场，参赛选手通过PPT和产品应用方案Demo展示在电路设计、工艺开发、封装设计、测试方法、可靠性分析和芯片应用等方面阐述自主研发的作品。"莘庄镇集成电路行业工会联合会"于当天正式成立。　　（马传军）

【嘉定区第十八届职业技能大赛开赛】 11月25日，嘉定区第十八届职业技能大赛决赛展示活动在上海市大众工业学校举行。市、区相关领导以及第二届全国职业技能大赛获得金牌、铜牌的嘉定区选手，世界技能大赛项目全国裁判长和突出贡献单位代表出席活动。本次大赛共设置20个比赛项目，5个世界技能大赛人才储备赛（以下简称世赛储备赛），5项市级专项技能大赛和1项市级行业技能大赛，1410名选手参加，其中，世赛储备赛项目为首次设置。50余名选手分别在3D数字游戏艺术、CAD机械设计和珠宝加工3个项目上展开比拼，成绩优异的选手将成为第48届世界技能大赛上海选拔赛的储备选手。赛前活动上，国家级残疾人大学生实习见习基地揭牌，随后为第二届全国职业技能大赛获金牌、铜牌的嘉定区选手颁奖。自2006年以来，嘉定区已连续成功举办17届职业技能大赛，累计15318名选手参赛，7959名选手获得国家职业资格（职业技能等级）证书，其中260名选手晋升为高级工，189名选手晋升为技师。　　（陈燕丽）

【金山区总工会举办职工家政服务技能竞赛】 8月17日，上海职工家政服务技能竞赛金山选拔赛在颐和苑老年服务中心举行。金山区总工会副主席邢扬，各街镇、高新区总工会副主席出席活动。全区29名家政行业职工参加比赛。大赛分设"母婴护理员""养老护理员"和"整理收纳师"3个项目，每个项目包含基础理论和实际操作两部分。

6月28日，闵行区总工会举办"风雅东方·旗韵闵行"闵行区纺织行业服装设计大赛　　（马传军）

3个项目的获奖选手,将代表金山区参加上海职工家政服务技能竞赛暨全国家政服务业职业技能竞赛上海选拔赛。年内,金山区总工会聚焦"转型新发展塑造新形象"目标任务,结合全区重点产业、重大工程,开展"争当'鑫工巧匠'建功'两区一堡'"——推进高质量发展金山职工劳动和技能竞赛,设置优化企业服务主题立功竞赛、区人民调解大比武、防汛无人机应用技能比武等区级一级竞赛项目24个,纺织服装行业技能比赛、绿化市容行业"绿盾"技能竞赛、交通重大工程立功竞赛等二级竞赛项目53个,覆盖单位551家,吸引职工近3万人。　　　　　（卫婷怡）

【金山区总工会举办焊接技能竞赛】 9月12日,金山区总工会联合吕巷镇人民政府举办"新时代、新技能、新梦想"金山区焊接技能竞赛。区总工会党组书记、副主席朱新阳出席并讲话。吕巷镇党委副书记、镇长吴池宽宣布竞赛启动。上海蓝滨石化设备有限公司党委副书记、总经理张玉福致欢迎词。经各级工会发动、选拔推荐,全区共14支参赛队伍、28名职工参加竞赛。此次焊接技能竞赛,分理论和实操两部分,总成绩根据理论知识和实际操作两单项比赛权重平均计算。理论考试重点考核焊接技术人员在技术、安全、生产等方面的基础知识、技术理论、操作规程规范;实操项目要求参赛职工在规定时间内完成规定产品的焊接,同时对作业标准化程度、焊接技能质量、焊接成品外观、焊接效率等主要内容进行评比核定。经过比拼,最终评选出团队一等奖1个、二等奖2个、三等奖3个,优秀个人奖3名。　　　　　（卫婷怡）

【松江区总工会举办市网络与信息安全管理员技能大赛暨G60科创走廊职工网络与信息安全技能大赛决赛】 2月24日,2022年上海职工职业技能系列竞赛——网络与信息安全管理员技能大赛暨长三角G60科创走廊城市职工网络与信息安全技能大赛决赛在松江区工人文化宫举行。经过预选赛和初赛的选拔,49名上海选手进入到线下市级决赛,30名来自嘉兴市、杭州市、金华市、苏州市、湖州市、宣城市、芜湖市、合肥市、六安市总工会的G60科创走廊赛道选手和来自云南省总工会推荐的3名选手线上参赛。经过激烈角逐,现场决出上海市赛道和长三角G60科创走廊赛道竞赛的一、二、三等奖和优胜奖,并进行了颁奖。决赛由市总工会主办,松江区总工会、市职工技协服务中心、上海电信工会、公安部第三研究所和市信息安全行业协会承办。（黄玮宁）

【松江区总工会开展集成电路职工劳动和技能竞赛】 6月25日,松江区集成电路职工劳动和技能竞赛在上海市城市科技学校举行。本次劳动和技能竞赛由区总工会、区人社局主办,经开区总工会承办。本次竞赛内容为"通过'IPC-A-610-F'相关标准组装电路,开发样机;对所提供元器件进行自检;原型板功能调试,原型板焊接工艺"。要求每位选手在规定的时间内完成原型板的焊接装配和单片机系统编程、故障诊断维修与测量,最终参赛选手需要完成包括按原理图,完成PCBA组装过程,并调试至点阵LED显示区域滚动显示"2023年松江区集成电路竞赛"字样。来自8个街镇16家企业的61名集成电路产业的一线职工参加了竞赛,通过培训和初赛,最终有50名选手进入决赛。本次竞赛通过系统化的职工劳动和技能竞赛,在全区范围内为广大集成电路产业工人提供岗位练兵、学习培训、技能提升的舞台。　（黄玮宁）

【松江区总工会开展"特设码"系统叉车职工劳动和技能竞赛】 6月28日,由松江区总工会、区人社局主办,区市场监管局工会承办的松江区"特设码"系统叉车职工劳动和技能决赛在龙工(上海)机械制造有限公司举办。"特设码"系统叉车职工劳动和技能竞赛是区总工会"一十百千万"职工劳动和技能竞赛的区级竞赛项目,历经两轮培训、线上知识竞赛、企业推荐、叉车技能复赛及决赛等多轮次环节,参与人数超6000人次,现场决出一、二、三等奖和优胜奖并进行了颁奖。本次竞赛进一步提升了我区特种设备使用单位的安全生产意识,完善了安全发展理念。（黄玮宁）

【松江区总工会开展物业行业职工劳动和技能竞赛】 7月19日,由松江区总工会、区人社局主办,区住房保障局工会承办的松江区物业行业职工劳动和技能竞赛在区体育馆举行。本次竞赛共设置业委会知识竞赛、电工、水电工、智能楼宇、物业管理员5大项目,从组织发动到决赛历时近3个月。经过区、街镇、企业三级发动,参与人数达900人。经激烈角逐,30名优秀选手分获5个竞赛项目的一、二、三等奖。各街镇总工会、城建中心、居委会、业委会、市民、物业企业代表等近600人到现场观摩,逾8000人通过线上直播收听收看。　　　　　（朱慧）

【松江区总工会开展家政、养老行业职工劳动和技能竞赛】 8月24日—9月5日,松江区举办家政、养老行业职工劳动和技能竞赛。本次竞赛由区总工会、区人社局主办,方松街道总工会承办。通过区、街镇、企业三级联动的组织发动,共有1000余人参赛。初赛设置家政(养老)和家政(母婴)两项内容,采取"理论"考核赛制,按照《母婴护理职业技能鉴定考核指导手册》《全国养老护理职业技能大赛养老护理员赛项试题库》等相关标准为基础,选手需在40分钟内完成作答。经过两天的理论培训和实操训练,共有124名选手参加初赛,最终110名选手进入决赛。决赛设置家政养老和家政母婴2个项目,各参赛选手经过赛前培训、理论测试、决赛比拼,最终24人脱颖而出进入总决赛。总决赛共设置了个人必答题、抢答题、视频纠错题、现场实操题等4个环节。最终,24名选手分获2个竞赛项目的一、二、三等奖和优胜奖。　（黄玮宁）

【松江区总工会举办绿化行业职工劳动和技能竞赛】 9月1日,由区总工会、区人社局主办,区绿化市容局工会承办的松江区绿化行业职工劳动和技能竞赛决赛在区中央公园举行。本次竞赛设置广场组合花箱布置和花灌木修剪2个项目,历时近3个月,通过区、街镇、企业三级发动,全区各街镇绿化从业人员1000余人参赛。经选拔,116名选手晋级决赛。经过激烈角逐,新桥镇总工会吴顺其获得花灌木修剪第一名,方松街道总工会孙瑜、徐洁获得广场组合花箱布置第一名。　（黄玮宁）

【长三角示范区三地举行消防救援立功竞赛展示活动】 8月25日,"三地消防齐亮剑,竭诚为民显担当——长三角生态绿色一体化发展示范区消防救援队

10月24日下午，"药享健康　膳于养生"2023年长三角地区餐饮行业（药膳）技能邀请赛成功举办
（祝笑成）

伍劳动和技能竞赛"展示活动在青浦举行。市总工会党组成员、副主席桂晓燕，市消防救援总队党组成员、副总队长沈渭勇出席活动并讲话，青浦区人大常委会副主任、区总工会主席高健出席活动并致辞。本次立功竞赛决赛共24组选手参加，竞赛设置组装橡皮艇避障救助、绳结制作一点吊救助、防盗门破拆救人、无人机航拍侦察4个竞赛项目。活动现场，来自青浦、吴江、嘉善三地消防队展示了"15米金属拉梯救人操"、"纵深救人操"、"危化品泄漏事故处置"等7项实战演练内容。　（朱建强）

【青浦区总工会举办服务保障第六届进博会倒计时50天主题活动】9月15日，"护航进博，奋斗有我"——青浦工会服务保障第六届中国国际进口博览会倒计时50天主题活动在徐泾镇文体中心举行。活动中为青浦工会服务保障进博会职工突击队授旗，发布"美丽四叶草"项目，项目包含进博立功竞赛、职工进博嘉年华、进博和谐劳动关系分享会和进博专属关爱慰问4大板块。上海市劳模、上海美都环卫有限公司党支部副书记、总经理田爱萍，徐泾镇卫家角第三居民区党支部书记、居委会主任王佩香，上海灿辉投资发展有限公司人力行政中心总经理、工会主席刘景，上海麦迪睿医疗科技集团有限公司办公室主任张利平4位劳模和职工代表分别作了"进博情缘"主题分享。区总工会领导班子成员，各街镇总工会主席、副主席，各委办局、区属公司工会主席，基层工会及职工代表参加活动。　（朱建强）

【青浦区总工会举办示范区数智服务技能竞赛】10月25日，由上海市青浦区、苏州市吴江区、嘉兴市嘉善县总工会主办，青浦电信分公司承办，吴江电信分公司、嘉善电信分公司协办的"青浦电信杯"长三角生态绿色一体化发展示范区数智服务技能竞赛在上海建设管理职业技术学院举行。本次活动是青浦区总工会第六届"凝心聚力进博会，建功立业创一流"立功竞赛活动之一。竞赛预赛选拔以"理论考试＋实操评比"形式进行，设置了理论竞赛、装维技能竞速赛和场景化实操技能竞赛3个竞赛项目，竞赛内容包括网线成端制作、蝶形光缆熔接、FTTR光网布线及尾纤熔接、天翼云眼布线及成端制作，以及电信各类服务要求、基础知识等。来自青浦、吴江、嘉善三地电信分公司的24名选手进入决赛。　（朱建强）

【青浦区总工会举办长三角一体化高质量发展劳动和技能竞赛】11月24日，长三角一体化高质量发展劳动和技能竞赛在青浦区金泽镇举办。来自青浦区的金泽镇、朱家角镇，吴江区的汾湖高新区（黎里镇）以及嘉善县的西塘镇、姚庄镇共派出5支队伍30名选手参加焊接技能竞赛，产生一等奖1名，二等奖2名，三等奖3名。活动现场发布了长三角生态绿色一体化发展示范区先行启动区五镇联盟推进"城镇圈"工建工作方案，包括共建五镇"城镇圈"工建联盟，聚焦重点产业开展立功竞赛，搭建劳动先进互学互促平台，加强信息共享和协同调处，职工疗休养区域战略协作等工作。　（朱建强）

【上海仪电举办数字化管理师技能竞赛】4月8日，市仪表电子工会联合上海仪表电子（集团）公司经济运营部主办，仪电物联工会协办的仪电系统职工数字化管理师技能竞赛在上海电子信息职业技术学院普陀校区举行。来自系统内各基层企业的60余名选手参赛。竞赛设置企业经营数据清洗、数据分析、综合报告分析3个模块。通过参赛选手对企业经营模拟数据的清洗、预处理及运用可视化图表分析等环节，考查选手对案例企业的销售业绩、顾客、商品、网店、财务等运营数据进行综合分析的能力和熟练运用、操作相关软件的技能水平。经过紧张、激烈的竞逐，决出了本次数字化管理师技能竞赛的一、二、三等奖。　（周黎俊）

10月31日，奉贤区建筑工人职业技能竞赛在奉贤花海项目举办（祝笑成）

【华谊钦州化工新材料一体化基地举办员工技能比武】 年内,华谊集团工会开展了以"奋进新征程,建功北部湾"为主题的华谊钦州化工新材料一体化基地员工技能比武活动,活动分初赛、决赛两个阶段。初赛由基地生产企业结合生产和项目建设进度自行组织开展,为基地装置顺利开车运行、在役装置平稳生产和达产高产打下坚实基础。决赛于6月27日、28日由集团组织,在基地厂区举行,基地6家企业(含合资)150名经选拔产生的员工参加化工总控工、化学检验员、电气、仪表、HSE综合技能5个赛项的决赛角逐。32名选手和21支队伍脱颖而出,分别获得总决赛个人奖和团体奖项。据悉,华谊钦州化工新材料一体化基地是华谊集团"十四五"期间重点项目。 （蔡毓琳）

【东方国际集团工会举办进博专场直播技能竞赛】 在第六届中国国际进口博览会期间,东方国际(集团)有限公司工会举办"买全球 卖全球"进博专场直播技能竞赛,连续推出了27场直播。来自集团所属企业共50多位主播,通过天猫、抖音、拼多多、微信小程序等平台在进博会现场向观众推介进博产品,网络总点赞量达25万,直播实时销售额近13万元。本次竞赛通过销售额、订单量、观看量、点赞量等,综合评出一、二、三等奖。通过竞赛,将进博好物带到消费者身边,提升"展品变商品"的转化率,扩大进博溢出效应。（陆 益）

【全国纺织服装设计职工职业技能竞赛在沪举办】 10月26日,由中国职工技术协会、上海市总工会和东方国际(集团)有限公司等联合举办的中国技协城市主产业职业技能(上海)联赛——全国纺织服装设计职工职业技能竞赛决赛在沪举行,大赛历时半年多。作为上海时装周系列活动,大赛积极引入时尚品牌企业、互联网平台等社会资源,大赛短视频内容全网曝光量达到千万级流量,有力提升了优秀设计师的影响力和参赛作品的市场转化率,促进大赛成果走出"小圈子",走入寻常百姓家的广阔天地。本次"中华杯"首次整合服装制版和服装设计两个竞赛项目,29名来自全国各地的优秀设计师在决赛中共同角逐服装设计项目的各类奖项。其中,一、二等奖选手将被分别授予中国

职工技术协会颁发的"金牌技工"和"银牌技工"荣誉称号。 （郑鹗峰）

【市纺织工会参加全国纬编工职业技能竞赛获佳绩】 4月7—10日,全国纺织行业"日发杯"纬编工职业技能竞赛在浙江举行,上海市纺织工会派队参加并获殊荣。此次"日发杯"纬编工职业技能竞赛决赛以2022年版《纬编工职业技能竞赛培训教材》为基础,适当新增纬编行业内等相关内容。竞赛分理论考核和实际操作考核两部分进行,其中理论考核成绩占30%,实际操作考核成绩占70%。实操部分分为穿纱套(引)布等5个比赛环节。大赛对选手操作要求更规范,速度要求更快,也是对选手心理素质的一次大考验。来自上海、江苏、浙江等8省市的56名选手参加了此次决赛,上海市代表队由1名领队,2名裁判,2名教练和4位选手组成。最终,上海队1人获"全国针织行业技术能手"称号,2人获"全国针织行业纬编操作能手"荣誉称号,2名裁判获"执裁贡献奖",上海市代表队平均成绩列第3名,获"团体优胜单位"奖。（郑鹗峰）

【上海生物医药行业药物检验员技能大赛圆满收官】 12月16日,由市总工会主办,市职工技术协会、市医药工会承办,上海医药(集团)有限公司、上海医药集团股份有限公司、上海市医药学校协办的2023年上海生物医药行业药物检验员技能大赛决赛开赛。市总工会兼职副主席、市职工技术协会会长王曙群,上海医药集团党委副书记、上海医药副总裁赵勇,市职工技协服务中心主任钱传东,市医药工会主席余群出席。大赛历时近3个月,吸引了全市6个区局产业工会下属34家生物医药企业的150余名职工参赛。经过初赛应知考试和复赛应会考试,来自闵行区、市化学工会、医药工会下属14家企业的16名选手脱颖而出,进入决赛,并分别获得金银铜奖。 （陈玮雯）

【上海医药集团财务条线员工岗位练兵和技能竞赛活动圆满收官】 11月17日,由上海医药(集团)股份有限公司财务部、上海医药大学、集团工会、集团人力资源部、集团综合办和集团财务管理部联合主办的2023年上海医药集团财务条线员工岗位练兵和技能竞赛活动

圆满收官。本次竞赛历经8个月,经过4轮激烈角逐和专业评委多维度综合考核,最终,从来自415家单位的1896名参赛财务人员中评选出了10名卓越个人、23名优秀个人和7家卓越组织奖。上海医药执行董事、总裁沈波,上药集团副总裁任健,上海医药集团工会主席余群,SPU执行校长过聚荣出席颁奖仪式。 （陈玮雯）

【国网上海市电力公司在第二届全国职业技能大赛电力系统运营与维护国赛项目斩获佳绩】 6月21日,上海市第一届职业技能大赛闭幕式在嘉定区举行。在电力系统运营与维护(国赛)项目中,国网上海市电力公司以绝对优势荣获团体前三名,其中电缆公司2支队伍分别斩获金奖与银奖,市南供电公司斩获铜奖。公司一级职员受邀担任颁奖嘉宾,来自上海16个区的代表队以及承办单位参加。本次大赛以"技能造就美好未来"为主题,设置109个正式比赛项目,吸引1122名选手同台竞技。9月19日,在第二届全国职业技能大赛中,公司一线电缆员工组成的上海市代表队,在28支省市代表队中脱颖而出,荣获电力系统运营与维护国赛项目第四名。 （陈 纯）

【上海电建公司开展职工技能竞赛】 12月7日,2023年上海电力建设有限公司职工技能竞赛决赛阶段比赛在培训中心启动。经过基层单位预赛,160多名选手脱颖而出,分别参加2大类别5个项目的决赛,角逐10大竞赛奖项。开幕式上,培训中心主任代表竞赛组委会介绍了本次技能竞赛的赛事安排,参赛选手代表和裁判代表进行了表态发言。本次竞赛分为管理类和核心工种类,在项目设置上坚持做到与施工生产实际相结合、与培养专业技能人才相结合、与提高职工技能素质相结合。管理类竞赛包括焊接、锅炉、土建3个专业的技术人员综合能力竞赛,土建、机械两个专业的CAD应用竞赛,以及英语口语竞赛、安全知识竞赛。核心工种类竞赛分手动焊接A、B组和新增的自动焊接项目。经过角逐,各项目获奖选手在公司四届五次职代会上进行表彰。 （傅 诚）

【中国宝武开展"全面对标找差,创建世

界一流"主题劳动竞赛】 2023 年,中国宝武钢铁集团有限公司围绕"全面对标找差,创建世界一流"主题,按照"提效能、创价值"的总体要求,聚焦生产经营重点、难点、要点开展 8 项劳动竞赛。其中,"高盈利品种增产增效"劳动竞赛,推动产品差异化竞争,高盈利品种总体创效 35.4 亿元;"铁精矿安全合规增产创效"劳动竞赛,实现增产率 9.98%,其中自产铁精矿增产率 9.24%;"运营效率提升"劳动竞赛,促进经营现金流持续改善,钢铁主业"两金"周转天数跑赢行业大盘;"全工序对标创一流"劳动竞赛,推动铁钢和钢轧界面温降管控取得显著效果;"落实全员安全生产责任制"劳动竞赛,发动全员自觉参与安全自主管理改善和团队互助活动,挖掘一批值得推广的优秀案例,助力"双基"建设;"极致低碳"劳动竞赛,促进"极致能效推荐技术"应用比例提升 15%,清洁能源利用总量增加 27%,产生一批节能减碳优秀案例;"宝罗创效争优"劳动竞赛,比价值、比安全、比创新,一批优质"宝罗"脱颖而出。竞赛过程中,通过集团官微及时表彰激励先进职工 398 个、优胜团队(产线)515 个、优秀实践案例 424 项。带动各子公司开展劳动竞赛 274 项,评选先进职工 24174 人次、优胜团队(产线)4121 个、优秀实践案例 5392 项,持续营造浓厚的"比学赶帮超"氛围,助力集团公司经营业绩保持行业领先。 （贾崇斌）

【宝钢股份开展"助力极致效率,创建世界一流"劳动竞赛】 2023 年,宝山钢铁股份有限公司扎实开展"助力极致效率,创建世界一流"综合引领性劳动竞赛。在 10 大工序内选取了效率贡献大、可比可评的机组,围绕"极致成本、极致效率"两个维度,设定支撑工序 KPI 达成的、具备群众性的竞赛指标,大幅覆盖参赛参评范围,机组、班组、岗位层面开展"三赛三争"、评选"十百千",共评选表彰标杆机组 58 条(台)、标杆班组 148 个、岗位标兵 740 人。通过制造端 11 个同工序开展跨基地对标劳动竞赛,选定固底板、补短板的对标提升指标,鼓励各工序重心下移开展基层交流互助,推进提升技术经济指标"达标率、进步率(改善)、刷新率"水平。 （吴乃奋）

【宝武环科推进线上"岗位练兵"及"修

学旅行"】 2023 年,宝武集团环境资源科技有限公司组织开展"提匠艺,践匠行"职工技能竞赛活动,在宝武智慧工会平台开设宝武环科"岗位练兵"专场,组建 10 人专家库,编制上线 1000 余道水渣、钢渣等专业工种题库,职工练兵参与人次数过万。在各单位全面开展职业技能培训和岗位练兵比赛活动的基础上,选拔 31 名优秀选手参加决赛,决出钢渣处理竞赛、矿粉处理竞赛状元各 1 名,同时及时下拨技能竞赛名次奖励,其中 6 人获得职工个人岗位累积积分,2 人获得公司统一疗休养资格,31 名决赛选手获得了相应的公司内部技能等级认定及晋阶资格,推动解决职工技能等级(内部认定)晋升难题。

（袁乐琪）

【高桥石化公司工会开展系列劳动竞赛】 年内,上海高桥石油化工公司工会紧贴生产经营实际,大力开展劳动竞赛。一是结合炼油、化工装置检修消缺,组织开展"五比"劳动竞赛,评出检修明星 565 名,明星团队 46 个。二是联合生产调度部开展操作纪律执行标准化视频拍摄竞赛,进一步提升操作标准化管理工作。经组织专家评审,评选出一等奖作品 4 个,二等奖作品 6 个,三等奖作品 10 个。三是会同企业管理部组织开展"我为制度做诊断"合理化建议劳动竞赛,共收到建议 725 条,已采纳 179 条。各基层工会也结合各单位中心工作,开展各类劳动竞赛 51 次,如炼油一部开展的 PID 图修订及活流程竞赛、炼油二部仿真劳动竞赛、炼油三部特殊阀门操作劳动竞赛和化工部记错项目实施劳动竞赛等活动,有力推动部门各项重点工作的顺利推进。 （吴斌）

【上海石化公司工会开展"创先争优,建功立业"劳动竞赛】 2023 年,中国石化上海石油化工股份有限公司工会开展"创先争优,建功立业"劳动竞赛,包含"设备缺陷规范管理""工艺平稳率"和"应急处置"3 个专项劳动竞赛,助推公司解决生产经营中的实际问题。"设备缺陷规范管理"竞赛,通过规范设备缺陷管理,实时掌握公司各类设备运行状态,有效控制设备规模性缺陷和重复性缺陷发生,为装置实现长周期和高效运行提供保障。"工艺平稳率"竞赛,包含巡检、各类工艺原始记录及月报台账、

工艺联锁及工艺报警、盲板及能量隔离管理、"手指口述"开展情况、日常工艺检查等各项工艺技术日常管理,通过竞赛开展,进一步夯实"三基"工作,提升管理水平,加强工艺技术人员队伍建设。"应急处置"竞赛,主要考察班组应对突发情况的综合能力,11 家参赛单位在自主开展内部竞赛的基础上,推荐 19 个班组参与公司级竞赛,经竞赛工作小组评审,最终 10 个班组参与公司级"应急处置"竞赛,现场演练均合格。

（顾倩）

【上海航天局工会深入开展职工劳动和技能竞赛活动】 2023 年,上海航天局工会结合上海航天宇航、卫星等高密度发射试验,广泛深入开展生产型、技能型、智能型劳动和技能竞赛。一是服务上海"五个中心"功能升级,培养高技能人才。对标全国总工会三年一届的职工职业技能竞赛,举办钳工技能竞赛,不断完善上海制造"专家队伍""教练裁判员队伍""高技能人才队伍"建设。二是围绕重大航天工程项目,开展建功主题竞赛。结合长征四号系列运载火箭百次发射征程,开展岗位建功劳动竞赛,书写首次实现单一型号连续年发射量超十发的新辉煌。结合天舟六号货运飞船高质量保成功、空间站神舟十六号重大工程任务,开展主题劳动和技能竞赛。不断优化重大工程项目组织管理经验,形成勇毅前行、善作善成的良好氛围,为确保圆满完成型号科研生产任务奠定坚实基础。三是聚焦型号发展对专业发展需求,开展领域、专业劳动竞赛。聚焦运载火箭增压输送系统的"心脏"部件,选择超低温、大流量阀门精密装调,开展新一代运载火箭超低温、大流量阀门精密装调技能竞赛,举办"机电热融合"技能竞赛,加强卫星总体装配人员机电热融合水平。提升无损检测技术人员的专业水平和创造性,开展专业技能竞赛。 （丁伟辰）

【上海烟草储运公司举办"岗位强技能,奋进新征程"职工劳动竞赛暨生产技能竞赛】 2023 年,上海烟草储运公司举办"岗位强技能,奋进新征程"职工劳动竞赛暨生产技能竞赛,74 人次参加了烟叶原料、成品卷烟和感官质量评价 3 个单项赛。依照"专业 + 公允 + 有序"的原则,各竞赛工作小组各司其职,两

级工会和基层班组举办预选赛筛选精兵强将，开展针对性赛前学习培训。在应会环节，通过业务系统操作及典型案例分析，培养职工复合能力。在应知环节，专家组与命题组根据新修订的文件标准及业务变化，对存量题库进行修订及补充，确保竞赛符合当前业务工作要求，真正实现"平时做什么，竞赛比什么"。

（沈 恺）

【铁路上海局集团公司工会广泛开展劳动竞赛】 2023 年，中国铁路上海局集团有限公司工会紧紧围绕春运、暑运和亚运、进博等重要时段，开展"建功'十四五'，奋进新征程"主题劳动竞赛、提质增能创效劳动竞赛、春运立功竞赛等，调动职工岗位建功的积极性主动性。年初，出台《集团公司劳动竞赛管理办法(试行)》，规范竞赛类型、竞赛对象、组织实施、费用支出等。融入长三角一体化高质量发展大局，举办第三届长三角地区铁道行业职工职业技能竞赛暨第十届集团公司职业技能竞赛，大力推动上铁产业工人队伍建设。持续开展合理化建议和金点子征集等群众性创新创效活动，全年征集 3.2 万余条，评审成果奖 100 个，产生直接经济效益超亿元。广泛开展"安康杯"竞赛、"安全隐患大家找"等群众性保安全活动，全年查找并整治各类安全隐患 1.7 万余件，开展劳动安全知识网上答题挑战赛、劳动保护微视频征集活动，汇聚形成共保安全的生动局面。持续加大创新项目资助力度，下拨经费 15 万元，资助职工创新项目 28 个。积极参加上海市优秀发明选拔赛，共有 58 个项目分别荣获优秀发明奖和优秀创新奖。

（郭 骁）

【中远海运集团工会举办第六届"中远海运杯"职工技能竞赛】 5 月 19 日，中国远洋海运集团有限公司工会在上海寰宇启东箱厂举办 2023 年江苏省海洋运输行业职业技能竞赛暨第六届"中远海运杯"职工技能竞赛起重装卸机械操作工、制图员大赛。经各单位广泛选拔，集团 10 家直属单位共 30 支代表队 174 名选手参加了此次大赛。经过 4 天紧张的提升培训、理论考试和精彩激烈的实操比赛，最终 60 名选手分别获得大赛一、二、三等奖，上海寰宇启东箱厂获得优秀组织奖，同时有 12 名选手获得

江苏省技术能手称号、12 名选手获得南通市技术能手称号。

（张 进）

【中远海运集团各代表队在第六届中国海员技能大比武活动中获得优异成绩】 6 月 26—29 日，第六届中国海员技能大比武在浙江舟山举行，本次比赛由交通运输部海事局、中国海员建设工会全国委员会联合主办，来自全国及港澳台地区的航运企业和航海院校的 48 支代表队、504 名选手参加了为期 4 天的比赛。中远海运 1 队、中远海运 2 队分别获得海船企业组团体总分冠军、亚军，其中，中远海运 1 队包揽全部单项第一名；海南港航所属琼州海峡(海南)轮渡运输有限公司获得团体总分第五名。中远海运创造了连续 3 届包揽团体总分冠、亚军的纪录。

（张 进）

【中远海运集团工会开展优秀劳动竞赛成果评选】 12 月 21 日，中国远洋海运集团有限公司工会举办的 2023 年度优秀劳动竞赛成果评选决赛顺利闭幕。竞赛自 3 月启动共历时 9 个月，以"建功'十四五'，奋进新征程"为主题，以助推集团稳中求进、转型升级、创新发展为目标，旨在激发干部职工创新创效潜能。经过现场展示和评审，青岛中远海运 LNG 接收站大口径岸基智能装卸臂国产化项目和中远海运港口数字化平台助力智慧港区运营管理项目等 12 个项目分别获得一、二、三等奖。12 个获奖项目，是从 16 家直属单位推荐的 40 个项目中优中选优、脱颖而出的优秀成果。在现场演示中，项目讲解人从研发

过程、团队建设、规划实施、创新成果、推广情况、经济社会效益等多个维度，展现了劳动竞赛催生创新创效的显著成效。

（周敏励）

【海发宝诚融资租赁有限公司工会举办首届"鲸创杯"数智技能大赛】 2023年，海发宝诚融资租赁有限公司工会举办首届"鲸创杯"数智技能大赛。大赛依托零代码为数字竞赛平台，以培训＋竞赛的形式，聚焦公司真实工作场景，鼓励干部职工通过自主学习、自主调研、自主搭建的方式，以数字化、智能化的方式解决传统工作场景下的痛点、难点问题，从而实现效能提升和模式更新。大赛自 7 月拉开帷幕，历时 4 个月，来自前中后台组建的 27 支队伍、81 名选手报名参赛。经过技能培训、初赛、突围赛、决赛的层层筛选和激烈比拼，最终以宣传管理为核心场景搭建的参赛作品"鲸"小宣获得大赛冠军。比赛结束后，包括冠军作品在内的多个参赛作品被应用到实际工作中，零代码也成为公司内被广泛应用的数字技能和提效工具。

（金 晶）

【中远海运集运工会开展"数字供应 · 链接未来"主题劳动竞赛】 2023年，结合公司数字化供应链转型的需要，中国远洋海运集团有限公司集装箱运输有限公司工会配合公司党政共同策划开展了"数字供应 · 链接未来"主题劳动竞赛，来自各部门、各直属单位、海内外分部的 93 个项目团队报名参赛。经过近一年的激烈比拼，各参赛项目以问

11 月 8 日，2023 年上海职工云计算技能大赛收官战在上海电信培训中心举行

（朱晓鸿）

题为导向,从解决客户的痛点难点入手,在打造绿色、智慧、韧性的数字化供应链服务领域各显身手,取得了显著成效。2月28日,最终的"数字供应·链接未来"劳动竞赛成果展示大赛以现场+视频+企业微信直播形式举行。通过层层选拔,最终,11个项目组站上舞台展示成果、分享经验、比拼创意。经过激烈角逐,综合前期专家评审组打分和现场专家评委评分,评选出一等奖1个、二等奖3个、三等奖7个。(钱 华)

【上港集团在市云计算技能大赛中取得优异成绩】 在2023年上海职工职业技能系列竞赛——云计算技能大赛中,上海国际港务(集团)股份有限公司选手发挥出色,取得一银(总分第2名)、一铜的优异成绩,上港集团海勃公司、港航数科获得大赛优秀组织奖。本次大赛由市总工会主办,市职工技术协会、中国电信集团工会上海市委员会、天翼云科技有限公司承办,市软件行业协会协办。上港集团共有5名选手进入决赛,决赛结合世界技能大赛和全国职业技能大赛云计算赛项进行命题,全面考察选手的云计算技术应用能力和解决问题的能力。经过长达4个半小时的激烈角逐,最终来自尚东分公司的戴淳瑜获得大赛银奖,海勃公司的马骏获得铜奖。
(胡智慧)

【上海邮政工会大力开展劳动竞赛】 2023年,上海邮政工会根据集团公司要求,围绕市分公司总体目标任务,高起点谋划、高标准推动、高质量落实,组织开展劳动竞赛,设置专业类劳动竞赛项目15项、综合性劳动竞赛项目1项,分别是生态金融转型提速劳动竞赛、"邮银协同,合作共赢"协同劳动竞赛、财富管理转型提质劳动竞赛、中邮保险长期期交转型发展劳动竞赛、中邮证券业务协同发展劳动竞赛、智能风控合规夯固本竞赛等6项代理金融竞赛项目,企业信息网"护航数字邮政建设,构筑核心竞争优势"劳动竞赛,农村电商提质增效劳动竞赛,上海渠道平台转型争优创先树标杆竞赛,服务乡村振兴"踔厉奋发,勇毅前行"劳动竞赛,营销争先劳动竞赛,文传"百千万"工程劳动竞赛,2024年报刊大收订与寄递业务创新转型营销劳动竞赛,网路运营劳动竞赛,并推荐评选"对标先进最佳实践奖"。

在竞赛组织过程中,注重加强劳动竞赛过程管控,牵头各相关业务部门,开展劳动竞赛阶段性总结工作。编发2期《劳动竞赛动态》,重点推进薄弱环节改进,挖掘优秀案例,总结特色亮点工作。为以竞赛促发展,激发员工争先创优和拼搏进取精神,中邮集团工会牵头组织各专业部门,开展竞赛先进评选工作,共评出74个先进单位、218个先进集体和450名先进个人。
(杨 娟)

【中交集团举办职业技能竞赛船舶水手邀请赛】 11月21日,中交集团职业技能竞赛——船舶水手邀请赛暨上航局、天航局、广航局、三航局职业技能竞赛在上航局教育培训中心(职业技能考核站)开幕。集团人力资源部副总经理、党委组织部副部长宋猛,中交疏浚党委副书记、纪委书记、工会主席王良才,上航局党委副书记、纪委书记、工会主席方君华,三航局副总经理吴向中,市海事局二级巡视员夏大荣,市职业技能鉴定中心主任李晔出席开幕式。本届竞赛由集团职业技能鉴定指导中心与上航局联合主办,上航局人力资源部承办。竞赛工种为船舶水手,由理论竞赛与撇缆、八股缆插接、钢丝绳插接、绳结编结、海图识图、船舶信号等6项实操竞赛组成。竞赛为期3天,来自上航局、天航局、广航局、三航局的60名选手经过激烈比拼,上航局刘红忠、上航局张亚斌、天航局王伟成、上航局周尚尚、三航局刘英锋分获个人总成绩前五名。
(于 鑫)

【中交上航局代表在第十三届TFC全球供应链大赛总决赛中获冠军】 11月17日,为期4天的2023年第十三届TFC全球供应链大赛总决赛正式落下帷幕。代表中交集团参赛的中交上航局代表队通过4轮比赛,以优异成绩获得冠军。本届大赛有来自中国、美国、法国、日本、越南等15个国家的41支队伍,其中中国赛区共有6支队伍参赛,分别来自中国交建、中国移动、中国电信。上航局代表队在比赛中,根据各种情境特点制定整体战略,通过一系列的分析和论证,出色完成所有决策,最终以平均ROI(投资回报率)70.99%、高出第二名7.98个百分点的优异成绩获得第一名,并获得英国克兰菲尔德大学提供的"价值链管理大师班"学习课程。

上航局代表队由航道物流公司陈杨、王佳宽、颜伟翔、管旭昊4名队员组成,分别担任计划、采购、运营、销售4种不同角色,模拟一个完整企业的所有供应链活动。
(周 瑜)

【中交上航局举办第九届职工技术比武大赛BIM专场赛】 11月18日,由中交集团上海航道局有限公司工会办公室、科学技术与数字化部和技术中心联合举办的第九届职工技术比武大赛BIM专场赛在居家桥会议中心顺利举行。上航局党委副书记、纪委书记、工会主席方君华出席并讲话。他指出,要注重统筹引领、搭建舞台,努力提高科技人才队伍素质;要着力刻苦钻研、勇攀高峰,推动形成"建功新时代,比学赶帮超"的新风尚;要积极营造氛围、赋能增效,大力弘扬劳模精神、劳动精神、工匠精神。比赛中,10位BIM团队代表围绕工程概况、团队介绍、软硬件配置、BIM技术应用情况说明、应用心得总结等方面,对BIM成果进行汇报。由方君华,副总工程师、科学与数字化部总经理(总工办主任)董江平,技术中心总经理尹家春,首席专家楼启为,科学与数字化部执行总经理(总工办执行主任)马旻,技术中心副总经理蒋基安6人组成的专家评委团队,根据BIM成果应用范围、创新性、系统性、效果和效益、体系保障等进行打分。经过比拼,来自达华科技公司的温州洞头区陆域引调水工程建设项目(一期)海中段施工全过程BIM应用获得一等奖,另评选二等奖2个、三等奖3个、优秀奖4个。
(龚海清)

【中交上航局举办第九届职工技术比武大赛厨师专场赛】 10月25日,由中交集团上海航道局有限公司主办,航道物流公司承办的第九届职工技术比武大赛厨师专场赛在居家桥会议中心举行。上航局党委副书记、纪委书记、工会主席方君华出席。本次大赛吸引了来自上航局11家基层单位的16名厨师参赛,分为水上组、陆上组2个组别,其中水上组选手为5名一线船舶厨师,陆上组为11名总部食堂、一线项目班组厨师。大赛项目为中餐热菜烹饪,分为必选菜和自选菜两部分,其中必选菜为青椒肉丝,自选菜由选手自定,合计烹饪时间不超过40分钟。评委组由专业评委和大众评委共同组成,并特邀中国烹饪大师、国家中式烹调技能鉴定高级考评员侯根宝先生担任专业评委和裁判长,专业评委从形、色、香、味、营养卫生、创新6个方面对选手作品进行全面评判。经过角逐,来自航道物流公司的曹建刚获陆上组一等奖,来自中港疏浚公司的徐学龙获水上组一等奖。

(龚海清)

【中交上航局举行"六比六创 · 三型一流杯"夺标劳动竞赛启动仪式】 4月20日,中交集团上海航道局有限公司在浙江诸暨235国道项目举行"六比六创 · 三型一流杯"夺标劳动竞赛启动仪式暨劳模(工匠)进一线宣讲活动。中交集团工会副主席杨向阳,上航局党委书记、董事长王柏欢,诸暨市建设集团党委书记、董事长郭剑波出席活动并讲话。上航局党委副书记、纪委书记、工会主席方君华,诸暨市建设集团副总经理黄天宇出席活动。活动现场,与会领导为先进集体代表颁奖,并为党员先锋队、工人先锋号、青年突击队授旗。上航局全国五一劳动奖章获得者赵东华宣讲了党的二十大精神,生产运营管理部宣读了2023年"六比六创 · 三型一流杯"夺标劳动竞赛方案,工会办公室宣读2022年度立功竞赛先进表彰决定,中交水利公司、诸暨235国道项目部代表作表态发言。活动后,与会领导慰问项目一线职工,并实地调研项目现场。

(龚海清)

【上海机场集团举办消防职业技能竞赛】 11月30日,由上海机场(集团)有限公司工会主办,浦东机场公司工会承办的2023年上海机场消防职业技能竞赛举办。集团公司党委副书记、工会主席张永东,集团公司副总裁周俊龙出席活动并为获奖选手颁奖。机场公安分局、上海监管局领导应邀到场观摩指导。集团公司工会副主席、浦东机场公司主要领导,集团公司工会办公室、股份公司安全服务部、各直属单位工会相关负责人到场观摩。本次大赛主要考察选手的消防职业综合业务能力,浦东、虹桥机场消防共计36名队员参加竞赛决赛。大赛特邀北京首都国际机场、广州白云国际机场消防专家参与裁判组工作,成都天府国际机场同仁观摩指导。比赛分为理论考试和实操比赛

两个部分。理论考试侧重航空器火灾扑救、消防器材救援装备运用、火情侦察方法等知识,强化消防队员安全红线意识及灭火救援理论基础,提高处置航空器火灾和突发事件的实战能力。实操比赛包含沿6米拉梯铺设登高操、越障过独木桥二带一枪操及航空器发动机灭火操的消防职业核心业务技能项目,经过比拼,3个项目分别评出冠、亚、季军各1人,其中虹桥消防的张启俊获六米拉梯铺设登高操项目冠军,浦东消防的普忠平获越障过独木桥二带一枪操项目冠军,虹桥1队获航空器发动机灭火操项目冠军。赛后,现场人员还观摩了应急救援能力提升专项演练。

(宗宵寅)

上海机场集团消防职业技能竞赛   (宗宵寅)

【市交通委工会举办重大交通工程建设领域"安全生产月"启动仪式暨"申铁杯"职业技能大赛】 6月9日,2023年上海重大交通工程建设领域"安全生产月"启动仪式暨"申铁杯"职业技能大赛在市域铁路机场联络线2标施工现场举行。时任市总工会党组书记、副主席黄红,市交通委党组书记、主任于福林等出席活动并讲话。本次大赛由市交通委工会举办,旨在以赛促学、以赛促练,进一步深化"培训、练兵、比武、晋级、激励"深度融合,推进标准化和规范化施工工艺,助力打造平安工程、品质工程、民心工程。大赛由理论知识竞赛和实操竞赛两部分组成,来自市域铁路建设单位的56名一线职工同场竞技,经过比赛,评比产生盾构机管片拼装、电箱选型装配、龙门吊行车定位等分项各奖项。

(李晓妹)

【市交通委工会举办集装箱运输行业驾

6月26日, 市交通委工会举办第七届"申沃杯"公交驾驶员纯电动车节能比武大赛

(顾心砚)

驶员技能大赛】 6月25日,市交通委员会工会举办的第四届"上汽红岩杯"上海集装箱运输行业驾驶员(新能源车)职业技能大赛在临港集卡服务中心举行。来自市集装箱运输单位的24名一线职工同场竞技。本次大赛旨在通过举办技能大赛,提高职业技能和服务水平。技能大赛分为理论知识竞赛和技能操作竞赛,技能操作竞赛设摘挂装挂、蛇形绕桩和倒桩移库3个项目,产生3名上海交通行业技术能手、5名上海集装箱运输行业技术能手、6个优秀团队奖。

(李晓妹)

【市绿化市容行业深入开展劳动立功竞赛活动】 2023年,市绿化市容行业紧紧围绕城市生态空间建设、垃圾综合治理、生态资源管理、市容景观水平提升等重点目标任务,以"建功十四五,建功新时代"为主题,广泛深入地开展行业劳动立功竞赛活动,成效显著。上海园林绿化建设公司等4家单位被评为市重点工程实事立功竞赛先进集体,上海市公园管理事务中心服务管理科等4个集体被评为优秀团队,江小舟等10人被评为优秀建设者,凌洪涛等4人被评为先进个人,另选树行业劳动立功竞赛55个先进集体、203名先进个人。

(盖永华)

【第八届上海教师书法 · 板书 · 钢笔字大赛开赛】 10月14日,市教育工会在上海第二工业大学举行第八届上海教师书法 · 板书 · 钢笔字大赛,来自上海教育系统各高校、区教育工会(含中职联工会)、直属单位共64家单位、333名选手,分别参加了书法、板书、钢笔字3个项目的比赛。这次大赛旨在检阅上海教育系统教师岗位基本功,鼓励更多教师重视"三笔字"教学功底。本次大赛三分之二的选手是40岁以下的青年教师,比赛的书写内容由统一命题和自行创作两部分组成,经专家组评定,共产生一等奖16名,二等奖33名,三等奖67名。 (陈晓丹)

【上海青年教师参加全国青教赛获佳绩】 4月20—24日,第六届全国高校青年教师教学竞赛决赛在清华大学举行。来自上海高校的5名青年教师取得了3个一等奖,1个二等奖,1个三等奖的优异成绩,其中来自上海交通大学的高晓沨老师勇夺工科组全国第1名,上海市教育工会荣获大赛组委会颁发的优秀组织奖。这是上海青年教师在国赛中获奖人数、一等奖奖项数量上的历史最佳成绩,特别是高晓沨老师实现了上海高校青年教师在此项竞赛中第1名零的突破。8月22—24日,第四届全国中小学青年教师教学竞赛决赛在浙江省嘉兴学院顺利举行。上海"青椒"代表队取得了3个二等奖,2个三等奖的优秀成绩。

(李瑛霞)

【市医务工会举办市级医疗机构护工护理第四届职业技能竞赛】 11月7日,第四届市级医疗机构护工护理员职业技能竞赛在普陀区体育馆举行。此次活动由市卫生健康委、市总工会指导,市医务工会、市护理学会、市级医疗机构护工护理行业工会联合会主办。竞赛决赛对标国际、国内照护服务职业竞赛的形式与方法,采用情景模拟的方式,再现医疗机构护工护理员的真实工作场景。选手要在有模拟人或由真人扮演的标准化病人配合的情况下,完成规定的医疗护理辅助任务。来自22家各市级综合、专科医院代表队和1支静安区护工行业工会的67名护工护理员同台竞技。初赛比拼的是"消毒隔离""医疗废弃物分类"两项操作。8名选手经过激励的角逐挺进决赛,决赛分成5大模块,分别为"胃肠外科模块:面部清洁技能""骨科术后模块:髋关节术后协助行走技能""神经内科模块:吞咽困难患者协助饮水技能""卒中病房模块:偏瘫患者协助翻身技能""急救模块:成人心肺复苏"。来自沪上10余所院校和职业培训机构的近20名专家组成裁判组,从竞赛内容设计到组织实施评审。经评审,决出个人奖项一等奖1人,二等奖2人,三等奖3人,优胜奖10人,获奖选手同步获评"上海市级医疗机构护工护理岗位能手"称号;团体奖项一等奖1个,二等奖2个,三等奖3个;另有优秀组织奖12个。

(马艳芳)

【市医务工会开展第六届进博会立功赛表彰活动】 11月5—10日,第六届中国国际进口博览会成功举办,市卫生健康系统广大医务职工积极投身"凝心聚力进博会,医疗服务创一流"立功竞赛活动。此次竞赛由市医务工会主办,设置提升医疗保障能力、做好公共卫生保障、改进医疗服务水平、加强行业安全管理4个项目。经综合评审,华东医院急诊进博会保障团队等82个团队(班组)获得"第六届'凝心聚力进博会,医疗保障创一流'立功竞赛优秀团队(班组)",石文蕾良等119名个人获得"第六届'凝心聚力进博会,医疗保障创一流'立功竞赛岗位标兵"。 (马建发)

【"光明母港杯"粮食储备质量管控劳动和技能竞赛圆满落幕】 4月15日,由光明食品(集团)有限公司工会主办,粮储公司工会承办的2023年"光明母港杯"粮食储备质量管控劳动和技能竞赛在浦江公司举行。本次竞赛分为"粮油保管""粮油检验"两个竞赛单元,包含试样称量、稻谷脂肪酸值测定、小麦呕吐毒素测定、计算机粮情检测与分析、佩戴自给式空气呼吸器进行粮面施药、储粮通风机参数测定及风机配置合理性评价6项比赛内容。来自粮储公司、良友集团、农发集团、光明国际、崇明农场等9家集团系统二级子公司152人参加竞赛。各参赛选手以精湛的技艺展示专业的职业素养,在"比武练兵"中彰显最佳水平,在切磋交流中实现共同进步。最终,有6人获得单项一等奖,12人获得单项二等奖,24人获得单项三等奖,42人获得鼓励奖;2人荣获全能一等奖,4人荣获全能二等奖,6人荣获全能三等奖。 (陈桂玲)

【光明食品集团工会举办"一碗面"劳动与技能竞赛活动】 7月27—28日,光明食品(集团)有限公司工会在光明花博小镇水上会议中心开展"光明母港杯"光明员工"一碗面"劳动与技能竞赛。集团及子公司相关负责人、集团所属各单位工会主席、副主席、工会干部、专业评委、大众评审和参赛选手等参加活动。此次比赛以"踔厉奋发勇拼搏,守正创先谱新篇"为主题,将色、香、味和摆盘样式作为评分标准,分为初赛、决赛两轮。初赛中,48名选手同时烹制老上海特色面(大排辣酱双浇面)和葱油拌面;在决赛中,20名晋级选手尽情发挥,烹制创意面条。在规定时间内,参赛选手各显神通,将光明特色食材制作成一道道精美面食,让在场的专家评委、大众评审赞不绝口。经过综合评定,来自光明母港的《田原河鲜面》崇明农

场的《殷实农场"那碗面"》、光明国际的《古法两面黄》喜获一等奖。（袁益菲）

【市监狱局工会开展民警岗位练兵暨职业技能竞赛总决赛】 12月18日，市监狱管理局民警岗位练兵暨职业技能竞赛总决赛在上海政法学院博雅馆举办。经过1个多月的逐级比拼，来自各单位的8名业务骨干进入总决赛。总决赛共分"火眼金睛""明察秋毫""沙场论剑""巅峰对决"4轮对决，经过角逐，来自周浦监狱傅诚晨勇夺冠军，宝山监狱牟勍哲获得亚军，周浦监狱陈赓怡获得季军，新收犯监狱徐旭，军天湖监狱刘玉玺、张从可，四岔河监狱马赞东，青浦监狱徐骏获得年度优胜奖。中国农林水利气象工会主席李忠运，市总工会党组成员、副主席桂晓燕等领导出席总决赛并颁奖。　　（江海群）

【百联集团工会"开门红"专题劳动竞赛活动圆满收官】 3月31日，为期3个月的"提质增效，服务创效——2023年百联集团'开门红'专题劳动竞赛"活动收官。8家重点零售企业实现销售136亿余元，完成竞赛总目标的112.13%，竞赛授予14个集体为"优质服务班组"荣誉，16名个人为"优秀服务明星"荣誉。年初，集团工会认真贯彻落实集团工作会议精神，以"营销＋服务"为核心发动广大职工积极投身"开门红"专题劳动竞赛活动，聚焦"兔年新春""学雷锋志愿服务""集团成立20周年"等专题，鼓励职工创新开展节庆营销、会员营销、品牌营销、社群营销、公益营销，优化体验呈现新场景。
（姜杰）

【城投集团工会召开长三角地区废水处理行业职业技能竞赛庆功座谈会】 8月28日，上海城投（集团）有限公司工会召开2023年长三角地区废水处理行业职业技能竞赛庆功座谈会，集团党委副书记、工会主席杨茂铎出席并讲话。集团工会负责人，城投水务、上海环境工会负责人以及职业技能竞赛参赛选手、领队、裁判等参加会议。此次竞赛由上海市总工会、江苏省总工会、浙江省总工会、安徽省总工会共同主办。城投集团和宝武集团分别选派2支队伍代表上海参赛。其中，城投水务代表队获团体金奖、上海环境代表队获团体铜

奖，城投水务赵剑文、陈祺炜分别获得个人二等奖、个人优秀奖。　（赵永哲）

【城投集团召开2023年度重大工程推进暨立功竞赛动员大会】 3月9日，上海城投（集团）有限公司召开2023年度重大工程推进暨立功竞赛动员大会。市重大办副主任、市竞赛办主任金燕，集团党委书记、董事长蒋曙杰出席并讲话。集团党委副书记、总裁陈庆江为智慧工地示范创建项目代表授牌。党委副书记、工会主席杨茂铎宣读赛区先进通报表扬决定，党政领导班子出席会议并为竞赛先进及五星工地颁奖，副总裁胡欣主持会议。市重大办（市竞赛办）、市交通委、市水务局、市绿化市容局等相关处室领导出席会议。集团相关职能部门负责人，各直属单位主要领导、工程建设分管领导、工会主席，建工、隧道、建科、华建、中铁、中铁建、中交、中建等参建单位代表及工程建设者代表100余人参加会议。各直属单位设立了视频分会场。会议通报了2022年集团重大工程建设及立功竞赛工作情况暨2023年工作安排，城投公路、城投水务、城投兴港、上海建工、隧道股份分别就进一步推动集团重大工程建设和立功竞赛工作作表态发言。　　（赵永哲）

【世纪出版集团举行青年编辑技能比武颁奖暨青年编辑业务培训班结业仪式】 11月29日，上海世纪出版（集团）有限公司在世纪出版园举行2023年青年编辑技能比武颁奖暨青年编辑业务培训班结业仪式。市职工技协服务中心党

总支书记竺敏，集团党委副书记、工会主席杨春花出席活动。来自集团相关职能部门负责人、各直属单位领导、工会主席，本次培训班的学员和参赛青年职工代表100余人参加。本次比武内容涉及书刊编校能力、图书装帧和宣传海报设计能力。今年的业务培训和技能竞赛首次将美术编辑纳入比武。技能竞赛活动得到各直属单位的大力支持，吸引102名青年职工报名参加。经过激烈紧张的考试竞赛，共评选出一等奖3人、二等奖5人、三等奖7人和最具潜力奖25人，评选出优秀组织奖5个。年内，集团12家直属单位的62名青年文字编辑和美术编辑参加培训，其中90后青年编辑43人。结业仪式上，5位学员代表作交流发言，他们结合自身工作实际，分享各自工作案例、工作经验和工作体会。　　（施纪仁）

【世纪出版集团举办首届"世纪讲书人"职业技能大赛】 年内，在上海市振兴中华读书指导委员会的指导下，上海世纪出版（集团）有限公司工会联合闵行区总工会举办"阅读新时代 铸就新辉煌"——首届"世纪讲书人"职业技能大赛。大赛从4月6日到6月26日，共历时3个月，分世纪、闵行、小红书3个赛区。世纪赛区近70人报名参赛，41人入围复赛，15位选手进入决赛，最终评出世纪金银铜牌讲书人、世纪风采讲书人，以及最佳人气奖、优秀话本奖等单项奖。6月26日，大赛颁奖典礼在七宝文化中心八楼影剧院隆重举行。市总工会党组成员、副主席丁巍，市文

6月26日，"阅读新时代　铸就新辉煌"——首届"世纪讲书人"职业技能大赛颁奖典礼现场
（施纪仁）

明办副主任、市志愿者协会副会长郑英豪，市振兴中华读书指导委员会办公室常务副主任、市工人文化宫主任高越，市职工技协服务中心党总支书记竺敏，闵行区人大常委会副主任、总工会主席杨其景，世纪出版集团党委副书记、工会主席杨春花，闵行区七宝镇党委书记杨维萍出席颁奖典礼。来自闵行区教育系统讲书人、七宝镇各社区负责人、世纪出版集团职能部门负责人、各直属单位分管领导和工会主席及所有报名参赛人员200余人参加。 （施纪仁）

【上海工会管理职业学院举办第三届教学展示及比武活动】 11月20日，为期5天的上海工会管理职业学院第三届教学展示及比武活动在工会学院吉林路校区成功举办。学院10名专兼职教师参与教学展示及比武，为2023年第19期新上岗工会主席岗位资格班的42名学员带来了精彩授课。学院党委副书记、院长李友钟，学院党委委员、副院长李学兵，分别出席开班式和结业式。经过角逐，《工会经费的管理与使用》（袁雪飞）获一等奖，《〈工会法〉与〈上海市工会条例〉》（胡丽娜），《中国共产党与早期中国工人运动》（郭秋萍）获二等奖，《新形势下民主管理与职代会制度实务》（王华生），《劳动争议调处与工会作为》（李军）获三等奖。 （陈亚男）

【海鸥集团举行第七届"岗位练兵、技术比武"活动】 11月21日，海鸥集团在市工人疗养院花月亭举行第七届"岗位练兵、技术比武"活动。集团所属上海千禧海鸥大酒店、杭州千禧度假酒店、上海市工人疗养院、上海职工休养旅游服务总社、康柏苑大酒店、沙家浜大酒店、西山休养院、黄山休养院、上海公惠置业有限公司等9家单位的职工同台竞技。项目设置符合集团板块共性，贴近职工工作日常，固定了中式铺床、中式摆台、消防技能和厨艺烹饪等4个项目。本届比武活动增设了原创疗休养产品展示项目。各单位通过抽签，为不同职工团队"量身定制"疗休养产品，比拼线路设计，创新创意。通过同台竞技，引导集团广大干部职工学习技术、钻研业务，发现和选树集团公司系统内的"工匠品牌"，充分发挥先进典型的"标杆效应"。 （徐晗）

【杭州千禧度假酒店获长三角地区职工疗休养基地服务技能大赛上海组团体二等奖】 11月8—10日，由上海市总工会、江苏省总工会、浙江省总工会、安徽省总工会联合举办的"首届长三角地区职工疗休养基地服务技能大赛"决赛在安徽省池州市举行。比赛设原创疗休养产品展示、中餐主题宴会摆台、中式铺床及主题夜床布置3个项目，选手均需参加理论考核。经过激烈角逐，杭州千禧度假酒店荣获长三角地区职工疗休养基地服务技能大赛上海组团体二等奖，其中原创疗休养展示一等奖、中式主题宴会二等奖、中式铺床及夜床布置三等奖。 （赵琨）

【市工人疗养院参与长宁区"兰卫杯"技能比武大赛荣获一等奖】 10月20日，长宁区2023年度"兰卫杯"检验技能比武大赛决赛在同仁医院举行。市工人疗养院体检中心检验医师高斑烨代表市工人疗养院，与来自长宁区各家医疗单位的50多名优秀检验医师同场竞技，交流切磋。现场考核围绕临床检验专业知识和应用技能展开，3场比试分别为"理论知识答题、临床应用分析、临床综合分析"。高斑烨在复杂的真实案例分析项目中成功晋级决赛，并斩获一等奖。 （赵倩）

职工创新

【概要】 2023年，上海工会积极构建"一线职工创新服务体系"，通过举办职工优秀创新成果奖评选、优秀发明选拔赛、职工科技节等活动，探索建立职工创新成果孵化转化机制，推动全市在职劳模普遍建立创新工作室，广泛激发职工创新活力。一是组织参加全国总工会第二届大国工匠创新交流大会暨大国工匠论坛。会同技协做好参展工作，在全国总工会展区展出了LNG船、排爆机器人等7件展品。充分发挥了长三角一体化发展工会工作联席会议机制建立以来的工作成效和展示"长三角大工匠"等选树工作情况，相关展区得到全国总工会领导肯定。二是开展"劳模工匠助企行"工作，服务中小企业发展。作为全国首批5家试点省市之一，于8月启动了专项行动，会同市经信委、市国资委、市工商联等单位形成工作方案，组织劳模工匠深入园区、楼宇、

企业等地，开展技术帮扶、技能培训等活动。10月，召开上海"劳模工匠助企行"专项行动部署动员会。全年，共建立"1+16+11"共28支劳模工匠服务队，828名劳模工匠加入服务队，形成545个资源清单、376门课程清单。三是大力开展群众性经济创新活动。推荐上海职工优秀创新成果参评第七届全国职工优秀技术创新成果，7个成果获奖。开展第三届上海职工优秀创新成果奖评选工作，收到16个区、44个产业局工会申报的656个职工创新成果。开展"第十三批上海市劳模创新工作室"创建工作，命名100个劳模创新工作室。开展合理化建议和先进操作法征集命名活动，产生优秀成果奖40项和创新奖200项，遴选推荐宝武、商飞项目入选全国20项职工"五小"优秀创新成果，上海荣获"最佳组织单位"；举办第三十五届市优秀发明选拔赛，评选出优秀发明项目300项、优秀创新项目300项；推荐职工优秀项目参评2022年度市科技进步奖，分别获得二等奖1项、三等奖1项。举办劳模创新工作室领衔人培训班，指导新兴产业非公企业劳模工匠建立创新工作室，为涉及重点产业、新兴产业等领域的12个有代表性的工作室集中授牌。四是举办上海时装周劳模工匠创新交流活动。联合东方国际集团以"创新、时尚、融合"为主题，举办劳模工匠共话发展活动，通过主题演讲、圆桌访谈、情景展演等形式讲述奋斗创新故事，探寻企业、行业的成功密码。 （刘峥钒）

【举办上海职工科技节】 5月22日，由市总工会、市发改委、市科委、市教委、市人社局、市知识产权局、团市委和市科协等联合主办的上海职工科技节在松江区工人文化宫正式开幕。市人大常委会副主任、党组副书记，市总工会主席郑钢淼，时任市总工会党组书记、副主席黄红出席开幕式，松江区委书记程向民致辞，市总工会一级巡视员周奇主持，区委副书记韦明出席。本次上海职工科技节以"守正创新谱新篇，匠心智造赢未来"为主题。开幕式上，与会嘉宾观看了上海职工科技创新活动巡礼片，黄红宣读表彰决定。现场为第34届上海市优秀发明选拔赛、2021年合理化建议和先进操作法、2022年上海职工职业技能竞赛项目获奖代表颁奖，对

2023 年上海职工科技节在松江区区工人文化宫开幕

（市总工会基层工作部　供稿）

2023 年上海职工职业技能系列竞赛活动项目进行发布。现场还举行了上海市职工创新成果转化交易平台、上海市工匠人才知识产权运营促进中心、长三角 G60 科创走廊高水平应用型高校协同创新联盟产教融合示范基地、上海长三角科创投资促进会驻 G60 联合办公室揭牌仪式。举办长三角 G60 科创走廊第五届科技成果拍卖会暨上海市职工创新成果转化交易平台首拍仪式，郑钢森落槌启动首拍，王军、谢邦鹏、罗清篮、方逸洲、张勇、邓小文等 6 位上海工匠参与成果发布，并与 7 家企业现场签约，50 个项目拍卖成功，现场成交额达23.15 亿元，187 个项目在国家知识产权国际运营上海平台展示挂牌，覆盖集成电路、生物医药、智能制造、新材料、新能源等战略性新兴产业。开展工匠秀场、新领域新赛道职工职业技能竞赛项目发布、劳模工匠服务队进企业进校园服务、劳模和工匠人才创新工作室开放日、工匠讲堂天天讲等职工科技节品牌活动，在全社会营造群众性创新活动热潮。　　（陈志渊、朱　慧、赵志灏）

【市总工会推荐职工创新成果获 2022 年度市科技进步奖】 5 月 26 日，市科学技术奖励大会在上海展览中心召开。会上，市总工会推荐的 2 项一线工人创新成果获得 2022 年度上海市科技进步奖。宝山钢铁股份有限公司王红的《高精度 5m 厚板加热关键技术创新与应用》获得二等奖，上海振华港机重工有限公司王传存的《港口机械行走机构数字化关键技术与应用》获得三等奖。　　　（夏　怡）

【举办第三十五届市优秀发明选拔赛】7 月 3 日，由市总工会、市知识产权局、团市委、市科协、上海发明协会联合举办的第三十五届上海市优秀发明选拔赛启动，88 个区局（产业）工会及行业协会、学会组织 2053 项成果参赛。经资格审查、材料评审、现场答辩等评审环节，于 12 月 8 日完成评审，共有 650项成果获奖。外高桥造船厂的《大型双燃料散货船及其供气系统》等 300 个项目获优秀发明奖，其中金奖 50 项、银奖100 项、铜奖 150 项；国际超导科技有限公司的《国产化公里级高温超导电缆系统》等 300 个项目获优秀创新金奖，其中金奖 50 项、银奖 100 项、铜奖 150 项；康宁科技实验小学林子祁同学的《一种基于水位检测传感器的儿童智能安全泳帽》等 50 个项目获青少年发明奖，其中金奖 5 项、银奖 15 项、铜奖 30 项。

（谢　磊）

【开展职工技能等级晋升资助和一线职工授权发明专利奖励】 8 月 16 日，市总工会印发了关于《2023 年度"职工技能等级晋升资助和一线职工授权发明专利奖励"实施方案》的通知。本市工会会员晋升高级技师资助 2000 元、技师资助 1000 元，先导产业 6 个工种（半导体芯片制造工、化学合成制药工、药物制剂工、药物检验员、生化药品制造工和人工智能训练师）高级工资助 800元；一线职工作为第一发明人获得发明专利证书奖励 2000 元。全市 59 家区局（产业）工会参与活动，7093 人次获得资助和奖励，发放资助和资金资金 992.7万元。其中，技能等级晋升资助 5107人次，发放资助资金 595.5 万元；奖励授权发明专利一线职工 1986 人次，奖励资金 397.2 万元。　　　　（徐　金）

【举行市职工创新成果转化第二场拍卖会】 12 月 19 日，市总工会举办职工创新成果转化第二场拍卖会暨长三角G60 科创走廊职工成果发布交易中心专场活动，工匠人才创新成果现场转化金额达 8929.9 万元。其中，10 项上海工匠创新成果以签约方式转化金额 6435万元，5 项工匠人才创新成果以竞价拍卖方式转化金额 2494.9 万元，转化金额2000 万元以上的有 2 项（占比 13.3%），转化金额 100 万元至 1000 万元有 3 项（占比 20%），转化金额 30 万元以下的有 10 项（占比 66.7%）。交易成果全部实现转化落地，一是通过产品销售实现技术转化应用的"技术＋产品"转化落地方式；二是买卖双方共同开发产品并推广应用的"技术开发合作"转化落地方式；三是通过直接出让专利技术实现成果转化的"纯技术"转化落地方式。推广应用方面，交易成果在产品样品试制、样品测试、市场化销售、衍生产品等四个阶段，均实现了不同程度的推广应用。　　　　　　　　　（姚星月）

【开展市工匠创新工作室创建命名活动】 年内，为进一步发挥工匠高技能人才示范引领作用，市职工技术协会在基层企事业和区局（产业）工会开展职工创新工作室创建活动的基础上，创建命名一批市工匠创新工作室。4 月，制定下发《关于开展 2023 年度上海市工匠创新工作室创建命名工作的通知》，有 51 家区局（产业）工会推荐申报，90个上海工匠创新工作室进入评审程序。按照有创新带头人、有创新团队、有攻关项目、有创新成果、有场所和制度（经费）的"五个有"要求，经资格审查、材料初审、发布评审、实地走访和终审合议，命名上海乾庚智能科技有限公司孙磊机器人应用工匠创新工作室等 80 家创新工作室为 2023 年度上海市工匠创新工作室。　　　　　　　　（姚星月）

【开展职工"五小"课堂征集、发布与学习活动】 6 月 1 日起，市职工技术协会服务中心面向全市征集职工"五小"等群众性创新视频课程。经专家评审推荐,于6月19日向中华全国总工会推荐上报上海航天、铁路、宝山区3家课程。遴选后,中国铁路上海局集团公司上海动车段张华的《解决现场问题,从"小"做起——动车组供电电流检测之快速绕线设计》入选全总10堂"五小"精品课程;上海航天设备制造总厂有限公司人侯建强等的《小革新解决大问题——航天止口密封类阀门预压成型五步法》上海市宝山区罗店医院江小艳的《临床护士五小创新实践》入选全总20堂"五小"优选课程。7月20日—8月10日,在"技能强国——全国产业工人学习社区"平台开展全国"五小"课堂学习活动中,上海推荐的精品课程累计报名人数全国第四、获得证书人数全国第三。 （姚星月）

【市职工技术协会人工智能专业委员会揭牌成立】 3月1日,上海市职工技术协会召开第八次会员代表大会暨八届一次理事会、监事会。会上,市职工技术协会联合市仪电工会、市电子商会成立上海市职工技术协会人工智能专业委员会,旨在聚焦专业人才队伍建设,推动人工智能领域职工岗位创新和技术进步。 （包瑞雪）

【市总工会在全总"五小"创新成果征集活动中获佳绩】 年内,根据全国总工会"五小"创新成果征集要求,经年度上海市职工合理化建议和先进操作法优秀成果征集命名活动初审、复审、终审筛选,结合专家意见,推荐宝山钢铁股份有限公司吴杰的《综合运用"五小"理念实现宝钢连铸机器人的高效应用》、上海飞机制造有限公司李谢峰的《小创造提升钛合金线切割加工效率和质量》和上海电气集团上海电机厂有限公司包舒航的《小革新促进大型电机磁极槽加工质量和效率的大提升》3项"五小"创新优秀成果项目,参评全国优秀"五小"创新成果。综合网络投票、专家评审和审核等多维度评价,《综合运用"五小"理念实现宝钢连铸机器人的高效应用》和《小创造提升钛合金线切割加工效率和质量》两个项目荣获全国职工"五小"优秀创新成果,市总工会荣获"优秀组织单位"称号。 （姚星月）

【征集命名2022年度职工合理化建议和先进操作法优秀成果】 由市总工会、市科委和市经信委联合组织开展上海市职工合理化建议和先进操作法优秀成果征集命名活动。全市66家区局(产业)工会通过线上、线下两种方式,申报604项职工合理化建议和先进操作法优秀成果。经资格审查、专家初审、专家复审、项目终审和市总工会审定,上海新上化高分子材料有限公司唐艳芳的《血袋用PVC压延膜生产线的工艺优化》等20项合理化建议,荣获2022年度上海市职工合理化建议优秀成果;上海恩捷新材料科技有限公司宫晓明的《锂离子电池用超高强度隔膜加工装置的开发及应用》等20项先进操作法,荣获2022年度上海市职工先进操作法优秀成果;上海微创医疗器械(集团)有限公司张鸿的《国产冠状动脉扩张系统关键部件良率和质量稳定性提升》等100项合理化建议,荣获2022年度上海市职工合理化建议创新奖;上海原能细胞生物低温设备有限公司陈留生的《PR100全自动深低温生物样本存储设备》等100项先进操作法,荣获2022年度上海市职工先进操作法创新奖。 （姚星月）

【开展职工学堂普查工作】 7月14日、18日,市职工技术协会服务中心分两批召开职工学堂考核管理部署会,解读《"上海职工学堂"创设管理办法(试行)》,部署职工学堂普查相关工作。8月起,56个区局(产业)工会对照《职工学堂考核指标明细表》中制度"明"、标识"亮"、服务"精"、环境"美"、设施"全"和效能"佳"6个方面标准,对本区域(行业)内命名的职工学堂开展普查。通过普查,排摸了全市486家职工学堂的运营情况,为进一步提升职工学堂培训服务能级做好前期准备。 （顾学琴）

【闵行区总工会参加中国(上海)国际发明创新展览会发明展获佳绩】 6月15—17日,闵行区总工会遴选18家企业的69件实物参加第九届中国(上海)国际技术进出口交易会暨第六届中国(上海)国际发明创新展览会。展会期间,区总工会选送的优秀职工创新项目,获得43金、16银、4铜的好成绩,区总工会被上海发明协会评为"优秀组织奖"。 （潘 虹）

【上海电气"华龙一号"核电汽轮机低压焊接转子项目获第七届全国职工优秀技术创新成果交流活动二等成果】 7月30日,第二届大国工匠创新交流大会暨大国工匠论坛胜利闭幕。上海汽轮机厂有限公司总锻冶师刘霞在会上展示了上海电气拥有自主知识产权的"华龙一号"核电汽轮机低压焊接转子工艺技术研发及产业化应用项目。该项目荣获第七届全国职工优秀技术创新成果交流活动二等成果。"华龙一号"核电低压焊接转子由8个锻件、7条焊道拼焊而成,最大外径3.06米,长度超过13米,重达283吨,是世界上最大、最重的汽轮机焊接转子。刘霞团队自主攻克了超大型核电汽轮机焊接转子工艺技术,申请并获授权发明专利8项,

2月1日,长三角G60科创走廊职工创新成果全链条转化四方合作协议签约仪式在松江区工人文化宫举行 （朱剑欢）

建立行业标准 2 项,发表论文 20 余篇。前期,项目还获得上海职工优秀创新成果唯一一特等奖。　　（杨柳青）

【市化学工会鼓励员工技能提升和岗位创新】 2023 年,市化学工会积极组织、推动开展一线职工技能晋升和岗位发明活动。对华谊集团一线技能人才技能等级晋升技师、高级技师的员工,给予技能晋升资助 155 人次,资助资金 16.66 万元;8 人次给予发明专利奖励 1.6 万元。组织基层工会选拔参评市职工合理合理化建议、先进操作法优秀成果工作,2 个项目分别获得 2022 年度上海市职工合理化建议优秀成果奖、创新奖;1 个操作法获得 2022 年度上海市职工先进操作法创新奖。　　（蔡毓琳）

【市化学工会举办劳模大师工作室工作经验交流会】 3 月 15—17 日,华谊集团劳模大师工作室工作经验交流会在双钱集团重庆公司举行,11 家二级工会主席和部分创新工作室带头人、代表约 40 余人参加会议。会议发布《上海市化学工会职工(劳模、工匠、技师、巾帼)创新工作室管理办法》,2 个集团劳模创新工作室、1 个集团技能大师工作室、1 个集团巾帼创新工作室被授牌表彰。通过现场学习参观、工作经验分享、座谈交流,了解和工作室在创建和运行过程中的难点问题,促进互学互鉴,推动和深化创建集团各层级、各类型创新工作室,主动融入集团发展战略,引导和鼓励广大职工参与工作室活动积极性,打造一批高素质职工队伍,为企业实施创新驱动发展战略贡献力量。此前,华谊新材料有限公司李君工作室被市总工会评审命名为"上海市劳模创新工作室"。　　（蔡毓琳）

【国网上海市电力公司多名职工在上海职工科技节上受表彰】 5 月 22 日,以"守正创新谱新篇,匠心智造赢未来"为主题的 2023 年上海职工科技节开幕。开幕式上为第三十四届上海市优秀发明选拔赛、市合理化建议和先进操作法、上海职工职业技能竞赛项目获奖代表颁奖,国网上海市电力公司多名职工受到表彰。其中浦东公司徐琳《带电作业机器人搭接 10 千伏架空线导线》获上海市 20 项优秀先进操作法,超高压公司王欣庭获全国职工数字化应用技

国网上海市电力公司职工在国内首条公里级高温超导电缆巡视

　　　　　　　　　　　（陈　纯）

术技能大赛(无人机操作员)上海赛区金奖。另外,在第 34 届上海市优秀发明选拔赛中,公司获发明金奖 2 项,银奖 4 项,铜奖 5 项;优秀创新金奖 2 项,银奖 3 项,铜奖 2 项,入围奖 3 项。公司工会被评为上海职工职业技能系列竞赛优秀组织单位。　（陈　纯）

【上海航天局评选型号立功、创新创效创优标兵】 2023 年,上海航天局全体职工自信自强、守正创新,圆满完成 24 箭 21 星 3 船 5 器发射。为表彰在型号科研生产、技术创新、产业创效、管理创优等方面做出突出贡献的职工。年底,上海航天局授予 62 人 "2023 年度型号一等功" 荣誉称号、175 人 "2023 年度型号二等功" 荣誉称号、179 人 "2023 年度型号三等功" 荣誉称号、70 人 "2023 年度创新创效创优标兵" 荣誉称号。

　　　　　　　　　　　（周欣彬）

【市经济和信息化工作系统工会举办首批"AI+(联合)创新工作室"授牌仪式暨工作推进会】 11 月 16 日,由市经济和信息化工作系统工会、市工业互联网协会主办的 2023 上海市 "AI+(联合)创新工作室" 命名暨工作推进会在国网上海超高压公司虹杨基地举行。市经济信息化工作党委副书记张义,市总工会党组成员、副主席桂晓燕,市工业互联网协会会长张锡平,市经济信息化系统工会副主任谢书清,国网上海市电力公司副总经理、工会主席陈春霖,公司工会、超高压公司负责人及市经信委各部室、各行业协会、首批 22 家创新工作

室负责人等出席会议。会上,张义宣读了首批 22 家 "AI+(联合)创新工作室" 的命名决定。桂晓燕在讲话中表示,劳模、工匠创新工作室要积极探索新时代创新工作的新模式,要以数字化 AI 新技术融入传统技术,发挥 "联" 的优势,精准对接、产教融合,推动更多创新成果落地见效,助力企业自主创新。与会领导为来自电力生产、汽车制造、医疗医药、石油化工、航天航空等多个国家建设重点领域的 22 家创新工作室负责人授牌。国网上海市电力公司高级专家、超高压公司 "输电线路智慧运维" 联合创新工作室负责人何冰与 4 家创新工作室负责人作了交流发言。推进会后,张义、桂晓燕、张锡平、谢书清一行在陈春霖陪同下,前往超高压公司 "输电线路智慧运维" 联合创新工作室调研,并共同为工作室揭牌。

　　　　　　（陈　纯、黄　俭、顾　捷）

【上海电建公司工会实施《职工科技创新项目扶持计划(暂行)管理办法》】 2023 年,上海电力建设有限公司工会研究实施《职工科技创新项目扶持计划(暂行)管理办法》。为有创新想法、有能力、有激情的职工提供一定的资金、技术和管理支持,鼓励他们为公司的发展贡献智慧和能量,激发职工的创新潜能,让职工创新项目在启动前有扶持,过程中有推进,完成后有奖励。《办法》从资金、技术、激励奖励 3 个方面给予扶持项目支持。《办法》明确,公司工会与扶持项目负责人签订扶持协议,并明确扶持项目的申请、推荐、审批、立项、

上海电力建设工会主席与职工科技创新项目负责人签约 （傅 诚）

签约、实施、验收、奖励等各个环节的责任单位或部门，以及各项操作流程和标准规定。年内，公司工会确定了3个职工创新扶持项目。 （傅 诚）

【上海电建公司工会召开"智慧能量"职工优秀成果表彰暨推进会】 10月31日，上海电力建设有限公司工会召开"智慧能量"职工优秀成果表彰暨推进会。市总工会党组成员、副主席桂晓燕，基层工作部部长桂云林应邀出席会议。会议表彰了一批公司职工优秀创新成果和先进个人，命名了一批公司劳模和工匠创新工作室，聘请公司工程管理部、设计管理部等11位专家作为职工创新技术顾问。随后，《浦东新区海滨项目智慧工地运用》成果，《工业循环水物化处理新技术平台研发》扶持项目和蔡基伟工匠创新工作室在会上进行了交流展示。 （傅 诚）

【中国宝武工会升级职工岗位创新体系】 2023年，中国宝武钢铁集团有限公司工会修订《职工岗位创新活动管理办法》，全面加强以人才、成果、平台为核心的工作体系，配套强化以组织、工具、文化为重点的支撑体系。一是"育、选、用"齐发力，促进创新人才涌现。举办首期"青创特训营"，37位创新新人带项目入营孵化成果。聚焦"操检维调"复合型技能，评选第四届"宝武工匠"10名、提名奖20名，推荐长三角、省部和行业工匠25名，组织40余位劳模工匠参加首期"宝武劳模工匠研修暨现场工程师赋能训练营"。劳模工匠在辅导

创新、师徒带教、"助企行"等活动中积极发挥作用。二是提效强质，促进优秀成果持续产出。优化献计实施流程，以竞赛牵引审核效率提升，职工献计108万条，实施82.5万条，获冶金行业和省部科技奖在内的各类成果奖400余项。三是互联扩容，促进平台迭代升级。新晋国家级创新工作室1个、省部和行业级创新工作室20个、集团（示范级）创新工作室37个。发布《职工岗位创新联盟管理办法（试行）》，组建"矿产资源保障"联盟和"宝罗产业链"联盟。四是开展自主管理专题调研。通过问卷调研、数据梳理、座谈交流等多种形式，系统分析全集团自主管理活动开展现状，总结优秀经验，谋划工作方向。

（贾崇斌）

【宝钢工程公司工会规范建设职工创新工作室】 2023年，宝钢工程技术集团有限公司工会以规范建设职工岗位创新工作室为重点，推广普及先进的创新理念、技术和方法，带动提高岗位创新队伍素质和岗位创新成果质量。公司工会会同公司技术中心、人力资源部、团委等相关部门，围绕工作室目标、攻关项目、创新成果、制度规范、资金投入等，对基层单位上报的职工创新工作室进行评审，命名朱丽业（巾帼）创新工作室等5家工作室为"宝钢工程职工创新工作室"，形成了"创新个人—创新小组—创新工作室"的创新体系。其中杨斌（劳模）创新工作室还被命名为中国宝武职工创新工作室，朱丽业（巾帼）创新工作室的牵头人朱丽业获评"上海生

产性服务业领军人物"，成员武益博获评"中国宝武岗位创新新人"，一批创新成果在集团公司、地方和行业内获奖。

（杨 华）

【上海宝冶成立创新工作室联盟】 2023年，上海宝冶集团有限公司工会发布《上海宝冶职工创新工作室联盟管理办法（试行）》，并成立创新工作室联盟管理委员会。工作室联盟以"融合匠心，共创未来"为宗旨，围绕重点课题组织开展联合攻关，解决企业技术难题，同时开展培训交流、提供技术指导，进一步发挥出劳模工匠创新团队在公司创新驱动、高质量发展中的示范引领作用。全年，27个创新工作室团队参与22个重大科研项目、29个集团科研项目、15个子公司科研项目的攻关，为企业全产业链多个环节课题攻坚做出贡献。

（张 舟）

【高桥石化持续深化职工创新工作室建设】 2023年，高桥石油化工公司工会注重发挥工作室示范引领、集智创新、协同攻关、技能传承作用。一是组织技师协会对公司24个职工创新工作室进行走访排摸，对申报晋级的3个工作室进行评比验收，2家晋级为公司级工作室，并按照工作室退出机制对4个工作室进行摘牌。二是积极开展领衔人带教和课题攻关活动，炼油二部、四部、储运部工作室在标准化操作视频制作拍摄过程中质量较高，获得职能部门奖励。三是举办职工创新工作室和工匠培养选树专题培训，市职工技协专家围绕《聚焦技能素质和创新能力，打造高素质职工队伍》，为工作室领衔人、班组长协会、技师协会成员授课。四是加强工作室创建交流，邀请市技师协会会长徐小平、副会长顾卫东、全国劳模宝钢集团技能专家王军、国网上海浦东供电公司首席数据师兼张江中心数据管理组主任谢邦鹏博士，围绕高技能人才建设政策解读、匠人修养、立足岗位创新的方法实践等课题，为公司劳模工匠、工作室领衔人等作交流分享。（吴 斌）

【上海石化推进"职工创新工作室"创建工作】 12月7日，中国石化上海石油化工股份有限公司工会举办2023年"职工创新工作室"发布评审会，来自10家单位的14个职工创新工作室通过PPT

4月13日，上海航天局第五届职工科技创新节开幕 （丁伟辰）

发布的形式，对全年工作开展情况、作用发挥情况等进行展示。经评审，徐建伟创新工作室获评第十三批上海市劳模创新工作室；富小青创新工作室、陆定良创新工作室获评第二批中国石化示范性职工创新工作室；徐俊创新工作室获评上海市 AI+（联合）创新工作室。

（顾 倩）

【上海航天局第五届职工科技创新节开幕】 4月13日，上海航天局第五届职工科技创新节开幕，本届科技节发挥群团组织"双融双效"（即党建和业务统筹推进，实现相互促进的效果）格局优势，分层分类发布 5 大核心品牌活动，激发职工创造活力，促进科技成果转化应用，助力上海航天"三高"全面发展。职工创新创意基金项目，旨在挖掘职工在科研生产经营管理过程中的创意想法，设立创新基金对其中优质项目进行资助孵化，服务职工创新路上的"最前一公里"。职工创新工作室，围绕科研生产中的关键技术和瓶颈问题，创建各单位职工创新工作室，进一步发挥劳模、工匠、高技能人才的示范引领作用。"启明星"青年创新大赛，面向青年征集岗位小改小革创新成果，引领青年在生产过程中降本增效、在管理工程中优化流程、在销售过程中拓展渠道、在安全生产中消除隐患。青年科研基金，面向青年征集在国防科技、航天前沿技术及其应用领域，对国家发展战略重点问题、科学技术发展趋势热点问题、航天系统存在的难点问题开展探索性研究的课题。月度科技大讲坛，围绕航天前瞻性技术和核心专业技术发展，邀请系统内外的专家学者授课，拓宽职工的眼界和思路，繁荣学术氛围。 （周欣彬）

【上海烟草包装印刷有限公司注重发挥职工合理化建议效能】 2023年，上海烟草包装印刷有限公司尊重职工首创精神，优化合理化建设评审标准，调整评审机制，全面检验每一条优秀建议的改进落实情况和作用发挥效果，将合理化建议活动落实落地。坚持"本职工作＝日常工作＋现场改善"的理念，突出行政在合理化建议工作中的主导地位，落实建议改进措施和效果验证，推动群众性创新管理活动的深入开展。全年共收到 844 位职工提出的合理化建议 2640 条，其中采纳 2603 条、实施 2581 条，人均建议数 3.12 条，采纳率 98.60%，实施率 99.15%。开展优秀合理化建议"培育制"，引入"飞行嘉宾"和"优秀合理化建议回头看"机制，加强优秀建议的评审力度。全年，公司领导参与季度优秀合理化建议评审活动 100%，为合理化建议工作提出了宝贵意见。评审中，对具有推广潜力的优秀建议设置"潜力奖"，公司工会与综合管理科协调资源，共同完善、推广具有潜力的优秀合理化建议。通过企业公开公示、视窗、专刊、微信公众号等平台，对优秀建议进行广泛宣传，发挥合理化建议推动企业高质量发展和效益稳步提升的正能量。

（季 虹）

【中远海运集团工会深入推进职工创新创效活动】 2023年，中国远洋海运集团有限公司工会新命名 9 个劳模创新工作室和 11 个职工创新工作室，王新全和王强劳模创新工作室获评第 12 批"上海市劳模创新工作室"。中远海运重工入选央企"大国工匠"培养支持计划。中远海运特运蔡连财《半潜船浮装操作》工作法，作为国内海运界唯一代表入选全国总工会百工百法。中远海运能源 2 项创新成果，分获上海市职工合理化建议创新奖和国家实用新型专利证书。中远海运发展与中远海运特运，成立劳模和职工创新工作室联盟。中远海运散运联合广州中远海运共建劳模船管技术创新实践基地。创新创效活动为集团高质量发展注入了新的活力。

（颜龙生）

【上海邮政工会开展"五小"活动】 根据中国邮政集团工会要求，积极引导职工开展小发明、小创造、小革新、小设计、小建议等"五小"活动和合理化建议，共收到合理化建议 25 项，申报上海市职工先进操作法 3 项。其中，虹口区分公司沈杰的《服务质量管控系统》，荣获上海市职工先进操作法创新奖。通过活动开展，更好地提倡"发现问题就是进步，解决问题就是创新"的理念，鼓励职工积极参与企业创新活动，从中发现、培养、选树劳模先进和优秀技能人才。

（刘 泳）

【中交上航局工会召开创新工作室工作交流推进会】 7月20日，中交上海航道局有限公司工会召开"聚力科技创新，打造发展高地"2023 年创新工作室工作交流推进会。市职工技协服务中心主任钱传东，上航局党委副书记、纪委书记、工会主席方君华，技术中心总经理尹家春出席会议。会上，上航局基层单位汇报了创新工作室创建及职工创新工作开展情况，季岚巾帼创新工作室、杨春雷劳模创新工作室进行了专题工作汇报，其他创新工作室领衔人就基本情况、工作亮点、问题困难等方面进行座谈交流。方君华在讲话中指出，创新工作室要提高政治站位，牢记百年上航发展使命之所系，增强创新工作室创建工作的责任担当；要强化制度引领，呼应打造发展高地目标之所需，构建创新工作室高效运作的良好格局；要注重结合实际，聚焦职工素质提升工程之所向，提升创新工作室创建工作的品牌效应。钱传东对上航局创新工作室创建过程中涌现出的工作亮点、特色做法和丰硕成果表示赞扬，并就进一步做好创新工作室创建工作提出具体要求。

（龚海清）

【**上海机场集团工会举办劳模（高技能人才）创新工作室创建工作交流会暨职工创新成果评审会**】 12月上旬，上海机场（集团）有限公司工会举办2023年劳模（高技能人才）创新工作室创建工作交流会暨职工创新成果评审会。集团党委副书记、工会主席张永东出席并讲话，集团工会副主席、各直属单位工会负责人，集团人力资源部、大数据中心、工会办公室、股份公司安全服务部、各直属单位工会办公室主任、集团创新工作室所在基层单位工会主席、集团劳模（高技能人才）创新工作室领衔人和技能人才代表等100余人出席会议。会上，由各直属单位推荐的16家创新工作室围绕日常管理、工作成效，发布了职工创新成果。6家单位工会结合职工创新工作开展实际作了交流发言。会议指出，各级工会要发挥牵头推动作用，进一步重视职工创新工作，继续发挥好职工创新工作室平台的作用。近年来，上海机场集团工会始终坚持将创新工作室建设作为开展职工创新创效、提升职工素质的有力抓手。集团公司现有劳模（高技能人才）创新工作室40家，其中1家获全国示范性劳模创新工作室荣誉，14家获长三角地区、上海市、全国民航创新工作室等荣誉。（宗宵寅）

【**上海海洋石油局陈忠华职工创新工作室揭牌**】 3月10日，上海海洋石油局陈忠华职工创新工作室揭牌仪式在东塘路基地举行。局领导班子成员、首席专家、副总工程师、机关各部门、中心主要负责人、二级单位主要领导和职工群众代表参加了揭牌仪式。分公司代表周荔青，党委副书记、总经理赵勇共同为工作室揭牌，并参观了陈忠华职工创新工作室。陈忠华职工创新工作室成立于2014年，现有骨干成员8人，涵盖钻井、机械、电气、水下防喷器以及船体等多个领域，工作室致力于为海上钻井难题提供技术支持，攻坚降伏"地狱油井"，打响了高温高压钻井的技术品牌，在全国首届石油钻井工技能竞赛中，带领团队取得优异成绩。荣获上海市职

工技能创新工作室、上海市劳模创新工作室和集团公司首批示范性职工创新工作室等荣誉。

（续 鹏）

【**上海市水务局领导赴长江工会调研创新工作室建设工作**】 5月4—6日，上海市水务局副局长赵明一行9人赴中国农林水利气象工会长江委员会调研创新工作室建设工作，学习借鉴职工（劳模）创新工作建设的先进经验和创新成果，长江工会主席徐德毅陪同调研。调研组一行先后在长江委长江展示厅、南水北调中线水源库区、丹江口水利枢纽工程考察调研。随后，调研组座谈，走访了长江委所属单位的8个劳模（工匠）工作室，围绕创新工作室创建方式、创新形式、制度机制、人才培养等，与劳模工匠、高技能人才、专业技术骨干座谈交流，听取专家学者详细介绍，并实地走访调研工作室实体运行中好的做法和取得的成效。 （王佐仕）

【**市新闻出版工会开展"我为单位发展献计献策"征文活动**】 2023年，市新闻出版工会在系统中开展"我为单位发展献计献策"征文活动。征文紧紧围绕本行业、本单位发展过程中出现的难点、热点问题，提出切实可行的对策和建议。活动开展后，系统基层单位工会广泛发动、精心组织，广大职工积极响应、踊跃投稿。共收到稿件38篇。经评审，评选出一等奖2名，二等奖4名，三等奖6名，鼓励奖9名。 （方伟国）

【**光明集团下属3家劳模创新工作室获评"市级劳模创新工作室"**】 年内，市总工会发文命名了100家劳模创新工作室为第十二批"上海市劳模创新工作室"，光明食品（集团）有限公司下属上海种业（集团）有限公司池坚劳模创新工作室、光明母港（上海）种业科技有限公司诸伟琦劳模创新工作室和光明农业发展（集团）有限公司孙小明劳模创新工作室等3家劳模创新工作室获评"上海市劳模创新工作室"。其中，池坚种源创新工作室成立于2014年6月，工作室围绕香丝竹、百合、菊花、绣球等花卉进行产业化关键技术难题攻关，在花卉种质创新、新品种培育、种苗种球繁育及优质高产栽培技术方面取得重要突破。工作室共立项主持市级科研项目12项，认定新品种4个，发表技术

论文12篇，花卉产品及技术获得各类奖项35项。诸伟琦光明母港种业创新工作室成立于2021年9月，以上海市劳动模范诸伟琦为带头人，目前团队核心成员15名，主要从事苗木农业和种业的创新与推广。孙小明农机改革创新工作室成立于2018年1月，以上海市劳动模范孙小明为带头人，目前团队核心成员15名，主要从事农机具的改革和农业机械的创新与推广，先后参与各类项目20余项，并形成发明专利2项、实用新型专利19项。 （朱菊英）

【**百联集团选树表彰"2021—2022年创新创效优秀项目奖"**】 10月17日，百联集团有限公司工会举行选树表彰大会，对"2021—2022年百联集团创新创效优秀项目奖"获奖单位予以表彰。活动开始以来，二级公司、中心工会积极参评，共推荐申报了37个项目。经集团工会与相关职能部门评审后决定，授予浙江联华杭州江城探索店焕新升级等8个项目以"2021—2022年百联集团创新创效优秀项目金奖"称号，授予联华股份生鲜采购部鲜食品类推广试点等9个项目以"2021—2022年百联集团创新创效优秀项目银奖"称号，授予联华标超营运中心数字化门店等9个项目以"2021—2022年百联集团创新创效优秀项目铜奖"称号。（姜 杰）

【**上海地铁深入开展职工创新"绣"系列活动**】 8月1日—9月8日，申通地铁集团有限公司集中开展职工创新"绣"系列活动。8月1日，集团首次举办职工岗位创新金钥匙大赛，经过两轮的专家预审筛选，最终21项成果入围决赛，并产生了10个"金钥匙"奖和2个提名奖，为集团创新活动树立标杆，也拉开整个活动的序幕。随后，在一个多月时间里，来自一线的创新骨干和优秀班组长等，围绕"学技、交流、共享"的主题，通过"2场交流、3大赛事、4项展示、5期讲堂"等系列活动开展交流学习和竞赛表彰。其中集中举办匠心沙龙活动，座谈创新思路和成果，交流创新体会和经验；连续举办匠心课堂，组织一线优秀班组长和技术骨干进行宣讲学习；通过邀请老劳模"抓斗大王"包起帆，分享工人发明家40年创新创造的经验与收获；通过实地观摩硬X射线装置，地铁车辆智慧运维中心、崇明线大盾构和

磁浮维修基地来开拓一线创新骨干的视野；通过分专业开设设备维修、司机乘务、土建工程的讲堂，共话工匠精神，分享如何从工人迈向大师；通过编纂职工创新"绣"成果集，促进专业技术的学习交流和创新成果的分享借鉴。9月8日，上海地铁职工岗位创新表彰大会隆重举行，一批发明革新、合理化建议、先进操作法等优秀岗位创新成果在大会上得到展示和奖励，一批市级创新工作室、市级创新成果在大会上受到命名和表彰。集团党委书记、董事长毕湘利，党委副书记、总裁宋博，监事会主席倪耀明，党委委员、工会主席蔡伟东出席会议。毕湘利、宋博、倪耀明共同为集团创客服务中心以及两家试点单位的创客加油站揭牌。 　　　（汪嘉琦）

技术协作

【概要】 2023 年，市总工会聚焦"学习交流一批、培训扶持一批"的办学理念，与云南省总工会联合主办，上海市职工技术协会服务中心、云南省职工技术协作委员会办公室、上海交通大学、市第一人民医院、上海同济医院、上海紫竹国际教育学院、上海航天智能装备有限公司等相关单位承办农村致富带头人、乡村医生、小学教师、医务骨干、高技能人才 5 个云南省来沪培训班，共计培训学员 246 名。云南省来沪培训班针对性强，基于学员的职业身份、行业性质因地制宜、因材施教，课程内容丰富，授课形式新颖，引入王曙群、杨戍雷等大国工匠讲师，联合产业实训基地，采用理论讲座、上岗实践、汇报交流的学习模式。培训班对提升参训者的专业水平，促进云南乡村振兴、教育等高质量发展，推进沪滇两地探索技能交流新模式起到积极作用。 　（顾学琴）

【组织上海工匠赴西藏日喀则市江孜县开展技术和医疗交流活动】 11月26—30日，上海工会医疗和技术小分队赴西藏自治区日喀则市江孜县开展技术和医疗交流活动。上海工匠黄成超、于圣青、郭秀玲等高技能人才在当地开展1场大型专家义诊，2场医疗知识讲座和9场技术交流活动，内容涉及医疗卫生、蔬菜种植、奶牛养殖、编织、动物疾病诊疗、烹饪等，直接受益人群约1000人。活动围绕对口地区"缺什么、帮什么，差

什么、补什么"的原则，切实发挥工匠示范引领作用，取得良好社会效应。 　（赵志灏）

【组织上海工会教育和医疗小分队赴新疆喀什地区开展技术交流活动】 12月5—9日，上海工会教育和医疗小分队赴新疆维吾尔自治区喀什地区喀什市、泽普县和巴楚县等 3 县市，开展教育和医疗交流活动。此次走进喀什的两名上海校园心理健康专家吴俊琳和周文秀"送教上门"，就学校心理危机预防和干预、提升教师识别学生抑郁心理状态的能力，为学生提供简单的心理干预、课程评价和班级管理等内容与喀什地区各中小学书记、校长、幼儿园园长和基层教师分享上海校园心理健康建设经验；李志奇、苗振春、沈兰、许烨勃和王晓蕾等 5 位医疗专家前往喀什二院、泽普县人民医院和巴楚县人民医院开展义诊、专家查房及疑难杂症技术交流和医疗技术人员培训。近千名喀什地区的教育工作者和数百位居民和患者在活动中受益。 　（朱洪程）

【举办云南省高技能人才培训班】 10月 22—28 日，市职工技术协会服务中心委托上海航天智能装备有限公司举办云南省高技能人才来沪培训班，50 名云南高技能人才参加。学员们先后聆听翁伟樑、朱文华、包起帆等劳模、专家带来的多场精彩讲座，内容涉及航天、数字技术、团队管理等。培训期间，学员们前往上海航天设备制造总厂、白龙港污水处理厂、上海工匠馆等产业实训基地和陈列馆观摩学习，近距离感受大国工匠王曙群、杨戍雷的工匠精神。 　（顾学琴）

【举办云南省小学教师培训班】 8月4—17日，市职工技术协会服务中心委托上海紫竹国际教育专修学院举办云南省小学教师培训班，来自云南昆明市、昭通市、宣威市等地区的50位小学教师参加。本次研修班围绕教师如何成为课程的领导者和执行者、数字化转型背景下教师队伍建设的区域行动、信息技术赋能未来教育创新、国际基础教育发展趋势与改革动态等方面设置课程，采取专题讲授、案例分析、互动交流、现场教学等模式开展培训。培训班为乡村小学教师搭建了学习交流平台，

激发了大家积极投身乡村教育事业的使命担当，进一步加深了滇沪两地工会的交流。 　（顾学琴）

【举办云南省农村致富带头人培训班】 7月21日—8月3日，市职工技术协会服务中心委托上海交通大学农业与生物学院承办云南省农村致富带头人培训班，来自云南省各个地区、各类产业的48名致富带头人参与。培训内容着力强化专业理论学习，搭建交流学习平台，提升学员综合素质，邀请曹林奎、黄时进等专家亲临授课，重点讲授新媒体在农产品电商品牌塑造中的赋能作用、构建直播电商体系以及相关要素的重要性，探讨乡村文旅产业的规划和运营、乡村振兴与一二三产业融合的方式，以及合作社的经营管理和营销策略等课程，组织学员参访上海当地农业园区、农业合作社等，实地感受农业管理和农牧技术的运用，助力云南农牧技术发展。 　（顾学琴）

【举办云南省乡村医生培训班】 10月19日—11月2日，市职工技术协会服务中心委托同济大学附属同济医院举办云南省乡村医生培训班，来自云南省宣威市、玉溪市、普洱市等地区的50位乡村医生参加。在为期15天的培训中，培训以临床专业讲课为主，结合病房教学查房、专家门诊带教、技能实操培训等形式开展。授课内容包含儿科发热与高热惊厥的处理、消化道肿瘤的内镜筛查策略、心肺复苏等20余门专业学科相关知识。此次培训过程中呈现的病例，均来自于临床实际，真实生动有代表性，实用性强。通过专题讲授、互动交流、现场教学等丰富多样的形式，学员们进一步掌握了全科医生所需的知识和技能。 　（顾学琴）

【举办云南省医务骨干培训班】 8—11月，市职工技术协会服务中心委托上海市第一人民医院、同济大学附属同济医院举办两期云南省医务骨干培训班。来自云南各个区域的医务骨干报名参与培训，总计培训48人。医务骨干培训班采用"一对一带教"的方法向学员传授系统的诊疗知识，学员们分组进入医院内部的对应科室，通过"教学＋实践"的模式，提高云南省来沪学员的诊疗实操技能和理论知识储备，受到学员

们的一致好评。　　　（顾学琴）

班组建设

【仪电工会开展企业班组安全生产成果征集展示活动】 7—8月中旬，市仪表电子工会组织开展仪电系统企业班组安全生产成果征集展示活动。活动得到了仪电系统基层企业班组的积极响应，7月开始的征集阶段，共收集到各重点子公司和直属单位工会遴选提交的"安全生产1000班组"视频、安全生产"随手拍"活动成果作品近100项。经专家初评，8月19日，仪电工会组织了现场评审暨工作成果展示。评审会上，各班组代表围绕安全生产1000班组建设，班组日常安全教育、班组安全宣传、班组安全技能培训、安全生产合理化建议等，班组安全文化活动，以及组织开展安全生产"随手拍"活动成果进行分享、展示。专家评委对成果作品进行了点评打分，评选出优秀获奖作品。

（周黎俊）

【上海医药集团举办卓越班组长培训班】 7月30日—8月4日，上海医药集团股份有限公司举办"引领一线，迈向卓越"2023年集团卓越班组长培训班。本次培训由集团工会与上海医药大学联合举办，来自集团21家直属工业企业的62名班组长参加培训。为期6天的培训以课堂教学和现场体验相结合，集案例教学、参观学习、分组讨论、课题制作、学业汇报、拓展训练为一体。培训班坚持学用结合、注重实操的原则，重点通过班组角色认知、管理应用等，使班组长掌握发现问题、分析与解决问题的方法和工具，并结合班组工作实际，着重提升班组长基础管理、现场管理、团队建设等方面的综合能力。

（陈玮雯）

【华谊集团班组在首届全国化工与医药行业班组技能大赛中获佳绩】 12月19日，"万华杯"首届全国化工和医药行业班组职业技能竞赛决赛在山东烟台举行，全国总工会副主席、书记处书记、党组成员朱建平出席开幕式。来自全国28个省(区、市)、330家企业的1397个班组经过层层选拔，60个班组代表队晋级决赛。比赛采用理论考试与实际操作相结合、线上比赛与线下比赛相结合

7月30日—8月4日，上海医药集团举办卓越班组长培训班　　（陈玮雯）

的形式进行，以创建"工人先锋号"为载体深化班组竞赛活动，以数字化赋能岗位练兵技术比武平台。历时12天的选拔赛采用网上平台大练兵、人脸AI识别进行报名和考试的数字化竞赛模式。决赛为线下比赛，参赛班组在基础理论知识考核、仿真模拟操作考核和班前会及风采展示、班组巡检、班后会及报告撰写等方面展开角逐。华谊集团两个基层班组分别获得一、二等奖。与传统职业技能竞赛的个人赛不同，本次竞赛首次以班组为单位开展团体赛，重点考验班组的组织协调和分工协作能力，组员之间需要互相配合对隐患进行排查，并对查出的隐患进行危害性分析，提升化工和医药行业班组的职业能力、技术水平。

（蔡毓琳）

【国网上海市电力公司召开一流班组再提升工作调研座谈会】 12月6日，国网上海市电力公司在超高压公司召开一流班组再提升工作调研座谈会。公司副总经理、工会主席陈春霖出席会议并讲话，公司工会、人力资源部、设备部、党建部相关部门负责人，超高压公司主要负责人，部门及班组长代表参加会议。会上，超高压公司汇报班组发展形势、人才梯队构建、党建带班建、班组建设管理等情况。5位班组长结合职工思想引领、全业务核心班组、巾帼岗位建功、班组数字化转型、班组培养机制和创新创效等内容分别作交流发言。会议指出，要充分认识产业工人队伍建设改革和班组建设的重要意义；要破解班组建设短板、落实各方责任、聚焦重点任务，促进公司相关专业条线的协同

发力，为一流班组建设搭建平台载体、完善体制机制；要切实关心关爱一线班组长和班员，不断增加服务职工群众的能力，坚持办实事、做好事、解难事。

（陈　纯）

【中国宝武持续激发班组活力】 2023年，中国宝武钢铁集团有限公司大力加强班组建设，持续激发班组活力。坚持"家家都落实、人人都参与、班班有成果"目标，持续开展班组创优活动，评出"五有"班组99个、安全"1000"班组100个、创新型班组100个、优秀班组长97名。同时，为提升基层"算账经营"和降本增效意识，激发班组创效斗志，评出效益型班组98个。加大优质培训资源向优秀班组和班组长倾斜力度，开设17期班组长培训班，1426人参加；兼顾各产业和各单位特色需求，举办专项强化培训12期，395人参加，选送5位优秀班组长参加省级优秀班组长培训班。扩大"班组学堂"覆盖，助力"双基"建设，年度活跃应用"班组学堂"的班组达1.1万个、职工7.2万人，累计开展安全学习1.5万次、标准规程等学习4618次、形势任务教育1978次。

（贾崇斌）

【宝武环科工会开展班组创优活动】 2023年，宝武集团环境资源科技有限公司工会按照"分类定标准、班组亮目标、过程重指导、推优赛业绩"闭环开展班组创优活动。贯彻落实班组建设行动方案，形成从创建到评优的全过程推进机制，通过创建启动，锁定40个各类型候选班组进行重点创建培育，同时将前述班组长也纳入优秀班组长培养对象。

联合人力资源部、运营管理中心等职能部门对创建过程进行跟踪指导，评出综合最优的"五有"班组 3 个，安全"1000"班组、效益型班组、创新型班组各 5 个，优秀班组长 20 名；其中推荐荣获中国宝武安全"1000"班组、效益型班组、创新型班组各 2 个，2 人荣获中国宝武"优秀班组长"，示范带动千余班组创先争优。

（袁乐琪）

【宝冶工会开展标杆班组学习交流活动】 年内，宝冶集团有限公司工会开展"学习标杆，争当百强，勇创佳绩"标杆班组先进经验学习交流活动，公司 160 个班组、项目部、创新工作室，共 2700 余人参加学习培训和交流研讨。宝冶两级工会积极打造学习型、知识型、技能型、创新型班组团队，以上海宝冶特色主题乐园建造技术创新团队为代表的 10 个五矿百强班组，在班组团队建设中发挥了榜样引领作用。

（张 舟）

【高桥石化公司工会深入推进标准化班组创建】 2023 年，高桥石油化工公司工会进一步发挥公司班组建设办公室职能，加强对标准化班组活动管理。一是抓好创建申报、验收、中途管理，每季度通过班组建设办公室按照《标准化班组竞赛考核细则》，对不低于 30% 比例的申报班组开展抽查验收，对验收合格的班组进行奖励。全年共有 165 个班组通过验收。二是开展以副班长为培训主体的班组长角色认知培训班，共分 6 期举行，课程采用"讲授＋案例＋角色扮演＋头脑风暴＋案例分析＋现场直播"等形式，对进一步提高基层班组长角色定位与管理能力起到了积极的作用，参加培训班组长 226 人。三是举办整建制班组"EAP 之心安全"培训班。本次培训是以 2# 催化、3# 催化、1# 重整、2# 重整 4 套装置的整建制班组为参加对象，有 16 个班组参加。课程采用素质拓展、情景模拟、融冰互动、故事创作等形式，通过以安全为主题的"心之安全"体验活动，提高安全意识，增强参训职工在高压力下的工作绩效。（吴 斌）

【上海航天局工会持续深化班组建设】 2023 年，上海航天局工会继续以"质量效益"为班组建设核心，进一步夯实班组管理工作。多方参与，优化考评机制。

召集基层单位工会代表，对班组建设和班组评选组织座谈，广泛听取意见，并组织相关职能部门对班组检查评分标准进行了适应性修订，制订并下发《关于印发八院 2023 年度班组建设推进计划的通知》，将年终现场检查评分标准同步下发。示范引领，加强学习宣传贯彻，组织卓越、示范、金牌三类先进班组案例征集，汇编成案例集，发放至全局 1000 余个班组。联合联动，加大激励力度。召开八院班组长"四季沙龙"，分享党支部与班组建设共建共享的好做法、好经验；在工作会上，局党政联合表彰了先进班组，局行政和工会共计投入 592 万元支持各类先进班组建设，极大激励了班组争先创优。

（周欣彬）

【上海烟草包装印刷有限公司"三个一"体系建设强化班组自主管理】 2023 年，上海烟草包装印刷有限公司聚焦"一班一志""一班一品""一班一网"的"三个一"体系建设推进班组创建工作，持续强化班组自主管理，用高质量的班组建设服务支撑企业高质量发展行稳致远。夯基固本打造"一班一品"。各班组聚焦"五好"标准和"品质"班组建设，以自主管理为导向，思考形成有效的实践措施或管理方法，打造"一班一品"，为企业创新转型、技术攻坚、管理提升等中心工作提供有力支撑。关爱服务织密"一班一网"。各班组认真履行维权服务职责，增强维权服务本领，当好工会三级互助网络的桥梁纽带，对应每个职工，动态掌握、识别困难，凝心聚力，为职工群众排忧解难。弘扬精神建档"一班一志"。各班组将党史学习

教育宝贵经验与基层组织追忆奋斗历程、弘扬光荣传统紧密结合，挖掘好班组历史、讲好班组故事、传播好班组声音，构建一脉相承的班组精神、班组文化、班组实践。

（李俊杰）

【华东电力公司工会举办第 33、34 期优秀班组长培训班】 9 月，由华东电力公司工会主办的第 33、34 期华东电网优秀班组长培训班在浙举办。来自华东分部、华东四省一市电力公司、华东电力设计院的 95 位基层优秀班组长参加培训。培训围绕班组长角色定位、思想引领、价值观念、能力素质等方面精心设计内容，通过课堂授课、现场教学、座谈互动等形式，深入学习领会党的二十大精神，交流最新电网运行情况与技术，着力提升班组长管理能力，充分发挥工人阶级主力军作用。在经验交流座谈会上，华东电力工会传达了国家电网公司产业工人队伍建设改革暨班组建设推进会会议精神，来自不同地域、不同专业的班组长代表分享了各自的工作特色、方法和经验，激发了思考，开拓了思路。培训班组织学员赴大市供电所数智管理平台、智能融合仓进行现场调研，组织多项比赛，提升班组长综合能力。

（史佩敏）

【中远海运集团工会举办首期基层单位班组建设培训班】 8 月 9—10 日，中国远洋海运集团有限公司工会在集团党校举办基层单位班组建设培训班，来自集团 26 家直属单位的 72 名基层班组长及班组建设管理人员参加培训。本次培训班课程侧重于基层管理实务、经

9 月，华东电力公司工会举办优秀班组长培训班 （徐 彬）

典案例分享、管理心理学等内容,邀请集团安管本部、中远海运发展所属上海寰宇、中远海运人才发展院有关专家和教授开展教学,并组织学员赴寰宇东方国际集装箱(青岛)公司开展现场观摩和交流。培训内容既包括基本管理理论,又涵盖了班组管理实务与经验分享,同时还加入了人文素养与综合素质等内容,旨在有效提升基层班组管理人员综合管理能力和现场执行能力,推动集团班组建设制度化、标准化、规范化。

(张 进)

【中远海运重工开展"零违章"班组创建活动】 2023年,中远海运集团重工有限公司工会联合公司安全生产委员会在全系统开展"零违章"班组创建暨反"三违"、反"习惯性违章"活动。各所属单位按照统一部署,制定"零违章"班组创建实施方案,全面组织开展"零违章"班组创建活动。全系统有1708个班组参加"零违章"班组创建评比活动,

其中218个班组被各单位评为2023年度"零违章"班组,38个"零违章"班组被推荐到中远海运重工层面参加年度评比。中远海运重工工会会同安委办根据"零违章"班组创建标准要求,评选出6个"零违章"卓越班组和10个"零违章"优秀班组。

(仇宇青)

【上海机场集团工会举办四星及以上班组培训班】 6月13—15日,上海机场(集团)有限公司工会举办四星及以上班组培训班,39名四星及以上班组的班组长参加培训。本次培训以《集团公司深化星级班组体系建设实施意见》明确的各项目标任务为重点,为班组长提供了全方位、多角度的深入学习和交流机会。安排了《深化星级班组体系建设文件解读》《主题教育专题学习》《班组长的自我情绪管理》《班组手册编写讨论》《"双技术"班组长动态训练》《班组安全教育》和《内外部班组案例分享》等多个课程和活动。本次培训旨在通过

理论学习与实操演练相结合、内部交流和外部学习相结合,帮助参训班组长提升管理能力。近年来,集团公司工会不断推进星级班组体系建设,按照管理规范、工作成效和品牌文化3个梯度,评选出12个五星班组、7个五星提名班组、20个四星班组和653个三星班组。对于四星及以上班组,集团公司工会制定明确8个方面的发展目标和具体任务。

(顾 胤)

【市经济和信息化工作系统工会举办2023年班组长岗位培训班】 6月、11月,市经济和信息化工作系统工会分别在上海工会管理学院和上海机场集团培训中心各举办了一期2023年班组长岗位培训班。每期培训为期3天,采用集中授课、研讨交流和现场教学相结合的形式进行。系统单位共120余名基层班组长参加培训。

(黄 俭、顾 捷)

2024
上海工会年鉴

劳模先进与工匠培育选树

综　述

2023年，为进一步弘扬劳模精神、劳动精神、工匠精神，市总工会积极开展先进培育选树工作。全市广大职工立足岗位创新创造，积极进取、奋勇争先，为全面落实国家重大战略和市委市政府重点任务、加快推进高质量发展、持续提升上海城市综合实力和核心竞争力做出重要贡献。一是高质量完成年度全国和上海市五一劳动奖评选表彰工作。坚持面向基层、面向一线、面向普通劳动者，聚焦贯彻落实国家战略和重点产业、深化"五个中心"建设以及"四大品牌"建设等重大任务，聚焦知名外企、民营企业等非公企业；聚焦民生保障、社会治理、疫情防控，聚焦新业态、新就业形态劳动者开展先进评选，完成92个全国五一劳动奖和工人先锋号推荐评选工作，完成1154个2023年上海市五一劳动奖和工人先锋号评选表彰。二是联合苏浙皖总工会共同命名首届"长三角大工匠"。由上海市总工会牵头，在2023年推进长三角高质量一体化发展工会工作联席会议上，沪苏浙皖三省一市总工会联合命名了40名首届"长三角大工匠"。　　（郑　超）

全国、市级五一奖评选

【概要】2023年，市总工会认真贯彻全总和市委要求，高质量做好全国和上海市五一劳动奖和工人先锋号评选工作。评选工作坚持面向基层、面向一线、面向普通劳动者的原则，围绕落实国家战略和中央交给上海的重大任务，围绕上海强化"四大功能"、深化"五个中心"建设以及"四大品牌"建设等重大任务选树先进，聚焦民生保障、社会治理、疫情防控等方面推荐先进，突出著名外企、民营企业等非公有制企业，注重从新业态、新就业形态劳动者中挖掘先进。上海市全国五一劳动奖和全国工人先锋号共推荐评选产生84个常规表彰对象。其中，全国五一劳动奖状5个、全国五一劳动奖章40个、全国工人先锋号39个。同时，在C919大型客机取证交付项目中做出突出贡献的中国商飞集体和个人获单列表彰。其中，全国五一劳动奖状1个、全国五一劳动奖章4个、工人先锋号3个。上海市五一劳

动奖（包括常规类和竞赛类）共评选产生1154个先进集体和个人。其中，上海市五一劳动奖状180个、上海市五一劳动奖章493个、上海市工人先锋号481个。2023年4月，市总工会召开上海市五一劳动奖表彰大会。市委常委、副市长郭芳，市人大常委会副主任陈靖，市政协副主席吴信宝，市政府副秘书长赵祝平出席表彰大会。时任市总工会主席莫负春主持会议，时任市总工会党组书记、副主席黄红宣读表彰决定。会上表彰了2023年上海市五一劳动奖获奖集体和个人，江南造船（集团）有限公司总装部主机作业区作业长刘炜、上海联影医疗科技股份有限公司资深专家工程师董筠、上海证券交易所上市审核中心、杨浦区高层次人才创新创业服务中心、上海兆芯集成电路有限公司等先进集体和个人，作为获奖代表分别作交流发言。　　（蒋威宇）

【虹口区召开五一先进表彰会】5月25日，虹口区五一先进表彰会隆重举行。虹口区委常委、组织部部长蒋仁辉，区人大常委会副主任、区总工会主席谢海龙出席。会议由区总工会党组书记、副主席周静主持。会上，谢海龙宣读了表彰、表扬名单。与会领导给获得全国工人先锋号、上海市五一劳动奖、上海市模范职工之家、模范职工小家、优秀工会工作者和第二届虹口工匠、首届虹口青年工匠和首届虹口青年工匠提名奖的先进集体和先进个人颁了奖。上海梦想成真公益基金会、区房屋征收事务中心、上海易维视科技有限公司、市第

四人民医院妇产科、区税务局工会委员会、虹口城发公司有关负责人和一线工作者等6位先进代表作交流发言。蒋仁辉代表区委对荣获五一先进的集体和个人表示祝贺，并提出要求。区总工会、区商务委、区科委等有关部门负责人，五一先进集体、个人获奖者代表，街道总工会、行业、直属工会负责人等100余人出席会议。　　（马伟杰）

【静安区举办五一国际劳动节庆祝活动】5月9日，静安区总工会在大宁剧院举办五一国际劳动节庆祝活动，静安区委书记于勇，区人大常委会主任顾云豪，区政协主席丁宝定，市总工会党组成员、副主席桂晓燕，静安区委副书记王益群，区人大常委会副主任、区总工会主席林晓珏，副区长龙婉丽，区政协副主席、民进区委主委、区科协主席聂丹等出席活动，并向荣获2023年全国和上海市五一劳动奖、静安工匠的先进集体及先进个人颁奖。活动分"阳光路上，我们同心""发展路上，我们同向"和"逐梦路上，我们同行"3个篇章展开，所有节目均为静安职工自编自排自演，素材紧扣五一劳动奖的典型事例，既有关心关注新就业职工群体入会的原创小品，又有凸显静安职工投身城市更新工程建设、民生保障、促进区域经济繁荣繁华的情景朗诵《暖阳》。静安劳模先进代表、五一劳动奖获奖代表也通过访谈，为大家演绎《送你一朵小红花》。另外，静安不同行业职工带来了工装秀表演《我们》，给人耳目一新的感觉。活动中，王益群副书记宣布开启"建功

闵行区总工会举办"踔厉奋发新时代　建功闵行高质量发展新征程"庆祝
五一国际劳动节主题活动
　　（庄轶凡）

'十四五',奋进新征程"劳动竞赛。

（姚馨）

【宝山区举行庆祝五一国际劳动节大会】 4月28日，"奋进北转型·建功新征程"——2023年宝山区庆祝五一国际劳动节大会在区工人文化活动中心隆重举行。时任市总工会党组书记、副主席黄红出席活动并讲话。区委书记陈杰出席并讲话，区领导凌惠康、陆奕绎、顾瑾和劳模工匠、全国、市、区五一劳动奖获奖代表、职工代表等参加活动。陈杰向受到表彰的先进集体和个人表示热烈的祝贺，并向长期以来为宝山转型发展不懈奋斗的广大职工群众致以节日的问候和崇高的敬意。现场启动了2023年"奋进北转型·建功新征程"职工劳动和技能竞赛，全国五一劳动奖章获得者吉远君和全国工人先锋号上海钢联电子商务股份有限公司钢材事业群获奖代表为劳动竞赛6大板块代表授旗。 （朱艳）

【闵行区总工会举办五一国际劳动节主题活动】 4月28日，闵行区总工会在大零号湾科创大厦会议中心举办"踔厉奋发新时代，建功闵行高质量发展新征程"庆祝五一国际劳动节主题活动，表彰全国和上海市五一劳动奖获得者。来自闵行各行各业的劳模工匠代表、职工代表欢聚一堂共同庆祝自己的节日。市总工会党组成员、经审会主任丁巍，闵行区委书记陈宇剑，闵行区人大常委会副主任、总工会主席杨其景出席活动。陈宇剑向全区各行各业的广大劳动者致以崇高的敬意和诚挚的问候，向获得全国五一劳动奖、全国工人先锋号等荣誉的先进个人和先进集体表示热烈的祝贺。活动还发布了"百千万创新型职工"培育选树项目，成立闵行区区域化工会共建联盟。 （王凯）

【嘉定区举办庆祝五一国际劳动节大会】 4月26日，2023年嘉定区庆祝五一国际劳动节大会在区工人文化宫举行。活动分为"秉匠心，耀劳动之光""汇温暖，聚新兴之力""筑新城，谱时代之章"3个篇章，嘉定区2023年全国五一劳动奖章获得者和2023年全国工人先锋号代表分别上台领奖。会上还表彰了嘉定工匠5人、嘉定技能标兵5人、嘉定技术能手5人。活动中，嘉定

工会升级版户外职工爱心接力站启动，"建功'十四五'，奋进新征程——嘉定工会职工劳动和技能竞赛"项目发布。嘉定区委常委、组织部部长姚卫华，区人大常委会副主任、区总工会主席陆强等领导和劳模、工匠、先进职工代表等约260人参加了本次大会。 （黄点点）

【金山区举行庆祝五一国际劳动节暨劳动和技能竞赛启动仪式】 4月26日，金山区庆祝五一国际劳动节暨劳动和技能竞赛启动仪式在圣东尼(上海)针织机器有限公司举行。金山区委副书记袁罡，区委常委、常务副区长邱运理，区人大常委会副主任、区总工会主席蒋雅红，区政协副主席李士权出席活动。袁罡向受到表彰的先进集体和个人表示热烈的祝贺，向为金山经济社会发展做出突出贡献的劳模先进、广大劳动者以及广大工会干部和工会积极分子致以节日的问候。与会领导向荣获全国工人先锋号、上海市五一劳动奖章、上海市五一劳动奖状、上海市工人先锋号、上海工匠、金山工匠等各级各类荣誉的先进集体和个人颁奖。蒋雅红发布2023年度争当"鑫工巧匠"，建功"两区一堡"——推进高质量发展金山职工劳动和技能竞赛内容并宣布启动。活动现场，新就业形态群体方阵、建筑工人方阵、大型企业职工方阵、公安教师医护方阵等4个方阵职工，以方阵拉歌形式，来讴歌劳动美、唱响新时代，展现了金山职工的力量和风采。金山区职工艺术团朗诵了《复兴的大地——献给新时代的交响诗》《湾区一家人》情景剧，回顾了2022年劳动竞赛工作。区总工会领导班子成员，各街镇、高新区党委分管领导，劳动竞赛组委会各成员单位领导，各直属工会主席、副主席，历届劳模先进代表及受表彰的各级各类先进集体和个人代表共400余人出席大会。 （卫婷怡）

【松江区召开庆祝五一国际劳动节暨先进表彰大会】 4月28日，2023年松江区庆祝五一国际劳动节暨先进表彰大会在区工人文化宫召开，本次大会的主题为"劳动奋进新征程，聚力建功G60"。区委副书记韦明出席大会并致辞。区委常委、组织部部长时建英宣读松江区建功G60模范集体、先进工作者表彰决定并通报全国、上海五一劳动

奖、工人先锋号获奖名单。区人大常委会副主任、区总工会主席吴建良，区政府副区长朱明林，区政协副主席金冬云等领导出席，并为先进集体和先进个人代表颁奖。会上，表彰了191个荣获全国、上海市五一劳动奖状、奖章、工人先锋号及松江区建功G60模范集体、先进工作者。随后，松江职工"讲职工话、说企业事"，用舞蹈、演唱、情景剧、快板、器乐演奏等精彩纷呈的文艺形式表现松江区广大职工爱国敬业、劳动奉献的昂扬风貌。 （杨韵）

【青浦区召开劳动先进表彰大会】 5月25日，"奋进新征程，建功新时代"2023年青浦区劳动先进表彰大会在长三角一体化示范区(上海)金融产业园举行。区委副书记张权权出席活动并讲话，区人大常委会副主任、区总工会主席高健主持会议。区委常委、宣传部部长陈建国，副区长姚少杰，区政协副主席徐孝芳，区总工会党组书记、常务副主席陈阳出席会议。会上，陈阳宣读表彰决定。区领导为荣获2023年全国五一劳动奖章、全国工人先锋号、上海市五一劳动奖状代表、上海市五一劳动奖章代表、上海市工人先锋号代表，2022年上海市工匠代表、上海市劳模创新工作室代表、上海工匠创新工作室代表，2022年青浦工匠代表颁奖。劳动先进代表朱齐飞、吴志强、卜立新和王辉结合各自单位和个人实际进行交流发言。区总工会第六届委员会全体委员，各街镇总工会、委、办、局区属公司工会主席，五一奖获奖集体和个人，劳模先进代表、职工代表参加本次活动。（朱建强）

【奉贤区召开庆祝五一国际劳动节大会】 4月27日，奉贤区召开庆祝五一国际劳动节大会。区委副书记、区长袁泉出席大会并致辞。区委常委、组织部部长徐乃毅，区人大常委会副主任马建根、区政协副主席唐巍等领导出席。会上宣读表彰决定，并对获得全国工人先锋号、全国工会职工书屋示范点、上海市五一劳动奖状、上海市五一劳动奖章、上海市工人先锋号、上海工匠、区十大职工创新创效成果优秀奖、贤城工匠等荣誉的先进个人和先进集体进行颁奖。现场，区域化工建联盟正式成立，未来将凝聚多方智慧，构建"组织共建、资源共享、活动共联、产学共促、人才共

育"的发展新格局。与会人员还共同欣赏了《"护薪"娘家人》报告剧，了解奉贤通过"工会＋法院"机制，构建和谐劳动关系工作情况。会议强调，全区广大劳动者要用习近平新时代中国特色社会主义思想武装头脑，把个人追求融入实现国家富强、民族复兴的时代伟业中，要以受表彰的先进集体和个人为榜样，更加主动服务国家发展大局和全区发展战略，在新时代的广阔舞台干事创业、建功立业。

（薛思涵）

【**国网上海市电力公司召开劳模先进座谈会**】4月27日，国网上海市电力公司召开劳模先进座谈会。公司副总经理、工会主席陈春霖出席并讲话，公司历届劳动模范代表、2023年上海市五一劳动奖获奖个人和集体代表、2022年上海工匠和电力工匠参加座谈。公司人资部、党建部、宣传部、工会相关负责人出席。陈春霖向公司全体劳模先进表达崇高的敬意，并向公司全体职工致以节日的问候。他表示，要弘扬劳模先进信念坚定、爱党爱国的政治品格，通过"四进""四学"等活动，讲好劳模先进故事；要弘扬劳模先进开拓创新、追求卓越的奋斗精神，聚焦重点区域、重要领域、重大工程，开展好劳动和技能竞赛，加强职工技能培训和素质提升，鼓励创新创造，动员广大职工群众投身公司发展的火热实践。会上，12名劳模先进个人和先进集体代表作交流发言。

（陈　纯）

【**上海船舶工会举办先进表彰会暨五一特别演出**】5月19日，上海船舶系统先进表彰会暨五一特别演出在中国船舶馆举行。市总工会党组成员、一级巡视员周奇，市总工会基层工作部部长桂云林，中船上海船舶工业有限公司党委副书记、工会主席顾爱民及上海船舶系统各企事业单位的党政领导、纪委领导和各级劳模先进代表，职工代表等出席表彰会。周奇代表市总工会，向奋战在上海船舶系统各条战线的广大劳动者致以崇高的敬意，向受到表彰的先进集体和个人表示热烈的祝贺。他指出，上海船舶工会要大力弘扬劳模精神、劳动精神、工匠精神，唱响团结奋斗主旋律；持续深化职工素质工程，掀起建功立业新高潮；更好服务凝聚广大职工，构筑高质量发展新动能。来自上海船舶系统

各单位的劳模先进及文艺爱好者以音乐剧的形式，向观众们展示了船舶劳模先进扎根一线，努力奋斗的工作场景。活动最后，参会领导为获得全国工人先锋号、全国五一劳动奖章、上海市工人先锋号、上海市五一劳动奖章的先进集体、个人颁奖。

（姚　莹）

【**机场集团举办庆祝五一国际劳动节主题活动**】4月28日，上海机场（集团）有限公司举办"奔向光荣与梦想的新征程"——庆祝五一国际劳动节主题活动。机场集团党委书记、董事长秦云讲话，机场集团党政领导班子成员出席活动，机场集团业务总监、工会副主席，各直属单位党政主要负责人、工会主席，机场集团各职能部室负责人，劳模先进、高技能人才和先进集体代表等120余人参加活动。秦云向获得荣誉的劳模先进、高技能人才、先进集体表示祝贺，向上海机场全体职工、全体劳动者致以节日问候。高度赞扬了广大干部职工的创造精神、奋斗精神、团结精神和梦想精神。他指出，上海机场全体干部职工要进一步弘扬劳模精神、劳动精神、工匠精神，充分激发干事创业的劳动热情；要进一步激发主人翁精神，发挥主力军作用，积极投身上海机场高质量发展新征程；集团各级党政工团组织要形成工作合力，为职工成长搭建更为广阔的舞台。集团公司领导先后为第二届上海机场工匠、首届上海机场职工先进操作（工作）法优秀成果奖获得者、集团公司五星班组和全国民航、上海市五一奖、工人先锋号集体（个人）及2022年度集团公司先进集体、先进生产（工

作）者代表颁奖。活动通过上海机场工匠故事、上海机场职工先进操作（工作）法优秀成果展示、集团公司五星班组授星、"百师百徒"结对仪式和劳模先进现场连线等5个环节，集中展示了职工素质工程体系的建设成果。

（顾　胤）

【**铁路上海局集团公司工会开展劳模先进选树**】2023年，铁路上海局集团公司工会大力弘扬劳模精神、劳动精神、工匠精神，积极开展劳模先进选树。开展2022年集团公司先进集体、先进个人评选表彰，组织"最美上铁人""七十佳"评选推荐，共评选先进集体130个、先进个人564名。推荐全国五一劳动奖5个，向铁路总工会和三省一市总工会推荐省部级荣誉先进集体28个、先进个人55名。召开庆祝五一国际劳动节暨劳模先进表彰大会，举办劳模先进风采展，集中展示建局以来各个时期具有代表性的30位全国劳动模范先进事迹，邀请老、中、青三代劳模代表做客"上铁汇客厅"直播间，邀请全国劳模与青年职工面对面交流，放大示范效应、厚植劳模精神。成立劳模精神宣讲小分队，深入49家基层单位，巡回宣讲53场，覆盖职工近10000人，开展劳模"VR"展，《致劳动者的一封信》《平凡的手》《上铁劳动者的十二时辰》微视频等线上宣传活动，进一步扩大辐射面，提高影响力。对全局45家劳模创新工作室开展互评互检，各劳模工作室从成立以来，课题攻关获奖172个，合理化建议技改获奖165个，创新成果获奖179个，获得专利数107个，为助推企业创新发展发挥了积极作用。全面

市建设交通行业庆祝五一国际劳动节暨劳模先进表彰大会召开　（钱　蓉）

落实劳模先进待遇,全年共组织 9 批次 700 余名劳模先进赴贵州、广西、江西等地参加疗休养活动。 　　(郭　骁)

【市建设交通行业召开庆祝五一国际劳动节暨劳模先进表彰大会】 5 月 11 日,市建设交通工作党委举行"吹响新时代的号角"市建设交通行业庆祝五一国际劳动节暨劳模先进表彰大会,表彰建设交通行业涌现出来的劳模先进。市建设交通工作党委副书记、一级巡视员周志军在大会上致辞,他充分肯定广大建交行业职工群众立足岗位、创新创造、团结奋斗所取得的不平凡业绩,并寄语大家要深入学习贯彻习近平新时代中国特色社会主义思想,深入践行人民城市重要理念,在新征程上踔厉奋发、勇毅前行,勤于创造,勇于奋斗,为加快建设具有世界影响力的社会主义现代化国际大都市做出新的更大贡献。大会表彰了建设交通行业荣获 2023 年全国五一劳动奖章、全国工人先锋号,全国住房和城乡建设系统先进集体、先进工作者、劳动模范,上海市五一劳动奖状、上海市五一劳动奖章、上海市工人先锋号等荣誉的先进代表。全国住房和城乡建设系统先进工作者张焱、全国住房和城乡建设系统劳动模范朱萍、李昌涛、张颖、郭长弓做现场分享,全国五一劳动奖章获得者马明磊宣读劳模倡议书。最后,大会还进行了文艺演出。市建设交通工作党委、市住建委、市交通委、市水务局、市绿化市容局、市城管执法局、市房屋管理局、市道路运输局、市建设交通系统中央在沪单位等领导、市委第十五巡回指导组相关人员,以及建设交通行业先进和干部职工代表出席表彰大会。 　　(钱　蓉)

【市经济信息化工作系统工会举行庆祝五一国际劳动节主题活动】 4 月 27 日,上海市经济和信息化工作系统工会举行"礼赞新时代,奋进新征程"庆祝五一国际劳动节主题活动。市总工会、市经济信息化工作党委、市经济信息化委、驻委纪检监察组等单位领导出席活动,并为系统荣获全国、上海市五一奖项的集体和个人代表颁发荣誉证书和奖牌。主题活动上,系统职工以合唱、情景演绎、集体朗诵等形式进行了风采展示。市经信系统荣获五一奖项荣誉的集体和个人代表,市经信系统各直属、归口

单位工会主席、工会干部和一线职工代表 100 多人参加活动。(黄　俭、顾　捷)

【市监狱管理局工会大力选树劳模先进】 2023 年,市监狱管理局工会积极开展劳模先进推荐和选树工作。年内五角场监狱许冬荣获全国五一劳动奖章、提篮桥监狱二监区荣获全国工人先锋号、新收犯监狱荣获上海市五一劳动奖状、青浦监狱张勇荣获上海市五一劳动奖章、局狱政管理处荣获上海市工人先锋号荣誉;监狱总医院感染科和女子监狱六监区获得全国五一巾帼标兵岗荣誉;吴家洼监狱一监区分工会获得上海市及全国模范职工小家、四岔河监狱肖寒获得全国职工书屋建设"突出贡献工作者"荣誉。全力做好先进事迹的宣传,讲好劳动故事。《劳动报》专版对获得五一奖荣誉的个人和集体进行了宣传报道;《劳模》杂志 11 月刊登青浦监狱民警李海荣先进事迹;《劳动观察》专题报道军天湖监狱舞蹈队"青蓝男团"出圈背后的故事;《劳动报》《劳动观察》、上海监狱公众号、视频号等多次对局工会开展选树劳模先进活动进行了报道、转载;局工会向中国农林水利气象工会报送和采编的信息位列全国监狱系统榜首。

　　(江海群)

【上海地铁举行庆五一劳模先进表彰暨2023 年主题劳动竞赛开幕式】 4 月 28 日,上海申通地铁集团有限公司庆五一劳模先进表彰暨 2023 年主题劳动竞赛开幕式隆重举行。申通地铁集团党委书记、董事长毕湘利,党委副书记、总裁宋博,监事会主席倪耀明,党委副书记葛世平,党委委员、工会主席蔡伟东出席会议。大会对荣获全国和上海市五一劳动奖、全国住房和城乡建设系统劳动模范、全国五一巾帼标兵、上海工匠和地铁工匠、集团"金徽章"核心岗位竞赛总冠军、"加强基础,提升能力"主题竞赛标兵集体和个人等殊荣的一批先进集体和个人进行表彰。全国工人先锋号维保工务装备管理部轨道检测组代表维保工务王伟、全国住房和城乡建设系统劳动模范郭长弓、上海市五一劳动奖章代表张知青、"金徽章"核心岗位劳动竞赛总冠军胡瑶雯交流发言。

　　(汪嘉琦)

【市交通委工会开展第二届"交通服务先锋"评选活动】 下半年,为贯彻落实《交通强国建设上海方案》,全面实施《关于深入践行人民城市重要理念建设更高水平公交都市示范城市的三年行动方案》,全面推进上海国际航运中心能级提升,建设高质量可持续一体化交通,持续提高城市交通治理能力和服务水平,上海市交通委员会工会会同相关行业主管部门联合开展第二届上海"交通服务先锋"选树活动。经基层推荐、综合评审与候选对象公示,评选出 20 位"交通服务先锋"和 10 位"交通服务先锋提名奖"。 　　(李晓姝)

【世纪出版集团召开集团五一先进表彰大会】 5 月 29 日,上海世纪出版(集团)有限公司隆重召开"劳动铸就梦想,奋斗书写精彩"五一先进表彰大会。集团党委副书记、总裁阚宁辉,集团党委副书记、工会主席杨春花,集团党委成员李远涛、周维莉、张国新、毛文涛出席大会并颁奖。市总工会党组成员、副主席桂晓燕,市委宣传部基层处处长刘显存,市工人文化宫主任高越出席表彰大会并一同颁奖。上海文艺出版社荣获上海五一劳动奖状,上海科学技术出版社包惠芳荣获上海五一劳动奖章,上海人民出版社《当好改革开放的排头兵——习近平上海足迹》项目组、集团党群工作部荣获上海市工人先锋号,朵云轩艺术中心工会小组获评上海市模范职工小家。集团系统共评选出2021—2022 年度先进工会组织 8 个、优秀工会干部 10 名、工会积极分子 12 名以及三八红旗集体 5 个、三八红旗手 10 名、巾帼文明岗 5 个。会上,集团首批 3个劳模创新工作室、4 个工匠创新工作室和 15 个职工创新工作室整体亮相。

　　(施纪仁)

工匠培育选树

【开展 2023 年度"上海工匠"培养选树活动】 5 月 31 日,根据《关于在本市开展"上海工匠"培养选树千人计划的实施意见》的文件要求,市总工会启动了"上海工匠"培养选树活动,各区局(产业)工会和相关社会团体高度重视、积极响应。全市共 903 人通过单位推荐、社团推荐和个人自荐 3 种申报渠道参与评选,经资格审核、专场面试、专家审

5月31日，2023年上海工匠培养选树正式启动

（市总基层工作部　供稿）

核、评审发布和社会公示等环节，报市总工会主席办公会审议决定，最终选树命名100名2023年度上海工匠。100名工匠来自63家区局（产业）工会和个行业协会，涵盖机械、电力、船舶、汽车、石化、交通、医疗、医药、科技、文化教育、建筑建材、通讯通信、电子仪表、航天航空等多个领域。其中，烟花技师、标本制作、游戏美术设计师等为首次出现的工种，涉及集成电路、人工智能和生物医药三大产业的有51人；高级技师33人、技师7人、高级工3人、高级职称65人、中级职称14人，24名职工既是高级技师或技师，又有中级以上技术职称；一线职工93人；75人拥有专利，共拥有各项专利2746项，其中62人拥有发明专利，共计1577项，59人拥有实用新型专利，共计1046项，19人拥有外观设计专利，共计123项；全国劳模2人，上海市劳模11人，部级劳模4人，全国五一劳动奖章1人，上海市五一劳动奖章30人；本科及以上共80人，其中博士22人；非公经济组织27人；中共党员77人；男性84人，女性16人。具有行业覆盖面广、技术技能水平高、一线职工占比高、创新能力强等特点。

（陆卫超）

【参与评选"长三角大工匠"】　2023年，上海市总工会、江苏省总工会、浙江省总工会和安徽省总工会联合开展首届"长三角大工匠"选树命名活动。三省一市各级工会广泛发动、积极申报、踊跃推荐，推荐人选原则上在沪苏浙皖已命名的省（直辖市）级工匠中产生，并具

备技艺水平高、领军作用强、做出贡献大等条件，重点聚焦集成电路、生物医药、人工智能、新能源和智能网联汽车、物联网、航空航天、新型显示、新材料等战略性新兴产业和先进制造业，聚焦电子信息、高端装备、纺织机械、石油化工等传统优势产业中，直接从事生产、技术、研发等工作的一线职工，努力打造大国工匠"蓄水池"。三省一市总工会根据选树条件，分别组织推荐10名省部级工匠参与本次选树活动，并经资格审查、专家评审、社会公示等环节，在2023年推进长三角高质量一体化发展工会工作联席会上命名发布40位首届"长三角大工匠"。首届"长三角大工匠"中，全国劳模19名，全国五一劳动奖章和省部级劳模14名，7人曾荣获中华技能大奖、全国技术能手称号，6人享受国务院特殊津贴。来自集成电路、生物医药等战略性新兴产业、先进制造业的占63%；参与重大工程、重点项目、高端装备建设的占35%；40名"长三角大工匠"共拥有发明专利361项、实用新型专利471项。

（郑　超）

【举办工匠系列研修班（学堂）】　年内，市总工会联合上海开放大学举办工匠系列研修班，分别面向2022年上海工匠、2022年度上海工匠创新工作室领衔人和骨干成员、区局（产业）工匠和一线技术工人，举办"第7期上海工匠研修班""第3期工匠创新工作室领衔人研修班""第5期区局（产业）工匠研修班"和"第4期匠心学堂"。有79名2022年度上海工匠、60名上海工匠创新工作

室领衔人和骨干成员、57名区局（产业）工会工匠和905名一线技术工人参加了培训。研修班邀请中国科学院院士、大国工匠、市技师协会会长及上海合时智能科技有限公司总经理等专家、劳模、工匠展开授课，还安排了丰富的实地参观内容，帮助学员们拓宽视野，根植工匠精神。

（顾学琴）

【上海工匠学院召开第二届理事会第一次会议】　9月2日，上海工匠学院第二届理事会第一次会议在上海开放大学国际会议中心召开。上海开放大学党委副书记贾炜，市总工会党组成员、副主席桂晓燕，上海开放大学副校长张瑾，上海开放大学、市总工会相关职能部门负责人参加会议，上海工匠学院院长包起帆主持会议。会议审议通过了《上海工匠学院第二届理事会成员名单》《上海工匠学院分院及共建学院管理办法》，听取了上海工匠学院日常管理机构人事调整说明、上海工匠学院工作汇报，并就学院的未来发展、系统建设等进行讨论。

（顾学琴）

【浦东新区总工会发布工匠选树工作导则】　4月28日，浦东新区总工会发布《"浦东工匠"选树工作导则》，这是全市首份工匠选树工作导则，将加强上下协同联动，夯实"浦东工匠"选树基础，鼓励各开发区、行业、街镇开展有区域特点、产业特色、工作领先的工匠选树。同时，导则围绕增强"浦东工匠"品牌影响力、覆盖面，强调积极创建"六有"工匠创新工作室（即有领军人物、有创新团队、有攻关项目、有创新成果、有场地和经费、有制度和经验积累），组织"浦东工匠"交流活动、加强工匠精神和工匠创新的宣传。

（吴周筠）

【闵行区总工会开展"百千万创新型职工"培育选树活动】　2023年，闵行区总工会围绕产业职工"全生命周期服务"，启动"百千万创新型职工"培育选树5年行动。自2023年起，通过健全产业职工技能形成体系，推进职工继续教育创新发展，推动职工立足岗位创新攻关、开展竞赛练兵夯实职工技能提升基础"四大重点工作举措"，5年内将命名100名闵行工匠、1000名闵行技术标兵、10000名闵行技术能手，为"闵行打造成为虹桥国际开放枢纽建设主力军、上海

科技创新中心建设主引擎"提供坚实的高技能职工人才队伍保障。2023年,经单位推荐、社团推荐和个人自荐等申报渠道,通过专家评审等环节,命名了20名闵行工匠、200名闵行技术标兵、2000名闵行技术能手。 （马传军）

【松江区总工会开展"松江工匠"培养选树活动】 3月,松江区总工会启动了"松江工匠"培养选树活动。区总工会组织市有关部门、高校、科研院所等方面专家组成的评审小组进行评审,两轮评审邀请了市技协专家库中5位专家。通过单位推荐、资格审查、专家初审、现场答辩、社会公示等环节,推荐评选21名职工为2023年度"松江工匠"。目前,松江区有上海工匠15名、松江工匠91名,街镇级工匠204名。 （周宛琳）

【城市数字化转型"智慧工匠"选树"领军先锋"评选活动举行】 8—12月,中共上海市经济和信息化工作委员会、上海市经济和信息化委员会、上海市总工会联合主办了2023上海城市数字化转型"智慧工匠"选树、"领军先锋"评选活动。活动重点围绕构建"2+（3+6）+（4+5）"现代产业体系（2:数字化转型和绿色化转型;3:集成电路、生物医药、人工智能;6:电子信息、生命健康、汽车、高端装备、先进材料、时尚消费品;4:元宇宙、绿色低碳、数字经济、智能终端;5:未来健康、未来智能、未来能源、未来空间、未来材料）,以数字化和绿色化为方向,聚焦三大先导产业、六大重点产业、四大新赛道、五大未来产业,涵盖了上海城市数字化转型的方方面面。活动启动后,860余人报名参赛。经评审,确定了24名参赛职工进入决赛,并成为"智慧工匠"候选人,这些候选人分布在信息软件、工业互联网、人工智能应用、集成电路等专业领域。决赛现场,各位候选人以现场展演与答辩的方式,展现了当前上海产业和信息化领域最"高精尖"的技术与水平,同时也诠释了他们对工匠精神的理解与实践。经过激烈角逐,上海建工四建集团有限公司余芳强、上海电信移动互联网部吴强、上海杉数网络科技有限公司葛冬冬、中广核数字科技有限公司张秀等10位候选人获得决赛一等奖,达观数据有限公司纪传俊、上海勘察设计研究院（集团）股份有限公司苏辉等10位候选人获得决赛二等奖,上海浦东电信局左艳华等4位候选人获得决赛三等奖。 （黄俭、顾捷）

【华谊集团举行工匠座谈会】 11月17日,上海华谊集团举行工匠座谈会,集团历届上海工匠、能源化学地质工会大国工匠、首届华谊工匠受邀参加座谈交流,分享成长经历、诠释奋斗精神,为集团工匠培育选树等工作建言献策。集团党政领导认真倾听工匠代表的发言,并与代表们就进一步发挥传承劳模工匠精神、更好建设工匠创新工作室、发挥好"传帮带"作用培养更多的青年技能人才等内容进行交流。据悉,此前市化学工会和华谊控股集团有限公司命名表彰了首届10名"华谊工匠"。 （蔡毓琳）

【国网上海市电力公司举办"电力工匠"现场评审发布会】 11月23日,2023年"电力工匠"评审发布会在国网上海信通公司举办。今年"电力工匠"评审,特邀市总工会兼职副主席、全国劳模、全国道德模范、大国工匠王曙群担任主评委,市工匠评审专家及公司设备部、建设部、调控中心、科技部、人资部参与评选。此次"电力工匠"选树活动,自8月启动,引起了广大职工的关注,经各单位层层选拔,从生产、基建、人工智能、物联网等专业推了40名职工心目中的"电力工匠"候选人,经材料初审和专家复审,又产生了15名"电力工匠"发布人选。专家评委打分及综合评定后,电科院司文荣、电缆公司顾黄晶、松江公司连鸿波、浦东公司乔歆慧、信通公司肖云杰等5名职工获评2023年"电力工匠"。 （陈纯）

【上海卷烟厂制丝设备高级技师李湛被授予2022年度"上海工匠"】 5月31日,市总工会举行2022年上海工匠选树命名活动暨2023年上海工匠培养选树启动仪式。上海卷烟厂三车间制丝设备高级技师李湛被选树命名为2022年"上海工匠"并收获"上海工匠大铜章"。李湛三十年如一日,始终扎根基层一线,专注于专业设备和工艺研究,先后参与上海卷烟厂"八五""十一五"两次重大技改项目。曾获评全国技术能手、上海市劳动模范、上海烟草工匠等称号。他始终秉承"一丝不苟,精湛制丝"的理念,主持参与6项专利研发和40余项重点技改和科技项目,助推"中华"品牌精益制造再上新台阶。同时,李湛作为劳模创新工作室的带头人,在工作中充分发挥了劳模引领的作用,致力于打造一支技能精湛的"中华制丝人"队伍,持续为工厂乃至全行业持续培育两高人才。 （丁佳杰）

【上海机场集团工会举办第二届"上海机场工匠"评选专家评审会】 4月12日,第二届"上海机场工匠"评选专家评审会在上海机场集团公司多功能厅举行。集团公司党委副书记、工会主席张永东出席活动。各直属单位工会主席、直属大单位工会办公室主任、劳模先进工匠代表等70余人现场观摩。选树活动面向集团公司基层一线生产岗位的在职职工,重点聚焦安全、服务、运行、

2023上海城市数字化转型、"领军先锋"评选活动举行
（黄俭、顾捷）

技术、建设等岗位，基层单位工会共推荐30人参与评选。各直属单位选拔推荐和主办部门初评筛选，产生了16名候选对象进入专家评审环节。经评委会评审最终产生了10名候选人入围名单并公示。　　　　　　　　　（张雯倩）

【市水务局命名水务海洋系统"身边匠人"】 12月22日，市水务局命名表扬上海市水务海洋系统2023年水务海洋系统"身边匠人"。决定乔天平（水利部首席技师）、封正华（上海市劳模）2人命名为2023年水务海洋系统"身边匠人"，俞晓筠等10人命名为2023年水务海洋系统"身边匠人"，林发永等14人获2023年水务海洋系统"身边匠人"提名奖。　　　　　　　　　　（王佐仕）

【光明牧业马长彬当选2022年度"上海工匠"】 2月16日，上海市总工会印发《关于命名2022年上海工匠的决定》，命名100人为2022年上海工匠。光明食品（集团）有限公司所属光明牧业有限公司牧场管理部技术部繁殖条线副经理马长彬当选为2022年度"上海工匠"。马长彬一直从事奶牛繁殖育种技术工作，他用饱满的工作热情带领着牧场的繁殖团队共同进步，以行业领先的牛群繁殖率为申丰牧场的牛只单产水平及经济效益提升做出突出贡献。光明牧业马长彬工作室2019年成立后，不断为光明牧业培育输送繁殖技术人员。多年来，马长彬潜心钻研繁殖育种技术，屡获殊荣。2018年，马长彬荣获"全国农业技术能手"称号；2021年荣获中国农林水利气象工会颁发的第二届"绿色生态最美职工"称号；2022年荣获上海市五一劳动奖章。　　（董巧辰）

【锦江国际集团工会大力开展工匠培育选树】 2023年，锦江国际（集团）有限公司工会在集团党委的领导下，不断深化集团产业工人队伍建设改革，培育打造创新人才队伍梯队。一年来，虹桥宾馆陈刚美食创意工坊劳模创新工作室获评上海市劳模创新工作室，和平饭店钱晓获评上海工匠，和平饭店安斌面塑技艺工匠创新工作室获评上海市工匠创新工作室，锦江饭店贵宾楼管家班组获得全国巾帼文明岗称号，锦江花园饭店中点制作班组、锦江都城经典新城饭店运营销售班组、奉贤新城锦江城市服务有限公司"海之花"项目部、牛羊肉有限公司卫检班组获得上海市巾帼文明岗称号。开展新一轮"锦江工匠"选树工作，命名吴疆等15人为2023年"锦江工匠"，命名牛宝亮食雕艺术创新工作室等5家工作室为锦江国际工匠创新工作室。　　　　　　　（顾明方）

【申通地铁维保通号徐建军荣获首届"长三角大工匠"称号】 6月28日，在推进长三角高质量一体化发展工会工作联席会议上，上海地铁维护保障有限公司通号分公司徐建军荣获首届"长三角大工匠"殊荣。徐建军作为上海地铁维护保障有限公司通号分公司道岔转辙设备工作室负责人，深耕世界第一规模轨道交通线网转辙设备领域33年，先后被授予"全国交通技术能手""上海工匠"等称号，工作室先后被命名为"上海市技能大师工作室""上海市工匠创新工作室"等。针对传统转辙设备无法应对上海地铁超大网络规模的高密度运营频次，他带领团队先后研发了15项高性能转辙设备关键核心技术，累计申请国家发明、实用新型专利29项。首创电液轨枕式内锁闭转换设备，填补了行业内此项技术的空白，故障数量较2015年下降63%，并形成了成套装备、管理体系以及技术标准。徐建军带领团队坚持以一线数据为基础，依托大数据、云计算、图像处理等先进技术，搭建转辙设备分析决策平台，通过设计研发监测感知设备，实时盯控，自动统计分析提供维护决策。通过数据趋势分析，故障模型对比，实现了设备状态的数据量化，故障、风险的提前预警，维护模式从"计划修"逐渐向"状态修"转变，突破超大规模地铁转辙设备专业高效运维的全国难题。徐建军先后带教培养了上千名城轨信号专业高技能人才。徒弟颜韵飞在全国交通运输行业城市轨道交通信号工职业技能大赛全国总决赛中取得了第一名。　　　　　　　　　　　（汪嘉琦）

【隧道工程股份有限公司工会开展第二届"隧道股份工匠"评选】 2023年，隧道工程股份有限公司工会开展第二届"隧道股份工匠"评审，来自10家单位的29名职工申报并参与评选。4月，公司工会邀请专家对29名参评人员展开初评工作。经过评选，16名候选人获得评审发布资格。5月，公司召开第二届"隧道股份工匠"评审发布会。会上，16位候选人通过各种形式，全方位展示了精湛技能和创新成果。最终，杨晨平、钱正樑、荣建、董欢、韩洁、王剑锋、李永、王彦、郭卓明、施爱军等10人被评为"隧道股份工匠"。　　（吴　艳）

宣传服务

【概要】 2023年，市总工会在各区局产业工会的大力支持下，围绕劳模宣传和服务工作职责，认真履职，积极同劳模协会发挥联系劳模、服务劳模、关心劳模的桥梁纽带作用，圆满完成了各项目标任务。通过市劳模协会战略规划、宣传交流、发展提升、保障服务等4个专门委员会，从关心关爱劳模、真情服务劳模、健全劳模管理服务长效机制入手，为劳模提供更加便利、优质的服务，进一步提升劳模社会地位、拓展劳模成长舞台。积极争取社会优质资源，为劳模学习交流、生活帮扶、参观休养、健身体检、精神慰藉等方面提供更加多元化的服务渠道，努力推出更多更好的劳模服务工作新品牌，进一步做好新形势下劳模宣传、服务工作，制定出更加有温度的服务措施，持续提升服务能级。

（师荣欣）

【召开上海市劳动模范协会第七届会员代表大会】 2月27日，市劳模协会在上海展览中心隆重召开第七届会员代表大会，时任市总工会主席莫负春，时任市总工会党组书记、副主席黄红出席会议并发表重要讲话。会议听取了第六届理事会《大力弘扬劳模精神，持续发挥劳模作用，进一步加强劳模服务管理工作》的工作报告，选举产生了市劳模协会新一届理事会理事，选举产生首届监事会监事，选举宁光为劳模协会会长，朱雪芹为常务副会长，为申能集团、中国太保、工商银行、东方航空颁发市总工会、劳模协会"公益伙伴"奖牌。在劳模协会第七届常务理事会第一次会议上，审议通过了《上海市劳动模范协会专门委员会工作条例》，设立战略规划、宣传交流、发展提升、保障服务等4个专门委员会。专委会设立后，围绕"弘扬劳模精神、增进劳模交流、维护劳模权益、促进劳模发展"4大任务,根据专委会职责分工,开展多次专题调研研讨,确定各专委会的主要工作重点并积极加以推进。 （师荣欣）

【开展劳模工匠先进志愿服务】 3月5日,市总工会、市文明办等共同举办的"学雷锋精神,展劳动风采——'中国梦·劳动美'劳模工匠志愿服务"活动。现场,40余位耳熟能详的劳模工匠朱雪芹、洪亮、陈黎静、殷仁俊、朱兰、郁非等及志愿服务队齐聚豫园商城,开展健康管理、便民服务、品质生活、美食文化等志愿服务项目。全国劳模陈黎静作为劳模代表向全市劳模工匠发出倡议,号召全市劳模工匠积极投身志愿服务,为上海志愿者服务事业贡献力量。全国劳模杨怀远和全国劳模、市劳模协会副会长包起帆向百支劳模工匠志愿服务队代表授旗,号召全市劳模广泛开展各类劳模志愿服务活动,让劳模精神代代相传。4月29日,"七一"勋章获得者、全国劳模黄宝妹,全国劳模沈美兰、俞卓伟等近50位劳模先进齐聚五角场广场,一同参与"人民城市,劳动赞歌"五一劳模工匠志愿服务日活动,为市民群众带来健康、便民、科普等多方位的特色服务项目。 （师荣欣）

【持续加强劳动教育】 2023年,市总工会深入开展"劳模工匠进校园"行动,建立劳模工匠千人师资库。劳模"老师"纷纷走进课堂,在开学第一课、劳模来讲课、劳模讲堂等活动中,劳模先进以自身榜样的力量,引导广大学生树立正确的劳动价值观,涵育良好的劳动品质,不断提高他们的思辨能力,为国家培育更多富有创造力和创新力的时代新人助力。3月20日,3位巾帼劳模代表姚启明、高煜、居姝走进上海交通大学,在"奋进新征程,巾帼绽芳华"巾帼劳模主题分享会上分享她们的成长经历,讲述立足各自岗位拼搏奋斗的感人故事。黄浦区卢湾区第一中心小学开展劳模见面会,黄宝妹、杨怀远、朱雪芹等一批知名劳模与师生见面,劳模们为少先队员送上寄语,期望学生们永远听党走、跟党走。上海工商外国语学校与上海第二工业大学签订"劳模文化育人"共建协议,并向入驻劳模工作站的劳模颁发优秀导师荣誉证书和导师聘书。5月11日,举办"上海市大中小学劳模工匠进校园"推进会,并召开主题为"劳模精神、劳动精神、工匠精神进校园新探索"圆桌论坛,创新大中小学德育一体化的新格局和新模式。全年,市总工会推动劳模走进上海财大、上海城建职业学院、浦模东校等高校,各区、产业也开启校企合作共建,越来越多劳模先进受聘成为劳动讲师。 （师荣欣）

【关心关爱劳模】 年内,市总工会注重整合各类资源,满足劳模群体多样化需求。积极做好全国劳模体检、劳模疗休养、劳模文化寻访和劳模专项补助金发放等工作。组织安排的23批次长途、短途劳模休养和全国总工会13批次1100名劳模疗休养工作。组织劳模先进代表参加文化巡访,劳模们先后参观了华漕镇党群服务中心、中共四大纪念馆和国旗教育展示厅。做好劳模学院工作,2023年的劳模先进研修班分两期进行,每期100人,时任市总工会党组书记、副主席黄红,市政协副主席钱锋院士,副主席丁巍、张立新等分别出席开、闭幕式,先后邀请13名知名专家作报告,其中院士4名,帮助劳模先进强化思想引领、提升综合素养、开阔眼界格局、锻炼能力本领。继续做好申能集团为退休劳模捐赠燃气用具项目工作。8月30日,市总工会、申能集团启动新一轮燃气用具捐赠,市人大常委会副主任、党组副书记、市总工会主席郑钢淼,时任市总工会党组书记、副主席黄红等出席签约仪式,市总工会副主席丁巍签署新一轮专项捐赠协议,项目已为533户退休劳模家庭更换燃气用具。做好与太平洋保险公司太保蓝公益基金劳模脑健康专门服务项目,2023年为3010名劳模提供了"5+4"专享服务,为劳模提供医疗保健咨询服务及就诊绿色通道。继续为劳模邮寄交替封;为529名80、90、100岁的老劳模送生日蛋糕;为全国劳模赠送沪惠保补充医疗保险;安排劳模白内障免费手术;女劳模专项检查;会同市体育局继续全市35家场馆为65岁及以下的劳模就近提供优享健身项目。为80周岁以上劳模办理"银发无忧——老年人意外伤害综合保险"。 （师荣欣）

【组织参加第二届大国工匠创新交流大会】 7月28—30日,中华全国总工会在北京举办第二届大国工匠创新交流大会暨大国工匠论坛。本次工匠大会共举办7场论坛、1场路演,设有47个展览展示区,共1200多项职工创新重大成果亮相。上海市总工会以"上海工匠,创新卓越"为主题建设展区,用3张图谱分别展示上海工会在构建"工匠人才培养选树体系"、夯实"一线职工创新服务体系"、打造"上海工匠十大系列品牌"方面形成的机制和取得的成果。设置"人民城市建设者、大国重器攻坚者、现代产业耕耘者、一带一路先行者、长三角大工匠助推高质量一体化"5个板块,展现上海各级工会推进产业工人队伍建设改革和工匠培养选树的工作体系和工作成果。大会期间,以"从'上海师傅'到'大国工匠'"为主题举办上海分论坛,王曙群、张冬伟、周琦炜、杨戌雷4位上海工匠作主题交流;姚启明、杨致俭、朱道义、陈徐奇、顾惠明5位上海工匠进行技艺展演,申工社视频号连续50个小时对大会进行直播。上海市总工会荣获大会最佳展区、最具人气直播间、最佳网络传播案例3项荣誉。 （陈志渊）

【举办上海工匠风采展】 6月15—17日,第九届中国(上海)国际技术进出口交易会在上海世博展览馆举行。期间,市总工会、浦东新区总工会、闵行区总工会共同举办上海工匠风采展。市总工会展区聚焦展示曹毅等大国工匠风采、全球最大集装箱船模型等国之重器,浦东新区总工会展区聚焦展示生物芯片、机器人等3大先导产业职工创新成果,闵行区总工会展区聚焦展示生物摇摆器、纳米材料、掐丝珐琅琴等非公企业职工创新成果。通过风采展在全社会营造尊重工匠、崇尚工匠、学习工匠、争当工匠良好氛围。 （王燚）

【组织上海工匠赴无锡拈花湾进行疗休养】 11月6—8日,市总工会组织70余名历年上海工匠赴无锡进行疗休养。期间,专程安排"海派中医"长宁区华阳街道社区卫生服务中心中医科主任石向东、上海市绿化管理指导站首席技师园艺专家王伟伟、上海德华国药制品有限公司党支部书记、副总经理王平和上海威龙洗涤经营有限公司技术总监王雪峰等4位上海工匠与大家分享《颈椎

市总工会开展"劳模工匠助企行"试点活动　（市总基层工作部供稿）

病与腰椎病的防治》《园艺让生活更美好—家庭养花常见问题解答》《人最可贵的是健康》和《家庭洗护小常识》等生活窍门，获得参与工匠的广泛好评。期间，市总工会党组成员、副主席桂晓燕专程前往无锡拈花湾云湖礼堂，现场慰问参与此次疗休养的各位工匠，介绍市总工会与工匠培养选树等的相关工作情况，并宣传全国总工会"劳模工匠助企行"试点活动。　（朱洪程）

【第九季上海工匠纪录片开机拍摄】11月，由市总工会、东方卫视和SMG纪录片中心联合拍摄制作大型系列纪录片上海工匠第九季开机。本季纪录片共10集，每集时长约20分钟。本季纪录片以"破浪"为主题，拍摄上海表业有限公司李文侠、上海静安建筑装饰实业股份有限公司顾雪峰、上海摩意网络科技有限公司叶维中、上海电气电站设备有限公司上海汽轮机厂刘霞、上海航天设备制造总厂有限公司何启超、江南造船（集团）有限责任公司胡传硕、上汽通用汽车有限公司徐澳门、中交上海航道勘察设计研究院有限公司季岚、上海市第六人民医院张长青和上海国际主题乐园有限公司胡孝清等10位上海工匠，围绕习总书记对上海城市发展的要求，即从提升城市的竞争力、创新力和保障力出发，聚焦关键领域的创新性企业，如航天航空，同时关注生命健康、航道设计等和人民生活息息相关的领域，塑造独具特色的上海工匠：他们尊重传统，继承老一辈上海工匠的精神，同时又不断开拓创新，从"上海师傅"到大国工匠，贡献智慧，引领前行。

（马依昕）

【开展"上海工匠大讲堂"线上培训】5月22—26日，上海科技节期间，市职工技术协会服务中心邀请杨建军、毛颖科等5位上海工匠，联合"技能强国——全国产业工人学习社区"和"劳动观察"平台，开设5场"上海工匠大讲堂"线上专题培训，内容涉及人工智能、电力、艺术鉴赏等领域，面向全国技术人才、在岗职工开放，受益面广、点击率高，5门课程总体点击量超过12万。（顾学琴）

【浦东新区总工会"劳模工匠开讲啦"宣讲活动收官】12月20日，浦东新区总工会联手区教育局、区文明办组织的"劳模工匠进校园"系列活动之"劳模工匠开讲啦"宣讲之行圆满结束，14位来自不同领域的劳模工匠代表作为浦东新区教育系统兼职辅导员走进15所中（职）小学校开展宣讲，也在孩子们的心里播撒下匠心的种子。成员中不仅有集成电路、生物医药、人工智能等三大先导产业的创新者，也有传统文化传承者，更有服务、生态等不同产业的一线技术能手。　（吴周筠）

【长宁区总工会举办"三个精神"宣传工作座谈会】7月，长宁区总工会在长宁图书馆召开了"三个精神"（即劳模精神、劳动精神、工匠精神）宣传工作座谈会。座谈会分为"劳模先进专场""非公企业专场"和"工会干部专场"。在劳模先进专场，劳模工匠们结合自己"进校园、进企业、进园区"开展宣讲和志愿服务的亲身经历，阐述了对"三个精神"宣传工作的理解和困惑；在非公企业专场，来自携程、帆书、统一、乐金、拼多多等企业的职工代表通过对企业职工年龄层次和兴趣爱好的剖析，探讨了对"三个精神"宣传形式和宣传途径的看法；在工会干部专场，各系统、街镇工会干部交流了在本级工会开展"三个精神"宣传工作中取得的效果和遇到的瓶颈阻力，并提出意见建议。　（王亚文）

【普陀区成立劳模创新工作室共同体】6月2日，2023年普陀区"美好社区，先锋行动"基层治理创新项目立功竞赛暨居村劳模书记（主任）创新工作室共同体成立活动举行。普陀区委副书记周艳，区委常委、组织部部长李红珍，区人大常委会副主任、区总工会主席姚军，市委组织部、市总工会相关领导出席活动。当天，居村劳模书记（主任）创新工作室共同体成立，明确建立"五个一"（即一批劳模创新工作室、一个民情圆桌平台、一批治理创新项目、一次擂台比武交流、一批优秀经验方法）工作机制，推动居村干部成长。活动现场，居民区党组织书记、主任代表现场展示演绎了劳模创新治理项目，与会专家对居村劳模书记（主任）治理项目进行点评，为基层治理创新指明方向、提供了遵循。周艳在讲话中指出，要用匠心践行初心，在社区治理中用行动践行全心全意为人民服务的初心。要用匠心赢得民心，动员社区治理新力量，以坚持恒心、勇于创新、乐于奉献的情怀赢得民心。要用匠心锻造队伍，依托劳模创新工作室多出案例、多出方法、多出人才、多出团队，锻造靠谱的社区工作队伍，为推动"五高"（经济发展高质量、城区形象高颜值、人民生活高品质、城区治理高效能、干部人才高素质）发展贡献力量。

（陆　蕾）

【杨浦区总工会开展"劳模讲师团"系列讲座】3月3日，杨浦区总工会在沪东工人文化宫启动第19期杨浦区"劳模讲师团"系列讲座。讲座主要面向区内困难职工家庭初三、高三优秀学生，本期讲座共招收100余名。讲师团由全国五一劳动奖章获得者、上海市先进工作者、控江中学数学特级教师许敏，全国优秀班主任、上海市先进工作者、杨浦高级中学德育特级教师、语文高级教

4月29日，杨浦区总工会举行"人民城市，劳动赞歌"五一劳模工匠志愿服务日主题活动
（张秀鑫）

师张璇等劳模先进领衔，由特级教师、学科带头人、学科名教师和骨干教师等13名教师组成。至2023年，杨浦工会"劳模讲师团"已连续19年为困难职工家庭优秀学生开展免费培训，累计受惠学生逾3700人次。
（张秀鑫）

【杨浦区总工会举行"人民城市，劳动赞歌"劳模工匠志愿服务日活动】 4月29日，杨浦区总工会在五角场广场举办"人民城市，劳动赞歌"五一劳模工匠志愿服务日主题活动。活动设置"健康管理区""便民服务区""权益保障区""宣传科普区""场馆展示区"5个志愿服务区，全市50余位劳模工匠及团队成员为市民群众提供健康、便民、保障、科普、文化等多方位特色服务项目。时任市总工会主席莫负春，市委宣传部副部长、市文明办主任、市志愿者协会会长潘敏，时任市总工会党组书记、副主席黄红，杨浦区委书记薛侃，市医务工会主席、上海申康医院发展中心党委书记赵丹丹，市医务工会副主席、市卫生健康委一级巡视员方秉华，市总工会党组成员、副主席桂晓燕，杨浦区委副书记周海鹰，区委常委、宣传部部长卢刚，区人大常委会副主任、区总工会主席董海明等出席活动。活动为"红色文化主题教育进校园"宣讲团代表颁发聘书，为6个站点的"美团（上海）骑手志愿者服务小队"授旗。5位全国和市劳模代表宣读倡议书，启动"建功'十四五'，奋进新征程"杨浦职工助力创建全国文明城区专项立功竞赛。
（张秀鑫）

【杨浦区总工会在长白228街坊劳模广场举行上海工人新村展示馆开馆仪式】 11月17日，杨浦区总工会在228街坊劳模广场举行上海工人新村展示馆开馆仪式。市人大常委会党组副书记、副主任、市总工会主席郑钢淼，杨浦区委书记薛侃共同为上海工人新村展示馆开馆。仪式上，还正式揭牌了228街坊区域工会联合会和228街坊人大代表联络站。仪式结束后，与会领导与劳模代表共同参观展示馆，深入了解228街坊工人新村的变迁史，探寻上海工人新村建设的发展史，沉浸式感受"两万户"建筑的空间肌理和历史情怀。（张秀鑫）

【宝山区劳模协会召开第五届会员代表大会】 4月25日，宝山区劳模协会第五届会员代表大会顺利召开。市总工会党组成员、副主席桂晓燕，区总工会党组副书记、副主席沈玉春，市总工会宣教部副部长李明，区民政局四级调研员宋阿南出席，大会由区总工会党组成员、经审会主任冀晓蕾主持。96名劳模代表参加会议。会议审议通过宝山区劳模协会第四届理事会工作报告《大力弘扬劳模精神，不断提升服务水平，充分发挥劳模在科创宝山建设中的引领作用》《宝山区劳模协会第四届理事会财务收支报告》，审议并通过《宝山区劳模协会章程（草案）》。同时，选举全国劳动模范吴振祥任区劳模协会第五届理事会会长。
（朱艳）

【金山区总工会举办上海工匠金山秀场】 5月27日，金山区总工会在金山百联购物中心广场举办职工科技节"上海工匠金山秀场"专题活动。市职工技协服务中心党总支书记竺敏，区总工会党组书记、副主席徐红强，区总工会党组成员、副主席孙素华，区总工会三级调研员曹冠，上海工匠、金山工匠代表及各直属工会主席出席活动。活动中，竺敏为上海市职工先进操作法优秀成果奖和上海市职工合理化建议创新奖获得者颁奖。徐红强与3位工匠代表共同启动2023年度"寻找身边的工匠"暨"上海工匠""金山工匠"推荐选树活动。上海工匠郭秀玲、金山工匠耿金宏、金山工匠火晓杰分别结合自身经历分享了工匠精神感言。现场共分4大区域，通过咨询服务、观赏展示、实践体验、技艺品尝等多种形式有机融合，搭建工匠技艺展示平台。咨询服务区有来自医务系统的牙科、普外科、妇产科、消化内科等名医工匠提供免费义诊；观赏展示区有精细化工、灌溉技术、"朱行染缬"非遗技艺、手工复刻黑陶等匠心作品展示；实践体验区有工匠手把手教授土布贴画、中式面点、盲人按摩、琵琶制作等技艺；技艺品尝区有梨膏糖、西式面点、丁蹄、啤酒、蘑菇、西瓜、茶叶等各种工匠出品美食。
（卫婷怡）

【"中国梦·劳动美——人民城市，奋斗有我"上海职工直播课堂松江专场开讲】 8月2日，"中国梦·劳动美——人民城市，奋斗有我"上海职工直播课堂松江专场在松江区工人文化宫开讲。活动邀请科创走廊的筑梦者张建军、网络安全的守护者罗清篮、巧手鲁班的传承者邵茹鹏3位劳模先进和工匠代表讲述各自的创新创业奋斗故事。通过现场提问和网络平台的互动，让广大职工群众近距离接触劳模工匠群体，感受其身上的劳模精神、劳动精神和工匠精神。
（陈晓婕）

【松江区总工会举行党的二十大精神劳模宣讲暨颁发聘书仪式】 6月6日，松江区总工会在区工人文化宫举行党的二十大精神劳模宣讲暨颁发聘书仪式。区人大常委会副主任、区总工会主席吴建良出席，并为劳模宣讲团成员颁发聘书。华东师范大学物流研究院院长、上海劳模学院院长、全国劳模包起帆作主题宣讲，结合自身成长和工作经历，以《初心、使命、奉献》为题，阐述了劳模精

12月1日，松江职工原创情景剧《榜样》在松江区工人文化宫首演
（朱剑欢）

神、劳动精神和工匠精神。宣讲团劳模代表张巨浪作表态发言。本次主题宣讲以线下宣讲与线上同步直播的方式进行，各街镇、经开区总工会、各委局、佘山度假区及直属公司工会基层工会干部、职工代表观看线上直播。

（沈绮霞）

【松江区总工会召开劳模创新工作室调研交流座谈会】 10月26日，松江区总工会在上海科创职业技术学院张巨浪劳模创新工作室召开劳模创新工作室调研交流座谈会。区人大常委会副主任、区总工会主席吴建良出席活动，他指出，各劳模创新工作室要更加明晰自身定位，更加明确工作目标，更加规范运作机制，更加注重立项科学合理，更加规范工作经费使用。座谈会上，薛鸿斌劳模创新工作室、王辉林劳模创新工作室、张建国劳模创新工作室、夏洁敏劳模创新工作室、赵祥劳模创新工作室、黄华劳模创新工作室领衔人、成员，以及基层工会干部代表围绕工作室运行情况、存在困难和意见建议进行交流发言。

（蔡陆欢）

【松江职工原创情景剧《榜样》首演】 12月1日，松江职工首部原创情景剧《榜样》在区工人文化宫上演。此剧是由松江职工自编、自演。剧中人物原型为新中国成立以来奋战在松江农业领域的陈永康、服务行业的张锡章、职业教育领域的张巨浪和制造业企业家张建军等4位劳模先进。通过《老来青》《剪中爱》《培育》《坚定》4个篇章

歌颂"爱岗敬业、争创一流、艰苦奋斗、勇于创新、淡泊名利、甘于奉献"的劳模精神。本次原创情景剧是区总工会弘扬劳模精神、加强职工思想政治引领的一项创新举措，也是打造职工"原创+"文化品牌的有益尝试。首演当天，松江各行各业职工代表，中小学、高职院校学生代表观看了演出。剧中人物原型之一的张锡章也来到现场，把活动推向高潮。

（高 蕾）

【青浦区劳动模范协会召开第三次会员代表大会】 3月9日，青浦区劳动模范协会第三次会员代表大会召开。青浦区人大常委会副主任、区总工会主席高健，市总工会兼职副主席、市劳动模范协会常务副会长朱雪芹出席大会并讲话。区总工会党组书记、常务副主席陈阳及区总工会领导班子成员出席，全区85名劳模代表参加会议。会议听取并审议通过《上海市青浦区劳动模范协会第三次会员代表大会表决办法（草案）》《上海市青浦区劳动模范协会第二届理事会工作报告（草案）》等，选举产生了青浦区劳动模范协会第三届理事会、第一届监事会，吴跃红当选为青浦区劳动模范协会第三届理事会会长。

（朱建强）

【奉贤区总工会举办"奉贤劳模工匠先进"专题早餐会】 6月6日，奉贤区总工会举办"早餐圆桌 · 问需贤才"——"奉贤劳模工匠先进"专题早餐会。区委副书记唐晓腾，区委常委、组织部部长徐乃毅，副区长吕将出席活动。会上，

5位劳模工匠先进代表围绕奉贤经济高质量发展、人才政策、人才培引等方面进行了座谈交流。区委办、区府办、区人才办、区经委、区科委、区人社局、区建管委、区房管局等相关部门领导参加。

（祝笑成）

【崇明区总工会举办劳模工匠学雷锋志愿服务活动】 3月3日，崇明区总工会联合上海崇明生态城建集团有限公司、区医务工会举办"学雷锋精神，展劳动风采""跟着劳模做志愿"崇明劳模工匠学雷锋志愿服务活动。本次志愿服务活动主要以区医务系统劳模先进为代表，以疾病咨询、现场义诊等形式为生态城建集团的企业职工搭建便利的健康咨询平台，提供零距离健康医疗志愿服务，进一步提高职工的自我保健意识，普及健康理念，增加职工的获得感、幸福感和安全感。

（袁佳琪）

【机电工会开展全国劳模李斌祭扫活动】 5月18日，为纪念习近平总书记向全国劳模李斌颁发荣誉证书8周年，上海电气集团股份有限公司党委副书记、市机电工会主席朱兆开带队前往福寿园瞻仰李斌塑像，祭扫李斌墓，追忆爱岗敬业、刻苦钻研、勇于创新、无私奉献的"李斌精神"，激发昂扬斗志。祭扫仪式上，朱兆开向李斌塑像敬献花环，机电工会常务副主席袁胜洲致词，副主席万敏莉、李敏及上海机电股份有限公司、上海电气液压气动有限公司、李斌技师学院相关领导、李斌徒弟等依次献花。祭扫活动前，机电工会领导还走访慰问李斌家属及部分劳模先进。

（孙益民）

【上海电气和上海电机学院联合举办李斌论坛】 7月18日，在上海电机学院70周年校庆之际，由上海电气集团和上海电机学院联合主办的主题为"产教融合育匠才，双向奔赴谋新篇"的李斌论坛在该校举行。7名上海电气首批特级技师获颁证书，并被聘为上海电机学院客座教授。双方共建的产业工人终身学习基地正式揭牌。上海电机学院党委书记鲁雄刚，上海电气集团党委副书记、市机电工会主席、李斌技师学院院长朱兆开出席并讲话，电机学院党委副书记、副院长李晓军，副院长杨万枫，上海电气集团副总裁阳虹出席活动。论

7月18日，上海电气集团和上海电机学院联合举办"产教融合育匠才，双向奔赴谋新篇"李斌论坛
（孙益民）

坛上，阳虹、杨万枫分别以《上海电气产教融合培育高技能人才实践》《辅车相依二十载，产教融合育匠才》为题作了交流发言。7位上海电气劳模工匠代表结合各自成长经历，从不同侧面、不同角度交流分享了他们对劳模精神、劳动精神、工匠精神和李斌精神的理解和感悟。
（孙益民）

【机电工会召开劳模工匠座谈会】 12月21日，上海电气集团股份有限公司在上海电气电站设备有限公司汽轮机厂召开劳模工匠座谈会。集团党委书记吴磊出席并讲话，党委副书记、总裁刘平出席，党委副书记、市机电工会主席朱兆开主持。座谈会上，庄秋峰、金德华、诸育枫、王晓芳、陈勇、王少波、俞振宇、赵金良、崔伟等9位来自技能、科技、管理3支队伍的劳模工匠先进代表结合自身成长经历，畅谈感想、交流体会、提出建议。吴磊强调，上海电气要紧贴国家重大战略需求，抢抓重要政策机遇期、发展窗口期，推动上海加快培育世界级高端产业集群。要密切关注世界前沿技术，增强创新意识，以技术革新引领企业发展。劳模工匠对产品、对企业具有更深的认识理解和更高的敏锐性，要为集团和企业发展多提宝贵建议，促进企业提质增效、稳健发展；要发挥示范引领作用，做好传帮带，不断壮大高技能人才队伍。集团办公室、市机电工会、电站集团和汽轮机厂主要领导参加此次活动。
（张 鹤）

【仪电工会举办"劳模工匠创新慧"参观

【学习交流活动】 5月26日，仪电工会举办了上海仪电"劳模工匠创新慧"参观学习交流活动。仪电工会主席、上海仪电"劳模工匠创新慧"成员、各重点子公司和直属单位工会主席参加了活动。活动中，大家先后参观了红色文化进国企《上海国资国企红色基因展暨上海仪电百年发展历程展》、上海无线电博物馆、上海仪电展示厅、仪电中央研究院"方逸洲工匠创新工作室"以及上海联通客户交流中心和运营指挥中心。学习交流中，中央研究院"方逸洲工匠创新工作室"领衔人"上海工匠"方逸洲同志就创新工作室的创建和工作开展情况进行了经验分享。大家围绕劳模、工匠创新工作室的培育创建提升，集团有关软硬件业务联动、企业内外部资源共享、人才培养技能提升等方面进行了研讨，提出了许多有益的意见和建议。通过"劳模工匠创新慧"共建、共享、共赢、共进作用的发挥，激发劳模工匠在技术创新、管理创新、服务创新、制度

创新和综合创新上的示范引领作用，从而凝聚广大职工为推动仪电集团高质量发展聚力赋能。
（周黎俊）

【东方国际集团举办"创新·时尚·融合"劳模工匠共话发展活动】 3月30日，东方国际（集团）有限公司在虹桥品汇举行"创新·时尚·融合"劳模工匠共话发展活动。时任市总工会党组书记、副主席黄红出席活动并致辞。她表示，各级工会要建立更有效的机制，激励更多职工立足岗位创新创造；要营造更好的氛围，在全社会形成创新创造的浓厚氛围。本次"创新·时尚·融合"劳模工匠共话发展活动围绕设计赋能产业发展、空间环境、公共服务、民众生活等话题，结合各行各业劳模工匠先进代表各自工作特点，从不同角度切入，展开观点交流、思想碰撞与交融，展示当代职工在新时代新征程上追求卓越，为上海国际时尚之都建设贡献智慧与力量的精神风貌。
（郑鹤峰）

【国网上海市电力公司劳模先进风采展及劳模主题职工艺术作品展开幕】 4月24日，国网上海市电力公司"致敬！照亮城市最璀璨的那束光"2023年劳模先进风采展暨劳模主题职工艺术作品展开幕。公司董事长、党委书记梁旭，副总经理、工会主席陈春霖等到场参观指导。此次公司劳模先进风采展聚焦公司系统2023年全国和上海市五一劳动奖获奖集体和个人，以及历届全国劳动模范、全国五一劳动奖、上海市劳动模范、中央企业劳动模范、国网公司劳动模范等劳模先进群体，以图文并茂的形式生动展现他们开拓创新的时代风采和勇于奉献的精神风貌。同时，以劳模精神为主题的"知音，闪耀润物无

仪电工会举办"劳模工匠创新慧"参观交流活动
（周黎俊）

声的艺术之光"职工艺术作品展同步开展，来自公司基层一线的职工艺术家们，聚焦劳模先进的闪光点，集中创作出一批高质量的篆刻、书法、绘画、摄影作品。　　　　　　　　（陈振兴）

【中国宝武大力弘扬劳模精神、劳动精神、工匠精神】 2023年，中国宝武钢铁集团有限公司大力弘扬劳模精神、劳动精神、工匠精神，做好劳模先进培育选树、宣传教育和关心关爱工作。召开劳模先进交流会，在集团官微开设"金牛奋进"专栏连载16期"金牛奖"事迹专访，引导广大职工向先进看齐。选送10位工匠和9个创新成果亮相第二届大国工匠创新交流大会。开展27期"宝武大咖讲"线上直播，组织各领域优秀创新人才讲授前沿技术、自主管理技法、成果总结要领等内容，吸引2.9万人次在线学习。积极选树劳模先进，共有56个集体和个人获得国家及省部级荣誉称号，其中1人入围"大国工匠年度人物"，3个集体荣获省部级五一劳动奖状，17个集体荣获全国及省部级工人先锋号，19人荣获全国及省部级五一劳动奖章，5人荣获省部级劳动模范，11人荣获省部级工匠。认真做好劳模关爱服务，为符合条件的劳模56人次申领慰问金、荣誉津贴，为7名全国劳模、65名省部级劳模申请各类困难补助金，为5家单位18名劳模申办"关爱老劳模脑健康"等服务。（贾崇斌）

【宝冶工会开展百名劳模先进疗休养】 2023年，宝冶集团有限公司工会组织开展百名劳模先进疗休养活动。在做好劳模先进关心关爱工作的同时，营造了学习、争当劳模先进的良好氛围，增强了劳模先进的荣誉感。每批劳模先进疗休养活动为期一周，利用公司自身资源——青岛梅地亚酒店为疗休养活动提供优质服务，同时通过领略人文和自然景观，帮助劳模先进放松身心；通过座谈交流，使劳模先进增进了解，互学互鉴、互促互进；通过参观博物馆、纪念馆和红色教育基地，厚植爱党爱国情怀。　　　　　　　　（张 舟）

【中远海运集团工会开展劳模进一线巡回主题宣讲活动】 7—8月，中国远洋海运集团有限公司工会围绕"喜迎工会十八大，团结奋进新征程"主题组织开展"中国梦·劳动美——凝心铸魂跟党走，团结奋斗新征程"全国交通建设产业百名劳模工匠进一线中远海运巡回主题宣讲活动，通过劳模宣讲、文艺表演和知识竞答"三位一体"有机结合，将党的二十大精神学习课堂带到职工身边。选派系统内劳模代表11人组成劳模宣讲团，历时50多天，行程8000余公里，覆盖广州、青岛、大连、天津、海南、上海6地，融合了劳模演讲、访谈对话、海嫂同台等不同展现形式，通过朴实的语言、生动的事例讲述奉献托举梦想、实干创造未来的奋斗故事。活动将文艺演出和劳模宣讲相互穿插，歌伴舞、阿卡贝拉、大提琴、锣鼓、快板等文艺表演节目，与劳模宣讲融为一体，深情致敬劳模工匠，带来多层次的观感体验。中国海员建设工会分党组书记、工会主席李庆忠，市总工会党组成员、工会副主席丁巍受邀出席活动。经统计，6场主题宣讲活动通过现场宣讲、网络直播、图片观摩等传播形式，实现网上网下同频共振。宣讲现场参会2000余人，线上观摩宣讲近5000人次，图片直播浏览逾7万人次，取得了较好宣传教育效果。　　　　　　　　（周敏励）

【中远海运船员工会举办"学习劳模事迹，传承航海精神"座谈会】 9月27日，中国远洋海运集团有限公司船员工会联合公司团委举办2023年"学习劳模事迹，传承航海精神"座谈会，丁经国船长和王银兴轮机长两位已退休的全国劳模应邀出席，优秀船员代表及陆岸青年员工代表参加座谈。两位劳模前辈向船岸青年代表介绍了自己的人生轨迹、职业生涯心得体会和个人成长成才心路历程，并寄语大家奋发图强，在各自岗位上发光、发热，彰显时代风采。　　　　　　　　（许恒怡）

【上海电信工会举办2023年"五一"劳模先进专场音乐会】 4月22日，中国电信上海公司工会在上海电信博物馆举办"奋进新时代"上海电信五一劳模先进专场音乐会，公司资深总裁马益民，公司党委委员、副总经理、工会主席常朝晖出席活动，公司级以上劳模先进携家属观摩精彩演出。公司工会干部和各单位工会主席一同参加活动。音乐会邀请专业的演奏家演绎中外经典作品，以室内音乐会的新颖形式，汇集多样化音乐风格，让劳模及家属们共享一场艺术盛宴。　　　　　　　　（殷 茵）

【市交通委工会举办首届上海交通工匠匠心分享会】 7月6日，市交通委员会工会在世博会博物馆WE剧场举办"奋进向未来——首届上海交通工匠匠心分享会"。本次活动旨在弘扬劳模精神、劳动精神、工匠精神，大力营造劳动光荣的社会风尚和精益求精的敬业风气，为上海交通高质量发展提供坚实的人才支撑。市总工会一级巡视员周奇出席活动并讲话，市交通委党组成员、副主任王晓杰出席活动并致辞。上海交通工匠和提名奖获得者以及各界职工代表近300人参加。会上，上海交通工匠获得者进行了先进事迹分享。本次活动以小见大、以点及面、以情感人、以景还境、以演助情，通过上海交通工匠的所见所闻、所想所思、所感所悟展现上海交通匠人以新时代智慧绿色交通发展要求为指引，爱岗敬业、勇于实践、追求卓越，奋进新时代，创造新未来的精神与风采。　　　　　　　　（李晓妹）

【市交通委工会开展劳模征文评选】 12月，市交通委员会工会会同道路养护行业分会组织"弘扬劳模精神，传承匠心力量"优秀征文评选暨劳模工匠座谈会，劳模工匠代表近50人参加。会议围绕习近平总书记考察上海重要讲话精神、交通行业为广大市民出行提供畅、安、舒、美的高品质服务、在推进中国式现代化中发挥示范引领作用、提升行业认同感等主题进行深入交流。并就劳模工匠的使用培养、激励服务、关心关爱、成果转化等工会重点工作进行有益探讨。　　　　　　　　（李晓妹）

【市绿容行业召开劳模工匠主题宣讲会暨主题教育观摩学习会】 4月27日，由中共上海市绿化和市容管理局党组主办，市绿化和市容管理局工会、市绿化市容行业工会承办的"创新——推动绿化市容行业高质量发展的不竭动力"行业劳模工匠事迹宣讲会暨主题教育观摩学习会在局报告厅举办。宣讲会上，周海燕、杨瑞卿、李德成、张春英等9位劳模工匠的感人事迹和精彩演讲让人动容。市绿化市容局党组书记、局长邓建平到会并致辞。局领导班子成员,局机关各处室负责人,各直属单位主要领导、工会主席,各区绿化市容局、市城投环境公司、市园林集团公司、市园林绿化行业协会、市市容环卫行业协会、中心城区绿化市容行业企业集团工会负责人等,以及来自本市绿化市容行业的劳模、工匠、先进工作者代表等150余人参加会议。各直属单位领导班子其他成员、党员、职工代表在线收看了视频直播。

（耿 静）

【市水务局(上海市海洋局)工会举办劳模专题报告会】 4月18日,上海市水务局(上海市海洋局)工会举办"学习贯彻党的二十大精神,深入推进生态文明建设"劳模专题报告,邀请党的二十大代表、全国劳动模范、上海工匠、上海城投污水处理有限公司白龙港污水处理厂污泥处理车间主任杨戌雷作专题报告。报告会设主会场和10个分会场,采取视频直播同步收看,市水务局系统400多名职工接受了教育。杨戌雷分享了自己参加党的二十大盛会的所见所感,结合工作成长经历,从备受鼓舞、感同身受、守正创新、勇毅前行、持续奋斗等5个方面,讲述自己践行劳模精神、劳动精神、工匠精神的生动实践。杨戌雷朴实的话语和鲜活的事例,大大激发了局系统广大职工的奋斗热情。

（王佐仕）

【上海教育系统举办首届劳模创新论坛】 4月7日,以"学习贯彻二十大,劳模领跑新征程"为主题的上海教育系统首届劳模创新论坛在上海第二工业大学举行。会上总结教育系统"劳模创新工作室"的建设成绩,并对2021—2022年度"劳模精神进校园"活动优秀组织奖单位进行表彰颁奖。全国劳模杨戌雷、郁非,全国优秀党务工作者褚劲风,一起共话劳模创新和劳模精神工匠精神的传承发扬;全国劳模姚启明、上海市先进工作者刘文分别以"教育向未来,创新可持续""用劳模精神点亮学生心灵"为题作交流发言;上海海事大学工会常务副主席李序颖、闵行区教育工会主席赵振新、上海科创职业技术学院党委书记张巨浪,分享了劳模创新工作室建设助推教育高质量发展的经验和做法;全国劳模、上海劳模学院院长包起帆在创新之路展示馆开展现场教学。

（沈 瑶）

劳模工匠志愿者大学堂活动现场　　　　（王家辉）

【市医务工会为劳模提供暖心家政服务】 8月15日,在第六个医师节来临之际,2023年"致敬医务劳模"暖心家政服务的项目启动仪式在同济医院举行。市卫生健康委副主任罗蒙出席活动并讲话,他指出,要大力弘扬劳模精神、劳动精神、工匠精神;要努力为劳模工作休息创造更好环境;要维护和保障好劳模身心健康权益;要摸清劳模需求推出更精准服务举措。市级医疗卫生单位劳模联谊会会长、全国先进工作者俞卓伟为活动致辞。5年来,家庭服务行业协会服务187位医务系统的劳模,其中大家非常熟悉的已经102岁的朱南孙劳模在服务团队的照顾下,生活上得到了很大的帮助。复旦大学附属华山医院神经外科副主任医师、全国先进工作者季耀东,复旦大学附属中山医院重症医学科主任、全国抗击新冠疫情先进个人、上海市先进工作者钟鸣,上海中医药大学附属岳阳中西医结合医院护理党总支书记兼门急诊护理党支部书记、中西医结合护理教研室主任、护理部总督导、全国卫生系统先进工作者陆静波等劳模代表,上海市家庭服务业行业协会副会长严琦,上海市医务工会常务副主席何园出席活动并为基层工会劳模工作负责人代表发放暖心家政服务卡。

（柯 婷）

【市经信系统举行"劳模工匠精神进校园"主题活动】 4月12日,市经济和信息化工作系统"劳模工匠精神进校园"主题活动在市工商外国语学校举办,市经济信息化工作党委副书记张义出席活动并讲话。他指出,开展"劳模工匠进校园"主题活动,对于进一步发挥劳模工匠的示范引领作用,深化产教合作、建立校企一体的技能人才教育培养模式具有十分重要的意义。活动中,市经信系统工会和学校向首批入驻劳模工作站的劳模颁发了优秀导师荣誉证书,向第二批入驻劳模工作站的劳模颁发了导师聘书,并向劳模所在单位赠送了锦旗。来自上海航天局卫星装备研究所的上海市技术能手周国辉、中国电信上海公司的全国劳模邱莉娜、中国医药工业信息中心的全国劳模郭文,分别进行主题分享,讲述他们技能成才的奋斗之路。学校与上海第二工业大学签订了"劳模文化育人"共建协议,市中职联工会在学校揭牌成立了"劳模工匠文化育人研究中心"。（黄 俭、顾 捷）

【市工人文化宫开展"劳模来了"电台节目】 2023年,市工人文化宫"劳模来了"电台节目共开展23场,邀请劳模嘉宾40位。在继续做好"服务职工群众,精心策划主题"工作基础上,创新打造预采访宣传视频,以群众喜闻乐见的"小视频"形式,引导听众参与直播留言互动,进一步提升了节目的传播效应。平均每期听众触达率超260万,收听率在同时间段节目中名列前茅。"劳模来了"电台节目是由市总工会指导,市工人文化宫携手上海人民广播电台《直通990》,为上海市劳模工匠量身打造的电台系列宣传节目。

（王家辉）

【市工人文化宫开展劳模工匠志愿者大学堂活动】 年内,市工人文化宫开展劳模工匠志愿者大学堂活动19期,线上与线下参与学员超 25 万。细分项目类型,创新推出"大学堂＋大科普""大学堂＋大思政""大学堂＋大寻宝"系列活动。"大学堂＋大科普"活动携手黄浦区科协推出"劳模工匠志愿者大学堂·黄浦科时光"系列活动;"大学堂＋大思政"活动邀请劳模工匠面向学生、职工群众,开展思政课堂、红色主题教育,讲述新时代的"大思政课";"大学堂＋大寻宝"活动,围绕线上线下双联动、劳模工匠零距离的活动形式,让职工群众通过参与场馆内精彩丰富的"闯关"环节,贴近倾听劳模工匠奋斗故事,贴身感悟劳模精神、劳动精神、工匠精神。

（王家辉）

劳动关系

综　述

2023年，市总工会重点围绕防范化解劳动领域突出风险隐患、探索企业民主管理制度和协商协调机制、推动构建和谐劳动关系、优化提升职工法律服务等方面开展工作，取得了积极成效。一是围绕发展全过程人民民主总体目标，分类推进基层民主协商、民主管理制度建设。在全国范围内率先探索确立新就业形态劳动者权益协商协调"上海模式"，得到全国总工会主要领导高度评价并作出重要批示；推动非公企业完成建立职代会制度，市属国企建立多级职代会，本年度重点企业职代会建制数超过45家；指导区属医照养护行业、商业街区、家政服务行业等探索完成区域性、行业性职代会建制；筹备召开2023年市政府与市总工会联席会议，建成"本市政府与工会联席会议议题库"；认真筹备厂务公开民主管理市级先进表彰大会。二是聚焦贯彻总体国家安全观核心任务，全力维护劳动领域政治安全。召开维护劳动领域政治安全专题部署会并逐级签订2023年度工作责任书；常态化指导全市各级工会开展职工队伍稳定风险排查化解专项行动；参与本市根治拖欠农民工工资专项行动；指导或参与化解群体性劳资纠纷劳动关系矛盾预警和互联网舆情259件、成功化解234件，成功率超过90%。在全国总工会维护劳动领域政治安全年度考核中获得优秀等次。三是着眼劳动关系建设基本任务，推动实施更专业高效的职工维权服务。实施"和谐劳动关系建设优化指导服务"已覆盖企业109万家，该项目连续两年被纳入市法治为民办实事项目；会同劳动关系三方联合培育选树2022年度"上海市和谐劳动关系达标企业"514家，基层劳动关系公共服务样板站点4家；实施工会定向法律监督106件；建立"工会＋检察院"职工劳动权益保障公益诉讼、民事支持起诉协同工作机制；依托各级工会法律服务阵地以及"工会＋仲裁院＋法院"诉裁调对接机制等，提供"应援尽援""零门槛"职工法律援助3.9万件，为职工挽回经济损失10.68亿元。四是立足法治工会建设规划需求，全方位推进工会工作法治化建设。推动"推进新就业形态劳动者权益协商协调机制建设"纳入

立法计划；梳理形成上海工会系统迎接世界银行新一轮营商环境测评"劳工"专项指标工作方案，源头参与涉劳工立法及政策出台相关工作。"尊法守法·携手筑梦"公益法律服务行动形成品牌效应，获评2022年度上海市法治建设十大入围案例1项，获评全国工会"尊法守法·携手筑梦"法治动漫微视频作品展播活动优秀作品1项。（曹宏亮）

集体协商

【概要】2023年，市总工会结合实际，践行"全过程人民民主"重大理念，聚焦新就业形态领域协商协调机制建设，切实发挥集体协商在协调劳动关系中的基础性、机制性作用，有效促进企业发展和职工权益保障。依托本市协调劳动关系三方机制平台，积极推动形成"党政主导、三方协作、工会力推、企业和职工积极参与"的集体协商工作格局。一是积极推动市协调劳动关系三方共同制订下发《上海市劳动关系"和谐同行"能力提升三年行动计划实施方案（2020—2023年）》，进一步明确本市集体协商制度建设总体工作目标，梳理各自任务分工，提出明确工作要求，合力推进各项工作落地落实。二是加强与市人大、市政协、市委组织部、市委统战部等相关部门的沟通协调，将集体协商、职代会制度建设纳入市、区两级"两代表一委员"资格审查、非公经济人士评价等指标体系之中，源头上推动集体协商制度建设。三是充分运用"四联"工作机制，为互联网头部企业和百强民营企业提供职代会和集体协商建制指导服务，在全国范围内率先探索确立以协商恳谈、职代会（联合）会议、建会建制工作联动和全网协商协调为核心的新就业形态劳动者权益协商协调"上海模式"，推动饿了么、叮咚、盒马（中国）、圆通、中通、申通、韵达、极兔、德邦等9家总部在沪的互联网平台企业全部建立全网协商协调机制，推动美团（上海）等网约送餐平台企业建立地区总部民主协商制度，得到全国总工会主要领导高度评价并作出重要批示。四是推动科大讯飞、拼多多、商汤科技、博世（中国）等非公企业完成职代会建制，锦江国际等市属国企建立多级职代会。指导杨浦区医照养护行业、闵行区古美西路商业街和光华路街区、静安区家政服

务行业等探索完成区域性、行业性建制。推进集体协商工作，注重提高集体协商运作质量。制订集体协商目标任务并列入各区总工会年度重点考核目标。同时大力选树集体协商典型企业，制作集体协商工作模板和典型案例，为基层单位提供学习参考。（金晶）

【推动圆通速递开展（全网）集体协商并出台首份快递行业全网集体合同】3月24日，市总工会在全国首创新就业形态劳动者协商协调机制全网模式，指导、推动圆通速递有限公司举办（全网）集体协商会议，3月30日，在上海总部召开全国快递行业首个（全网）职工代表大会（扩大）会议，共有来自圆通速递有限公司华东、华南、华北、华中、西南、东北、西北7个大区的180位职工代表参会。会上，审议通过了《圆通速递有限公司（全网）集体合同》和《圆通速递有限公司（全网）职工代表大会（扩大）会议实施办法（试行）》，覆盖圆通速递全国7个大区31个省（区、市），8万多个服务网点，超过45万名劳动者。这标志着全国快递行业首份同时覆盖直营网点和加盟网点职工的《（全网）集体合同》，以及首个将直营网点和加盟网点职工纳入企业民主管理体系的《（全网）职代会实施办法》正式诞生，形成覆盖全国7大片区直营和加盟网点超过45万名劳动者的首份（全网）集体合同，并以99.44%的高票率审议通过职工代表大会实施办法。（金晶）

【推动网约送餐行业全国首个全网职代会、首份全网集体合同落地"饿了么"】7月13日，由市总工会指导的"饿了么"平台（全网）一届一次职代会（扩大）会议顺利召开，来自"饿了么"平台7大片区的175位全网职工代表参加。审议通过全网集体合同、3个全网专项集体合同，全网职工代表大会（扩大）会议实施办法。这标志着全国网约送餐行业首个全网职代会（扩大）会议、首份全网集体合同落地"饿了么"平台，其覆盖"饿了么"平台全国1.1万个配送站点、超过300万名众包、专送骑手和站点服务商人员。中央电视台、人民日报、新华社、中国新闻网、中国经济网、工人日报、上观新闻、新民晚报、澎湃新闻、上海电视台、上海广播电台、东方网、中工网、劳动报等媒体予以专题报道。其中，

新华社相关报道阅读量瞬间突破100万+。至此，饿了么、叮咚、盒马（中国）、圆通、中通、申通、韵达、极兔、德邦等总部在沪互联网平台企业普遍建立了全网协商协调机制，美团（上海）等网约送餐平台企业建立了地区总部民主协商制度。 （金 晶）

【普陀区总工会举行行业集体协商技能竞赛决赛】 8月31日，普陀区总工会举行"协商竞赛促和谐 · 靠谱工会助发展"行业集体协商技能竞赛决赛。市总工会劳动关系部部长曹宏亮，普陀区总工会党组书记、副主席徐军及区纪委监委第二派驻纪检监察组、区人社局相关负责人、劳模先进代表和街镇、系统工会观摩决赛。普陀工会行业集体协商技能竞赛自3月启动以来，吸引10支队伍近百人参与，涉及汽车商贸、餐饮、建筑、物业、环卫、家政、网约送餐、互联网等8个行业.通过专业学习、实操培训以及初赛比拼，最终长征镇和万里街道2支队伍参与决赛角逐。决赛以给定案例为背景，企业和职工方协商代表须在40分钟内围绕协商议题现场模拟集体协商，评委通过考察参赛人员对国家、地方法律法规政策的掌握、协商策略技巧的运用及处理劳动关系矛盾的能力水平进行打分。最终长征镇互联网行业"互联网＋天秤"队夺得冠军，万里街道物业行业"万里挑一"参赛队获得亚军，宜川路街道物业行业"宜马当先"参赛队、长风新村街道网络送餐行业"靠谱蓝朋友"参赛队分获第三、第四名。孙利、石玫铱、陈菲菲、樊红莲、葛佳俊5人脱颖而出，荣获最佳选手奖。华东师范大学讲师、第三届城市工会集体协商竞赛全国决赛上海参赛队指导老师邱婕现场点评。会上，区总工会发布《普陀区工会集体协商操作指引》并为10个街道、镇授书，同时成立普陀区工会集体协商人才联盟，推动普陀集体协商工作提质增效。 （陆 蕾）

【闵行区总工会举办集体协商技能竞赛】 11月16日，闵行区总工会举办2023年闵行工会集体协商技能竞赛。通过专项培训和初复赛比拼，最终颛桥、江川2支队伍入围决赛角逐。决赛上，双方以L市快递行业2023年集体协商案例为背景，协商讨论职工所提需求。最终颛桥镇总工会代表队获集体

青浦区总工会集体协商观摩赛 （朱建强）

协商技能竞赛一等奖，来自各镇、街道、莘庄工业区参赛队伍的14名优秀队员获得"2023年闵行工会集体协商技能竞赛协商能手"称号。会上，发布了闵行工会集体协商指导视频，组建了"闵行工会集体协商智库"，并向各街镇发放了《闵行区集体协商操作指导手册》《闵行区职工代表大会操作指导手册》和《闵行区集体协商和职代会工作记录本》工具书，推动闵行工会集体协商工作提质增效。市总工会党组成员、副主席赵德关出席会议并讲话，他强调，一是要认清形势，充分认识工会集体协商工作的重要性；二是要提质增效，创新职工和企业共商的新模式；三是要以职工为中心，探索"全过程人民民主"新实践。 （汤 怡）

【金山区总工会举办第二届工会集体协商技能竞赛】 11月21日，金山区总工会举办第二届工会集体协商技能竞赛。竞赛邀请华东师范大学硕士生导师、市总工会法律顾问邱婕作为评委组组长，区总工会以及相关直属工会负责人担任评委。竞赛以"构协商和谐，促转型发展"为主题，选取箱包行业集体协商案例，给定职工工资增长、住房保障、技术创新激励、补充保险、带薪年休假5个协商议题，由参赛队伍两两一组，分别作为企业方和职工方协商代表选取案例中2项以上议题开展集体协商。来自全区12个街镇（园区）工会、区国资委工会的14支参赛队伍强势集结，展开了激烈角逐。赛前，职工方参赛队伍向行政方参赛队伍发出集体协商要约，双方经过协商沟通确定拟协商的

议题，明确协商的整体目标和流程。赛场上，双方围绕协商议题展开了深入的磋商和讨论。经过角逐，亭林镇总工会代表队、区商业集团工会代表队（区国资委1队）、新金山发展公司工会代表队以及山阳镇总工会代表队进入四强。12月8日，区总工会与区司法局联合举办竞赛决赛。市总工会劳动关系工作部部长曹宏亮，区人社局副局长、党组成员、二级调研员孙宣，山阳镇人大副主席、总工会主席张钟梅，区司法局副局长、党委委员章健，区总工会副主席、党组成员孙素华等出席活动。进入决赛的2支队伍，现场开展集体协商，决赛选取高端装备制造业企业案例，决赛队伍作为职工方和行政方围绕"工资增长""打破技能等级评定壁垒，设计适合老职工的技能等级评定方法""协定《技术创新成果奖励办法》"3个议题展开协商，并就重要事项达成一致，展现出积极进取、和谐友好的协商风采。 （钱海东）

【青浦区总工会举办集体协商观摩赛】 7月13日，由青浦区总工会主办，区人社局、区司法局、区法院、区工商联协办的"协商民主促发展，和谐共赢向未来"2023青浦工会集体协商观摩赛在夏阳街道文体中心举办。本次观摩赛由11个镇、街道的劳动关系条线社会工作者、劳动关系工作指导员、劳动关系协调员、企业工会干部等人员，组成"企业方"和"职工方"两支队伍，围绕提高职工年度平均工资、为职工提供培训和技能提升机会、改善伙食和更新职工之家活动器材设备等与职工切身利益息息

相关的3项议题开展协商。比赛中,选手针对己方利益诉求摆事实、讲法理,努力寻求企业和职工利益的平衡点。职企双方换位思考、同心同向、相互理解、共商共赢,通过充分协商形成共识,最终达成一致结果,最终周佳被评为赛事"最佳选手"。 (朱建强)

【圆通速递开展快递物流行业民主协商试点】 3月30日,圆通速递有限公司(全网)一届一次职代会(扩大)会议在圆通上海总部召开。中国国防邮电工会主席、分党组书记秦少相,时任上海市总工会党组书记、副主席黄红,中共青浦区委副书记张权权出席会议并讲话。圆通速递有限公司华东、华南、华北、华中、西南、东北、西北7大片区的180位职工代表参加会议。会议审议通过《圆通速递有限公司(全网)集体合同》和《圆通速递有限公司(全网)职工代表大会(扩大)会议实施办法(试行)》,覆盖圆通速递有限公司全国7大片区31个省(区、市),8万多个服务网点,45万名劳动者。 (朱建强)

【机电工会对所属企业集体协商工作进行检查调研】 9月5日,由市机电工会和上海电气集团股份有限公司人力资源部共同组成的督查组对环保集团及其所属企业开展"两会"建制、集体协商等工作进行检查调研。这是督查组当年开展的第三批专项检查,此前两批分别是核电集团及其所属企业和上海电气新能源发展公司、科创投公司、建元信托公司等3家新建企业。机电工会常务副主席袁胜洲、集团人力资源部副部长朱跃杰出席。自2017年专门下发了《上海电气工资集体协商工作监督检查办法》以来,已有113家企业接受了专项督查。在此次调研座谈会上,督查组逐一听取企业对相关工作的汇报,肯定了企业好的做法和经验,指出存在的问题,并就深入开展形势任务教育,更好调动职工积极性、主动性、创造性;保障职工合法权益,更关注核心人才;注重协商过程,提高协商成效,促进企业与职工"利益共同体、事业共同体、命运共同体"建设等工作提出了意见和建议。 (沈剑宏)

【国网上海市电力公司召开集体合同协商会议】 12月26日,国网上海市电力公司召开集体合同协商会议。公司总经理汤军,副总经理、工会主席陈春霖分别作为公司方首席代表和职工方首席代表出席会议,公司总法律顾问,各有关部门负责人,各基层单位工会主席共计18人作为公司方和职工方代表参加会议。会前,公司工会广泛征求相关部门以及一线职工的意见,对公司集体合同以及工资福利专项集体合同进行了修订,反复沟通协商,形成共识。会上,双方代表围绕薪酬福利、劳动安全卫生等职工所关注的焦点问题进行充分交流和协商,并根据单位实际发表了意见和建议。新的公司集体合同以及工资福利专项集体合同进一步明确了相关表述,更新了制度名称,并对职工所关注的工资福利方面内容做了进一步规范,确保劳资双方互利共赢、共谋发展。在本次协商会议上达成一致后,公司集体合同以及工资福利专项集体合同将在公司七届一次职代会上履行民主程序,并正式签订,为调解劳动关系提供重要的法律依据。 (蔡婧)

【上海电建公司召开2023年度《集体合同》平等协商会议】 1月,上海电力建设有限公司召开2023年度《集体合同》平等协商会议,行政方和工会方代表共15人出席会议。会前,公司工会通过各基层单位工会向职工代表征集集体合同履行意见和协商议题。经汇总整理,确定本次协商会议的议题共3条,主要涉及关于抢抓公司发展机遇、关于推进公司数字化建设、关于加强公司非传统领域人才队伍建设等议题。公司行政方对本次协商会议高度重视,相关领导亲自协调各相关部门充分准备。会上,工会方对2023年度公司《集体合同》履行情况进行了通报,广大职工对公司集体合同履行情况总体满意度较高。行政和工会双方对3个方面的议题进行平等协商。双方代表在有利于维护企业和职工共同利益的前提下达成共识。 (傅诚)

【2023年市环卫行业工资集体协商成功签约】 8月16日,市绿化市容行业工会与市市容环卫行业协会组织召开了2023年环卫行业工资集体协商会议暨签约仪式,并签署了《2023年上海市环卫行业工资集体协商协议书》。时任市总工会党组书记、副主席黄红出席并讲话,市政协社法委领导、总工会界别市政协委员等观摩了会议和签约仪式。会议和签约仪式由市绿化市容管理局副局长、一级巡视员周海健主持。黄红充分肯定了环卫行业连续13年开展工资集体协商,在保障职工合法权益,构建和谐劳动关系,促进行业高质量发展等方面所发挥的积极作用。她希望市政协总工会界别的委员们通过社情民意和政协提案的方式,帮助解决环卫企业、职工面临的实际问题,助力相关政策的研究和制订,推动环卫行业健康发展。 (盖永华)

【市绿化市容行业工会提出绿化养护行业工资福利待遇指导性意见】 年内,市绿化市容行业工会在充分调研分析,听取企业、职工意见的基础上,经与市园林绿化行业协会沟通协商,并征求市绿化市容局、市总工会、市发改委、市财政局、市人社局、市国资委、市建设交通工作党委等相关部门意见,制订本市《2023年上海市绿化养护行业工资福利待遇工作指导意见》,就本市旧绿化养护行业月最低工资标准、建立绿化养护行业一线职工收入正常增长机制、建立绿化养护行业职工疗休养制度、进一步加强职工技能培训等方面提出具体意见。要求各区绿化市容主管部门(或纳入政府采购作业服务预算并由区绿化市容主管部门业务管理的)、国资管理部门等所属从事公共绿地、公园、行道树等养护作业服务的企业落实好协商的各项内容,其它绿化养护企业参照执行。 (鲍斌)

职代会和厂务公开

【概要】 2023年,全市各级工会按照中央和市委推进全过程人民民主的要求,督促企事业单位健全完善以职工代表大会为基本形式的民主管理制度,推动企业民主管理工作在建制扩面、规范运行、创新深化上取得积极成效。推动饿了么、叮咚、盒马(中国)、圆通、中通、申通、韵达、极兔、德邦等9家总部在沪的互联网平台企业全部建立了全网职代会制度;推动科大讯飞、拼多多、商汤科技、博世(中国)等非公企业完成职代会建制,锦江国际等市属国企建立多级职代会;指导杨浦区医照养护行业、闵行区古美西路商业街和光华街区、静

11月2日，上海寻梦信息技术有限公司（拼多多）召开一届一次职代会
（王珍宝）

安区家政服务行业等探索完成区域性、行业性职代会建制。受经济下行压力影响，本市企事业单位的职代会与厂务公开建制数保持相对稳定，但总体呈小幅下降趋势。全年，全市基层工会所在单位建立职代会制度3.75万个，涵盖单位9.71万个，涵盖职工557.31万人。其中，建立职代会的基层工会1.12万个，涵盖单位5.17万个，涵盖职工419.33万人；建立职工大会制度的基层工会2.63万个，涵盖单位4.54万个，涵盖职工137.98万人。全市实行厂务公开的基层工会3.89万个，涵盖单位10.40万个，涵盖职工601.15万人。
（王珍宝）

【选树2020—2023年度市厂务公开民主管理工作相关先进单位】 4季度，市厂务公开工作领导小组办公室下发通知，开展2020—2023年度本市厂务公开民主管理各类先进的选树、推荐工作。经组织动员各区局（产业）工会积极申报，在层层审核把关的基础上，选树了30家市推动厂务公开民主管理工作先进单位、170家市厂务公开民主管理工作先进单位以及市十佳厂务公开民主管理工作先进单位。此外，根据全国厂务公开工作协调小组办公室分配的名额，结合本市厂务公开民主管理先进单位选树情况，择优推荐了2021—2023年度全国厂务公开民主管理先进单位14家，全国厂务公开民主管理示范单位4家，全国推动厂务公开民主管理工作先进单位4家。
（王珍宝）

【召开2023年市推进产业工人队伍建设改革暨厂务公开民主管理工作推进会议】 12月22日，2023年市推进产业工人队伍建设改革暨厂务公开民主管理工作推进会议在衡山花园酒店召开。市人大常委会副主任、党组副书记，市总工会主席郑钢淼主持会议，副市长华源宣读有关厂务公开民主管理先进单位表彰决定。市委副书记吴清出席并讲话，他指出，要深入践行全过程人民民主，持续强化使命感责任感。坚持示范引领、分类施策，进一步扩大职代会，厂务公开的建制覆盖，推动制度实施更加规范。积极适应新产业新业态新模式的发展和职工群体的多元需求，进一步深化改革创新，有力有效做好厂务公开民主管理工作，在现代化建设新征程上广泛汇聚工人力量、展现工人担当。会上，时任市总工会党组书记、副主席黄红通报我市推进产业工人队伍建设改革专项督查情况、厂务公开民主管理工作情况。中共徐汇区委、上海建工集团股份有限公司、可口可乐饮料（上海）有限公司、拉扎斯网络科技（上海）有限公司4家单位就厂务公开民主管理工作作交流发言。大会通报表扬了上海市浦东新区卫生健康委员会、上海市徐汇区总工会等30家单位为"2020—2023年度上海市推动厂务公开民主管理工作先进单位"；上海临港产业区经济发展有限公司、可口可乐饮料（上海）有限公司等10家单位为"2020—2023年度上海市十佳厂务公开民主管理工作先进单位"；上海汽车集团股份有限公司、拉扎斯网络科技（上海）有限公司等170家单位为"2020—2023年度上海市厂务公开民主管理工作先进单位"。相关市属委办局和各地区及重点产业系统负责人约100人参加了会议。
（王珍宝）

【指导召开杨浦区医养照护行业一届一次职代会】 6月26日，市总工会指导、推动的杨浦区医养照护行业第一届第一次职工代表大会顺利举行。会上，来自杨浦区医养照护行业的73名职工代表先后审议表决通过了《上海市杨浦区医养照护行业职工代表大会实施办法（试行）》《上海市杨浦区医养照护行业集体合同》《上海市杨浦区医养照护行业职工代表大会民主管理专门小组工作规则》等。医养照护行业从业者多为女性，集体合同中，"女职工特殊权益保

在杨浦区医养照护行业工会第一届第一次职工代表大会上，"杨浦区总工会新就业形态领域劳动纠纷调解中心"揭牌成立
（张秀鑫）

护"版块特别指出了企业应当依法维护和保障女职工的合法权益，例如"做好女职工经、孕、产、哺'四期'安全卫生保护工作""用人单位每年应当为女职工安排一次妇科检查，重点安排乳腺、宫颈等专项检查""女职工怀孕后按规定进行产前检查，检查时间算作劳动时间，检查费用和生产（含人工流产）费用由生育保险基金按规定支付"等。

（金 晶）

【盒马（中国）有限公司召开一届一次职代会（扩大）会议】 6月2日，盒马（中国）有限公司一届一次职代会（扩大）会议召开，来自盒马公司事业部17个选区的125位职工代表参加会议。会议审议通过了《盒马（中国）有限公司集体合同》《盒马关于加强基础服务人员权益保障和关心关怀工作的方案》《盒马工作场所服务人员行为规范制度》等一系列文件，覆盖盒马公司总部及所有门店、大仓和配送站的店员、仓储员、配送员全体员工。市总工会副主席赵德关出席会议并讲话。市总工会劳动关系部副部长曹宏亮与盒马公司党委书记陈源共同启动首批盒马关爱之家，覆盖盒马公司全市21家门店、大仓及配送站。浦东新区总工会副主席王洪向盒马工会赠送新就业形态劳动者代表职工疗休养计划。

（吴周筠）

【杨浦区总工会推动哔哩哔哩科技有限公司召开一届一次职代会】 3月4日，上海哔哩哔哩科技有限公司召开一届一次职工代表大会。会上审议通过《上海哔哩哔哩科技有限公司集体合同》

《上海哔哩哔哩科技有限公司女职工劳动权益保护专项集体合同》及《上海哔哩哔哩科技有限公司2023年度工资专项集体合同》，标志着作为互联网平台头部企业的"B站"正式完成建制，实现民主管理"新覆盖"。

（张秀鑫）

【闵行区颛桥镇光华街区召开一届一次职工代表大会】 10月18日，闵行区颛桥镇光华街区召开一届一次职工代表大会。市总工会副主席赵德关、闵行区人大常委会副主任、总工会主席杨其景等出席职代会。会上，56名职工代表表决通过了光华街区集体合同等4个规范性文件。《闵行区颛桥镇光华街区集体合同》根据街区实际，增加3大类共12项职工服务，涵盖权益维护、关心关爱、技能提升等方面。

（汤 怡）

【金山区总工会召开"2023年度十佳优秀职代会提案"现场评审会】 10月17日，金山区总工会在区会议中心召开"2023年度十佳优秀职代会提案"现场评审会。区总工会党组书记、副主席朱新阳，区卫健工作党委副书记、医务工会主席韩美珍，区人社局副局长、党组成员孙宣，市总工会劳动关系部四级调研员王珍宝，区总工会兼职副主席、奥来德（上海）光电材料科技有限公司副总经理、工会主席林文晶担任评委，"优秀职代会提案"入围者、所在单位或所属直属工会负责人等50余人出席本次评审会。活动共收到基层单位上报"优秀职代会提案"及"金点子"188个（条）。经网络投票、专家组综合评审，共有20个"优秀职

代会提案"及20条"金点子"入围决选。最终以现场评审方式评选出"十佳优秀职代会提案"，以书面评审方式评选出"十佳金点子"。

（钱海东）

【金山区纺织行业工会联合会第五次代表大会暨五届一次职代会召开】 7月27日，金山区纺织行业工会联合会第五次代表大会暨五届一次职代会在区工商联大厦召开。市纺织工会副主席张世军，区总工会副主席、党组成员邢扬，区人社局副局长、党组成员、二级调研员孙宣，区工商联二级调研员孙海华，市纺织工会生产部、行业工作部部长郑鹗峰，区工商联纺织服装商会会长、上海永太服饰金山有限公司董事长李长虹，区总工会四级调研员、区纺织行业工会主席戴美娟等出席会议。邢扬主持金山区纺织行业工会联合会五届一次职代会暨"一份合同六项协议"签约仪式。戴美娟作《坚持科学维权，推动和谐发展，为开创金山纺织行业工会工作新局面而努力奋斗》工作报告及区纺织服装行业"一份合同六项协议"情况报告。李长虹致大会贺词并代表区工商联纺织服装商会发言。会议审议通过了《上海市金山区纺织行业工会联合会第四届委员会工作报告》《上海市金山区纺织行业工会联合会第四届委员会工作报告决议》，选举产生上海市金山区纺织行业工会联合会第五届委员会委员，戴美娟当选为新一届区纺织行业工会主席，孙芯、沈春意、曹红、谢明珠、王鑫当选为副主席。同时，会议审议通过了金山区纺织行业工会"一份合同六项协议"，职工方代表与企业方代表就协议进行签约。

（戴美娟）

【松江区总工会两项提案获市级2022年度"聚合力，促发展"优秀职代会提案】 2023年，松江工会选报的两个优秀职代会提案《职工工资改革提案》和《关心关爱一线医务职工，改善发热门诊及应急采样工作人员值班休息问题的提案》，经市厂务公开工作领导小组评审，获得市级2022年度"聚合力，促发展"优秀职代会提案。两份提案紧紧围绕企事业单位生产经营管理、改革发展和职工普遍关心的重点、难点、热点问题。提案落实后产生了良好的效益，为企事业单位民主管理工作开展、维护职工合法权益、构建和谐劳动

6月2日，盒马（中国）有限公司召开一届一次职代会　　（吴周筠）

关系发挥了积极作用。　　（丁璇）

【青浦区总工会评选首届"十佳职代会提案"】 12月13日，青浦区首届"十佳职代会提案"评审会议召开。区劳动关系三方业务部门负责人、各街镇总工会劳动关系工作负责人和入围企业代表参加评审会。经过前期推荐、会审等程序，共产生了22个入围提案。评审会现场听取了入围企业代表关于提案设想、实施过程和所获成效的交流发言，经专家评委打分，评选出《"金彩计划"专项人才培养》等青浦区首届"十佳职代会提案"。　　（朱建强）

【仪电集团召开二届三次职工代表大会】 5月11日，上海仪电（集团）有限公司召开第二届职工代表大会第三次全体会议，138名职工代表参加会议。仪电集团领导班子成员出席会议。大会听取并审议《上海仪电（集团）有限公司经营工作情况报告》《上海仪电（集团）有限公司2022年度职工代表提案落实情况和2023年提案工作情况报告》《上海仪电（集团）有限公司2023年职工代表巡视检查工作情况报告》《关于开展2023年"建功'十四五'，奋进新征程"推进仪电集团高质量发展职工劳动和技能竞赛方案》；审议通过《关于推进新时期上海仪电产业工人队伍技能提升的实施方案》和《上海仪电（集团）有限公司职工帮扶工作实施办法（修订版）》。分组讨论中，职工代表结合学习贯彻习近平新时代中国特色社会主义思想主题教育，围绕集团深化改革发展，推进全过程民主管理，提升职工生活品质、为职工办实事等方面各抒己见，提出了许多真知灼见。　（周黎俊）

【仪电集团召开2023年厂务公开民主管理工作推进会】 9月8日，仪表电子（集团）有限公司召开2023年厂务公开民主管理工作推进会。集团领导班子成员、集团厂务公开领导小组成员、第二届职代会民主管理委员会委员、重点子公司和直属单位党政工负责人、集团2020—2023年厂务公开民主管理工作先进单位代表以及基层企业职工工作联络点单位代表60余人参加会议。会议通报了近年来仪电集团厂务公开民主管理工作开展情况及今后一段时期的工作重点。会议表彰一批仪电集团

9月8日，仪电集团召开2023年厂务公开民主管理工作推进会
（周黎俊）

厂务公开民主管理先进单位，并分别围绕各自的工作特色进行工作经验交流。会上，集团领导班子成员为上海南洋万邦软件技术有限公司等13家仪电集团基层企业职工工作联络点单位进行了现场授牌。会议还就集团二届三次职代会职工代表意见建议推进落实情况进行专题通报，并就下阶段做好厂务公开民主管理工作提出要求。　（周黎俊）

【东方国际集团召开二届一次职工代表大会】 1月17日，东方国际（集团）有限公司二届一次职工代表大会暨2023年度工作会议在集团总部会议中心召开。大会采用现场会议＋视频直播方式，在申达股份会议中心设立分会场。集团党政领导班子成员以及职工代表、列席代表152人参加会议。集团党委书记、董事长童继生作了题为《坚定信心、知难而进、勇毅前行、奋发有为，全力以赴推进企业战略转型综合改革，为促进集团高质量发展而团结奋斗》主题报告。会议听取审议了集团总裁季胜君以《压实综合改革责任、坚定信心稳中求进，打造核心竞争力、引领集团高质量发展》为主题的工作报告。集团工会主席黄勤作了《关于东方国际（集团）有限公司第一届职代会履职情况及2022年度集体合同履行落实情况的报告》。经测评，职工代表对集团职代会的总体评价满意率为100%，对集团3份集体合同履约情况的评价满意率为100%。大会以无记名投票方式，表决通过了《东方国际（集团）有限公司

2023年度集体合同》（含工资专项集体合同和女职工权益保护专项集体合同）。季胜君总裁、黄勤主席分别代表集团行政和工会签订3份集体合同。　（叶艺勤）

【上海医药集团召开三届二次职代会】 7月31日，上海医药集团股份有限公司第三届第二次职工代表大会拉开帷幕，来自集团各条线的250余名职工代表和特邀代表参加会议。大会听取上海医药执行董事、总裁沈波所作的行政工作报告；听取上海医药副总裁张耀华所作的推动上海医药工业板块高质量发展的报告；听取上药集团综合办公室主任季敏所作的上海医药集团职工技能提升工作情况报告以及上海医药信息技术中心主任邵扬所作的上海医药数字化转型工作情况报告。　（陈玮雯）

【上海电建公司召开四届四次职工代表大会】 2月1日，上海电建公司召开四届四次职代会，143名职工代表、列席代表参加了本次会议。会议听取并审议了题为《以实干展现新气象、用奋斗创造新业绩，努力推动公司高质量转型发展实现新突破》的工作报告，从市场开发、工程履约、提质增效、风险防控、安全生产、深化改革、持续创新、党的建设等8个方面全面回顾总结了2022年公司主要工作和取得的成绩。明确了公司2023年工作思路与主要经济指标，并部署了8项重点工作。代表围绕总经理工作报告、2022年度厂务公开工作情况报告、2022年度《集体合同》履行

情况报告、2022年度无重大危险源确认报告等大会文件，进行了认真的审议和讨论，提出许多宝贵的意见和建议。会上对公司2022年度先进工作者和先进集体进行了表彰。公司领导班子成员进行了年度述职，接受全体代表无记名测评。

（傅　诚）

【**上海电建公司开展2023年职工代表巡视**】　7月14日—8月4日，上海电力建筑工程有限公司工会围绕公司党委"双引双建"对标工作和"我为职工办实事"工作计划开展职工代表巡视。巡视把安全管理、经营管理、材料管理、生活后勤管理4个方面作为重点内容。由对应的各专业部室人员任组长，基层同专业人员任组员，组成专业巡视小组，深入基层。巡视中，代表们来到了唐山LNG二阶段项目、启东特种光电项目、友谊路基地、吴泾钢构厂瑞金医院项目，采取"听、查、问、评、改"等方式谈问题、评工作、提建议。对发现的4个方面40多个具体问题，开列清单并督促整改。每到一处工地，工会都会组织项目青年职工召开座谈会，围绕个人职业发展、日常管理、后勤生活、师徒带教、职工福利关怀等与职工进行沟通交流，并将一份份清凉礼包送到一线职工的手中。

（杜英宏）

【**中国宝武构建和谐劳动关系**】　2023年，中国宝武钢铁集团有限公司稳步推进企业民主管理，适应国有资本投资公司功能定位，组织召开集团公司二届一次职代会，顺利完成集团公司职代会换届；组织召开2023年厂务公开专题报告会，号召职工积极建言，300余名职工代表提出各类意见建议647条，职工代表对各项议案公开情况满意度达99%。实施2023年《宝武管理者问卷》调查，12244名职工、2202名管理者参与并积极建言献策，为集团公司和各子公司科学民主决策提供了有力支撑。深化集体协商，推动"混改"单位将民主管理写入公司章程，指导基层单位工会规范履行"混改"民主程序，助推混合所有制改革；推进各有关单位规范设置职工董事、职工监事，规范履行调整程序，做到应设尽设。

（李士伟）

【**宝地资产加强职工民主管理**】　9月，宝地不动产资产管理有限公司召开

2023年度职代会，审议职代会工作报告和7个专题报告，表决通过《集体合同》，举行年度人物颁奖典礼，进一步发动广大职工锚定战略目标，强化"三力"建设，向着早日成为园区业一流企业而不懈奋斗。拟定公司职代会换届方案并启动相关工作；配合集团工会完成集团职代会换届改选工作，组织开展职代会民主评议领导人员和管理者问卷调研，召开厂务公开报告会，向职工代表通报了公司1—8月份经营绩效、安全管理、能源环保、领导人员履职待遇和业务支出情况，公司健康促进分析情况，同时进行了廉洁警示案例教育，并向职工代表征集了职工普遍关心关注的问题。经统计，职代会内容和形式满意度为98.76%。坚持做好集体协商，开展职代会提案、议案征集，各代表团在梳理汇总职工代表提案并做好沟通解释的基础上，上报了5项职工代表提案，经汇总梳理，形成3项议题提交集体协商会议进行协商；组织召开2023年集体协商会议，针对3项惠民事项达成共识。

（朱　宏）

【**高桥石化公司工会召开七届五次职工代表大会**】　2月15日，高桥石油化工公司组织召开七届五次职工代表大会，听取和审议了公司行政工作报告、公司2022年安全生产情况等11个专题报告和《高桥石化帮扶救助工作实施办法》。民主评议公司领导班子和领导人员，评估测评公司民主管理质量，表决通过公司七届五次职代会大会决议，组织开展主题提案活动，投票产生公司劳动模范。会前，两次组织召开职代会联席会议，审议通过《中国石化职工处分规定》《关于规范公司工伤事故管理的相关措施》《高桥石化工伤保险管理细则》和《公司补充医疗保险基金委托管理方案》。会后，公司工会按照《中国石化直属单位职工代表大会实施办法》规定，下发《关于做好公司七届五次职代会提案征集审理工作的通知》，落实提案征集工作，共征集到各类提案103项，经评审，最终立案8项，作为一般建议的49项。

（吴　斌）

【**上海石化召开八届三次职代会**】　2月11日，上海石化公司召开2023年工作布置会暨八届三次职代会，251名职工代表参加。会议书面审议《公司行政工

作报告》《公司202—2023年集体合同2022年履行情况报告》《公司2022年福利费使用情况及2023年预算的报告》《公司八届二次职代会巡视评估情况报告》《公司2022年职工教育经费使用情况报告》《公司2023年培训计划编制报告》《公司2022年业务招待费使用情况报告》《公司2022年职工帮扶互助基金使用情况报告》《公司八届二次职代会提案审理情况报告》；以无记名投票表决的方式通过公司第十期集体合同、第六期女职工权益保护专项集体合同、第四期职业病防治专项集体合同；听取公司党政领导班子成员述职、述学、述廉报告，民主评议公司领导班子和公司领导。表彰2020—2021年度公司标兵、2022年度公司党建工作先进单位，以及2022年上海市五一劳动奖状、上海市五一劳动奖章、上海市工人先锋号获奖集体和个人。

（裘　玮）

【**上海航天局工会深化民主管理**】　2023年，上海航天局工会不断深化民主管理，保障职工知情权、参与权、表达权和监督权。坚持职代会制度，召开四届五次职工代表大会，不断推进职代会规范运行。推行职代会提案制，根据企业发展方向给出重点，提高建言"靶向性"，增强提案"含金量"，征集到提案40项，立案8项，上一年度立案的8项提案全部完成，职工代表满意度100%，彰显了企业与职工共谋发展、共建共享的和谐氛围。推行职工代表巡视制，组织职工代表对800所新江科技公司（江苏海门）进行巡视，充分发挥职工在民主管理、民主参与、民主监督中的作用。推行领导干部民主评议制，对11位局领导班子成员进行无记名民主评测，248名职工代表参与，称职率100%。在两级工会的共同努力下，3家单位获上海市厂务公开民主管理工作先进单位称号。

（周欣彬）

【**铁路上海局集团公司工会推进民主管理与厂务公开**】　2023年，铁路上海局集团公司工会坚持依法治企思路，积极开展各项民主管理活动，有效保障职工民主权益，维护企业和谐稳定。1月8—9日，召开集团公司第二届职工代表大会第三次会议，党委书记、董事长侯文玉出席会议并讲话，总经理、党委副书记应慧刚代表集团公

1月8—9日，铁路上海局集团公司召开二届三次职代会 　　（徐　君）

司作题为《聚焦六个创一流，加快高质量发展，在勇当服务和支撑中国式现代化建设"火车头"的新征程上奋力走在前列》的行政工作报告。6月2日召开集团公司第二届职工代表大会第四次会议，选举产生新一届职工董事、职工监事。10月20日，召开集团公司第二届职工代表大会第六次联席会议，对相关议案进行审议。做好职代会提案征集、办理工作，共征集职工代表提案97件，立案53件，全部办结。指导103家基层单位按照规定程序召开职工（代表）大会，指导19家所属非运输企业、合资铁路公司开展职工董事、职工监事述职评议工作。编印《基层单位职工代表大会工作手册》，规范站段、车间两级职代会和班组民管会程序。推进厂务公开工作，以职工关心的热点、难点问题为重点，不断丰富内容，提高公开实效。组织职工代表视察活动，成立3个视察组，深入37家单位、52个车间、班组，形成视察报告。召开集团公司领导与职工代表民主恳谈会，20名职工代表报告视察活动开展情况，围绕安全管理、运输组织、经营创效、职工生产生活等热点问题建言献策。　　（郭　骁）

【中远海运集团召开二届二次职代会】1月6日，中国远洋海运集团有限公司召开第二届职工代表大会第二次会议。会议听取了职工董事述职报告、职工教育经费提取和使用情况报告、企业负责人履职待遇与业务支出情况报告、二届一次职代会提案征集处理情况等报告。会后，集团工会认真做好二届二次职代会提案征集处理工作，提案人对13件提案的15条承办处理意见满意率为100%。年内，还召开了集团职工代表联席会，审议企业年金调整方案，依法保障职工知情权、参与权、表达权、监督权。　　（颜龙生）

【上港集团召开四届二次职代会】1月，上海国际港务（集团）股份有限公司召开四届二次职工代表大会。会上，代表们认真审议《上港集团2023年行政工作报告》等10项会议文件，围绕集团高质量发展积极建言献策。针对代表们提出的各类意见和建议，上港集团相关职能部门认真听取，对大会文件作出修改说明。大会全票表决通过《上港集团集体合同（2023—2025年度）》。　　（王　辰）

【上海邮政召开三届一次职代会】1月22日，中国邮政集团有限公司上海市分公司第三届职工代表大会第一次会议召开。会议总结了2022年上海邮政改革发展的工作成绩，分析当前面临的形势任务，明确了2023年工作方向和目标，为全年工作开局起步奠定基础。会议听取了大会代表资格审查报告、二届八次职代会提案处理情况报告、反馈代表小组意见建议处理情况等，举手表决通过了《中国邮政集团有限公司上海市分公司职工代表大会工作细则（试行）》《中国邮政集团有限公司上海市分公司职工代表大会专门委员会工作制度》《中国邮政集团有限公司上海市分公司2023年实事项目方案》、中国邮政集团有限公司上海市分公司职工代表大会

专门委员会委员候选人名单，表决通过了《中国邮政集团有限公司上海市分公司工资专项集体合同》，促进了企业劳动关系的和谐稳定。　　（陶　晔）

【上海邮政举办职工代表培训班】8—9月，为规范职代会制度运行，提升职工代表履职能力和水平，上海邮政工会举办3期职工代表培训班，覆盖新当选的职工代表。培训邀请上海工会管理职业学院和市总工会的老师，专题讲授党的二十大精神关于人民民主的内涵；安排上海邮政工会工作人员针对今年新修订的市分公司职工代表大会工作细则（试行）及上海邮政司务公开民主管理的指导意见进行全面的解读和宣贯。根据历年提案征集工作中发现的问题和薄弱环节，结合职工代表的履职要求，采用工作坊互动的培训形式，围绕提案的定义、撰写的基本原则、征集程序等内容，从提案的选题、调研、建议、书写等环节，让代表体验提案撰写过程，教代表们撰写提案正确流程和方法，提升职工代表履职尽责、建言献策的能力。　　（王　瑛）

【上海电信召开五届三次职代会】1月29日，中国电信上海公司召开五届三次职代会。公司党委书记、总经理龚勃作题为《党建统领，守正创新，开拓进取，担当落实，全面贯彻落实党的二十大精神，推动高质量发展迈上新台阶》的工作报告。会上，代表听取审议了《2022年度领导人员任用情况、公司领导班子收入情况和履职待遇、业务支出情况的报告》《2022年度领导人员公务用车使用情况报告》《2022年度保险福利费使用情况报告》。书面审议了《五届二次职代会提案处理情况报告》《五届二次职代会闭会期间联席会议通过相关议案的报告》《2022年度领导人员廉政建设情况报告》《2022年度业务招待费使用情况报告》《2022年度培训经费使用情况报告》《2022年度安全生产工作情况报告》和"关于2022年度《集体合同》履行情况和2023年度《集体合同（草案）》《专项协议（草案）》文本修改和《员工实事项目（草案）》的说明"。表决通过了中国电信股份有限公司上海分公司2023年度《集体合同（草案）》《工资专项集体协议（草案）》《女员工权益保护专项协议（草案）》《员工实事（草

案)项目(草案)》。上海电信总经理龚勃和工会主席常朝晖代行政和工会,签订了2023年度《集体合同》《工资专项集体协议》《女员工权益保护专项协议》。大会表彰了2022年度十佳创新项目、上海公司2021—2022年度劳动模范、十佳单位(集体)、党建工作考核与绩效考核成绩显著单位、十大年度先进人物。大会号召全体职工要紧紧围绕工作任务,落实"干部敢为、地方敢闯、企业敢干、群众敢首创"要求,化历史的自豪为变革的自信,激活创新争先基因、改革升级发展模式、重塑领先核心能力、实现全员价值共创,奋力推动企业高质量发展迈上新台阶,加快建设世界一流企业。

(殷茵)

【**中交上航局召开二十二届一次职工(工会会员)代表大会暨2023年工作会议**】 1月18—19日,中交上海航道局有限公司在居家桥会议中心召开党委七届三次全委(扩大)会、二十二届一次职工(工会会员)代表大会暨2023年工作会议。会议总结回顾上航局2022年工作,分析发展面临的挑战和机遇,部署安排2023年总体要求和工作思路。市总工会党组成员、副主席张得志到会指导并讲话。张得志代表上海市总工会对此次大会的召开表示祝贺,向辛勤奋战在建设一线的广大职工表示慰问。上航局党委书记、董事长王柏欢作了主题为《深入学习贯彻党的二十大精神,为全面推进高质量发展和世界一流企业建设而团结奋斗》的党委工作报告。上航局党委副书记、总经理王珉球作了题为《自信自强、守正创新、踔厉奋发、勇毅前行,在新征程上续写百年上航高质量发展新篇章》的行政工作报告。上航局党委副书记、纪委书记、工会主席方君华作了题为《凝心铸魂跟党走、砥砺奋进新征程,团结引导广大职工奋力谱写公司高质量发展新篇章》的工会工作报告。会上,王柏欢与基层单位代表签订了2023年资产经营责任书,与基层单位党委主要负责人代表签订2023年党建工作责任书。会议选举产生了上航局第二十二届工会委员会和工会经费审查委员会,表彰各类先进集体与个人。与会代表审议并通过2022年《集体合同执行情况报告》《福利费及业务招待费使用情况报告》

《职工保障金收缴情况报告》《职工教育培训经费使用情况报告》及大会决议。

(毛浦帆)

【**中交上航局召开二十二届一次职代会提案审查会议**】 3月23日,中交上海航道局有限公司召开二十二届一次职代会提案审查会议。局党委副书记、纪委书记、工会主席方君华主持会议并讲话。本次职代会共收集到32项职工代表提案,涉及战略发展、生产经营、技术创新、人力资源等诸多方面,几乎涵盖了公司各部门的职能。会前,工会办公室提前将提案提交至各个承办部门,要求各部门及时与职工代表进行沟通协调,充分了解职工代表想法,深入酝酿讨论,拿出办理意见。经过本次会议审查讨论,最终确定了10项立案办理提案。会上,方君华就进一步做好职工提案办理工作提出3点意见,一要提高认识,充分理解提案办理的重要意义;二要深入调研,认真推进提案办理的具体落实;三要做好反馈,严格抓实提案办理的闭环管理。

(龚海清)

【**上海海洋石油工会推进民主管理工作**】 2023年,上海海洋石油局工会规范局、处两级职代会(职工大会)制度,职代会联席会议讨论通过《中国石化职工处分规定》《上海海洋石油局工资总额管理办法》,并报下一次职代会进行确认。局工会还获评2020—2023年度上海市厂务公开民主管理工作先进单位。举办局、处两级职工代表业务培训,百名代表进一步提高了履职能力,共收到职工代表提案26件,立案3件,召开提

案办理质询会,11个承办部门、单位的主要负责人分别对26件提案进行了现场答复,接受了职工代表的质询。人力资源部就劳务工转正、工资晋档升级等职工广泛关注的工作进行了说明;市场运行部、投资发展部、油气开发管理部等不仅向职工代表汇报了提案办理情况,而且所有意见建议已反馈,3件立案提案已办结。提高职工代表巡视质量,开展生产经营发展情况、劳动保护与职工健康、薪酬休假等与公司发展息息相关、与职工群众利益密切联系的问题专项巡视活动。通过"职工代表走基层",前期收集职工群众意见建议,现场查看台账、报表、制度等材料,对于巡视检查中发现的问题和疑点,当场向有关人员提出询问,根据查验的具体情况,撰写形成专项报告和问题清单,向局党委报告,并交由责任部门限期办理,整改情况也会在提案办理质询会上进行反馈。细化厂务公开,形成"党务""业务"清单,包含14大类、35条具体事项。充分利用基层"党务""业务"公开栏,针对群众关切的岗位调整、绩效考核、评先树优、福利发放等信息进行公开,并设立"一扫直通局纪委"二维码。各级组织对评先树优、职称评审、疗休养名单、年节福利采购、实事项目办理进度等情况进行公示,保证了职工群众的知情权。

(耿卫军)

【**鲁中矿业召开十六届一次职代会**】 2月4日,鲁中矿业有限公司召开十六届一次职代会。会议听取并审议鲁中矿业有限公司总经理、党委副书记王增太所作的题为《矢志矿业报国,加快资源

市医务工会职工代表培训班

(陈德安)

开发,为建设绿色智慧美丽现代化矿山而努力奋斗》的工作报告。审议并通过了《鲁中矿业有限公司集体合同》《鲁中矿业有限公司女职工权益保护专项集体合同》和《鲁中矿业有限公司劳动合同管理办法》。表决通过了鲁中矿业有限公司第十六届职代会安全文明生产监督委员会、生活福利监督委员会和综合管理监督委员会成员名单。来自鲁中矿业各单位的157名代表参加会议。

（刘炜权）

【市医务工会举办职工代表培训班】 12月7—8日,市医务工会在市卫生和健康发展研究中心举办以"新指引 · 新未来 · 新作为"为主题的职工代表培训班。市医务工会副主席马艳芳出席开班仪式并讲话。来自各区医务工会、各基层直属单位、有关企业职工医院、民营医院的100余名工会干部、职工代表参加培训。此次培训特别邀请市卫健委副主任罗蒙作《新时代做一名优秀的职工代表》的专题讲课。罗蒙副主任结合当前国内、国际形势与卫生健康事业高质量发展,给职代表提出10条建议;上海工会管理职业学院党委书记王厚富为学员讲授《学习贯彻习近平关于工人阶级与工会工作的重要论述,推动工会十八大精神落地生根》的课程;上海工会管理职业学院教研室主任王华生、市总工会劳动关系工作部四级调研员王珍宝分别就新时期职代表的定位与作为、提案工作进行授课;肺科医院工会主席陶蓉与精神卫生中心工会常务副主席王海云立足职代会工作实践,分别就网上职代会、智慧工会建设、职工代表履职考核与学员进行工作交流。结业仪式上,第一人民医院妇委会专职副主任傅晟静与瑞金医院北部院区运行保障部王晋申代表学员交流了学习体会。

（池朝霞）

【锦江国际集团召开第一届第一次职工代表大会】 8月31日,锦江国际(集团)有限公司第一届第一次职工代表大会在虹桥宾馆召开。集团党委书记、董事长赵奇、集团党委副书记、总裁张晓强、集团党委副书记刘冬玮等集团领导及各级企业共181名正式代表和7名列席代表出席本次大会。会议由集团工会主席昝琳主持。大会认真履行职代会职责,听取并审议通过张晓强代表

集团所作的《聚焦主责主业强化产业协同,努力开创集团行稳致远高质量发展新局面》工作报告,通过《锦江国际(集团)有限公司第一届民主管理委员会名单》以及听取《提案汇总情况报告》《职代会分组讨论情况报告》等。大会还审议表决《锦江国际(集团)有限公司集体合同》《锦江国际(集团)有限公司女职工权益保护专项集体合同》,现场行政方和职工方首席代表进行集体合同的签订。

（顾明方）

【百联集团工会开展职工代表巡视工作】 10月15日,在职代会闭会期间,百联集团有限公司工会开展职工代表巡视工作,10家二级公司、中心工会组成了以工会主席(工会负责人)、党办主任、劳模先进、职工代表等为成员的巡视小组,对10家基层单位开展了巡视,重点为"为职工办实事项目""领导干部联系职工群众"等方面工作。巡视小组通过听取工作汇报、组织职工代表座谈会、现场互动交流等形式,走进门店班组、职工食堂、服务现场开展巡视,并进行检查和记录。在总结经验、探索方法的过程中,共同促进企业民主管理工作。

（姜 杰）

【上海城投集团召开2023年工作会议暨一届四次职工(会员)代表大会】 1月18日,上海城投(集团)有限公司召开2023年工作会议暨一届四次职工(会员)代表大会。集团党委书记、董事长蒋曙杰出席会议并讲话。集团党委副书记、总裁陈庆江作《上海城投集团2023年工作报告》,并对各直属单位年度工作进行点评。集团党委副书记、工会主席杨茂铎主持会议。集团党政领导班子成员出席会议。集团各职能部门负责人、各直属单位班子成员、职代会正式代表和列席代表等250余人参加会议。大会审议通过《上海城投集团2023年工作报告》《上海城投集团2023年工资总额预算方案》《上海城投集团领导人员2023年履职待遇和业务支出情况报告》,选举了集团职工董事、补选了集团工会委员、工会经审委员。会后,召开了上海城投集团工会第一届委员会第四次全体会议、集团工会第一届经费审查委员会第四次全体会议,补选集团工会常委、工会经审主任。会上,表彰集团2022年度综合考核优秀集体,

颁发董事长、总裁特别奖。各直属单位董事长(执行董事)进行述职,并向集团党委书记、董事长蒋曙杰递交《2023年度经营业绩目标责任书》。与会人员对集团领导班子及班子成员进行民主评议。会上,同时举行集团直管干部学习贯彻党的二十大精神专题培训班结业仪式,学员代表作了学习交流发言。与会人员观看了新春团拜会文艺汇演。

（赵永哲）

【世纪出版集团召开第三次工代会暨三届一次职代会】 9月20日,上海世纪出版(集团)有限公司第三次工会会员代表大会暨第三届职工代表大会第一次会议在世纪出版园举行。176名代表参会。市总工会党组成员、副主席徐珲,集团党委书记、董事长黄强出席大会并讲话,集团党委副书记、总裁阚宁辉作集团2022年工作报告,集团党委副书记、工会主席杨春花主持大会并作工会工作报告,集团党委委员彭卫国、张国新,集团老领导、老同志代表陈昕、王兴康出席大会。市委宣传部基层工作处邵子剑、市总工会组织部叶懿到会指导。集团各直属单位、各职能部门主要负责同志参加会议。大会表决通过集团工作报告、集团工会第二届委员会工作报告、集团工会第二届经审委员会工作报告,选举产生集团工会第三届委员会委员21名,经费审查委员会委员5名。在随后举行的集团工会三届一次全委会上,杨春花当选为集团工会第三届委员会主席,王云斌、黄庆、管叶、董龙凯、王珺、曲云飞当选为副主席;全委会审议并表决通过集团工会第三届女职工委员会委员名单,王珺当选为集团工会第三届女职工委员会主任。经集团工会三届一次经费审查委员会会议选举,郑淑娟当选为集团工会第三届经费审查委员会主任。

（施纪仁）

职工董监事

【概要】 2023年,市总工会把完善公司法人治理结构作为重点工作要求,并加强对基层企业的指导督促,扎实推进职工董事监事制度建设,收到了良好的成效。据上海工会年报统计,截至2023年9月底,全市基层工会所在单位建立董事会涵盖单位4692个,董事1.69万人(其中女性3021人),建立职工董事

制度的工会企业数1466个，职工董事1643人（其中女性585人）。工会主席或副主席进入董事会的有850人。全市基层工会所在单位建立监事会涵盖单位3157个，监事6128人（其中女性2179人），建立职工监事制度的工会企业数1677个，职工监事1864人（其中女性872人）。工会主席或副主席进入监事会的有705人。　　（王珍宝）

【中远海运集团工会开展职工董事在公司治理中发挥作用情况专项调研】 11月14—17日，中国远洋海运集团有限公司工会对26家设立董事会的直属单位进行调研，系统梳理各单位职工董事配备和履职等情况。调研中还征集了职工董事参与公司治理、充分发挥作用的典型案例，总结各单位的经验做法、工作成效、收获启示。　　（颜龙生）

【国网上海市电力公司工会开展董事长联络员赋能培训活动】 7月13日，国网上海市电力公司工会开展董事长联络员赋能培训活动，共20名董事长联络员参加此次赋能线下培训及闸北发电厂现场参观活动。中盟心理EAP特邀讲师陈苏娟老师以行动学习经典技术——世界咖啡工坊形式，运用心理学问题解决原理，对工作中的问题进行分析，找出解决方案。第一组探讨如何降低停电后客户的不满情绪，第二组研究让员工享受工作的方法，第三组讨论如何平衡工作与生活，而第四组则重点探讨促进团队效能最大化的策略。董事长联络员通过感性正念环节进行压力释放，以本次线下团队辅导体验为引，播下认知自我的种子。公司工会高度重视董事长联络员赋能培训工作，从联络员分组到科学制定培训课程，从实地调研到汇智聚力落地课题，从调研系统概论与行为沟通方式到结构化思维输出，全方位部署各环节工作，力求充分协助董事长联络员更高效的完成岗位任务，共同协助公司的发展与战略目标的实现。　　（蔡婧）

法律监督

【概要】 2023年，市总工会坚持创新社会治理，进一步明确工会劳动法律监督在"四位一体"协调劳动关系体系建设中承上启下、相互促进的功能。进一步提升工会劳动法律监督工作的规范性，提升监督管理水平，有效督促用人单位就存在的问题进行整改，为本市工会依法维护职工权利，构建和谐劳动关系，促进企业持续健康发展提供了有力支撑。明确将发生群体性劳资纠纷结案企业，职工法律援助个案中发现严重侵犯职工合法权益企业以及具备组建工会、建立职代会和集体协商制度条件但未依法执行或不规范运行且情节严重的企业作为主要对象，持续开展劳动法律监督工作，并将其作为上海工会预防化解劳动关系矛盾"六步工作法"的关键环节予以推进。同时，将刚性的联合执法检查、工会定向法律监督和柔性的法律援助、法律体检、法律指导等措施有机融合，推动矛盾隐患及时发现、高效化解。自2021年以来，全市各级工会共对2.32万多家企业实施了法律监督（包括柔性的法律体检、法律指导服务），对200多家企业开具"两书一函"，推动包括世界500强企业在内的90%以上企业及时整改。2023年，市总工会组织各区局（产业）、街道（乡镇）工会开展劳动法律监督，并结合"对万家企业实施和谐劳动关系建设优化指导服务并推动实现其职工代表大会、集体协商建制全覆盖"工作，包括针对群体性劳资纠纷企业、未建会建制企业和法律援助案件中严重侵权企业等实施工会定向法律监督超过1.09万家。（殷崇莉）

【实施和谐劳动关系建设优化指导服务】 2023年，市总工会加强推进市法治为民办实事项目和市总工会服务职工实事项目——"对万家企业实施和谐劳动关系建设优化指导服务并推动实现其职工代表大会、集体协商建制全覆盖"项目，在各地区落地落实。年内，共指导服务企业超过1.09万家，覆盖职工近126.8万人；排查出劳动关系矛盾隐患近1.6万个，提出整改建议4.5万条。其中，推动3567家企业建立职代会或集体协商制度，推动5278家企业在已建立职代会的基础上规范和完善相关民主管理机制，帮助699家企业平稳推进重大改革调整。"指导服务"项目的有序推进，主要取得了以下4个方面的成效：一是进一步摸清企业在劳动关系领域的实际情况，从源头上为劳动关系矛盾隐患的排查和推动解决，更好推进维权维稳工作奠定了坚实的基础；二是进一步促进工会组建和职代会、集体协商等民主管理和民主协商制度规范化建设，特别是分类推进国有企业建立健全集团多级职代会制度，推动非公企业提高职代会建制覆盖率，推动行业性民主管理制度建设，推动新就业形态劳动者协商协调机制建设；三是进一步指导、推动企业和职工就劳动报酬、福利待遇、工作时间、休息休假等涉及职工切身利益的各类事项广泛开展民主协商，取得了促进企业发展、维护职工权益的"双赢"工作目标；四是进一步加强对企业和职工的普法宣传教育，努力营造企业和职工尊法守法、构建和谐的良好氛围。　　（殷崇莉）

【启用新版工会劳动法律监督员证书】 2023年，根据全国总工会工作要求，上海工会启用新版工会劳动法律监督员证书，全市1113名工会劳动法律监督员完成换证工作。1月1日起，旧版监督员证书废止。监督员证书是从事工会劳动法律监督工作的身份证明和资格证件。加强对监督员证书的规范管理，对于强化工会劳动法律监督员的责任意识、保障工会劳动法律监督工作正常开展具有重要意义。新版工会劳动法律监督员证书由市总工会根据全国总工会统一制订的监督员证书样式印制，有效期一般为5年，上海工会劳动法律监督员须经上海市总工会或各区局（产业）工会培训，考核合格后颁发。由各区局（产业）工会负责本级所辖工会的监督员证书的颁发管理工作，并建立健全持证人员信息台账，做好动态管理。　　（殷崇莉）

【培育选树基层劳动关系公共服务样板站点】 2023年，根据国家协调劳动关系三方及国家标准化委员会有关通知要求和全国总工会有关部署要求，市协调劳动关系三方组织开展第一批基层劳动关系公共服务样板站点培育选树工作。通过深入总结提炼，全方位展现宣介站点培育选树成果。一是擦亮特色品牌名片。张江镇打造全市首个集调解、仲裁、诉讼于一体的基层劳动争议解决平台，为张江科学城内的企业和劳动者提供"家门口""一站式"服务；梅陇镇搭建联动调处与工会维权托底相结合的"一站式"法律维权服务，进一步延长了工会"手臂"，延伸了服务"触角";上海湾区高新区"二二三"预防调解工作法形成事前预防、监测预警、会商研判、多元化解的和谐劳动关系"全链条"服务;朱泾镇"新新抱团,携手共进"品牌项目提供多样化、专业化、智慧化保障服务,赢得企业和职工的普遍认同,实现党建得提升、企业得发展、员工得实惠的多赢效果。二是形成管理服务标准。对照样板站点培育工作有关要求,指导各培育单位就工作实践中探索形成的制度机制和创新做法进行总结归纳,梳理形成本地区或本行业的工作标准。张江镇建立标准化的调解组织办公设施,将调解工作室的调解工作程序、工作职责、调解员行为规范、调解流程图、岗位职责、调解员名单照片等上墙公布;梅陇镇探索建立"法治宣传、队伍优化、纠纷预警、分级办理、会商会审、应急响应"等多项机制,加强对工会调解员办案质量监督管理和强化考核激励;上海湾区高新区建立并规范企业用工督查日志,形成园区网格调解接待负责制,推行"以案定补";朱泾镇形成规范劳动关系协调标准,做到服务前有清单,服务中重流程,服务后有评估,建立健全"五规范六上墙"长效机制。三是加大宣传推介力度。对于各培育单位创新形成的典型做法和先进经验,我们注重通过工作部署会、交流分享会、专报(简报)、官方公众号等形式予以宣介,区级协调劳动关系三方还积极寻求同级党委、政府、人大的关注和支持,并给予荣誉先进。张江镇"三庭五位"的创新实践得到国家有关部委高度评价,并推动促成了浦东新区首部涉劳动人事领域立法管理措施的出台;梅陇镇"一站式"综合性劳动保障服务平台先进经验在闵行区层面进行宣传,并在全市"工会＋检察院"职工劳动权益保障工作推进会上作交流发言;上海湾区高新区协调劳动关系的规范化、标准化探索,走在全市开发区、产业园区前列;朱泾镇朱泾商会会长单位制定的服装行业"一份合同六项协议"向全国纺织行业推广。　(孔瑞琨)

【徐汇区总工会开展和谐劳动关系优化指导服务】 2023年,徐汇区总工会继续对400余家企业实施和谐劳动关系建设优化指导服务,并在此基础上分类指导、积极推动各类企事业单位建立健全职代会、集体协商等民主管理制度,从源头上促进本区劳动关系的和谐稳定。本次优化指导服务共发现企业存在问题239个,解答企业咨询287个,向企业提出建议260条。探索建立行业性职工代表大会制度,坚持建会与职代会建制联动,建立养老护理、咖啡行业职代会,畅通职工的诉求表达渠道。徐汇区总工会、斜土街道办事处获得2020—2023年度上海市推动厂务公开民主管理工作先进单位,徐房集团、泰坦科技、瓦克化学、商派软件、辉正医药等公司荣获上海市厂务公开民主管理工作先进单位。　(周 吉)

矛盾预防和调处

【概要】 2023年,本市劳动关系领域总体平稳可控。市总工会深入学习党的二十大精神,全面贯彻落实习近平总书记关于总体国家安全观的重要论述,切实按照市委书记陈吉宁关于"要打好防范风险主动仗,把防线筑得更牢、把工作做得更靠前,建设更高水平的平安上海"的指示精神,紧扣全国总工会"五个坚决"总体要求,认真对照本市安全工作协调机制有关要求和部署,坚持维权与维稳相统一,坚持"促发展"和"保稳定"相统一,充分发挥工会组织在推动构建和谐劳动关系和维权维稳工作中的作用,一手抓防范化解,一手抓引领构建,坚决维护职工队伍和社会和谐稳定。结合常态化职工队伍稳定风险排查专项行动,聚焦劳动领域重点行业、重点群体,及时发现掌握可能影响职工队伍稳定的突出问题,深耕细作、推广运用、创新发展"六步工作法",依托地方联动机制,会同政法委、公安、国安、网信等相关部门,加强协调联动,共同调处矛盾,全力把劳动领域风险隐患和矛盾纠纷化解在基层,消除在萌芽状态。2023年,各级工会上报群体性劳资纠纷62起、劳动关系矛盾预警93起,调查劳动关系网络舆情90件,均得到妥善处置。　(殷崇莉)

【全面压紧压实工会维护劳动领域政治安全工作责任】 2023年,市总工会与各区局(产业)工会逐级签订2023年度维护劳动领域政治安全工作责任书,层层压实工作责任。3月2日,市总工会召开上海工会风险防控工作推进会,贯彻落实习近平总书记关于总体国家安全观和风险防控工作的重要论述,以及全国工会维护劳动领域政治安全工作座谈会和市维稳工作专题会议精神,紧扣"五个坚决"和"五个不发生"的总体要求,部署、推进工会防范化解劳动领域安全稳定矛盾风险相关工作,维护职工队伍和社会和谐稳定相关工作。　(殷崇莉)

【举办上海工会协调劳动关系工作实务培训班】 6月15—16日,市总工会举办2023年上海工会协调劳动关系工作实务培训班。培训课程包括《工会法》《上海市工会条例》修改情况介绍及解读、法院审理劳动争议案件实务、职代会工作实务、工会劳动法律监督理论与实践、工会参与劳动争议多元化解工作政策与实践等内容。各区、局(产业)工会或其基层企事业单位从事民主管理和集体协商工作的工会干部88人参加培训。　(杨 驹)

【开展常态化职工队伍稳定风险排查化解专项行动】 2月,市总工会制订下发《关于开展2023年度本市职工队伍稳定风险排查化解专项行动的通知》,指导各级工会重点聚焦新就业形态劳动者群体涉稳风险等14个突出风险点,结合工会走访、检查、蹲点、调研工作以及"对万家企业实施和谐劳动关系建设优化指导服务并推动实现其职工代表大会、集体协商建制全覆盖"法治为民办实事项目等工作,建立健全广泛排查、重点化解、动态监测相结合的排查化解工作机制,形成风险隐患排查清单,建立风险排查化解台账,落实"四必查"机制和"四同步"举措,推动排查化解工作制度常态化长效化。2023年,各级工会深入改革调整任务重、困难职工多、生产经营不稳定、劳动关系和安全生产矛盾突出、新就业形态劳动者、互联网平台企业比较集聚的地区、园区、行业和企业排查矛盾隐患。全年,全市各级工会共调研排查各类企事业单位近6.5万家,其中涉及百人以上企业233家。先后开展网络社团、快递行业、网约车、货车司机等新就业形态劳动者涉稳风险排查调研,并预警相关工会做好跟踪处置。各级工会坚持和发展新时代"枫桥经验",积极争取党委和政府(行政)的重视和支持,切实将防范化解工作融入全市稳定工作大局。充分依托"三方协商""四方合作"机制的基础上,主动跨前一步,有效整合政法、网信、公安、国资、民政、人社、司法行政、交通和市场监管等部门的资源和力量,深耕细作、推广运用、创新发展预防化解劳动关系矛盾"六步工作法",推动实现劳动争议和矛盾纠纷的源头化解、属地化解。

(殷崇莉)

【提升联动处突能力建设】 2023年,有效落实全国总工会工作要求,市总工会建立处突专项工作机制,办公室设在市总工会。在切实将工会排查化解工作融入全市政治稳定、社会稳定、社会治理大局的基础上,坚持每周报送情况、每月会商研判、双月工作调度、专项联动检查等工作机制,并细化完善"工会＋政法委"维稳信息报送研判、"工会＋人社"矛盾纠纷对表联查、"工会＋公安"信息联动预警处突、"工会＋仲裁院＋法院"诉裁调对接、"工会＋民政"社会组织孵化引导、"工会＋检察院"公益诉讼、民事支持起诉协同推进6项工作机制。进一步引导各级工会建立健全相关举措,建立健全上下贯通、多方联动、全面设防、高度协同的立体化防控体系,推动形成集调研调度、会商研判、矛盾调处、维权服务于一体的集成化、网格化高度融合的风险防控工作机制。一是提升处突速度。加强信息沟通和舆情检监测,跨前一步加强动态排查,及时化解矛盾纠纷隐患。二是强化联动调处。推进排查处突机制建设,联动调处、妥善处置劳资纠纷。三是深化维权服务。坚持维权与维稳相统一,充分发挥劳资对话平台作用,力促通过民主协商化解矛盾问题。四是注重关心关爱。坚持柔性处理和刚性处置相结合,做好思想教育、情绪安抚、心理疏导和关心慰问等工作。在排查和化解矛盾隐患的同时,常态化做好送温暖工作,强化工会爱心阵地建设,全力保障职工队伍和社会和谐稳定。 (殷崇莉)

【优化劳动领域涉稳信息报送工作机制】 2023年,市总工会下发《关于加强本市劳动领域涉稳信息报送工作的通知》,对报送内容、时限和方式进行严格规定。要求各级工会严格落实信息报送责任,充分发挥信访、热线、自媒体等作用,建强用好劳动领域舆情监测平台,确保渠道通畅、整合有力、反应灵敏、报送及时。建立健全涉稳信息报送机制,并充分发挥上海工会预防化解群体性劳资纠纷履职平台、舆情监测平台、12351服务职工热线、劳动报劳权热线的作用,织密市、区、街镇、园区楼宇、企业"五级"信息直报网络,并注重在直报的及时性、准确性、连续性上下功夫,实时掌握风险存量、增量、变量。进一步建立完善重大情况专项报告、敏感事件日查日报和日常工作周查周报制度。2023年"两节"、全国"两会"及全国工代会、上海工代会期间,上海工会实施每日报告制度,有事报情况,无事报平安。 (殷崇莉)

【浦东新区总工会召开工会推进多元化解工作现场会暨公益法律服务行动启动仪式】 4月10日,浦东新区总工会在陆家嘴金融城召开工会推进多元化解工作现场会暨2023年度公益法律服务行动启动仪式,市总工会副主席张得志,区人大常委会副主任、区总工会党组书记、主席倪倩以及区法院、区司法局、区人社局、区总工会和陆家嘴管理局等单位分管领导出席活动。各街镇、开发区工会主席,陆家嘴金融贸易区楼事会楼长、律所负责人和律师志愿者代表等参加活动。会上,陆家嘴金融贸易区总工会介绍了浦东新区劳动人事争议联合调解中心工会分中心陆家嘴工作站的运行情况,与会领导共同启动成立楼宇律所职工法律服务志愿团,楼事会楼长代表与律所代表进行签约。浦东新区总工会启动年度"尊法守法,携手筑梦"公益法律服务行动,发布一批

重点项目。 (吴周筠)

【浦东新区总工会与区检察院举行"工会＋检察院"职工劳动权益保障工作签约仪式】 11月1日,浦东新区总工会与区检察院举行"工会＋检察院"职工劳动权益保障工作签约仪式,强化协同共治合力,切实保障劳动者合法权益。区人大常委会副主任、区总工会党组书记、主席倪倩,区检察院党组书记、检察长曾国东出席会议并讲话。会上,区总工会党组成员、副主席王洪和区检察院党组成员副检察长屠春含共同签署《关于共同推进职工劳动权益保障构建和谐劳动关系工作的合作协议》,从信息共享、线索移送、沟通联络、办案协作、联合调研、专项活动等6方面建立协作工作机制,形成检察机关和工会组织之间相互支持配合的工作格局。区检察院、区总工会分别进行了浦东"工会＋检察院"机制建立、职工权益保障工作通报。 (吴周筠)

【长宁区建立"工会＋"五方协作联动工作机制】 12月8日,长宁区总工会联手区法院、区检察院、区人社局、区司法局共同举办"2023年长宁区劳动关系多元解纷工作推进会",正式建立"工会＋"五方协作联动机制。市总工会党组成员、副主席赵德关,区人大常委会副主任、区总工会主席潘敏等领导出席会议。区总工会、区法院、区检察院、区人社局、区司法局相关部门及各街道(镇、园区)工会主席、专职副主席,各街道(镇)司法所所长,区总工会劳动关系法律服务律所代表和工会劳动关系指导员代表参加会议。会上,区总工会与区

12月8日,长宁区"工会＋"五方协作联动工作机制正式建立(贲放)

检察院签订《关于建立职工劳动权益保障民事支持起诉协同工作机制合作协议》，区总工会作劳动关系多元解纷工作推进情况的报告。区法院通报 2023 年劳动关系诉讼情况，区检察院介绍职工劳动保障、民事支持起诉相关工作。区劳动人事争议仲裁通报 2023 年仲裁工作情况及工作建议。　（贵 放）

【静安区构建和谐劳动关系"五方联动"工作机制】 11 月 22 日，静安区总工会联手区法院、区检察院、区人社局、区司法局等部门举办"多方联动聚合力，共创和谐促发展"主题活动，构建区域和谐劳动关系"五方联动"工作机制。市总工会党组成员、副主席赵德关，静安区人大常委会副主任、区总工会主席林晓珏，区法院院长、党组书记孙静，区检察院检察长、党组书记董学华，市总工会劳动关系工作部部长曹宏亮，区总工会党组书记、副主席许俊，区司法局局长、党委书记吕平，区法院副院长陆罡，区检察院副检察长王强，区人社局副局长徐礼根，区司法局二级调研员吴群，区总工会经审会主任张伟等出席。林晓珏致辞。五方领导分别介绍本单位依法化解劳动纠纷情况并作表态发言。静安区三方劳动人事争议联合调解中心工会分中心获评 2022 年度"上海市金牌劳动人事争议调解组织"。市总工会劳动关系工作部部长曹宏亮代表市协调劳动关系三方为区总工会颁奖。静安区总工会与区法院成立工会驻法院劳动争议调解工作室。区法院副院长陆罡和区总工会党组书记、副主席许俊共同为工会调解工作室揭牌。静安区成立"益心为工"维权志愿者联盟。区司法局局长、党委书记吕平和区检察院副检察长王强共同为静安"益心为工"维权志愿者联盟代表颁聘书。赵德关、林晓珏、孙静、董学华的见证下，由许俊、陆罡、王强、吕平、徐礼根代表五方上台签订《静安区构建和谐劳动关系"五方联动"机制工作纪要》。赵德关在发言中指出，静安 5 个部门联手建立"五方联动"工作机制，是深入推进法治工会建设，持续加强对劳动领域社会公共利益和劳动者权益维护的有力探索，是进一步促进静安社会稳定、构建新时代和谐劳动关系的重要起点。　（严 琪）

【闵行区召开"四方联动"工作会议】 1 月 12 日，闵行区总工会、区人社局、区司法局联合区人民法院召开区"四方联动"工作会议暨涉疫情劳动争议案件审判白皮书发布会。会上，区人民法院发布《涉疫情劳动争议案件审判白皮书》，解读典型案例并就如何妥善处理疫情期间劳动争议，提出相关建议。区总工会、区司法局、区人社局共同续聘"闵行区劳动争议特邀调解员"。区总工会党组成员、副主席徐建华在会上点亮服务阵地地图，整理归纳 4 大系列 46 项工作服务清单，并在此基础上从各个领域推进 9 大类服务阵地建设，全面推进"产业职工全生命周期服务"品牌。（汤 怡）

【松江区总工会、区人民检察院建立协作机制维护职工劳动权益】 7 月 18 日，松江区总工会、区人民检察院关于建立协作配合工作机制维护职工劳动权益保障签约仪式在区工人文化宫召开，区人大常委会副主任、区总工会主席吴建良，松江区检察院党组书记、检察长郭箐出席会议。会议由区总工会党组书记、副主席徐青主持。会上，区总工会与区检察院签订《松江区人民检察院、松江区总工会关于建立协作配合工作机制维护职工劳动权益保障合作协议》，并为 20 名工会系统"益心为公"检察云平台志愿者颁发聘书。区总工会和检察院班子领导、区总工会机关和区工人文化宫中层干部、区检察院公益检察室、第五检察部和办公室相关人员、各街镇、经开区总工会主席及专职副主席、区总工会 4 家签约律所负责律师、"益心为公"检察云平台志愿者等参加会议。会后，区检察院公益检察室为 20 名工会系统"益心为公"检察云平台志愿者进行专题培训。　（丁 璇）

【松江区总工会防范化解劳动关系领域重大风险】 年内，松江区总工会与区人社、工商联三方联合发文《松江区协调劳动关系三方 2023 年工作要点》《关于 2023 年松江区推进和谐劳动关系创建活动的通知》，召开松江工会风险防控工作推进会，特殊时期实行劳动关系稳定状况日报。配合人社等部门参与集中整治拖欠农民工工资问题专项行动，涉及职工 2388 人，解决欠薪问题涉及金额 1952.10 万元。持续开展本区职工队伍稳定风险排查化解专项行动，排查风险点 94 处，已化解 87 处。通过上海工会群体性劳资纠纷预防调处平台，上报市总工会各类群体性劳资纠纷预警 10 起；上报市总工会并参与调处群体性劳资纠纷 12 起，涉及职工 1347 人。　（丁 璇）

【青浦区成立建筑行业劳动争议联合调解中心】 2 月 15 日，由青浦区总工会、区人力资源和社会保障局、区建设和管理委员会、区司法局联合成立的青浦区建筑行业劳动争议联合调解中心启用。联合调解中心设在青浦区建设和管理委员会，按照规范化人民调解委员会运作，建立调解员管理、争议预防、争议化解等联合调解制度。由区人社局、区建管委、区司法局、区总工会各自指派一名调解员进驻开展调解工作，为建筑行业劳动者提供政策咨询、援助引导、纠纷调解等服务。　（朱建强）

法律援助

【概要】 2023 年，上海工会重点围绕探索企业民主管理制度和协商协调机制、推动构建和谐劳动关系、优化提升职工法律服务等方面工作，加强协同机制建设、创新工作路径模式。深入开展"应援尽援""零门槛"法律援助工作，调研形成《关于健全完善维权服务机制推动实现职工法律服务工作规范化、品牌化、信息化的调研报告》，努力打造更高层次、更加专业的工会维权服务品牌项目。发挥三方协商机制，聚焦健全完善基层劳动争议调解组织制度建设开展上海金牌调解组织评选活动，选树本市 15 家优秀调解组织为先进典型，使各基层劳动争议调解组织创有标杆、争有目标。在"四方合作"工作机制的基础上不断探索深化，与市检察院建立"工会＋检察院"职工劳动权益保障公益诉讼、民事支持起诉协同工作机制，促进工会劳动法律监督与检察机关民事法律监督的双向赋能。持续完善"工会＋仲裁院＋法院"诉裁调对接机制，与市一中院签署《关于建立劳动争议多元化解机制的合作协议》。推动市司法局解纷"一件事"与随申办工会"劳动争议调解"公共服务事项模块建设，实现工会劳动争议调解申请全程网办，全面提升职工调解服务的便捷度、体验度和满意度。继续联手法院、人社等部门举办劳动法律专题培训班,加强对工会干部、劳动关系指导员和签约律师业务培训,不断提升基层工会法律人才调处化解劳动关系矛盾、构建和谐劳动关系的能力水平。按照两个"应援尽援"要求,2023年,全市各级工会积极开展职工法律援助服务,主动深入基层参与劳动争议调解。截至年底,各级工会通过上海工会法律援助服务平台为职工提供代写法律文书、协商调解、仲裁诉讼代理等法律援助服务3.90万件,为职工挽回经济损失10.68亿余元。 (秦利佳)

【全市各级职工法律援助中心积极维护职工群众的合法权益】 2023年,市总工会聚焦规范劳动用工、构建和谐劳动关系和维权维稳主责主业等维度,有效发挥"工会+"跨部门联动机制优势,在"工会+法院+人社+司法行政"四方合作工作机制和"工会+仲裁院+法院"诉裁调对接机制的基础上,建立"工会+检察院"职工劳动权益保障公益诉讼、民事支持起诉协同工作机制,聚焦新就业形态劳动者等重点人群,促进工会劳动法律监督与检察机关民事法律监督的双向赋能。梳理更新全市339家职工法律援助站点目录信息,工会法律援助阵地实现对上海各街镇(园区、开发区)以及各级劳动人事争议仲裁院和人民法院的全覆盖。强化数字赋能,提升维权效能,8月在"随申办"工会专窗上线"工会维权服务"公共服务事项,包括新就业形态劳动者在内的广大职工可通过"随申办"工会专窗或解纷"一件事",在线申请劳动争议调解等工会维权服务。2023年,各级工会通过上海工会法律援助服务平台为职工提供代写法律文书、协商调解、仲裁诉讼代理等法律援助服务3.90万件,挽回经济损失10.68亿余元。其中代写法律文书1474件、协商调解2.56万件、代理仲裁诉讼1.19万件。办结调解类案件2.57万件,调解成功2.25万件,调解失败3198件,调解成功率为88%;办结仲裁诉讼类案件1.11万件,其中职工胜诉案件2683件,4110件当庭达成调解,撤诉案件724件,部分胜诉案件2764件,败诉及其他案件817件,完全胜诉及调撤案件占全部仲裁诉讼案件的68%。 (秦利佳)

【市总工会与市一中院签署劳动争议多元化解合作协议】 为贯彻落实习近平总书记关于"坚持把非诉讼纠纷解决机制挺在前面、从源头上减少诉讼增量"等重要指示精神,深入推进多元化纠纷解决机制,加强诉源治理工作。5月30日,上海市总工会与市第一中级人民法院举行"法院+工会"劳动争议诉调对接工作室成立暨揭牌仪式,签署《关于建立劳动争议多元化解机制的合作协议》。市高院审委会专职委员米振荣,时任市总工会党组书记、副主席黄红,党组成员、副主席桂晓燕,市一中院党组书记、院长陆卫民,党组成员、副院长徐世亮出席签约仪式,市总工会、市一中院相关负责人参会。市一中院对于经审查符合立案条件且可以调解的劳动争议案件,在征求当事人意见后,通过多元解纷平台、调解组织调解平台等系统平台于立案前先行委派,或者立案后委托给市总工会进行调解。两家单位充分发挥各自职能作用,通过建立健全诉讼和工会调解有效对接的诉调对接运作机制,引导和鼓励当事人选择调解方式及时化解劳动争议,实现矛盾纠纷线下线上一站式受理、一站式解决,依法保护劳动者和用人单位合法权益,促进劳动关系和谐。 (秦利佳)

【"随申办·工会"平台上线"劳动争议调解"公共服务事项】 8月31日,为健全完善矛盾纠纷多元解纷工作机制,建立一站式多元纠纷解决平台,市总工会充分发挥数据和技术赋能的优势,在"随申办·工会"专窗上线"劳动争议调解"公共服务事项。职工点击进入该服务模块后即可在线申请工会劳动争议调解服务,身份信息自动识别录入,相关材料即时上传,系统根据纠纷单位地实现一键派单。地区工会通过上海工会法律援助服务平台线上进行案件核实、受理、指派、办理、结案及案件信息管理等一站式操作功能。通过工会调解服务数字化转型升级,实现工会劳动争议调解申请全程网办,全面提升职工调解服务的便捷度、体验度和满意度。12月下旬,随申办工会"劳动争议调解"公共服务事项与市司法局多元化解矛盾纠纷"一件事"完成联网对接,进一步扩大工会线上劳动争议调解服务覆盖面,打造云端服务推进职工劳动争议调解更加便捷高效。 (秦利佳)

【举办上海工会劳动法律业务培训班】 9月7—8日、9月14—15日,市总工会经与市第一中级人民法院、第二中级人民法院、市劳动人事争议仲裁院、市劳动执法总队、市总工会法律顾问团沟通,邀请法院、人社等系统等多名具有丰富理论知识与实践经验的老师和顾问团专家,就《解除争议仲裁实务分享》《劳动保障监察工作简介》《劳动争议审判实务疑难问题》《工会律师视角下的群体性劳动争议处置》等内容为基层工会的法律援助服务人员、劳动争议调解员和工会维权律师进行线上授课,累计受训近160人次,进一步提升基层工会法律人才队伍的能力和素养。(秦利佳)

【市总工会与市检察院联合召开"工会+检察院"职工劳动权益保障工作推进会】 10月27日,市总工会与市检察院

上海工会劳动法律业务培训班 (秦利佳)

联合召开"工会＋检察院"职工劳动权益保障工作推进会，会上签署《关于建立"工会＋检察院"职工劳动权益保障协同工作机制的意见》，就建立"工会＋检察院"职工劳动权益保障公益诉讼、民事支持起诉协同工作机制，推动各级检察机关与工会组织围绕职工反映强烈的涉及劳动权益保障的普遍性问题、新就业形态下劳动者权益受侵害的新情况新问题，切实发挥沟通联络、信息通报、线索移送、会商研判、办案协作等机制作用，着力引导各类用人单位依法规范用工，共同保障职工劳动权益，促进工会劳动法律监督与检察机关民事法律监督的双向赋能。最高人民检察院、全国总工会、市检察院、市总工会等相关负责人出席会议并讲话。松江区检察院、徐汇区总工会、嘉定区检察院、闵行区梅陇镇总工会作交流发言。市检察院各分院、各区检察院、各区总工会相关负责人参加会议。　（秦利佳）

【成立第六届法律顾问团】12月1日，市总工会顺利完成上海工会第六届法律顾问团换届工作。本届顾问团由6名具有较高社会知名度的专业律师、5名在劳动法、行政法等领域具有较深理论功底的专家学者以及7名在立法法、劳动法、公益诉讼等领域具有较深理论与实务经验的政府专家组成。第六届法律顾问团的成立将带来4方面积极变化：一是为上海工会更好地在参与地方立法、有效维护职工劳动经济权益和政治民主权利，有效发挥顾问团"法律智库"作用；二是对本市劳动关系主要矛盾加强调查研究，聚焦新就业形态劳动者权益维护法律适用方面，切实发挥顾问团法学专长和实务经验；三是针对当前经济新常态下呈现出的劳动关系领域热点、难点问题进行研讨，依托顾问团为工会组织和职工群众发声；四是指导劳动关系领域重点课题开展，帮助及时总结经验，切实将对策思路和成功经验上升到制度层面。　（秦利佳）

【徐汇区总工会积极化解劳动争议】2023年，徐汇区总工会加强法律援助阵地建设，对各街镇站点全面检查调研，对照制度标准进行打分评价，对于部分站点标识不全、人员不齐、公众知晓度不高等问题，督促做好整改落实，有效发挥站点作用。区总工会全年共接

待咨询、来访5174人次，提供法律援助321件，参与调解194件，仲裁代理147件，处理10人以上群案2起。法院诉调对接中心窗口接待咨询380人次，受理诉前调解1320件，调解成功63件。9月开通线上工会劳动争议调解申请后，收到线上调解申请29起。　（周　吉）

【"朱雪芹职工法援工作室"开展7周年主题活动】4月7日，"靠谱服务，未来可'7'"——普陀工会"朱雪芹职工法援工作室"7周年主题活动在区党群服务中心举行。普陀区人大常委会副主任、区总工会主席姚军，副区长蒋龙，全国劳动模范、市总工会兼职副主席、朱雪芹职工法律援助工作室领衔人朱雪芹，以及市总工会相关部门、区司法局、区人社局、区法院、区总工会、各街道镇总工会、法律援助志愿团成员、"朱雪芹工作室"团队及劳动关系指导员等参加活动。区人大常委会副主任、区总工会主席姚军为活动致辞。工作室成立7年来，接待来电来访16000多人次；提供代书、参与调解、代理仲裁诉讼5500多件；挽回经济损失高达1个多亿，始终保持"零投诉""零争议"。区人大常委会副主任、区总工会主席姚军与副区长蒋龙共同为工作室授予"助力优化营商环境职工维权服务点"奖牌。活动上发布了由普陀区总工会和上海七方律师事务所根据多年维权经验和典型案例共同组编的《企业劳动合规与职工维权指引》。在互动访谈环节，朱雪芹、工作室团队资深律师田德强以及福克斯波罗有限公司企业和工会代表围绕维护职工合法权益、促进和谐劳动关系创建展开精彩的交流互动。　（陆　蕾）

【松江区总工会调解组织获评"上海市金牌劳动人事争议调解组织"】9月下旬，松江区劳动人事争议联合调解中心工会分中心获评市第三批金牌劳动人事争议调解组织。松江区劳动人事争议调解中心工会分中心有专职调解工作人员5名，兼职咨询律师1名。其中，设有窗口接待2名。自2019年以来，调解中心参与协商调解案件4840件，获得锦旗与牌匾共计70余面，全年案件调解成功率在77%以上。工会分中心规范工作模式，打造精干团队；加强四方联动，健全调节机制；丰富宣传形式，提高普法成效。该中心始终坚持为

民服务的宗旨，解决职工难题，做职工信赖的知心人、贴心人、娘家人。

　（丁　璇）

【松江区总工会完善职工法律援助运行体系】2023年，松江区总工会与检察院签订《松江区人民检察院、松江区总工会关于建立协作配合工作机制维护职工劳动权益保障合作协议》的基础上，就公益诉讼、支持起诉加强协作联动，全市首创"检察＋工会"联动履职模式，建立线索提报机制，以每月征集的形式畅通线索收集渠道。开展职工法律援助工作站点专项检查，共走访全区19家职工法律援助工作站点，对工会标示未上墙、制度不完善的法援站点按要求整改。2023年，全区工会系统共参与法律援助案件6118件，为职工挽回经济损失1亿余元。　（丁　璇）

普法宣传

【概要】2023年，上海工会严格落实法治建设责任制和普法责任制，稳步推进上海工会"八五"普法规划落地落细。一是聚焦领导干部这个"关键少数"，持续推进学法用法述法机制常态长效发展。结合理论学习中心组学习，建立以报告会、交流分享会为主要形式的"集中学法"制度。开展市总工会机关系统主题教育读书班集中学习暨"学思想、见行动，推动工会事业高质量发展""我会我来说"学习交流会，把法治相关内容作为专题之一进行交流培训。领导班子成员坚持每周开展"述学"，以模范机关创建为抓手，以应知应会清单为指引，推动领导干部学法活动，落实年终述职述法制度。二是把握普法重点和时间节点，不断推动工会法治宣传走深走实。把握宪法宣传周、民法典宣传月、国家安全教育日、女职工维权月、法治文化节等重要节点，线上线下开展普法问答、案例解析、知识竞赛、法律直播、微视频、法律沙龙等活动。广泛发动全市各级工会组织开展"尊法守法、携手筑梦"服务农民工公益法律服务行动，组织参加2023年人力资源和社会保障法治知识竞赛。三是着力推动法治文化建设，精心打造工会法治工作品牌。向全国总工会、市依法治市办、市法宣办等推荐上报30多部普法作品，参加全国工会"尊法守法·携手筑梦"法

治动漫微视频作品征集展播活动、上海市法治建设优秀案例征集评选、第四批上海市社会主义法治文化品牌阵地和品牌活动命名工作、法治上海建设品牌选树、优秀法治文化作品征集评选入库等活动。征集选树典型案例编印《上海市总工会法援案例集》。牵头起草《"六步工作法"：上海工会预防化解劳动关系矛盾的经验》书稿，向中国工会十八大献礼。四是有力推动工会源头参与立法和政策制订落地见效。就《中国工会章程》修改工作提出上海工会意见建议，对《章程》中的20个条款提出修改建议，被采纳或吸收采纳意见建议11条。完成《上海市工会条例》《上海市职工代表大会条例》实施情况评估报告，提出适时修订《上海市职工代表大会条例》的评估意见。推动"促进新就业形态劳动者权益协商协调机制建设"立法，迎接世界银行新一轮营商环境测评制定"劳工"专项指标工作方案、配套任务分解表和对标改革任务事项清单。

（蒋慧勤）

【积极开展线上法治宣传教育】 2023年，市总工会积极强化"三微一端"的建设，在微信公众号"申工社"开设"法治宣传""法律援助""法律咨询"专栏，每周更新法律知识和精选案例。在"申工社"微信公众号"公益乐学"栏目推出的《上海市工会条例》解读、《民法典》与劳动关系、《上海市工会条例》学习宣传等系列线上普法讲座，点击收看近10万人次。目前"三微"（申工社）关注人数达220万，获赞114.4万次，累计阅读

量达535万人次，视频累计播放量11.2万。"一端"（"劳动观察"APP）发布法治宣传相关文章5740篇，累积阅读人次80.63万。

（蒋慧勤）

【开展"尊法守法，携手筑梦"服务农民工公益法律服务行动】 2023年，市总工会、市司法局、市律师协会联合下发了《开展2023年"尊法守法·携手筑梦"服务农民工公益法律服务行动的通知》。3月2日，市总工会、奉贤区总工会联合举办启动仪式，开展法治宣传，并为外卖餐饮、快递物流行业农民工代表赠送关爱礼包和法律服务手册、提供咨询服务等。活动为期10个月，全市各级工会系统面向新就业形态劳动者开展线上线下法治宣讲500多场，提供法律咨询近8000人次，调处劳动争议、提供法律援助3700起，发放宣传资料近9万册，挽回经济损失3000多万元。"法治体检"覆盖平台企业1.09万家，帮助企业消除劳动关系风险隐患约1.6万个。

（蒋慧勤）

【举办上海工会"宪法宣传周"主题活动】 市总工会深入开展第10个"国家宪法日"和市第35届"宪法宣传周"活动。12月7日，市总工会联合市司法局、市律师协会，共同举办2024年"尊法守法·携手筑梦"职工公益法律服务行动启动仪式，现场展演普法文艺节目、向普法志愿服务队和普法阵地授旗揭牌，嘉定区总工会发布《和谐劳动关系法律体检白皮书》、向新就业形态劳动者代表赠送法治礼包。上海工会"尊

法守法·携手筑梦"法律知识线上问答活动也于当天同步上线，该活动为期一年，在"申工社"微信公众号每周推出"法治达人"答题活动。"宪法宣传周"期间，全市各级工会系统共开设法治讲座1000多场，开设宪法宣传专栏专题近1500个。推动宪法宣传进企业2400余家，现场宣讲7.5万余人次，法律咨询1.37万人次，通过新媒体宣传覆盖45万余人次，发放宣传资料10万余册。

（蒋慧勤）

【徐汇区总工会创建"汇普法"职工劳动法律沙龙品牌】 2023年，徐汇区总工会创建"汇普法"职工劳动法律沙龙品牌，推出基层工会劳动法律菜单式和项目化培训计划，开设年度劳动法律系列讲座和法律沙龙，为企业及职工提供菜单式服务，年内共开展线上讲座4场、在线听课5643人次，开展线下讲座20场。针对工会干部每年定期举办和谐劳动关系业务培训班，提供专项培训，切实提高基层工会干部依法化解矛盾纠纷的能力水平。对于农民工群体，开展"尊法守法·携手筑梦"服务农民工公益法律服务行动，成立志愿服务分队开展"送法进工地"等线下活动。

（周 吉）

【虹口区四川北路街道总工会开展新业态新就业群体送法上门活动】 年内，四川北路街道总工会利用区域化党建单位优势，与辖区律所紧密协作，不断将优质法律服务送到新业态新就业群体身边。进一步联合区家政行业联合会，开展"送法上门"活动，引导新业态劳动者增强法治意识、提高法治素养。近年来，四川北路街道总工会聚焦新业态新就业群体的"急难愁盼"，不断深化送温暖、送清凉、送政策、送体检、送维权、送活动、送帮扶的"七送"服务，并在辖区打造了11处为新就业形态劳动者服务的"虹新驿站"，全力构筑"温馨家园"，让他们感受城市的温暖。（马伟杰）

【金山区总工会举办"宪法宣传周"主题活动】 11月21日，金山区总工会开展"宪法宣传周"主题活动。活动现场，区总工会组织职工群众参观学习法治展板，普及宪法知识，发放法宣用品，到场职工群众学法热情高涨，就宪法学习展开了热烈讨论。活动还安排了普法宣

3月2日，上海工会2023年"尊法守法·携手筑梦"服务农民工公益法律服务行动正式启动

（李凤英）

传节目演出，由廊下镇司法所王培琼、盛彧等带来普法情景剧《跨省坠伤生波澜，"三所联调"止纷争》，上海市群成律师事务所张越作《和谐劳动关系建设优化指导服务》项目汇报交流。（钱海东）

【嘉定区总工会开展"法律沙龙"主题系列活动】 3月21日，嘉定区总工会以"职工在上下班途中遇到交通事故的工伤认定问题"为主题，开启了2023年第一期"法律沙龙"主题系列活动。活动邀请原嘉定区劳动争议仲裁院以及嘉定区社会保障服务中心等专家对援助律师所分享的案例进行点评分析，进一步加强基层工会干部对于本次主题的理解，进而提升其今后在实际工作中的业务工作能力。嘉定区总工会年内共举办4期"法律沙龙"主题活动，每期以一个职工关注、关心的热点问题为切入点，以分享实际案例为主展开活动，为区、镇两级的法援工作者提供交流经验和分享心得的平台，同时促进工会干部之间的互相学习，不断提升其工作水平。
（钱晓明）

【嘉定区总工会发布和谐劳动关系白皮书】 12月7日，嘉定区总工会举行"尊法守法，携手筑梦"职工公益法律服务行动启动仪式。本次活动旨在深入学习宣传习近平法治思想，大力弘扬宪法精神，教育引导广大职工群众增强法治意识和提高依法维权能力。活动现场，正式发布《和谐劳动关系"法律体检"白皮书》，此次在全市范围内首发的《白皮书》，汇集嘉定区总工会从2018年开始，在全区推广和谐劳动关系"法律体检"服务项目的各项经验做法。全书汇编"法律体检"部分成功案例和文件数据，收集115家企事业单位、11个类别

奉贤区总工会"以案释法"宣传服务活动　　　　（李凤英）

109项评估事项、1606个劳动关系风险隐患、1174条整改意见等，形成嘉定企业规范用工行为、保障职工合法权益、源头预防劳资矛盾的"法律参考书"。活动中正式启动嘉定区第一家新就业形态劳动者法律援助调解工作站，活动现场向新就业形态劳动者代表赠送了法治礼包。活动当天，参与各类政策类咨询的职工群众达千余名，同时有500余名职工同步参与线上普法知识问答。
（张舒）

【奉贤区总工会举办"以案释法"宣传服务活动】 7月3日，奉贤工会"以案释法"宣传服务活动在南桥镇伟星公司成功举办。活动通过小品形式演绎工会法律援助工作中遇到的典型案例，围绕时下新就业形态热点，聚焦劳动者在非标准不完全的劳动关系下的维权问题，引发共鸣。同时，通过工会法律援助律师现场解析、释疑解难，为职工维权服务贡献智慧、出谋献策。市总工会党组

成员、副主席赵德关，区人民政府副区长吕将，区总工会党组书记、常务副主席邵丹华，市总工会劳动关系工作部副部长曹宏亮等领导出席活动。（李凤英）

【化学工会开展商务楼宇线下普法活动】 12月4日，市化学工会在华谊集团法务部的专业支持下，在华伦大厦开展《学习宣传习近平法治思想，大力弘扬宪法精神》——谊彩风华·"谊"同学法线下沉浸式法治宣传活动。本次活动设置了"华"彩灯谜、"谊"起记法、"谊"气相投、"谊"击即中等趣味环节，将二十大报告中的法治元素、习近平法治思想、宪法知识等融入活动。同时，为员工做民法、知识产权法、诉讼法等多个领域法律知识普及，活动现场反响热烈。来自华谊集团的前100名职工领取了《通关卡》并参与答题领奖，数百名职工观摩活动。
（朱墨侃）

关于 2023 年调整本市城乡居民养老保险
领取养老金人员养老金的通知

沪人社规〔2023〕12 号

各区人民政府：

根据《人力资源社会保障部财政部关于建立城乡居民基本养老保险待遇确定和基础养老金正常调整机制的指导意见》（人社部发〔2018〕21 号）要求，按照《上海市人民政府关于印发修订后的〈上海市城乡居民基本养老保险办法〉的通知》（沪府规〔2019〕18 号）的有关规定，经市政府同意，从 2023 年 1 月 1 日起调整本市城乡居民养老保险养老金。现将有关事项通知如下：

一、2023 年调整城乡居民养老保险养老金的范围是：2022 年底前已按规定办理按月领取养老金手续的人员。

二、调整办法为基础养老金每人每月增加 100 元。

三、在按本通知规定增加养老金的基础上，相应将本市城乡居民养老保险基础养老金标准（含中央确定的基础养老金最低标准）由每人每月 1300 元调整为每人每月 1400 元。

四、按本通知规定增加基础养老金所需费用由市财政（含中央财政补助资金）和区财政按照各50%的比例分担。

五、本通知自 2023 年 7 月 13 日起施行，2023 年 1 月 1 日至本通知实施之日前已按规定办理按月领取养老金手续的人员，其基础养老金按本通知第三条规定同步调整。本通知有效期至 2024 年 12 月 31 日。

2023 年 7 月 11 日

2024
上海工会年鉴

经济权益

综 述

2023年，市总工会以"暖心关爱""安康护航""品质提升"3大行动为统领，出实招、办实事、求实效，各项工作取得了积极进展。一是围绕职工"急难愁盼"，扎实推进"暖心关爱"行动。源头参与职工医保待遇标准调整、《上海市居民经济状况核对办法》《上海市安全生产条例》《上海市消防安全责任制实施办法》等60余项政策调整。参与三方（人社、工会、企联/工商联）协商，推动本市最低工资标准从2590元/月提高到2690元/月。联合市企联、工商联，共同发布2023年工资指导线，为本市企业职工工资集体协商提供参考。与市民政建立困难群体数据共享机制，及时将符合条件的困难职工纳入到上海职工困难梯度帮扶范围，实现了工会帮扶从"人找政策"向"政策找人"的转变。推进以保洁工、保安员、营业员、一线操作工、家政护理员等为主的低收入岗位监测工作，对这类工资收入偏低、收入增速较慢的易致困职工实现早发现、早介入、早研判、早干预。目前已将16个区、52家局（产业）工会的382个低收入岗位纳入监测范围。推进帮扶工作项目化转型，培育开发《助力困难职工家庭"勤工俭学"项目》等18个项目，投入帮扶资金总额1847.45万元，惠及职工3.35万人次。升级推出"职工互助保障、会员专享保障、新就业形态劳动者专享保障、退休职工住院保障"等项目，为职工叠加配置更高水平、更全内容的保障项目。推进对口援助与合作交流取得积极进展。二是围绕职工安全健康，大力推动"安康护航"行动。以《关于各级工会组织促进安全生产工作的意见》为统领，推出10项工作举措，构建群防群治的大安全大应急框架。相关工作专报得到全国总工会和市委主要领导批示。推进各级工会建立健全安全生产领导机构。开展群众性隐患排查治理工作。以"安康杯"竞赛活动为引领，不断提升隐患排查质量，巩固隐患治理成效。实施高温慰问"送清凉"活动。三是围绕职工"衣食住行"，全面实施"品质提升"行动。依托市总服务职工实事项目，升级改善职工服务内容，全年服务人次超过1200万。打造"幸福直通车"服务职工新品牌。

全年举办线下活动248场、惠及职工超30万人，带动超4500万元消费，为上海经济注入了工会活力。积极探索职工生活品质试点工作，构建"1＋16＋N＋X"职工服务工作格局（即1个市级服务职工综合平台为主导、16个区级服务职工服务中心为延伸、N家提升职工生活品质试点单位为支撑、X个遍布全市的服务职工实体阵地）。制订《服务职工综合体建设标准化指标》和《企事业单位提升职工生活品质的"六心六爱"标准化指标》（即"安心"爱岗位，劳动关系和谐稳定；"舒心"爱劳动，生产生活条件改善；"暖心"爱伙伴，梯度帮扶体系健全；"开心"爱生活，职工福利待遇完备；"贴心"爱自己，健康服务项目全面；"诚心"爱他人，文化建设普遍认同），形成可量化、可复制、可推广的试点成果。 　　　　（汪佳侃）

实事项目

【概要】 2023年，市总工会以习近平新时代中国特色社会主义思想为指导，精准对接职工群众需求，确立了技能提升、文体服务、维权服务、健康服务、生活服务等5大类共10个实事项目。一是新建20家园区（楼宇）健康服务点，升级优化50家现有服务点。二是新建和改建50家职工健身驿站。三是组织百万职工开展"看上海、品上海、爱上海"主题系列活动和"长三角及协作区域疗休养"。四是建设改善医务、公共交通、公厕职工工间休息室。五是组织35万名新就业形态劳动者（灵活就业人员）参加互助保障。六是对万家企业实施和谐劳动关系建设优化指导服务，并推动实现其职代会、集体协商建制全覆盖。七是百名劳模工匠服务千家企业和校园，发挥劳模工匠的示范引领作用。八是推动解决10个园区、楼宇一线职工的"午餐难"问题。九是为2万名小微企业、灵活就业和特殊工种从业人员提供体检服务。十是推进千企共促安全文明出行，提升职工地铁通勤安全意识和能力。其中"健康服务点"和"健身驿站"再次纳入市政府为民办实事项目。一年来，各实施部门和单位以"竭诚服务职工"为宗旨，紧紧围绕职工群众需求，有序推进各项服务职工实事项目，10个项目均完成预定任务目标，共惠及1300余万职工。（庄若冰）

【组织开展"幸福直通车"公益市集】 2023年，市总工会针对职工"有消费意愿、有消费能力、但缺少消费时间"情况，整合国有企业、社会组织等上海品牌资源，牵头开展"幸福直通车"公益市集活动。将优质商品和服务送进企业、园区、楼宇，为职工创造便利的消费场景，在深挖消费潜力、助推经济发展、提升职工生活品质等方面取得了积极成果，受到广大职工的热烈欢迎和广泛认可。全年全市开启专场248次，带动消费近9000万元。 （朱梅莹）

【完成"万名抗疫一线工作人员赴无锡拈花湾暖心休养活动"】 2023年，为进一步加大对抗疫一线职工的关心关爱力度，市总工会继续组织开展"万名抗疫一线工作人员赴无锡拈花湾暖心休养活动"。该活动自2022年9月启动以来，分232个批次组织9986名抗疫一线职工参加，于2023年12月6日圆满结束。期间，参加休养的抗疫职工大多数都是相关区、局（产业）抗疫一线工作人员，并向疫情期间坚守岗位的医务、公安、社区工作者、下沉一线干部等群体倾斜，还有在抗疫期间远赴新疆、西藏、海南、重庆、成都等省市进行支援的援外省市医疗队员。活动中，参加疗休养职工在拈花湾的自然美景里忘情山水，释放心灵的压力，舒缓工作的疲劳，提升职工的身心健康。 （尤骏）

【完善上海职工疗休养基地矩阵】 2023年，市总工会围绕国家长三角高质量一体化、对口支援协作地区发展战略，经相关省市（自治区）总工会推荐，在全国范围认定了68家不同类型的上海职工疗休养基地。围绕上海城市发展整体规划，经各区局（产业）工会推荐，在本市范围认定了44家上海职工市内疗休养和"看上海"活动推荐酒店（目的地）。在此基础上，市总工会综合研判疗休养活动时间、行政区划、线路主题、区域定位等相关信息，指导各旅行社和相关基地推出了530条上海职工疗休养和"看上海"活动专属线路。线路内容主要以红色工运和主题教育为主，康养锻炼和交流学习线路为辅。 （尤骏）

【完成"百名劳模工匠服务千家企业和校园"项目】 2023年，市总工会继续开展"百名劳模工匠服务千家企业和校园"实事项目。通过调查研究征求意见、扩大项目范围、组织开展服务、加强创新实践、进一步规范流程、积极与其他项目合作等方式，继续深化落实该项目，主要做法有：一是加人，在去年213名成员的基础上新增96名劳模工匠（其中有各级劳模19人）。二是拓组，从40个增加到56个专业服务小组。三是添课，补充《匠心——守好老家底，打下新基础》等弘扬工匠精神的新公益讲座课程，从55门加到超过80门。四是创新，加强创新实践，优化线上线下相结合的服务模式，开展线上服务和讲座。五是规范，逐步形成以征集企业需求、选派专业工匠、现场提供服务、收集活动反馈、信息录入归档等步骤的规范服务流程，进一步提高服务质量，保证服务效率，打造服务效果跟踪长效机制。年内，为1084家企业和学校开展技术交流、技术服务和公益讲座等活动。（朱洪程）

6月29日，浦东新区总工会举行提升职工品质生活工作推进会暨张江科学城幸福集市活动
（吴周筠）

【发布十佳职工"午餐难"解决案例】
2023年，市总工会发布推动解决10个园区、楼宇一线职工"午餐难"实事项目。项目启动后，市总工会会同各区局产业工会对一线职工人数较为集中，且明显存在"午餐难"的园区、楼宇、企业、工地进行排摸调研，因地制宜探索、创新职工就餐解决方案。推出"共享就餐便利""科技互联赋能""整合资源共赢""勇担社会责任""彰显城市温度"5大类解决方案，落实解决职工"午餐难"21例，覆盖12个园区、2栋楼宇、5家企业、2个工地，惠及职工6万余名，并从中选出"暖暖送餐车""互联网＋食堂"等"十佳职工午餐难解决案例"，为职工生活品质提升打开新思路。
（汪佳侃）

【开展"看上海、品上海、爱上海"主题系列活动】 3月，为积极响应《关于我市进一步促进和扩大消费的若干措施》精神，市总工会在广泛调研基础上，进一步优化政策，将"看上海、品上海、爱上海"主题系列活动升级为市总工会实事项目。年内，活动共惠及职工295.41万人，拉动本市文商旅消费达33.69亿元。其中，"看上海"活动累计完成80.34万人，涉及金额5.98亿元。全市有83.5%的基层工会开展过"看上海"活动，整体满意度为96.59%。有79.65%的基层工会开展过"品上海"活动，整体满意

度为95.69%。 （尤 骏）

【召开提升职工生活品质"服务职工综合体"试点组第一组交流会】 6月1日，市总工会在金山区职工服务中心召开提升职工生活品质"服务职工综合体"试点组第一组交流会。市总工会职工服务中心主任陈鲁、权益保障部副部长朱莉颖携杨浦区总工会职工服务中心、宝山区总工会职工服务中心、南京东路街道总工会、中建八局临港新片区105建设者小镇一行来金山互访交流。金山区总工会党组书记、副主席徐红强参加活动。会前，与会人员一行参观金山区总工会职工服务中心、海阔·东岸文化创意产业园。会上，各试点单位代表交流分享了试点工作中典型案例及做法。金山区总工会职工服务中心主任陈文介绍中心的三年规划。陈鲁对金山区总工会职工服务中心的试点工作推进情况给予充分肯定，他强调在竭诚服务提升职工高品质生活中要多渠道推进服务阵地建设，多途径打造普惠服务，多举措提升精准帮扶，在打造职工服务综合体工作中要注重工作联合、项目契合、资源聚合。朱莉颖对"鑫工"品牌项目表示肯定，就进一步提升职工生活品质工作提出建议，鼓励各试点单位依托各自特色，打造职工品牌实践，加强梳理阵地资源，加强固化试点经验。 （陈 文）

【召开提升职工生活品质工作总结推进会】 11月17日，市总工会在建工四建大厦召开提升职工生活品质工作总结

推进会。市总工会党组成员、副主席徐晖出席会议。市应急管理局、市卫健委、市消防救援总队、市健康促进中心相关领导，以及各区局（产业)工会分管主席、提升职工生活品质试点单位代表出席会议。会议总结上海提升职工生活品质试点工作。发布解决职工午餐难实事项目案例，东航等5家提升职工生活品质试点单位代表进行案例分享。现场组织幸福直通车示范性专场现场观摩活动。 （汪佳侃）

【召开上海职工工间休息室建设工作总结推进会】 12月13日，市总工会召开上海职工工间休息室建设工作总结推进会。市人大常委会副主任、党组副书记、市总工会主席郑钢淼出席并讲话。时任市总工会党组书记、副主席黄红出席。市卫生健康委员会、市绿化和市容管理局、市道路运输管理局、申通地铁、久事集团等相关单位领导参加会议。申通地铁工会、市交通工会、市绿化市容工会、市医务工会、市机电工会、上海城投工会等6家单位分别作了经验交流。2023年，市总工会紧紧围绕"一个总标准、一批样板间、千间休息室"的年度工作目标，建立了"三位一体"职工工间休息室建设总标准，牵头推动医务、公交、地铁、环卫公厕四大行业超额完成了建设改善1512间职工工间休息室的总目标，并重点打造42间职工工间休息室样板间。年底前这些职工工间休息室已全部投入使用，得到了广大职工的一致好评。 （汪佳侃）

【浦东新区总工会举办提升职工品质生活工作推进会暨张江科学城幸福集市活动】 6月29日，浦东新区总工会在张江科学城职工服务总站举行提升职工品质生活工作推进会暨张江科学城幸福集市活动。区人大常委会副主任、区总工会党组书记、主席倪倩出席并致辞，她强调，提升职工生活品质，既要发挥各级工会搭建平台、整合资源、推动引导作用，更要发挥好企业的主体作用。现场，浦东新区总工会以"助力优化营商环境、共创职工品质生活"为主题，采取项目发布的形式，推出引领区提升职工品质生活的"新七条"措施。同步发布2023浦东新区提升职工品质生活项目及四级职工服务阵地建设工作指引。会后，张江科学城首个线下职工幸福集市鸣锣开市。现场分为幸福音乐会、非遗手作体验、工会特色服务、"品上海"优质商户、互动体验等6大主题区域，近70个展位，吸引了几千名张江白领职工、新就业形态劳动者前来打卡体验。 （吴周筠）

【浦东新区总工会举办2023年浦东新区职工品质生活年度分享会】 12月15日，浦东新区总工会、劳动报社主办的"职工品质生活，我为你而来"——2023年浦东新区职工品质生活年度分享会在区工人文化宫召开。市总工会党组成员、副主席徐珲出席并讲话，浦东新区人大常委会副主任、区总工会党组书记、主席倪倩出席并致辞，全市各区总工会分管领导、保障部部长、区人社局等新区政府职能部门，浦东新区职工品质生活联盟成员单位代表，浦东新区职工品质生活企业创建单位，直属工会负责人和企业职工代表出席活动。会上还为2023年浦东职工品质生活五星级（含标兵）、四星级、三星级企业，创建工作优秀组织单位和优秀合作伙伴颁奖。 （吴周筠）

【徐汇区总工会举办"工会邀您赏美景，暖心放松再出发"职工疗休养推介会】 4月20日，徐汇区总工会在区工人文化体育中心举办"工会邀您赏美景，暖心放松再出发"2023年徐汇职工疗休养推介会。来自杭州屏风山工人疗养院、西山休养院、沙家浜休养院、黄山休养院，以及福建三明、安徽六安和江西宜春的职工疗休养基地现场推介。会上，区总

工会还与三地的总工会进行协作签约，进一步丰富了职工疗休养的地域选择。2023年，区总工会认真落实市总工会《关于下拨2023年疗休养系列活动名额及相关工作要求的通知》精神，组织675名职工赴长三角区域疗休养交流活动，824名职工赴对口合作区域疗休养，总数1499人。目的地包括长三角区域的宜兴、天目湖、扬州、莫干山、嵊泗、丽水、黄山、金华，对口合作区域的福建三明、安徽六安、江西宜春。 （周吉）

【徐汇区总工会面向基层困难职工组织免费"两病"筛查】 年内，为进一步将党委、政府和工会的温暖送到农民工和灵活就业困难女职工心里，聚焦困难职工最直接最现实的需求，徐汇区总工会为区内农民工提供免费健康体检、灵活就业困难女职工提供免费"两病"筛查。体检共覆盖13个街镇、3家集团公司合计48家单位的1278名农民工，其中享受免费健康体检的家政行业从业人员203人、物业行业从业人员131人、外卖快递行业从业人员150人，同时为374名灵活就业女职工提供免费"两病"筛查。 （周吉）

【长宁区总工会成立爱心企业联盟】 11月6日，长宁区总工会在区工人文化宫举办2023年度"点亮微心愿，爱在'宁'身边"暨爱心企业联盟成立仪式。此次活动成立了长宁区总工会爱心企业联盟，并为首批20家联盟成员进行授牌。在爱心企业联盟的助力下，活动当天还促成了"点亮微心愿，爱在'宁'身边""金秋助学""阳光就业""关爱特殊群体"4个公益服务项目的落地。区总工会与上海新长宁（集团）有限公司、上海春秋国际旅行社（集团）有限公司、博世（中国）投资有限公司、上海幼狮汽车销售服务有限公司共同进行了公益服务项目签约仪式，未来将为长宁区的困难职工送去更加温暖、丰富的服务。 （沃晓冬）

【普陀区总工会开展职工生活品质日活动】 9月28日，由普陀区总工会主办，长征镇总工会、百联中环购物广场联合举办的"品质'工'享，生活'联'心"——普陀职工生活品质日活动在百联中环购物广场举行。区总工会党组书记、副主席徐军，区总工会党组成员、副主席

赵龙北，长征镇党委副书记、镇总工会主席黄诚及百联中环购物广场相关负责人出席。活动发布了"百联中环购物广场职工服务地图"以及首批购物广场内部商户"服务职工一件事"名录，地图电子版还在随申办普陀工会服务专区——品质"工"享栏目同步上线。服务地图收录了60余家提供服务的商家名录及对应的服务内容，有针对新就业群体从业者的供水、续饭、充电服务，也有关怀白领职工的优惠团餐、健康咨询，还有扩展到劳动者家庭的亲子活动、观影等福利，覆盖饮食、健康、休闲、应急等方面，努力开辟服务职工阵地建设新路径。 （陆蕾）

【普陀区总工会因地制宜解决职工"午餐难"】 2023年，普陀区总工会将"推动解决千名一线职工'午餐难'"作为服务职工实事项目之一。下大力推进改善一线职工人数较为集中且明显的"午餐难"问题，因地制宜成功打造出万里街道沪西德必易园"智慧食堂"、长寿路街道创享塔园区"午餐集市"、万里街道万有引力共享社区"小哥食堂"3个案例，全部入选市总工会推动解决一线职工"午餐难"十佳案例。沪西德必易园引入"无人智慧食堂"系统，职工可通过无人售货机快速点餐结账。创享塔园区通过引入"午餐集市""爱心午餐券"等方式，多元解决职工午餐需求，助推职工和商家互惠共赢双向奔赴。万有引力新业态新就业群体党群服务中心打造"小哥食堂"，面向新就业群体推出"10元吃到饱"套餐和599元包月搭伙专属优惠，同时照顾小哥作息时间，食堂延长到23时打烊。 （陆蕾）

【普陀区总工会开展"我们一起过年"主题活动】 春节前夕，普陀区各级工会持续开展"我们一起过年"主题系列活动。通过"慰问＋互动""线上＋线下"的形式，聚焦新就业形态劳动者、困难职工、劳模工匠等群体，把党和政府的关怀以及工会实实在在的"靠谱"服务送到职工的心坎上。全区各级工会发放款物479万余元，慰问26111人次，其中覆盖新就业形态劳动者6950人次。在"普工英"微信公众号上持续推送迎春主题活动，让广大职工触手可及"娘家人"的关怀和祝福。为春节期间坚守岗位的新就业形态劳动者准备精彩纷

1月17日，普陀区总工会开展聚力向"新"齐奋进、前"兔"似锦迎新春新就业群体暖"新"迎春活动 （周轲扬）

呈的年味大餐，让"我们一起过年"服务品牌深入人心。1月11日，区总工会、区妇联、长征镇总工会在长征镇祥和片区党群服务中心·普工英靠谱驿站联合打造"我们一起过年、暖'新'更暖心"活动。1月17日，积极参与聚力向"新"齐奋进、前"兔"似锦迎新春——普陀区新就业群体暖"新"迎春活动，负责实施"橙色保障计划"，赋能新就业群体工会保障，助力普陀区服务凝聚新就业群体"六色"行动。现场设置10余个服务摊位，提供一键入会、靠谱优惠购、劳模工匠服务、年味集市等项目，吸引300余名留沪过年的新就业劳动者参与打卡，彰显城市温度。

（陆 蕾）

【杨浦区总工会举行上海工会新就业形态劳动者温暖季行动(杨浦站)暨美团"717骑士节"系列活动】 7月17日，杨浦区总工会举行上海工会新就业形态劳动者温暖季行动(杨浦站)暨美团"717骑士节"系列活动。活动组织参观美团(上海)综合指挥中心，观看围绕大数据展开的"美团大脑"演示，为美团骑手代表点亮"微心愿"，向美团外卖、美团买菜优秀站点代表赠送"百名骑手公益电影券"。仪式结束后，市人大常委会副主任、党组副书记、市总工会主席郑钢淼一行来到美团骑手党群服务中心大桥街道互联宝地党群服务站，深入了解工会阵地服务、作用发挥等情况。来到美团上海隆昌路站、顺丰速运龙海片区平凉业务部，看望坚守高温一线的外卖员、快递员，送去来自工会的清凉。

（张秀鑫）

【静安区总工会开展"工会陪你过大年"活动】 元旦春节期间，静安区总工会开展"工会陪你过大年"活动，把党和政府的关心关怀、工会组织的温暖送到广大职工身边。聚焦"陪伴"模式，花样解锁5种"静安工会陪你过大年"方式。区总工会从"陪伴"的角度，通过"伴你迎新、伴你团圆、伴你'静'彩、伴你嗨购、伴你守岁"线上线下双线并行模式，解锁"静安工会陪你过大年"的5种方式。聚焦重点群体，全力开展"静安工会陪你过大年"元旦春节送温暖活动。重点聚焦"1+4"，即"在沪过年职工"和"医务人员、新就业形态劳动者、城市保供人员、劳模先进和困难职工"5大重点职工群体，走访慰问8300多名职工代表，发放30多万元兔年定制专属慰问包，1400多份节气腊八粥。开展"农民工通信补贴行动"和"农民工健康医疗补贴行动"，为2500余名农民工申请通信、医疗补贴。开展线下主题市集进一线，线上"会员活动服务日"抢购活动，静安职工"创意年夜饭"比赛，将静安工会的温暖送到职工身边。聚焦职工幸福，优化提升"静安工会陪你过大年"关爱能级。立足不同职工群体的实际需求，"叠加"式开展多种形式的关爱行动。区总工会在农历"腊八"（1月18日）当天为外卖送餐员准备王家沙老字号点心，安排多家户外职工爱心接力站春节"不打烊"提供保障服务。联动爱心企业，为物业维修、保洁护理等城市保供人员送上水果和防护口罩。

（黄 欢）

【闵行区总工会举行"看上海·品上海·爱上海"活动启动仪式】 3月3日，闵行区总工会在龙湖闵行天街举行2023年"看上海·品上海·爱上海"主题系列活动启动仪式。现场，多家上海知名旅行社进行"看上海"精品线路推介，向大家介绍"红色工运游""海派文化游""城市工业游""生态休闲游"等专项主题的文旅线路。同时，活动现场还举行"闵工惠"嘉年华活动，汇集"扫码入会""劳模服务""就业援助""会员卡商户服务""法律援助"等百余个展示摊位，60余家特约商户、30余家就业招聘企业通过"线上直播＋线下集市"的方式，将工会服务送到职工身边。

（汤 怡）

【闵行区总工会"运动助力心理健康"项目开幕】 1月18日，闵行区总工会"运动助力心理健康"项目在江川社区卫生服务中心拉开帷幕。这是区总工会年度为职工服务的十大实事项目之一，遴选上海交大、华东师大等多所高等知名院校有运动心理学专业背景的专家加入闵行区职工心理咨询协会，培训1000多名工会职工骨干，为开展"运动助力心理健康"项目提供科学指导。还邀请专家教授联合编写"运动吧"系列课件，采取点单模式送课程进园区、进楼宇、进厂区。打造"全闵职工'e'起来运动"职工文化品牌，采取购买社会服务、嵌入式等办法，扩展和丰富服务阵地，先后在职工比较集中的开发区（园区）、楼宇等，创建22家职工文化体育体验基地。通过举办首届职工业余电竞比赛，午间一小时"我运动、我快乐、我健康"巡回赛等活动，丰富职工的休闲娱乐生活。以"运动＋活动＋教育"等手段，通过"线上＋线下"方式，舒缓职工压力；建立"医心医意"讲师团，开展关爱医护职工心理巡讲，实现区内医疗机构全覆盖；构建5G云控赛事系统，让职工感受"线下健身、线上比拼"的乐趣。

（黄秀婷）

【嘉定区总工会启动稳岗留工送温暖服务】 1月12日，"我在上海过兔年"稳岗留工送温暖活动启动仪式暨嘉定工会新就业形态劳动者温暖服务、嘉定人社"'沪岗'行动，'就'在嘉定"系列活动举行。活动现场，市区两级领导共同启动"我在上海过兔年"稳岗留工送温暖活动,并同步发布16项稳岗留工送温暖关爱服务,包括8项稳岗服务举措,即送一批招聘岗位、做一些用工调剂、享一次返岗补贴、给一份稳岗补贴、学一项技能培训、保一年劳动权益、发一声新年问候、赠一份年货礼包;8项关爱服务举措,即寄一副春联回家、备一间亲情用房、吃一顿团圆年饭、尝一种上海滋味、办一次迎春联欢、看一场贺岁电影、赏一处沪上景观、留一段新年记忆等内容。通过16项举措,嘉定区各级工会将为留沪职工营造浓浓的年味儿和暖暖工会情。　　(汤利强)

【嘉定区总工会开展中医健康管理宣讲活动】 11月30日,嘉定职工中医健康管理宣讲活动启动仪式在嘉定区工人文化宫举行。嘉定各级工会主席代表、劳模代表、职工代表近200人参加仪式。区总工会、区卫健委与特邀中医专家共同启动宣讲活动。活动特邀国家级非遗代表性传承人、复旦大学附属华东医院推拿科原主任朱鼎成教授现场分享"秋冬养生正当时"并展示国家级非物质文化遗产——"朱氏一指禅推拿"。在随后的现场体验中,职工群众体验了德医合正骨、药灸、方氏针灸等多项特色中医技术以及蔡氏妇科咨询答疑及音声疗愈。参加体验的职工表示,在经过针灸、艾灸等方法调理后,原先颈肩腰腿痛、疲劳感等这些不适状态有了明显改善。(陈燕丽)

【金山区总工会举行幸福直通车启动仪式】 4月16日,金山区总工会在金山万达广场举行"会聚鑫力量,工享品质生活"幸福直通车启动仪式,吸引1000多人次的职工群众参与。活动现场,区总工会首次与14家区级提升职工生活品质培育试点企事业单位签订"鑫工益伴"合作协议。同时首次囊括"五送"(即送岗位、送咨询、送文化、送健康、送优惠)服务内容。现场还发布了困难职工本人及家庭成员职业技能培训课程清单,困难职工家庭成员通过工会报名可享受一定的优惠,考试合格后可获得相应补贴和技能等级证书。同时,有52家企业带来了345个岗位970个招聘人数,并且同步开启直播。现场一共收到求职信息登记表448份,265人达成就业录用意向,现场录用18人。本次活动还提供了法律援助、就业指导、职位推荐、互助保障等实事项目的咨询服务,带来市级优质产品以及金山区本区特色品牌,融合公益乐学、健康义诊等优质工会资源,为职工高品质生活和工作赋能。　　(陈 文)

【松江区总工会举行职工"心灵港湾"系列活动】 2月11日,松江区总工会在区工人文化宫举行职工"心灵港湾"首期心理健康体验式沙龙。活动邀请国家刮痧鉴定考评师、国家中医药适宜技术讲师为职工教授方案,互动问诊并通过电信天翼云及小鹅通平台进行直播,邀请了40名职工代表参与现场互动,累计线上观看1.2万人次。12月11日,区总工会开展职工"心灵港湾"心理嘉年华活动。活动分为主会场主题报告和分会场体验活动两个板块。在主会场,心理学专家相旭东对全年职工"心灵港湾"服务送健康项目实施情况进行了总结,以《柔性的光辉:心理疏导在职工关怀中的运用》为主题展开专题演讲。特邀嘉宾、首批国家二级心理咨询师浦江介绍了非治疗性心理疏导服务的重要性和可操作性。分会场安排6位专家,他们分别带来了各具特色的心理体验活动。　　(高 蕾)

【松江区总工会开展"幸福工会,职工集市"活动】 五一期间,松江区总工会开展了"探新宫·品松江之松江名特优产品展陈会"。现场汇集了50家由全区各街镇、经开区总工会、国资国企工会系统推荐的优秀企业,提供产品展示和零售服务,为本区广大市民提供特惠折扣。展会期间,商家提供的产品种类繁多,各具特色。同时,还有量血压、口腔咨询等免费服务项目。本次活动期间每日客流量突破1500人次,拉动经济消费34.15万元。　　(张谢琰)

【青浦区总工会发布服务职工实事项目】 2023年,青浦区总工会聚焦职工关注的热点、焦点、难点问题,制订服务职工10个实事项目。包括组织万名职工开展"看上海·品上海·爱上海"主题系列和长三角及协作区域疗休养活动,完成5000名灵活就业和新就业形态劳动者互助保障计划,助力百名困难职工实现微心愿,关心慰问百名大病职工,新建1家园区(楼宇)健康服务点,优化3家服务点功能,对500家企业开展和谐劳动关系建设优化服务,组织劳模工匠服务百家企业和校园。开展"年的味道,家的温暖"送年夜饭活动,开展"春联千户情,工惠万人心"送春联活动。　　(朱建强)

【青浦区总工会举办致敬建设者新春"五送"活动】 1月10日,青浦区总工会启动致敬建设者新春"五送"活动。以线上线下相结合的方式为广大职工送上新春祝福和关怀,包括"春联千户情,工惠万人心"送春联活动、"年的味道,家的温暖"送年夜饭活动、"心翼在线,观影无限"送掌上视讯会员包活动、"乐学伴我过新年"送视频微课及手工制作包活动、"悦游最江南,感受温暖家"送游园券活动,受益职工17000余人。　　(朱建强)

4月16日,金山区总工会提升职工生活品质首列幸福直通车发车
(陈 文)

【崇明区总工会举行 2023 年崇明工会会员服务日暨"幸福直通车"活动】 10月 26 日,崇明区总工会在上海兆渤实业有限公司举行 2023 年崇明工会会员服务日暨"幸福直通车"崇明专场活动。区总工会党组书记、副主席秦文新,竖新镇人大主席施诚,竖新镇党委副书记沈益,竖新镇人大副主席、总工会主席宋锦贤,区总工会副主席(挂职)施天杰,上海兆渤实业有限公司董事长陆克明出席活动。各乡镇总工会、区属企业集团工会主席、副主席,部分基层单位工会主席和基层职代表参加活动。秦文新为活动致辞。活动现场,专设工会法援、互助保障、健康咨询、就业指导等实事项目展位,为到场的职工群众提供工会服务。　　　　　　(袁佳琪)

【市仪电工会组织开展先进班组职工家属看上海活动】 8 月 19 日,市仪表电子工会组织了"点亮微心愿"仪电先进班组职工携家属看上海活动,来自仪电基层企业的模范集体、工人先锋号等先进集体班组的班组长和家属共 50 余人参加活动。当天,职工子女们首先在华鑫慧享中心体验了手工 DIY 活动,期间小伙伴还为来自云赛智联数翊分公司职工熊婕的小寿星送上生日祝福。活动中,班组长携家属进行"寻访上海城市发展,践行上海城市品格"的黄浦江游览体验,共同感受上海城市发展以及仪电大家庭的温暖。　　　　　　(李琳)

【市化学工会为外派员工打造暖心工程】 2023 年,市化学工会下功夫集聚资源打造外派员工的暖心工程。年初,市化学工会在听取驻外职工意见和调研的基础上,决定着手解决驻外职工"三难"问题(配药难、看病难、找专家难)。1 月起引进上海外服(集团)有限公司专业服务团队(7 个工作日可预约全国 300 个城市 2000 ＋三甲医院专家号),为驻外职工家庭量身定制"陪诊服务＋就医绿通＋云配药"的一体化健康服务(服务对象含 6 位直系亲属,每人一年 1000 元标准)。通过编印《华谊驻外职工(家庭)应急关爱服务手册》宣介,建立"2 ＋ 2 ＋ 1 应急关爱工作群",完善驻外职工应急服务信息系统,线上线下两次专业培训导读、问题解答以及实务操作。外服绿通平台的"四个专项内容"(门诊预约＋陪诊、重疾、电话医生＋配药以及云端健康点)所呈现在线问诊、足不出户、看病配药的便捷、快速、高效,开始被驻外职工接受、采纳和认可。2023 年,为 500 余名驻外职工家庭配送"家庭小药箱"。　(韩英)

【国网上海市电力公司工会召开疗休养工作启动会】 4 月 18 日,国网上海市电力公司工会召开疗休养工作启动会。会议对疗休养对象、内容、费用作了明确,并针对《国网上海市电力公司疗养费细则》中修订的新内容、新要求作了进一步说明。会议要求,各单位工会在组织实施疗休养过程中,要坚决贯彻中央关于落实"八项规定"、廉政建设、作风建设、厉行节约反对浪费等有关规定。疗休养管理全过程接受职工监督,做到信息完整准确、实施真实规范和费用依法合规。做好疗休养工作宣传和落实,让职工切实感受到体面劳动的尊严和共建共享的喜悦。公司各级工会将制定工作细则,不断完善服务能力和水平,为职工认认真真、切切实实办好疗休养工作这件具体实事。(于劼)

【上海送变电工程有限公司举行"健康小屋"揭牌仪式】 10 月 18 日,上海送变电工程有限公司在吴中路基地举行"健康小屋"揭牌仪式,公司副总经理、工会主席陈春霖出席揭牌仪式。公司工会、后勤部、上海送变电公司、上海电力医院负责人出席。3 月起,上海送变电公司与上海电力医院合作,积极推动"健康小屋"项目建设,用心打造公司系统首家"智能化分体式健康服务站",为职工提供各种自助式体检和健康检测服务。"健康小屋"内配置分体式的智慧健康管理设备,有主操作台、身高体重秤、人体成分分析仪、全自动血压检测计、心血管功能相关指数仪等 12 个分体操作台。"健康小屋"引入互联网医疗、大数据分析、智能硬件等先进技术,实现数据的互联互通。职工可在主操作台通过刷身份证或下载国康 APP 扫码进行登记检测,全套检测流程仅需花费约 45 分钟,检测结束后即可在手机上查阅报告且报告数据可永久保留。"健康小屋"医生会对数据进行详细讲解,并针对不良数据及时给出科学的建议,大大提高了职工体检的效率。同时,"健康小屋"还设有上海电力医院互联网医院的企业服务终端,可进行视频问诊,实现挂号、就诊、开药等一条龙服务,一站式解决职工各种健康难题。
　　　　　　　　　　　　　　(于劼)

【中国宝武持续提升职工生活品质】 2023 年,中国宝武钢铁集团有限公司工会注重解决职工群众最关心最直接最现实的利益问题,持续提升职工生活品质。一是持续深化"五普惠＋五精准"职工关爱。出台加强劳模和先进职工疗休养工作指导意见,利用外部优质资源,组织近 300 名劳模及基层一线先进职工代表参加疗休养;深化优惠购车服务,品牌拓展至 30 多个,职工购车 1300余台,优惠 700 余万元;"金融宝罗"正式上岗,优化职工理财体验;加强女职工关爱,新增 13 间"爱心妈咪小屋",集团总部签订首份《女职工权益保护专项集体合同》;会同宝地资产职业健康事业部,推出职工家属体检优惠套餐,将关爱从职工本人向职工家庭延伸。二是着力推进解决职工"三最"(即最关心、最直接、最现实)问题。各级工会稳步推进 2261 项实事项目,完成率 100%;加大帮困送温暖力度,集团公司工会下拨 223 万元专项慰问资金,各级工会共计投入 5400 多万元,开展送温暖 5.43万人次。三是扎实推进健康宝武行动。制订加强职工健康驿站建设运行管理指导意见,开展线上线下健康科普讲座,新建各类健康驿站 62 个,新增 AED设备 28 台。健康宝武行动荣获"上海市健康企业促进示范案例",月浦青年公寓和宝信软件职工健康驿站获评"上海市级健身驿站",宝武集团荣获上海市争做职业健康达人"优秀组织单位"。
　　　　　　　　　　　　(李士伟)

【宝地资产积极落实我为群众办实事工作】 2023 年,宝地不动产资产管理有限公司落实主题教育推进"办实事、解民忧"专项行动。协同推进主题教育推动发展工作和"办实事、解民忧"专项行动,确定 5 项公司级职工实事项目清单专项推进,推进月浦单宿、果园单宿职工"健身驿站"建设;开展职工需求和关注点信息征集活动,通过班组活动、职工调研、谈心谈话、献一计等形式了解职工需求。对征集到的 90 条职工需求和关注点,按照"简洁有效、逐级处理、闭环管理"的原则协调解决。建立完善职工"三最"实事项目清单69项，完成率100%。落实服务职工在行动，开展一次性帮扶、节日帮困慰问和医疗救助等帮困送温暖活动，实施各类帮扶2800余人次，帮扶费用约315万元；完成"上海职工互助保障"集中参保，升级职工互助保障项目至A2，为4291名在沪在册职工进行续保，办理理赔3300人次。为45名劳模申请专项补助金发放。全年节日慰问全体职工14565人次，在岗职工生日慰问3644人，开展元旦春节送温暖活动，节前各级工会组织现场慰问2156人次，全年节日全体职工慰问14565人次，春节和生日慰问劳模187人次，外派职工46人，献血职工79人次。健全职工退休关爱工作长效机制，为764名职工退休办理期间赠送宝武纪念盘、颁发光荣退休荣誉证书、发放退休慰问品。

（朱 宏）

【华宝基金提升职工关心关爱工作】2023年，华宝基金管理有限公司工会为持续做好"为群众办实事"工作，把解决职工"急难愁盼"问题，落实"五普惠+五精准"关心关爱工作相结合，不断提升员工的获得感、幸福感、安全感。一是定期开展健康咨询讲座，普及健康知识、急救知识，加强心理疏导等。二是增加健身资源，通过引入社会化健身场所资源、教练和训练设备，增加健身小组的经费预算，满足员工对于健身的不同需求。三是配置日常医疗设备并及时补充医疗保健柜中的常用药品，做好药物品类补充及保质期管理。四是增加体育比赛、团建活动费用预算，组织开展形式多样的文体比赛。五是持续关注员工办公环境改善。配合公司办公场所装修，配合做好空气治理，提升办公环境品质。六是加强对女性员工专项健康关爱，建立"妈咪爱心室"并配备相关设施，让女员工感受到公司的关心关爱。

（裴 彧）

【宝钢股份多措并举加强外派员工关爱】2023年，宝山钢铁股份有限公司工会持续完善"精准"关爱服务内容。针对外派员工，建立"1+4+N"关爱工作体系，包括1套应急联络机制、4项常态关爱慰问及N项特色关爱项目。策划启动"感恩有你"系列行动，首次开展外派员工"重阳感恩"活动。完善升级居家保洁服务项目，减轻外派员工

家属负担。定期开展各类年节慰问、家访及观影活动等。针对外派7年以上员工开展特殊贡献疗休养5批次。针对海外员工开展特殊贡献慰问及健康管理专项服务。各项关爱举措暖心周全有特色，广受外派员工和家属好评。

（侯治波）

【宝钢股份大力改善工作环境】2023年，宝山钢铁股份有限公司工会聚焦职工急难愁盼问题，征集职工实际需求，完成女更衣室门禁系统改造、景观改造独立厕所修复、饮用水水质改善等实事项目70个，持续增设现场区域员工健康驿站，不断改善职工生产生活条件。排摸各单位现场职工休息场所设施环境现状，分层分类制定改善维护支撑举措，创建打造新一批现场环境改善示范区21个，相关典型案例和优秀做法编辑成册向公司内外部宣传推广。挖掘各级工会暖人心、聚人心、稳人心的服务职工工作，组织评选出"暖心事"优秀项目27个。

（侯治波）

【高桥石化公司工会开展"看上海·品上海·爱上海"主题系列活动】2023年，高桥石油化工公司工会将"看上海·品上海·爱上海"活动纳入实事项目，并全面完成。其中"品上海"活动，以人均500元的额度，购买发放符合职工普惠需求、以上海特优品牌为主的产品，2023年共计3591份，179.55万元。"看上海"活动，在前期广泛开展职工调研，听取基层单位及职工意见建议的基础上，分别于4—6月开设5条二日游线路，9月开设2条一日游线路，供职工自行选择。活动得到了基层单位及职工的积极响应和支持，全年共2585名职工参与。

（吴 斌）

【上海石化工会持续深化"走基层，访万家"活动】2023年，中国石化上海石油化工股份有限公司工会持续深化"走基层，访万家"品牌活动。通过"走基层"，建立工会干部与基层职工面对面的沟通联系机制，及时掌握职工的热点、难点问题，努力把矛盾化解在基层，把问题解决在萌芽状态。开展"访万家"，按照"五必访"要求，走进职工家门，送上企业的关心和温暖。全年，走访基层班组523个，走访慰问职工2910人次，发生费用225.95万元。为进一步巩固"我

为群众办实事"实践活动成果，公司工会下拨工会经费41.80万元，支持基层单位开展"职工小屋"服务职工实事项目建设，解决职工群众利益诉求最直接最现实的问题。

（裘 玮）

【铁路上海局集团公司工会用心用情服务职工群众】2023年，铁路上海局集团公司工会积极推进落实集团公司"十四五"改善职工生产生活条件工作方案，确定10个职工实事项目，并坚持按月推进，确保高质量兑现。一是持续推进"三线"建设。8月10日在安庆召开全局"三线"建设管理工作推进会，抓好京沪、淮南、符夹、青阜、阜六、宣杭、宁西、金千等沿线站区、工区生产生活设施建设补强。提前介入沪宁沿江、甬金等新线职工生产生活设施建设，全年"三线"建设工会补充投入3870万元。二是构建完善职工帮扶救助体系。全年实施各类帮扶救助113313人次、8510万元。制订实施《集团公司工会送温暖资金使用实施办法》，常态开展"冬送温暖、夏送清凉、一年四季送关爱"走访慰问活动，全年筹集送温暖、送清凉资金4983万元，总计慰问职工28.5万人次。三是推进健康上铁建设。协调体检机构增加"阳康包""血检包""彩超包"等自选内容，完成职工健康体检15.2万人。在部分基层单位建立职工医务室，定期开展筛查评估、健康教育、随访管理等健康服务，评审命名健康食堂、标准化伙食团401个。

（郭 骁）

【中远海运集运工会加大服务职工工作力度】2023年，中远海运集团集装箱运输有限公司工会继续借助"医疗互助会""爱心基金""工会会员服务卡"3大抓手，开展帮扶慰问和职工关心关爱工作。这3大平台全面覆盖到公司每一位因病致困、因重大灾害和突发事件致困的职工，提高职工福利发放的可选择性和个性化。全年，集运工会共慰问劳模103人次、困难职工598人次、一线职工9986人次，发放慰问金80.5万元、慰问品58.1万元，发放劳模荣誉金23.8万元。开展"小善集聚力量，大善未来可7"爱心捐款活动，充实公司爱心基金46万元。继续聘请职工法律顾问和健康顾问，做好日常性的法律咨询、健康咨询和就医指导，举办中医义诊服务，全年共提供一对一法律咨询63人

次、陪同就医 200 余人次。组织职工疗休养，全系统共组织 55 批 1877 人参加的疗休养活动。　　　　（钱　华）

【中远海运重工工会坚持为职工办实事】 2023 年，中远海运重工有限公司工会全面聚焦职工关心关注的热点和难点问题，坚持不懈为职工办实事做好事解难事。针对职工住宿问题，协调各单位对职工公寓和分承包方职工宿舍进行了不同程度的装修和改善，引进便利店、快递超市、外卖柜等，增加电瓶车充电车位和充电桩，对阳台进行封闭工程，确保了职工生活的安全性和便利性。针对职工子女暑假期间看护难等问题，协调相关单位举办暑期托管班，邀请大学生、有特长的职工和职工家属为职工子女开展辅导和托管。推进"职工好食堂"（3.0 版）建设工作，进一步提升全系统职工食堂精益管理工作水平。　　　　（仇宇青）

【长江轮船有限公司工会开展"关爱上船舶"活动】 7 月 20 日，中国海员工会上海长江轮船有限公司委员会开展"关爱上船舶"活动。健康大礼包陆续从物流基地加急发往重庆、芜湖、上海等地，并就近配送上船。"关爱上船舶"活动是上海公司工会经过广泛调研、多方比选，以贴心需求、操作便捷、实用有效为原则，开展了送健康上船、送清凉上船、送关爱上船活动。专属健康大礼包根据公司船舶特点和船员需求，量身定制了一套包含上臂式电子血压计、体脂秤、拉力器、乒乓球套装、筋膜枪、颈椎按摩仪、清凉防暑 6 件套等在内的健康大礼包。上海公司高度重视船员健康，后续将持续采取一系列可行措施，切实关心和服务好广大船员。　（龚　兰）

【上海邮政工会做好关心关爱职工工作】 2023 年，上海邮政工会持续加大对一线员工的关心关爱力度。元旦期间，对 1760 名一线加班员工进行现场慰问，发放慰问品 52.5 万元。春节生产旺季，为助力员工队伍稳定和生产平稳，在保障职工身心健康、夯实人文关怀的基础上，按各单位会员人数以 150元／人的标准，拨付经费 230 万元开展慰问工作。夏季高温期间，对 24 家二级单位 44 个基层网点 6321 人进行现场慰问，发放慰问品 63.21 万元。"双

十一"生产旺季期间，对 14800 余名奋战在生产一线的会员发放适合现场供应的慰问品，共计 185 万元。此外，上海邮政工会高度重视职工心理健康，通过"申邮讲堂"平台和各类培训，聘请专业师资开展心理健康讲座 4 次，微信公众号"邮工社"共发送心理推文 13 期。上线心理关爱小程序，有 1470 人次使用。开设心理咨询热线，为有需要的员工及员工家庭提供适当的心理咨询服务，加强员工心理健康关爱。

（王　瑛、陶　晔）

【上海机场集团工会举办第六季金秋乐学实事项目启动仪式暨职工家庭日活动】 8 月 15 日，上海机场集团工会第六季金秋乐学实事项目启动仪式暨职工家庭日活动在上海机场"虹桥源"举行。启动仪式上，集团工会为来自机场各直属单位的职工子女代表送上"升学祝福"。上海机场"领航之声"劳模工匠宣讲团成员为职工和职工子女作学习习近平新时代中国特色社会主义思想主题宣讲，分享各自工作岗位成长、成才故事，以榜样力量激发广大职工子女的爱国情、强国志。启动仪式后，在劳模、工匠志愿者带领下，职工子女参观上海机场"虹桥源"爱国主义教育基地，了解上海机场百年历史。在"我爱上海机场"创意涂鸦拼搭活动区域，职工子女们分组合作，依次完成穿越积木拱门、火眼金睛找不同、滑行车追逐战、百变畅想家等挑战活动，并现场体验手绘主题飞盘、非遗掐丝珐琅技艺。（张雯倩）

【上海电信工会开展五维心理健康服务

体系深化研讨活动】 10 月 31 日，上海电信公司工会举行员工五维心理健康服务体系深化研讨活动。此次研讨活动上，上海幸福团队设置了五感体验区，带领大家一起踏入五感体验的奇妙之旅。与会人员纷纷打卡体验，享受感官上的愉悦，体验减压物件带来的片刻疗愈瞬间。研讨活动邀请了 5 家单位从平台体系建设、一线赋能、空间氛围营造、关注员工思想动态等角度分享了各自的心理服务品牌的建设和发展心得。活动中，参会的工会工作者和基层员工代表提出工作中遇到的心理问题和想法。对此，专家表示员工压力大、不适应等心理问题，是高速发展的企业都会遇到的，中层领导干部应该作好"翻译官"的角色，将公司的企业文化、战略决策"翻译"给广大基层员工，让他们听懂、领会，并付诸行动。上海电信自 2017 年创建第一个心理健康品牌"健康翼梦"以来，公司工会持续关注职工心理健康权益。6 年来，开通了心理服务热线，搭建了"心翼云智慧"平台，编撰了《上海电信职场心理学》，发布了"员工五维心理健康服务体系"，许多二级单位都拥有了自己的员工心理健康服务品牌，400 多名国家级资质的心理疏导员活跃在公司各条战线上，多维度维护职工心理健康。　　（殷　茵）

【市交通委工会举办 520 上海公交职工关爱日活动】 5 月 19 日，市交通委员会工会在逸仙路立体停车库举行 2023年 520 上海公交职工关爱日活动。本次活动旨在进一步呼吁全社会更好地关注、关爱公交驾驶员，给公交驾驶员

市交通委工会大力推进行业工间休息室建设　　　（顾心砚）

营造和谐、温馨的良好工作环境，形成和谐礼让的文明乘车风尚，同时弘扬公交驾驶员爱岗敬业的奉献精神。上海市交通运输主管部门、行业工会、协会及沪上25家地面公交企业，200余名公交职工代表参加活动。2023年，市交通委工会在地面公交和轨道交通领域建成1100个职工工间休息室，提高和改善了本市公共交通行业一线司乘人员工作条件。

（李晓妹）

【市绿化市容行业工会调研慰问普环实业公司陈扣娣班组】 1月25日（大年初四），凌晨4点，在一场零下4度的寒潮中，上海市绿化市容行业工会主席肖龙根来到上海市模范集体"十连冠"上海普环实业公司陈扣娣班组，实地感受党的二十大代表、上海市劳模成慧和她的工友们的工作情况，倾听职工呼声，了解职工需求。调研中，肖龙根高度赞许和感谢环卫工人舍小家、为大家，放弃春节期间与家人团聚，坚守岗位，默默奉献，为确保春节期间城市市容面貌的整洁有序所做的贡献。他表示，行业工会将更好发挥工会作用和优势，通过向政府和有关部门积极反映问题、沟通协调，通过政府、企业、工会和社会力量的共同努力，切实帮助环卫职工们逐步解决现实问题和实际困难。（盖永华）

【2023年致敬全国环卫工人主题活动暨上海市"关爱环卫工人·共建洁净家园"颁奖仪式在上海成功举办】 10月26日，由中国海员建设工会全国委员会、上海市绿化和市容管理局共同主办，上海市绿化市容行业工会和长宁区绿化和市容管理局共同承办的2023年致敬全国环卫工人主题活动暨上海市"关爱环卫工人·共建洁净家园"颁奖仪式在长宁文化艺术中心成功举办。中国海员建设工会、中国职工发展基金会、中国城市环境卫生协会、上海市总工会、上海市绿化和市容管理局和长宁区政府等单位领导出席活动，2023年"十佳城市美容师"、爱心企业代表、上海市环卫行业劳模先进和职工代表近500人到现场参加活动。各省、自治区的相关产业工会负责同志和环卫行业职工也通过网络直播观看了本次活动。在活动现场，举行了"光荣属于你"致敬环卫工人专题演出，环卫行业职工以文艺汇演的形式讲述环卫自己的故事。

中国海员建设工会主席、分党组书记李庆忠发表讲话。上海市绿化和市容管理局副局长、一级巡视员周海健致辞。中国海员建设工会副主席马正秋宣读《致全国环卫工人的慰问信》。现场公布了全国服务环卫工人优秀案例。中国职工发展基金会理事长武建光向全国服务环卫工人优秀单位代表捐赠爱心物资。现场还举行上海市"关爱环卫工人·共建洁净家园"颁奖仪式，通报表扬并为丁业等"十佳城市美容师"颁奖，同时揭晓了今年的"十佳关爱环卫工人爱心接力站"和"十佳关爱环卫工人社会共建案例"。本市自2015年9月首次开展"关爱环卫工人·共建洁净家园"专项行动以来，经过9年的努力，不仅使环卫工人的责任感、荣誉感、获得感和社会地位得到了明显提高，市容环境卫生质量得到了显著提升，同时全社会尊重环卫劳动、支持环卫事业、关爱环卫工人的良好氛围越来越浓厚，实现了城市优美环境的共建、共治、共享。

（盖永华）

【市绿化市容局工会、行业工会多举措关心关爱职工】 2023年，市绿化和市容局工会、行业工会以"心系职工情·工会在身边"为主题，不断深化服务职工系列活动，切实做好冬送温暖、夏送清凉、困难帮扶、工会会员服务卡专享保障等服务职工实事项目。深化女职工关爱服务措施，拓宽服务职工普惠面，提高服务职工的精准度，让行业职工真真切切地感受到工会组织大家庭的温暖。局工会、行业工会在帮扶慰问中直接送出各类帮困资金和慰问品合计33.86万元，惠及系统及行业职工2257人。为1660余名系统职工办理了工会会员专享基本保障B＋类，做到应保尽保。组织系统劳模先进赴无锡拈花湾、安徽六安疗休养。支持直属工会开展"看上海、品上海、爱上海"系列活动，下拨工会经费补助120万元。持续助力非沪籍环卫工人圆梦公租房，推动各中心城区为共计800余名外来职工阶段性解决了"住宿难"问题。（耿 静）

【市绿化市容行业工会联合中投系统直管企业志愿者服务队开展"益张照片"公益活动】 4月26日，市绿化市容行业工会同新华保险上海分公司一同，联合大地保险上海分公司、银河证券上海

分公司等中投公司系统直管企业组成联合志愿服务队，在徐汇区环卫职工之家，共同举办了"益张照片"五一劳动节关爱环卫工人活动，为城市美容师们拍摄艺术照、生活照，定格精彩瞬间。

（耿 静）

【上海城投集团工会组织"城投人看城投"专场活动】 9月6日和8日，上海城投（集团）有限公司工会组织了两场"城投人看城投"活动，来自长兴开发、长兴前卫两家单位共160名职工参加了活动。集团工会、城投控股、上海中心等单位领导出席活动。参加活动的职工先后参观了上海中心、新江湾城四史教育基地、城投宽庭江湾社区、湾谷科技园、城投不动产研究院等城投标志性建设成果。在上海中心陆家嘴金融城党群服务中心，参观了宣传展示厅、政治生活通、党建联建厅、空中花园等功能区，重温习近平总书记"继续探索、走在前头"的重要指示，进一步了解陆家嘴金融城党群服务中心的党建理念和活动载体。在新江湾城四史学习教育基地，通过江湾变迁、同心筑梦、华丽蜕变3个展示篇章，领略了城市更新和城市建设的变化，感受江湾机场成为知识型、生态型国际城区的蝶变。在城投宽庭江湾社区，参观保租房样板间、公共配套区域及商业配套等。通过此次活动，使新进企业职工更好了解城投文化，更快融入城投发展，进一步增强广大职工对城投的归属感、认同感，增强全体职工队伍的凝聚力、向心力。

（赵永哲）

【城投集团工会举办2023年金秋助学暨职工子女才艺大赛】 8月29日，上海城投（集团）有限公司工会举办"童心飞扬，筑梦启航"2023年金秋助学暨职工子女才艺大赛。集团董事会秘书胡青云出席活动，邀请上海小荧星集团党委副书记、总经理沈莹嘉宾出席，邀请哈哈炫动卫视节目主持人津津老师担任专业评委。集团相关职能部门负责人、工会负责人，各直属单位工会负责人，职工代表及家属等百余人参加活动。活动全程由"城二代"主持。近50名萌娃选手分为幼儿组、少儿组、少年组类别，登台展示了唱歌、舞蹈、器乐、朗诵等才艺节目，精彩纷呈的表演收获了满堂喝彩。经专业评委、大众评委打分

上海城投集团工会举办 2023 年金秋助学暨职工子女才艺大赛

（赵永哲）

评审，集团本部张宇翔的女儿张翊岚，获得了幼儿组一等奖；上海中心王海荣的女儿吴艾珈，获得了少儿组一等奖；城投环境林超的女儿林诗涵，获得了少年组一等奖。胡青云、沈莹共同为才艺大赛一等奖获奖选手颁奖。上海城投集团工会为活动致辞，希望通过活动，在新时代新时期，助力广大职工筑幸福小"家"、聚城投大"家"、建富强国"家"，并为 2023 年"育苗奖"获奖家庭代表颁奖。荧星艺校歌舞班的小伙伴们为活动友情出演，带来了精彩舞蹈节目。

（赵永哲）

【上海海事局工会发布 6 个服务职工实事项目】 4 月 4 日，海事局工会印发《中国海员工会上海海事局委员会 2023 年服务职工实事项目清单》，正式发布 6 个服务职工实事项目。一是职工家属"看海事"。以参观、座谈、亲子活动等方式举办家属开放日活动，促进职工家属了解海事、支持海事，提升"海事家庭"归属感。二是职工代表"品海事"。着力推动解决双职工家庭下班后的伙食问题，推出微信小程序点餐及晚餐打包服务。对接市总"幸福直通车"活动，多维度提升职工生活品质。三是职工互助互济"爱海事"。深入偏远海岛站点，开展职工"志愿行"活动，加强人文关怀。邀请劳模工匠下基层开展宣讲，分享交流工作心得。组织单身青年开展联谊活动，拓宽单身职工朋友圈。四是健康关怀"护海事"。根据职工个性化需求定制体检项目，为女职工增加"两病筛查"项目。关注职工心理健康，定期举办专题讲座及咨询。为全局职工购买上海市职工互助保障及工会会员卡专享保障。五是运动锻炼"强海事"。组建 6 个体育项目兴趣小组，定期开展日常活动、集训及比赛，进一步提升职工运动技能水平，激发团队合作意识。六是品质家园"聚海事"。加强"海事家园"阵地建设，建设改善爱心妈咪小屋 5 家、职工健康服务点 2 家、职工书屋 7 家、职工健身驿站 3 家等，依托阵地平台开展职工喜闻乐见的活动，提升职工凝聚力和归属感。截至 2023 年底，实事项目均顺利完成。

（陆智静）

【上海海事局工会举办"品海事"幸福直通车活动】 9 月 27 日，上海海事局工会在上海船员评估示范中心举办"海上升明月"职工中秋联欢会暨"品海事"幸福直通车活动。300 余名海事职工参与活动。本次"幸福直通车"活动，以"贴近职工需求、创新活动形式、搭建服务平台"为初衷，集中推出"品质到我家""心灵补给所""爱心接力站""健康送上门""欢乐集结号"5 个直通专列，将品牌服务一站式送到职工手中。

（陆智静）

【建科集团开展"五心"实事项目】 2023 年，上海建科集团股份有限公司工会深入开展"健康贴心""保障爱心""活动怡心""慰问暖心""学习匠心"等"五心"实事项目。持续做好园区各类职工福利设施的更新维护工作，建设 3 大园区职工健身中心，增设职工乒乓球馆，完善职工运动设施设备配备，促进职工改善综合体能有效放松身心状态。积极开展"爱心一日捐"活动，元旦春节帮困慰问等工作。组织 6 批职工前往西山、沙家浜、黄山、屏风山等地疗休养，促进职工身心健康。有序组织开展一线慰问工作，分集团和各直属单位两级慰问，给全国 9 个区域 2600 多名一线职工送去关怀。

（钱蓉）

【人社局社保中心工会开展 EAP 员工关爱项目】 2023 年，市人力资源和社会保障局属市社保中心持续关注员工心理健康，深入开展 EAP 员工关爱项目，用"心智慧"助力员工掌握调适心身状态、稳定内心节奏、增强心理韧性。为全体职工推出了"24 小时"心理咨询服务一条热线，年内，市社保中心员工及家属共拨打员工关爱热线 547 人次，围绕心理困扰等咨询内容进行咨询的有 529 人次。每两周线上推送一篇心理健康推文，通过新型移动互联网的宣传方式，将心理学智慧化成应用性极强的工具箱，满足员工靶向性使用需求，年内累计推送各类赋能内容共 43 期。每季度开设一次"面对面心理咨询定制服务课程"。2023 年，各社保分中心定制化赋能工作坊累计开展 12 场，受益 400 余人次。

（瞿葆仁）

【市教育工会启动教职工健康促进行动】 8 月 18 日，市教育工会在市健康促进中心举行以"为了每一位教职工健康"为主题的上海教职工健康促进行动启动仪式。会上，市教育工会和市健康促进中心共同签署上海教职工健康促进行动合作备忘录，聘请 7 位医疗、心理等相关领域知名专家担任本行动特约专家，并发布量身定制的教职工肩颈舒缓操视频。4 月起，市教育工会在全市教育系统深入开展"上海教职工健康需求专项调研"。通过专题座谈和问卷调查两大形式，围绕教职工健康医疗需求、运动锻炼需求和心理健康需求三大维度，广泛听取基层意见和建议，并提出一系列健康举措。

（陈晓丹）

【市医务工会改善升级 204 间医务职工休息室】 2023 年，市医务工会将"建设改善医务职工休息室"列入服务职工实事项目。经过一年的持续推进，全市 170 家医疗卫生单位完成 204 间医务职工休息室的建设改善工作。其中，市级医疗机构建成 56 间,区级医疗机构建成 148 间。不同选址服务不同群体,医务职工休息室分为手术部休息室、门诊急诊休息室、住院病区休息室、融合空间休息室等,还有的休息室专为退休老专家、跨院区医务人员而设。为医务人员提供休息、交流、饮水、用餐、健身、阅读、按摩、淋浴等,为辛劳工作的医务人员打造暖心治愈、元气满满的"加油站"。医务职工休息室建设改善过程中,各参建单位千方百计"盘活"有限的医疗资源,推进标准化管理,提供暖心特色服务,细微处无不体现对医务人员的用心和关爱。　　　　　（马艳芳）

【市监狱管理局工会认真做好暖心关爱工作】 市监狱管理局工会始终将维护会员权益作为基本职责,开展元旦春节帮困"送温暖"工作,慰问 400 人,慰问金 80 万元。做好上海工会职工互助保障项目,统一按最高标准参保,全年有 31 名患重大病的会员获得专享保障计划给付共 376 万元。组织基层一线抗疫先进、特殊（特定）岗位民警职工 420人参加市总工会的短期疗休养,组织全体会员看上海。做好干警子女安心暑托班工作,解决干警子女暑期看护难问题,共组织 135 人次民警子女参加暑托班,补贴款 20.93 万元。推进"爱心妈咪小屋"创建工作,年内新建 1 家妈咪小屋,对 8 家妈咪小屋进行全面普查,发现的问题及时落实整改;鼓励会员加强学习,对取得国家职业资格等级证书的71 名会员给予奖励。　　　（江海群）

【申通地铁升级改建 500 间运营职工工间休息室】 10 月 17 日,申通地铁集团有限公司监事会主席倪耀明与运四公司列车司机代表一起为 8 号线沈杜公路站司机工间休息室揭牌,标志着今年本轮 500 间运营职工工间休息室升级改建任务按期完成。集团公司党委委员、工会主席蔡伟东参加揭牌仪式。500 间职工工间休息室中,35 间为改造重建或另行选址,231 间进行土建整修,397 间添置冰箱、电视机等设备。改建完成后的工间休息室温馨舒适、布局合理,冰箱、冷藏柜、电视机、微波炉等生活类电器也一并换新,还配备了绿植、制冰机、书报架等升级设施,提升了职工的休息质量,改善了工作环境和休息场所。　　　　　　　（徐志华）

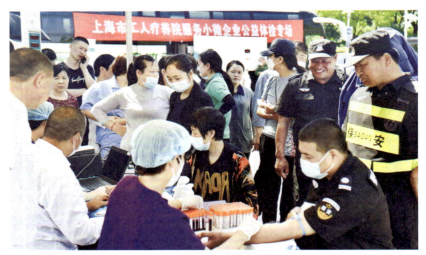

5 月 28 日,浦东新区小微企业职工公益体检专场活动现场　　（赵 倩）

【世纪出版集团举行职工健康促进系列活动启动暨"新时代新世纪职工健步行"上线仪式】 3 月 31 日,世纪出版（集团）有限公司在世纪健身活动中心举行了职工健康促进系列活动启动暨"新时代新世纪——职工健步行"上线仪式。集团党委副书记、总裁阚宁辉,集团党委副书记、工会主席杨春花,闵行区总工会党组成员、副主席徐建华,集团劳模工匠代表朱艳琴、曲云飞,以及集团相关职能部门负责人和各直属单位分管领导、工会负责人、职工代表近 70 人参加了活动。仪式上,揭牌启用了"世纪出版园健康服务点""爱心妈咪小屋"和"家庭医生工作室"。其中"健康服务点"严格按照"两固两定"标准建设,设置医保专线,配备智能身心健康一体机、AED 除颤器、中医理疗仪等医疗保健器械,集医疗、保健、咨询于一体,为广大职工提供比较全面的健康保障服务。仪式结束后,举办了《运动提升免疫力——舒缓拉伸》健康知识讲座。同日,"世纪大讲堂—职工学堂"首场活动——"咖啡伴书香"品鉴体验,在世纪书房闪亮登场。精品咖啡品鉴师 Caesar、高级健康培训师岳静,与集团40 余名职工在温馨舒适的书香氛围中一起交流咖啡冲调技巧,品赏咖啡口感质地,延伸品质阅读的体验。（施纪仁）

【世纪出版集团建成世纪出版园健康服务点】 4 月,世纪出版（集团）有限公司世纪出版园健康服务点正式对集团职工开放。每周四下午由七宝社区卫生服务中心医生坐诊,开设门诊和中医理疗。服务点开通了医保专线,职工可凭

医保卡配药结账,隔天取药。为高效有序规范开展诊疗服务,确保服务质量和职工体验感,每周三下午 14:00 在"世纪人之家"公众号开放线上预约通道。服务点实行集团直属单位工会轮值管理制,每月由当值单位工会派出志愿者参与服务点管理运营,当值单位工会主席为当月服务点负责人,同时,服务点医生也对当值单位开展访视服务。

　　　　　　　　　　　　（施纪仁）

【市工人疗养院完成"组织 2 万名小微企业、灵活就业和特殊工种从业人员健康体检"实事项目】 为持续推进职工健康服务惠及更多的目标,推进职工健康服务阵地的建设,2023 年,市工人疗养院积极完成两个实事项目任务。一是"组织 2 万名小微企业、灵活就业和特殊工种从业人员健康体检"实事项目。项目于 12 月下旬圆满完成,有20147 名小微企业、灵活就业和特殊工种从业人员享受到了服务。二是补贴 1.5万名职工健康体检到院项目,全年共完成 15156 名上海职工到院体检。市工人疗养院按照普惠性要求,通过"一区一策"工作机制不断推进项目覆盖面,2023 年已实现全市 16 个区的全覆盖,对五大新城和崇明等边远区域重点倾斜。服务对象从农民工、环卫工逐步扩展至物流货运、网约送餐、家政护工、物业保洁、街面雇员等群体。　　（赵 倩）

【市工人疗养院联合浦东新区总工会开展小微企业职工公益体检专场】 5 月28 日,市工人疗养院联合浦东新区总工会,在塘桥地区开展小微企业职工公益

体检专场活动。市工人疗养院体检中心根据服务对象的职业特点设计了有针对性的体检套餐，着重心血管、呼吸系统和消化系统的疾病筛查。流动体检车清晨准时从工人疗养院出发，带着医务人员奔赴位于南码头滨江文化体育休闲园的体检现场。共有 82 名街道保安、保洁、厨师等一线劳动者参与了体检。

(赵倩)

源头参与

【概要】 2023 年，市总工会依托"上海工会企业收入分配调查网"和"职工家庭收入收支状况调查网""低收入岗位职工收入调查网"，对企业劳动用工、收入分配、社保参保情况等开展监测，形成有质量的企业用工和收入分配分析报告，推动政府调整最低工资和发布企业工资增长指导线，科学合理提出社保标准调整意见。同时，聚焦社保改革涉及弱势群体，开展专项课题研究，为工会源头参与提供基础数据支撑。基于上述调研数据和研究成果，市总工会就职工劳动经济权益表达工会主张；参与职工社保权益的政策完善和标准调整，就待遇标准等反映职工意见，多项意见被有关部门采纳。

(余嘉毅)

【开展职工收入调查并参与本市民生待遇政策制定】 2023 年年中和年底，市总工会分别开展 2 次职工收入调查（2022 年全年和 2023 年上半年）。了解 500 家企业本市职工收入变化情况，撰写职工收入调研报告，提出职工收入分配方面的政策建议。同时，积极参与本市各委办局涉及职工民生待遇政策制定和调整工作，全年共参与职工医保待遇标准调整、《上海市居民经济状况核对办法》等 30 余项政策调整。(余嘉毅)

【参与工资三方协商】 4 月，市总工会召开专题座谈会，了解各区局（产业）工会和职工群体对民生待遇标准的意见建议。积极参与三方协商，就最低工资、工资指导线调整等提出工会方的意见，推动本市最低工资标准提高到 2690 元。联合市企业联合会、市工商业联合会，共同发布 2023 年工资指导线，为本市企业职工工资集体协商提供参考。

(余嘉毅)

【建立低收入岗位职工监测体系】 2023 年，市总工会初步建立了低收入岗位职工监测和帮扶工作体系，将 16 个区、52 家局（产业）工会下属 174 家企业的 364 个低收入工作岗位职工 2 万人纳入工会组织的关注视野。以此为基础开展低收入岗位课题研究，撰写调研报告，分析在行业、所有制、用工、职工自身等方面的原因，并提出行业主管、收入分配、监督执法、技能激励等方面政策建议。

(余嘉毅)

【开展低收入岗位职工帮扶工作】 2023 年，市总工会积极开展低收入岗位职工帮扶工作。一是联合建设银行，向 17929 名上海低收入岗位职工赠送价值 200 元的粮油米面。二是联合太平洋保险，向 17929 名上海低收入岗位职工和 929 名在档困难职工及其家属赠送 2023 年度沪惠保保险。三是向 17927 名上海低收入岗位职工发送短信，告知其被纳入"会聘上海就业护航行动"对象范围，提供享受稳岗补贴、职业培训、就业指导等工会就业服务项目。(余嘉毅)

就业援助

【概要】 2023 年，市总工会认真贯彻落实党中央、国务院关于就业工作的决策部署，与多部门联动协作，建立起常态化合作机制，并将"联动"贯穿全年工作始终。开展就业状况调研，探索建立"会聘上海"就业援助工作品牌，以线上线下招聘活动、就业困难人员就业帮扶项目等为主要手段，开展多渠道就业服务，稳就业、促就业、保民生，取得积极进展。全年共完成就业调研 3 次，形成相关报告。全市各级工会共组织各类招聘活动 262 场，6605 家企业招聘 14.1 万人，服务职工 38.56 万人次，意向录用 9508 人。发布就业短视频 10 部。组织开展就业困难人群"就业护航"项目，摸排 1017 人次，服务 304 人次，发放补贴 60.3 万元。配合职工服务中心对各街镇社区事务受理服务中心进行走访调研和就业服务意向征询，为 13 名困难职工家庭申报稳岗就业补贴。

(余嘉毅)

【开展线上线下招聘活动】 2023 年，上海工会积极开展"春风行动""就业创业服务月""民企招聘月"等专项行动，通过线上线下相结合的方式，组织多场招聘会和线上直播带岗。全年，市区两级工会共开展各类主题线下招聘会 72 场，参会企业 4572 家，招聘 11.03 万人，服务 5.87 万人次，意向录用 8836 人；开展线上直播 190 场，共有 2033 家企业发布招聘岗位 3.07 万个，服务职工 32.69 万人次，收到简历 7504 份，意向录用 672 人次。发布就业短视频 10 个。组织开展上海中侨职业技术大学、上海交通大学、上海财经大学、上海第二工业大学、上海建桥学院和上海理工大学等 6 场"校园行"活动。开展"困难职工家庭高校毕业生阳光就业暖心行动"，排摸困难职工家庭 246 户，为 27 名困难职工家庭高校毕业生提供就业服务。

(余嘉毅、赵田野)

【开展就业状况调研】 2023 年，市总工会就业服务工作始终坚持以调研为先导，结合新形势、新变化，充分了解、掌握职工就业需求，并以此为依据做实做细各项就业服务工作。一是开展本市企业用工和职工就业状况调查，形成了《2023 年本市企业用工和职工就业状况调查报告》，调查显示，本市企业用工需求呈上升趋势，职工就业形势呈现稳定状态。但就业结构性矛盾依然比较突出，仍存在企业"招工难"和求职者"就业难"双向不匹配。调查中还显示出新"4050"求职者就业难、劳务派遣制职工就业不稳定等问题。二是开展家政行业就业专题调研，形成《上海市家政服务行业从业人员就业质量调研报告》，调查显示，本市家政服务行业存在社会地位和职业认可度低、家政从业人员素质不高、职业技能水平不强、社会保障程度低等问题。三是开展高校毕业生就业难点和需求调研。形成《上海高校毕业生就业面临的突出困难问题及对策建议》，调查显示，本市高校毕业生存在就业观有偏差、就业意愿不强；本硕毕业生规模倒挂，职业规划辅导缺失，加剧竞争压力；校企合作缺乏广度深度，大学生实践培养不足等问题。

(余嘉毅)

【开展直播送岗活动】 2023 年，市总工会依托"会聘上海"就业服务平台及"申工社"微信视频号，积极开展"会聘上海 · 周周送岗"直播活动。开展线上直播招聘活动 154 场，1728 家企业招聘

市总工会依托"会聘上海"平台开展"劳模带岗 就业护航"专场直播

（赵田野）

26159人，服务职工290771人次，收到求职简历6914份，意向录用574人次。通过"申工社"视频号平台打造"会聘小课堂"栏目，通过短视频的方式开展"轻培训"，为求职者补齐求职技巧和求职观念上的"短板"，助力广大求职者实现高质量充分就业。

（余嘉毅）

【开展困难职工群体就业帮扶】 3月，市总工会启动"会聘上海——困难职工家庭就业护航专项行动"，针对全市各级在档的困难职工家庭、零就业家庭、6个月未就业人员家庭，根据其实际情况和就业需求提供一对一精准化的就业服务，包括职业技能培训、定向职介、稳岗补贴等服务内容。共排摸在档困难职工家庭以及6个月未就业人员和零就业家庭1017户，服务符合要求并具有就业意愿的职工家庭304人次，发放救助资金60.3万元，其中职业技能培训25人、定向职介服务9人、人社补贴培训2人、稳岗补贴268人。暑假期间，为52名在档困难职工大学生子女提供管理、技术实习实践岗位，帮助其积累实习工作经验，提升就业能力，发放实践补贴10万元。

（余嘉毅）

【开展大学生就业援助活动】 年内，市总工会稳步实施2023年大学生就业援助工作。开展"会聘上海·校园行"活动，帮助解决高校毕业生就业难题，陆续在上海中侨职业技术大学等高校举办6场校园行招聘会，2063家用工单位参会，用工需求达4.8万余人，涉及机械制造、医疗卫生、IT与电商等多个热门行业，吸引了3.7万余名高校毕业生赴会应聘，并在其中3场招聘会现场同步进行直播带岗。

（余嘉毅）

【虹口区举办"沪岗行动——2023虹口就业集市面对面"活动】 2月21日，虹口区在北外滩白玉兰广场开展了"沪岗行动——2023虹口就业集市面对面"活动。此次活动由虹口区总工会、区人社局、区商务委、区退役军人事务局、区北外滩街道联合主办，活动以"春风送温暖，援助暖民心"为主题，通过"现场招聘＋政策咨询＋维权保障"的形式，为企业发展、求职者就业送来"春风"。本次招聘会吸引物流配送、物业管理、建筑工程、货运代理等行业的24家企业参与，提供450余个岗位，吸引400余人求职，收到简历285份，初步达成意向106人。现场，区职工服务中心专门设立咨询摊位，提供工会业务咨询的同时也准备了数据线、杯盖、桌面夹等文创产品，让广大职工认识工会、了解工会、加入工会。

（马伟杰）

【杨浦区总工会举办"春风送真情，援助暖民心"专场招聘会】 3月24日，杨浦区总工会在区业余大学举办"春风送真情，援助暖民心"2023年春风行动暨就业援助月专场招聘会。70家著名企业现场设摊，提供240余个岗位，超1200人次参加。现场，4名市就业服务专家、区乐业导师和职业指导师提供职业指导，还专门设立残疾人岗位招聘区和就业见习岗位招聘区。现场共计收到简历近800份，初步达成就业意向近200人。此前，杨浦区首批在"上海工会就业护航专项行动"帮扶中成功实现就业的困难职工获得了稳岗补贴，500名优秀家政服务员还得到了2023年度"上海工会新就业形态劳动者（灵活就业人员）专享保障计划E类"的"大礼包"。

（张秀鑫）

【杨浦区总工会举办2023年"会聘上海"校园行活动】 10月27日，杨浦区总工会举办2023年"会聘上海"校园行暨上海理工大学2024届毕业生秋季招聘会。活动由杨浦区总工会、区人力资源和社会保障局联合主办，线上线下同步开展。现场参会单位211家，提供岗位1800余个，用工需求5000余名。涉及机械制造、医疗卫生、IT与电商、金融投资、教育文化等多个热门行业，吸引了3000余名校内毕业生赴会应聘，累计收到简历7200余份（次），现场达成就业意

10月27日，杨浦区总工会举办"会聘上海"校园行系列活动上理工专场

（赵田野）

向 1500 余人次。　　　　（张秀鑫）

【静安区总工会开展点亮环卫职工"亲子微心愿"活动】　7 月 31 日，静安区总工会启动"小心愿，大梦想"——点亮静安区环卫职工"亲子微心愿"活动。区人大常委会副主任、区总工会主席林晓珏，市总工会职工服务中心党总支书记、市职工帮困基金会理事长杨敏，静安城市发展（集团）有限公司党委书记、董事长邢剑等出席，与职工家庭代表共同启动"小心愿，大梦想——亲子微心愿"项目。50 组环卫职工家庭作为 1257 个亲子家庭的代表应邀参加。区总工会副主席王寅成，静安城市发展（集团）有限公司党委副书记、纪委书记、工会主席仇玉洁，中国银行上海市分行副总经理朱环等为环卫职工家庭代表赠送"微心愿"。活动中，孩子们动手制作了全家福相框作为礼物赠送给自己的父母。活动特意邀请了两位孩子的梦想职业代表来到现场，区青少年活动中心的舞蹈老师季素华和闸北消防救援站副站长洪瑞与孩子们就职业梦想进行沟通互动。活动现场还安排了沉浸式的电影院小管家职业体验，让孩子们参与制作影院爆米花、参观电影放映室，当一回电影院小主人。环卫职工家庭还集体观看了电影《热烈》。"亲子微心愿"项目立足于家庭需求，共收到 7 个品类的微心愿清单，包括智能台灯、蓝牙耳机、电热饭盒、拉杆箱等。项目得到市职工帮困基金会平台的支持，中国银行上海分行作为爱心企业积极认领，助力把孩子们的梦想照进现实。

（程家祥）

【闵行区总工会举办上海南部科创中心紫竹片区直播带岗就业招聘活动】　3月 25 日，闵行区总工会主办的"易就业，闵行'职'属于你"——上海南部科创中心紫竹片区闵行工会直播带岗就业招聘活动在"今日闵行"视频号和"今日闵行"APP 同步直播。本次活动吸引了众多优质企业和大品牌加入直播招聘热潮，邀请基因科技、中广核工程科技、柏楚电子科技、申联生物医药、微创软件、众力汽车部件、立新液压、思源电气、爱朵集团、百信生物科技等 10 家企业，现场发布 60 余个热门岗位，招聘270 余人，吸引超 10 万人次观看。

（汤　怡）

【闵行区总工会南虹桥片区直播带岗就业招聘活动】　7 月 8 日，由闵行区总工会主办的"易就业，闵行'职'属于你"——上海南虹桥片区闵行工会直播带岗就业招聘活动在"今日闵行"视频号和"今日闵行"APP 同步直播。活动邀请了欧马腾会展、三养食品、优利德、东渐数能技术、晶科电力、聚时科技、蓝十字脑科医院、生生物流、览海康复医院、乔智科技、三棵树、云间世纪等 12 家企业，现场发布 48 个热门岗位，招聘170 余人，吸引超 10 万人次观看。

（汤　怡）

【嘉定区举办大中城市联合招聘高校毕业生暨"劳模带岗"专场招聘会】　10月 27 日，由嘉定区总工会、区人社局、区工商联等联合举办的 2023 年大中城市联合招聘高校毕业生暨"劳模带岗"专场招聘会在上海工商职业技术学院举办。区委统战部、区人社局、区工商联、区总工会、外冈镇党委及上海工商职业技术学院等领导出席本次活动，共同启动招聘会。启动仪式上，部分劳模代表接受"劳模带岗"志愿团成员聘书，他们通过"劳模带岗"直播间活动，以劳模的身份带领直播间的求职者"云参观"企业现场，感受企业文化、了解岗位需求、熟悉岗位技能，通过互动交流，现场答疑解惑，帮助求职者们更好地找到自己心仪的工作，提高就业帮扶工作的成功率。本次招聘会邀请 216 家企业，共提供 800 多个就业岗位，需求人数超过 3600 人。现场投递简历超 1 万份，达成初步意向超 1000 人次。线上劳模带岗直播活动吸引 9500 人次观看，当

天收到求职者简历 153 份。（钱晓明）

【奉贤区总工会召开"春风送岗位"公益招聘会】　3 月 25 日，2023 年奉贤工会"春风送岗位"公益招聘会在奉贤区文化广场顺利举行。市总工会职工服务中心主任陈鲁等莅临现场指导。线上直播参与人次达到 5500 余人。线下活动吸引求职者 1 万余人次，收到简历1750 余份，意向录取 880 余人次。

（董　胤）

【百联集团工会开展新一轮职工转型创业扶助活动】　12 月 12 日，百联集团工会举行新一轮职工转型创业扶助项目评审会，围绕"创建学习型组织、创造创效型团队、创立价值型员工、孵化创新产业"的目标，引导职工学习新知识、掌握新技能。对部分因企业转型造成的冗员职工转战新行业、挑战新岗位的职工"扶一把，送一程"，通过提供组织保障和资金支持鼓励并扶持职工创业，为百联创造社会效应和经济效益。围绕"提升企业业绩及职工收入、促进企业转型及职工转岗"的目标，在基层各级工会申报的基础上，对 24 名考取新专业证书成功转岗的职工、24 名带教师傅、158 个涉及连锁门店销售的合伙人团队、5 个由职工参与开发经营的重点项目予以资金扶助。

（姜　杰）

困难帮扶

【概要】　2023 年，市总工会认真贯彻党中央关于保障和改善民生，提高人民生活水平，促进共同富裕等一系列部署要

3 月 25 日，奉贤区总工会在区文化广场举行"春风送岗位"公益招聘会

（董　胤）

求，根据全国总工会和上海市委工作部署，积极履行社会救助联席会议成员单位职责，聚焦困难职工、低收入岗位职工和特殊职工群体开展工会帮扶工作。一是聚焦困难职工，巩固解困脱困成果。以项目化的方式将生活救助、子女助学、医疗救助等市级梯度帮扶举措予以规范，强化全生命周期管理的理念，切实提高帮扶资金使用效益。全年共向2441户市级在档困难职工发放帮扶资金868.73万元。二是聚焦低收入岗位职工，促进共同富裕。对以保洁、保安、营业员、一线操作工、家政护理员等为主的易致困职工实现早发现、早介入、早研判、早干预，2023年将16个区、52家局（产业）工会的382个低收入岗位纳入监测范围。根据低收入职工岗位的分布情况和收入特点，市总工会给予针对性帮扶。三是聚焦特殊职工群体，提升帮扶工作能级。聚焦长期工作在苦、脏、累、险、危、害等艰苦岗位一线职工，将帮扶范围拓展到特殊群体职工遇到的各种急难愁盼问题，推动工会帮扶方式从单一的资金帮扶向"帮扶金＋服务项目"多元化帮扶方式转变。联合各区局（产业）工会、行业协会、头部企业等主体培育开发了《关心关爱因公牺牲伤残公安民警家庭行动》《一线困难保安员（群体）关爱帮扶项目》《骑士关爱项目》等项目，投入帮扶资金1150.36万元。

（焦斐然）

【开展元旦春节送温暖活动】元旦春节期间，市总工会围绕"知职工情、解职工忧、帮职工困、暖职工心"，聚焦坚守

市总工会启动"我在上海过兔年"稳岗留工送温暖关爱服务活动

（汤利强）

7—8月，市总工会领导集中开展高温慰问 （劳动报社 供稿）

疫情防控一线职工、在重点工程重大项目和重大活动中作出突出贡献的职工、节日期间坚守一线岗位的干部职工、劳模工匠、困难职工、农民工和新就业形态劳动者等群体，大力组织开展送温暖活动，直接安排帮困送温暖资金8302.11万元，帮扶慰问困难职工、劳模等4.68万人。对在档困难职工家庭发放疫情一次性生活补贴416万元，帮扶困难职工家庭1289人次，确保困难职工家庭温暖过冬过节。开展"电话诉亲情，温暖进万家"留沪外来建设者通讯、医疗补贴行动，共投入资金284.87万元，惠及外卖快递小哥、环卫工人、家政服务人员等2.27万人次。市总工会会同市人社局联合推出"我在上海过兔年"16项稳岗留工送温暖服务举措，包括"送一批招聘岗位、给一份稳岗补贴、看一场贺岁电影、赏一次沪上景观"等内容，

将政府补贴、文娱活动、团圆美味、团聚用房等实实在在的措施送到一线职工，把党和政府的关怀温暖送到他们的心坎上。

（焦斐然）

【市总工会领导集中走访慰问】元旦春节期间，市总工会聚焦困难职工、劳模工匠、抗疫一线职工、新就业形态劳动者等重点人群，主席室和机关各部室组成8个慰问组，深入17位困难职工和劳模家庭走访慰问，向他们送上节日问候和祝福。春节前后，时任市总工会主席莫负春一行穿越申城大街小巷，连续看望杨怀远、刘海珊等老劳模、困难劳模、一线劳模，与大家聊家事、问冷暖，为他们送上工会组织的关怀和问候。节后上班首日，主席室领导，深入医务、环卫、快递外卖、城市保供等24家基层单位，走访慰问一线职工，为大家送上关怀与祝福。同时，市总工会还指导督促相关企业工会，做好本单位、本系统的职工关心关爱工作，更好保障广大职工生命安全和身体健康，做好春节期间坚守岗位职工的关心慰问。

（焦斐然）

【开展中国农民丰收节走访慰问】2023年中国农民丰收节前夕，时任市总工会党组书记、副主席黄红，党组成员、副主席徐珲一行，聚焦本市劳动密集型企业的一线农民工及农民工先进典型、本市涉农企业、农民专业合作社的农民工，赴上海宝锦农业科技发展有限公司稻谷加工厂、上海建工机场联络线7标项目部等企业、工地，开展专项送温暖慰问活动，鼓足广大农民工创造美好生活

的干劲，为全面推进乡村振兴、加快建设农业强国贡献力量。 （焦斐然）

【徐汇区总工会认真落实低收入人群困难帮扶】 2023年，徐汇区总工会开展本地区低收入岗位监测，完善困难职工帮扶机制，推动逐步缩小收入差距，开展低收入岗位职工暖心行动。围绕绿化环卫、物业管理、建筑施工、外卖快递等4大重点行业，将环卫日旭、环卫日华、徐房物业、衡复物业、泾东建筑、达汇建筑、极兔快递和闪送纳入16个低收入岗位监测体系中。绿化环卫行业是本次监测发现低收入职工比较集中的行业，有1331名环卫职工收入低于社会平均工资60%以下。建筑施工和外卖快递服务业务需求量保持稳步增长，这两类行业职工收入普遍高于社会平均工资60%，33名职工收入偏低的纳入了低收入监测"菜篮子"。物业管理行业作为一个相对稳定的行业，本次监测中未发现应纳入低收入监测的职工。全年全区共1364名低收入岗位职工，连续两轮都纳入"菜篮子"项目进行慰问。组织基层工会开展新就业形态劳动者暖心行动。完善一张服务阵地网络，优化户外职工爱心接力站（加油站）、户外劳动者服务站点的服务，进一步夯实工会服务阵地考核管理。订定一份服务项目礼包，整合工会帮扶关爱、安全健康、就业服务、维权服务等服务资源，形成新就业形态劳动者服务项目礼包。开展一系列走访慰问，将新就业形态劳动者关心关爱工作纳入工会常态化送温暖组成部分，结合夏季防暑降温和冬季防寒保暖，组织各级工会对广大新就业形态劳动者因地制宜开展形式多样的走访慰问。 （周 吉）

【静安区总工会走访慰问户外职工】 12月21日，静安区人大常委会副主任、区总工会主席林晓珏，区总工会党组书记、副主席许俊分别走访慰问户外职工，送上工会暖心关怀。林晓珏走访了静安城发集团静环环卫分公司作业一部南京西路"红旗清道班"，看望了市"五一劳动奖章"和市"优秀农民工"称号获得者周艳、"最美公厕保洁员"和"公厕保洁服务标兵"包爱梅，为"城市美容师"们送上慰问礼包。她强调，城发集团工会要用心打造好职工工间休息室，尽全力服务好工友的实际需求，

解决好后顾之忧。在静安大融城，许俊详细了解了户外职工爱心接力站的建设情况，并为外卖小哥代表送上了慰问礼包。这家新建的站点设有空调、冰箱、微波炉、直饮水、应急药品、雨伞、手机充电等设施，贴心准备了棋类、飞镖，专门开辟了"充电加油"的阅享书屋。许俊希望大家保重身体，充分利用好户外职工爱心接力站，照顾好自己的同时，不断温暖静安这片城区。 （沈 佳）

【闵行区总工会聚焦重点人群开展"两节"送温暖活动】 1月4日—2月10日，闵行区总工会聚焦重点人群，深入开展送温暖活动。各级工会下基层、走一线，精准覆盖医务人员、外卖快递、货车司机、环卫等户外劳动者、养老机构护理员、劳模先进等"六大类"重点群体和困难职工，为坚守在工作岗位的职工送上来自"娘家人"的满满祝福。据统计，元旦春节期间，全区各级工会开展多项送温暖活动，累计帮扶困难职工8985人，发放帮扶资金407.44万元，慰问疫情防控一线职工10939人，慰问新就业形态劳动者8905人，确保把党和政府的关怀、工会组织的温暖，及时送到广大职工群众的心坎上。举办2023年"爱心一日捐"活动，区四套班子领导率先垂范，带头捐款。当天，全区14个街镇工业区、各机关、企事业单位纷纷设置分会场开展"爱心一日捐"活动，号召广大职工捐出一天的工资收入，将爱心善举汇聚成璀璨星辉。举行"感谢有你，共建闵行"2023年闵行工会"迎新春·送祝福"专场活动，邀请非遗传承人现场为职工编中国结、剪纸，还举办"猜灯谜·党的二十大精神有奖知识问答"活动，寓教于乐，让广大职工感受浓厚的年味。 （王 凯）

【金山区总工会五一走访慰问困难职工】 五一国际劳动节前夕，金山区总工会领导班子成员分赴全区12户困难职工家庭开展走访慰问，为困难职工家庭送去工会的关怀和祝福。4月25日，区人大常委会副主任、区总工会主席蒋雅红来到王阿姨工作的企业，详细询问困难职工家庭生活情况，并鼓励她保持乐观心态，树立克服困难的信心和决心，相信未来生活会越来越好，同时送上了节日慰问金和"群群配送"慰问品。区总工会党组书记、副主席徐红强，区

总工会副主席邢扬、孙素华、季晓丽、林文晶，三级调研员曹冠和四级调研员戴美娟、封梅芳等区总工会领导，分别带队走访慰问了困难职工家庭，给他们带去"娘家人"的慰问。五一期间，区总工会开展"生活帮扶""送护上门""群群配送"等困难职工帮扶实事项目，共投入帮扶金额20余万元，帮扶450余户次。 （钱海东）

【松江区总工会开展元旦春节送温暖活动】 元旦春节期间，松江区总工会开展以"工会伴你，喜迎新春"为主题的一系列送温暖活动。区总工会领导班子成员深入基层一线对抗疫一线职工、节日期间坚守岗位的一线职工、留松外来建设者、困难职工、困难劳模等重点群体进行走访慰问，送上关爱礼包，并配套专项慰问资金，加大资金投入力度，慰问近1.6万名职工，总支出400多万元。精准帮扶保障困难职工基本生活、整合区内知名企业优质资源，实施10大举措丰富服务内容，提升职工生活品质、关心关爱本区职工，切实维护农民工等职工群体权益。组织发动全区各街镇（经开区）总工会、各委局、佘山度假区及直属公司工会开展"职工一日捐"活动。全区共825家工会组织参与"一日捐"活动，捐款总人数达4.8万人，总金额347.96万元。（张谢琰、邹丽梅）

【奉贤区总工会做深做实职工关爱项目】 2023年，奉贤区总工会扎实开展困难职工、困难劳模等帮扶慰问活动，全年发放市、区两级帮扶资金268.39万元，帮困3971人。举办"春风送岗位""会聘上海"等线上线下就业公益招聘会，推荐上岗2000余人。采用"先服务后入会"形式，吸引9156名"灵活就业"D类职工办理入会手续，1239名新就业形态劳动者纳入工会E类互助保障计划。组织7402名职工参与"看上海"活动，赴长三角区域职工疗休养320人，赴市总工会直属疗养院职工疗休养1466人，职工体检人数2808人。做好新就业形态和灵活就业女职工免费"两病"筛查，为250名女职工提供免费体检服务。 （朱勇全）

【市化学工会全面落实精准帮扶】 2023年，市化学工会高度重视困难职工权益保障工作。元旦春节送温暖活动中，将

帮困对象覆盖到了华谊集团市外企业的困难职工,在试点先行的基础上渐进式实现"应帮尽帮"。5月,召开救急济难基金会理事会,修订章程和帮扶的办法。进一步提高帮扶标准(定向帮困、医疗帮困增加500元/人/次,助学帮困增加为大学、中学、小学5000、3000、2000元/人/次;重病帮困增加为10000元/人/次;临时帮困标准增幅最大达到400%),让困难职工得到实惠。每年安排固定帮扶预算200万元用于困难职工帮扶。在每年一次节日慰问帮扶、重病帮扶、助学帮扶等的基础上,增加临时帮扶"点亮微心愿"的帮扶内容。通过"节日慰问帮困、重病帮扶、定向帮困、医疗帮困、助学帮困、行业帮困、临时帮困"等,对困难职工群体进行梯度帮扶。实现帮扶工作具体化、制度化、常态化和标准化。全年共有730人次的困难职工得到各种形式的帮扶,总金额达140万元。其中,重病帮扶17人次、临时帮扶6人次、助学帮困46人次、医疗帮困263人次、定向帮困208人次、元旦春节节日帮困慰问83人次、其他帮困(含困难员工及其子女微心愿)资助109人次。 (韩 英)

【高桥石化公司工会精准做好困难职工帮扶救助工作】 2023年,高桥石油化工公司工会进一步细化和完善公司帮扶工作机制。修订《高桥石化帮扶救助工作实施办法》,建立帮困费用工作权限指引,修订完善审批流程,调整困难人员认定标准。同时,结合会员民主监督和业务公开机制,进一步规范和完善帮扶救助情况的公示机制,强化各级工会干部实地入户走访和困难人员"一对一"对口帮扶机制。元旦春节期间共对困难职工群体实施帮扶补助及慰问129人次,发放帮困金40.94万元。落实金秋助学10人,帮困金3.2万元。落实即时困难帮扶5人,帮困金2.9万元。落实死亡补助5人,帮困金10万元。规范公司特种重病保障和职工住院医疗互助基金的实施运作。为新进职工办理参保手续108人。有15人次患特种重病的职工得到给付保障,金额20.08万元;有178名住院生病职工享受工会住院医疗互助保障,金额44.37万元。 (吴 斌)

【中远海运船员工会加大对一线船员及家庭的关心关爱】 2023年,中远海运船员管理有限公司工会共开展"三必到"慰问1977人次,其中,患重大疾病慰问778人次、工伤航病慰问118人次、家庭遭遇重大困难慰问1081人次。开展"双访"慰问6990人次,其中,劳模先进慰问362人次、优秀骨干5358人次、特困船员1189人次、金秋助学81人次。为12名船员子女申请上级工会助学金。开展船员家庭受灾情况排查、慰问,排查因台风暴雨和地震冰冻受灾地区船员家庭11852户,慰问受灾船员家庭112户。共排查山东德州地区地震影响船员274户,慰问受灾船员家庭5户。加强对新冠疫情的防抗,为各直属单位尤其是船员兄弟购买退烧类、止咳类、润喉类、感冒类药品合计2464盒/袋。 (赵坤政)

【上港集团组织开展第27次"8.15"爱心捐款活动】 2023年,是上海国际港务(集团)股份有限公司"8.15"爱心基金会成立26周年、开展"8.15"爱心捐款活动的第27年。8月,集团工会专门下发通知,明确要求集团各级工会认真做好"8.15"献爱心活动。活动期间,各级工会积极开展宣传动员,鼓励职工传承发扬"扶弱济困、和谐上港、人人为我,我为人人"的理念,共同营造企业和谐氛围。公司领导干部和中层以上管理人员带头捐款,各基层单位广大职工积极响应,纷纷慷慨解囊,奉献爱心。本次活动,共有43家基层单位的27000人参与捐款,募集金额500.21万元。 (袁旭芳)

【上海邮政开展温暖服务季活动】 11月起,上海邮政工会开展温暖服务季活动,活动从2023年11月起至2024年2月,服务对象为本单位全体员工以及社会上从事户外工作的劳动者。内容涵盖生产旺季慰问、生活困难帮扶、远程视频医疗服务、心理健康关爱、职工小家"暖心行动"以及户外劳动者"暖蜂行动"等5个方面。其中,户外劳动者"暖蜂行动"是邮政集团公司办实事的普惠举措,上海邮政工会制作并布放331个活动易拉宝、张贴500余份宣传海报。以点带面、大力宣传,组织户外劳动者观看健康生活科普视频,申领免费保险。同时,还借助劳动报、劳动观察等媒体报道加大宣传,引导一线揽投

员、户外劳动者等积极申领,将工会的关爱落到实处。 (杨 娟)

【市绿化和市容管理局工会系统开展"爱心一日捐"活动】 2023年,根据市总工会总体部署,市绿化和市容管理局工会发动各基层工会,积极开展"人人献爱心,互助暖人心"主题的"爱心一日捐"活动。局党政领导、机关处室负责人和基层单位党政领导带头捐款,广大会员踊跃参与。活动期间,共有24个基层单位的1570名干部、职工参与捐款,共募得16.01万元。 (耿 静)

【市体育局工会开展困难帮扶】 2023年,市体育局工会认真开展困难职工帮扶工作,加快构建以精准帮扶和普惠性服务为重点的帮扶体系。动态精细梳理局系统困难职工情况,积极做好"冬送温暖""夏送清凉""金秋助学"等工作,不断拓宽救助渠道,扩大帮扶网络,广泛开展各种形式的互助互济保障活动。元旦春节期间,慰问79户困难职工家庭,发放慰问金23.7万元。全年,对患大病、重病等困难职工帮困救助44人次,帮困金额4.4万元。 (孙 晔)

【锦江集团工会加强困难职工帮扶关爱】 2023年,为加强困难职工帮扶关爱工作,健全完善帮扶保障机制,锦江国际(集团)有限公司工会在春节期间对城市保障服务中留守岗位的外来建设者开展通讯费补贴和医疗费补贴专项行动,向春节期间在岗留沪过年的外来建设者发放年夜饭套餐慰问礼包,涉及49家企业,金额近50万元。继续做好常态化困难职工帮扶送温暖,三级帮困基金全年帮扶185人次,帮困金额81.3万元。当年投保会员专享基本保障15693人,使用资金77.85万元,理赔46人次,理赔金额78.31万元。开展金秋助学专项微心愿活动,帮助27名困难职工子女完成心愿。组织40名抗疫一线职工暖心疗休养活动。申请低收入岗位、困难职工家庭"菜篮子"项目85人次。关心劳模身心健康,申报29人次劳模特殊困难帮扶和生活困难补助,将党的温暖和关怀传递到劳模手中。 (顾明方)

【世纪出版集团工会开展送温暖活动】 2023年,世纪出版(集团)有限公司工会

连续第 2 年组织开展"爱心一日捐"活动,22 家直属单位 3480 名职工参加,共捐款 26.9 万元。发动各级工会对集团系统职工生活状况进行摸底调查,经认真排摸,共有 9 名新患大病职工,14 名家庭困难职工。集团工会划拨特殊经费 7.3 万元,专门用于慰问排摸出的困难职工。　　　　　　（施纪仁）

互助保障

【概要】 2023 年,市职工保障互助中心(下称"市职保中心")认真落实市委、市总工会工作要求,开拓创新、锐意进取,推动职工互助保障覆盖范围持续扩大,资金管理更加安全规范,保障服务不断优化。目前,上海工会职工互助保障已覆盖在职职工 433 万人(其中新就业形态劳动者、灵活就业人员 77.1 万人),退休职工 412 万人。一是实现"上海职工互助保障项目 2020"参保稳中有升。通过比数据、抓典型、强宣传、优服务,做好互助保障全程跟踪服务,努力实现应保尽保。在企业关停并转增多的背景下,仍实现了参保人数的稳中有升。二是超额完成"新就业形态劳动者(灵活就业人员)专享保障计划"实事项目。截至年底,该保障项目已组织 77.1 万人参保,远超目标数 35 万人。三是调整缴费标准,稳妥推进"退休住院保障计划"。7 月 1 日起调整"退休住院保障计划"缴费标准,单位参保从 350 元/人提高到 400 元/人,社区参保从 365 元/人提高到 415 元/人,已组织 412.49 万人参保,覆盖率近 80% 本市职保退休职工。四是做实调查研究,把群众"急难愁盼"变成民生"服务清单"。将在职丧失劳动力职工纳入"上海职工互助保障项目 2020"参保范围;为全市 215 个街镇办理上海银行智能收款卡,优先办理保费现金存款业务;简化异地就医的重大疾病的给付申请流程,取消原先需回本市医院住院的限制,提升便捷度。五是加强信息化建设,做优免申即享。持续做好与市人社、医保等部门的数据互联互通,做好"住院医疗费保障金"免申即享。截至年底,已向 30.13 万人次在职职工直接给付住院医疗互助保障金 2.26 亿元,向 312.78 万人次退休职工直接给付住院医疗互助保障金 16.73 亿元。进一步拓展免申即享范围,完成"住院天数保障金免申即享"项目建设。　（焦斐斐）

【完成"新就业形态劳动者(灵活就业人员)专享保障计划"实事项目】 2023 年,市职工保障互助中心(下称"市职保中心")整合原有保障计划,推出优化后的"上海工会新就业形态劳动者(灵活就业人员)专享保障",超额完成 35 万名新就业形态劳动者参加互助保障实事项目。一是优化保障方案。积极回应基层需求,对新就业形态劳动者互助保障进行优化整合,在原有灵活就业群体保障的基础上,升级推出"上海工会新就业形态劳动者(灵活就业人员)专享保障计划"层级化设计保障方案,设置 C 类、D 类、E 类 3 个项目,保障待遇层层递进,为基层工会和新就业劳动者提供更多参保选择。二是扩大参保范围。参保范围进一步扩大至快递物流、货运驾驶、网约送餐、护工护理等 13 类行业劳动者。三是广泛组织发动。深入快递小哥站点、户外职工爱心接力站走访,在工人日报、劳动报、随申办、申工社进行宣传报道,完善"随申办"线上个人参保事项,扩大参保覆盖。截至年底,该保障项目已组织 77.1 万人参保,向 2359 人次给付互助保障金 384.49 万元。　　　　　　（焦斐斐）

【"上海职工互助保障项目 2020"实现平稳增长】 2023 年,市职工保障互助中心(下称"市职保中心")领导班子强化责任担当、积极主动作为,参保人数实现平稳增长。一是比数据,通过全面梳理比对工会会员库和组织库数据,挖掘潜在参保单位,找准发力点。市公安局工会参保实现零的突破,中国电信上海分公司、国药集团多家下属企业首次参加在职职工互助保障项目。二是抓典型,聚焦各区非公企业中的头部企业,以及局(产业)工会中的典型企业,精准发力,拓展了诸如博世、联邦快递等一批非公企业,以及金融工会一批头部银行企业参保。三是加强资源整合,搭载市总工会"幸福直通车"公益项目,深入工业园区等企业密集场所,加强推广宣传。四是持续做好"点对点"服务,安排专人对接区局(产业)工会,送服务上门,做好互助保障全程跟踪服务,努力实现应保尽保。　（焦斐斐）

【稳妥推进"退休住院保障计划"】 2023 年,市职工保障互助中心(下称"市职保中心")为确保"退休住院保障计划"可持续发展,自 7 月 1 日起调整"退休住院保障计划"缴费标准,单位参保从 350 元/人提高到 400 元/人,社区参保从 365 元/人提高到 415 元/人。高度重视因缴费标准调整带来挑战,加强对区局(产业)工会相关人员的培训,加强与市退管会联动,积极与 12351 职工服务热线对接,促进信息及时互通;通过社区线下以及劳动报、申工社、随申办、上海新闻综合频道报道等各类渠道,加强宣传推广;增加退休住院计划参保代扣的短消息提醒,避免脱保漏保。2023 年度"退休住院保障计划"已组织 412.49 万人参保,覆盖率近 80%。（焦斐斐）

【徐汇区总工会推广职工互助保障计划】 2023 年,徐汇区总工会积极推广职工互助保障计划。截至年底,区职工互助保障在职参保 19.98 万人次,投保总金额 2354 万元;在职理赔 2.27 万人次,理赔金额 1832 万余元。退休投保 13.62 万人次,投保总金额 5614.3 万元,退休给付 23.45 万人次,理赔金额 5768 万余元。为 1193 人次办理新就业形态劳动者专项互助保障计划,理赔 2 人,理赔金额 1.71 万元。　　（周吉）

【松江区加强新就业形态劳动者群体工会互助保障工作】 2023 年,松江区总工会动员各级工会向平台企业和新就业形态劳动者(灵活就业人员)进行宣传发动,提升平台企业和新就业形态劳动者(灵活就业人员)的参保意愿,让更多新就业形态劳动者(灵活就业人员)享受入会福利和政策保障红利,引导全区关心关爱新就业形态劳动者,不断增强新就业形态劳动者的获得感、幸福感、安全感。结合本地区实际,制定"组织千名新就业形态劳动者(灵活就业人员)参加互助保障"项目并列入 2023 年区总工会的 14 项实事项目之一。全年共完成团体参保 1200 个,支出参保费用 69012 元。　　（潘佳伟）

【东方国际集团工会完成会员卡年度注册落实专项保障计划】 2023 年,东方国际(集团)有限公司工会积极完成年度工会会员服务卡集体注册和新办卡工作,有效注册工会会员 8957 人,其中 81.8% 的会员参加了最高档次 B+ 的保障计划。集团工会根据《东方爱心基金使用管理办法》规定，对集团的注册工会会员提供一年期的A、A+、B、B+类会员专享基本保障，对参加A类和A+类保障的提供补贴8元/年·人，对参加B类和B+类保障的提供补贴16元/年·人。据统计，2023年发生重大疾病职工58人，疾病身故9人，总计获互助保障理赔金额88万元。 （陆　益）

【上海石化工会加强职工互助保障工作】 2023年，中国石化上海石油化工股份有限公司工会继续做好帮困医疗补助，发挥公司帮扶基金作用。开展第27次公司"一日捐"活动，7774人参加，捐款金额84.59万元。10002人次参加职工保障互助中心各种保障计划，总投保费用298.03万元，其中公司工会贴补金额182.61万元，4975人次获理赔294.27万元。推进工会会员服务卡工作，完成10535名会员工会会员服务卡注册投保，公司工会全额补贴13.7万元，53人获理赔53万元。使用好职工帮扶互助基金，2023年"一站式"办理医疗补助3135人次，理赔263.95万元；对会员首患大病、会员死亡、会员父母、配偶、子女大病等补助117.86万元。

（顾　倩）

【市绿化市容行业工会举行环卫工人"沪惠保"关爱行动签约仪式】 10月24日，市绿化市容行业工会联合"沪惠保"共保体主承保单位中国太平洋保险有限公司共同举办了2023年度全市环卫工人"沪惠保"关爱行动签约仪式。上海市绿化和市容管理局、国家金融监督管理总局上海监管局、上海市绿化市容行业工会、上海市保险同业公会等相关单位参与。仪式上，"沪惠保"项目组向全市4万余名环卫工人赠送2023年度"沪惠保"保障，并邀请环卫工人代表分享参保"沪惠保"的切身感受，帮助上海城市最美一线奉献者撑起健康保护伞，助力兜牢民生保险保障底线。

（耿　静）

【全市49849名环卫工人获赠新华保险意外险】 10月30日，市绿化市容行业工会联合新华保险上海分公司，于新华保险大厦举办"城市因你而美·新华伴你而行——新华保险关爱全国环卫工人大型公益行动"2023年度上海站捐赠仪式。申万宏源集团股份有限公司、中再产险上海分公司两家中投公司系统直管企业出席。新华保险上海分公司党委委员、总经理助理、工会主席贾姝冬向奋战在一线的户外环卫工人表示诚挚的问候。市绿化市容行业工会副主席冯磊祝贺新华保险上海分公司连续4年荣获上海市"十佳社会共建案例"。致辞后，双方领导共同签约。新华人寿保险公益基金会向上海市49849名环卫工人捐赠人身意外伤害保险，合计捐赠保额49.849亿元。本次续约活动让一线职工真真切切地感受到社会对环卫工人的尊重关爱和来自城市的温暖。

（耿　静）

【上海邮政工会做好互助保障工作】 2023年，上海邮政工会认真组织市总工会会员参加专享基本保障（B类），共为16337名员工支付保障金额81.68万元，本年度有48名员工获赔付金94万元。同时，积极倡导有病救助、无病献爱的风尚，发扬互助互帮精神，组织开展"爱心一日捐"活动，共募集捐款82.72万元。继续开展邮政员工互助保障会工作，有13963名员工参加住院互助保障会，收缴会费139.63万元，本年度给付保障金67.3万元。有14256名员工参加重病互助保障会，收缴会费85.54万元，本年度61名员工获保障金79.3万元。

（陶　晔）

【上海海事局工会切实做好职工医疗互助保障服务】 2023年，中国海员工会上海海事局委员会继续做好职工医疗互助保障服务工作。全年为1695名在职职工及955名退休职工参保职工医疗互助保障计划，投保金额240万余元。年内，398名职工获得理赔，给付金额180万余元。同时为全体会员参保上海工会会员专项保障计划，投保金额16万余元，给付金额13万余元。（陆智静）

【市职保中心多措并举提升服务质效】 2023年，市职工保障互助中心深入推进改革创新，做好网络安全和信息化工作，全面提升服务效能。一是落实"双100"事项优化工作。积极与大数据中心、民政社区等方面协调对接，按照市政府"一网通办""双100"事项优化要求，推进互助保障4个高频事项实现"智能填报""智能预审""线上帮办"等一

系列建设要求，实现智慧好办快办。二是开展网络安全三级等保测评。以"自查夯实基础，测评促进提升"为理念，不断完善网络安全和信息化管理制度。在每年开展一次信息安全等级测评之外，积极组织相关人员进行自查自纠工作，推进信息系统网络安全工作做实做细，提升网络安全防护水平。三是推进数据库适配改造。响应信息技术国产化相关要求，对保障项目信息管理系统进行数据库及服务器操作系统国产化适配改造，保障系统运行安全稳定、提高互助保障整体服务效能。（焦斐斐）

【市职保中心做实做优"免申即享"】 2023年，市职工保障互助中心高质量完成市政府"一网通办""免申即享"工作部署，持续做好与人社、医保的数据互联互通，做好"住院医疗费保障金"免申即享。截至2023年12月底，已向30.13万人次在职职工直接给付住院医疗互助保障金2.26亿元，向312.78万人次退休职工直接给付住院医疗互助保障金16.73亿元。积极回应基层需求，进一步拓展免申即享范围，完成"住院天数保障金免申即享"项目建设，有效实现"减材料、减环节、减流程、减跑动"。

（焦斐斐）

【市职保中心将群众"急难愁盼"变成民生"服务清单"】 2023年，市职工保障互助中心以实现好、维护好、发展好最广大人民根本利益为工作落脚点，把群众"急难愁盼"变成民生"服务清单"。一是将在职丧劳职工纳入"上海职工互助保障项目2020"参保范围。二是"退休住院保障计划"增加被保障人死亡后保障金给付进遗属卡渠道。三是为全市215个街镇办理上海银行智能收款卡，优先办理保险现金存款业务。四是简化异地就医的重大疾病的给付申请流程，取消原先需回本市医院住院的限制，提升便捷度，增进职工群众获得感、幸福感。

（焦斐斐）

【市职保会开展互助保障业务培训】 年内，市职工保障互助会组织了8场业务培训，重点围绕互助保障活动参保要求、系统操作、典型案例等课题，以及人社、医保最新政策进行深入细致的讲解，并现场答疑解惑。培训覆盖全市16个区服务处、222个区服务点和12351

职工服务网,互助保障专职经办人员1070人参加培训。　（焦斐斐）

【市职保会承办全国职工互助保障组织行业自律管理委员会第3次全体会议】

11月23日,由市职工保障互助会承办的全国职工互助保障组织行业自律管理委员会第3次全体会议在市工人疗养院举行。全总资产监督管理部部长李庆堂、上海市总工会副主席张立新、全总资产监督管理部副部长吕泰康、中国职工保险互助会主任李然等领导出席会议。此次会议以维护新就业形态劳动者医疗保障权益为主题,研讨保障项目方案、推进措施、服务项目等。会议发起"集中组织新就业形态劳动者参保专项行动"倡议,倡议全体委员单位聚焦货车司机、网约车司机、快递员、外卖配送员等重点群体,推动互联网平台企业特别是头部企业集中参保,探索"总参总保"模式。以头部平台企业带动所属子公司、分公司,以及货运挂靠企业、快递加盟企业、外卖配送代理商、劳务派遣公司等加入职工互助保障活动,形成广泛的行业效应。针对新就业形态劳动者就业灵活、流动性大等特点,优化参保流程,简化参保手续。全面推行"线上办""掌上办",提高经办机构服务质效,方便职工参保,实现参保职工的实时参保理赔查询,为职工提供高效、便捷的保障服务。　（焦斐斐）

劳动保护

【概要】 2023年,上海工会认真贯彻落实习近平总书记关于安全生产的重要指示精神,牢固树立安全发展理念,坚持安全第一、预防为主、综合治理的方针,积极参与各类安全生产政策制定,将工会劳动保护工作纳入《上海市贯彻国务院安全生产"十五条硬措施"的78项具体举措》《上海市职业病防治规划(2021—2025年)重点任务分工方案》等进行统一部署。为进一步健全完善工会安全生产工作领导组织机构,市总工会制定下发《关于推进本市建立健全工会安全生产工作领导机构的通知》,推动16个区总工会参照市总工会安全生产工作领导小组标准,建立健全本级组织机构,定期研究部署安全生产工作。推动16个区和105个街镇将安全生产议题纳入本级政府与工会联席会

议范围,包括开展联合安全检查、组织安全技能竞赛、做好新就业形态劳动者安全保护等,联动各方力量解决属地安全治理共性问题。7月5日,召开上海工会促进安全生产工作会议。会上下发了《关于各级工会组织促进安全生产工作的意见》,推出实施隐患排查治理、开展各类安全教育培训、推进企业健康促进专项活动等10项重点举措。以文件为统领,纲举目张推动各级工会履行好维护职工安全健康权益职责,在促进城市安全有序运行中发挥积极作用。　（庄若冰）

【加强工会安全生产宣传工作】 2023年,市总工会高度重视安全生产宣传宣讲。3月,市总工会举办安康护航"第一课",通过线上直播方式向基层单位宣讲安全生产知识,吸引全市1.2万家企业组织职工观看,点播热度破百万。全年推出51期安康护航"微课堂",带动各级工会将职业安全内容通过公众号、小程序等发布传播。推广安康护航"直通车",将安全生产内容直送进园区、楼宇、企业。定期在媒体上发布安康护航"办案记",宣传工会参与工伤、职业病案件处理的典型案例。5月,市总工会首次参展长三角国际应急减灾和救援博览会(安博会),吸引了大量观众参观。此外,新华社、解放日报、文汇报以及劳动报、工人日报、申工社等15家主流媒体,推出60余篇工会促进安全生产工作报道。新华社发布《上海出台促进安全生产工作10条意见,护航职工生命安全》,并重点介绍了中国宝武钢铁、上海三菱空调等企业落实安全生产工作经验,阅读量超33.8万。（庄若冰）

【加强重点群体劳动保护力度】 2023年,市总工会聚焦在外卖、快递等行业从业的新就业形态劳动者和建筑工地务工人员等重点群体,联动相关部门,共同推动美团、饿了么、顺丰、拼多多等头部企业参加"安康杯"竞赛。推动企业在落实从业人员安全教育培训、提供全套劳动保护装备、实施员工关爱保障计划、执行算法取中优化劳动定额管理等方面持续改进。针对建筑工地从业人员,市总工会联合住建、交通等部门,下发《关于做好本市建筑工地务工人员健康管理的通知》《关于进一步完善本市工程建设领域从业人员管理服务体

系的实施意见》,共同推动建筑领域从业人员劳动保障更加规范。（庄若冰）

【组织开展各类各类安康类专项活动】 2023年,市总工会注重丰富安康类活动载体,以专项活动开展,推进企业安全健康责任落实,帮助职工提升安全健康保护技能。一是开展"企业健康促进专项活动",通过层层发动,组织千余家企业定规划、建标准、抓执行,落实各项提升职工身心健康举措。二是组织开展"查身边隐患、保职工安康、促企业发展"专项行动,针对年初赶工赶期、年中高温汛期、年末交运繁忙期等安全生产重大时间节点,对建筑施工、工矿商贸、危险化学品以及交通运输等板块轮流开展隐患排查治理。全年,各区局(产业)工会按照行动要求,组织职工排查安全生产隐患15.5万条,督促完成整改15.1万项,整改率达97%。三是在"防暑降温季",下发了《关于做好2023年本市夏季职工劳动保护和防暑降温工作的通知》,并与市卫生监督部门开展联合检查,确保职工平安度夏。四是组织开展以"学知识、提技能、促发展、保安康"为主题的"上海职工安全生产知识技能比赛"。全市16个地区和65个局(产业)组织发动各级工会开展形式多样、内容丰富的职工安全生产竞赛活动,累计开展320余场安全生产知识比赛,实施130余个安全技能竞赛项目,组织1800余家企事业单位的28万名一线职工参赛。五是协助市卫健委,在沪成功举办2023全国"职业病防治法"宣传周启动仪式。协同市应急管理局,指导各区局(产业)工会在"安全生产月"期间,开展大量形式多样、内容丰富的群众性安全教育活动。　（庄若冰）

【完成"推进千企共促安全文明出行,提升职工地铁通勤安全意识和能力"实事项目】 2023年,市总工会联合申通地铁集团有限公司开展"推进千企共促安全文明出行,提升职工地铁通勤安全意识和能力"实事项目。项目启动后,各区局(产业)工会积极响应,对地铁安全宣传片、宣传课件组织修编工作。通过请职工参访地铁培训基地,送轨道交通安全知识进园区、进楼宇、进企业等方式,不断提升职工群众的安全意识和应急处置能力。上海地铁在轨道交通全网络分设25个培训点,配备了50名地

铁安全培训师和15名骨干组成的幸福直通车宣讲团队，开展系列上岗前培训工作。地铁培训师们采取面对面授课、带教上门讲解、幸福直通车现场设摊等方式，让一批批职工成为企业安全宣讲员，把安全知识带回生产岗位。年内，共推进521家企业职工赴全市25个轨交培训点开展现场实训活动，对1万余家企事业单位的130万名职工开展地铁出行安全培训。　　　　（徐志华）

【浦东新区举行"安康杯"竞赛工作推进会暨万名骑手"车轮上的安全"竞赛启动仪式】 5月31日，由浦东新区总工会、区应急管理局、区卫健委、浦东公安分局交警支队、浦东邮政管理局、张江镇党委、镇政府主办，张江镇总工会、镇党群服务中心承办的浦东新区"安康杯"竞赛工作推进会暨万名骑手"车轮上的安全"竞赛启动仪式在张江镇举行。区委组织部副部长徐可畏、区总工会副主席王洪、区应急管理局副局长龚忠、区卫健委副主任郁东海、浦东邮政管理局副局长靳斐、区交警支队宣大队长路炜、张江镇党委副书记、镇长李灿等领导出席活动并共同启动"万名骑手'车轮上的安全'竞赛"。各直属工会负责人、"安康杯"参赛单位代表，快递、外卖、网约车等平台企业负责人、工会负责人、骑手代表，以及"安康杯"系列活动中产生的先进单位、个人代表参加活动。此次"车轮上的安全"竞赛，聚焦活跃于浦东区域的万名外卖骑手。根据骑手们的工作场景汇集了工会系统、应急管理系统、卫生健康系统、公安交通系统、邮政管理系统等多家单位的项目，涵盖交通安全培训、急救知识培训、知识竞赛、骑行比赛、技能竞赛、达人评选、安全无事故比赛等9项。"车轮上的安全"主要围绕"四比四赛"展开，即比学习，赛知识储备；比能力，赛劳动技能；比眼力，赛防护意识；比素质，赛安全出行，以提升新就业形态劳动者的安全防护素养。启动仪式上，同步升级"安康杯"知识竞赛题库，增加了交通安全、应急救护、职业健康等竞赛内容。推进会现场，还为浦东新区职业健康达人、企业健康促进优秀案例、公共卫生应急个人防护竞赛现场操作优胜、安全文化示范企业、职工"查身边隐患、献安全一计、讲预防故事"活动典型案例等项目颁奖。　　　　（吴周筠）

徐汇区2023年"安康杯"职工安全生产知识技能比赛急救技能竞赛
（周　吉）

【徐汇区总工会举办"安康杯"职工安全生产知识技能比赛复赛】 10月26日，徐汇区总工会区工人文化体育中心举办2023年度"安康杯"职工安全生产知识技能比赛决赛。本次比赛分为3个阶段，即网上答题热身赛、复赛和市总决赛。此前，网上答题热身赛于9月19日在徐汇工会微信公众号上发布，参与答题人数近4000人。经前期热身，共20支队伍进入复赛。最终，来自上海恰尔斯电力（集团）有限公司代表队获得了本次比赛冠军，上海衍建设发展有限公司、航融智慧能源（上海）有限公司、上海城开（集团）有限公司代表队获亚军，均瑶集团上海吉祥航空股份有限公司、上海五蕴保安服务有限公司、上海新轻物业管理有限公司、长桥街道总工会、上海西岸开发（集团）有限公司代表队获季军。　　　　（周　吉）

【长宁区总工会开展2023年劳动保护业务培训】 6月上旬，为进一步提升工会劳动保护干部理论水平和业务能力，充分发挥工会在组织职工参与安全健康治理中的积极作用，构建群防群治的大安全、大应急、大健康框架贡献力量，长宁区总工会举办了为期3天的长宁工会干部劳动保护业务培训班，100余名基层工会主席及劳动保护干部参加本次培训。本次培训坚持以市总工会"深化'安康杯'竞赛，排查整治安全隐患，共促安全健康发展"的部署要求为指导，邀请来自市总工会、市卫生健康委员会、市应急管理局、市安全生产监督管理局、上海城建职业学院等深耕安全生产领域的专家前来授课，为学员系统培训新安全生产法和条例、安全技术科技创新，生产安全事故调查处理、隐患排查、职业病防治、全国"安康杯"竞赛等知识和案例，理论和实践相结合、基础知识和专业能力相促进。（贲　放）

【虹口区总工会开展高温慰问活动】 7月，虹口区总工会积极开展夏送清凉活动，为奋战在高温一线的广大职工送上"娘家人"的关怀和慰问。7月19日，区总工会党组书记、副主席周静赴区建筑垃圾资源化再生利用中心，对工作在一线的职工开展高温慰问送清凉活动，区绿化市容局党组书记、局长吴大庆等陪同。周静代表区总工会向区建筑垃圾资源化利用中心的职工表示感谢和慰问。她指出，虹口区建筑垃圾资源化利用中心作为本区唯一的建筑垃圾处置场所，为我区建筑垃圾资源化、减量化、无害化处置发挥了重要作用，一线职工作业环境较为艰苦，希望大家在做好自身防护的前提下，安全作业，保障好区内建筑垃圾的收运处置，为绿色虹口高质量发展继续发挥重要作用。（马伟杰）

【杨浦区总工会开展为户外职工送清凉活动】 6月14日，杨浦区总工会联合美团（上海）工会，由区属职工服务中心、江浦汇、长白街道总工会3家全国"最美工会户外劳动者服务站点"牵头，正式启动2023年户外职工送清凉活动。"夏季关怀冰饮车"在杨浦沪东工人文化宫首发，至8月13日在全国巡回，在各城市商圈，面向全行业骑手，免费派发 10000 瓶维他奶、5000 份六神防暑礼包,向高温天依然坚守岗位的骑手提供后勤支持,传递工会关怀。本次活动还与"点亮微心愿"相结合,3 家"最美工会户外劳动者服务站点"站长带着专属二维码来到现场,动员有需要的骑手小哥们扫码发布心愿,并当场审核。区总工会和下属事业单位支部现场共认领了 10 个微心愿,齐心聚力把温暖送到新就业形态劳动者手中。 (张秀鑫)

【杨浦区开展高温慰问活动】 8 月,杨浦区总工会大力开展高温慰问。区委书记薛侃,区委副书记、区长周海鹰,区人大常委会主任程绣明,区政协主席邵苟分别带队走访基层一线,赴杨浦滨江善馨应急救援志愿服务队、哔哩哔哩新世代产业园、区青少年业余体育学校、宁武居民区新时代文明实践站、江浦路派出所、海浦保洁公司和内江消防救援站等地,向不畏酷暑、奋战一线的广大职工表示亲切慰问和衷心感谢。区人大常委会副主任、区总工会主席董海明带领区总工会领导班子成员,分别走访上海市模范集体上海罗曼照明科技股份有限公司、傲鲨智能科技有限公司、中建三局华东公司杨浦滨江项目部等地,看望慰问高温酷暑下坚守岗位的一线工作者。向全国劳模金兰等劳模先进送上"娘家人"的慰问。截至 8 月底,累计慰问职工 3350 余名,慰问金额 52 万余元。 (张秀鑫)

【静安区总工会开展高温慰问工作】 7月,连续高温,市、区工会领导深入基层,慰问在烈日下作业的一线职工,为职工送去防暑降温用品,送上工会"娘家人"的关心。7 月 5 日,区人大常委会副主任、总工会主席林晓珏带着印有"辛苦了"字样的暖心慰问信和"情系职工,夏送清凉"的高温慰问品,走访慰问坚守岗位的露天、高温作业的一线职工代表,叮嘱他们要加强自我保护,防范热射病等职业性中暑事件发生。7 月 7日,区总工会党组书记、副主席许俊一行慰问了南京西路街道社区卫生服务中心一线医护职工和城发静安园林延中广场公园的养护班组露天作业职工,高度赞扬职工战高温、不怕苦不怕累的精神,并叮嘱他们注意劳逸结合,做好防暑降温措施。 (饶智捷)

【静安区举行"安康杯"知识技能比赛】 10 月 24 日,2023 年度"安康杯"静安职工安全生产知识技能比赛举行。全区 46 个大口工会 138 名一线职工参加比赛。比赛主题为"学知识、提技能、促发展、保安康",采用线下组织集中、线上统一答题的方式进行。内容涵盖安全生产相关领域的政策法规要求,重点聚焦隐患排查治理工作,包括重大隐患排查治理专项行动、重大事故隐患判断标准等相关要求。经过激烈角逐,最终大宁路街道总工会选送的中建五局安装公司华东公司参赛队的 3 名选手胜出,并代表静安参加 11 月举行的市总工会决赛。 (饶智捷)

【宝山区总工会举行安全生产宣传咨询日活动】 6 月 16 日,宝山区总工会以"人人讲安全,个个会应急"为主题,在宝杨宝龙广场举办 2023 年安全生产宣传咨询日活动。市安全生产委员会办公室副主任、市应急管理局副局长杨晓东,市应急管理局执法总队总队长张之釜,宝山区区人大常委会副主任、区总工会主席顾瑾,副区长丁炯炯,区应急管理局局长沈斌,上海移动宝山分公司总经理周旭等领导参加活动。现场,出席活动的领导向宝山区应急管理局执法大队授旗,区领导还向与会企业授牌,中国移动上海有限公司宝山分公司获评 2022 年宝山"安全生产月"最佳贡献单位。区应急管理局执法大队、区重点企业负责人代表分别作交流发言,重点分享了安全生产和应急工作的经验。与会领导和嘉宾为快递外卖等新行业从业人员代表发放应急包,将"人人讲安全,个个会应急"的安全生产月主题传递到最基层。活动现场还进行了较大规模的专业单位宣传咨询活动,通过咨询、互动,向企业人员和市民群众普及安全生产、应急处置、避险逃生、事故隐患排查等方面的知识与技能。 (朱 艳)

【闵行区总工会开展高温慰问送清凉活动】 7—8 月,闵行区总工会多措并举,全面落实 2023 年防暑降温和安全保护工作,服务覆盖职工超 10 万人次。区总工会坚持以职工需求为导向,结合夏季高温生产实际,重点覆盖涉及高温作业的劳模先进人员、户外作业人员、城市保障人员、新就业形态劳动者和劳动

密集型企业职工 5 类群体。通过送清凉物资、送爱心早餐、送健康体检、送安全宣传、送法律维权等方式,开展"送清凉"慰问活动,有效预防和控制职业性中暑事件,降低高温工作场所作业和高温天气室外作业对职工身体健康的危害,切实维护广大职工的劳动健康权益。 (王 凯)

【闵行区总工会组织企业健康促进专项培训】 10 月 9 日,闵行区总工会组织2023 年企业健康促进专项培训,各街镇总工会副主席、劳动保护干部、企业工会从事劳动保护工作负责人 130 余人参加培训。培训邀请市健康促进中心健康专家介绍企业健康促进活动和讲解平台操作,市总工会权益保障部四级调研员庄若冰系统化讲述工会劳动保护工作的必要性、"安康杯"竞赛和查隐患活动等内容。培训将理论知识与案例分析相结合,既提高了工会干部对工会劳动保护履责的能力水平,也增强了做好劳动保护工作的政治责任感。 (汤 怡)

【嘉定区总工会开展"一瓶水传递爱"爱心公益活动】 7 月 15 日—8 月 30 日,嘉定区总工会积极动员社会各界爱心力量,开启"一瓶水传递爱"爱心公益活动。上海怡宝食品有限公司为全区 12 个街镇的户外职工爱心接力站免费提供 3500 瓶怡宝矿泉水,并由爱心企业京东负责爱心接力,将一瓶瓶水配送到各个爱心站点,方便户外劳动者自行拿取,为高温下的劳动者送去一份清凉、一份关怀。 (钱晓明)

【嘉定区总工会举办 2023 年安全生产宣传教育主题活动】 8 月 25 日,嘉定区总工会在上海重塑能源科技有限公司举行举办"安康护航,携手'工'进"2023 年嘉定工会安全生产教育培训主题活动。现场同步启动安全生产"金点子"征集活动,这是继区总工会发布《关于各级工会组织深入贯彻促进安全生产工作意见的通知》后,区总工会联手各职能单位推出的又一项重要举措。意在进一步发挥职工群众监督作用,调动职工参与安全生产管理工作的积极性和创造性,激励广大职工围绕企业安全生产群策群力、献计献策。活动提出,各级工会要进一步提高政治站位,加强

8月25日，嘉定区总工会举办2023年安全生产宣传教育主题活动
（汤利强）

劳动保护监督检查，推动安全生产重点单位和具有职业危害因素的企业签订劳动安全卫生专项集体合同。基层工会要发挥贴近企业、贴近职工的优势，做到覆盖全面、联系广泛、积极作为、主动服务，努力构建群防群治的安全生产工会工作体系。各级工会要更加强宣传，充分利用各类工会媒体、服务阵地，广泛开展安全健康宣传活动，形成"人人讲安全、个个会应急"的良好氛围。嘉定区各街镇总工会，部分特色产业园区、重点企业工会代表，安全咨询专家等120余人参加活动。　（钱晓明）

【金山区总工会举办2023年"安康杯·鑫工护航"职工安全健康知识与应急技能竞赛决赛】 6月28日，金山区总工会在区行政服务中心举行"安康杯·鑫工护航"职工安全健康知识与应急技能竞赛决赛。区人大常委会副主任、区总工会主席蒋雅红，区总工会党组书记、副主席徐红强，区应急管理局党委副书记、副局长缪勇，区卫生健康委员会副主任陈小丽，各直属工会相关负责人，各街镇、高新区、国资委、碳谷绿湾、新金山发展公司安全生产部门安全干部，2022年应用职业安全卫生防护"工具包"项目优秀实施企业代表以及职工代表等100余人出席活动。蒋雅红为活动致辞。本次决赛邀请市总工会四级调研员庄若冰、金山区疾控中心主任医师王丽华、上海城建学院教授叶建农担任专家组评委。决赛中，6支队伍经过团队必答题环节、团队抢答题环节和情景隐患排查题环节，最终决出一等奖1名，二等奖2名，三等奖3名。本次"安康杯"竞赛活动，各直属工会高度重视，积极组织初赛预选，参与竞赛企业320余家，参与职工1100余人次。

（钱海东）

【松江区总工会深入一线看望慰问高温下坚守岗位的劳动者】 7—8月，上海持续高温，松江区各级工会领导深入基层一线看望慰问高温下坚守岗位的劳动者，及时落实各项防暑降温措施保障，确保城市安全有序群众安心度夏。区总工会领导班子成员兵分8路，奔赴全区各基层单位的生产一线和露天高温工作一线，慰问近1.5万名坚守在城市建设和生产一线的职工。全区各街镇（经开区）、委局及直属公司党政工领导分别带队进行高温慰问，各基层企业也积极采取防暑降温措施，在配齐防暑降温用品的基础上，开展高温慰问送清凉活动，确保广大职工平安度夏。

（张谢琰）

【青浦区总工会举办工会劳动保护业务知识培训】 6月12—14日，青浦区总工会在东方绿洲举行工会劳动保护业务知识培训班。培训内容主要有习近平总书记关于安全生产重要论述解读、劳动保护法律法规、工会劳动保护概论、"安康杯"竞赛、班组安全建设和隐患排查技巧、职业安全健康、生产安全事故报告和处置、劳动保护技术创新和行业安全管理专业知识等。培训班组织观看生产安全典型事故警示片，围绕如何做好工会劳动保护工作、隐患排查工作等方面开展分组讨论。80余名基层工会主席及劳动保护干部参加培训班。

（朱建强）

【青浦区总工会召开安全生产工作推进会】 12月5日，"凝聚工会力量，助力安全生产"青浦区总工会安全生产工作推进会在日立电梯（上海）有限公司召开。会议总结2023年工会安全生产工作，部署贯彻落实上海市总工会提出的促进安全生产工作10条意见具体举措，表彰2023年青浦职工安全生产、职业病防治、工伤保险知识竞赛（决赛）先进集体，评选一批安全生产优秀合理化建议、安全生产优秀典型案例。香花桥街道总工会主席曹慧、日立电梯（上海）有限公司安全主管王庆磊、上海青浦吾悦商业管理有限公司安全经理韦旭，分

6月28日，金山区"安康杯·鑫工护航"职工安全健康知识与应急技能竞赛决赛落幕
（钱海东）

别以《多措并举,筑牢职工安全生产"防护墙"》《以终为始,安全第一》《强化安全生产管理,打造优质经营环境》为题,从不同角度交流了推进安全生产工作的工作举措和心得体会。区总工会、区卫健委、区人社局、公安青浦分局、区建管委、区市场监管局相关分管领导,各街镇总工会主席、副主席,各街镇城市运行管理中心、社区卫生服务中心分管领导,相关企业工会主席参加会议。

(朱建强)

【**市仪电工会慰问基层职工并进行安全检查**】1月11日,市仪表电子工会一行到上海亚尔、华鑫物业、亚明照明等基层企业慰问一线职工,向职工送上慰问品,并致以新春诚挚祝福,同时对上海亚尔进行企业生产安全工作检查。走访中,一行人关切地询问了基层一线职工近期的生活和工作情况,叮嘱职工保重身体、注意劳逸结合,并祝大家新春快乐。在随后进行的安全检查中,重点查看上海亚尔生产车间、实验场地等重点部位生产运行情况,听取企业安全生产工作情况汇报。在充分肯定上海亚尔安全生产工作的同时,提出3点工作要求:一是党政主要负责人要不断增强安全意识,推动企业安全工作向更高的目标迈进;二是各职能部门要各司其职、协同推进安全生产责任的落实;三是员工要全面树立起安全生产人人有责,不以事小而不为的安全责任意识。在春节来临之际,仪电工会向系统内所有会员职工每人送上了慰问信、防疫口罩和新春慰问品。向近260位职工发放家庭助困助学慰问金,为职工送上工会"娘家人"的新春关爱。 (周黎俊)

【**市仪电工会开展"走基层,送清凉"高温慰问工作**】7—8月,市仪表电子工会开展了"走基层,送清凉"高温慰问工作,为奋战在高温一线的35家基层企业、近2000位员工送上了慰问品。一行人先后来到云赛智联所属云赛信息科技位于桃浦智创城项目的施工现场、飞乐音响所属仪控所位于松江区新建实验室的施工工地等单位和项目现场进行高温慰问,并开展工会工作调研。慰问中,仪电工会为坚持在一线辛勤工作的职工们送上慰问品,叮嘱大家注意劳逸结合、保重身体,并要求各级企业和工会要重视劳动保护、建立健全应急机制,为高温工作场所的员工改善作业条件和环境,科学合理地安排作息时间,确保企业和职工平稳度夏。调研中,听取了各基层企业工会工作情况汇报,分别就工会组织建设、企业民主管理、产业工人队伍建设、劳模(工匠)创新工作室创建、职工权益保障、职工技能及生活品质提升等工作提出要求。

(李琳)

【**市化学工会以"安康杯"竞赛为抓手推进工会劳动保护工作**】2023年,市化学工会制定下发《关于进一步加强工会组织促进安全生产工作的指导意见》。通过实施7项举措,在全集团形成"人人讲安全、个个会应急"的良好氛围。组织开展安全生产知识技能学考活动,打造"全员学、全员考"的安全文化氛围。组织1400名基层员工,参加2023年长三角地区能源化学地质产业"安康杯"职工安全生产知识网上竞赛活动。上海华谊新材料有限公司组队参加2023年度"安康杯"上海职工安全生产知识技能比赛,获得三等奖。依托华谊学考平台,组织开展2023年"安全生产月"主题线上竞赛,新增"双人对战"模式,增强竞赛趣味性,集团员工参与率超过90%。开展"夏送清凉"慰问活动,下拨高温慰问经费99.8万元,同比增加42%。组织开展安全合理化建议、"低头捡黄金"活动,推动一线员工安全能力和意识提升常态化。经层层筛选,基层工会推荐上报安全合理化建议93项,"低头捡黄金"案例69个。评选出安全合理化建议优秀奖10个,提名奖10个,鼓励奖10个;"低头捡黄金"案例一等奖3个,二等奖5个,三等奖10个,鼓励奖23个;8家子公司获得先进集体奖。

(蔡毓琳)

【**上海电建公司工会实施职工劳动保护"绿标行动"**】8月23日,上海电力建设有限公司在建筑公司举办劳动保护"绿标行动"启动仪式暨2023年劳动保护监督员培训班。市总工会权益保障部邵新宇部长受邀参会。公司工会劳动保护"绿标行动"原则上每季度集中开展一次,每次开展一天;统一行动形象:以工会劳动保护"绿色标志"为统一识别标识,为上海电建工会劳动保护监督员配备带有"绿标"的实名安全帽和安全背心,在背心胸口处放置《上海电建工会劳动保护监督证》,在开展行动时,统一形象,亮明工会劳动保护监督员身份;统一行动标准:开展"绿标行动"当日,所有上海电建劳动保护监督员在行动中查找出的安全隐患或安全生产问题,直接通过"绿标行动"网上平台上报公司工会办公室和安环部,由公司相关专家进行判定,责令相关单位进行整改,并将整改情况报公司工会。2023年上海电建工会集中开展2次绿标行动,查找各类安全生产隐患52条,整改完成52条。 (傅诚)

【**中国宝武开展"安康护航"行动**】2023年,中国宝武钢铁集团有限公司工会积极推进劳动保护,开展"安康护航"行动。一是健全劳动保护体系,组织开展工会劳动保护工作专项调研检查,制定实施"安康护航"百日行动方案。修订《工会劳动安全保护民主管理和民主监督体系建设意见》,推动工会劳动保护工作迭代升级。二是促进安全能力提升,组织开展工会劳动保护专题培训,内容涵盖班组安全管理标准化创建、安全生产禁令、不安全行为和安全事故案例分析等,近1000名工会干部、一线班组长、职工安康代表参与学习。组织发动1.27万名职工参与安全与应急技能练兵学习,组织青年职工开展安全技能提升主题练兵,累计练兵近20万人次。三是筑牢群防群治防线,发动广大职工立足岗位开展安全献计、查隐患促整改等活动,累计排查安全隐患43万余条,整改落实38万余条,安全献计5.1万条。开展安康代表建制情况检查,组织2700余人参加安康代表履职能力提升专项培训,推动安康代表规范设置。四是加强职业健康关爱,组织各级工会广泛开展高温慰问"送清凉"活动,共投入4500多万元。组织评选表彰第二届宝武集团"健康达人",申报2023年上海市"职业健康达人",指导沪内各单位开展企业健康促进单位创建,积极营造良好职业健康环境和文化氛围。

(李士伟)

【**宝地资产开展"安康护航"行动**】2023年,上海宝地不动产资产管理有限公司推进实施"健康宝武"行动,发布职工健康促进报告,协调增设浦东健康服务点,为班组补齐配备健康药箱70个。组织开展颈肩腰腿痛的中医治疗

高桥石化公司工会组织职工代表开展现场安全督查 （徐焱森）

与保健讲座和压力管理技巧培训，结合端午节组织开展端午养生和健康管理的"讲课、诊脉和咨询"服务，组织工会干部参加集团工会劳动保护工作专项培训。将"紧急救助"纳入2023年职工技能公司级比赛，通过"心肺复苏""自动体外除颤仪（AED）使用"和"海姆立克急救"等应急技能实训，提高职工的事故防范、应急处置和自我保护能力。开展2023年争做"健康达人"活动，选树职业健康达人和运动健康达人各16人，推荐荣获集团公司"健康达人"4人。认真落实劳动保护工作，协同公司安全管理部，组织发动职工参加2023年全国安全生产月知识竞赛。结合2023年夏季职工劳动保护和防暑降温工作要求，开展高温慰问"送清凉"活动，公司及各单位领导带队深入在建项目、现场和园区等户外区域，慰问奋战在高温作业岗位职工4200余人次。 （朱宏）

【宝冶工会开展"安全之星"评选系列活动】 2023年，上海宝冶集团有限公司工会开展安全生产隐患排查治理和安全生产"金点子"征集活动，号召职工做好"安全吹哨人"，立足岗位"查找身边隐患"。工会联合安监部，通过安全知识讲堂、安全知识竞赛等活动，开展安全行为之星、安全知识之星、安全技能之星和安全讲师之星评选，全面增强员工安全责任意识和安全技能，为确保公司安全生产平稳有序和员工安康发挥了积极作用。 （张舟）

【高桥石化公司工会抓实安全监督职责】 2023年，高桥石油化工公司工会切实发挥工会组织在企业安全生产中的监督作用。一是按照《高桥石化夏季"四防"专项检查工作方案》要求，组织开展防暑降温和职工夏季劳动保护工作检查工作，共发现6大类18个问题，并按照溯源分析进行整改。二是组织开展现场安全督查，联合安环部、行政事务中心组织职工代表147人次、历时3个月开展安全督查。其中"现场安全督查"查到违章作业106条、交通安全行为查处违章13人。通过安全督查活动，既查到和消除了隐患，又加强了对职工代表本人及周边职工的教育，起到了较好的效果。三是以安全作为唯一考核要素持续推进"安全环保1000班组"创建，进一步提升班组成员的安全综合素质，使班组员工真正做到不伤害自己、不伤害别人，不被他人伤害，全年共评选产生"安全环保示范班组"25个。 （吴斌）

【上海石化公司工会开展"安康杯"竞赛活动】 2023年，中国石化上海石油化工股份有限公司11家单位377个班组参与"安康杯"竞赛。各参赛单位结合上海职工安全生产知识技能比赛，通过员工自学、集体学习的方式，开展安全生产法律法规学习活动。结合班组学习、副班长培训、应急处置专项劳动竞赛、工会安全监督等工作，采用线上线下等多种形式开展竞赛活动。公司工会获评2023年度"安康杯"上海职工安全生产知识技能比赛优秀组织奖。 （顾倩）

【上海化工区举办责任关怀"消防运动会"暨公众开放日活动】 11月16日，上海化学工业区举办2023年度责任关怀"消防运动会"暨公众开放日活动，本次活动有18家区内企业报名参赛，吸引了100余名周边社区居民、学校师生及园区内企业员工参与。比赛项目有佩戴空气呼吸器、两带一枪、水枪射球、油盆灭火4类。通过活动，提高企业员工消防安全意识，提升灭火救援能力，激发广大职工关注消防、学习消防、掌握基本消防技能的浓厚兴趣。 （陆佳慧）

【中远海运集团工会举办2023年劳动保护干部培训班】 7月18—19日，中国远洋海运集团有限公司工会在中远海运人才发展院举办劳动保护干部培训班。来自集团所属各单位的79名工会专兼职劳动保护干部参加培训，聆听中国劳动关系学院3位教授的专业讲解，专题学习《职业安全健康法律法规》《职工工伤保险实务》课程。为进一步发挥群众性安全监督的效用，培训班还邀请中远海运重工的一线安全管理专家，生动讲授"安全管理实务"课程。 （陈珺）

【中远海运集运工会加强劳动保护监督检查】 年内，中远海运集团集装箱运输有限公司工会结合"安康杯"和"安全生产月"等活动，举办上海地区"安康杯"汽车安全驾驶和应急知识技能竞赛暨集运机关"安康杯"职工安全应急技能知识竞赛。组织5810名职工参加全国"安康杯"知识竞赛试卷答题活动。对远洋宾馆和奥吉实业堆场进行劳动保护监督检查，加强隐患排查。开展防暑降温、劳动安全卫生、交通安全和网络安全知识宣传，提高全员安全意识、防护及应急处置能力。组织各级工会开展高温慰问"送清凉"活动563次，组织高温作业岗位职工1949人次进行专项健康体检，维护职工的安全健康权益。 （钱华）

【上港集团工会做好夏季劳动保护工作】 2023年，上海国际港务（集团）股份有限公司工会认真组织开展群众性安全生产和企业安全文化建设，携手相关部门认真做好夏季职工劳动保护和防暑降温工作，切实维护广大职工的安全健康权益。专门下发《关于认真做好2023年夏季劳动保护和防暑降温工作的通知》，要求各级工会积极行动，贯彻落实好防暑降温相关规定。下拨高温慰问资金200万元，用于各基层工会采购防暑降温用品。增拨专项资金添置户外冷风扇、流风机、冷柜等设施230余台，改善现场作业环境。高温来临前，各基层工会配合行政开展高温作业职工健康体检工作，共体检职工13110人，了解掌握职工健康状况，发现患有高温禁忌症的职工，及时进行岗位调整。履行监督职责，提升夏季劳动保护和防暑降温工作的实效性。集团工会组织开展"2023年夏季防暑降温劳动保护'双代表'巡视"活动，对现场职工驿站、职工食堂、遮阳棚、防暑降温设施设备、清凉饮料存放区域、宿舍（休息室）、现场一线（工地）等重点区域进行检查。各基层单位工会认真开展基层职工代表巡视活动，配合企业做实做好夏季劳动保护工作。各单位结合夏季高温期间安全生产劳动保护的特点，组织职工开展隐患排查治理专项行动，累计排查隐患381项，收到改进建议80条，累计治理隐患372个。加强宣传引导，不断提高职工自我防护意识。各基层工会广泛开展劳动保护和防暑降温知识宣传教育，组织17173人次参加防暑降温劳动保护培训，有力提升了职工应对各种突发事件的应急处置能力。　（王　辰）

【长江轮船公司工会开展消防宣传月活动】11月9日是全国第三十二个消防宣传日，中国海员工会上海长江轮船公司委员会积极组织开展"119"全国消防日活动。一是营造安全宣传氛围。长航大厦悬挂消防宣传月横幅，底楼大厅大屏幕循环播放重大事故隐患专项排查整治2023行动及消防安全知识宣传资料，大力营造消防安全宣传氛围。二是开展消防安全专题培训。组织本部及所属单位安管人员共69人，参加招商局集团2023年消防安全专题视频培训，提升安全知识水平。三是组织消防实操演练。与所属江海公司联合开展"长航大厦消防实操演练"，并邀请长航公安消防警官现场讲解灭火器材使用方法。　（龚　兰）

【市绿化和市容局工会、绿化市容行业工会做好高温慰问工作】7—8月，针对夏季高温，市绿化和市容局工会、绿化市容行业工会多措并举，着力做好高温慰问工作。及时印发《关于做好2023年防暑降温工作的通知》，要求各级工会认真做好高温期间的劳动保护工作。开展夏季安全工作大检查，督促和协助企业认真落实夏季安全生产和防暑降温措施，督促企事业单位按照规定发放高温津贴，督促环卫企业认真落实集体协商的内容，保障职工权益。要求行业各单位工会做好一线职工的健康体检工作，建立健康档案，发现患有高温禁忌症的职工，要及时调整工作岗位。妥善安排高温期间职工作息时间和道板房、船队、室外作业休息场所，提供合格、足量的符合卫生要求的清凉饮料，倡导"做两头、歇中间"，防止职工中暑事故发生。要求从事道路清扫保洁、车船运输、绿化、林业养护等工作的职工，尽量避免在35℃以上高温时段进行露天室外作业。督促行政加强职工食堂管理，防止食物中毒和肠道传染病的发生，切实保障职工尤其一线职工的安全健康，确保职工平安度夏。开展送清凉专项慰问活动，重点走访和慰问环卫一线企业和农民工，共发放"战高温，送关爱"专项劳动竞赛慰问品1657份。　（耿　静）

【光明集团开展节前安全检查】新春佳节前夕，为进一步加强集团岁末年初和春节期间安全防范工作，光明食品（集团）有限公司领导带队赴集团下属重点单位慰问坚持奋战在节日供应第一线的广大干部员工，检查节前各项安全保障工作。集团党委书记、董事长是明芳，集团党委副书记、总裁徐子瑛带队前往蔬菜集团江桥市场开展春节前安全检查。详细了解市场节日期间保供和安全值守的情况，实地检查交易区、应急指挥中心等重点区域的现场管理情况。集团党政领导班子成员还分别慰问、检查上海乐惠米业有限公司、上海海博出租有限公司第五分公司、东平小镇农场有限公司（花博酒店、康复之家）、东海老年护理医院等下属单位。　（李泉泽）

【百联集团举办"安康杯"安全技能比赛暨总结表彰会】11月15日，百联集团有限公司工会、安全督察部和教培中心在教培中心实训楼外场联合举办集团"安康杯"安全技能比赛暨总结表彰会，集团党委副书记、工会主席夏柱道宣布开赛并颁发优秀组织奖。现场，代表各二级公司、中心参赛的16支队伍按抽签顺序，分选队员先后参加了4个项目的竞技，经过"安全知识云竞答""针孔偷拍大搜查""安全标识巧辨认""安全闯关大冲刺"比拼，百联股份参赛队荣获一等奖，物贸股份、教培中心、上海证券3支参赛队荣获二等奖，百联置业、三联公司、商投公司、百联金服、财务公司5支参赛队荣获三等奖；百联股份、联华股份、物贸股份、上海证券、百联置业5家工会荣获优秀组织奖；赛事承办单位教培中心荣获卓越贡献奖。此次线上安全知识竞赛，集团系统共有17661名职工通过"百联i学"参加线上竞答，正式考试完成率96.36%、满分495人，创历史最佳。集团相关部室负责人，各二级公司、中心工会负责人及工会干部，参赛队领队及队员等200多人参加

上海城投集团工会举办2023年劳动保护业务知识专项培训班　（赵永哲）

了现场活动。 （姜 杰）

【上海城投集团工会举办2023年劳动保护业务知识专项培训班】 9月6—8日，上海城投（集团）有限公司工会在杨树浦水厂大礼堂举办2023年劳动保护业务知识专项培训班。系统内近百名工会干部及具有劳动保护协同、支持职能的职工踊跃报名，学习热情高涨。培训班为期3天，邀请到了市总工会、市卫健委、市应急局、工商学院和律师事务所的培训讲师，主要围绕习近平总书记关于安全生产的重要论述、工会劳动保护概论、班组安全建设、职业安全健康、劳动保护技术创新与科技赋能、生产安全事故调查处理等方面的主题展开培训。 （赵永哲）

【上海隧道工会开展"安康杯"竞赛系列活动】 年内，为进一步提高职工安全生产意识，筑牢安全防线，营造全员安全生产氛围，上海隧道工程股份有限公司工会持续深入开展"安康杯"竞赛系列活动。8月4日，组织60余名工会干部及部分安全员参加了"守护职工安康，促进企业发展"专项培训，邀请市总工会相关专家进行专题授课。10月20日，组织开展"学知识、提技能、促发展、保安康"上海隧道"安康杯"职工安全生产知识技能竞赛，各基层单位派出18支队伍积极参赛。通过专项培训和技能竞赛，提升了职工自我保护意识和安全作业、应急处置能力，开创了群防群治工作新局面，为企业发展保驾护航。 （黄迎燕）

【世纪出版集团工会举办现场急救知识演练培训】 6月28日，世纪出版（集团）有限公司工会在世纪出版园举办世纪大讲堂·职工学堂"现场急救知识演练"培训。邀请急救金牌导师潘昊进行授课，旨在帮助职工增强急救意识，掌握基本急救知识，提高职工在工作和生活中突发生命危机的应对能力。来自集团各单位的职工急救志愿者和物业安保人员共50余人参加培训。培训课程主要包括理论和实践两部分。为了让大家更加熟练掌握急救技巧，培训老师在现场采用人体模型演示了心肺复苏和AED除颤的具体操作步骤，并结合施救过程中可能遇到的问题和突发状况，强调了施救时必须注意的事项。

职工志愿者——在人体模型上进行心肺复苏训练，培训老师在旁进行指导和纠正，引导大家规范操作。在培训过程中，职工志愿者踊跃按照规程进行操作演练，初步掌握了科学、系统的急救基本知识和实操技术，能做到正确使用操作急救设备。集团工会还在微信公众号中，对园区内外AED设备的位置作了提示。 （施纪仁）

【世纪出版集团党委领导看望慰问一线职工】 7月18日—8月7日，世纪出版（集团）有限公司党委书记、董事长黄强，集团党委副书记、总裁阚宁辉，集团党委副书记、工会主席杨春花和集团党委成员李远涛、彭卫国、周维莉、张国新、毛文涛，分赴上海中华印刷有限公司、上海世图物流有限公司、上海图书有限公司等集团所属8家单位以及世纪出版园、出版大楼等园区（楼宇），开展"情暖世纪，与爱同行"职工夏季关爱活动，向职工群众道一声感谢，送一份清凉。集团工会按照集团党委的工作部署，把困难职工帮扶纳入夏季慰问活动中，向各直属单位下拨慰问专项资金补贴款37万余元。其中帮扶困难职工41人，金额4.75万元，切实助力基层单位做好防暑降温和职工关爱工作。集团工会负责人参加慰问活动。 （施纪仁）

对口援助

【概要】 2023年，市总工会深入贯彻中央、全总以及市委关于深化东西部协作和帮扶工作重要指示精神，按照《中华全国总工会关于做好第三轮工会对口援疆援藏工作的指导意见》和《中共上海市委上海市人民政府关于助力对口帮扶地区实现巩固拓展脱贫攻坚成果同乡村振兴有效衔接的实施意见》要求，以《上海市总工会第三轮对口支援三年行动计划》为指引，第一时间将对口支援工作部署到位，推进计划执行到位，落实责任督导到位，为助力乡村振兴，促进上海与四地（新疆喀什、西藏日喀则、青海果洛、云南省）之间的交流交往交融做出积极贡献。 （成智伟）

【组织开展四地对口援助项目】 2023年，市总工会采取"走出去""请进来"等形式组织开展了多项对口援助培训、帮扶和学习交流活动。7月、11月，组

织四地2批共130名工会干部来沪参加为期7天的脱产培训，提高工会干部业务素质和服务职工群众的能力水平。9月中旬，组织四地17名优秀青年工会干部来沪挂职锻炼，由对口区局（产业）工会主要负责人作为带教老师进行一对一带教，通过"挂实职、担实责、办实事"，锻炼增长挂职干部才干，提升政策理论水平和业务工作能力。10、11月，组织云南的高技能人才、医务骨干、乡村医生、致富带头人、小学教师5个培训班共228人，全面提升高技能人才的业务能力、职业技能和综合素质，助力云南高质量跨越式发展。10、11月，组织开展困难职工"点亮微心愿"活动，广泛发动上海各区产业局和基层企业工会以及社会公益组织，积极认领四地困难职工微心愿，落实微心愿5000个。11月上旬，组织647名四地工会基层干部参与线上培训，实现理论知识和实践方法两手抓。11月下旬，组织四地及对口合作地区三明、六安技术骨干来沪参加职工技能竞赛，参赛范围涉及焊工、钳工以及新能源汽修，以赛代训，进一步提升当地产业工人的技术水平。四季度，组织48名集医疗、教育和技术一体的小分队赴各援助地区开展送教上门1次，开展技术指导和交流，传授先进经验和前沿技术，助推边境地区经济社会发展和边防稳定，助力乡村振兴。全年援助四地工会建成职工书屋5个、职工爱心接力站5个、高原氧吧5个。 （成智伟）

【关心关爱援外干部】 市总工会聚焦本市援外干部群体，为对口援助地区前方工作机构升级改造5个职工书屋。牵头组团赴当地考察并慰问援外干部711人次，发放慰问金及慰问品。市总于2023—2025年期间协同市合作交流办和东方航空集团有限公司，为本市700余名援外干部家属各提供上海往返受援地探亲机票1张，并提供专享服务。针对新疆、云南等地区旺季机票紧张的情况，在优先保证直达机票的基础上，免费提供各类备选（中转）航班，供援外干部家属选择。在成都、重庆、西安、昆明、西宁等主要机场为援外干部家属探亲开辟绿色通道，并派专人负责中转引导。援外干部家属可通过扫描东航微信小程序中二维码进行预定退改签，方便行程变动。此外，根据需求，市总工

11 月 26—30 日，市总工会组织上海工匠赴西藏日喀则市江孜县开展技术和医疗交流活动
（姚星月）

会还提供心理健康网络公益课、心理测评、心理减压体验活动、心理咨询服务等内容和项目，确保上海援外干部职工身心健康。
（成智伟）

【浦东新区总工会与三明市永安市、大田县开展对口合作】 4 月 11—14 日，浦东新区人大常委会副主任、区总工会党组书记、主席倪倩带队赴福建省三明市永安市、大田县开展考察调研，深化对口合作。三明市总工会党组书记、常务副主席池芝发，永安市市长温欣传等陪同。考察中，双方召开了对口合作座谈会，就相关对口合作事项做了深入交流。会上，浦东新区总工会与永安市、大田县总工会分别签订了对口合作协议，集中发布了第一批职工疗休养线路。区卫健委、张江管理局、陆家嘴集团、金桥集团以及部分非公企业工会代表参加了本次调研。
（吴周筠）

【长宁区总工会劳模代表团赴云南省红河州考察调研】 10 月 10—13 日，长宁区总工会党组书记、副主席李双珑率劳模代表和工会对口援建工作负责人一行赴云南省红河州进行考察调研。期间，长宁区总工会考察团一行深入弥勒市、金平县、红河县进行走访调研。座谈会上，长宁区总工会与红河州总工会签署了劳模创新工作室战略联盟合作协议，充分利用劳模（工匠）创新工作室联盟平台，进一步打破区域隔绝，整合创新人才，挖掘内外部优势资源，有效建立开放共享、互融互通、发展共赢格局。为加强两地协作，长宁区总工会向红河州边境县的乡镇职工之家捐赠 30 万元，用于职工之家建设。
（杨柳青）

【松江区总工会赴西藏日喀则市定日县开展对口支援工作】 7 月 26 日，松江区总工会党组书记、副主席徐青一行赴西藏自治区日喀则市定日县开展对口支援工作。松江区总工会经审会主任杨辉兰，定日县委常委、副县长朱冬锋，县委组织部部长李延斌，县人大常委会副主任、总工会主席格桑曲培参加活动。会议由李延斌主持。会上，徐青代表区总工会与定日县总工会签署了结对帮扶协议。格桑曲培汇报了定日县总工会重点工作开展情况以及下一步工作方向。松江区部分工会主席代表、优秀企业家代表参加了活动。会后，区总工会一行前往援藏公寓慰问松江区援藏干部和职工代表。
（张谢琰）

【金山区总工会援建普洱市孟弄村职工之家】 7 月 28 日，金山区总工会在孟弄村举行援建云南省普洱市总工会乡村振兴挂钩点墨江县孟弄乡孟弄村职工之家示范项目签约仪式。金山区总工会党组书记、副主席徐红强，普洱市总工会党组书记、常务副主席顾桃，金山区总工会代表团、普洱市总工会、墨江县总工会以及孟弄乡相关负责人参加仪式。此次签约，金山区总工会将投入 20 万元用于援建孟弄村职工之家示范项目，补齐孟弄村工会在基础设施建设上的短板弱项，推动基层工会工作水平总体提升。随后，金山区总工会代表团分别前往思茅区、宁洱县、墨江县考

察调研了普洱市职工服务阵地建设、产业工人队伍建设改革等工作。（郁 蔚）

【青浦区总工会与舒城县、金寨县总工会签订对口合作框架协议】 为进一步深化上海市青浦区与安徽省六安市舒城县、金寨县对口合作交流机制，助推大别山革命老区振兴发展。4 月 13 日，青浦区总工会与六安市舒城县总工会、金寨县总工会签订对口合作框架协议。在签约座谈会上，青浦区、舒城县、金寨县先后就三地地域特色、产业文化及工会工作情况作了介绍，并对下一步推进三地职工疗休养互认共享，加强三地工会干部职工培训交流提出工作思路和要求。青浦区总工会、舒城县总工会、金寨县总工会领导班子成员及部室负责人参加签约仪式。
（朱建强）

【中国宝武推进"四个示范"品牌项目化建设】 2023 年，中国宝武钢铁集团有限公司积极推进乡村振兴工作。共建生态圈助力湖北省罗田县胜利镇打造特色产业小镇，援建 1800 ㎡标准化厂房和 3000 平方米的自动化加工厂房，帮助 200 名易迁群众实现家门口就业，帮助地方制定"吨袋小镇"产业发展规划，实现吨袋销售 2600 万元。开发的罗田县智慧农业平台已成为黄冈市的数字化标杆项目，升级打造"冈好购"产业供应链平台，销售当地农产品超 1600 万元，拓展"滴滴农品"撮合交易功能，帮助实现农户增收，推进农产业供产销一体化进程。培育打造云南省宁洱县宁小豆特色咖啡品牌，援建宁洱县现代咖啡产业创新园，引进知名食品行业龙头企业与宁小豆战略合作，发布联名产品，提升研发服务能力，2023 年销售额突破 2000 万元。宁洱县试点林业碳汇落地见效，支持碳汇造林，打造中国宝武绿碳基地。迭代升级"宁碳惠"平台，上线碳普惠产品 5 万余吨，同步在宝武碳资产经营管理平台碳普惠模块销售。在广西壮族自治区上林县、内蒙古自治区翁牛特旗、云南省广南县分别启动全产业链智慧农业平台建设，帮助当地特色产业提质增效、提升价值链。依托宝武智慧工会平台乡村振兴专区，以消费帮扶促进产业提质升级，实施开心农场认养认种计划，约 3200 名职工参与认养助农，568 名职工认领微心愿，帮助 757 户来自帮扶地区的家庭改善了生

活。 （刘慧君）

【宝地资产大力推进乡村振兴】 2023年，上海宝地不动产资产管理有限公司积极落实乡村振兴各项指标任务。积极参与"央企消费帮扶迎春行动"和"央企消费帮扶兴农周"活动，制定公司2023年定点帮扶和对口支援工作计划，明确消费帮扶、资金帮扶和爱心帮扶3项重点任务，发动各级工会结合职工慰问和携手生态圈伙伴帮扶。下发开心农场认养和微心愿领养操作手册，通过各级工会积极发动广大职工参与爱心帮扶，共同助推乡村振兴。全年引进有偿帮扶资金400万元，无偿帮扶资金50.46万元。结对共建党支部、脱贫村2个，党员干部捐款帮扶资金91764元。发动各级工会、携手生态圈伙伴购买和帮销脱贫地区农产品429.19万元，提前完成集团公司下达的各项任务和指标。 （朱 宏）

【宝钢股份帮扶云南乡村振兴】 2023年，宝山钢铁股份有限公司全面推进定点帮扶云南省江城县、宁洱县、镇沅县和广南县乡村振兴工作，深入落实中国宝武集团"授渔"计划。捐赠资金7070万元，帮扶项目38个，帮助打造提升"宁小豆"咖啡品牌、"金沅宝"茶叶品牌等。结合春节送温暖、高温送清凉慰问、"央企消费帮扶兴农周"等活动，累计采购和帮销云南4县农副产品2283万元。组织基层党支部与定点帮扶村结对共建16对，党员捐款捐物31.2万元，以党建引领促乡村振兴。发动员工向乡村小学捐赠图书和文体用品3200余件，助力教育帮扶。10月19日，宝钢股份荣获2023年上市公司乡村振兴"最佳实践案例"奖。 （侯冶波）

【上海航天局工会"消费扶贫""助学扶贫"两手抓】 2023年，上海航天局工会持续巩固脱贫攻坚成果，局工会深入探索精准扶贫的新途径、新方法，形成了消费扶贫、助学扶贫两手抓的良好格局。消费扶贫方面，充分发挥工会组织优势，动员全局各级工会组织推进消费扶贫工作，组织陕西洋县、云南云县、江西等地区消费扶贫，采购帮扶金额达500万余元。助学扶贫方面，上海航天局工会持续深化助学扶贫工作，进一步扩大资助范围，目前共资助云县头道水

中小学贫困学生115人，履行企业社会责任，助力乡村振兴。 （周欣彬）

【中远海运集运工会精准帮扶】 2023年，中远海运集装箱运输有限公司工会主动对接帮扶地区需求，深化实化帮扶措施，全年共落实帮扶资金3115万元。其中，3000万元捐赠给中远海运集团慈善基金会；向云南永德县捐赠50万元，定向用于永德县教育系统电子阅览室建设项目；向西藏洛隆县捐赠50万元，定向用于建设达龙乡"民族团结广场"项目；向湖南安化县圆梦教育基金会捐赠15万元，定向用于安化县南金乡将军完小教学楼维修、教学设施设备添置项目。组织开展"山海相依，与爱同行"爱心捐赠活动，共募集到秋冬衣物13623件、课外书11568本、学习用品6832件、体育用品277件、玩具1779件，定向捐赠给西藏洛隆县贫困农牧民以及幼儿园、小学的学生。组织各级工会参加"央企消费帮扶迎春行动""央企消费帮扶兴农周"活动，采购集团定点帮扶和对口支援地区农副产品390万元。 （钱 华）

【中交上航局工会开展"中交助梦·看世界"暑期访沪交流活动】 8月13—16日，来自云南怒江州崇仁完全小学的19名师生代表来到上海，参加为期4天的"中交助梦·看世界"暑期访沪交流活动。本次活动，是中交疏浚(集团)有限公司践行"教育帮扶"的一个重要举措，由中交疏浚主办、上航局承办、上海交建公司协办，旨在以教育帮扶助力乡村振兴，帮助大山深处的孩子们开拓眼界、增长见识，感受伟大祖国繁荣昌盛和国际化大都市的多元文化，点亮梦想，努力成长成才。活动中，师生团参观了中共一大会址、上海市自然博物馆，游览了东方明珠、外滩等城市地标，拜访了复旦大学和同济大学。同时，还打卡中交上航局历史教育基地——白庐，以及疏浚展示馆，学习民族疏浚史和百年航道史。活动还为孩子们送上精心定制的纪念礼品，包含连环画《江水滔滔》、科学实验套装和上海大白兔奶糖等特色礼品。 （杜雨昕、叶 程）

【市水务局(上海市海洋局)工会赴黑龙江开展"暖边绿境"关爱职工专项行动】 10月30日—11月2日，上海市水务局

(上海市海洋局)工会慰问组赴黑龙江开展"暖边绿境"关爱职工专项行动，中国农林水利气象工会水利工作部部长孔美多、上海市水务局党组成员、副局长、一级巡视员赵明参加了活动。慰问组一行参加了在黑河市举办的"奋进建新功——黑龙江省工会'暖边绿境'关爱职工专项行动启动仪式"，并现场对黑龙江水文一线站点进行了物资捐赠。走访慰问5家边境水文站和勘测队，与一线水文职工亲切交流，实地查看了工作场所和测站，送去电视机、电冰箱、空调、健身器材、图书等慰问品。 （王佐仕）

【组织上海工匠赴青海省果洛藏族自治州开展技术、教育和医疗交流活动】 11月20—24日，在宝山区总工会、普陀区总工会等大力支持下，市职工技术协会组织上海工匠王军、李明寿、苏米亚、阮毅等高技能人才，赴青海省果洛州玛沁县开展技术、教育和医疗交流活动，共举办1场义诊活动、5场教育讲座和3场技术指导座谈会。上海技术专家根据前期排摸情况和当地工会诉求，有针对性地开展帮扶工作。对眼科、神经内科、消化科等科室的常见疾病治疗及乳制品产业、职业教育进行精准帮扶，促进玛沁县技术、教育、医疗水平持续提升。 （包瑞雪）

【上海工会医疗帮扶小分队赴云南西双版纳开展对口援助活动】 12月12—16日，在市医务工会的支持下，市职工技术协会组织中山、瑞金、仁济、华东、九院、曙光等沪上三甲医院的专家组成医疗小分队，赴云南省西双版纳傣族自治州开展医疗技术帮扶活动。市总工会党组成员、副主席桂晓燕带领13位上海医疗专家，在西双版纳州景洪市、勐腊县、勐海县3地开展爱心义诊、学术讲座、疑难重症会诊、教学查房等活动，共义诊900余人次，免费测血压560余人次，查房350人次，参加学术座谈350余人次。 （赵志灏）

农民工权益

【概要】 2023年，市总工会把及时处置拖欠农民工工资问题作为工作重点，健全工作制度，完善工作机制，为妥善解决问题提供制度保障。主要工作：一是

以工程建设领域和其他欠薪问题易发多发的行业为重点，配合市人力资源和社会保障局开展根治欠薪冬季专项行动，对拖欠农民工工资问题进行集中整治，确保农民工及时足额拿到工资。二是依托"工会＋"联动工作机制，合力推动解决欠薪类群体性劳资纠纷和劳动关系矛盾预警260多起。奉贤、静安、长宁等区充分依托"工会＋"联动机制，协同推动治理拖欠农民工工资工作取得实效。三是深化"尊法守法·携手筑梦"服务农民工公益法律服务，提供高效便捷、务实管用的法律服务。强化工会劳动法律监督与劳动保障监察工作协作联动，有效发挥工会职能作用，共同推动劳动法律法规贯彻落实。四是指导各级工会组织强化欠薪舆情监测预警和分类处置，针对敏感问题及时上报，加强舆论正向引导，及时回应社会关切，严防不实信息传播和恶意炒作。强化劳动关系工作指导员队伍能力建设，夯实基层工作基础，健全应急处置机制，完善工作预案，对发生的群体性事件和极端事件，做到迅速响应、妥善处置，确保不发生因欠薪引发重大群体性事件、恶性极端事件和重大负面舆情。

（杨駉）

【参与开展集中整治拖欠农民工工资问题专项行动】 年内，市总工会继续积极参加根治拖欠农民工工资工作，本市根治欠薪工作取得了明显成效，未发生因欠薪影响社会稳定的重大案件，全市因欠薪引发的劳动争议和矛盾总体平稳可控。集中整治拖欠农民工工资问题专项行动期间（2022年9月—2023年1月），上海工会预防化解群体性劳资纠纷履职平台共接报群体性劳资纠纷、劳动关系矛盾预警和互联网舆情121起，其中，涉及欠薪欠保的83起，占比近7成，与上一年度基本持平。市总工会指导各级工会积极参与集中整治拖欠农民工工资问题专项行动，共覆盖企业6052家，覆盖职工近百万人。

（杨駉）

【配合全总做好工会农民工工作课题调研】 8月，根据全国总工会农民工工作领导小组办公室的工作安排，市总工会协助中国劳动关系学院开展了《工会农民工工作样本点选取和评估体系建设（第三期）》课题研究。评估体系包括两部分：一是工会自身条件状况，包括工会组织状况、工会的思想观念认识以及工会采取的行动3个方面；二是工会农民工工作评价衡量部分，包括工会行动的实际效果以及主观评价衡量两个方面。

（杨駉）

【奉贤区成立全市首个"保障农民工工资支付法律服务站"】 11月1日，奉贤区法院、区检察院、区总工会、区司法局和区人社局会签"建立保障农民工工资支付法律服务站"协作机制。《关于建立"保障农民工工资支付法律服务站"协作机制的意见》明确各单位各司其职、加强协作，在督促落实劳动保护政策、深化检调对接机制、做实农民工法律援助、矛盾纠纷化解等方面形成工作合力，全力维护农民工合法权益。区总工会将进一步加强涉农民工欠薪案件各职能部门之间的沟通协作，构建民事救济、刑事打击、行政处罚联合发力的多元共治方式，凝聚各方力量，将保障工作落到实处。

（李凤英）

上海市、区总工会职工服务中心一览表

序号	单位	电话（办公）	地址
1	上海市总工会职工服务中心	65467722	静安区北京西路1068号1、22、23、24楼
2	浦东新区职工援助服务中心	58850629	浦东新区张杨北路1138号
3	徐汇区职工援助服务中心	54182060	徐汇区漕东支路110号
4	长宁区总工会职工援助服务中心	52831014	长宁区愚园路1250号2楼
5	普陀区职工援助服务中心	52661128	上海市普陀区同普路602号
6	虹口区职工服务中心	25658877	虹口区飞虹路528号1楼
7	杨浦区总工会职工服务中心	65868369	杨浦区靖宇东路118号
8	黄浦区总工会职工援助服务中心	63734183	黄浦区重庆南路229弄5号
9	静安区总工会职工服务中心	52763321	静安区昌平路888号
10	宝山区职工服务中心	56167680	宝山区牡丹江路215号
11	闵行区职工服务中心	54133950	闵行区莘建路300号

（续表）

序号	单位	电话（办公）	地址
12	嘉定区职工服务中心	69067218	嘉定区洪德路 995 号
13	金山区职工服务中心	57283201	金山区杭州湾大道 601 号
14	松江区职工服务中心	57812170	松江区梅家浜路 356 号
15	青浦区工会职工援助服务中心	59721345	青浦区青松路 35 号
16	奉贤区职工援助服务中心	37185526	奉贤区南桥镇南桥路 188 号 8 楼
17	崇明区职工服务中心	33802188	崇明区城桥镇朝阳门路 11 号 14 楼

（续表）

2024
上海工会年鉴

宣传教育

综　述

2023年,市总工会深入学习贯彻习近平总书记关于工人阶级和工会工作的重要论述精神,持续加强职工思想政治引领,大力弘扬劳模精神、劳动精神、工匠精神,打造健康文明、昂扬向上、全员参与的职工文化。一是强化职工思想政治引领。全国"两会"、市第十五次工代会以及中国工会十八大召开前夕,聚焦职工对于工作生活的多样化需求和感受度,以及对未来发展的预期,先后开展3次职工思想心理状况调研。推广青年职工理论学习分享会,打造青年职工群体学思想、强党性、重实践、建新功的"工"字特色品牌。开展"中国梦·劳动美——勇当奋斗者·建功新时代"2023上海职工红色文化寻访活动,发布16个红色工运场馆、10条寻访路线。连续41年开展上海市振兴中华读书活动,推荐申报26家职工书屋为"全国职工书屋示范点"。开展学习型企事业单位评选表彰,推荐申报优秀学习型企事业单位28家。二是大力弘扬劳模精神、劳动精神、工匠精神。由18位劳模党代表组成的"党的二十大精神宣讲团"深入基层一线开展宣讲830次,受众287.5万人。举办上海职工讲发展变化、说身边先进"云宣讲"比赛,选拔推荐2名劳模、职工代表参加全国职工宣讲比赛线下决赛,分获铜奖和优秀奖,市总工会荣获优秀组织奖。举办"中国梦·劳动美——人民城市·奋斗有我"上海职工直播课堂5场,吸引超500万人次收看收听。与上海电视台合作,举行上海市庆祝五一国际劳动节特别节目。联合市教委及相关部门,出台《上海劳模工匠进校园实施意见》,推动全市"劳模工匠进校园"行动的进一步深化和落地落实。做实"劳模工匠志愿服务"品牌,挂牌成立22家"跟着劳模工匠做志愿"服务基地,组建128支"劳模工匠志愿服务队",先后组织开展"学雷锋精神,展劳动风采'中国梦·劳动美'——劳模工匠志愿服务活动"和"人民城市,劳动赞歌——五一劳模工匠志愿服务日活动"。三是持续满足职工精神文化需求。举办首届"奋斗有你,最美是你"上海职工文化季。

推出8项职工文化项目,参与职工人次近百万。推进"职工健身驿站"建设,建成51家职工健身驿站。开展"情暖职工,助力发展"上海工会关心关爱职工摄影图片展,将镜头聚焦本市各级工会开展"七送"工作成果,宣传一年来上海各级工会关心关爱职工各类举措。继续办好职工体育品牌赛事,营造积极向上的职工体育文化。

（金邓凯）

宣传思想工作

【概要】 2023年,市总工会把学习宣传贯彻习近平新时代中国特色社会主义思想作为首要政治任务,制订下发《关于认真学习宣传贯彻〈习近平关于工人阶级和工会工作论述摘编〉的通知》《上海市总工会关于认真学习宣传贯彻中国工会十八大精神的通知》等文件,推动各级工会和广大职工深刻领会一系列重要讲话、重要论述和重要会议精神,加强职工思想政治引领。推广青年理论学习分享会,指导上汽、城投、世纪出版、电信、黄浦等区、产业工会结合各自实际,用职工喜闻乐见的形式和行之有效的载体开展理论武装,打造青年职工群体学思想、强党性、重实践、建新功的"工"字特色品牌。将落实意识形态工作责任制与深化工会改革、产业工人队伍建设改革等相结合,强化正面教育引导和底线防守,确保工会系统意识形态安全稳定。在"两会"、市第十五次工代会以及中国工会十八大召开等重要节点开展3次调研,形成《近期对上海职工思想心理状况的调研分析报告》专报,被市委批转相关部门研究,并经全总报中共中央办公厅。 （金邓凯）

【宝山里2号修缮展陈工作专题会召开】 7月3日,"五卅"运动初期上海总工会遗址(宝山里2号)修缮展陈工作专题会召开。市人大常委会副主任、市总工会主席郑钢森出席,时任市总工会党组书记、副主席黄红主持。会上,静安区人大常委会副主任、区总工会主席林晓珏对"五卅"运动初期上海总工会遗址的基本情况做了简要介绍,从工作进展情况、当前遇到的主要问题和下阶段工作建议等方面作汇报。从有利于地块开发以及参观接待、宣传展示的角度考虑,静安区提出宝山里2号更新调整方

案。与会人员分别从城区规划布局、地块开发、历史建筑保护、工运历史展陈等不同角度,讨论更新改建方案的可行性和必要性,从发展、保护、开发的角度,全力推进后续工作。市总工会党组成员、副主席桂晓燕、丁巍,工会管理职业学院党委书记王厚富,学院党委副书记、院长李友钟,静安区总工会党组书记、副主席许俊等参加会议。（方岚）

【普陀区总工会深化打造"半马苏河,工运记忆"品牌】 2023年,为进一步做好党史、工运史宣传工作,主动融入普陀"半马苏河·七彩秀带"建设,普陀区总工会持续加大红色工运资源的挖掘和宣传工作,深化打造"半马苏河,工运记忆"党史工运史学习教育品牌,完成23集宣传片,上线新华社客户端、学习强国平台,并作为普陀区第一批红色档案移交区档案馆。创建全市首个红色工运地标寻访小程序,完成21个工运地标和1个集中导览区打造,实现"线上能云学,线下能寻访",让百年"赤色沪西"工运史"红起来""活起来"。并开展"半马苏河,工运之声"沉浸式主题宣讲,通过"话苏河、吟苏河、颂苏河"方式生动讲好工运故事,全年累计走进党群中心、园区、企业、校园举办50场,覆盖职工2万余人次。在区委宣传部指导下,与区委党史研究室、真如邮局联合设计推出"半马苏河,工运记忆"寻访地图系列宣传戳及宣传封(共23套),宣传戳于2023年7月21日起陆续启用。 （陆蕾）

【静安区总工会党组中心组学习(扩大)会议学习贯彻党的二十大精神】 2月24日,静安区总工会召开学习贯彻党的二十大精神党组中心组学习(扩大)会议,邀请市委党校副教授、北京大学政治发展与政府管理研究所研究员程熙作专题宣讲报告。会上,程熙作《谱写新时代中国特色社会主义更加绚丽的华章——党的二十大精神解读》主题宣讲报告,从党的二十大报告的层次和结构,以及感悟中国之理、开辟中国之路、推动中国之治3个方面,对党的二十大精神进行深入阐释和系统解读。静安区总工会党组书记、副主席许俊要求,区总工会要在引领职工建功立业、助推静安高质量发展上当好模范、成为典范。要在解决职工急难愁盼、助力职工

高品质生活上引领风范、打造示范。要落实新时代党的建设总要求，以自我革命精神推进工会系统党的建设。要对标对表市总、区委各项工作部署要求，当好"施工队长"，把党的二十大擘画的宏伟蓝图细化为落实市总、区委指示要求的施工图，转化为职工群众满意的实景图。

（陈迪嘉）

【**仪电工会举办"学思践悟二十大，踔厉奋发启新篇"辅导报告会**】 1月12日，市仪表电子工会举办工会干部学习贯彻党的二十大精神辅导报告会，特邀市学习贯彻党的二十大精神专家宣讲团成员、市委党校科研处处长、研究生导师周敬青教授作宣讲。报告会由仪表电子工会主席顾文主持，采用视频连线方式进行，仪表电子工会第七届委员会委员、经费审查委员会委员、上海仪电"劳模工匠创新慧"成员，各重点子公司和直属单位以及各基层企业工会主席、工会委员、经审主任（经审员）、经审委员等300余人参加。周敬青教授以"深入学习新党章，推进新时代党的建设新的伟大工程"为主题，从党的二十大党章修订的主要内容和需要把握的重点、如何更好地践行党章等方面进行了全面、系统的阐述和解读。会议要求，仪电各级工会组织、工会干部要结合此次报告会的内容，认真学习贯彻党的二十大精神，全面谋划好2023年的各项工作，踔厉奋发，切切实实为职工服务，为仪电的高质量发展作贡献。

（周黎俊）

【**宝地资产加强职工思想政治教育**】

电力建设工会组织工会干部开展"绿色健康行走、红色工运寻访"主题活动

（傅 诚）

2023年，上海宝地不动产资产管理有限公司各级工会认真学习贯彻党的创新理论，组织广大职工群众和工会干部通过职代会、工作例会深入学习习近平新时代中国特色社会主义思想和党的创新理论，学习贯彻上级工会指示精神。征订《习近平关于工人阶级和工会工作论述摘编》138本，组织基层工会干部认真学习。组织参加贯彻落实中国工会第十八次全国代表大会精神培训班，在沪单位各级工会人员在线观看上海市第十五次工代会开幕式，上报心得体会15篇。组织开展工会理论课题研究和工会品牌工作评选，征集2022年度理论研究成果13项。开展"树立廉洁家风、弘扬廉洁文化"家庭助廉活动，会同纪检部门对公司直管及以上领导人员、各单位营销、采购等敏感岗位589人及家属签订《廉洁家庭承诺书》，营造廉洁文化氛围。

（朱 宏）

【**中国宝武加强职工思想政治工作**】 2023年，中国宝武钢铁集团有限公司工会坚持把全面贯彻党的二十大精神和中国工会十八大精神作为首要政治任务，认真开展学习贯彻习近平新时代中国特色社会主义思想主题教育，通过集中学习、专题培训、媒体宣传报道等方式，组织广大职工群众和工会干部深刻领会习近平新时代中国特色社会主义思想和党的创新理论，策划开展"树立廉洁家风、弘扬廉洁文化"家庭助廉、"廉洁宝武"文化作品创作大赛等活动。组织发动广大职工积极参与"中国梦，劳动美""奋斗有你，最美是你"文化网络大赛和"致敬劳动者""庆七一健康跑"等活动。在公司官微开设"寻找身边的榜样"专刊，累计宣传优秀职工和个人事迹材料近60篇，覆盖全部一级业务单元，进一步推动榜样示范效应。以班组学堂、形势任务教育专栏、主题活动等载体和方式引导广大职工树立危机意识，直面困难挑战，立足岗位价值创造。每季度劳动竞赛项目评选结果在公司公众号上作光荣榜通报，相关优秀个人、集体及案例给予集团相关劳动竞赛激励，公司领导等喜报送到一线作业现场，极大鼓舞现场员工士气。

（王冠鹏、袁乐琪）

【**上海船舶工会举办红色寻访活动**】 11月11日，"中国梦·劳动美——勇当奋斗者·建功新时代"上海船舶系统工会干部红色文化寻访活动在上海船舶公司办公楼下广场发令，来自上海船舶系统的17家基层工会85名工会干部参加了本次活动。活动通过寻访中共一大会址、中国劳动组合书记部旧址、中共二大会址、青年团中央机关旧址等多个红色文化地标，以《习近平关于工人阶级和工会工作论述摘编》和中国工会十八报告为知识点进行竞赛答题、定向打卡，感受上海工人阶级和工人运动的光荣历史、奋斗历程和辉煌成就。

（周 莺）

【**中远海运能源工会征集"聚能二十大，逐梦新航程"主题短视频**】 2023年，按照公司党委部署，中国远洋海运能源运输有限公司工会和党工部、船管部联合开展"聚能二十大，逐梦新航程"主题短视频征集评选活动。视频作品选材立足海运强国的使命任务和企业管理实际，从理论学习、思想建设工作实践等不同角度全面展示能源船岸员工在学深悟透党的理论知识、勇担海运强国使命等过程中的精神风貌。活动收到来自陆岸单位和船舶的投稿视频55篇，最终评选出《一条VLCC能装多少油》等3个作品为一等奖，《新埔洋66度甲板》等5个作品为二等奖，《航海路上的"食力派"》等8个作品为三等奖。部分优秀作品在集团媒体等平台进行了展播宣传。

（姜 舟）

【**上港集团工会开展"落实二十大精神，践行总书记嘱托，强港建设有我"主题**】

实践活动 2023年,上海国际港务(集团)有限公司工会开展了贯穿全年的"落实二十大精神,践行总书记嘱托,强港建设有我"主题实践活动。各级工会组织立足主业主责,紧紧围绕稳固集团发展定位、培养成长培育成才、职工维权关爱、有效发挥桥梁纽带作用等方面加大鼓励创新力度。在开展好主业立功竞赛促箱量的同时,广开创新之门,为集团实现在科技、区域、业态3个方面的新突破积极助力。积极协调相关职能部门及单位,继续广搭平台,坚持"劳动最光荣,一线最精彩"的主旋律,鼓励广大职工人人建功立业。立足现有的各类服务职工品牌、文化活动品牌,全面组织开展好各类活动,加强企业文化建设。 （张 容）

【上海邮政加强宣传阵地建设】 2023年,中国邮政集团工会上海市委员会充分利用"互联网+"等信息化手段,加快智慧工会建设,搭建服务平台,发挥桥梁纽带作用,及时反映各基层工会工作动态、重大事件和员工风采等新成果。在中国邮政集团智慧工会平台上录入组织机构信息、管理员信息、工会会员信息、劳模创新工作室及各类先进个人(集体)信息。通过"邮工社"发布大事件、热点资讯、重大新闻和学习贯彻党的二十大精神,宣扬劳模先进事迹、各类文体赛事等内容,还引入市总工会"申工社"平台推送职工心理服务网络公益课,全年共发布各类工作报道52期,基层动态22期,浏览16208人次。(刘 泳)

【上海电信工会举办青年职工理论学习分享会】 12月5日,上海电信工会在邮电俱乐部举行"激扬创新创造建设网络强国"青年职工理论学习分享会。本次分享会是市总工会青年职工理论学习分享会推向全市工会的第4站。时任市总工会党组书记、副主席黄红,市总工会党组成员、副主席丁巍、徐晖,市委党史研究室副主任王旭杰、中国电信上海公司党委委员、副总经理、工会主席常朝晖以及市总工会、各区县局产业工会的分管主席、宣教部长的代表,中国电信上海公司相关部门的领导,《上海电信百年红色工运史》编纂顾问团队、编委会的领导、专家,以及来自中国电信上海公司的青年员工代表300余人参加现场活动。劳动报、申工社视频

号直播了本次活动。本次分享会共有"思想引领,人民至上守初心""科技创新,自立自强促发展""网络强国,服务民生担使命"和"学史力行,青春力量向未来"4个篇章,展示了电信青年学思践悟的成效。当天,以分享会为契机,上海电信工会推出"电信未来派"的青年理论学习品牌,向广大青年职工发出倡议,鼓励大家做有理想、敢担当、爱钻研、肯奋斗的新时代好青年。分享会上,62万字的《上海电信百年红色工运史》同步首发,本书系统全面总结了上海电信工运百年走过的壮阔历程、取得的卓越成就和积累的宝贵经验,也是引导和激励广大电信青年职工"以史为镜、以史明智",汲取红色力量,励志励心力行的宝贵精神财富。 （殷 茵）

【中交上航局举办"情系航道、奉献航道"最美职工评选表彰活动】 4月,为深入学习习近平新时代中国特色社会主义思想和党的二十大精神,全面践行"一高地三聚力"总要求(打造中交集团高质量发展高地,聚力主责主业主战场,聚力一切工作到项目、一切工作到支部,聚力人才优先、科技优先和海外优先),中交上海航道局有限公司工会组织开展"情系航道,奉献航道"——第二届"上航最美职工"评选表彰活动。18名职工经各单位党组织推荐参加评选。经过网络投票、总部部门负责人投票和公司领导投票,经公司党委常委会审议通过,决定授予巴西公司徐琰等10人"上航最美职工"称号,授予中港疏浚公司宋彬等8人"上航最美职工"提名奖。上航局职工之家微信公众号开设专栏对获奖个人进行专题宣传,激励广大干部职工学习先进典型,为公司高质量发展和建设世界一流企业作出新的贡献。 （龚海清）

【上海海事局詹春珮获全国职工宣讲比赛总决赛铜奖】 11月3日,由中华全国总工会主办的"中国梦·劳动美——凝心铸魂跟党走,团结奋斗新征程"全国职工宣讲比赛总决赛圆满收官。上海海事局职工詹春珮以《向海向未来》为主题的宣讲,在与70名时代楷模、大国工匠、感动中国人物等全国优秀代表的竞争中脱颖而出,入围总决赛,并斩获铜奖。 （陆智静）

【市教育工会举办上海教育会堂"教工之家"启用暨青教赛颁奖微电影展映活动】 9月28日,以"春华秋实,不负耕耘"为主题的上海教育会堂"教工之家"启用暨青教赛颁奖微电影展映活动隆重举行。市教卫工作党委副书记、市教育工会主席张艳萍宣读《关于对第五届上海高校和上海基础教育青年教师教学竞赛获奖者给予奖励的通知》,表彰青年教师教学竞赛特等奖选手15人、一等奖选手45人、二等奖选手90人、三等奖选手150人、优秀奖216人,优秀组织奖39家单位。上海市教委副主任叶霖霖宣读《关于授予董佳贝等28名高校青年教师、季明峰等32名基础教育青年教师"上海市教学能手"称号的决定》,共授予60位第五届上海高校及基础教育青教赛特等奖和一等奖获奖教师"上海市教学能手称号"。活动现场展映了2023年"为党育人,为国育才"身边的好教师微电影的5部金奖作品,分别是上海海事大学工会《驶向蔚蓝》、上海交通大学工会《暗物质的追光者》、普陀区教育工会《九局下半》、上海大学工会《财务往事》、杨浦区教育工会《时光的约定》。第四届上海高校青教赛特等奖获得者伍洋带来古筝表演《浏阳河·中秋月》,第五届上海高校和基础教育青教赛15位特等奖获奖教师带来诗朗诵《逐梦》,上海教工牵梦合唱团唱响《我爱你中国》。市教卫工作党委书记沈炜对教育会堂的启用、获奖单位和个人表示热烈祝贺。市教卫工作党委副书记、市教委主任周亚明与获奖代表亲切交流。会前,中国教科文卫体工会副主席、一级巡视员高洁,市教卫工作党委副书记、市教委主任周亚明,市总工会党组成员、副主席桂晓燕、丁巍等接见出席的第五届上海高校及基础教育青教赛特等奖、一等奖获奖教师、优秀组织奖获奖代表和2023年"为党育人,为国育才"身边的好教师微电影金奖获奖代表。 （陈晓丹）

【市监狱管理局工会承办"学习宣传贯彻党的二十大精神,加强干警职工思想政治引领"现场交流活动】 6月7—9日,由中国农林水利气象工会主办,市监狱管理局工会承办的全国监狱系统工会"学习宣传贯彻党的二十大精神,

全国监狱系统工会"学习宣传贯彻党的二十大精神，加强干警职工思想政治引领"现场交流活动在沪举办 （史　源）

加强干警职工思想政治引领"现场交流活动在上海举行。中国农林水利气象工会主席、分党组书记李忠运出席活动并讲话，他充分肯定了各级监狱系统工会近几年取得的工作成绩，对进一步在监狱系统各级工会学习宣传贯彻党的二十大精神，认识工会做好干警职工思想政治工作的职责使命，努力推动工会思想政治工作落地见效提出明确要求。北京、辽宁等8家监狱系统工会负责人做了重点发言，市监狱局工会主席肖美芳作《搭建新平台，构筑新家园，高度融合集约打造思想政治引领新阵地》专题发言。来自全国各省区市的30多位监狱系统工会负责人和监狱系统获得2023年全国五一劳动奖和工人先锋号的代表参加交流活动。 （江海群）

【世纪出版集团工会举行"坚持守正创新，打造传世精品"青年职工理论学习分享会】 11月2日，"坚持守正创新 打造传世精品"世纪出版集团青年职工理论学习分享会在世纪出版园举行。时任市总工会党组书记、副主席黄红，市总工会党组成员、副主席丁巍，团市委宣传与网络工作部部长、团市委团员和青年主题教育工作第十一指导组组长刘卓芳出席。世纪出版集团党委副书记、工会主席杨春花出席活动并致辞。来自集团各单位的青年职工代表200余人参加。申工社、劳动报视频号作了全程直播。作为市总工会"工"字特色品牌推向全市职工的第3站，世纪出版集团青年职工以"原文诵读＋实践感悟"模式，按照"为有牺牲多壮志""立

根铸魂担使命""赓续文脉续华章""自信自强向未来"4个篇章，将诵学新思想与岗位实践、文化传承相结合，聚焦"青年职工学、青年职工做、青年职工讲、青年职工听"，着力打造特色化、立体式的青年职工理论学习宣传矩阵，进一步推动主题教育学习成果内化于心、深化于行、转化为效。会上，向世纪出版集团青年职工理论学习宣讲队进行授牌颁证。 （施纪仁）

【世纪出版集团工会召开"感悟革命历史，传承红色基因，凝聚奋进力量"理论学习交流会】 12月11日，世纪出版集团工会在中共四大纪念馆召开班子理论学习交流会。集团工会主席杨春花，副主席王云斌、黄庆、管叶、董龙凯、王珺、曲云飞，经审委主任郑淑娟出席会议。会上，班子人员围绕学习贯彻习近平新时代中国特色社会主义思想、习近平文化思想、习近平考察上海重要讲话精神，结合中国工会十八大精神和工会工作作交流。会前，集团工会班子成员参观中共四大纪念馆和国旗教育展示馆，现场观摩"红色足迹——中国共产党在虹口"和"固本强基筑堡垒——中国共产党早期支部建设图片资料展"，聆听现场党课，感受革命先烈为人民幸福和中华民族的未来前仆后继、砥砺前行的奉献精神，感悟初创期建党智慧，更加坚定永远听党话、跟党走的信念和决心。 （施纪仁）

【上海工会管理职业学院举办庆祝第三十九个教师节活动】 9月8日，

上海工会管理职业学院举办庆祝第三十九个教师节暨二十六届师德论坛。学院党委副书记、纪委书记、工会主席马景红主持论坛，市先进工作者、"四有"好老师、上海出版印刷高等专科学校影视艺术系主任、副教授张波作《育梦想、传知识、铸精神》主题报告，她结合个人的求学、教学与成长经历，与大家分享了作为教师对劳模精神、劳动精神、工匠精神的感悟，以及参加上海高校青年教师教学竞赛荣获优异成绩的参赛经历，报告有理论有实践，引人入胜。新教师代表、教学部赵园园和管理人员、兼职教师代表、培训部副部长陈亚男分别作交流发言，学院全体教职工参加了活动。活动当天，学院领导班子成员一早就等候在一楼大厅，将鲜花、绿植亲自送到教职工手中，表达深深的节日问候与祝福。 （张　凡）

【市工人疗养院举行发展史专题党课学习活动】 11月7日，海鸥集团党委书记、董事长的吕泰康为全体班子领导和中层干部们，带来了一堂特殊的专题党课。从1952年建院开始的疗休养时代，到90年代康复医院的辉煌成绩，再2009年新大楼落成之后的体检业务黄金发展期，吕泰康将工疗发展的"来之不易"娓娓道来。尤其是2009年新大楼建成前夕，为响应市总工会下达的"不能简单回搬"的指示，班子成员酝酿商议，提出了"体检中心企业化运营、成立康柏苑酒店将疗休养客房企业化运作、后勤物业引入社会化管理"等重要举措，奠定了市工人疗养院在市场化道路上的发展基础。课上，吕泰康用深入浅出的讲解为大家生动诠释了作为一名共产党员应当脚踏实地、真抓实干，将"服务职工、服务群众、干好事业、谋好发展"作为报效祖国的一条最好途径。 （王　珏）

职工素质工程

【概要】 2023年，市总工会贯彻落实《全国职工素质建设工程五年规划（2020—2025年）》《深化新时代上海产业工人队伍建设改革重点行动方案（2021—2025年）》，围绕宣传贯彻党的二十大精神，牢牢把握新时代工人运动主题，紧盯上海工会"建设工会大学校"

目标,不断加强与城市精神品格相适应的职工思想文化阵地建设,锻造与产业迭代升级相适应的高素质职工队伍,取得了明显成效。 （金邓凯）

【开展红色理想信念教育】 按照市委宣传部工作部署,实施"党的诞生地"红色文化传承弘扬工程三年行动计划。发挥红色工运场馆资政育人作用,开展"中国梦 · 劳动美——勇当奋斗者 · 建功新时代"2023上海职工红色文化寻访活动,发布16个红色工运场馆、10条寻访路线,引领广大职工追寻红色记忆、传承工运精神。开展第9届全国道德模范、感动上海年度人物、精神文明好人好事、未成年人思想道德建设先进集体(个人)评选推荐工作。最终,中国商飞民用飞机试飞中心试飞运行部荣获2023感动上海年度人物,杨戌雷荣获2023感动上海年度人物提名奖。新建全国职工爱国主义教育基地1家,上海市爱国主义教育基地1家。 （金邓凯）

【加强学习型组织建设】 年内,市总工会组织开展学习型企事业单位评选表彰工作,推荐申报优秀学习型企事业单位28家。在产业工人、非公企业和新就业形态劳动者群体中连续41年开展上海市振兴中华读书活动。与人民广播电台合作推出了融媒体全民阅读节目《我们读书吧》,邀请各界劳模工匠、知名作家、优秀读书组织负责人、市民代表、新就业形态劳动者等走进直播间,分享读书心得、讲好中国故事,平均每期收听人数达250万人次。推进本市职工书屋规范化建设,举办职工"领读者"主题活动,有效盘活书屋资源,激发书屋效能。推荐26家职工书屋成功申报"全国职工书屋示范点"。 （金邓凯）

【举办上海职工直播课堂】 2023年,市总工会运用"互联网＋"思维,创新举办"中国梦 · 劳动美——人民城市,奋斗有我"上海职工直播课堂嘉定、闵行、松江、大国工匠论坛、移动、奉贤等6场活动,探索引入TED演讲、嘉宾论坛等全新活动形式,线上线下吸引超500万人次收看收听。 （金邓凯）

【举行上海职工直播课堂奉贤专场】 11月29日,"中国梦 · 劳动美——人民城市,奋斗有我"上海职工直播课堂奉贤专场在奉贤区博物馆举行。时任市总工会党组书记、副主席黄红,奉贤区委副书记唐晓腾,市总工会党组成员、副主席丁巍、徐珲,奉贤区总工会党组书记、常务副主席邵丹华,上海航天局工会副主席郁媛媛出席活动,并与奉贤区的劳模工匠、职工代表一起现场聆听了直播课堂宣讲。3位来自奉贤区的劳模工匠代表——秦瑛、许玮、何建忠结合自身成长经历和乡村、企业发展情况,围绕"兴在乡村 · 美在贤城"主题,分享了他们建设奉贤新城的奋斗故事以及对劳模精神、劳动精神、工匠精神的感悟。 （钱 洁）

【仪电集团职工健康小教员开营】 6月16—17日,以"提升职工生活品质"为主题的仪电(集团)有限公司职工健康小教员培训班在仪电华鑫慧享中心开营,来自基层企业的45名职工健康小教员参加培训。培训中,专业教练从健康意识、健康知识、带教技能等方面对来自基层的健康小教员进行了《人人都是营养师》《轻松获得好睡眠》《减脂的秘密》《实践教学与指导技术》《成为一名合格的健康教练》等课程的讲授,并针对小教员的自我健康学习以及在企业中发挥带动作用进行持续管理。培训旨在让一部分职工成为企业健康代言人,以"榜样的力量"引导身边的同事,利用碎片化时间,科学、安全地带动身边职工进行健康锻炼。 （周黎俊）

【上港集团明东公司创立"明学堂"学习品牌】 2023年,上海国际港务(集团)明东集装箱码头有限公司新创立职工学习品牌"明学堂"。品牌LOGO由风帆和带有SMCT标识的书本(集装箱)组成,寓意学员和公司一起在知识的巨轮上扬帆起航。明东公司深入贯彻集团"十四五"人才发展规划要求,倡导全员营造在工作中学习、在学习中工作的企业学习氛围,实现从"要我学"向"我要学"的转变。按照学员的不同职能、层级和需求分级推进、个性定制,加强与优秀师资、机构的对外合作,将专家、名师请进门,开设丰富精品课程,在在线学习、课题调研、交流分享等基础上,采取选修和必修相结合、理论与实务并行的培训模式,实现年度培训工作的新跨越。不少员工同时担任讲师与学员的双重角色,力求教学相长,不断进步。 （明 冬）

【上海电信工会举行2023年新入职员工集体入会仪式】 8月4日,上海电信公司工会举行2023年新入职员工集体入会仪式,210名新员工"入职"即"入会"。公司工会副主席金小铭,为新入职小伙伴们送上满满地期许与祝福,并送上精心准备的入职礼包,表达了公司工会对维护好每一位新会员的权益以及建设让员工满意的"职工之家"的信心,期待大家在电信的"舞台"上闪闪发光,为企业高质量发展而努力。公司工会办公室主任殷茵,以"数智赋能 幸福加码"为主题,向新员工们介绍了公司工会在助力企业高质量发展的工作上做的突破与尝试,围绕数字化转型,提升工会数字化水平,在服务员工中形成"数转氛围"。公司工会组织宣传部部长兼文体协会

11月29日,上海职工直播课堂奉贤专场成功举行 （钱 洁）

秘书长赵喆华,通过涉及新员工切身利益的"联系感"打开话题,介绍"工会是干什么的""工会能够为员工做什么""工会有哪些服务和平台",让新员工对企业工会组织的性质、职能、工作有较为清晰、全面的认识。为了欢迎各位新电信人的加入,公司工会还精心策划了一台文艺演出,向新员工们展示了在各项文体活动中脱颖而出的电信"达人"和"网红"们的风采。担任现场表演的都是来自公司各单位、不同岗位的青年员工,他们既是公司的业务骨干,也是活跃在公司文化、体育舞台上的"明星"。公司工会不仅是维护员工权益的"娘家人",更是挖掘、培养、历练员工全方位成长的平台。
(殷 茵)

【市教育工会举办"阳光心理"团体拓展活动】 11月25日,2023年上海教职工健康促进行动系列活动暨上海市教师"阳光心理"团体拓展活动在上海健康医学院举行。来自大中小幼的160名教师代表参与活动,现场聆听了"上海市教职工健康促进行动"特约专家、上海建桥学院通识学院副院长马莹教授带来的《教师心理压力评估与疏导》健康讲座。分组完成了自我探秘工作坊、身心减压工坊、沙盘游戏工作坊、绘画心理工作坊及心灵SPA工作坊中探索自我。在户外完成了攀岩、射箭、溜索过河、勇敢者步道和平台舟共5项拓展活动。上海市教师"阳光心理"团体拓展活动是市教育工会、市教师心理健康中心长期举办的教师心理健康促进品牌活动,旨在借助高校的优质专业资源,为本市大中小幼教师提供喜闻乐见、放松身心、强身健体、富有挑战、团结合作、身心健康的活动。
(李 彧)

【市教育工会举行2023年上海新教师入师入会仪式】 9月10日,2023年上海新教师入师入会仪式在中共一大纪念馆报告厅举行。活动全程通过网络同步直播,受到了来自全市教育系统教职工的广泛关注。市教育工会领导向6位新入职教师代表颁发了中华全国总工会会员证。华东师范大学原校长、上海纽约大学名誉校长俞立中深情寄语新教师,为新教师上了入职的第一课。全国离退休先进个人、上海师范大学原

校长杨德广带领全体新教师庄严宣誓,开启教书育人的职业生涯。6位来自各行各业的先进劳模朗诵《听,这是我们的心声》,给新入职教师以启程的方向和希望。黄浦区组织师生表演情景剧《7.1公里红色经典步道》。市教育工会启动"行走人民城市,感悟思想伟力"上海教职工人文行走主题线路活动,感悟习近平总书记对上海发展的殷殷嘱托,倡导和鼓励新进教师做思想引领的明白人、做弘扬师德的高尚人、做本领高强的领路人。
(陈晓丹)

【上海教育出版社工会举办书影拍摄、短视频制作训练营】 10月,为提升出版从业人员的专业素养,更好地服务图书宣传推广,由上海教育出版社工会组织并联合营销部,共同举办"书影拍摄、短视频制作训练营"活动。活动以讲座分享+实操练习的方式,从摄影、摄像、后期剪辑3个方面,帮助大家在短期内快速掌握书影拍摄和短视频制作技巧。各部门30余人报名参加培训。10月18日,知名摄影师"书鬼",传媒从业者、前电视台摄像叶家平,营销编辑王祚瑕,分别就书影拍摄、短视频拍摄、短视频剪辑等内容与学员进行了互动交流。各位学员结合工作需要,分别制作了图书宣传短视频并提交营销部进行平台发布,其播放情况被统计作为后续成绩评比的参考之一。训练营活动持续一个多月,对增强编辑的新媒体营销意识和能力有很大帮助。值得一提的是,这些视频在视频号与B站的播放量累计达到10万+。其中音乐分社吴春珊的短视频《古筝:弹错是必然,弹对是偶然?》等获得了一定的带货收益,在传播效果与变现能力两个维度上均表现亮眼。
(施纪仁)

读书活动

【市第二十五届读书节开幕】 4月23日,以"新时代,新阅读"为主题的2023年上海市振兴中华读书活动暨第二十五届上海读书节线上开幕。本届读书节推出"看、听、读、写、乐"5大板块11个读书项目,其中包括主题征文、原创短视频征集、读书活动创意大赛、"五一讲堂"以及融媒体阅读分享等,旨在吸引职工参与阅读,培养他们的阅读兴趣和习惯。推动读书活动向新领域、

新群体、新职工拓展,推广全民阅读、建设书香上海、增强文化自信。读书项目覆盖区局(产业)工会和街道镇(社区)、图书馆、学校以及基层单位,活动覆盖超500万人次。
(王家辉)

【普陀区总工会开展职工阅读主题活动】 11月27日,普陀区总工会在半马苏河驿站·长风湾党群服务中心长风书院举办"品读'工'绘,多彩'书'河"普陀区职工阅读主题活动。全国劳模、市总工会兼职副主席朱雪芹,市总工会宣教部副部长李明,普陀区总工会党组书记、副主席徐军,区档案馆副馆长陈辉,全国五一劳动奖章获得者、上海市劳模、区总工会兼职副主席刘忠生,党的二十大代表、上海市劳模成慧,著名阅读推广人、配音导演黄雷等与区总工会领导班子成员,市总工会、区委组织部相关负责人,各街镇、系统工会主席,劳模先进代表,各职工书屋负责人和职工代表参加活动。区总工会通过《书屋的邀请》宣传片向广大职工发出"悦读"邀约,市劳动模范、普陀区江宁学校教师、学校团委书记杨明辉,全国五一劳动奖章获得者、上海市劳动模范、拉扎斯网络科技(上海)有限公司蓝骑士培训讲师宋增光,上海市先进工作者、上海市普陀区利群医院骨科护士长高莉和波克科技公司职工梁智维为大家领读《火红地标》《大国重器的诗意文化》等书籍节选。徐军与普陀的劳模和职工代表现场启动"工阅·书河"普陀区职工书屋劳模工匠领学项目。(陆 蕾)

【黄浦区总工会开展睿读·阅见新征程读书活动】 4月14日,由黄浦区总工会主办、区工人文化宫协办的"睿读·阅见新征程"主题活动再次起航。来自黄浦区各行各业的职工代表现场分享了日常生活阅读书籍的真切体会,黄浦区职工艺术团的职工也通过情景剧、诗歌联唱、朗诵等形式展现读书的魅力。 （曹超宇）

【宝山区总工会开展优秀职工书屋交流品鉴活动】 2月21日,宝山优秀职工书屋交流活动"四季书'荟'——咖啡伴书香,共享好时光"在社区学院职工书屋开展。市总工会宣传教育部副部长李明,区总工会党组成员、经审会主任冀晓蕾,各直属工会干部代表,全国、市职工书屋示范点、区星级职工书屋代表参加活动。上海第二工业大学柴立方科技管理有限公司联合工会职工书屋获评全国工会职工书屋示范点,行知中学"致知行远"职工书屋获评上海工会职工书屋示范点。 （朱艳）

【宝山区总工会举行"4·23世界读书日"活动】 4月23日,宝山区总工会和区文旅局以"四季读书'荟'——与文咖一起读懂宝山"为主题,举办了2023年宝山职工"4·23世界读书日"活动。活动中,由区总工会推出的"四季读书荟"项目正式揭牌。活动邀请唐吉慧带来讲座《我眼中的宝山风华》分享宝山浓厚的历史底蕴。宝山籍作家、中国作家协会会员、上海市作家协会理事、宝山区作家协会副主席唐吉慧为活动的特邀嘉宾与区总工会、区文旅局领导,区图书馆相关领导,区各级职工书屋负责人,区总工会和共建单位代表230余名职工参与了活动。 （朱艳）

【金山区总工会举办"鑫声嘹亮·劳动创造幸福"金山职工演讲展示大赛暨"双节"颁奖仪式】 11月16日,金山区总工会在区文化馆举行"鑫声嘹亮·劳动创造幸福"金山职工演讲展示大赛暨"双节"(读书节暨文化艺术节)颁奖仪式。区总工会副主席、党组成员邢扬,区文化馆培训部主任于宁时等出席活动。活动以"凝心聚魂跟党走,'三个湾区'建新功"为主题。各直属工会选送的29位选手在以演讲方式展现广大职工立足岗位、建功

立业的生动实践,讲述了他们在各自岗位工作中练就的过硬本领。4月21日双节活动启动后,各级共举办"鑫悦读·学思想建新功"金山职工读书分享会80场,参与职工近万人,申报"鑫倡读·一会一品溢书香"金山职工读书示范项目展评35个、"鑫创艺·团结奋斗新征程"金山职工原创文艺作品展评42个、"鑫声嘹亮·劳动创造幸福"金山职工演讲展示大赛报名人数29人、"金牌领读人"录音作品58个。经过专家评审,最终评选出优秀组织10家,十佳金山职工读书示范项目,职工原创文艺作品18个,金牌领读人10位,最美职工书屋5个。 （卫婷怡）

【松江区总工会举办青年干部"会读"系列活动】 8月22日,松江区总工会青年研读社在区工人文化宫职工书屋举办"会读·锤炼奋斗精神"系列活动,通过阅读马拉松、交流分享和图书漂流等环节,丰富工会青年的精神文化需求,激励团员青年干事创业、拼搏奋进。区研读社成员围绕《习近平新时代中国特色社会主义思想的世界观和方法论专题摘编》《习近平新时代中国特色社会主义思想专题摘编》《扣好人生第一粒扣子》《打铁还需自身硬》等必读书目和选读书目,结合自身工作、生活切身感受,如何更好推动松江工会工作高质量发展畅谈所思所想。每季度的专题学、"请进来"辅导学、"走出去"借鉴学等形式多样、内容丰富的学习研读活动对广大青年切实起到学习与业务工作双融双促作用。 （代玲钰）

【国网上海市电力公司工会举办2023年职工悦读赛】 年内,为进一步巩固国网上海市电力公司"悦读行动"成果,深化"悦读"品牌,公司工会举办了2023年职工悦读赛,比赛以"深度:感悟悦读力道"为主题,集结公司系统近200名职工悦读者,自4月23日世界读书日起,用一周的时间共读爱因斯坦的著作《我的世界观》。通过深度阅读,走进爱因斯坦的世界,引发职工对人类社会科学发展和国家高水平科技自立自强的思考。最终,来自超高压公司、恒能泰公司、松江公司的职工读书团队分获比赛前三名。比赛是2023年职工悦读系列活动的重要内容,以赛代读把书香

文化真正送到基层一线、送到每位职工身边,进一步汇聚职工投身"一体四翼"在沪高质量发展的强大合力。 （陈振兴）

【中远海运集团工会创建职工书屋】 9月,中国远洋海运集团有限公司工会启动职工书屋建设工作,按照"建设有场地、管理有制度、使用有计划、阅读有组织、学习有成果、藏书有更新、日常有人管、定期有活动、活动有特色、长期有作用"的"十有"建设要求,加强职工书屋服务阵地建设。经创建评选和推荐申报,决定命名天津中远海运集装箱运输有限公司等19家职工书屋为集团工会职工书屋,叫响做实职工书屋文化品牌。 （周敏励）

【上海邮政工会开展"新时代 新阅读"系列活动】 年内,上海邮政工会组织开展"新时代,新阅读"系列读书活动,内容包含征文、微型诗征集、短视频、读书创意活动和玫瑰书香主题阅读等项目,来自30家基层单位工会的100多人参与了本次活动。活动共评选出28篇优秀作品,并积极向市振兴中华读书会组织的"阅读上海"征文活动中,3名员工的作品获奖,上海邮政工会被评为优秀组织奖。 （王瑛）

【中交上航局工会举办"书香上航,诵读经典"主题活动】 9月22日,首届上海职工文化季项目——上航局第十二届"我阅读,我快乐,我成长"航道职工读书活动"书香上航,诵读经典"主题活动成功举办。市总工会宣传教育部副部长李明,中交上海航道局有限公司党委副书记、纪委书记、工会主席方君华出席活动并讲话。方君华要求,一要"开卷有益"多读书,二要"学无止境"读好书,三要"知行合一"会读书。李明对上航局长期以来在读书活动上取得的成绩表示肯定。他强调,要把读书学习当作一种追求,启迪智慧,促进基业长青;要把读书学习当作一种磨砺,踔事增华,增进人文荟萃;要把读书学习当作一种修养,读懂内心,达到最高境界。活动中,来自上航局12家基层单位的选手以朗诵、歌唱、短剧演绎等形式诵读经典、分享感悟,现场评委以打分方式最终评选出一等奖1名,二等奖2名,三等奖3名,优秀奖6名。上海交建公司的短剧《阅典籍探霞客游记,梦相逢寻交建足迹》夺得一等奖。 （龚海清）

【中交上航局承办首期职工"领读者"主题活动】 4月23—24日，中交上海航道局有限公司承办2023年上海工会职工书屋运营人才队伍建设暨首期职工"领读者"主题活动。市总工会宣教部副部长邹晓鹰，上航局工会副主席杨新出席活动启动仪式。邹晓鹰表示，此次活动既是贯彻落实党的二十大精神，深入学习领会总书记关于"建设学习型社会、学习型组织"重要论述的一个重要举措，也是持续推进上海市职工书屋规范化建设和高质量发展的一次有益探索。杨新介绍了上航局企业概况、工会工作情况以及"书香上航"读书品牌建设成果。他表示，主题活动在"世界读书日"启动，对于推进上海市职工书屋建设具有重要意义，将进一步激发书屋阵地在职工思想引领、岗位成才中的积极作用，上航局工会将全力做好服务保障工作，确保活动顺利开展。两天的活动围绕基层企事业单位如何有效运作职工书屋，开展好各类读书活动等方面问题进行探究，包括"用读书会打造学习型组织""挖掘职工阅读需求，赋能企业发展""职工阅读常见问题分析及解决""职工阅读活动策划及宣传推广"等。来自各区、局（产业）工会的40余名职工书屋示范点管理者参与活动。 （龚海清）

【市税务局工会参加"新时代，新阅读"系列读书活动】 2023年，国家税务总局上海市税务局工会在读书阵地建设、读书品牌打造、基层干部读书培育等方面下功夫，以更实举措助力书香上海建设。4月份，积极响应参加上海市振兴中华读书指导委员会"新时代，新阅读"系列读书活动，第一稽查局的"税心悦读"读书会荣获"优秀示范项目"，宝山区税务局邵钰婷推报作品《阅读书籍，阅读上海》获征文活动二等奖。 （李增强）

【市医务工会举办医院文化论坛】 8月19日，"阅读百年医院建筑，传承上海城市精神"医院文化论坛暨《沪上百年医院老房子的前世今生》图片展开幕式在静安区文化馆举行。文化论坛由市医务工会和复旦大学附属华山医院联合主办。市医务工会主席、申康医院发展中心党委书记赵丹丹，市

总工会党组成员、副主席丁巍，市卫生健康委员会副主任罗蒙，市医院协会文化专委会主任、仁济医院党委书记郑军华，市医务工会常务副主席何园，市卫健委新闻宣传处处长艾晓金等领导，各医疗卫生单位和区医务工会的工会代表和职代表出席活动。复旦大学附属华山医院常务副主席苏家春主持。赵丹丹和丁巍为仁济、市一、同仁、妇产科、长征、华山、瑞金、华东8家医院工会颁发第一批"上海市医务职工文化传承教育基地"铭牌。上海交通大学医学院附属仁济医院党委副书记闵建颖，上海市第一人民医院基建处处长赵文凯，上海交通大学医学院附属同仁医院副院长范晓彧，复旦大学附属妇产科医院党委副书记王珏，上海长征医院党委常委、政治工作处主任季莹，上海交通大学医学院附属瑞金医院工会副主席吴平，复旦大学附属华山医院党委副书记顾宇翔，华东医院副院长王振荣接受主题访谈。8家医院启动成立的"上海百年医院建筑文化传承协作联盟"，将以百年医院老建筑为平台，建立联盟单位间交流协作机制，利用"医院市民开放日"和"医务职工教育基地"等平台，为参观介绍医院历史建筑和医院文化宣传推广开展合作。就复旦大学历史系教授高晞、同济大学建筑与城市规划学院教授华霞虹、上海师范大学旅游学院刘德艳教授、上海日报专栏作家乔争月作了《如何读懂医院'老房子'？》主题分享。赵丹丹、丁巍、罗蒙、何园，静安区文化和旅游局二级调研员张众等为《沪上百年医院老房子的前世今生》图片展开幕剪彩。此次图片展在把沪上百年医院医学人文的厚度、温度呈现出来的同时也希望医务人员真正读懂医学人文，增进职业荣誉感和使命感，让社会各界更多人走进医院"老房子"，感受建筑之美，了解百年医学事业发展和城市文明过程中形成尊医重卫的良好氛围。 （马艳芳）

【市经信系统工会开展"翰墨绘华章，奋楫新征程"系列活动】 6月28日，"翰墨绘华章，奋楫新征程"——2023年度市经济和信息化系统职工读书系列活动开幕式暨先锋领读启动仪式于苏河湾中心举行，同步举办首场主题讲堂活动。市总工会宣教部、市工人文化宫、

市振兴中华读书指导委员会办公室等有关职能部门负责人出席开幕式。市经信系统劳模工匠和先锋领读代表共同诵读了《阅读有光》，并向系统内广大职工发出了阅读倡议。市经信系统工会为首批系统职工书屋示范点授牌。今年的职工读书系列活动，结合新时代职工阅读方式、习惯和途径的新变化、新特点，不断创新形式载体，丰富职工阅读内容，激发阅读兴趣，强化阅读示范。通过深入开展主题鲜明、形式多样的职工读书活动，引导广大职工增强政治素质，涵养道德情操，丰富精神世界，进一步把"阅读力"转化为促进职工成长成才，推动高质量发展的"源动力"。 （黄俭、顾捷）

【市监狱管理局工会开展读书活动】 2023年，市监狱管理局工会积极参加上海读书节系列活动，申报的"享受阅读·品味人生"读书系列活动获得上海市振兴中华读书活动优秀示范项目。着力推进各单位建立读书协会，规范读书日常活动及职工书屋管理，并建立考核机制，引导干警好读书，读好书，提升干警素质。持续做好内刊《知心》编辑工作，开展一年一度的"知心杯"征文比赛，以寻找"精神家园"为题，弘扬新时代党委倡导的传承、奋斗、奉献情怀的红烛精神。开展"光影丹青绘华章"民警职工书画摄影展，展示时代风采，彰显书法、绘画和摄影的艺术魅力，并到各基层单位巡展。积极组织参加2023年"玫瑰书香"上海女职工主题阅读活动；开展线上"好书诵读"接龙活动，进一步感受书香氛围，打造书香警营。 （江海群）

【隧道股份工会开展读书分享活动】 4月23日，隧道工程股份有限公司工会开展"一本书、一感悟、一段话"阅读分享活动，得到广大职工的积极响应，收到近50篇投稿，隧道股份职工家园微信公众号择优推送32篇。10月，隧道股份职工家园微信公众号升级更新微信在线阅读平台，汇集精品图书5万余册，报刊3000种，满足职工对不同种类书籍的需求。同时，加入语音搜索、VR互动等服务功能，为员工带来更丰富的阅读体验，营造全民阅读的良好读书氛围。 （吴艳）

10月28日，世纪出版集团举办"讲书马拉松"活动

（市总宣教部供稿）

【世纪出版集团举办"讲书马拉松"活动】 为形成"爱读书、读好书、善读书"的浓厚氛围，10月28日，由世纪出版（集团）有限公司、上海港城开发（集团）有限公司主办，市工人文化宫协办的2023上海职工文化季"讲书马拉松"，在临港滴水湖畔的朵云书院滴水湖店激情开讲。活动仪式上，为发挥世纪出版集团与港城集团的特色资源和专业优势，推动所属单位专业合作，上海科学技术出版社党委与人工智能产业集群党委现场签署了党建联建协议。来自"世纪讲书团"的16位讲书人轮番上阵，在长达8个小时的无间断"讲书马拉松"中，带来了涵盖文学、艺术、教育、科学、文化、通识等领域的45本优质好书。"世纪讲书人"进临港序幕的揭开，进一步丰富临港地区的文化活动，为深入推进全民阅读、建设书香社会发挥了积极影响。

（施纪仁）

【上海教育出版社工会举办"上教好声音，共读一本书"活动】 在28届"世界读书日"到来之际，上海教育出版社工会组织社职工读书小组，举办2023年"上教好声音共读一本书"活动。此次共读图书为人民教育家于漪所著《岁月如歌》，该书记录了于漪读书求学、教书育人、研究探讨、管理学校、提携后辈、服务社会的心路历程，体现了她深厚的语文学养和扎实的语文基本功，反映了她对学生真挚无私的爱和人格魅力。读书小组成员在"世界读书日"汲取书中精华，掌握书籍重点，声情并茂地朗读了书中令自己动容的部分，用感性的声音将读者和《岁月如歌》中于漪老师的内在精神勾连起来，将自己的动容和感动传递给倾听者，不喧哗，自有声。音频陆续通过社新媒体及喜马拉雅等平台，向社会大众播放。

（施纪仁）

【上海人民美术出版社工会举办"一句话·一简介·一本书"活动】 9月，上海人民美术出版社工会开展"一句话·一简介·一本书"评优活动。共有32名职工参与，征集到参赛作品39篇。人美社工会推选出10篇优秀作品，邀请集团工会等单位4名专家组成评审组进行专业评审，最终评选出等级奖及鼓励奖共10名，其他参与活动的职工也都获颁参与奖。活动为广泛宣传"人美好书"，营造"人美书香"的浓厚氛围带来了促进作用。

（施纪仁）

职工文体

【概要】 2023年，市总工会全新打造以"奋斗有你，最美是你"为主题的首届上海职工文化季，重点打造了8大市级职工文化项目，包括5个文化赛事、2个文化展示舞台、1项文化服务项目，各区局（产业）工会联动推出101个职工文化子项目，参与职工1000多万人次，充分展示了"工"字特色职工文化建设的引领性、广泛性和普惠性。继续推进职工健身驿站建设，聚焦"覆盖率、参与度、智能化、公益性"4个维度，先后开展3轮比选工作，最终有浦东新区陆家嘴金融贸易区等51家职工健身驿站建成，切实满足职工所需、企业所需、城市发展所需。

（范小雨）

【举办首届上海职工文化季】 8月22日，由市总工会主办的首届上海职工文化季开幕式在茉莉花剧场举行。文化季活动重点打造"5大文化赛事＋2个文化展示项目＋1项文化服务项目＋1批职工文化品牌"。开展上海职工讲发展变化、说身边先进宣讲大赛，活动浏览量963万人次，点赞量25.7万人次。开展快递小哥、外卖送餐员、网约配送员歌手大赛，有来自美团、饿了么、韵达、圆通、中通等12家外卖平台、快递物流企业，近400名新就业形态劳动者踊跃参与。开展上海职工微电影大赛，把镜头对准各行各业"最美劳动者"，讲好新时代奋斗故事、劳动故事。开展上海职工班组全家福摄影大赛，来自85家区局（产业）工会，2367个团队投稿，提交班组全家福照片4478张，充分展现了班组团结奋斗、争创一流的良好形象。开展上海职工（市民）文化网络大赛，吸引参与职工人数累计达40.2万人。打造2个人人皆可出彩的文化展示项目。创新推出劳模工匠情景剧，大力弘扬劳模精神、劳动精神、工匠精神。开展上海职工优秀文艺作品征集展演，打响"上海职工文化"品牌。推出1项暖民心、惠民生、人人皆可受益的文化服务项目。开展传统文化非遗项目直通车服务，举办11场线下活动、4场线上直播，服务职工超100万人次。

（范小雨）

【推进上海职工健身驿站建设】 2023年，职工健身驿站建设项目连续第三年被纳入市委市政府为民办实事项目。项目建设聚焦"覆盖率、参与度、智能化、公益性"4个维度，市总工会从申报的职工健身驿站中，新验收挂牌了51家新建或改建驿站。全市累计已建成131家职工健身驿站，其中简易型36家，常规型17家，综合型78家，累计服务职工近200万人次，成为上海工会服务职工的"新名片"。

（范小雨）

职工健身驿站信息汇总表（截至 2023 年底）

序号	区局（产业）	驿站名称	地址
1	浦东	张江园区职工健身驿站	张东路 1158 号 4 号楼 1 层
2		居福商务服务职工健身驿站	航都路 18 号
3		天马微电子有限公司职工健身驿站	汇庆路 889 号
4		陆家嘴金融贸易区职工健身驿站	东园路 18 号 1 楼
5		浦东烟草职工健身驿站	浦东博山东路 50 号
6	徐汇	区工人文化体育中心职工健身驿站	桂林路 46 号
7		西岸智塔职工健身驿站	云锦路 701 号 5 楼
8	长宁	世博职工健身驿站	福泉北路 333 号
9		西郊金融园职工健身驿站	剑河路 899 号会议中心
10		联合利华职工健身驿站	福泉北路 33 号 1 楼
11	普陀	未来岛园区职工健身驿站	桃浦镇定边路 629 号
12		绿城鸿盛职工健身驿站	泸定路 276 弄 1 号楼
13		怒江片区职工健身驿站	中江路 875 号 2 楼
14	虹口	至合律师事务所职工健身驿站	东大名路 501 号 42 楼
15		嘉兴路街道职工健身驿站	瑞虹路 400 号 1 楼
16	杨浦	杨浦教育学院职工健身驿站	抚顺路 340 号
17		电力大学园区职工健身驿站	平凉路 2103 号
18		延吉物业管理有限公司职工健身驿站	松花江路 345 号
19		天泽汽车销售有限公司职工健身驿站	周家嘴路 2885 号
20		哔哩哔哩职工健身驿站	政立路 499 号国正中心 2 号楼
21		长阳创谷职工健身驿站	黄兴路 168 号
22	黄浦	五里桥智造家园区职工健身驿站	打浦路 603 号
23		豫园珠宝时尚集团职工健身驿站	东方路 3641 号 1 楼
24	静安	市北园区职工健身驿站	江场三路 151—181 号
25		大宁音乐广场职工健身驿站	大宁音乐广场 H 座 1 楼
26		道格体育职工健身驿站	常德路 888 号 2 楼
27		区工人体育场职工健身驿站	昌平路 888 号
28	宝山	友谊路街道总工会职工健身驿站	同济路 990 号
29		延中饮料有限公司职工健身驿站	罗店镇罗新东路 888 号
30		区工人文化活动中心职工健身驿站	牡丹江路 215 号

（续表）

序号	区局（产业）	驿站名称	地址
31	闵行	华良园区职工健身驿站	颛桥镇颛盛路 745 号南 3 楼
32		闵联临港联合发展有限公司	玉宇路 1068 号 C1 撞 4 楼
33		南滨江大零号湾职工健身驿站	剑川路 953 弄 154 号 A 栋 205
34		宇培虹桥园区职工健身驿站	申昆路 1899 号
35	嘉定	安亭经济发展中心职工健身驿站	宝安公路 4229 号
36		马陆镇总工会	崇信路 80 号
37		联影医疗科技股份有限公司职工健身驿站	城北路 2258 号
38		沃尔沃汽车集团职工健身驿站	绿意路 2088 号
39		东锦国际大厦职工健身驿站	金园四路 501 号
40		集度汽车职工健身驿站	叶城路 1688 号
41	金山	湾区科创职工健身驿站	亭卫公路 1000 号
42		东大聚氨酯有限公司职工健身驿站	山宁路 307 号
43		嘉麟杰科技职工健身驿站	亭枫公路 1918 号
44		华峰铝业职工健身驿站	月工路 1111 号
45	松江	恩梯恩职工健身驿站	南乐路 1666 号
46		G60 商用密码产业园区职工健身驿站	沐川路 58 弄 A4 楼 101
47	青浦	诚诺人才服务集团有限公司职工健身驿站	清河湾路 1121 弄 4 号 101 室
48	奉贤	南方国际职工健身驿站	南奉公路 8515 号
49		银轮热交换系统有限公司职工健身驿站	青伟路 111 号
50		海贤能源股份有限公司职工健身驿站	运河北路 1239 号 6 楼
51		美迪科（上海）包装材料有限公司职工健身驿站	奉坚路 233 号
52		爱思帝达耐时（EDS）职工健身驿站	陈桥路 1399 号
53		丰乐人才公寓职工健身驿站	汇丰西路 1339 弄 23 号 3 楼
54	崇明	生康投资职工健身驿站	竖新镇响椿路 104 号
55		区职工服务中心职工健身驿站	城桥镇朝阳门路 17 号
56		庙镇总工会职工健身驿站	庙镇宏海公路 1829 号
57		长兴镇职工健身驿站	长兴秋柑路 199 号
58	机电	电气集团总部职工健身驿站	四川中路 149 号
59	仪表电子	华鑫置业职工健身驿站	四平路 419 号
60	东方国际	龙头（集团）股份有限公司职工健身驿站	康梧路 555 号三枪工业城 2 号楼 1 楼
61		虹桥进口商品展示交易中心职工健身驿站	申昆路 1988 号 2 楼
62	医药	上药控股有限公司职工健身驿站	枫林路 420 号
63	国网电力	国网上海浦东供电职工健身驿站	李冰路 251 号
64	宝武钢铁	欧冶云商股份有限公司职工健身驿站	漠河路 600 弄东鼎国际大厦 A 座 3、6 楼
65		宝信软件职工健身驿站	湄浦路 361 号
66		宝武人才公寓职工健身驿站	龙镇路 7 号

（续表）

序号	区局（产业）	驿站名称	地址
67	上海石化	上海石化职工健身驿站	石化金一东路 1 号
68		上海石化（青年中心）职工健身驿站	石化梅州 191 号
69	航天局	航天工会职工健身驿站	元江路 3883 号
70	船舶	外高桥造船有限公司职工健身驿站	沧海路 1001 号
71	上汽	上汽大通职工健身驿站	军工路 2500 号
72	中远海运	中远海运物流职工健身驿站	吴淞路 531 号 12 楼
73	电信	上海电信培训中心职工健身驿站	天宝路 879 号
74		上海理想信息产业园区职工健身驿站	秀沿西路 189 号 B4
75		上海电信职工健身驿站	世纪大道 211 号 12 楼
76	上航局	中交上航局有限公司职工健身驿站	浦东大道 2501 号
77	上海机场	浦东机场空港园区职工健身驿站	机场大道 928 号
78	上海建工	市政总院职工健身驿站	中山北二路 901 号
79		建工二建职工健身驿站	河间路 2 号
80	城乡建设和交通工会	核工院职工健身驿站	虹漕路 29 号
81		上海建科集团公司职工健身驿站	申富路 568 号上海建科 10 号楼 B1 楼
82		市房地产科学研究院职工健身驿站	复兴西路 193 号
83		中铁上海工程局集团有限公司职工健身驿站	富联路 777 号
84	华东建筑	华东建筑集团股份有限公司职工健身驿站	石门二路 268 号
85		华建 E 创职工健身驿站	龙吴路 888 号 5 楼水利院
86	中建八局	中建广场职工健身驿站	高科西路 889 号中建广场 B 幢 3 楼
87	金融	国泰君安职工健身驿站	南京西路 688 号
88		工商银行上海分行职工健身驿站	银城路 8 号
89		上海农商银行业务处理中心职工健身驿站	来安路 1045 号 4 号楼
90	人社局	市人才服务中心职工健身驿站	梅园路 77 号
91	教育	电力大学职工健身驿站	沪城环路 1851 号
92	科技	中国科学院上海高等研究院职工健身驿站	海科路 99 号
93		中国电科第三十二研究所职工健身驿站	澄浏公路 63 号
94		微小卫星创新研究院职工健身驿站	雪洋路 1 号
95	医务	瑞金医院职工健身驿站	瑞金二路 197 号
96		华山医院职工健身驿站	金光路 958 号
97		新华医院职工健身驿站	控江路 1665 号
98		仁济医院职工健身驿站	浦建路 160 号 6 号楼 6 楼

（续表）

序号	区局（产业）	驿站名称	地址
99	文化广播集团	广播电视台职工健身驿站	威海路 298 号
100		华大半导体职工健身驿站	中科路 1867 号
101	经信委	中央储备粮上海直属库有限公司职工健身驿站	通海路 255 号
102		中国海诚工程科技股份公司本部职工健身驿站	宝庆路 21 号
103	光明	光明江杨农产品职工健身驿站	江杨北路 98 号警务站
104	锦江国际	锦江国际集团职工健身驿站	商城路 889 号
105		高校后勤宝山基地职工健身驿站	丰翔路 1415 号 3 楼、4 楼
106	久事	巴士三公司职工健身驿站	双流路 7 号修理车间 3 楼
107	申通	龙阳路地铁站职工健身驿站	龙阳路 2100 号
108	城投	临港供排水发展有限公司职工健身驿站	两港大道 1000 号
109	电器科研所	电科所职工健身驿站	武宁路 505 号
110	联通	上海联通职工健身驿站	榆林路 185 号 3 楼
111		中国商飞公司总部机关职工健身驿站	世博大道 1919 号
112	商飞	上海飞机制造有限公司职工健身驿站	上飞路 919 号
113		上海商飞营销中心职工健身驿站	世博大道 1919 号商飞总部基地 2 期 3 号楼
114		商飞人才公寓健身驿站	世博大道 1919 号
115	临港集团	临港经济发展集团职工健身驿站	海港大道 1515 号 T2
116		宁德时代职工健身驿站	新四平公路 168 号蓝湾未来公寓 C 幢 1F/ 瑞庭时代 R3 厂房
117	文旅局	市群众艺术馆职工健身驿站	古宜路 125 号
118	华能	华能上海燃机发电有限责任公司职工健身驿站	盛石路 298 号
119	绿地	绿地集团总部职工健身驿站	打浦路 700 号
120	东航	东航职工健身驿站	虹翔三路 36 号东航城
121	世纪出版	世纪出版集团职工健身驿站	号景路 159 弄
122	申迪	上海国际主题乐园和度假区职工健身驿站	国际旅游度假区 B11 地块内迪心楼

【"奋进新征程,建功新时代"——全国财贸轻纺烟草行业暨上海市职工书画展拉开帷幕】 3 月 2 日,由中国财贸轻纺烟草工会联合上海市总工会共同主办、上海市纺织工会承办的"奋进新征程,建功新时代"——全国财贸轻纺烟草行业暨上海市职工书画展,在市工人文化宫拉开帷幕。中国财贸轻纺烟草工会主席王倩出席活动并致辞。她表示,举办书画展是为了把学习贯彻二十大精神焕发出的热情转化为推动各项决策部署落实的强大动力。本次书画展从 874 件财贸轻纺烟草系统参赛书画作品中,撷选 229 件优秀作品(含上

海市优秀职工书画作品 64 件)进行展陈,参展作品紧扣时代主题,聚焦新时代、新气象、新作为,充分展现了创作者们对党的热爱之情。展览累计参观人数 5585 人次。仪式上还首发了《喜庆二十大,奋进新征程——全国财贸轻纺烟草行业暨上海市职工书画作品集》画册。
（张智伟、王家辉）

【浦东新区总工会举办第 5 届"临港杯"职工百团健步走活动】 4 月 22 日,"引领之路 · 健步同行"浦东新区职工"四季彩虹"系列赛事第 5 届"临港杯"浦东职工百团健步走举行。来自浦东新

区各机关、企事业单位的 101 支代表队,2500 余名职工参与活动。区总工会党组副书记、副主席温映瑞出席活动并宣布活动开幕,南汇新城镇党委副书记、镇长朱旭明出席活动并致开幕词,区总工会党组成员、副主席唐雪峰、王洪、戴红,临港新片区管委会党群工作部部长蒋静,南汇新城镇总工会主席王纯玉等出席了本次活动。
（吴周筠）

【"新征程 · 展风采"2023 年浦东职工文化嘉年华闭幕】 12 月 17 日,"新征程 · 展风采"2023 年浦东职工文化嘉年华闭幕式在区工人文化宫举行。上

浦东新区第五届"临港杯"职工百团健步走活动现场　　　　　（吴周筠）

海戏剧学院党委副书记、院长黄昌勇，区人大常委会副主任、区总工会党组书记、主席倪倩，市工人文化宫主任高越等出席闭幕式。本次职工文化嘉年华历时6个月，累计参与职工3.5万人次。闭幕式上，区总工会和上海戏剧学院共同为浦东职工艺术团揭牌，并集中表彰了在本年度各种文化赛事中获奖的职工和单位。

（吴周筠）

【徐汇区总工会开展"创新徐汇·迈向未来"衡复风貌区徒步活动】 11月27日，徐汇区总工会指导徐房集团开展"创新徐汇·迈向未来"衡复风貌区徒步活动。来自区总工会、区信访办、区绿容局等单位以及徐房集团所属企业的22支队伍参加，分4条路线完成文化寻访主题的徒步活动，进一步感受衡复风貌区独特的文化魅力和徐汇在城市更新中的新作为。

（周吉）

【普陀区总工会组织职工运动嘉年华】 7月8日，"七彩秀带·普陀来赛"2023年普陀区职工运动嘉年华在洛克公园铜川路馆火热开赛。活动由普陀区总工会、区职工文体活动中心、长寿路街道总工会、石泉路街道总工会、上海洛合体育发展有限公司联合举办，赛事包括3V3篮球、羽毛球两个项目，体验项目有橄榄球、飞盘等，为普陀职工带来一场集比赛、嘉年华为一体的运动盛宴。区人大常委会副主任、区总工会主席姚军，区总工会党组书记、副主席徐军，区总工会党组成员、副主席郑宣，长寿路街道党工委副书记、总工会主席吕欢，石泉路街道党工委副书记、总工会主席林开勇，上海洛合体育发展有限公司董事长兼洛克公园创始人戴富祺等出席活动。普陀区各系统、街镇工会选派的16支职工参赛队参与角逐。最终，市公安局普陀分局工会、桃浦镇总工

会、石泉路街道总工会分别斩获3V3篮球赛前三名；普陀区公安分局工会、曹杨新村街道总工会、石泉路街道总工会分别斩获羽毛球团体赛前三名。

（陆蕾）

【普陀区总工会举办首届"星火杯"职工文艺节目决赛】 8月底，首届"星火杯"普陀区职工文艺节目展评展演落下帷幕。活动由普陀区总工会主办，区职工文体活动中心承办，吸引了来自全区委、办、局工会及街道（镇）总工会30家单位的40个职工文艺节目报名参赛，包含音乐、舞蹈、语言3大节目类别。20个职工文艺节目晋级决赛，最终决出了10个优秀展演奖，9个展演奖及10个优秀组织奖。

（陆蕾）

【虹口区举办职工趣味运动会（团体赛）】 12月2日，虹口区总工会主办，虹口区工人文化宫承办的2023年虹口区职工运动会"趣乐潮玩，一起来嗨！"趣味运动会（团体赛）在北外滩金茂时尚生活中心举办。来自虹口区机关、事业、街道以及区域内相关企业的11支职工代表队参加比赛。现场举办了简短而热烈的开幕式，区总工会党组书记周静宣布比赛开始，区总工会副主席万滨致欢迎辞，中远海运集运机关工会主席童永平、区工人文化宫主任李珺出席开幕仪式。自8月始，区总工会与区体育局以区第6届运动会为契机，共同举办的2023年虹口区职工运动会历时百天，全区62支代表队参加，设9个项目，包含羽毛球、足球、游泳等竞技类项目，广播体操群众健身类项目和大怪路子益智棋类项目。此次趣味运动会（团体赛）是职工运动会的最后一个比赛项目，集趣味性、娱乐性、协作性和竞技性于一体，设置了室内高尔夫、台球、划船机和抓娃娃机的打卡项目，以及冰壶、飞镖、篮球和桌上冰球的无门槛全民运动项目，满足不同年龄阶层职工的需求，参赛选手充分发扬团队协作精神，汇聚团队力量，展现出各单位团结奋进、拼搏向上的风采。

（马伟杰）

【2023年虹口区职工运动会大怪路子团体赛落幕】 9月23日，虹口区总工会主办、虹口区工人文化宫承办的2023年虹口区职工运动会大怪路子团体赛于在北外滩金茂时尚生活中心五棋一

2023年普陀区职工运动嘉年华现场　　　　　（周舸扬）

牌智力竞技馆落幕，来自虹口区机关、事业、街道以及区域内相关企业的20支职工代表队参加比赛。本次比赛本着"以牌会友"的原则，来自各家单位的选手用快乐参与和相互包容的心态切磋技艺，尽情发挥技术水平，在欢乐紧张的氛围中感受智力运动的乐趣。

（马伟杰）

【**杨浦区总工会开展"五新"系列职工文化活动**】 3—12月，杨浦区总工会开展"五新"系列职工文化活动。该活动9月被纳入全市"强国复兴有我"群众性主题宣传教育活动和首届上海职工文化季重点项目，内容包括"百年根脉，时代新篇——沪东工运馆全景体验活动""劳动荣光，镜述新貌——五一劳动奖摄影展示活动""寻音逐梦，唱响新声——杨浦职工好声音歌手大赛""活力韵动，乐展新风——双创园区趣味健身运动会"和"悦享食光，烹燃新味——百领美食达人大厨艺大比拼"五类活动。活动共吸引线上线下近21万人次参与。

（张秀鑫）

【**黄浦区总工会举办第十二届城市建设者运动会**】 6月15日，黄浦区第十二届城市建设者运动会在苗江路望达路码头广场举行。本次运动会由区总工会、区体育局主办，区卢工体育场、区体育事业发展指导中心承办，共有来自黄浦城发集团、建管委、永业集团、打浦桥街道、淮海中路街道的36支队伍，近350名职工参加。本届运动会设置拔河、跳绳、扔沙包、滚轮胎接力、电子飞镖5个项目，集娱乐性、协作性和竞争性于一体，既是力量的角逐，又是默契的考验，既是个人体育竞技水平的展示，又是对团队协作能力的检验。（曹超宇）

【**黄浦区总工会举办第四十七届南京路马路运动会**】 10月25日，1000余名黄浦职工齐聚步行街，参加黄浦区总工会举办的"共建魅力南京路，同享健康新生活"第四十七届南京路马路运动会。区人大常委会副主任、区总工会主席张芹及相关领导莅临现场。运动会沿步行街由新世界城至和平饭店，全线设置有传统项目滚圆台面混合接力、托盘有障碍混合接力和拔河邀请赛。结合沿街历史故事与百年建筑，设置了特色路段活动。除赛事本身，现场还有民俗体

9月27日，首届静安职工文化季在市北高新园区开幕　　（王家骏）

育展演，如木兰扇、军鼓、趣味风筝。形式多样的活动覆盖了整条步行街，划出了一条流动的体育风景线，吸引了更多职工、市民参与其中，以简朴、融合、健康的理念倡导了运动新风尚。（曹超宇）

【**静安职工文化季开幕**】 9月27日，"艺"起来静安职工文化季开幕式暨传统文化直通车第76站市北高新园区专场活动拉开序幕，市总工会党组成员、副主席丁巍，静安区人大常委会副主任、区总工会主席林晓珏，市工人文化宫党委副书记、主任高越，静安区总工会党组书记、副主席许俊，市北高新（集团）有限公司党委书记、董事长罗岚等出席。丁巍、林晓珏共同启动静安职工文化季开幕式。高越、许俊代表市工人文化宫和静安区总工会就双方文化服务项目共建共享进行签约。罗岚为活动致辞。活动由开幕式、职工才艺秀、职工文化服务市集3大板块组成，活动最后，各位领导为静安区总工会"'工'同读经典 · 绘声品静安"职工文化展示活动的30名获奖选手代表颁奖。市工人文化宫茉莉花艺术团带来了川剧变脸、魔术表演等精彩节目。静安的职工们带来了自编自排自演的工装秀及音乐情景剧，特别是快递小哥乐队带来了精彩的歌曲串烧，展示了新就业形态劳动者的风采。备受欢迎的静安"幸福直通车"带来了静安老字号商户和市北自有商户联手为职工送上的专项福利，活动现场人头攒动，热闹非凡。艺起来静安职工文化季为广大职工提供广阔舞台，让大家"艺"起赛风采。（姚　馨）

【**宝山区总工会举行"幸福宝山路，文明修身行"健步走主题活动**】 10月22日，宝山区总工会在罗泾镇涵养林大草坪举行"兴业银行杯"上海城市业余联赛"战FUN宝山，泾彩同行"美丽乡村徒步赛"幸福宝山路，文明修身行"健步走主题活动。超400组亲子家庭共同参与市体育局党组成员、一级巡视员赵光圣，区委副书记陆奕绎，区委常委、宣传部部长胡宝国，市慈善基金会宝山区代表处处长周德勋，区人大常委会副主任、区总工会主席顾瑾，副区长薛飒飒等领导和劳模工匠代表、爱心企业家、工会干部、职工代表们出席活动。活动设置了4公里的农趣体验环节，包括割稻、打谷、套圈、泡泡秀等，这不仅让孩子们体验到了农耕的氛围和丰收的喜悦，也使参赛选手们在奔跑中欣赏到了乡村的绝美景色，在亲子互动中享受了甜蜜的时光。活动的终点设在花红村耕织园，园内的"美食补给站"，为参赛选手们提供了丰富多样的特色食材，不仅为选手的能量补给提供了有力保障，也让选手在味蕾上有了一次丰富的体验。

（朱　艳）

【**宝山区总工会举行"高新杯"职工乒乓球比赛**】 5月13日，2023宝山区职工文体十大赛事开赛仪式暨"战FUN宝山""高新杯"宝山区职工乒乓球比赛在区工人文化活动中心拉开帷幕。区人大常委会副主任、区总工会主席、党组书记顾瑾，宝山高新技术产业园区党工委书记黄琼，区总工会副主席（分管日常工作）、副书记沈玉春，区体育局党组成员、副局长陆体金，区总工会党组

成员、经审会主任冀晓蕾以及运动员、裁判员约150人参加开赛仪式。本次"高新杯"宝山区职工乒乓球比赛由区总工会、区体育局、宝山工业园区管理委员会主办，共有24支队伍，228名男女运动员参加。比赛项目分为男子单打、女子单打、团体赛3项，采取三局二胜11分制比赛方式进行。 （朱 艳）

【闵行区举办职工业余电竞比赛】 7月15日，闵行区首届职工业余电竞比赛——王者荣耀争霸赛，在虹桥镇华纳商务中心举行。来自闵行各行业的44支参赛队伍270名职工齐聚一堂，群雄争霸。比赛由区总工会主办，6月，比赛报名信息一经发布，就受到广大职工的高度关注。职工热情高涨、踊跃报名，在各级工会的引导下，组建了44支参赛队伍。参赛职工来自各行各业，从一线工人、外卖小哥，到机关干部、医务工作者。经过激烈的比拼，半决赛启用了华纳中心大荧幕，把选手们精彩操作呈现在大荧幕上，由专业解说员及时分析比赛战况，将现场的气氛推向高潮。最终，凭借默契的团队配合和过硬的个人操作，华漕镇能则浪战队夺得了首届职工业余电竞比赛王者荣耀争霸赛冠军。 （王 凯）

【闵行区举行百强企业乒乓球比赛】 10月28日，由市总工会指导，闵行区总工会、区体育局、区经委联合主办，中国银行闵行支行、七宝中学协办，区乒乓球协会、熠展体育俱乐部承办的2023"中国银行杯"闵行区首届百强企业暨区域化工会共建联盟单位职工乒乓球比赛在七宝中学举行。来自闵行区各企业和区域化工会共建联盟单位的共计32支队伍、200余位选手参与比赛。比赛促进了区百强企业的交流，巩固了区域化工会共建联盟的合作，是助力优化营商环境的有力举措，也是对全区职工体育建设的一次有益探索和全新尝试。 （花雨扬）

【闵行区总工会举办园区职工"午间一小时"趣味运动巡回赛】 4—5月，闵行区总工会在闵行经济技术开发区、紫竹高新区、马桥镇产业园区等8个园区开展"我参与、我运动、我快乐"——2023年园区职工"午间一小时"趣味运动巡回赛活动。活动设有同心协力、踩石过河、套圈圈、公鸡下蛋、滚铁环电子飞镖6个项目，分别设单人奖和团体奖，并设置了现场互动区域宣传工会工作，让更多的企业和职工认识工会、了解工会、加入工会。 （黄秀婷）

【松江区工人文化宫推出"致敬劳动者·五一宫中乐"体验周活动】 五一假期，松江区工人文化宫在为全区广大劳动者推出为期五天的"致敬劳动者·五一宫中乐"体验周活动。其间，区工人文化宫组织广大劳动者观看由众多艺术家和演员表演的儿童剧《大卫上学去》、海派新喜剧《疯狂教室》等各类专场演出。体验烘焙、品茶、手工、亲子互动等29门免费课程和"虚拟空间站"近百款虚拟游戏。参观"你视线里的美好生活"海派名家扇面展、松江区劳模工匠事迹展、"学习二十大、奋进新时代"职工书画展。同时，设置优质商品展销区，便于职工及社会群体根据需求采购。体验周将游戏互动、商品展销、场馆参观、课程体验、戏剧演出及观看电影融入到场馆中，提升了区工人文化宫阵地知晓度和社会影响力。（周宛琳）

【松江区总工会举办羽毛球混合团体赛】 9月2日，2023"农行杯"首届松江职工羽毛球混合团体赛在区体育馆拉开帷幕。比赛由松江区总工会主办，区工人文化宫、中国农业银行上海松江支行承办。采用混合团体赛制，共分混双、男单、女单、男双、女双5个项目。历时3周，共32支参赛队，经过63场激烈角逐，最终决出冠亚季军，以及第四名4支队伍。羽毛球团体赛激发了基层工会组织活力，提升了职工凝聚力和顽强拼搏、锐意进取精神。（褚安琪）

【奉贤区举办"I跑贤城"骑聚汇活动】 5月23日，奉贤区社会工作委员会、区总工会、区司法局共同开展的"为奋斗喝彩，创美好生活"——"I跑贤城"骑聚汇活动生活广场举办。活动现场设置了街头快闪舞台，包含"骑"展风采街头歌艺、"聚"力前行跳绳挑战、"汇"爱时光寄递温暖3个项目。活动还举行了"浦法守护"——新就业形态劳动者全生命周期法律服务项目启动暨法律服务地图发布仪式，发布了"先锋骑手"参与社区治理可以兑换"骑享惠"福利的商家名单，让外卖骑手维权有道、服务有门。 （钱 洁）

【奉贤区总工会举办首届职工文体嘉年华系列活动】 2023年，奉贤区总工会举办"缤纷贤城，'工'绘蓝图"——奉贤区首届职工文体嘉年华系列活动。结合职工"美育工程"建设，精心设计12项活动，包括首届奉贤企业产品职工创意show、首届奉贤职工王者荣耀电竞大赛、智能体质监测服务季、微视频、篮球赛等奉贤职工喜爱和关注的文化体育类比赛和活动项目。系列活动累计12场次，参与3万余人次。其中，作为市总工会主办和指导的市职工智能体质监测服务季奉贤专场和第八届上海职工篮球联赛男子4人制比赛，吸引了来自全市各区局(产业)的职工踊跃参与，扩大了奉贤职工体育赛事的品牌影响力。 （钱 洁）

奉贤区"I跑贤城"骑聚汇活动 （钱 洁）

【崇明区总工会举行职工文化活动阵地启用仪式】 4月26日，崇明区总工会举办职工文化活动阵地启用仪式。区委副书记杨元飞，区人大常委会副主任、区总工会主席张建英，市工人文化宫主任高越，区总工会党组书记、副主席秦文新，市总工会宣传教育部副部长邹晓鹰等出席仪式。据悉，区职工文化活动阵地位于城桥镇朝阳门路11号，历时2年多的改造。改造后总建筑面积4321.65平方米，一共分为4层，集宣传服务、文体活动、培训教育等功能为一体，设置了运动场馆、操练房、茶艺室、烘焙室、书法室等配套设施，为职工们提供了一个学习、交流、娱乐的场所。

（袁佳琪）

【崇明区总工会举办沪浙职工文化交流音乐会】 11月23日，崇明区总工会联合市工人文化宫、区文旅局举办的2023上海崇明乡村文化旅游节系列活动"悠哉崇明·箫萨歌唱"沪浙职工文化交流音乐会在区融媒体中心举行。音乐会上，笛子演奏家吴坚，青年萨克斯演奏家米朵、马杰思，上海轻音乐团女高音歌唱家肖蕊，浙江知名流行乐队北纬30°和"2023年崇明海岛十佳歌手"肖蒙、丁光磊、周聪等向观众献上了精彩的音乐演出，中西乐器交融，现代与传统文化碰撞，演绎出不同凡响的艺术效果。活动满足了崇明职工高质量文化需求，助推崇明文旅高质量发展。

（袁佳琪）

【市机电工会举办"电气坐标"定向赛】 4月22日，以"出发·向未来"为主题的"电气坐标"定向赛在徐汇体育公园拉开序幕。比赛吸引了系统内68家企业88支队伍350余名选手参加。上海电气集团党委书记、董事长冷伟青致辞，并与党委副书记、市机电工会主席朱兆开等集团领导及高管鸣枪出发。"电气坐标"是指选取了上海电气16个产业园区作为打卡点，分4条线路以公共交通方式打卡、闯关，既是传播绿色低碳理念，也让来自不同产业板块的电气职工走进电气、了解电气。举办这项赛事的意义在于体现上海电气人重走创业路，开辟新赛道，在美好的春天向未来出发的信心和决心。比赛当天，主题为"携手·向未来"的上海电气乒乓球邀请赛同时举行。申能集团、华

虹集团、中国重燃、中国航发、西门子能源、西门子(中国)、中国商飞等多家合作伙伴的主要领导到现场，为自己的队伍助威。大家场上切磋球技，场下共叙友情，以"乒乓外交"促合作交流，彰显上海电气"开放协同、合作共赢"的发展理念。

（张 鹤）

【市机电工会举办"电气杯"羽毛球赛】 9月23日，上海电气集团股份有限公司第五届"电气杯"职工羽毛球比赛在东方体育中心举行。本届比赛主题为"无限活力，创造奇迹"。上海电气集团党委副书记、市机电工会主席朱兆开宣布比赛开赛，市机电工会常务副主席袁胜洲致辞。来自各企业的57支队伍近400名羽毛球爱好者尽情挥拍，展现电气体育风采和运动活力。赛事设男单、混双、男双3个项目，采用团体积分制、分小组单循环赛和淘汰赛两个阶段进行。经过一天的激烈比拼，最终上海汽轮机厂卫冕冠军，上海辅机厂、上海发电机厂分获亚军、季军。 （张 鹤）

【上海仪电华鑫慧享城职工健身驿站揭牌】 2月10日，仪电工会主席与华鑫置业(集团)有限公司党委书记、总经理共同为"华鑫慧享城职工健身驿站"揭牌。"华鑫慧享城职工健身驿站"是仪电工会为满足华鑫园区广大职工开展体育健身活动、增强身体素质需求，而精心打造的健身活动场所，是市为民办实事项目推出的首批50家职工健身驿站之一。目前，该职工健身驿站由健身活动房和多功能健身操房(瑜伽室)组成。总面积260平米，包含有跑步机、飞镖机、划船机、魔镜等各类互动性、智能化健身设备。 （周黎俊）

【2023年上海仪电文化体育节开幕】 4月15日，"踔厉向未来，仪电再出发"2023年上海仪电文化体育节开幕式暨"奋进百年发展历程"职工健康乐行活动在浦东世博公园欢乐开幕。本次活动由市仪表电子工会主办。集团领导班子成员，各重点子公司和直属单位党政工领导、工会干部，仪电跑步爱好者和参加健步走的职工近350人参加了开幕式和健康乐行活动。集团领导为开幕式致辞并宣布2023年上海仪电文化体育节开幕，并与各位选手一同参加了10公里竞速跑、3公里健步走。颁

奖仪式上，集团领导分别为荣获10公里竞速跑团体和个人一、二、三等奖的运动员颁发了奖牌和奖杯。 （周黎俊）

【"仪电杯"上海市职工射箭大赛举行】 5月27日，数百名来自上海知名企事业单位的射箭爱好者汇聚开新文体公园，参加第一届"仪电杯"上海市职工射箭大赛。比赛由市职工文化体育协会、上海仪电(集团)有限公司主办，市仪表电子工会等承办。市总工会党组成员、副主席桂晓燕，市仪表电子工会主席顾文，市总工会宣教部副部长李明等为比赛揭幕。开幕仪式上，顾文致开幕词。她表示，举办职工射箭大赛，旨在通过体育比赛，激发职工的团队意识和拼搏精神，增强团队凝聚力，为推进企事业单位的高质量发展贡献力量。桂晓燕为仪电集团颁发了特别贡献奖。由仪电集团18位选手组成的4支参赛队伍经过紧张激烈的角逐，在38支参赛队伍中脱颖而出，取得了可喜的战绩。

（李 琳）

【上海仪电组队参加"申迪杯"第二届市职工龙舟大赛】 6月17日，由市总工会和市体育局联合主办的"中国梦·劳动美"——"申迪杯"第二届上海市职工龙舟大赛在美丽的迪士尼星愿公园湖畔开桨。市总工会党组成员、副主席丁巍，市体育局副局长宋慧等领导出席活动并为比赛鸣锣。由云赛智联和飞乐音响职工组成的仪电龙舟队和来自全市各行业的其他18支参赛队伍同场竞技。队员们克服组队时间短、训练磨合时间少的困难，同舟共济，奋力划行。最终获得了比赛的第12名。

（李 琳）

【2023年上海仪电文化体育节闭幕式暨红色文化寻访活动开启】 12月2日，"荣耀百年·奋进仪电"2023年上海仪电文化体育节闭幕式暨"知仪电·爱仪电"仪电发展、城市足迹和红色文化寻访活动在华鑫慧享城园区拉开了帷幕。仪电工会领导、各重点子公司和直属单位工会主席、各基层企业工会负责人代表、工会干部以及由100多名职工组成的21支参赛队伍参加了闭幕式和寻访活动。活动现场开展了学习中国工会十八大精神知识竞赛，由各基层单位派出的21支队伍，经过激烈的线上

8 月 19 日，东方国际集团第二届职工健身运动会在长宁虹桥体育公园开幕
（张智伟）

答题和抢答对决，最终决出了冠军、亚军和季军。2023 年上海仪电文化体育节以"荣耀百年·奋进仪电"为主题开展的系列活动，吸引了各基层单位职工的广泛参与。闭幕式上，由各重点子公司和直属单位工会主席为本届文化体育节中的 21 家基层单位工会颁发了优秀组织奖。仪电工会领导为知识竞赛获奖团队颁发了奖牌。仪电工会主席宣布 2023 年仪电文化体育节正式闭幕和"知仪电·爱仪电"仪电发展、城市足迹和红色文化寻访活动开启。寻访活动共设置了 7 个打卡点，包括仪电集团展示馆、上海无线电博物馆、上海工业自动化仪表研究院有限公司、新象限·武夷城市微更新项目、西岸智塔创新院多功能厅、武康大楼、龙华革命烈士纪念馆等。全程近 23 公里，21 支参赛队兵分两路在各个打卡点进行参观学习和完成答题，进一步深入了解仪电发展历程和企业文化内涵，增强归属感和认同感。　（李琳）

【市化学工会推出华谊职工驿站服务】
9 月 15 日，市化学工会在徐家汇路 560 号华仑大厦推出职工驿站系列服务。前期，工会通过基层调研，结合职工多层次需要，践行"阳光华谊"家文化，打造"华谊职工健身驿站""阳光华谊幸福驿站"。推出了瑜伽、太极、健身、书法、绘画等体验课，累计吸引超过 500 人次参加活动。并上线"谊彩风华"驿站配套报名小程序，倾力打造华谊职工线上精神文化阵营，举办线上文化作品巡展，丰富职工文化生活。　（朱墨侃）

【东方国际集团第二届职工健身运动会开幕】 8 月 19 日，东方国际（集团）有限公司第二届职工健身运动会开幕式在长宁虹桥体育公园举行。运动会以"奋斗的你了不起！加油出发向未来！"为主题，传递和激发集团广大干部职工意气风发的精神风貌和豪迈气概。集团各产业板块、各岗位及各年龄层次的 735 名优秀职工选手分别投入到广播体操赛、集体跳绳赛等 8 个竞赛项目 12 个比赛单项角逐，充分展现了职工的顽强拼搏精神和团队协作力量。（张智伟）

【上海医药集团举办健康跑／健步走活动】 5 月 20 日，上海医药集团股份有限公司在崇明上实东滩生态园举办"爱健康、爱生活、爱上药"健康跑／健步走活动。本次赛事设 8.8 公里健康跑与 3.8 公里健步走两个项目，来自沪内外 38 家单位的千余名职工选手参赛。上海医药集团党委书记葛大维、上海医药执行董事、总裁左敏，其他集团领导赵勇、沈波、任健、张耀华、余群等出席活动。经过激烈角逐，8.8 公里健康跑男子组前 10 名与女子组前 6 名选手获奖。
（陈玮雯）

【上海医药集团文艺新人选拔赛决赛圆满落幕】 10 月下旬，上海医药（集团）有限公司在上药新亚药业有限公司举行"上药最动听"文艺新人选拔赛决赛。集团领导姚嘉勇、沈波、任健、张耀华、余群、陈剑伟，集团总监、参赛员工所在企业党政工领导、集团总部部门负责人、一线的劳模先进代表以及沪内外部分企业员工等 700 余人齐聚一堂，共享

这美妙的音乐之夜。据悉，"上药最动听"文艺新人选拔赛自 7 月启动。大赛设声乐、主持、舞蹈、器乐 4 个项目，一经推出，就受到了 30 家沪内外企业近 350 名员工的踊跃报名参与。经过层层选拔，舞蹈、器乐两个项目已先期完成决赛。当天，20 位声乐选手、10 位主持选手也完成了决赛赛程。　（陈玮雯）

【国网上海市电力公司工会举办职工文体活动】 2023 年，国网上海电力公司工会举办多项职工文体活动。4 月 14 日，"奋进新征程，建功新时代"国网上海市电力公司职工宣讲比赛决赛落下帷幕。12 名职工宣讲人走上舞台，用真情实感讲述他们身边追梦、逐梦、圆梦的真实故事。9 月 20 日，举行职工工间操比赛，来自各基层单位的 34 支职工工间操队伍近 400 名职工运动员参与表演，市区公司、公司机关的职工工间操队伍获得一等奖，浦东公司等 4 支队伍获得二等奖，崇明公司等 6 支队伍获得三等奖。5 月 26 日，公司 2023 年职工乒羽选拔赛鸣锣开赛，来自各基层单位的 160 余名职工展开激烈角逐。最终，市区供电公司成为最大赢家，在 9 个单项比赛中斩获 3 个冠军，来自公司本部、浦东、超高压、经研院、特高压、东捷集团的职工在其余 6 个单项中折桂。9 月 26—28 日，华东电力职工第九届"友谊杯"乒羽比赛在福建厦门开赛。来自市区公司的陶然勇夺羽毛球男子单打冠军。来自本部和华送公司的涂崎／顾俊组合、来自浦东公司的魏英杰、来自经研院的陈甦分别在羽毛球领导组双打、乒乓球男子单打、羽毛球女子单打项目中杀入八强。10 月 14 日，2023 年职工健康跑活动在滨江森林公园鸣枪起跑。公司领导和各基层单位职工近千人参加活动，活动设置 10 公里健康跑、5 公里欢乐跑和 3 公里健步走项目，体现群众性和普惠性特点。　（陈振兴）

【上海电建公司工会举行 2023 年职工网球比赛】 9 月 26 日，上海电力建设有限公司举办的职工网球比赛在上海绿洲运动中心举行。共有 8 支来自公司机关及基层单位的队伍参赛。公司机关、二公司分别获得 A 组、B 组冠军。网球比赛作为公司的一个传统体育项目，不仅为全公司的网球爱好者提供了一个相互交流、切磋球技的机会，也丰

9月16日，中国宝武宝钢股份"致敬过去 奋进未来"加油跑活动，在宝钢一号高炉纪念广场开跑
（杜毅铭）

富了广大职工的业余生活，点燃了职工的健身热情。 （傅 诚）

【宝地资产广泛开展群众性文体活动】 2023年，宝地不动产资产管理有限公司工会依托乒乓球、羽毛球、篮球、棋牌、钓鱼、花艺、射箭、拳操等8个文体协会，定期开展日常协会活动，承办组织了公司级乒乓球、羽毛球、钓鱼、棋牌、花艺等比赛和活动7场，参加职工260人次。举办"宝地杯"职工龙舟赛，14家单位近350名职工组成14个队伍参赛。历时1个半月，举办"宝地杯"足球比赛，10个单位7支代表队近120名职工参赛。"展风采、创一流、共筑宝地梦"职工趣味运动会，14个参赛队近300名职工参加。组织全体在沪在岗职工参加2天1晚"看上海"文旅活动，共开设18条路线，参加职工1800余名。组织全体在沪在岗职工开展"品上海"活动，2413职工参与。组织职工团队建设活动，参与职工2000余名。 （朱 宏）

【宝冶工会举办"迎新杯"羽毛球赛】 12月23日，上海宝冶集团有限公司工会举办"迎新杯"职工羽毛球比赛。比赛设男单、女单、男双、混双4个项目，23家二级单位150名运动员参赛。"迎新杯"羽毛球赛是宝冶职工文体活动的传统项目，也是2023年宝冶两级工会文体活动的收官之作，旨在鼓舞职工以更加昂扬的斗志和更加健康的体魄迎接新年新征程。 （张 舟）

【宝冶书印艺术创新工作室揭牌】 6月5日，中冶印社创作中心、宝冶书印艺术创新工作室、宝灵印社创研基地举行揭牌仪式，上海宝冶党委副书记陈岩峰、工会主席阳刚、上海市书法家协会常务理事、宝山区文联副主席刘庆荣，宝山区美术家协会副主席、宝灵印社副社长吴山南等为工作室揭牌。在"多彩宝冶"文化引领下，上海宝冶职工篆刻艺术成果丰硕，60余件作品入展各类展赛。29人次加入了省、市、区、行业的书法家协会。职工创作的"喜迎冬奥会""抗击新冠疫情""廉洁""珍惜粮食"等主题篆刻受多方好评。2019年成立的中冶印社，是中国职工文化体育协会成员，先后举办"书印同庆建党百年"职工书法篆刻作品展和"'岗位建新功'喜迎二十大职工篆刻作品网展"，取得了良

好的成绩和社会效应。 （张 舟）

【上海石化举办庆祝40周年职工合唱比赛】 为庆祝中国石油化工集团有限公司成立40周年，4—7月，上海石油化工股份有限公司工会开展"学习贯彻二十大精神，重整行装再出发"职工合唱比赛，19家单位组成17支队伍参赛。经激烈角逐，合成树脂部作品《领航》获金奖，公司机关作品《你的答案》、物资采购中心、金贸公司联合队作品《没有共产党就没有新中国》、公用事业部（海堤管理所）、统计中心联合队作品《腾飞的金山》获得银奖，环保水务部、热电部上海培训中心联合队、先进材料创新研究院、烯烃部、行政事务中心、销售中心联合队获得铜奖。 （卜 晨）

【上海船舶工会举办职工趣味运动会】 5月20日，上海船舶工会在上海电力大学临港校区滴水湖环湖步道，成功举办"船舶杯"2023年上海市职工智能趣味运动汇系列活动暨上海船舶职工趣味运动会。来自上海船舶系统12家单位的20支队伍近300人参赛。上海船舶公司党委副书记、工会主席顾奕宣布运动会开幕。市总工会宣教部四级调研员余洪海、上海电力大学工会常务副主席毛静涛和部分基层工会主席出席开幕式。20支队伍参加第九套广播体操，及"旱地龙舟"、"企鹅漫步"、"同心协力"、"障碍接力"等趣味运动项目比赛。 （孙颀伟）

上海石化举办"学习贯彻二十大精神，重整行装再出发"职工合唱比赛
（卜 晨）

【外高桥造船公司工会举办"爱达魔都号"邮轮家庭日】 11月18日，由上海外高桥造船有限公司工会主办，邮轮内装分工会承办的"携手亲情·与邮同行"邮轮家庭日活动成功举行，106组家庭255名员工和家属热情参与此次活动。活动中，员工及小家属们向大家奉送了声乐、歌舞等形式多样、内容丰富的文艺演出，赢得了观众的热烈掌声。大家近距离参观国产首制大型邮轮，打卡留念，领悟了这座凝聚了现代工业与文化艺术"海上现代化城市"的魅力。邮轮家庭日的举办，促进了企业与职工家庭之间的沟通交流，增强了职工爱企爱家情怀。 （苏比努尔·吐尔洪）

【市烟草工会举办职工趣味运动会】 10月27日，市烟草工会在集团职工活动中心组织开展2023年上海烟草"和搏一流·筑梦中华"职工趣味运动会，集团下属27家工商单位组队参赛。趣味运动会共分为"协力同心"拔河竞赛、"规行矩步"团队竞速赛、"百步穿杨"足球射门赛、"和搏一流"陆地冰壶赛、"步步为赢"魔方还原赛、"'箭'证奇迹"射箭竞技赛6个团队项目，还特别设计了巨幅集体拼图环节，通过航拍合影，为集团组建30周年送上真挚祝福。 （余雪）

【上海化工区工会举办长三角化工园区一体化发展联盟第二届"发展杯"乒乓球团体邀请赛】 10月28日，长三角化工园区一体化发展联盟第二届"发展杯"乒乓球团体邀请赛在上海化工区体育馆开赛。这是在上海化工区体育馆改造升级后举办的开馆赛，来自长三角区域的化工园区、上海石化、高桥石化和金山区、奉贤区的12支参赛队伍以球会友、奋力"乒"搏，共同上演一场乒乓友谊盛会。活动对推动长三角地区产业职工全民健身运动、增强互动交流、打造园区特色文化品牌产生积极效应。 （陆佳慧）

【上海化工区工会举办"华谊·氯碱杯"龙舟赛】 6月10日，上海化学工业区"华谊·氯碱杯"龙舟赛在化工区中央河激情开桨。化工区管委会党组书记、主任马静宣布比赛开幕，管委会二级巡视员、区工会主席李庆红为活动致辞，化工区公安分局、金山出入境边防检查

站、华谊集团工会、上海氯碱化工股份有限公司等单位的领导出席并颁奖。开幕仪式上，出席活动的领导共同为龙舟"点睛"，来自园区26支代表队的363名运动员在中央河开启水上竞逐。经过激烈角逐，"氯碱天原队"斩获本次比赛一等奖，"华谊天原物流"等2支代表队伍摘得比赛二等奖，"中石化催化剂"等5支代表队伍摘得比赛三等奖。 （陆佳慧）

【铁路上海局集团公司工会开展职工文体活动】 2023年，铁路上海局集团公司工会发挥组织优势，以"中国梦·铁路情·劳动美——勇当'火车头'，先行作贡献"为主题，举办集团公司第二届职工艺术节，设声乐、曲艺、诵说讲、原创歌曲和微视频创作等比赛项目，精心组织开闭幕式，讲好上铁故事。组队参加第九届全国铁路职工才艺大赛。举办"安全文化送一线"职工书画创作专题笔会，开展职工文化大讲堂、优秀作品巡回展演和纪念三八劳动妇女节系列活动，潜移默化提升职工文化素养。组队代表中国火车头体协参加全国桥牌团体赛、五人制足球甲级联赛、第五届智力运动会，举办职工乒乓球、足球、篮球、气排球、羽毛球、电子竞技等"火车头杯"系列体育赛事。开展"全民健身日"和"体育宣传周"活动，组织"宣贯二十大，幸福再出发"职工健步走活动，引导职工快乐工作、健康生活。建成投用杭州西动车所职工体育活动中心等一批文体场所，在"上铁职工家园"APP开通文体场馆网上预约。 （郭骁）

【中远海运集团工会举办第三届职工羽毛球、乒乓球比赛】 11月10日，中国远洋海运集团有限公司工会主办的第三届职工羽毛球比赛在广州体育馆成功举办。比赛设男双、女双、混双、男单、男双5个项目，来自24家单位22支参赛队、249名运动员参赛。11月23—24日，中远海运第3届职工乒乓球比赛在上海华东师范大学体育馆举办，23支参赛队206名运动员欢聚申城，在男单、男双、女单、混双、男双5个项目上竞技，共享国球魅力。 （周敏励）

【上港集团首届洋山职工文化艺术节圆满落幕】 10月，上海国际港务（集团）

股份有限公司第一届洋山职工文化艺术节开幕式暨职工卡拉OK大赛在冠东公司举行，来自盛东公司、冠东公司、尚东分公司、同盛物流、申港石油的120余名职工参加。洋山职工文化艺术节由片区各单位群团组织，围绕弘扬中华优秀传统文化的宗旨，组织了书法、篆刻、剪纸、古筝演奏、葫芦雕刻等体验活动，受到职工的欢迎。来自5家单位的14组选手在卡拉OK决赛上依次登台演唱，盛东公司的蒋正太凭借声情并茂的演唱荣获一等奖。 （冠东）

【长江轮船公司工会开展职工健步走活动】 3月26日，长江轮船上海公司工会组织开展了"赓续基因，凝聚合力，向海而生"职工健步走活动。活动以中国航海博物馆为起点，40余名职工代表参观正在中国航海博物馆展出的"华轮之光——庆祝招商局成立150周年"特展，了解招商局在中华民族"站起来、富起来、强起来"发展史，并参加环湖健步走活动。活动激发出职工积极向上的精神与活力，为新时期公司书写推动长江航运高质量发展的新篇章积蓄了宝贵力量。 （龚兰）

【上海邮政举办美术鉴赏培训】 8月17日，中国邮政集团工会上海市委员会在邮政大楼南厅举办"笔尖天地"美术鉴赏培训沙龙。共有来自27家单位的50余名爱好者报名。讲座邀请资深美术评论家曹怡授课，他从印象派大师莫奈开始介绍，一路追随历史上著名的各个画派大师的作品，为大家深入浅出的讲解绘画艺术的鉴赏要点、作画技巧等，帮助美术爱好者和初学者以不同的视角打开了艺术之窗。 （陆彬）

【上海邮政举办文艺创作展示会】 9月27日，中国邮政集团工会上海市委员会在邮政大楼举办"党旗下的风采"文艺创作展示会。共有来自24家单位选送的25组节目，200余名演员，登上舞台。展示活动通过各类艺术表现形式宣扬正能量、歌颂主旋律，充分表现广大员工在邮政新一轮发展中，发奋努力、顽强拼搏、无私奉献，争创一流的爱岗敬业精神。展现员工恪尽职守，敢于担当，勇挑重担的动人故事与突出贡献。经评比，奉贤区分公司的舞蹈《我的主打歌》、静安区分公司的魔术《快乐魔方》

7月11日，上海邮政工会举办"勇乒高峰"第三届乒乓球精英挑战赛
（陆 彬）

荣获舞蹈综合类一等奖；黄浦区分公司的演说京剧《邮票上的故事》荣获语言融合类一等奖。 （陆 彬）

【上海电信举办第六届员工运动会】 5月28日，中国电信上海公司在源深体育馆举行第六届员工运动会暨第21届全员健身日活动。市总工会党组成员、副主席桂晓燕出席开幕式，公司党委书记、总经理龚勃，上海通服党委书记、总经理雷宇，公司党委委员、纪委书记马明，公司党委委员、副总经理、工会主席常朝晖，公司党委委员、副总经理胡伟良等出席活动。各单位、部门主要领导、工会主席和各单位全口径人员及家属代表近千人参加活动。活动以"翼起运动，健康向未来"为主题，旨在凝聚全公司全口径人员以健康的体魄、激发的活力、奋斗的激情。现场，国旗方阵、司旗方阵、队旗方阵开启了精彩的入场仪式。紧随其后，30家基层单位代表队带来了精彩的入场及队列操展示。开幕式后，趣味PK赛开始，现场设立了"同舟共济""快乐前行"和"步步高"3个趣味PK赛项目，30支队伍每队派出10人参加比赛。团体比赛结束后，以个人为主体的运动嘉年华环节随即拉开帷幕。会场中设立了投篮、跳舞等7个趣味游戏，只需在3个游戏站完成打卡。活动展现了上海电信全口径人员拼搏向上、健康快乐、团结奋进、斗志昂扬的良好精神风貌。 （殷 茵）

【中交上航局举办第五届职工羽毛球赛】 2月22日，中交集团上海航道局有限公司工会举办第五届职工羽毛球赛。上航局党委副书记、纪委书记、工会主席方君华出席并为获奖队伍颁奖。比赛为团体赛，来自11家单位共计60多名运动员参加了男单、女单、男双、混双比赛。比赛进一步激发了广大职工的工作热情，强化了团队协作精神，激励职工的精气神。最终，勘察设研公司代表队获得冠军，上海交建公司代表队和公司总部代表队分获亚军、季军。 （龚海清、季 巍）

【上海机场举办2023年职工篮球赛】 9月16—17日，由上海机场（集团）有限公司工会主办，物流公司工会承办的"奔向光荣与梦想的新征程——2023年上海机场职工健身节闭幕式暨职工篮球赛"成功举行。集团公司24支球队共200余名选手报名参赛。集团公司党委副书记、工会主席张永东，机场公安分局政委董斌出席活动并向获奖球队颁奖。集团公司工会副主席、各直属单位工会主席、机场公安分局政治部、各基层单位工会负责人等参加活动。张永东希望各支运动队的参赛队员把比赛中永不服输、一往无前的精神和敢打敢拼、决战决胜的作风带回单位，带到岗位，以饱满的热情和顽强的斗志，全力谱写上海国际航空枢纽建设新篇章。球场上，队员配合默契，尽情挥洒汗水；球场下，观众呐喊助威此起彼伏。2023年集团公司职工健身节以"奔向光荣与梦想的新征程"为主题，于6月10日在浦东机场水上运动中心开幕，历经3个月，先后举办了职工水上运动会、

趣味运动会、职工羽毛球赛、职工乒乓球赛、智力运动会、职工篮球赛等系列赛事，在全集团范围内掀起了全员健身的热潮。 （张雯倩）

【市交通委工会举办海派文化讲座】 10月9日，市交通委员会工会特邀知名文化学者孙孟晋（文艺评论家、纪录片导演、诗人、艺术策展人、国家一级导演）为系统女职工作《文学、影像与海派城市的相互塑造》讲座，进一步深化委系统女职工读书活动。孙孟晋从上海城市的发展，海派小说的特点等方面进行了详细的讲述，并选取了部分作家的代表作品作了剖析，再结合上海电影发展及特色，阐述了文学、影像与海派城市文化的相互影响，勾勒出上海海派文化发展的脉络。提出了海派文化的产生，是市民文化、传统文化和西方文化撞击的结果。让大家对上海这个海派城市的文化发展脉络有了更加深入清晰的认识。 （李晓妹）

【市绿化市容行业举办职工摄影讲座和采风活动】 4月20日，由市绿化和市容管理局工会、市绿化市容行业工会主办，上海植物园、绿化市容宣教中心和市职工摄影联盟共同协办的"春色满园"上海绿化市容行业职工摄影讲座和采风活动在上海植物园成功举办。时任局工会、行业工会主席、二级巡视员肖龙根，宣教中心副书记副主任顾汉生，市职工文体协会摄影专委会秘书长汤静远，上海植物园纪委书记唐海康等出席了活动。活动采取摄影基础知识讲座、实践操作和专业老师辅导相结合的方式进行。来自局直属单位、行业单位、职工摄影联盟和《绿色上海》摄影志愿者队伍的90多名摄影爱好者参加了活动。 （盖永华）

【市绿化市容局职工迎新年定向趣味健身跑鸣枪开跑】 12月29日，由市绿化和市容管理局工会、局团委联合主办，上海植物园协办的市绿化市容局职工迎新年定向趣味健身跑在上海植物园鸣枪开跑。副局长、局工会主席、一级巡视员周海健出席活动，并打响发令枪。来自局系统的22支队伍近300名职工参加了活动。最终，上海植物园获得一等奖，工程管理站、绿化指导站获得二等奖，局机关、质监中心、分类中心

鲁中矿业工会"不忘出发地 永远跟党走"全员健步走活动　　（刘炜权）

分别获得三等奖，另有 6 支队伍获优胜奖。

（盖永华）

【鲁中矿业工会举办第 38 届职工拔河比赛】 4 月 26 日，鲁中矿业举办第 38 届职工拔河比赛。比赛以"凝心聚力，奋勇拼搏"为竞赛主题。鲁中矿业党委副书记、工会主席石文鑫致辞，介绍了鲁中矿业开展全民健身活动和拔河比赛开展情况，号召广大职工加强体育锻炼，在全公司掀起人人关注体育、人人重视健康的热潮。鲁中矿业各单位选拔的 7 支参赛队伍分两组进行比赛。经过 11 场比赛，采矿部 1 队、采矿部 2 队和机械厂队分获本次比赛冠、亚、季军。

（刘炜权）

【鲁中矿业开展全员健步走活动】 3 月 25 日，鲁中矿业工会在鲁中矿业职工俱乐部前广场举行"不忘出发地，永远跟党走"全员健步走活动启动仪式。300 余名干部职工共同参加首场健步走活动，沿途观看党的二十大和鲁中矿业党代会精神宣传展板，聆听企业红色文化和精神谱系介绍，深入感受企业红色文化传承脉络。近距离体验公司生态修复和绿色矿山建设成果，提振改革发展信心，激发干事创业激情。活动期间共有 3000 余名职工参加主题健步走。

（刘炜权）

【市税务工会开展健步走活动】 4 月 26 日，为强化税务机关文化建设，市税务系统举办"奋进新征程，建功新时代"暨"永远跟党走"前滩健步走活动。活动在浦东新区前滩休闲公园举行，广大税务干部沿江健步走，一边用镜头定格两岸美丽的风景，一边感受着浦东改革发展的时代速度。健步走过程中，还组织了二十大精神和主题教育知识问答，为滨江步道沿线的市民发放宣传资料、面对面答疑解惑，广泛宣传税法知识和税费优惠政策，传播绿色税制理念。各区税务局、各税务分局、各稽查局、市局机关各处室（局）、各事业单位 156 支队伍、近千名干部参与。

（李增强）

【市税务工会举办篮球赛】 8 月，市税务工会在宝山区高境镇黑白篮球中心举行"奋斗新征程，建功新时代"2023 年市税务系统篮球赛。来自全系统的 22 支男子篮球队经过半个月的比赛奋战，浦东新区税务局男子一队夺得冠军，松江区税务局男子队、闵行区税务局男子队分列亚军、季军。25 支女子篮球队经过多轮角逐，静安区税务局女子队夺得冠军，浦东新区税务局女子队、市局机关女子队分列亚军、季军。

（李增强）

【市人社局干部培训中心工会开展"我们的节日"系列活动】 年内，市人力资源和社会保障局属市干部培训中心工会以中国传统节日为主线，定期开展"我们的节日"系列活动。在春节、端午、中秋等传统节日，开展迎新座谈会、亲手学习制作粽子、荷花酥等传统美食及灯笼、盆景等传统节庆装饰物，开展猜灯谜、诵诗词等传承民俗技艺，弘扬传统文化。在儿童节、建军节、重阳节赴

儿福院、共建部队、养老院等看望慰问，传递关怀送温暖，不断增强中心干部队伍凝聚力、向心力。

（瞿葆仁）

【市人社局工会开展主题征文活动】 8 月，市人力资源和社会保障局工会组织开展"我与人社事业"主题征文活动。活动历时 2 个月，参与单位、人数为历年之首。通过技术赋能，多形式、全方位立体展示了"我与人社共成长"生动故事，反映了人社政策服务深入人心，诠释了人社服务为人民的理念。在 76 篇应征文中，选取了排名前 40 的征文，开展了为期 20 天的网络作品展示，约有 13.3 万人次参与浏览、点赞。最终，《你好，遇见！》获得此次征文活动的一等奖，另有 3 名、6 名人员分获二等奖、三等奖，20 名获优胜奖。

（瞿葆仁）

【上海市第九届教工运动会闭幕】 6 月 18 日，上海市第九届教工运动会颁奖仪式暨群众体育活动展演在上海大学宝山校区举行。市人大常委会副主任、党组副书记，市总工会主席郑钢淼，中国教科文卫体工会副主席、一级巡视员高洁，市教卫工作党委书记沈炜，上海大学党委书记成旦红，市总工会副主席丁巍，市教卫工作党委副书记、市教育工会主席张艳萍，市教委副主任王浩，市教卫工作党委二级巡视员、市教育工会常务副主席李蔚，上海大学党委副书记、工会主席欧阳华等出席活动，来自沪上各高校、区（中职）、两委机关及直属机关单位的代表队领导、领队、运动员代表、参演人员 2000 余人参加。第九届教工运动会以"健康、奋进、团结、超越"为宗旨，于 2021 年启动，共设围棋、健步走等 18 个大项 243 个小项，历时近 3 年，集聚市级、高校、各区的力量，得到了 20 余家承办单位的大力支持。同时依托 12 个专业教工协会，与 5 个市级专业协会合作，高质量完成各项赛事组织工作。全市教育系统近百家基层工会积极组织参赛，10 余万教职工参与校级、区级层面的赛事选拔，1.5 万教职工参加市级比赛，覆盖大中小幼、职校等各级各类教育，涌现出一大批校园体育健身引领者。上海交通大学、上海师范大学天华学院、闵行区教育工会、上海市青少年校外活动营地——东方绿舟等 32 家单位荣获各组别团体总分前 8 名。三林中学等 9 家单位荣获群

众体育展演金奖，上海理工大学等89家单位荣获优秀组织奖。上海大学曾朝恭等168人荣获本届运动会"中国银行杯"体育达人奖。

（陈晓丹）

【市卫生健康系统第十二届职工运动会闭幕】 9月24日，市卫生健康系统第十二届职工运动会闭幕式在普陀体育馆举行。中国教科文卫体工会副主席郑晋平，上海申康医院发展中心党委书记、市医务工会主席赵丹丹，市总工会副主席丁巍，市精神文明办副主任郭俊，市卫生健康委副主任、市疾控局局长张浩，市医院综合评价（评审）中心主任、市医务工会副主席方美华，同济大学党委副书记吴广明，上海中医药大学党委副书记许铁峰，中国福利会工会工作委员会主任、二级巡视员韩先梅，市第一人民医院院长郑兴东等相关单位领导出席闭幕式。来自各区卫生健康委、市级医疗卫生单位、企业职工医院近80家单位的党政工领导，劳模代表、运动员代表、职工代表等近300人参加活动。闭幕式上，赵丹丹讲话并宣布第十二届职工运动会闭幕，张浩宣读运动会表彰决定，何园发布了5年来市医务职工健康促进行动取得的工作成果。闭幕式为部分参赛单位和个人颁奖。现场还集中展示了3个职工健康促进行动项目成果，包括：日常健身工间操、中医传统功法八段锦和职工社团活动尊巴舞。运动会自4月16日开幕，举办了定向挑战赛、乒乓球、羽毛球、大怪路子、气排球以及电子竞技比赛。各医疗卫生单位以运动会为契机，累计开展各项体育活动656项，吸引57899名医务职工积极参与其中。

（柯 婷）

【市体育局工会开展多项文体活动】 2023年，市体育局工会组织开展三八妇女节、"奋楫新征程，一起向未来"龙舟赛等传统活动，创新举办职工拔河比赛和体育大厦九球比赛，延续体育题材电影鉴赏活动，策划工会干部户外团建和交流活动。组织女职工积极参加市总工会举办的"新时代工会女职工工作微视频征集展播活动"，以短视频方式展现新时代工会女职工工作取得的积极进展。在科体中心举办职工庆"六一"亲子嘉年华活动，通过卡丁车体验、游戏互动、智力拼图等，进一步增强了职工与小孩的亲情。会同发展服务中心举办3期职工子女游泳培训班，丰富了局系统职工子女课余生活。通过开展形式多样的文体活动，切实发挥工会联系职工和活动组织等方面的优势，搭建各单位交流互动平台，有效增强职工体质，凝聚团队力量。

（孙 晔）

【市经信系统工会举办职工城市定向团体挑战赛圆满】 11月18日，以"赢领未来新产业，奋进经信逐梦人"为主题的2023年上海市经济和信息化系统职工城市定向团体挑战赛开赛。赛事采用积分制，参赛队伍以徒步＋公共交通（公交、地铁）的方式，通过到达任务点完成任务获得积分。在任务点设置上，赛事主办方共设置了16个任务打卡点，以经信系统具有行业代表性的单位作为任务点，以中国共产党一大会址、中国劳动组合书记部等在党史、工运史中富有代表意义的场馆作为红色坐标，以体现上海新发展力量的城市数字化转型体验馆等作为新发展坐标。经信系统40支单位参赛队，200余名职工，用自己的脚步串连起一个个"红色坐标""经信坐标""新发展坐标"，感受产业和信息化蓬勃发展的生机活力，感受上海城市发展的历史变迁。最终，上海市检测中心参赛队获得一等奖。

（黄 俭、顾 捷）

【市经信系统举办2023年"绿发杯"职工射箭团体赛】 8月12日，由市经济和信息化系统工会主办，鲁能集团有限公司上海分公司工会和中国人民解放军第四七二四工厂工会联合承办的"'箭'行新时代，矢志向未来"2023年"绿发杯"市经信系统职工射箭团体赛顺利开弓。本次赛事活动以"突出文化传承，强化趣味属性，确保安全可控"为理念，吸引了来自系统各基层单位34支参赛队共计200余名运动员参加。市总工会相关职能部门、市经信系统工会相关人员出席活动。最终，中国石油天然气股份有限公司华东化工销售分公司参赛队勇夺冠军，邹建、孙彦武、肖靖明3名选手荣获"神射手"称号，上海商业会计学校等单位荣获"道德风尚奖"。

（黄 俭、顾 捷）

【光明集团工会举行职工歌会】 5月24日，光明食品（集团）有限公司工会在花博园世纪馆举办了"新时代，新征程，新的一天从光明开始"职工歌会。集团党委书记、董事长是明芳，党委副书记朱晨红，副总裁陆罡等集团党政班子领导，市委主题教育第二十三巡回指导组专职联络员曹礼平以及集团总部各部室正副职、各子公司党政班子成员、监事会主席、专职董监事和集团劳模先进代表、党代表、职工代表等出席歌会。歌会共分为光明的沃土、品牌的光芒、榜样的力量、绽放的梦想4大篇章。现场，集团领导班子成员共同启动"党心民心，心心相印，十万职工赠书大家访"活动。是明芳、朱晨红、陆罡分别为2022年、2023年全国五一劳动奖、全国工人先锋号、上海市五一劳动奖、上海市工人先锋号的获奖集体和个人颁发

6月20日，"兴业银行杯"上海城市业余联赛职工龙舟大赛暨市体育局系统职工龙舟赛在市水上运动中心举行

（孙 晔）

荣誉奖状(章)。是明芳还向13名退休职工颁发了"奋斗光明四十载"荣誉奖章。集团司歌《我们走在光的前面》在歌会现场正式发布。(韩伟、胡艳清)

【光明食品集团工会开展最美劳动瞬间职工摄影大赛】 7月11日,光明食品(集团)有限公司工会举办了"殷实农场杯"节约粮食立功竞赛系列活动暨"光明谷锦杯"最美劳动瞬间职工摄影大赛启动仪式。集团领导及子公司相关负责人、集团所属各单位工会干部、劳模先进、职工代表等百余人参加。"殷实农场杯"节约粮食立功竞赛系列活动自7月11日开始,至9月30日结束,包括劳动体验竞赛、节粮小妙招征集、节粮文艺作品征集、节约粮食"啄木鸟"行动、光明职工光盘马拉松行动等5项内容,让"节粮"风尚在全集团蔚然成风。18支队伍参与角逐,最终,光明母港获一等奖,崇明农场、良友集团、农发集团获二等奖,重大办(置地)、白茅岭农场、花卉集团、光明地产、光明国际获三等奖。光明食品集团"光明谷锦杯"最美劳动瞬间职工摄影大赛是为充分调动企业员工的热情和活力,用镜头记录光明劳动者的最美形象,用独特视角对准一线员工奋进的工作场景,展现光明人创新奋进、奉献拼搏、团结务实精神面貌。在启动仪式上,集团工会正式发布《定格美丽瞬间追求品质光明——光明食品集团"光明谷锦杯"最美劳动瞬间职工摄影大赛方案》,摄影爱好者会后前往光明谷锦·鹭缘、种源基地、美丽田园、农机中心等点位进行现场采风。

(熊颖超、李银银、杜斌)

【光明集团举办成立17周年主题晚会】 8月8日,光明食品(集团)有限公司党委主办、集团工会承办的"我们走在光的前面——光明食品集团成立17周年"主题晚会。集团党委书记、董事长是明芳,党委副书记、总裁徐子瑛,党委副书记朱晨红等集团党政班子领导,集团总部各部室、各子公司负责人,以及劳模先进代表、职工代表等出席晚会。为迎接集团17周年生日,集团开展了"光明母港杯"光明员工"一碗面"劳动与技能竞赛,48位员工用光明食材精心烹饪了一碗碗面条,向集团17周年生日献礼。晚会上,集团领导分别为一二三等奖获奖选手颁奖。与集团同一天生

日的8位职工代表,讲述他们与光明的故事。是明芳为8位职工代表送上生日贺卡与鲜花。舞蹈《光的使者》、表演唱《青春之光》、配乐诗朗诵《感谢光明奋斗有我》以及合唱《我们走在光的前面》等精彩节目让大家度过了一个欢乐的夜晚。晚会发布了《我们走在光的前面》手机铃声,这是属于光明人的独家记忆。

(袁益菲)

【市监狱管理局工会开展多样化文体活动】 2023年,市监狱管理局工会开展多样化文体活动。利用"菁英汇"小程序开展了线上"好书诵读"接龙等5项活动,吸引超7300人次参与。开展定向健步走、电子竞技比赛、软式飞镖大赛、乒乓球赛、"我是歌王"总决赛、钓鱼比赛、"蓝盾杯"足球、篮球赛等活动。参加市第十五届"双拥杯"军民健身大赛,与驻沪部队和地方单位同台竞技交流,取得软式飞镖团体亚军、乒乓球团体季军、军体拳团体第五名的好成绩,并获得优秀组织奖。邀请上海歌舞团赴基层单位开展3场"警民心连心,艺术进警营"慰问演出活动。军天湖监狱舞蹈队的舞蹈、军天湖监狱民警唐成玉、女子监狱民警李梦雨选送的歌曲均入选展评展演,获得两银一铜的好成绩。做好警官合唱团新团员招募、集训和演出工作。

(江海群)

【锦江国际集团开展职工文体活动】 2023年,锦江国际(集团)有限公司工会举办首届职工文化节,来自全球各地约13万余名集团职工通过线上线下方式同频参与活动观演,推动各级组织、各级企业以先进的企业文化引领职工、培育职工、激励职工和鼓舞职工。持续开展市级职工健身驿站创建,推动集团级职工运动团队组建,选送职工班组优秀摄影作品参加市级职工班组全家福摄影大赛获得金奖,选派职工团队参与市级职工优秀文艺作品展评展演获得铜奖,组织集团合唱队参与锦江行启幕典礼演出,开展"女神驾到·兔破不凡"主题活动,搭建职工才艺展示平台,营造昂扬向上的企业文化氛围,凝聚起广大锦江职工的强大合力。不断深化"健康锦江、活力锦江、魅力锦江"工会特色品牌活动,持续开展"健康锦江"职工健康管理三年行动计划,启动"健康锦江"线上运动平台,为锦江人打造

24小时专属健身方案、专属工位健身操,帮助广大职工建立健康生活方式,提振职工精神面貌,增强职工队伍的持续发展力。

(顾明方)

【上海地铁举行运营30周年主题庆祝演出】 2023年是上海地铁运营30周年。5月28日,上海申通地铁集团有限公司在地铁梅陇基地举办简朴隆重的庆祝活动。上级领导、集团领导、集团老领导、老专家、老员工、轨道公安总队、消防支队及合作单位领导,集团各部室负责人、建设集团、各直属单位领导,以及劳模先进、退休员工和职工代表、乘客和媒体代表共同出席活动。集团党委书记、董事长毕湘利作上海地铁运营30周年主题报告,党委副书记、总裁宋博致辞。活动播放了国内外地铁同行及部分参加过1号线建设的合作伙伴的祝贺视频。向1993年5月28日前入职上海地铁的职工颁发了纪念徽章,职工文体团队通过舞蹈、合唱、音乐小品、情景朗诵等形式,表达了对前辈为地铁事业做出的卓越贡献的感激和敬佩,以及展望未来、奋勇前行,为地铁事业奉献智慧和力量的美好愿望。(李雯琪)

【申通地铁集团举办第八届职工运动会】 10月20日,随着市体育局党组书记、局长徐彬,市总工会副主席丁巍,申通地铁集团党委书记、董事长毕湘利共同鸣笛,"跨越800,面向未来"上海地铁第八届职工运动会在卢湾体育场开赛。集团党委副书记、总裁宋博致辞,集团监事会主席倪耀明为首赛发令。集团领导葛世平、叶彤等出席活动。集团机关各部室、建设集团、集团各直属单位领导、运动员、裁判员代表和职工代表参加了本次活动。运动会共设立了12个项目,包括乒乓球、篮球等传统项目,和深受年轻职工喜爱的旱地冰壶、电子竞技等新项目。项目数量、报名和参赛人数均超过历届运动会,产生了187个个人冠、亚、季军,26个团体冠、亚、季军。活动邀请了轨道公安总队的民警共同参与各赛事的角逐。(李雯琪)

【上海城投举行书画院揭牌仪式】 5月12日,"书画艺术靓文化,翰墨丹青颂党恩"上海城投工会与上海书画院文化共建签约暨上海城投书画院揭牌仪式在上海中心举行。集团党委副书记、工会

主席杨茂铎出席活动并讲话。中国书法家协会理事、市文联副主席、市书法家协会主席、著名书法家丁申阳，上海书画院院长丁一鸣出席活动。上海中心、城投环境主要负责人，集团工会负责人，各直属单位工会主席以及上海书画院、上海摄影家协会、上海美术家协会相关人员，城投书画、陶艺职工兴趣社团会员代表等参加活动。杨茂铎为上海城投书画院揭牌，为书画院名誉院长颁发聘书。丁申阳现场挥毫泼墨，为上海城投书画院题词。与会领导、嘉宾参与瓷坯作画，体验书画创作。上海城投工会与上海书画院签订《文化共建框架协议》。上海中心为活动致欢迎辞。城投环境作为城投书画院筹建单位，为书画院秘书处、理事会成员颁发聘书，并介绍书画院筹备情况。集团工会介绍了城投书画院年度工作计划。

（赵永哲）

【上海城投集团举办职工书画作品展】11月19日—12月20日，上海城投（集团）有限公司工会依托市总工会首届上海职工文化季平台，在上海中心B2艺术长廊举办《翰墨飘香颂祖国，丹青绘色新时代》职工书画作品展。市总工会党组成员、副主席丁巍，集团党委副书记、工会主席杨茂铎共同为城投职工书画作品展揭幕。杨茂铎为活动致辞。市总工会宣教部负责人、集团相关直属单位主要负责人、工会负责人、城投职工书画院老师以及职工书画爱好者们参加开幕仪式。展览分为"新时代文化传承·红色文化主题展示""让城市生活更美好·上海城投风采展示""职工艺心向未来·职工创意作品展示"3个部分，从不同角度呈现城投职工服务国家战略和城市发展大局的生动实践，诠释城投职工爱岗敬业的高尚情操和对"中国梦、城投梦"的不懈追求。展览是上海城投集团首个"对市民开放"的活动，80幅作品，一个月展期，吸引了众多市民游客观展。所有作品通过微信平台同步展出，累计在线观展达10万人次。

（赵永哲）

【世纪出版集团工会举办庆祝六一儿童节亲子活动】6月1日，世纪出版（集团）有限公司工会联合七宝中学工会、文来中学工会、七宝中学附属鑫都实验中学工会、七宝德怀特高级中学工会共

同举办了"童趣盎然，快乐无限"为主题的庆祝六一大型亲子游艺活动。活动设置了8大项12小项的精活动节目，活动推出后，集团职工和子女踊跃报名，参加活动的小朋友达255人。活动现场的游艺设备全部向小朋友们免费开放，有投篮高手、打地鼠、双人跳绳和过河等亲子游戏，还有儿童音乐剧《强大的莫扎兔》，古生物陈列馆等，内容有趣，给小朋友们带来节日的欢乐。

（施纪仁）

【上海教育出版社工会举办摄影比赛】上海教育出版社工会利用先进职工赴浙江丽水疗休养的时机，同步组织了摄影比赛活动。参加疗休养的职工在绿水青山中，纷纷举起手中的相机或手机，以自己独特的方式和视角记录下这些秀美景色，传递出对美好生活的热爱和感悟，展现了职工紧跟时代、昂扬向上的精神风貌。活动收到近600幅摄影作品，其中既有大自然的壮丽景观，也有人文生动的形态表现。经过出版社工会及特邀专家的评选，60幅作品分获一、二、三等奖。所有参赛作品均纳入出版社图片资源库。 （施纪仁）

【市工人文化宫举办"灯谜大家猜"活动】2023年，市工人文化宫每月定期制作线上"灯谜大家猜"，并通过微信推送，开设灯谜知识小课堂，推出二十大精神专题灯谜、"巾帼心向党，奋进新征程"、"凝心聚力，劳动光荣"主题灯谜等共计18期，吸引职工超2万名。以中华传统节日为契机，以灯谜文化为切

入点，带动职工感受传统文化魅力、领悟传统文化内涵。在重大节日春节、五一、中秋期间，开展3场以"我们的节日"为主题的特色职工灯谜系列活动，邀请市灯谜协会老师现场进行有奖灯谜竞猜和解谜讲授，服务职工逾10万人次。

（王家辉）

【市工人文化宫举办文化网络大赛】8月22日，上海职工（市民）文化网络大赛正式开赛。作为上海职工文化的品牌赛事，上海职工（市民）文化网络大赛迄今已举办8届，是工会组织深化思想引领、凝聚职工共识、展现职工风采的有效载体。这届赛事重点聚焦"人民城市"理念，围绕经济社会发展，策划设置了知识竞答（题目涉及工会工运知识、工会服务项目以及劳模工匠宣传小视频）、微型诗征集（围绕上海、阅读和榜样三个主题关键词在线创作三行诗）、有声书聆听、红色工运场馆寻访、"一江一河"线上打卡以及通过AI技术绘制城市图景等7个栏目，为广大职工市民送上精神文化大餐。大赛报名人数再创新高，达到40.2万。 （王家辉）

【市工人文化宫承办产业工人群像展】12月8日，上海电气集团、上海市机电工会主办，市工人文化宫协办的"能源的奋进者"上海电气能源装备和产业工人群像展在市工人文化宫三楼开幕。本次图片展览对上海电气能源产业的历史进程中涌现出的劳模工匠进行宣传，全景展示产业工人队伍在中国能源奋进中起到的中流砥柱作用，激励新一

5月15日，"致敬！娘家人"主题图片展在市工人文化宫正式开展

（王家辉）

代劳动者在中国实施"双碳"战略过程中不断奋进。　（王家辉）

【市工人文化宫开展"传统文化直通车"系列活动】 2023年，市工人文化宫举办的"传统文化直通车"，共组织线下活动12场、线上直播活动4场。线下与静安、嘉定、松江、浦东、徐汇等11个区总工会以及东方国际、上海航天局、申通地铁、临港等多个产业局工会合作，将活动开到市北高新园区、长阳创谷、临港蓝湾、马桥工业区、松江工业区、陆家嘴软件园等地，并融入松江布、徐行草编、华庭三白等区域特色传统文化，体现文化区域性融合性。线上通过情景短剧演绎、直播互动，以博物馆的视角，采取古今穿越的形式，开展纺织专场、航天专场、茶文化专场和地铁专场线上直播活动，感受大国工业和文化自信，在线观看人数突破20万人次。在申工社APP平台上推出"传统文化乐游苑"H5游戏，服务职工超100万人次。　（王家辉）

【市工人文化宫开展公益惠民项目】 市工人文化宫开展"乐动午后"午间系列音乐会活动，以市工人文化宫作为活动主阵地开展交响乐导赏、民乐导赏、轻音乐、室内合唱等专场。在市第十五次工代会现场开展民族乐团、交响乐团午间音乐会等活动共计9场。"爱乐空间"首次尝试"艺术周"模式，全年在茉莉花剧场举办"戏苑新风"京韵金秋——京剧专场演唱会、"戏苑新风"申曲雅韵——秋之韵沪剧演唱会、"秋日时光"合唱专场音乐会、话剧《大桥》职工版、"光阴如歌"轻音乐专场音乐会共5场，线上线下惠及15万余人。　（王家辉）

劳动报 2023 年工会重要新闻要目

日 期	篇 目	作 者	版 面
1月1日	同心同行　一起走向温暖的春天 本市各级工会关心关爱职工 携手共渡难关	张锐杰　李嘉宝　庄从周　陈恒杨	第02、03版
1月2日	踔厉奋发　勇毅前行 ——记全国劳动模范、上海东洋电装有限公司工场长、工会主席薛鸿斌		第04版
1月3日	助力药品互通有无　把爱心传递给每个员工 上海电信互助平台实现"江湖救急"	王海雯	第03版
1月3日	专款慰问医护　物资保障"小哥" 黄浦区总工会积极行动关爱重点人群	庄从周	第03版
1月4日	冬日送温暖　关爱暖人心 展现工会的担当作为浦东新区工会慰问覆盖8万余人次	张锐杰	第03版
1月4日	上海市总工会公布2023年服务职工10件实事项目	张锐杰	第04版
1月4日	2022，劳动争议有哪些不一样？	李轶捷	T2、T3：劳权
1月5日	筑牢职工群众健康防线 金山区总工会推十项关心关爱举措	李嘉宝	第06版
1月5日	云端搭桥　精准聚焦 上海工会护航就业，去年提供岗位16万余个	王枫	第07版
1月6日	随申办工会福利送出首份新年礼包 拈花湾度假有折扣、购车有补贴	王枫	第04版
1月6日	24小时待命，化身"生命摆渡人" 浦东公交113名驾驶员驰援120急救车队	张锐杰	第05版
1月7日	建好"小家"温暖"大家"——市机电工会沪外"职工小家"建设记	李嘉宝	第04版
1月9日	护航和谐劳动关系　撑起职工维权"保护伞" ——上海工会维护职工合法权益工作年度回眸	李轶捷　刘振思	第04版
1月10日	心系职工关切事　建言发出最强音——市政协总工会界别委员履职记	罗菁　张锐杰	第04版
1月10日	爱心接力站里备好了暖宝宝和姜茶——普陀区总工会为户外职工寒冬"增温"	李嘉宝	第06版
1月11日	"我也想成为上海工匠，应具备什么条件？"——委员与市民网上交流，回答这些问题	张锐杰	第03版

（续表）

日　期	篇　目	作　者	版　面
1月11日	上海数字经济人才缺口预计至少100万，市总工会提出：进一步提升上海劳动者数字技能	张锐杰	第03版
1月11日	2023，这些新政新规回应劳动者期待	朱兰英	T2、T3：劳权
1月12日	总工会界别委员提交联名提案　呼吁打破人才职业发展"天花板"	张锐杰	第06版
1月12日	新委员，新期望，新声音 四位来自一线的总工会界别委员带着这些关注而来	张锐杰　罗　菁	第08版
1月13日	送岗位送补贴送年味　让职工安心在沪过年 市人社局、市总工会发布十六项稳岗留工送温暖服务举措	王　枫	第06版
1月14日	黄红代表市总工会呼吁：加快建设高素质产业工人队伍 让"上海师傅"受尊崇能够再度回归	张锐杰	第03版
1月14日	践行全过程人民民主　工会应有所为更大有可为	张锐杰　李嘉宝　李轶捷	第04版
1月15日	把更多职工心声和百姓热盼带进两会 四位一线基层代表用行动践行履职誓言	郭　娜　叶佳琦	第04版
1月16日	情系职工送温暖　关怀备至暖人心 奉贤区总　开展留沪职工迎春慰问活动	陈恒杨　梁嘉蕾　朱兰英	第07版
1月17日	杨浦工会送岗送福送保障"幸福直通车"带来丰厚大礼	梁嘉蕾	第04版
1月18日	新时代新征程上，奋力实现上海工会工作新跨越 ——2023年上海工会工作解读	李嘉宝　张锐杰	第04、05版
1月18日	同心同德　埋头苦干　奋勇前进 市总工会十四届十二次全委（扩大）会议召开	李嘉宝　张锐杰	第06版
1月19日	"这个春节，我在宝山挺好的！"宝山工会关爱职工举措多	王海雯	第04版
1月20日	市总工会发出工作提示要求：做好岁末年初工会劳动保护工作	李嘉宝	第04版
1月20日	市总工会"2023新春文化大礼包"重磅来袭 八重"大餐"惠及沪上职工	庄从周	第05版
1月21日	岗位建新功　人生更出彩 本市部分劳模先进、一线职工许下新年愿望	李嘉宝　王海雯　陈恒杨 柴一森　庄从周　梁嘉蕾 李佳敏	第03版
1月21日	三代劳模师徒重温"小扁担精神" 上海铁路青年拜访慰问著名全国劳模杨怀远	柴一森	第04版
1月23日	这个兔年　他们心里很暖 "情暖职工 助力发展"上海工会关心关爱职工摄影图片展作品选登	庄从周	第02、03版
1月25日	护理员陪伴老人庆新春、外卖员围炉年夜饭、货运司机车轮上过新年 有情有味有故事，这个春节，他们在上海	梁嘉蕾　王海雯	第02、03版
1月28日	为各地职工送上"上海年味" 上海市总工会与兄弟省市工会携手送温暖	李嘉宝	第02版
1月29日	"谢谢你们守护着这座城市" 开工首日，市总工会领导访一线、听心声	李嘉宝　张锐杰	第03版
1月29日	扩大新经济领域工会组织有效覆盖	柴一森	第03版
1月30日	万润市场工会将目光投射在"职工"身上 带动灵活就业人员岗位成才	李佳敏	第05版
1月31日	万元职工互助保障金"雪中送炭"行业工会扶危济困关爱患癌护工	梁嘉蕾	第05版

（续表）

日 期	篇 目	作 者	版 面
1月31日	复星集团职工化身乡村闪送员 为中西部116个县送去阿兹夫定等抗疫药品	庄从周	第06版
2月1日	坚持"入会"和"服务"并重 欧阳路街道总工会"五送关爱"服务新就业形态劳动者	李佳敏	第05版
2月1日	"愿将春天带给每一个求助者" ——杨浦区救助管理站（未保中心）夜巡见闻	梁嘉蕾	第06版
2月1日	年终留人要"花招"，这些手段要不得	李轶捷	T2、T3：劳权
2月2日	长三角G60科创走廊职工科创成果发布交易中心启用 职工创新成果将实现"全链条转化"	张锐杰	第03版
2月3日	经费标准提升　活动类型更丰富"看上海、品上海、爱上海"新年再出发	王枫	第04版
2月5日	爱心接力站挂起灯笼　户外职工开心吃汤圆 ——上海各级工会推出丰富多彩活动关心关爱职工共度元宵	李嘉宝　陈恒杨　梁嘉蕾	第04、05版
2月6日	"我奋斗，我幸福" 2023年上海市总工会机关系统总结表彰会举行	刘振思	第02版
2月6日	流水线转不停，实验室攻难关——本报记者走进上海上药信谊药厂有限公司	庄从周	第03版
2月7日	"减压室"为驾驶员放松身心 巴士三公司试点推进"幸福型企业"建设	李嘉宝	第03版
2月8日	新春大走访 慰问暖洋洋——莫负春看望慰问老劳模、一线劳模	李嘉宝	第03版
2月8日	员工离职后，垫付的油费找谁报销？	刘振思	T2、T3：劳权
2月9日	莫负春调研张园城市更新项目：将工会工作融入城市更新全过程	李嘉宝	第03版
2月10日	职工书屋有"颜值"有内涵 静安投资集团为职工打造人文书香空间、拓展服务功能	李嘉宝	第05版
2月11日	你们服务大家，工会守护你们——虹口区家政服务行业工会联合会"建家记"	李佳敏	第03版
2月12日	高管自愿降薪　职工不该被"道德绑架"	陈宁	第03版
2月13日	@医务工作者、交通行业司乘人员、公厕职工 ——理想中的工间休息室，即将与你见面	庄从周　张锐杰　柴一森	第02、03版
2月14日	嘉定工业区青少年无人机训练营圆满"收官" 亲子工作室与职工子女共成长	李佳敏	第04版
2月15日	职工"权益事"不出楼宇即解决　陆家嘴金融城楼事会探索维权新路径	张锐杰	第04版
2月15日	超龄农民工食堂工作中受伤，该由谁担责？	朱兰英	T2、T3：劳权
2月16日	戴上AR眼镜，设备情况一目了然 ——探秘联合利华背后的"人与高科技"	柴一森	第08版
2月16日	不辜负在这里的每一分每一秒 独家连线江苏蓝天救援队队员、上海建工赴土耳其抢险职工马海洋	李佳敏	第09版
2月17日	免去现场奔波　便捷职工维权　宝山线上法援开通半年服务职工320人	王海雯	第04版
2月17日	十家汽车零部件企业职工有了自己的"幸福中心" 职工书屋、健身中心、妈咪小屋等一应俱全	庄从周	第05版

（续表）

日　期	篇　目	作　者	版　面
2月18日	最大限度把广大职工组织到工会中来 2023年上海工会组织建设工作推进会召开	李嘉宝	第04版
2月18日	震不垮的中国担当 国家电投上海电力土耳其胡努特鲁电厂职工抢修保供纪实	王海雯	第05版
2月20日	超2.3万网友踊跃投票 上海工会关心关爱职工摄影图片展渐入佳境	庄从周	第03版
2月20日	"仪器自检验"提升了劳动效率 ——走访上海仪电科学仪器股份有限公司	李佳敏	第04版
2月21日	"港机之王"擦亮"上海制造"名片 云南小伙在振华重工实现收入技能双飞跃	梁嘉蕾	第06版
2月21日	像劳模妈妈一样认真做人努力做事 ——记中运量71路外滩站站管员朱瑾	李嘉宝	第07版
2月22日	"比着干，才有劲！" ——超高层动臂塔吊司机"兄弟"决战临港"双子塔之巅"	李佳敏	第04版
2月22日	证据不足？缺少证明力？ 拿什么证明自己　这些知识不可不知	朱兰英	T2、T3：劳权
2月23日	订单量在恢复，信心也在恢复 ——走进浙江森马服饰股份有限公司上海园区	张锐杰	第04版
2月23日	上海航天精密机械研究所唐建平班组班组长杨有成：接过明星班组接力棒匠心磨技	梁嘉蕾	第05版
2月24日	光明食品集团推动职工生活品质全面提升 "员工第一"托起"稳稳的幸福"	李嘉宝	第04版
2月24日	16家企业93个职位2854个岗位 长宁区总工会线下招聘会人气旺	柴一森	第05版
2月25日	让党的二十大精神在工地落地生根 中建八局工会举办首场宣讲活动	张锐杰	第04版
2月27日	打通工会服务职工"最后一公里" ——"小二级"工会优秀案例凸显上海非公企业工会改革实效	李嘉宝	第03版
2月28日	工会搭台送岗位　助力职工稳就业 长三角区域工会综合招聘会上海分会场见闻	王海雯	第03版
3月1日	促进职工创新　助力企业发展 上海市政协总工会界别专题调研走进霍尼韦尔	张锐杰	第03版
3月1日	劳动者的工资，到底到位了吗？	刘振思	T2、T3：劳权
3月2日	市职工技术协会第八次会员代表大会举行 王曙群当选为新一届会长 新成立人工智能专业委员会	李嘉宝	第03版
3月2日	上海职工工间休息室建设现场推进会召开 紧贴实际需求为职工"量身定制"	李嘉宝	第04版
3月3日	全国财贸轻纺烟草行业暨上海市职工书画展开幕 文艺作品凝聚职工奋斗力量	李嘉宝	第04版
3月4日	奋斗启新程　幸福"她"时代 上海工会举行纪念"三八"国际劳动妇女节主题活动	张锐杰	第05版
3月5日	加强新就业形态劳动者权益保障 上海工会农民工公益法律服务行动启动	陈恒杨	第08版

（续表）

日 期	篇 目	作 者	版 面
3月6日	学雷锋精神　展劳动风采 "中国梦·劳动美"劳模工匠志愿服务活动昨启动	李嘉宝	第09版
3月6日	机舱里、工作室、舞台上……最美"她"风景 ——上海女劳模、女工匠、一线女职工风采巡礼	李佳敏	第10、11版
3月7日	不断成就巾帼智慧和力量 上海女劳模、女工匠寄语新时代畅想新未来	李佳敏	第06版
3月7日	随申办·工会即将上线全新功能 "职工运动健康服务"可约球、约课、约问诊	庄从周	第07版
3月8日	工会温度　情暖"三八"	李嘉宝	第07版
3月8日	@广大女职工：维护个人权益 这几个阶段需注意！	李佳敏	T2、T3：劳权
3月9日	"三八"节，工会活动精彩纷呈	梁嘉蕾	第07版
3月10日	小改进磨出利"箭"问鼎苍穹 上海航天精密机械研究所掀起创新热潮	梁嘉蕾	第05版
3月13日	企业自主培养地铁"全科医生" 地铁5号线智能维保团队首批综合检修工结业上岗	李嘉宝	第10版
3月15日	困在客诉中的服务人员权益之争何时休？	李轶捷	T2、T3：劳权
3月16日	上海工匠学院中建八局分院、上海市鲁班学院揭牌成立 为建筑行业培养顶尖技术工人	李嘉宝	第04版
3月16日	创新是通往可持续未来的必由之路 ——走进霍尼韦尔（中国）有限公司	张锐杰	第05版
3月17日	听劳模讲述奋斗故事　上海职工直播课堂嘉定专场开讲	李嘉宝	第04版
3月18日	书香四十载，悦读新时代　第二十四届上海读书节昨闭幕	庄从周	第04版
3月18日	职工健身驿站多点开花	陈恒杨	第05版
3月20日	忠诚党的事业　竭诚服务职工 市总工会机关系统党的工作暨推进全面从严治党工作会议召开	李嘉宝	第03版
3月21日	聆听劳模故事　汲取奋进力量 巾帼劳模主题分享会走进上海交通大学	李嘉宝	第03版
3月22日	吕巷镇总工会成立首家行业非诉讼服务站 劳动争议诉源治理走出新路径	李嘉宝	第03版
3月22日	调岗、降薪、扣绩效 遇到考核不合格怎么办	朱兰英	T1：劳权
3月23日	问需问计出实招　精准发力见实效 ——上海各级工会扎实推进"县级工会加强年"专项行动	梁嘉蕾	第04版
3月24日	劳模先进招聘会现场带岗 徐汇区101家企业为高校毕业生提供近1200个岗位	梁嘉蕾	第04版
3月24日	地铁"宝藏级"工具是如何发明的 ——专访上海工匠、上海地铁维护保障有限公司车辆分公司班组长吕亮	柴一森	第05版
3月25日	员工足不出楼畅享午间"医"小时 上海移动互联网创新园工会联合会健康服务"跑出"加速度	王海雯	第03版
3月25日	新片区劲吹"劳动最美"风　"临港工匠"宣讲团昨正式成立	李佳敏	第04版
3月27日	劳模精神闪耀国际舞台　包起帆领衔制定的集装箱新国际标准发布	柴一森	第03版

（续表）

日　期	篇　目	作　者	版　面
3月28日	为职工营造人性化的办公环境　博世让工作更有幸福感和归属感	柴一森	第03版
3月29日	"职工一有投诉，工会马上介入" 杨浦区定海路街道制造加工行业工会联合会化解劳资纠纷	梁嘉蕾	第03版
3月29日	缺少行业规范　收入分配不明　网约车司机权益受损只能"吃哑巴亏"？	李轶捷	T1：劳权
3月30日	闵行区总工会　探索实施产业职工全生命周期服务	张锐杰	第03版
3月30日	2022"大国工匠"年度人物、C919血管神经系统建造师周琦炜： "大飞机"已融入我的生命	张锐杰	第04版
3月31日	工会有情 职工有爱 镜头后有故事 ——"情暖职工，助力发展"上海工会关心关爱职工摄影图片展的背后	阎梦华	第04、05版
4月1日	推动工会宣教文化工作开创新局面　上海工会宣传工作会议召开	李成溪	第03版
4月1日	用镜头聚焦，让劳动者上头条 ——上海工会关心关爱职工暨致敬最美劳动者摄影图片交流展颁发各项大奖	庄从周	第04、05版
4月3日	运动大礼包登陆随申办·工会服务　工会会员可享各类优惠	王　枫	第03版
4月4日	合庆工业园区工会联合会发挥竞赛"放大器"效应 4名"合庆工匠"成长为"浦东工匠"	张锐杰	第03版
4月4日	无人值守的驿站让"进门"顾虑不再 奉贤两座汇"新"驿站落成并向户外劳动者开放	陈恒杨	第04版
4月5日	长宁区总工会　助力新赛道、新产业企业建会	柴一森	第03版
4月6日	市总工会举行党组理论学习中心组（扩大）学习会 建设根植于本土的现代产业体系	柴一森	第03版
4月7日	普陀区桃浦镇新杨工业园区工会联合会：以赛促学培育汽修行业高技能人才	李嘉宝	第03版
4月8日	加强区域协作　促进资源共享 2023年长三角及协作区域职工疗休养交流活动举行	李嘉宝	第03版
4月10日	宝山"小三级"工会建设掀新篇　高境镇公寓行业联合工会成立	王海雯	第03版
4月11日	石门二路街道仲益大厦工会联合会打造"健康管家" 楼宇白领"足不出户"学养生	李嘉宝	第03版
4月12日	青浦区总工会　强化各层级功能，激活基层工会活力	庄从周	第03版
4月12日	为自保他主动离职　究竟有何隐情？	刘振思	T2、T3：劳权
4月13日	浮尘天气散尘埃　机械清扫保出行 本市环卫职工加大清扫频次为市民打造良好环境	梁嘉蕾	第03版
4月14日	打造职工就业"桥计划" 浦锦街道工会联动街道社区事务受理中心为职工提供就业援助	张锐杰	第04版
4月15日	携手共赢，服务工会事业高质量发展 ——长三角工会媒体联动宣传工作研讨会圆满结束	庄从周	第03版
4月15日	他们在人生"转角"处等你 ——宝山区吴淞街道工会社工的快乐心声	张锐杰	第04版
4月17日	有效发挥桥梁纽带作用　大力提升凝聚力战斗力 ——上海工会推进全面深化改革实现新突破	李嘉宝	第03版

（续表）

日　期	篇　目	作　者	版　面
4月17日	活化百年工运史 增添城市"红"的底色	柴一森	第04版
4月17日	36家企业提供4800余个岗位 长宁区沪岗行动专场招聘会搭建双向交流平台	柴一森	第05版
4月18日	不断探索作用发挥机制　大力宣传激励见贤思齐 让劳模精神在新时代成风化人	柴一森	第03版
4月19日	让昂扬向上的职工文化浸润人心——上海工会职工文体工作五年纪实	庄从周	第03版
4月19日	奋发有为开新局　凝心聚力再出发 在新征程上谱写松江工会高质量发展新篇章 热烈庆祝上海市松江区工会第六次代表大会胜利召开	张锐杰	第04、05版
4月19日	干了两年 欠保一年 维权路上，她的劳动关系成了"谜"	李轶捷	T2、T3：劳权
4月20日	搏击新赛道　助推高质量发展 ——上海工会开展劳动和技能竞赛五年回顾	张锐杰	第03版
4月20日	关爱外卖快递骑手和困难职工家庭 市总工会"线下＋线上"送上爱心餐	王枫	第04版
4月21日	让"上海工匠"成为高质量发展的金字招牌 ——上海工会培育选树工匠工作五年纪实	陈恒杨	第03版
4月21日	会聘上海——困难职工家庭就业护航专项行动启动 市总工会进一步加大就业帮扶力度	王枫	第05版
4月22日	金山区总工会　健全充满活力的工会组织体系	李嘉宝	第03版
4月22日	奉贤区总工会　"小三级"工会实现"建转活"	陈恒杨	第03版
4月23日	强化专业技能　铸就一流队伍 ——上海市市场监管局"优化营商环境 服务市场主体"主题立功竞赛活动巡礼	陈恒杨	第04版
4月24日	职工"码"上入会　工会一"网"情深 ——上海工会扫码入会及"随申办·工会服务"工作回顾	张锐杰	第03版
4月24日	为"流动"的他们找一条安稳路 上海市总工会新就业形态劳动者入会服务保障五年工作回眸	梁嘉蕾	第04版
4月25日	探索"上海模式"　助更多人跨过求职那道槛 ——上海工会走过5年就业帮扶路	王枫	第03版
4月25日	"智慧工匠"丁洁初心不变 与上海智慧城市建设发展共脉搏	李佳敏	第04版
4月26日	为千万职工托起"稳稳的幸福" ——上海工会推进职工生活品质试点工作纪实	陈恒杨	第03版
4月26日	外国人劳动争议纠纷涉及无法确认劳动关系、离职难等方面 "洋打工"与"打黑工"之间，也许只差几步	朱兰英	T1：劳权
4月27日	职工心中的诗和远方工会带你奔赴 ——上海工会职工疗休养工作纪实	庄从周	第03版
4月28日	2023年上海市五一劳动奖表彰大会举行　1154个获奖集体和个人受表彰	李嘉宝	第02版
4月29日	服务一群人　温暖一座城 ——上海工会户外职工爱心接力站五年工作纪实	王海雯	第07版
4月30日	人民城市里唱响劳动赞歌 近50名劳模工匠先进及团队走上街头服务市民	李嘉宝	第02版

（续表）

日　期	篇　目	作　者	版　面
5月1日	铭记工运历史　传承红色基因 ——记中国劳动组合书记部旧址陈列馆班组	李嘉宝	第06版
5月2日	上海市五一劳动奖状、上海市及沪外省级工人先锋号		第04、05版
5月3日	梦想是成功的起点 ——记2023年全国五一劳动奖章获得者、2023年"最美职工"潘阿锁	张锐杰	第07版
5月4日	凝聚女职工在经济社会发展大局中的磅礴力量 ——上海工会女职工工作五年亮点回眸	李佳敏	第03版
5月5日	点点星光　汇聚如炬 上海工会点亮"微心愿"让城市更有温度	王海雯	第02版
5月6日	锻造高素质工会社工队伍　为新时代工会服务"续航" ——市总工会推进工会社工队伍建设五年成绩单	李佳敏	第08版
5月7日	全心全意依靠工人阶级　保障职工民主权利	朱兰英	第02版
5月8日	技能人才与产业发展同频共振 ——上海工会深化产业工人队伍建设改革纪实	李嘉宝	第11版
5月9日	上海仁会生物制药股份有限公司党支部书记、总经理左亚军：让中国糖尿病创新药实现"零的突破"	李嘉宝	第07版
5月10日	把稳思想之舵，引领"工"字号航船破浪前行	庄从周	第02、03版
5月10日	遭遇职业伤害　职工如何有效维权？	刘振思	T1：劳权
5月11日	建功新时代，劳动者登台唱响奋斗主题曲	张锐杰	第04、05版
5月12日	从权益维护到用心服务，工会人常伴左右	王　枫　李轶捷	第02、03版
5月13日	以创新为动力推进工会改革，做职工群众最可信赖的娘家人	李嘉宝	第02、03版
5月14日	以高质量党建引领　工会事业高质量发展	柴一森	第02、03版
5月15日	代表风采　用辛勤劳动托起幸福城市	李嘉宝	第02版
5月16日	上海市工会第十五次代表大会今开幕 大会预备会议昨举行 莫负春主持 通过大会议程等	李嘉宝	第02版
5月17日	代表心声　幸甚与会，期待工会再发强音！ ——上海市工会第十五次代表大会一线基层代表共话心声	梁嘉蕾　王海雯　庄从周 张锐杰	第03版
5月18日	市总工会第十五届委员会第一次全体会议举行 新一届市总领导班子选举产生 郭芳出席并讲话　郑钢淼当选为市总工会主席	李嘉宝	第01版
5月19日	新起点 再出发　鼓足干劲，积极投身建设事业 ——上海市基层工会干部、一线职工畅谈工代会	梁嘉蕾　李佳敏　柴一森 陈恒杨　王海雯	第03版
5月20日	做一名全才工程师 ——记2023年"上海市五一劳动奖章"获得者冉隆	陈恒杨　张帅康	第06版
5月22日	为建设"小屋"提供易学易懂指南 浦东新区发布《爱心妈咪小屋建设和管理规范》	张锐杰	第03版
5月23日	上海职工科技节开幕　将开展科技成果拍卖会、工匠秀场等活动	张锐杰	第03版
5月24日	南京路商圈市场营销劳动技能竞赛决赛上演 助力商圈职工技能、业绩双提升	庄从周	第03版
5月24日	听障人士维权难？无声援助传递有声温情	李轶捷	T2、T3：劳权

（续表）

日 期	篇 目	作 者	版 面
5月25日	学习贯彻上海市工会第十五次代表大会 全面推动各项工会工作落地落实	庄从周	第03版
5月26日	以实干之举为打造"最美贤城"注入能量 奉贤区劳模职工积极贯彻工代会精神	陈恒杨	第04版
5月27日	推动工代会精神"落地" 打造高技能人才队伍 三航局首个劳模创新工作室联盟启动	梁嘉蕾	第03版
5月28日	"一张床"感知工会、企业、城市的温度 ——上海职工宿舍调查	李嘉宝	第02、03版
5月30日	学思想见行动 推动工会事业高质量发展 市总机关系统主题教育读书班第七次集中学习暨"我会我来说"学习交流会举行	柴一森	第03版
5月31日	学习贯彻上海市工会第十五次代表大会 践行人民城市理念 上海建科工会再建新功 上海建科集团股份有限公司党委副书记、工会主席 徐文	王海雯	第04版
5月31日	是"合伙人"还是"劳动者"？ 订立合伙人协议，需注意哪些风险	朱兰英	T2、T3：劳权
6月1日	找准赛点助力城市新一轮发展 上海职工劳动和技能竞赛推进会昨举行	王 枫	第03版
6月2日	政府工会联手，万名骑手参与 浦东新区总工会启动"车轮上的安全"专项竞赛	张锐杰	第04版
6月3日	星空露营、打卡"网红地标" 闵行工会用"最潮"方式破解职工社交难题	张锐杰	第03版
6月5日	工会主席接待日聊出金点子 职工专家团解项目一线"疑难杂症"	李嘉宝	第04版
6月6日	送课上门，服务全国化职工再"提速" 上海建工现场急救知识与技能培训走向沪外	李佳敏	第03版
6月7日	中通快递通过首份全网集体合同 综合保险覆盖全网小哥 多举措确保足额发放劳动报酬	庄从周	第05版
6月7日	欠薪、借款，职工遇到了什么麻烦？	刘振思	T1：劳权
6月8日	全国职工数字化应用技术技能大赛决赛开幕 上海代表队集结精兵强将参赛	王 枫	第03版
6月9日	为"人民城市"电网建设贡献工会力量 国网上海市电力公司副总经理、工会主席 陈春霖	张锐杰	第03版
6月10日	踔厉奋发向未来 接续奋进新征程 中国宝武2023年全国五一劳动奖、沪外省级劳动模范、上海市及沪外省级五一劳动奖风采		第04、05版
6月12日	把提升职工满意度作为"第一标准" 豫园文商集团工会办实事办好事服务职工凝聚人心	庄从周	第03版
6月13日	学习贯彻上海市工会第十五次代表大会精神 书写新时代工会新篇章 陆家嘴街道党工委副书记、总工会主席翁冬艳	张锐杰	第03版
6月14日	学习贯彻上海市工会第十五次代表大会精神 以实干和担当走好新时代工会赶考路 上海申康医院发展中心党委书记、市医务工会主席 赵丹丹	庄从周	第03版
6月14日	"不符合公司发展"？"报到时未取得毕业资格"？ 企业解除三方协议的理由为何一变再变	李轶捷	T1：劳权

（续表）

日 期	篇 目	作 者	版 面
6月15日	学习贯彻上海市工会第十五次代表大会精神 "四个结合"贯彻落实大会精神 上海电气集团党委副书记、市机电工会主席 朱兆开	李嘉宝	第03版
6月16日	全国总工会已帮助210多万一线职工提升学历		第02版
6月17日	深化产业工人队伍建设 助力企业高质量发展 松江经开区党工委副书记、总工会主席 顾文磊	张锐杰	第03版
6月19日	历时近3年，10余万教职工积极参与 上海市第九届教工运动会圆满闭幕	柴一森	第03版
6月20日	坚持和发展新时代"枫桥经验"市总工会党组与市司法局党委开展主题教育联组学习	柴一森	第03版
6月21日	上电职工迎来技能"高考日" ——第二届"春申杯"技能大赛直击	王海雯	第03版
6月21日	小时工高温费怎么发 骑手中暑算工伤吗 灵活就业者的清凉权如何保障？	李轶捷	T1：劳权
6月22日	工会"粽"动员，端午送关爱	庄从周 张锐杰 王海雯 李佳敏 柴一森	第03版
6月23日	奋力谱写"让市民离不开光明"新篇章 光明食品集团2023年全国五一劳动奖章、全国工人先锋号、上海市五一劳动奖和上海市工人先锋号风采		第02、03版
6月26日	打通创新成果转化"最后一公里" "万位数字"：职工将获得专利成交价10%奖励	张锐杰	第03版
6月27日	"援调结合、就业联动"起实效 嘉定工业区联合调处组拓展服务新模式	李佳敏	第03版
6月28日	"数聚长三角，智汇创未来" 长三角地区数字赋能高质量发展职工劳动和技能竞赛决赛落幕	张锐杰	第03版
6月28日	本报接读者诉求 推进三方联动保障快递行业职工合法权益 姚女士现场签订调解协议 确认补偿金三万余元	庄从周	第04版
6月29日	发布四项工作方案 命名首届40名"长三角大工匠" 2023年推进长三角高质量一体化发展工会工作联席会议昨日召开	张锐杰	第03版
6月30日	随申办工会礼包上新 饿了么、久事旅游推出餐饮折扣优惠	王 枫	第03版
7月1日	凝聚榜样力量 争做时代先锋 嘉定区2023年全国、上海市五一劳动奖和工人先锋号风采		第03、04版
7月3日	坚守初心 践行初心 检视初心 市总工会机关系统举行庆祝建党102周年 党员集体过政治生日座谈会暨主题教育学习会	李成溪	第03版
7月4日	这里是百姓客厅，也是五星服务阵地 甘泉路街道探索工会融入社区治理新路径	李嘉宝	第03版
7月5日	心理咨询师加入工会"朋友圈" 徐家汇街道成立上海首家心理咨询行业工会	梁嘉蕾	第04版
7月5日	用工形式不断变更 医疗费用无处报销 一场三方调解 帮助员工拿到补偿	庄从周 尉爱群	T2、T3：劳权
7月6日	联手开展劳动竞赛，构建和谐劳动关系 红色工运场馆互访，组织职工疗休养交流 ——推进长三角高质量一体化发展工会工作联席会议工作方案解读	庄从周 李嘉宝 张锐杰 王 枫 刘振思	第04版

（续表）

日 期	篇 目	作 者	版 面
7月7日	兵分11路深入生产一线 上海市总工会启动高温慰问"送清凉"	张锐杰	第03版
7月8日	市政协总工会界别委员走进东方财富 围绕推动打造全过程人民民主最佳实践地展开专题讨论	张锐杰	第03版
7月10日	国网上海浦东供电公司谢邦鹏团队："小手环"实现双方大收益	张锐杰	第03版
7月11日	科学精准做好劳动保护工作 上海城投制定一线主体工种分类分级保障措施	王海雯	第03版
7月12日	上海超高环保过滤专利无偿许可授权第三方 扩大技术应用场景助力"双碳"战略	王海雯	第03版
7月12日	劳动报酬有没有？ 合同是否有效？ 办假身份证就业 引发诸多劳权争议	李轶捷	T2、T3：劳权
7月13日	青吴嘉三地工会发布重点合作项目清单 不断增强示范区职工获得感、幸福感、安全感	庄从周	第03版
7月14日	网约送餐行业全国首个全网职代会、首份全网集体合同落地"饿了么" 覆盖1.1万个配送站300万"蓝骑士"	李嘉宝	第03版
7月15日	闵行区总工会启动高温慰问 8000张"爱心券"覆盖八大行业	张锐杰	第03版
7月17日	"当个好工人"的标准会越来越高 ——沪上四大职业培训"基地"现状调查（之一）	李嘉宝	第08、09版
7月18日	制造业渐受青睐 新赛道孕育未来 ——沪上四大职业培训"基地"现状调查（之二）	梁嘉蕾 王海雯	第04、05版
7月19日	李斌技师学院结硕果 上海电气诞生首批特级技师，并受聘大学客座教授	李嘉宝	第03版
7月19日	关键人物失联 项目结算不明 施工队向本报发来求助信	张锐杰	T2、T3：劳权
7月20日	几十年磨炼一套"指尖神功" ——记上海市劳模、"徐行草编"市级传承人王勤	李佳敏	第04版
7月21日	浦东新区总工会延伸爱心接力站"X因素" 拓展服务户外职工的无限可能	张锐杰	第05版
7月22日	赛专业比本事，让市民购药更放心 ——上海老百姓大药房职工技能竞赛侧记	梁嘉蕾	第05版
7月24日	松江区九里亭街道首家职工健康服务点启用	张锐杰	第03版
7月25日	徐汇区康健街道构建"大平安"服务体系 从园区到物业，人人讲安全会应急	梁嘉蕾	第03版
7月26日	上海电建举全员之力查找潜在安全风险 "随手拍隐患"筑牢安全防线	王海雯	第03版
7月26日	因工致残却"无人问津"？ 派遣工人受伤谁赔偿？	朱兰英	T2、T3：劳权
7月27日	72项服务清单打造"共好梅林家"上海梅林工会"六大行动体系"提升职工生活品质	李嘉宝	第03版
7月28日	国货老字号入驻随申办工会福利群 工会会员领取流程有新变化	王枫	第03版
7月29日	抓传承抓改革抓推动 持续做好工匠培育工作 ——本报专访上海市人大常委会副主任、党组副书记，市总工会主席郑钢淼	张锐杰	第03版
7月29日	激发协同创新，筑梦航天强国 ——第二届工匠大会"顶尖科学家、卓越工程师、大国工匠交流论坛"侧记	张锐杰	第04版

（续表）

日　期	篇　目	作　者	版　面
7月30日	从"上海师傅"到"大国工匠" 第二届大国工匠论坛上海分论坛在京举行	张锐杰	第03版
7月30日	坚持同台竞技、坚持搭建平台、坚持备加关爱 市总工会党组书记、副主席黄红阐述工会如何助力女职工绽放创新风采	张锐杰	第04版
7月31日	如何成为"大国工匠"？上海参会工匠：坚持和创新是最重要品质	张锐杰	第03版
7月31日	大时代呼唤大格局　大工匠应有大作为 闭幕式后，与会部分上海工匠畅谈感想、展望未来	梁嘉蕾　李嘉宝　庄从周 李佳敏　张锐杰　王海雯	第04、05版
8月1日	把匠心的种子播撒到小朋友心中 奉贤区总工会开展"劳模匠心进暑托"活动	陈恒杨	第03版
8月2日	一瓶水，传递爱　上海工会汇聚爱心力量为户外劳动者送清凉	李嘉宝	第03版
8月2日	一张照片的警示　员工称车间密不通风 企业回应水循环去尘	柴一森　尉爱群	T2、T3：劳权
8月3日	"三往"走基层 源头找真经 定海路街道总工会用脚步丈量工会深度与广度	梁嘉蕾	第03版
8月4日	各级工会为户外职工送清凉	李嘉宝　李佳敏　梁嘉蕾	第04版
8月5日	巴士三公司提升职工生活品质　"身心加油站"为司乘人员健康护航	李嘉宝	第04版
8月6日	"孩子托育问题解决了，员工心更定了" ——记者走访宝武集团三有托育园	陈恒杨	第02版
8月7日	工人发明家胡振球：苦学铺就创新路	陈恒杨	第04版
8月8日	三年服务千名职工　新桥镇健康服务点家医团队收获众多"粉丝"	张锐杰	第03版
8月9日	吃品质吃服务吃环境，吃出一次次不错的社交 ——记者实地走访"创享塔"等三个白领食堂	李嘉宝　展　翔　庄从周 梁嘉蕾　剑　华	第04、05版
8月9日	维权进行到一半 公司竟然没了　一企业试图"金蝉脱壳"？ 追责到底！	李佳敏	T2、T3：劳权
8月10日	主刀手术万余例　显微镜下展绝技 ——记上海工匠，上海中医药大学附属宝山医院党委书记、骨伤科研究所所长丁任	王海雯	第04版
8月11日	以生产之"安"保能源供应之"稳" 国家电投上海电力全力以赴迎峰度夏	王海雯　黄瑗莉	第03版
8月12日	绿豆汤、免费理发、健康义诊、安全宣讲…… 闵行职工爱心接力站多形式送清凉	张锐杰	第03版
8月14日	静安区芷江西路街道试点召开街区职代会 "爱心接力站"怎么建职工说了算	李嘉宝	第03版
8月15日	黄红主持召开市总工会主题教育调研成果交流会时要求 做深做实调查研究的"后半篇文章"	李嘉宝	第03版
8月16日	工会服务阵地点燃读书热情　让更多职工氤氲在浓郁书香中	李嘉宝　庄从周　李成溪 张锐杰	第04、05版
8月16日	职务被撤销、数万元月薪骤降为2590元 企业工会主席维权获支持	朱兰英	T2、T3：劳权
8月17日	探讨工会如何助力践行全过程人民民主 市政协总工会界别开展专题调研暨界别委员工作室活动	张锐杰	第03版
8月18日	黄红在上海职工工间休息室建设工作推进会上指出 实施精细化管理 打造"幸福新空间"	李嘉宝	第03版

（续表）

日 期	篇 目	作 者	版 面
8月18日	又一互联网大厂职工有了"娘家人" 上海爱奇艺工会正式成立	柴一森	第03版
8月20日	"上海医生看好我十几年前旧伤！" ——上海市医务工会组织医疗队赴疆义诊活动见闻	庄从周	第01版
8月21日	工会新来的年轻人 ——对话四位入职工会系统的应届大学毕业生	梁嘉蕾 陈恒杨 张锐杰	第02、03版
8月22日	郑钢淼在市总工会十五届二次全委（扩大）会议上指出 在推动高质量发展大局中找准工会工作切入点和着力点	李嘉宝	第03版
8月23日	5大文化赛事、2个展示项目、1项文化服务、1批文化活动…… 首届上海职工文化季拉开帷幕	李嘉宝	第03版
8月23日	外卖柜向骑手收费，合不合理？	刘振思	T2、T3：劳权
8月24日	心心在一缆 上海工匠吴明明守护城市数字"脉络"	王海雯	第04版
8月25日	一单一单跑，夏日里驰骋在路上 货运司机孙勇盛：靠劳动致富	王海雯	第03版
8月26日	高使用率背后有"秘诀" ——记者探访博世职工健身驿站	柴一森	第03版
8月28日	上海电建近80位工会劳保监督员集结就位 启动"绿标行动" 强化安全隐患监督	王海雯	第03版
8月29日	企业入驻前，工会先接触 闵行区华漕镇总工会推进生物医药企业工会组建	张锐杰	第03版
8月30日	筑巢引凤，1400余名职工已入住——"金巢小屋"城投保租房项目现场见闻	李佳敏	第03版
8月30日	不克扣工资 不隐瞒职业危害 不强迫劳动 五部门发文：重点消除企业八大不当管理风险隐患	李佳敏	第02版
8月31日	市总工会、申能集团启动新一轮燃气用具捐赠 郑钢淼出席签约仪式时指出：做实做细劳模服务工作	李嘉宝	第03版
9月1日	上海市总工会第八届女职工委员会第一次全体会议召开 选举产生新一届市总工会女职工委员会	李佳敏	第03版
9月2日	为谱写中国式现代化上海新篇章 贡献智慧和力量 《上海市总工会关于加强新时代工会女职工工作的实施意见》解读	李佳敏	第03版
9月4日	全市"青年理论学习分享会"首场开讲 程绣明黄红等出席活动 上汽青年职工发出青春之声	王海雯	第03版
9月5日	536名劳务派遣工有了工会会员证 上海紫竹人力资源服务有限公司成立工会	张锐杰	第03版
9月6日	"班组全家福"摄影大赛佳作频现 已收到全市155个班组近500幅作品	庄从周	第03版
9月7日	年龄"已退"身"未退" "银发族"工作权益如何保障？	朱兰英	T2、T3：劳权
9月7日	专利技术筑牢汽修行业安全防线 花茂飞工作室成功研发举升机安全保险警示装置	李嘉宝	第03版
9月8日	让职工在竞赛中学习新知识、掌握新技能 松江区总工会举办家政、养老行业职工劳动和技能竞赛	张锐杰	第04版
9月9日	郑钢淼教师节前夕走访调研上海工会管理职业学院 为一线教职工送上节日问候	李嘉宝	第04版
9月11日	名师奉上入职第一课 劳模领学指引新方向 2023年上海新教师入师入会仪式昨举行	柴一森	第04、05版

（续表）

日　期	篇　目	作　者	版　面
9月12日	欧阳路街道总工会做好贴心"娘家人" 打造"职工会客厅"奏响和谐之音	李佳敏	第03版
9月13日	从转型课堂到多元学堂 东方商厦有限公司职工学堂为职工转型发展赋能	李嘉宝	第03版
9月13日	法援律师收费吗？哪些人可以申请？聚焦职工法律 援助八大疑问	李轶捷　李嘉宝	T2、T3：劳权
9月14日	随申办工会福利秒杀活动再度开启 "锦大师"如意满满套餐只需0.1元	王　枫	第03版
9月15日	黄红在2023年首期劳模先进研修班开班仪式上指出 树牢终身学习理念促进劳模成长	张锐杰	第03版
9月16日	黄红出席对口支援地区工会干部来沪挂职欢迎仪式并讲话 交互交融推动工会工作高质量发展	李嘉宝	第03版
9月18日	台上演绎隐患　台下学习规范 国网上海市南供电公司举行安全文化建设展示	张锐杰	第04版
9月19日	从北美到上海，24小时无时差"作战" ——上汽车"出海"背后的故事	王海雯	第03版
9月20日	"仅我一身是铁，不如人人是钉" ——记铁路上海局集团有限公司上海机辆段动车指导司机冯剑坚	柴一森	第03版
9月20日	不能忽视的绩效考核	刘振思	T2、T3：劳权
9月21日	劳模工匠共话城市数字化转型 上海职工直播课堂上海移动专场活动举行	李嘉宝	第03版
9月22日	从单一型专家迈向智慧治污全才 长三角首届废水处理技能竞赛见证上海治污人才的成长	王海雯	第03版
9月23日	小店变服务站　外卖员成VIP 杨浦一小区工会议事会巧借资源服务新业态劳动者	梁嘉蕾	第05版
9月25日	申通快递驾驶员关立平：15年职业生涯让我多一份使命感	庄从周	第02版
9月26日	黄红主持召开市总工会机关系统学习贯彻习近平新时代中国特色社会主义思想主题教育总结会议时强调 ——持续巩固拓展主题教育成果 奋力开创工会事业发展新局面	李嘉宝	第03版
9月27日	全国五一劳动奖章获得者、三联公司眼镜割边车间主任叶菁：手上一份功，案头十年功	李嘉宝	第03版
9月27日	离职规矩多，收入莫名缩水，学生打工为何"难"	柴一森	T2、T3：劳权
9月28日	全国总工会副主席马璐节前慰问快递小哥，调研中通快递 强调做好新就业形态劳动者工会工作	庄丛周	第03版
9月30日	"幸福直通车"开进上海海事局	梁嘉蕾	第02版
10月1日	上海市劳动模范、上海嘉麟杰公司技术员何国英：20年与团队共同研发近千款新面料	李嘉宝	第03版
10月7日	上汽通用汽车试制车身技师徐澳门：拥有一技之长，创造无限可能	王海雯	第04版
10月8日	不负使命嘱托　认真履职建言 ——中国工会十八大上海代表团代表赴京前接受记者专访	张锐杰　李佳敏　柴一森 梁嘉蕾	第03版
10月8日	勇立潮头敢为先 奋楫扬帆谱新篇　上海工会五年工作回眸	阎梦华	第04、05版

（续表）

日　期	篇　目	作　者	版　面
10月9日	郑钢森等15名代表联名提交提案，为产业工人队伍建设改革建言献策 ——强化多方协同精准发力 提速产改"最后一公里"	李嘉宝	第04、05版
10月9日	新蓝图　新目标　新期待 上海工会干部、劳模先进、一线职工寄语中国工会十八大	张锐杰　柴一森　陈恒杨 梁嘉蕾	第07版
10月10日	新征程　新使命　新担当 ——上海市人大常委会副主任、党组副书记、市总工会主席郑钢森就中国工会十八大报告接受本报专访	王　枫	第03版
10月10日	6大关键词　聚焦未来五年发展目标 ——代表热议中国工会第十八次全国代表大会报告	李嘉宝	第04、05版
10月11日	奋进新征程　劳动最荣光 ——中国工会第十八次全国代表大会代表分组讨论党中央致词		第03版
10月11日	工资发放有窍槛　这些坑千万不要踩	李轶捷	T2、T3：劳权
10月12日	聚焦首要任务　凝聚向上力量 助力高质量发展，中国工会十八大上海市代表团这样说	罗　菁	第04、05版
10月13日	中华全国总工会第十八届执行委员会举行第一次全体会议 王东明当选为中华全国总工会主席		第01版
10月13日	团结引导亿万职工坚定不移听党话跟党走 中国工会第十八次全国代表大会闭幕		第02版
10月13日	深化工会改革与建设，提高引领力、组织力、服务力 围绕如何有力有效激发工会组织的生机与活力 代表们话体会、谋良策	李嘉宝　李佳敏　柴一森	第04、05版
10月14日	逐梦惟笃行 奋进正当时　中国工会十八大上海代表团返沪	罗　菁	第03版
10月16日	外企建会"三同步、三纳入" 青浦区总工会"百日建会"聚焦外商投资企业	庄从周	第04版
10月17日	市总工会传达学习贯彻中国工会十八大精神 奋力开创新时代上海工会工作新局面	李嘉宝	第03版
10月18日	为新就业劳动者提供法律服务　静安区总工会揭牌张玉霞工作室	李嘉宝	第04版
10月18日	什么程度算骚扰？企业该怎么应对？如何守好职场关系的边界	柴一森	T2、T3：劳权
10月19日	把稳思想之舵，凝聚奋进力量 上海各级工会掀起学习贯彻中国工会十八大精神热潮	柴一森　李嘉宝　张锐杰 王海雯　庄从周　李佳敏 梁嘉蕾	第03版
10月20日	上海工会学习贯彻中国工会十八大精神培训班开班 推动大会精神在上海落地生根	李嘉宝	第03版
10月21日	劳模工匠进校园　吸引众多小"粉丝"劳动教育：成为学生爱听的课		第03版
10月23日	市集上的"90后"店主——上海热门市集年轻经营者现状调查	朱兰英　李成溪　陈恒杨 梁嘉蕾　剑　华	第08、09版
10月24日	全市各级工会以学促干落实工会十八大精神 凝心聚力谱写高质量发展新篇章	李嘉宝　张锐杰　李佳敏 梁嘉蕾	第04版
10月25日	火热竞赛吹响服务进博冲锋号　第六届进博会立功竞赛推进会昨天举行	庄从周	第03版
10月25日	退休职工与原单位间还有关系吗？	朱兰英 李成溪	T2、T3：劳权
10月26日	牢记"国之大者"投身强国建设 习近平总书记重要讲话在上海劳模先进和工会工作者中引发热烈反响	李嘉宝　庄从周　张锐杰 李佳敏　柴一森　王海雯 梁嘉蕾　陈恒杨	第03版

（续表）

日 期	篇 目	作 者	版 面
10月27日	上海各级工会推动中国工会十八大精神走深、走实、走心 用心用情做好维权服务工作	李嘉宝 庄从周 张锐杰 李佳敏 柴一森 王海雯 梁嘉蕾 陈恒杨	第06版
10月28日	市总工会与市检察院联合召开推进会并签署协作意见 "工会＋检察院"共同保障职工劳动权益	李嘉宝 吴泽顺	第04版
10月30日	静安区家政服务行业一届一次职代会召开 全市首个家政行业工会法律服务站成立	李嘉宝	第03版
10月31日	上海工会加大培训深入调研夯实基层力量 打通"最后一公里"扩大工会朋友圈	李嘉宝 庄从周 王海雯 李佳敏 梁嘉蕾 陈恒杨	第03版
11月1日	零工经济下，求职者该如何维权？	刘振思	T2、T3：劳权
11月2日	技能点燃梦想 匠心助力发展 徐汇"天平杯"咖啡（西点）职业技能大赛暨"劳模工匠助企行"启动	梁嘉蕾	第03版
11月3日	打造"原文诵读＋实践感悟"全新模式 世纪出版集团举行青年职工理论学习分享会	庄从周	第03版
11月4日	全国劳模李文丽流泪告别蓝天 36年飞行3万多小时 职业生涯见证民航起飞壮大	柴一森 张 玮 张东妮 刘 君	第07版
11月6日	工作日，"打工人"几点吃晚餐？ 通勤时长、工作原因成主要"拦路虎"	张锐杰 柴一森 梁嘉蕾 刘振思	第08、09版
11月7日	建立多级协作配合机制 从源头维护职工合法权益 上海工会大力推进工会工作法治化	李嘉宝 庄从周 柴一森 王海雯 张锐杰 陈恒杨 李佳敏	第03版
11月8日	一次"特殊"调解，无声却落地有响 静安区总工会助聋哑职工挽回损失	李嘉宝	第03版
11月8日	主播签订演艺类经纪 合同需注意什么？	朱兰英	T2、T3：劳权
11月9日	记录伟大时代，讲好职工故事 黄红就劳动报未来发展提出要求	李嘉宝	第03版
11月10日	上海工会持续深化工会改革和建设 充分发挥桥梁纽带作用 不断激发基层创新活力	李嘉宝 庄从周 王海雯 张锐杰 陈恒杨 梁嘉蕾	第03版
11月11日	奉贤区成立全市首个"保障农民工工资支付法律服务站" 五方联动保障农民工"钱袋子"	陈恒杨	第08版
11月13日	快递小哥的"购物车"里有点啥？ 双十一的暖意瞬间，一份寄给最爱之人的礼物	庄从周	第02、03版
11月14日	用"真金白银"为职工创新助力 上海电建工会首发《职工科技创新项目扶持计划》	王海雯	第03版
11月15日	因地制宜纾解午餐难，把"食"事办在职工心坎上——上海工会推动解决园区、楼宇一线职工"午餐难"十佳案例	李嘉宝	第04、05版
11月15日	病假、婚假、年休假…… 职工都能有啥假？哪些假，单位不可不准翔	李成溪	T2、T3：劳权
11月16日	"沉浸式"体验全过程人民民主 市人大常委会研究室、市总工会联合举办"劳模走进人大"主题活动	李嘉宝	第03版
11月17日	人人可参与 人人可出彩 职工文艺人才登上商圈大舞台	庄从周 展 翔 刘振思	第04、05版
11月18日	助力工人新村蝶变 杨浦工会：与228街坊发展结伴同行	梁嘉蕾	第03版

（续表）

日 期	篇 目	作 者	版 面
11月20日	年轻人日益青睐市民夜校、社区食堂 专家：职场人理性消费应肯定，相关部门可有序引导	李嘉宝 王枫 张锐杰	第03版
11月21日	模拟协商、发布视频、建专家智库，多措并举 闵行区总加强集体协商人才队伍建设	张锐杰	第03版
11月22日	178名候选人同台打擂，角逐上海工匠——2023年上海工匠评审发布会见闻	张锐杰	第03版
11月22日	到底是公司故意找借口，还是员工刻意隐瞒真相？ 10年老员工被指"以权谋私"遭开除	柴一森	T2、T3：劳权
11月23日	筑梦永远在路上 ——记全国五一劳动奖章获得者、上海梦想成真公益基金会理事长何培新	李佳敏	第03版
11月24日	推动维护新就业形态劳动者医疗保障权益 全国职工互助保障组织行业自律管理委员会第三次全体会议昨召开	王枫	第03版
11月25日	月入过万的绑蟹工输给了机器？ 记者探访发现，机器还是不及老师傅手速	梁嘉蕾	第03版
11月28日	市总工会领导调研光明食品集团 以"员工第一"理念打造工会工作样板	李嘉宝	第03版
11月29日	金牌招商团队"高手过招"静安区投资促进劳动和技能竞赛决赛举行	李嘉宝	第03版
11月29日	催促员工签订离职协议并退租办公楼走人 欠薪的企业突然"关门"，员工何去何从	朱兰英	T2、T3：劳权
11月30日	劳模工匠共话新城"乡村美、生活美、产业美"上海职工直播课堂奉贤专场举行	陈恒杨	第03版
12月1日	上海职工职业技能系列竞赛焊工大赛"钢花飞溅" 人工电焊"精雕细琢"难被替代	陈恒杨	第03版
12月2日	五成职场人有兼职，下班回家做副业行不行？	张锐杰	第04版
12月4日	退休了，要举办欢送会吗？ ——"老传统还要不要"系列报道之一	王枫 王海雯 李佳敏	第03版
12月5日	上海工会暖冬行动守护一线劳动者	李嘉宝	第07版
12月6日	展示学思践悟成效 诠释初心使命 中国电信上海公司青年职工理论学习分享会举行	王海雯	第03版
12月6日	有考勤记录、"工资"支付凭证 为何劳动关系不被确认？	庄从周	T2、T3：劳权
12月7日	2023年度市政府与市总工会联席会议（扩大会议）召开 审议通过"完善新就业形态劳动者权益维护机制"等两项议题	李嘉宝 张锐杰	第03版
12月8日	全国骑手角逐"最佳技能骑手奖" 首届全国外卖配送行业职业技能竞赛昨日在沪落幕	张锐杰	第03版
12月8日	家访的"脚步"要停下吗？——"老传统还要不要"系列报道之二	王枫 梁嘉蕾	第04版
12月9日	促进产教融合培育更多大国工匠 市政协总工会界别、教育界别联组学习走进上海工匠馆	李嘉宝	第03版
12月11日	上单位托儿所，跟爸妈"上下班"——"老传统还要不要"系列报道之三	陈恒杨 王海雯 李佳敏	第03版
12月12日	2023年"上海工匠"候选人公示		第07版
12月13日	2023感动那一瞬	庄从周 王冰鑫	第04、05版

（续表）

日　期	篇　目	作　者	版　面
12 月 13 日	新情况不断涌现 多重诉请叠加 上海高院发布司法服务保障稳定就业典型案例	江　鸿　李成溪	T2、T3：劳权
12 月 14 日	年终特别报道之一　这个"幸福新空间"，你满意吗	李嘉宝	第 03 版
12 月 14 日	上海职工工间休息室建设工作总结推进会昨天召开 市总：明年扩大覆盖面再建 1000 间以上	李嘉宝	第 03 版
12 月 15 日	年终特别报道之二　职工健康"姐妹花"阵地，你去过没	王海雯	第 03 版
12 月 16 日	奉贤区三家"全国最美驿站"向户外工作者送上阵阵暖意	陈恒杨	第 04 版
12 月 17 日	严寒中作业，他们收到了这些温暖 ——多地关爱户外劳动者一线扫描		第 02、03 版
12 月 18 日	年终特别报道之四　这样敞开的站点，你进去了吗	张锐杰	第 03 版
12 月 19 日	年终特别报道之五　新就业形态劳动者，你的专属保障领取了吗？	李成溪	第 05 版
12 月 20 日	年终特别报道之六　这些"明星"，你追到了吗？	梁嘉蕾	第 04 版
12 月 20 日	年终留人需正向激励，这些做法只会适得其反	朱兰英	第 02、03 版
12 月 21 日	何梁何利奖首次颁给"上海工人" 王曙群：与时代同频共振，产业工人也是创新的排头兵		第 02 版
12 月 22 日	年终特别报道之七　来赛不来赛？这些劳动和技能竞赛你都参加了吗	李佳敏	第 03 版
12 月 23 日	为来年工作谋划新思路　2024 年上海工会工作务虚会召开	李嘉宝	第 03 版
12 月 25 日	年终特别报道之八　今年，你加入工会了吗？	陈恒杨	第 03 版
12 月 26 日	首艘国产大邮轮"爱达·魔都号"试运营 一线产业工人劳模代表受邀出海体验	李嘉宝	第 04 版
12 月 27 日	"城市美容师"换上御寒新装 市绿化市容行业工会做实一线环卫工冬季劳动保护	梁嘉蕾	第 03 版
12 月 27 日	回眸 2023：那些新政正在悄悄改变着职场	李轶捷　李成溪	T2、T3：劳权
12 月 28 日	把"娘家人"的惦念送到职工心坎上 吴秀章率全国总工会慰问团来沪送温暖	李嘉宝	第 04 版
12 月 29 日	年会，办还是不办？职工：感受不到愉悦 HR 专家：要看员工意愿	陈恒杨	第 03 版
12 月 30 日	上海长升工程管理有限公司破解劳务派遣工入会难题 113 名挖泥小哥"扫码入会"收获多	张锐杰	第 03 版

2024
上海工会年鉴

女职工工作

综　述

2023年,市总工会女职工工作坚持以习近平新时代中国特色社会主义思想为指导,按照市第十五次工代会和市总工会女工委八届一次会议确定的目标任务,推动工会女职工工作实现新发展。一是强化思想政治引领,开展系列主题教育。开展"巾帼劳模宣讲"活动;举办上海工会纪念三八国际劳动妇女节113周年大会,引领女性劳动者坚定信念、跟党走;参与全国总工会《中国女劳模》组稿编辑,大力宣传上海女劳模先进事迹;开展"玫瑰书香"主题阅读活动,提升女职工素养。二是激发奋斗创造热情,推动培育巾帼先进。先后有8名女职工获全国五一奖章、132名女职工获市五一奖章、23个集体荣获全国五一巾帼标兵岗、18名女职工荣获全国五一巾帼标兵;16名女职工入选上海工匠;推动区、局(产业)工会持续壮大跨行业、跨区域"巾帼创新人才联盟";组织巾帼劳模工匠参与"劳模工匠助企行"行动;举办巾帼创新人才研修班、试点开展"叮咚买菜"、家政服务行业女职工数字化通识培训、岗位培训和实操培训。三是坚持多措并举,保障女职工权益。推出"呵护'她权益',绽放'她精彩'"系列普法课程;组织10余万职工参加"情系女职工·法在你身边"全国职工线上法律知识竞赛;联合市人社局等部门开展女职工劳动权益专项检查,将实施女职工权益保护专项集体合同纳入市总工会实事项目;受理涉及女职工权益保障案件代书、调解、代理仲裁累计14470件。四是聚焦品质生活需求,创建女职工服务品牌。举办创建家庭友好型工作场所暨"爱心妈咪小屋"10周年主题活动,新建"星级型"和"共享型"爱心妈咪小屋336个,新增五星级小屋71个;推动各级工会开展职工托育服务,推荐3个单位参评"全国爱心托育用人单位";做优"四季恋歌"婚恋交友服务品牌,举办各类青年交友活动218场;为8000名新就业形态女职工提供免费"两病"筛查。五是深化全会协同格局,女职工组织建设添活力。完成女职工委员会换届,选举产生新一届领导班子;制定实施《加强新时代上海工会女职工工作实施意见》;推进"小三级"工会女职工组织建设,已建

会单位中女职工组织建制率达91.4%。

（穆维贞）

组织建设

【概要】 2023年,市总工会持续完善"全会做女职工工作"机制,制定专委会工作职责,发挥宣传思想、提素建功、权益保障、幸福关爱、组织建设5个专委会重要作用。健全女工委组织建设,完成市总工会女工委换届工作,选举产生市总女工委第八届领导班子。召开上海工会女职工工作会议,发布实施《加强新时代上海工会女职工工作实施意见》,部署女职工重点工作。督促各区、局(产业)工会领导班子,选好配强女工委主任。深入开展女职工工作课题调研,研究规划新形势下做好全市女职工工作的有关问题。推进"小二级""小三级"工会女职工组织建设,健全园区、行业、商圈、新就业形态群体等工会女职工组织。

（穆维贞）

【召开第八届女职工委员会第一次全体会议】 8月31日,市总工会组织召开第八届女职工委员会第一次全体会议,市人大常委会副主任、党组副书记、市总工会主席郑钢淼,时任市总工会党组书记、副主席黄红,市妇联主席、党组书记马列坚等相关领导出席会议。会上选举产生了第八届女职工委员会主任、副主任和常务委员会委员。市总工会副主席桂晓燕当选为新一届市总工会女职工委员会主任。会议明确以后五年上海工会女职工工作的总体要求和重点任务,围绕"团结奋斗新征程、自信自强创未来"的工作主线,团结带领全市各级工会女职工组织,凝聚各行业及领域广大女职工巾帼之力,努力开创新阶段上海工会女职工工作新局面。

（穆维贞）

【开展女职工工作课题调研】 年内,市总工会组织开展女职工工作课题调研。调研采用文献查阅、问卷调查、个案研究、专题座谈、深度访谈等多种方式,向全市16个区、111个局、(产业)工会发出并收回有效问卷2088份,并从中选取典型企业开展书面交流。组织各区、局(产业)工会女工工作负责人,邀请妇联和人社局等相关部门及高校、社科机构、律师事务所等专家学者进行专题座

谈和深度访谈,形成《新时期上海工会女职工工作研究》调研报告。协助全国总工会女职工部完成《工会女职工委员会工作条例》的编修调研。 （穆维贞）

【嘉定区总工会召开2023年女工委年终总结会】 12月26日,嘉定区总工会女工委召开2023年年终总结会。嘉定总工会第七届女职工委员会委员、各直属工会女工干部、女职工代表共50余人参加会议。会上,集中学习习近平总书记同中华全国总工会、全国妇联新一届领导班子成员集体谈话的重要讲话精神和中国工会十八大精神。明确2024年女职工工作目标:一要加强政治引领,坚持用习近平新时代中国特色社会主义思想凝心聚魂,团结引领广大女职工听党话跟党走;二要助力经济高质量发展,以竞赛为抓手激励女职工岗位建功,培育创新人才,吸引优秀青年女职工扎根嘉定,为嘉定高质量发展贡献力量;三要做好维权服务,加大源头参与,开展普法宣传,加强法律监督和服务,用心用情维护好女职工权益,在关爱服务中聚人心、暖人心;四要提升自身建设,打造一批突出"工"字内涵和"女"字特色的女职工工作品牌,合力推动工会女职工工作创新发展。 （张　舒）

【金山区总工会召开第五届女职工委员会第七次全体会议】 2月9日,金山区总工会第五届女职工委员会第七次全体会议在区政府会议中心召开,区总工会党组成员、副主席邢扬,区总工会三级调研员曹冠及全体女工委委员出席,区总工会办公室主任、女职工委员会副主任郁蔚主持会议。会议听取金山区总女职工委员会所作年度工作报告,选举邢扬为金山区总工会第五届女职工委员会主任。邢扬在讲话中指出:一要深刻认识做好新形势下女职工工作的重大意义;二要多措并举推进工会女职工各项工作创新发展;三要切实加强新形势下工会女职工组织自身建设。 （郁　蔚）

【仪电工会女职工委员会召开七届三次(扩大)会议】 3月初,在迎来第113个三八国际劳动妇女节之际,市仪表电子工会女职工委员会在松江零食博物馆召开七届三次(扩大)会议,仪电工会主席、女职工委员会主任、仪电全

体女职工委员出席,仪电集团女职工先进代表、重点子公司及直属单位工会主席、部分工会干部列席会议,仪电工会兼职副主席、飞乐音响工会主席王海云主持会议。会上,上海隧道建筑防水材料有限公司总经理、党的二十大代表何小玲作《贯彻党的二十大精神》专题报告;结合仪电女职工特点对新修订颁发的《妇女权益保障法》作详细解读;回顾总结2022年、部署2023年仪电工会女职工工作。会议要求各级女职工组织要团结凝聚女职工奋斗力量,竭诚服务女职工的幸福追求,着力开创上海仪电女职工工作新局面,为把仪电集团建成上海城市数字化转型主力军做贡献。

(周黎俊)

素质提升

【概要】 2023年,市总工会女职工紧扣"学思想、强党性、重实践、建新功"要求,开展"巾帼劳模宣讲"线上线下宣讲活动。举办上海工会纪念三八国际劳动妇女节113周年大会,引领女性劳动者坚定信念跟党走。举办市总工会女工委第八届委员履职培训班,组织各级工会女职工干部参加全国总工会举办的普法、数字技能提升等培训。组织女性科技人员和女劳模、女工匠参加大国工匠创新交流会和论坛、上海职工科技节路演和展示等活动,充分发挥女劳模、女工匠引领带动作用。先后开展"玫瑰书香"主题阅读活动、组织参加首届上海职工文化季暨第二十五届上海读书节,持续提升女职工综合素质。参与全总《中国女劳模》组稿编辑,讲好上海女劳模故事。

(穆维贞)

【举办纪念三八国际劳动妇女节113周年大会】 3月3日,市总工会在宛平剧院举办"奋斗启新程,幸福'她'时代"上海工会纪念三八国际劳动妇女节113周年大会,致敬全市广大女职工,充分展现女职工的坚韧、执着、专注、细致的良好品质,在行业领域积极奉献、担当作为的时代风采,彰显新时代女性劳动者立足岗位、拼搏创新的奉献精神,引领广大女职工坚定信念跟党走。

(穆维贞)

【开展"巾帼劳模宣讲"活动】 年内,市总工会女工委多次组织开展"巾帼劳模宣讲"活动,姚启明等巾帼劳模、工匠走进清华大学、交通大学等进行示范宣讲,吴蓉瑾、高煜、郁非等劳模先进走进园区楼宇、车间班组,走上职工讲堂、直播课堂宣讲,充分发挥巾帼典型引领带动作用。据统计,全年共开展"巾帼劳模宣讲"活动193场、12.3万名女职工参与、3名巾帼劳模工匠入选全总百名巾帼劳模工匠师资库。

(穆维贞)

【举办"玫瑰书香"读书活动】 年内,市总工会女工委联合市振兴中华读书指导委员会办公室,以主题教育、提素赋能、岗位建功、家风家教等方面内涵,举办"玫瑰书香"女职工主题阅读活动,推出丰富多彩的阅读书目,旨在引导各行各业女职工坚定政治思想、提升技能素质、实现自身价值。阅读活动最终评选出6大类、60项典型成果,其中18个项目(含个人)荣获"玫瑰书香"全国女职工主题阅读典型成果通报表扬。

(穆维贞)

【浦东新区总工会举办"携手绽芳华"女职工创新人才春之约暨浦东劳模工匠故事汇女职工专场活动】 3月13日,由浦东新区总工会、区妇联主办的"携手绽芳华"女职工创新人才春之约暨浦东劳模、工匠故事汇女职工专场活动在浦东图书馆报告厅举行。市总工会党组成员、副主席桂晓燕,浦东新区人大常委会副主任、区总工会党组书记、主席倪倩,区妇联党组书记、主席潘秀红,区委组织部副部长、区人才办副主任戚玉霞等出席活动。现场,浦东女职工创新人才联盟峰会宣布成立,首批成立的8个联盟和巾帼匠心沙龙代表接受授牌。来自临港新片区新力量职业女性创新人才联盟的肖素枝、浦东教育行业大先生女职工创新人才联盟的冯碧薇、陆家嘴金融贸易区菁英职业女性创新人才联盟的项青及来自其他行业的5名女劳模、女工匠等先进代表,分享她们在职场、家庭中的奋斗故事。区总工会、区妇联、区委组织部、区委宣传部、区科经委、区市场监管局等相关领导以及区总工会女职工委员会委员,各直属工会主席、女工委主任、女工干部,各委、办、局妇工委干部及街道、镇妇联主席、女劳模、女工匠和五一劳动奖章获得者、巾帼标兵等500余名先进代表参加活动。

(吴周筠)

【市纺织工会举办"微光聚力——她力量时尚对话"主题论坛】 3月25日,由市纺织工会、上海国际服装服饰中心有限公司等单位联手举办的"微光聚力——她力量时尚对话"主题论坛在兴业太古汇举办。来自时尚、演艺、电竞、艺术、环保等行业的女性,通过主题演讲及圆桌会议形式的对话,从创业、转型、自我成长等不同角度分享各自面对变化、以柔克刚的感人故事,分享"自身流动的状态与恒定的内核"之体会。论坛还携手中国妇女发展基金会现场设置"天才妈妈"公益项目专区,在展示非遗手作的同时,邀请"天才妈妈"与嘉宾及参与者互动,从中让更多人关注女性力量,赋能女性绽放。

(叶艺勤)

"携手绽芳华——浦东女职工创新人才春之约暨浦东劳模工匠故事汇女职工专场"活动

(吴周筠)

东方国际集团工会召开"转型改革有我 巾帼再创新功"纪念三八妇女节113周年活动 　　　　　　　　　　　（方整源）

【国网上海市电力公司举行"奋进新征程，巾帼建新功"三八国际妇女节113周年系列活动】 3月7日，国网上海市电力公司举办"奋进新征程，巾帼建新功"主题系列活动。活动会上，对获评全国巾帼文明岗、全国五一巾帼标兵、国家电网有限公司巾帼建功标兵、市经信系统妇女之家等女职工先进集体和个人进行表彰。邀请先进女职工代表现场访谈，市区公司赵茜等6位公司女职工先进代表在访谈中分享各自的成长故事和体会，浦东公司郭璟代表女职工向公司全体女职工发出"干在实处走在前"倡议。随后，邀请公司红庐讲师团为女职工现场讲授"学习贯彻中共二十大精神，按照《中国共产党党章》标准做新时代合格党员"的党课。（于 劼）

【上海女性创新学校在江南造船厂开课】 11月21日，上海女性创新学校"工程·女性·未来"2023年第4期课程《走进百年船厂，探访国之重器》在长兴岛江南造船(集团)有限责任公司开班。本次活动由市妇联主办，市女工程师协会、中船上海船舶工业有限公司工会协办。来自市女工程师协会、中国船舶集团有限公司各个下属单位以及全市各行业近90名优秀女性相聚一堂，聆听专家授课。市女工程师协会会长曲雁作开班动员。来自中国船舶集团有限公司的3名专家，分别从船舶未来发展方向、大型疏浚装备国产化之路、我国首艘大型邮轮3方面讲述海洋强国建设不断取得的新成就。学员们还参观江南造船历史展厅、"江南造船产品建造实录"、车览民用船舶生产现场和江南造船看舰码头。 （何 欢）

【上海邮政工会开展"巾帼心向党，花开展新颜"主题系列活动】 3月，上海邮政工会以纪念三八妇女节为契机，开展"巾帼心向党，花开展新颜"主题系列活动。一是通过各种形式，深入学习党的二十大精神，不断提升女职工思想政治素养和理论水平。二是开设"孩子行为背后的秘密"亲子教育讲座，让女职工掌握亲子沟通技巧，形成良好的家庭教育氛围。三是组织开展先进女职工特色交流活动，引导女职工立足岗位、实干创新，营造奋发向上的良好氛围。四是通过各种宣传渠道弘扬先进女职工岗位建功、爱岗敬业的奉献精神，推崇劳模、劳动和工匠精神，彰显上海邮政女职工"半边天"作用。 （王 瑛）

【市教育工会举行女教师创新发展论坛】 10月15日，市教育工会在上海教育会堂举行"躬耕教坛，巾帼育才，科学有梦，强国有我"女教师创新发展论坛，市妇联、市总工会、市教卫工作党委相关领导、第二届上海市女教授联谊会会员代表、第四届上海市优秀青年女教师联谊会会员代表、教育系统妇女干部代表以及优秀女学生代表等200余人参加。上海工程技术大学党委副书记、副校长、妇工委主任朱晓青致辞，市总工会副主席、女职工委员会主任桂晓燕讲话。第二届市女教授联谊会秘书长、市教育系统妇工委兼职副主任、上海外国语大学于朝晖教授主持论坛并发表主旨演讲，4名来自基础教育和高校的女教授代表从点燃梦想、追逐梦想、助力梦想、成就梦想的亲身经历和深切领悟作精彩发言。第四届上海市女优青联谊会秘书长、上海工程技术大学叶晓娴

教授主持圆桌对话，3位学生代表围绕"科学有梦，强国有我"主题，分享在科研道路上的收获与感触。3位优秀女教师代表就如何激发女大学生的科研梦想、科学实践分享经验与感受。论坛向来自女教授和优秀青年女教师联谊会的"海鸥计划"导师颁发聘书。（张 芳）

【市经信系统工会传达学习中国妇女十三大和市第十六次妇女大会精神】 中国妇女十三大和市第十六次妇女大会召开后，市经济和信息化系统工会妇工委第一时间组织召开市经信系统贯彻大会精神专题宣讲学习交流会，把系统内广大女干部女职工的思想认识和奋斗力量凝聚到大会确定的各项目标任务上来，夯实团结奋斗的共同思想基础。一是在系统内开展市第十六届妇女代表在履职交流上的"集体学"，全体代表原原本本学习大会工作报告，进一步明确未来方向和工作目标。二是组织开展妇女干部"联席学"，与闵行区妇联共同举办贯彻落实中国妇女十三大精神联组学习交流会，经信系统女干部和闵行区的市第十六届妇女代表参加会议。与临港新片区妇工委共同开展"科创智旅，她享临港"主题学习交流活动，经信系统巾帼创新工作室负责人参加活动。 （黄 俭、顾 捷）

【城投集团工会举办"学习新思想，聆听她声音"群瑛讲堂暨女职工主题教育座谈】 6月20日，市城投(集团)有限公司工会举办"学习新思想、聆听她声音"群瑛讲堂暨女职工主题教育专题座谈。市委主题教育第二十三巡回指导组副组长陆雅娟、组员王子羚莅临指导。集团党委副书记、工会主席杨茂铎参加座谈并讲话，集团党委委员、组织部部长张鹤参加，市国资委机关党委副书记薛燕、市总工会女工办主任许燕军应邀参加。集团工会负责人、工会女工委委员、各直属单位工会主席及一线女职工代表百余人参加座谈。薛燕、许燕军为参加活动女职工代表送上"向阳花"种子，并希望在思想上、行动上开出一心向党、一生向阳的美丽花朵。会上，集团工会女工委结合贯彻落实习近平新时代中国特色社会主义思想、特别是习近平关于妇女工作的重要论述，传达市总工会第十五次代表大会精神以及市第十六次妇女代表大会精神，报告近年来

女职工工作情况及今后工作设想。10名来自城投工程建设、城市运行、科技研发、财务法律等不同岗位的女职工代表,结合自身工作实际,就学习贯彻习近平新时代中国特色社会主义思想进行交流。会后,与会人员参观新江湾城"四史"教育基地,以赓续城投红色资源为载体,将人文历史、城市变迁融入"四史"教育,引导女职工汲取智慧滋养,在追忆历史中感受信仰力量。 （赵永哲）

建功立业

【概要】 年内,市总工会女工委注重在重点产业领域开展培育巾帼先进、选树先进典型工作。通过培育选树,先后有8名优秀女职工获评全国五一活动奖章、132名女职工获评市五一奖章、23个集体获评全国五一巾帼标兵岗、18名女职工获评全国五一巾帼标兵、16名女职工被命名为上海工匠。组织巾帼劳模工匠参加"劳模工匠助企行"试点行动,帮助企业解决技术难题、培养技术人才。推进建立先进女性创新工作室、创新团队、创新型班组,推动区、局(产业)工会持续壮大跨行业、跨领域"巾帼创新人才联盟"。举办巾帼创新人才研修班,为优秀女职工跨界合作、技术传承、研讨交流搭建舞台。组织73万余名参与"建功'十四五'奋进新征程"上海职工劳动和技能竞赛。动员女职工踊跃参加技术革新、技术协作、发明创造、合理化建议和"五小"等群众性创新创造活动,激发女职工奋斗创造热情。 （穆维贞）

【推动女职工技能等级提升】 2023年,市总工会女工委注重提升女职工专业技能,推动各领域女职工在专业领域加大创新创造。33个女职工"五小"项目获评市职工合理化建议和先进操作法优秀成果;309人次女职工获一线职工授权发明专利奖励61.8万元;87项女职工领衔项目获得第三十五届上海市优秀发明(创新)奖,其中金奖5项,获奖项目产生经济效益59亿元;40余万女职工参加岗位技能素质培训,896人次女职工技术等级晋升,获技师、高级技师晋级奖励112.04万元。 （穆维贞）

【静安区总工会举办"她时代建新功,领风尚创卓越"纪念妇女节113周年主题日活动】 3月6日,静安区总工会在静安嘉里中心举行"她时代建新功,领风尚创卓越"纪念三八国际劳动妇女节113周年主题日活动,市总工会党组成员、副主席桂晓燕,静安区总工会党组书记、副主席许俊,区妇联主席、党组书记陆颖等出席。活动邀请北站医院眼科主任肖明、上海白玉兰百货公司总经理瞿秋敏、像航(上海)科技有限公司董事长张兵等部分巾帼创新人才和女劳模分享她们在不同岗位上建功奋斗的感想和故事。静安区妇联主席、党组书记陆颖,市总工会女工办主任许燕军,劳动报社副总编辑管一珉,市精神卫生中心副主任医师倪晓东等领导和嘉宾分别交流女性匠造的现在与未来。会上,区总工会启动"幸福巾帼人才联盟"创建仪式,旨在吸纳更多不同行业、不同领域的巾帼人才加入联盟,引领广大女职工用实干成就梦想、用奋斗创造未来,加快打造一支技能精湛、素质优良、结构合理的女职工队伍。 （沈诗贤）

【市化学工会召开巾帼建功表彰交流会】 3月24日,市化学工会召开"巾帼建功在华谊"三八红旗手(集体)表彰交流会。华谊集团党委副书记、工会主席顾立立向集团广大女职工和工会女工工作者致以诚挚的问候,向受表彰的先进集体和个人表示祝贺。会议要求,要在凝聚女职工听党话跟党走,筑牢女职工团结奋斗的思想根基中担当作为,进一步发挥典型示范引领作用,营造当好主力军、岗位建新功的良好氛围;要在集团高质量发展,大力弘扬劳模精神、劳动精神、工匠精神中担当作为,进一步引导女职工成为知识型、技能型、创新型劳动者,体现新时代女性特质,展现新时代女性风采;要在推动自身建设,服务女职工能力上担当作为,进一步落实女职工各项工作,不断提升广大女职工的获得感、归属感和幸福感。全国巾帼建功标兵、三爱富公司杜丽君,集团三八红旗手标兵、新材料公司瞿红,集团三八红旗集体、中央研究院市场服务部王文洁,集团三八红旗手、广西能化公司谭云林等结合岗位成长经历,分享围绕集团中心任务,在重大项目建设、安全生产运行、创新发展中表现出的攻坚克难、奋勇争先的巾帼担当。下属各单位工会主席、集团女职委成员、三八红旗手(集体)代表、各级工会女工干部近百人参加活动。 （韩 英）

【东方国际集团工会表彰宣传女职工先进事迹】 在纪念三八国际劳动妇女节113周年之际,东方国际(集团)有限公司工会举行"转型改革有我,巾帼再创新功"主题活动。活动中,对2021—2022年度获评的16个集团三八红旗集体、17名集团三八红旗手进行表彰,并对已获评1个全国五一巾帼标兵岗、1个全国巾帼文明岗进行通报表彰。活动充分肯定集团广大女职工在综合改革、经济发展中做出的卓越贡献。并通过上海纺织工会微信平台、《纺织工会》

上海科技节期间,城投集团女职工代表受邀参加"智汇巾帼,让科普之光照进百姓家""她力量"讲坛 （赵永哲）

杂志、劳动报《东方时尚》周刊等媒体传颂、宣扬先进女职工、女职工集体的感人事迹，旨在激励广大女职工围绕集团发展目标和企业重点工作进一步立足岗位、勇挑重担、开拓创新、建功立业。

（陆益）

【铁路上海局集团公司工会开展女职工系列活动】 年内，铁路上海局集团公司工会开展多项女职工活动，展示女职工风采，激发女职工干事创业激情。一是在妇女节期间，召开女职工先进表彰大会，对获评的30个集团公司三八红旗集体、60名三八红旗手、10个先进女职工组织、10名先进女职工工作者进行表彰。二是以举办杭州亚运会、上海进博会为契机，开展"巾帼同心、亚运同行""迎接亚运强技能，服务亚运提质量，保障亚运创新优，融入亚运展形象""巾帼进博建功"等行动，彰显铁路担当，贡献巾帼力量。三是举办第九届"书香铁路，一路芬芳"女职工读书活动，征集读书征文371篇、家书征文383篇。征集的8个作品及4个示范性读书会单位，受到全国铁路总工会第九届"书香铁路"女职工读书活动的表彰。四是开展"巾帼心向党，奋进新征程"巾帼大宣讲、诗歌朗诵、微视频制作、党史知识竞答等宣传教育活动721场次，参与女职工1.3万人次。摄制《花开上铁，熠熠芳华》宣传片，展示上海铁路女职工岗位奉献风采。五是开展"五个一"主题活动。举办"情系女职工，法在你身边"普法知识竞赛，1.2万名女职工参与网上竞答。六是下拨专项经费，对10名患大病女职工、荣获全国级荣誉先进女职工集体送去慰问和关怀。（郭骁）

【中远海运集团工会评选表彰三八红旗手和三八红旗集体】 3月8日，中国远洋海运集团有限公司工会下发通知，表彰集团"三八红旗手"50人、集团"三八红旗集体"31个。表彰中高度评价中远海运广大女职工在集团生产经营和改革发展中展示的巾帼风采、彰显的巾帼作为，将激励集团广大女职工进一步学习榜样、崇尚先进、争当一流，凝聚起建设世界顶端航运科技企业的巾帼力量。

（颜龙生）

【上海邮政工会开展进博巾帼服务岗亮标识活动】 进博会期间，根据市妇联和建交妇工委的工作部署，上海邮政工会组织开展进博巾帼服务岗"亮标识、强服务"活动。对227个女性团队，通过挂铜牌、置台卡等形式，亮明服务标识，提供最优化服务，展现巾帼风采，为举办精彩、成功、圆满进博会贡献上海邮政的巾帼力量。

（王瑛）

【市教育工会举行纪念三八国际妇女节113周年表彰大会暨上海市三八红旗手讲师团首讲活动】 3月6日，市教育工会在上海音乐学院贺绿汀音乐厅举行"巾帼心向党，奋进新征程"市教育系统纪念三八国际妇女节113周年表彰大会暨市三八红旗手讲师团首讲活动。市教卫工作党委书记沈炜，市妇联副主席李铭，上海音乐学院党委书记裴小倩，市教卫工作党委二级巡视员、教育工会常务副主席、教育系统妇工委主任李蔚，上海音乐学院党委副书记、纪委书记，市三八红旗手联谊会会长李艳玲，上海音乐学院党委副书记曹荣瑞，市教育工会副主席陶文捷等出席活动。教育系统获得各项殊荣的女教师代表，各高校、区教育系统的党委分管领导、工会主席和妇工委主任，上海市三八红旗手讲师团首讲嘉宾等参加。会上，裴小倩致欢迎辞，沈炜向获得表彰和殊荣的教苑巾帼表示热烈的祝贺，向广大女同胞致以节日的祝福。李铭向妇女姐妹们致以节日的问候和美好的祝愿，向所有关心、支持妇女事业的各级领导和社会各界人士致以衷心的感谢。对在市妇联、市三八红旗手联谊会支持下筹备的"上海市三八红旗手联谊会教育系统分会"宣告正式成立，并共同启动2023年度市三八红旗手讲师团首讲。会上为获评2022年度全国三八红旗集体、全国巾帼文明岗、全国巾帼建功标兵、"海上最美家庭"，以及上海市提高级"妇女之家"和"妇女之家"示范点颁奖。党的二十大代表、市三八红旗手、复旦大学信息科学与工程学院院长、教授迟楠以"科技创新服务国家"为题，分享她作为高速光通信和高速可见光通信领域研究者的科研经历；党的二十大代表、全国三八红旗手、上海市竞技体育训练管理中心自行车击剑运动中心自行车运动员兼教练员钟天使从科技创新助力奥运夺牌、中华体育精神助力民族文化传播、生态文明建设助力乡村振兴三方面讲述自己的故事。现场，

上海音乐学院专业人员为大家带来精彩表演。

（张芳）

【市经信系统工会开展第二届城市数字化转型"巾帼之星"选树工作】 2023年，市经济和信息化工作系统工会以国际视野、数字思维、创新精神为导向，聚焦上海城市数字化转型重点领域中选树第二届城市数字化转型"巾帼之星"。报名参评的60人均在全市各企事业单位、机关和社会团体中产生，必须是品德素质优秀、专业贡献重大、团队效应突出、引领作用显著、发展潜力较大的优秀女性。经评审，遴选产生10名上海城市数字化转型"巾帼之星"、10名提名奖建议名单，择优推荐10名为"上海市巾帼建功标兵"建议人选。

（黄俭、顾捷）

【光明集团工会召开纪念三八劳动妇女节113周年女职工座谈会】 3月10日，光明食品（集团）有限公司工会女工委召开纪念三八劳动妇女节113周年女职工座谈会。集团工会女职工委员会成员、子公司女工会主席和副主席、女工干部、女先进代表、一线女职工代表参加座谈会。集团党委副书记朱晨红代表集团党委向集团全体女职工送上最衷心的祝贺和诚挚的问候，并提出3点希望，要积蓄"她"力量，凝聚巾帼智慧、彰显巾帼担当，在集团深入推进国资国企改革进程中拼搏奉献，书写新时代新女性的华丽篇章；要心系"她"关怀，深化"因为光明，所以温暖"的光明文化，把党的关怀和温暖送到女职工身边，着力提升女职工的获得感、幸福感、安全感；要共创"她"未来，争做光明事业的建设者、文明风尚的倡导者、敢于追梦的奋斗者，汇聚起实现集团高质量发展的巾帼力量。会上，蔬菜集团孙燕敏、上农种植业中心、种业集团花卉研发中心等先进个人和集体代表分别作交流。会上，还慰问了市劳模王国来、吴勇、朱水群、宋连新的爱人。

（朱菊英）

【百联集团开展庆祝三八劳动妇女节主题活动】 3月8日，百联集团有限公司工会女工委携手市商业企业管理协会，组织35位女经理、女店长赴杭州百联奥特莱斯、商旅文融合特色示范区参观。在之后举行的集团现场交流会上，

8名女职工代表分享岗位创新工作体会和为企业创新增效的具体事例。并对获评2023年市巾帼文明岗和巾帼建功标兵进行表彰,将激励百联女职工对企业转型、自身转岗的勇气和智慧,进一步增强巾帼建功的信心力量。(姜　杰)

权益保障

【概要】 2023年,市总工会女工委坚持依法依规维护女职工合法权益和特殊利益,持续开展普法宣传,以开设线上法宣课程、组织法律知识竞赛、普法宣传到基层、开展公益法律服务等形式,增强各行业女职工法律意识。持续拓展维权阵地,依托法律援助服务站点、公共法律服务热线、职工维权热线,以及"申工社"工会微信公众号等,为女职工提供便捷高效的法律援助服务,受理涉及女职工权益保障案件代书、调解、代理仲裁等14470件。发挥女职工权益保护专项集体合同依法维权载体作用,将实施情况纳入市总实事项目,依托集体协商和集体合同制度,加强女职工劳动就业权益保障。联合市人社局等部门开展女职工劳动权益专项检查,督促企业依法依规保障女职工合法权益。
(穆维贞)

【开展女职工普法宣传活动】 年内,市总工会女工委联手公益乐学,邀请劳模工匠、专业律师、妇幼专家录制"呵护'她权益',绽放'她精彩'"系列课程,并通过"申工社"微信视频号、技能强国全国产业工会学习社区播出,13.4万余名职工参加在线学习。组织"情系女职工·法在你身边"全国职工线上法律知识竞赛,10万余名职工参赛。举办新就业形态女职工法律宣传活动,市总女律师志愿服务团深入新就业形态女职工身边现场倾听诉求、开展法律咨询。各级工会运用图文、讲座、情景剧、有声图书、旁听法院庭审等形式,广泛开展普法宣传1500场次,覆盖女职工19万人次。
(穆维贞)

【开展2023年度"维护女职工劳动权益"专项检查】 3月7—17日,市人力资源和社会保障局执法总队联合市总工会组成联合检查小组,针对黄浦、静安、长宁、徐汇等市区内企业联合开展了"维护女职工劳动权益"专项检查。此次专

青浦区总工会举办新就业形态女职工法律宣传健康关爱活动　(朱建强)

项检查主要涉及商业零售、加工制造等行业,检查重点为女职工特殊保护、社会保险缴纳、劳动合同签订、工资支付、工时制度等在企业的执行情况。共检查单位73户,涉及职工8210人,其中女职工5226人。通过此次专项检查,切实维护女职工的合法权益,助力全市劳资关系和谐稳定。
(蒋慧勤)

【加强女职工维权服务阵地建设】 2023年,市总工会依托全市354个职工法律援助服务站点、"12348"公共法律服务热线、"12351"职工维权热线、"申工社"等工会微信公众号,为女职工提供便捷高效的法律援助服务。年内,共受理女职工权益保障案件代书、调解、代理仲裁14470件,占总数的27.3%。将女职工权益保护专项集体合同实施情况纳入市总工会实事项目——对万家企业实施和谐劳动关系建设优化指导"法治体检"范畴,依托集体协商和集体合同制度保障女职工权益。签订女职工权益保护专项集体合同18091份,覆盖女职工96.46万人。市总工会女律师志愿服务团,倾力维护女职工权益,入选"全国工会重点工作创新案例"。(穆维贞)

【普陀区总工会实施女职工健康直通车实事项目】 年内,普陀区总工会与区妇婴保健院推出"女职工健康直通车"实事项目,打造工会服务女职工特色品牌。自3月份项目启动后,先后在天地软件园、波克城市、新杨工业园、长征工业区等园区,为辖区女职工提供个性化、全方位、全生命周期的健康服务。8月16日,"爱妇幼,普健康"女职工健康

直通车"收官之站"来到普陀区民营企业之家活动现场,普陀区副区长王珏出席活动并讲话,区卫健委书记邓海巨,区总工会党组书记、副主席徐军,区妇联党组书记杨莉萍等出席活动。
(陆　蕾)

【青浦区总工会举办新就业形态女职工法律宣传健康关爱活动】 3月8日,青浦区总工会举行纪念三八劳动妇女节113周年暨新就业形态女职工法律宣传健康关爱活动启动仪式。活动分3场进行,其中圆通速递专场采用心理讲座形式,指导职场女性做好情绪和压力管理;韵达快递专场开展"名医面对面"女性关爱专家访谈、免费提供卵巢功能监测;顺丰快递专场组织公益律师和专家名医为女职工开展法律咨询和健康义诊活动。
(朱建强)

幸福关爱

【概要】 2023年,市总工会女工委积极回应女职工关切,关心关爱女职工各项权益。持续优化女职工生育支持和保障服务,做优"爱心妈咪小屋"服务项目,推出"幸福奶爸,快乐宝妈"线上课程。组织举办的"四季恋歌"青年职工婚恋交友服务广受欢迎,被选评为全总"网聚职工正能量,争做中国好网民"主题活动典型案例。回应职工托管、托育需求,推动用人单位开办100个职工亲子工作室,惠及5000余名职工。鼓励有条件的用人单位开办托育机构,推荐3个单位参评"全国爱心托育用人单位"。做好女职工重点群体的关爱帮扶,

为 8000 名新就业形态女职工免费提供"两病"筛查。　　　　（穆维贞）

【**举办上海工会创建家庭友好型工作场所暨"爱心妈咪小屋"10 周年主题活动**】11 月 29 日,市总工会女工委举办创建家庭友好型工作场所暨"爱心妈咪小屋"10 周年主题活动,总结"爱心妈咪小屋"等服务品牌的创设经验,向用人单位方发出创建家庭友好型工作场所倡议,成立"家庭友好型工作场所专家志愿服务团",4000 余名职工以线上线下形式同步观看直播。中国商飞上海飞机设计研究院案例,入围全国创建家庭友好型工作场所典型案例。年内,市总工会还开展了"爱心妈咪小屋"星级评定工作,按照"明、亮、精、美、全、佳"标准,对全市 8000 余家"爱心妈咪小屋"进行星级评定,以评定带动各级工会小屋品质提升。经评定,新增五星级小屋 71 个,新建"星级型"和"共享型"小屋 336 个。　　　　（穆维贞）

【**做优"四季恋歌"职工交友服务品牌**】2023 年,市总工会依托"四季恋歌"职工交友服务品牌,深化"线上互动＋线下交友"模式,开展多项青年职工婚恋交友服务。联合各级工会牵头举办"桃花缘里,遇见你"春之恋、"'七'待是你,'夕'望是你"夏之恋、"'信'会'码'上约"秋之恋、"好'市'成双来"冬之恋,持续做优安全、高效、多彩、公益 4 大特色,为青年职工缔结良缘搭建平台。年内,"会缘"小程序注册人数超 4.2 万人,举办线下交友活动 218 场、1.2 万名单身职工参加,现场成功牵手 539 对,促

成 241 对青年职工因"会"结"缘"步入婚姻。年底,"四季恋歌"青年职工婚恋交友服务品牌,获评全总"网聚职工正能量,争做中国好网民"主题活动典型案例。　　　　（穆维贞）

【**建立职工亲子工作室**】年内,市总工会女工委着眼帮助女职工平衡家庭与工作,推动各级工会打造家庭友好型工作场所,先后打造职工亲子工作室 100 个,覆盖教育、医务、机电所属行业单位,受益职工 5000 余名,真正实现"辅导＋体验"全程看管,"工作＋带娃"两不误,提升职工及家庭的幸福感。将托育、托管服务纳入职工之家建设和企业提升职工生活品质试点工作,从政策解读、服务指导、资金补贴、评先评优等方面予以支持,推动有条件的单位开展托育服务,帮助职工解决托育难题。推荐宝山钢铁股份有限公司、华东师范大学等 3 个单位参评"全国爱心托育用人单位"。　　　　（穆维贞）

【**杨浦区总工会举行"四季恋歌"职工交友活动**】2023 年,杨浦区总工会多次开展青年职工交友活动。每季度举办一场,共举办 4 场活动,活动主题分别是"星空缘野音乐会户外天幕交友派对""一箭倾心——科普主题交友派对""新城秋日·为爱团缘"和"四季恋歌——缘梦飞'杨'·浪漫与你相遇"。来自全区各机关和企事业单位的单身青年职工共 360 余人参加。

　　　　（张秀鑫）

【**宝山区总工会走访慰问先进女职工代**

市总工会持续开展"四季恋歌"线下交友活动　　　　（穆维贞）

表】3 月 8 日,宝山区总工会领导分赴区内先进女职工代表的工作岗位,为她们送上节日的鲜花和祝福。作为区总女工委工作品牌"七彩乐章"中的"橙色关爱"篇章,今年系列活动的主题为"奋进新时代,奏响新乐章",要求全区的女职工向先进学习,见贤思齐,岗位建功,在宝山的"主阵地、主城区、样板区"建设中,书写属于"半边天"的绚丽篇章。　　　　（朱 艳）

【**嘉定区总工会举行三八国际劳动妇女节爱心接力站慰问活动**】3 月 8 日,嘉定区总工会举行三八国际劳动妇女节爱心接力站慰问活动,向坚守在全区 37 个户外职工爱心接力站点岗位上辛苦劳作的户外女性职工送上鲜花和护手霜,送去"娘家人"的温暖与问候。同时,全区各站点也开展各具特色的三八妇女节活动,如嘉定工业区社区事务受理服务中心(南区)户外职工爱心接力站举办的"女神节"编织钥匙扣手工主题活动,邀请女性户外工作者 30 人参加。

　　　　（汤利强）

【**金山区总工会女工委举办"情暖三月天"女职工主题月启动仪式暨"优雅女性·因你而美"礼仪文化主题活动**】3 月 7 日,金山区总工会女职工委员会在吕巷水果公园举办"情暖三月天"女职工主题月启动仪式暨"优雅女性·因你而美"礼仪文化主题活动。金山区总工会党组成员、副主席邢扬,区总工会三级调研员曹冠,区总工会女工委委员,各直属工会女主席、女工干部、女劳模、女工匠代表及区总机关女职工 80 余人参加活动。邢扬、曹冠与劳模、工匠代表共同启动 2023 年女职工素质提升大讲堂开讲仪式。活动中,邢扬要求全区女职工工作要围绕党和政府工作大局,找准工会工作中的着力点、切入点和结合点,发挥好组织、引导、服务和维护女职工合法权益的作用。并希望全区广大女职工以劳模先进为榜样,奋勇争先、勇于作为,用巾帼智慧和力量,助力奏响新时代金山高质量发展的"劳动者之歌"。随后,ACI 注册高级礼仪培训师蔡雪红、一级茶艺技师何卫莉在活动现场讲授礼仪文化与茶文化的精湛技能。　　　　（郁 蔚）

【**松江区总工会组织新就业形态和灵活**

【就业女职工免费参加"两病"筛查】 8月20日起,松江区总工会陆续安排部分新就业形态和灵活就业的85个单位约350名女职工,在松江妇幼保健院免费参加妇科类"两病"筛查,旨在帮助女职工对特殊疾病助力早发现、早治疗。

（彭宵爰）

【崇明区总工会开展"巾帼建功创伟业,凝心聚力向未来"主题活动】 3月7日,区总工会女职工委员会举办"巾帼建功创伟业,凝心聚力向未来"主题活动。活动特邀虹口区精神卫生中心、主管护师、心理治疗师、心理护理师唐旭琼老师作《如何应对失眠这件事》健康讲座,还安排了现代花艺制作技巧展示。

（袁佳琪）

【机电工会纪念三八妇女节113周年】 3月23日,市机电工会在宛平剧院举行"凝聚'她'力量,岗位绽芳华"三八劳动妇女节主题活动。上海电气集团党委书记、董事长冷伟青出席,党委副书记、市机电工会主席朱兆开致辞。获得2021—2022年度各级、各类女职工集体和个人荣誉的先进事迹逐一在大屏幕上展示。冷伟青、朱兆开及上海电气副总裁阳虹,党委委员、纪委书记王晨皓,董事会秘书、首席财务官周志炎,首席法务官童丽萍,纪委委员、总审计师傅敏,控股公司总经济师伏蓉向获奖集体和个人颁奖,机电工会常务副主席袁胜洲宣读表彰名单。机电工会副主席、女职工委员会主任万敏莉出席活动,各产业集团和企业女劳模和女先进代表、党政工领导代表、工会女职工委员会主任和女职工代表近180人参加主题活动。随后,集团巾帼代表、市健康促进中心等展示精彩的文艺表演。　（孙益民）

【仪电工会举办女职工健康知识挑战赛】 2月16日—3月12日,1300多名女职工参加市仪表电子工会举办的"关爱女性,呵护健康"2023年仪电系统女职工健康知识挑战赛,比赛以线上打卡收听女性健康知识音频、随后完成女性健康知识挑战答题的形式进行。健康知识包括医学专家针对女性群体设计的运动处方、女性医学科普、运动生理、女性健康饮食及缓解压力等方面内容。通过此次活动,帮助了解女性健康、增强女职工自我健康管理意识。（周黎俊）

【国网上海市电力公司工会推进职工亲子工作室建设】 为帮助职工解决后顾之忧,2023年,公司工会挑选在需求较为集中、现有条件较为成熟的上海送变电公司先行先试创建职工亲子工作室,并提供子女托管服务。7月17日—8月11日亲子工作室提供服务期间,共托管职工子女244人次,开设了家庭急救、消防安全、企业文化、烘焙手工、中华武术等多个系列的专题兴趣小课堂,得到职工们的肯定。8月11日,公司工会在上海送变电公司开展职工亲子工作室建设工作现场学习调研,对上阶段职工亲子工作室建设工作做好跟踪总结,并为推广试点经验进行研究。

（于　劼）

【上海航天局工会举办"天之骄子"寒暑托班】 2023年,为满足航天职工的实际需求,上海航天局工会在充分调研、精心策划的基础上,连续第8年举办"天之骄子"寒暑托班,今年共举办13个班,共374名航天职工子女参加了为期近8周的暑假生活,同时在天恒名都幼儿园增设幼儿托育点,帮助71个航天家庭解决幼儿看护难题。　（周欣彬）

【中远海运船员工会举办"同心共筑航海梦"船员家庭亲子活动】 7—8月,中国远洋海运集团有限公司船员工会在上海开展"同心共筑航海梦"暑期船员家庭亲子活动。来自公司7个直属单位的140余名优秀船员代表及家属参加活动。海嫂和海宝们在中远海运集团展厅深入了解集团实力规模和行业地位,以及在"海洋强国、航运强国"建设中为中国式现代化做出的贡献,了解自己最爱之人或父辈一代对崇高职业、对国家海运事业作出的贡献。在中国航海博物馆,深入了解中国航海技术从古代、近代到现代的发展历程,领略中华民族灿烂的航海文化。随后,举办海宝家庭亲子晚会,参加活动的船员家属纷纷登台献艺。　（许恒怡）

【上海电信工会承办中国电信集团"天生'翼'对,怦然'信'动"电信"爱心翼恋"交友·上海站活动】 7月28日,上海电信工会联合中国电信集团在沪单位在浦江游览船上,举办中国电信集团"天生'翼'对、怦然'信'动"电信"爱心翼恋"交友·上海站活动。上海公司工会副主席金小铭为大家送上了真挚的祝福。来自中国电信上海公司、研究院、号百信息、天翼云科技、上海通服、新国脉、天翼电子商务、天翼物联、人才发展中心的116位青年开始了"破冰游戏"。本次浪漫之旅从下午16点一直延续到晚上20点,4对青年员工勇敢表白,送出手中的玫瑰。　（殷　茵）

【中交上航局小洋山项目部举行职工家属答谢会暨集体婚礼活动】 12月22—23日,中交上海航道局有限公司小洋山项目部在洋山深水港北侧工地举行2023年度职工家属答谢会暨集体婚礼活动,2对新人和13位职工家属被邀参加。期间,新人及职工家属参观上航局疏浚展示馆及居家桥办公区,经现场讲解,对"百年上航、卓越领航"的深

暑期,上港集团尚东分公司在洋山港开展"爱尚家园,智慧乐游"家庭日活动

（朱燕娜）

厚历史底蕴有更深刻的了解。随后，一行人前往位于外滩海关大楼的中交上海航道局有限公司本部，参观这座历史悠久、文化底蕴厚重的大钟楼。23日，又安排新人与家属参观洋山深水港景观平台和小洋山项目本部，观看企业及项目的建设发展宣传片，见证百年企业的发展成就。分享环节中，上航局党委副书记、纪委书记、工会主席方君华详细了解员工们的工作生活情况，热情地为员工及家属们答疑解惑、帮助解决困难。集体婚礼上，小洋山项目部安全质量环保监督部经理商旭携妻子刘珂代表新人发表感言。

（田　鹏）

【上海海事局工会举办"爱海事"青年职工交友活动】 8月13日，上海海事局工会在上海船员评估示范中心举办"爱海事"青年职工交友活动。活动吸引了20多名青年职工参与。活动当天，局工会结合航海文化为青年职工设计了系列互动场景，包括参观船员文化展厅、学习打航海水手绳结、实操航海模拟设备等活动，最终有多对青年成功牵手。此项活动作为局工会2023年六大服务职工实事项目之一，帮助单身青年职工走出小圈子，寻觅"有缘人"，受到广大职工的欢迎与好评。

（陆智静）

【市绿化市容局工会、局团委联合举办"对对拍·樱为遇见"青年摄影交友活动】 3月24日，由市绿化和市容管理局工会、局团委联合主办的"对对拍·樱为遇见"青年摄影交友活动在辰山植物园圆满举办。市绿化市容局副局长、一级巡视员周海健以及局工会、行业工会主席、二级巡视员肖龙根等领导出席活动。本次活动努力打破行业壁垒，除了绿化市容行业直属单位和行业的青年，还邀请到市建交系统、市总工会、园林集团、城投集团和松江属地的企事业单位的优秀青年踊跃参与。上午，通过生日同心圆、寻找有缘人两个破冰活动，来自不同行业的56名青年在互动游戏中快速认识彼此，熟悉相互的性格特点、兴趣爱好。下午，在上海艺术摄影协会理事、上海市摄影家协会会员董长军老师的专业摄影指导下，青年们分组在樱花大道实战"对对拍"摄影技术。经过专家的重重筛选、专业把关以及青年自己的投票选择，最终现场评选出了10张最美樱花照和1张最佳创意奖。

此外，本次活动还现场评选出10位最佳人气男、女青年。活动最后，肖龙根鼓励青年要把握机遇、广交朋友、增长本领、收获幸福。

（耿　静）

【市绿化市容管理局工会开展"走进生态绿地林地,体验公园城市魅力"三八妇女节主题活动】 3月31日，市绿化和市容管理局工会女工委举办"走进生态绿地林地，体验公园城市魅力"主题活动，邀请局系统女职工代表80人分批前往金山和松江，考察全市推进实施"千座公园"规划，感受拓展绿色空间建设的进展和成就，共享绿化市容行业发展成果。

（耿　静）

【市绿化和市容管理局工会举办六一儿童节亲子活动】 6月1日，市绿化和市容管理局工会"六一"亲子活动在上海植物园举办，活动邀请局系统部分职工家庭参与兴趣生态园艺小作品手工制作，塑造玻璃瓶里的"小森林"。局工会副主席、女工委主任冯磊，上海植物园工会主席唐海康，局工会女工委委员、上海植物园工会副主席曹玉洁等出席活动，局系统20余个职工家庭组参加。在上海植物园工会委员，温室中心兰花小专家、高级工程师张如瑶的讲解下，孩子们用赤玉土、砂石、迷你植物、苔藓等搭建起一个个瓶中小世界，并把这个微缩的小小森林带回了家。活动结束后，参与者各自游览参观植物园。

（耿　静）

【市绿化市容局工会开展"暗访夜精灵"夜间自然观察亲子活动】 7月22日晚，市绿化和市容管理局工会在上海植物园组织开展了一次"暗访夜精灵"夜间自然观察亲子活动，活动包含科普知识讲座、园区自然观察两个环节，局系统20个职工家庭组参加。在夜游植物园中，让小朋友们了解夜间动植物与其它生物在自然界中的作用及相互关系，感受一个完全不同于白天的奇妙世界。通过视觉、触觉、嗅觉、听觉、味觉的近距离接触，感受夜晚的自然小世界，遇上不明生物用相机拍摄记录，利用图鉴和网络资料识别，使孩子们增强兴趣、增长知识。

（耿　静）

【市卫生健康系统举行"巾帼心向党,奋进新征程"庆祝三八劳动妇女节113周年主题活动】 3月9日，市卫生健康系统在胸科医院举行"巾帼心向党，奋进新征程"庆祝三八劳动妇女节113周年主题活动。市妇联副主席、一级巡视员翁文磊，市卫健委一级巡视员方秉华，市总工会党组成员、副主席丁巍，市申康医院发展研究中心党委副书记郑宁，市总工会女工办主任许燕军，市医务工会常务副主席何园等出席活动。市卫健委妇委会委员、妇女干部、妇女代表百余人参加活动。翁文磊为活动致辞，他强调，广大女医务工作者要进一步践行习近平新时代中国特色社会主义思想，做伟大事业的建设者；卫健系统各级妇女组织要进一步围绕中心服务大局团结、引领广大女医务工作者岗位成材；卫健委党委要一如既往的重视关心和支持妇女工作，推进卫健系统妇女事业高质量发展。方秉华在讲话中指出，要不断提高政治判断力、政治领悟力和政治执行力，团结引领广大医务女职工坚定不移听党话、跟党走；要注重放大"1+1群"效应，发挥巾帼创新人才大联盟示范带头作用，充分激发医务女性立足岗位巾帼建功的积极性和热情；要不断增强医务女性的获得感、幸福感、安全感，让广大医务女性切实感受到党的关怀。活动中，对已获评全国三八红旗手、全国巾帼文明岗、先进集体、巾帼建功标兵，以及市提高级妇女之家、爱心妈咪小屋、海上最美家庭等各类全国级、市级荣誉的获奖代表上台接受授奖表彰。部分获奖代表还在接受表彰后分享各自的成长感悟和心路历程。

（蒋　勇）

【市教育系统举办第八届科学母爱论坛】 6月18日，市教育系统妇女工作委员会、第四届上海市优秀青年女教师联谊会与上海应用技术大学共同举办"母爱·忘忧"第八届科学母爱论坛。市妇联副主席张庆玲，上海应用技术大学党委副书记、副校长王瑛，市教育系统妇工委副主任张芳以及优秀青年女教师及高校妇女干部共计90余人参加活动。市早教指导服务中心、市托育服务指导中心主任茅红美作题为《最好的教育是尊重和陪伴》的主题报告。她以生动的案例和鲜活的故事，深刻而幽默地诠释了何为科学且适宜的陪伴。上海应用技术大学外国语学院教师、教育部中华经典诵写奖大赛大学教师组一等奖获奖者李瑞带来诗朗诵《萱草》。浦东新区东方江韵幼儿园园长周密、静安区闸北第一中心小学高级教师戴佐欣、上海师范大学天华学院教学名师孙连荣、上海建桥学院外国语学院党委副书记伊莉，围绕"守护·无忧"主题，以各自的研究领域、生活经历在论坛上进行交流探讨。

（张 芳）

【市教育系统举行玫瑰花苑联谊活动】 11月11日，"四季恋歌·秋之逸"教育系统玫瑰花苑联谊活动在上海海昌海洋公园举行。活动以市教育系统单身青年为主角，特邀金融、化工系统等企事业和机关单位人员共240余人参加。活动中，男女嘉宾通过参加小组趣味游戏和"心动三分钟"等互动来消减陌生感，在完成"多米诺骨牌""爱你在心口难猜"和"气球扎花"等小游戏过程中快速换桌，来拓宽交友的范围、结识更多的对象。之后，任务定向赛以团队协作的方式进行，进一步加深彼此了解。最后，参与活动的各位嘉宾来到海昌海洋公园的海象剧场，举行小组任务定向赛的颁奖仪式以及"情缘男女"的评选环节，评选出最佳团队奖、最佳默契奖。在"大胆告白"环节，26位嘉宾勇敢地向心仪的他（她）表白，开启下一阶段情感互动的大门。市总工会副主席、女职工委员会主任桂晓燕，市妇联副主席张庆玲，上海电力大学总会计师张川，浦东新区教育工作党委副书记、二级巡视员毛力熊，临港新片区妇工委委员、中科院微小卫星创新研究院导航卫星总体研究所所长沈苑，市化学工会副主席李爱敏等出席活动，并向青年朋友们送上美好祝福。

（张 芳）

【市教育工会举行女教师健身操展示活动】 12月10日，市教育工会在田林中学举行"踔厉奋发展风采，笃行不怠谱新篇"女教师健身操展示活动。来自各高校、区教育系统及直属单位的近40支队伍参赛。市总工会党组成员、副主席丁巍，市教育工会常务副主席李蔚，市教育工会副主席陶文捷，市教育系统妇工委员会主任张芳，徐汇区教育工作党委副书记、区教育工会主席陈嘉凌，区教育工会副主席杨杰，田林中学校长、副书记顾炜等出席活动。本次活动特别邀请3位专业裁判为比赛做裁判。女教师们酣畅淋漓地表演，舞出一道道

市监狱局工会开展"爱运动做健康女性"沙龙活动 （江海群）

绚丽多姿的风景线。经过激烈角逐，上海财经大学、青浦区教育工会获特等奖，上海师范大学、上海体育大学等4支队伍获一等奖，宝山区教育工会、上海电机学院等8支队伍获二等奖，同济大学、上海工艺美术职业学院等11支队伍获三等奖，上海杉达学院获最佳服饰奖，上海交通大学医学院获最具活力奖。

（张 芳）

【市经信系统举办"科创丽人"巾帼创新人才联盟三八妇女节主题活动】 3月10日，由市经济和信息化委员会工会主办、上海联通公司工会承办的市经信系统"科创丽人"巾帼创新人才联盟庆祝三八妇女节活动在上海联通大厦举行。10个"科创丽人"联盟成员单位结合ChatGPT及当前上海城市数字化转型的热点，畅谈年内巾帼创新工作室工作设想及创新攻关项目。上海电信、上海移动、市电器科研一所、上海烟草、国网上海市电力公司、航发商发、上海航天、核工业设计院、上海石化、上海联通的工会女工委主任、巾帼创新工作室负责人以及上海联通巾帼创新工作室代表等50多人参加活动。（黄 俭、顾 捷）

【市经信系统工会举行单身青年交友活动】 6月17—18日，市经济和信息化委员会系统妇工委、市经信系统工会女职工委员会、市经信系统团工委、中智经济技术股份合作有限公司工会联合会共同举办的"万有引力，心动不一YOUNG"单身男女交友活动在临港新野营地（新四平公路66号）举行。近

120位嘉宾参与此次活动，活动中近17对嘉宾牵手成功。 （黄 俭、顾 捷）

【光明集团举办爱心暑托班】 年内，光明食品（集团）有限公司下属子公司纷纷开设爱心暑托班，为职工家庭打造暑期专属托管服务，切实解决暑假期间职工子女"看护难"问题。上海农场3个职工亲子工作室将爱心暑托班的托管时期延长后，改由原来的一个月办班时期延长至整个暑期，招收职工子女的年龄由6—13周岁年龄放宽到5—13周岁，进一步纾缓职工的后顾之忧。花卉集团种业公司组织党员志愿者对亲子工作室进行建修，购置新的桌椅、书柜、书本和玩具，还为孩子购买人身意外保险，倾力保障小朋友的人身安全。白茅岭农场两个社区联合属地学校开设爱心暑托班，为社区少儿提供暑期教育、日间看护等公益服务。上海农场引进农场和大丰区学校的9名专业教师，为少儿提供爱心暑托志愿服务，优化课程结构，立足企业资源和产业优势，增设极具农场特色的课程与活动。军天湖农场社区的"童享光明，快乐成长"暑托班立足社区实际，因地制宜、精准对接需求，设计优化专属特色课程，为孩子们提供"教育"和"托管"相结合的暑托服务。

（胡艳清）

【光明集团各级工会组织庆祝三八劳动妇女节】 3月份，为庆祝三八劳动妇女节113周年，光明食品（集团）有限公司各级工会举办丰富多彩的活动。康养集团工会以"从心出发"为主题，召开

女职工座谈会。国际工会系列举办"花样"活动，开展非遗掐丝珐琅小镜子、DIY手工皂、蛋糕烘焙等制作活动。糖酒集团工会通过举办科普宣教、义诊咨询、女性健康沙龙、健步走、趣味运动会、踏青等活动，引导女职工关注健康，提高生活品质。良友集团工会举办"巾帼心向党 · 风华正当时"主题活动，让女职工在制作玻璃画小夜灯、编织玛瑙手串、临摹"百福"字中放松身心。水产集团本部工会开展女职工手工团扇制作活动，让女同胞体验传统文化和艺术之美。崇明农场与光明母港工会携手举办"奋进新时代，巾帼展风采"暨区域化党建联建主题活动，组织参观光明母港垂直农业中心，开展趣味农耕挑战赛，参观光明919稻田里的书屋。五四公司开展"奋进新时代，巾帼绽芳华"为主题的系列活动，举办观影、座谈会、手工DIY、参观浦江镇"六号工厂"和上海天文馆等形式多样的活动。花卉集团开展"走进临港，感知海洋"活动，在亲近自然、领略美景过程中，加深对临港地区开发建设的了解。上海农场工会开展"春风携香来，'樱'为她力量"主

题活动，在盐城市美术馆参观女性作品展，传递新时代女性自强自立、巾帼不让须眉的精神风貌。光明地产第一事业部工会与华都公司工会在光明生活体验馆共同开展T台走秀活动。光明乳业工会创建"唤悦论坛"，为女职工打造学习、交流的活动平台。财务公司工会开展"萌动女神节，钱兔DIY"流体兔绘制活动。白茅岭农场社区工会举办"赴春天之约，绽巾帼芳华"主题活动，通过制作精美的手工艺品和开展女性健康讲座，丰富女职工业余生活。农发集团工会举办游园观景，香薰蜡牌手工制作，诗歌诵读等活动。粮储公司工会开设女职工休息室与文化讲堂，安排女职工参加"两病"筛查，保障女职工身体健康，增强女职工的幸福感。（胡艳清）

【世纪出版集团工会举办三八妇女节主题活动】 3月6日，世纪出版集团工会举办"幸福园区展风采，巾帼巧手迎三八妇女节主题活动，邀请集团60名女职工代表在世纪餐厅展开包馄饨比赛。经评比，评出一等奖2人，二等奖3人，三等奖5人。闵行区人大常委会

副主任、区总工会主席杨其景，区总工会党组书记、副主席朱冬梅，集团党委副书记、工会主席杨春花为获奖职工颁奖。 （施纪仁）

【世纪出版集团工会举办宫颈癌预防及HPV疫苗科普健康讲座】 11月14日，世纪大讲堂 · 职工学堂(午间课堂)开讲。集团工会邀请闵行区妇幼保健院张蕾副院长、闵行区疾控中心陆佳副主任、七宝卫生服务中心余姵颖副主任医师分别就宫颈癌的预防、HPV疫苗科普健康以及支原体感染预防向集团职工作健康科普。张蕾副院长、陆佳副主任从宫颈癌的发病原因、临床表现、预防、危害、HPV疫苗的作用和宫颈癌的筛查等入手，对预防宫颈癌进行全面讲解。在之后的交流互动环节中，张蕾副院长、陆佳副主任耐心回答参听者提出和关心的问题。余姵颖医生重点对支原体感染预防作科普，通过介绍支原体肺炎的定义和传播途径，并针对支原体肺炎的流行趋势、临床表现及如何预防和护理进行详细讲解。 （施纪仁）

2024
上海工会年鉴

退休职工工作

综　述

2023年,市退休职工服务中心结合"我为群众办实事"主题活动,进一步加强退休职工管理服务,有序推进全市退管工作在新形势下取得新进展、展现新成效。一是围绕思想引领主线,推进党的二十大精神深入人心。举办学习贯彻党的二十大精神系列活动,如创作春联福字、线上才艺展示、主题征文、书法比赛、知识竞赛和发表微感言、创作和录制《礼赞二十大》快板视频;通过视频、画册形式宣传"老有所为,强国复兴有我"优秀典型人物,推出"老有所为·每季一星",带领银发志愿团志愿者参加各类志惠服务;以"弘扬劳动精神,推动高质量发展"为主题,组织银发宣讲团成员到工匠馆、社区开展现场宣讲,并摄制10集系列片,传播弘扬劳模、工匠正能量。二是履行关爱职责,倾力帮扶退休职工。指导各级退管组织对困难退休职工做到一级关心一级,分时段开展冬送温暖、夏送清凉、重阳送温情活动;在敬老月期间,开展"点亮暖心灯,孝老圆心愿"服务,帮助困难退休职工实现心愿;为确保在社区持续开展示范性为老服务、敬老日大型为老服务活动,在全市16个区创建为老服务示范点,形成"我为退休职工办实事"长效机制;先后开展送健康体检、看上海发展一日游、申城老人浦江游、参加退管系统疗休养活动;认真接待调处来电、来信、来访,举办网上直播普法讲座,增强退休职工维护权益、防范欺诈意识;开办"退休职工数字帮扶小课堂",助力退休职工适应数字化时代,融入数字化生活。三是切入调研主题,对退管工作实行分类指导。对退休职工最关心、最直接、最现实的问题以不同主题开展专题调研和探索,形成有针对性、可行性价值的调研报告;开展退管系统有效运行的专项调研和理论研究,进一步优化、提升服务水平;建立健全舆情信息工作机制,做好舆情分析研判、跟踪,并提出解决问题的对策建议;充分发挥退管系统块组作用,加强对各级退管组织的分类指导;举办退管工作业务培训,提升退管队伍综合素质和能力水平。四是加强文化教育,不断丰富退休职工精神文化生活。开展公益文化课程配送服务,免费提供师资和课程,打通文化服务的"最后一公里";组织银发艺术团以文艺轻骑队形式,参与公益节庆和为老服务活动;市退大坚持倡导老有所学、老有所为,在不断推动退休职工老年教育高质量发展的同时,引导退休职工老年学习团队走出校门、走向社会,参加为老服务活动;继续开设公益项目"助享智生活"课程,助力退休职工老年群体跨越数字鸿沟,畅享智慧生活。

（黎　颖）

为老服务

【概要】 2023年,市退休职工管理委员会办公室坚持把退休职工工作融入本市老龄工作大局,切实履行退休职工队伍的管理服务职责,注重发挥退管会在关心关爱、为老服务、退管干部队伍建设等方面的示范引领作用。不断完善工作机制,注重分类指导,着力维护退休职工队伍和谐稳定。全市各级退管组织顺应不断发展变化的新形势,立足自身实际,凸显各自特色,拓展工作亮点,聚焦退休职工最关心的热点难点,认真扎实做好服务保障,以不同形式为退休职工纾困解难,将实实在在的关心关爱送到退休职工身边,最大限度发挥退管组织桥梁纽带作用。 （黎　颖）

【市退管办完成全市16个区为老服务示范点创建】 继年前分别在金山、宝山、虹口、长宁、松江、静安等6个区试点创建为老服务示范点后,2023年,市退休职工管理委员会办公室对还未建示范点的10个区加强指导服务,在年内各区全部创建为老服务示范点,实现16个区全覆盖。创建设置示范点是由各区自行推荐上报,以平时开展为老服务活动的单位为基础,市退管办为各示范点提供资金和项目支持,结合各示范点特色服务,持续开展为老服务主题日活动。服务内容以老年人实际需求为主,包括便民服务、咨询服务、医疗保健服务、非遗文化体验、文艺演出等。创建为老服务示范点,旨在有效推进为老服务的广度和深度,进一步增强老年人的社区归属感、价值认同感、心理获得感和身心幸福感。 （黎　颖）

【市退管办加大关爱力度帮扶慰问困难退休职工】 2023年,市退休职工管理委员会办公室指导各级退管组织开展"冬送温暖、夏送清凉、重阳送温情"活动。该项活动以帮扶困难退休职工为核心、关爱为老服务一线块组长和志愿者为重点、关心为社会做出突出贡献的退休职工为己任,并以普遍关心和重点帮困相结合、物质帮助和精神慰藉相结合、节日走访和应急救助相结合的方式,推进关心关爱活动广覆盖、多形式、重举措,累计慰问全市退管系统退休职工110.68万人、送上慰问金4.84亿元。在敬老月期间开展"点亮暖心灯,孝老圆心愿"为老服务,通过各级退管组织认真排摸梳理,结合困难、高龄、独居、失独、失能等特殊困难退休职工的实际需求征集心愿,帮助110位退休职工实现微心愿。 （黎　颖）

【市退管办示范引领各区退管办开展为

老医务专家在重阳节大型为老服务活动中耐心解答老人的健康问题

（黎　颖）

老服务】 年内，市退休职工管理委员会办公室以市、区两级联动形式，联合静安、青浦、虹口、奉贤、杨浦等区退管办，举办5场示范性为老服务活动。同时，为各区为老服务示范点提供资金和项目支持，派送服务32场，惠及16个区为老服务示范点的社区退休职工。敬老日当天，打破以往固定地点开展活动的惯例，首次与长宁区退管办合作，以"实施积极应对人口老龄化国家战略，推进无障碍环境共建共享"为主题，在中山公园举行大型为老服务活动，提供各类服务项目115项，服务老人10191人次。之后，此类大型"老年节"为老服务活动在各区轮流展开，使市级为老服务资源向各区派送延伸。（黎　颖）

【市退管办持续推进"我为退休职工办实事"项目】 2023年，市退休职工管理委员会办公室加大服务力度，关心关爱退休职工的身心健康，持续推进"我为退休职工办实事"服务项目。一是开展"守护夕阳红——千名老人送健康"体检活动，安排1996人困难退休职工、块组长和为老服务志愿者参加免费体检。带领体检医护团队赴金山朱泾镇开展送体检下乡服务，让200名居住郊区的困难退休职工享受此项惠民实事服务。二是组织600余名退休职工参加以"发展美如画，扬帆向未来"为主题看上海发展一日游。三是安排退休职工800人参加"申城老人游浦江，共享生活话未来"游览活动。四是组织150余名退管系统块组长和志愿者参加疗休养。五是开通"退休申活"视频号，举办2场关于预防被诈骗而侵犯老年人权益

的网上直播讲座，累计有1.5万余人参加听讲。通过由专业人士进行案例分析、提供专业指导，增加退休职工法律知识，增强自身防范、以法维权意识。
（黎　颖）

【市退管办对退管工作者开展业务培训】 6月，为提升退管人员的业务素质和能力水平，年内市退休职工管理委员会办公室以"能力新突破，管理新提升"为目标，以民政养老服务新政解读、最新信访形势分析、医保政策解读、国内经济形势分析为主要内容，以当前社会发展新形势与退管工作相结合为要求，举办4场、500余名退管工作者参加的学习培训。通过此次培训，旨在进一步推进上海退管工作有新发展、上新台阶。
（黎　颖）

【举办属你最"虹"——幸福直通车虹口线下版暨重阳节为老服务活动】 在第三十六个敬老日到来之时，由市退休职工管理委员会办公室、市总工会职工服务中心、虹口区老龄工作委员会办公室、虹口区总工会主办的属你最"虹"——幸福直通车虹口线下版暨重阳节为老服务专题活动在曲阳公园举行。在活动现场，分设有职工互助保障、职工"微心愿"、心理关爱服务等一系列属你最"虹"为老服务项目标识。区职工服务中心工作人员耐心为参加活动的退休职工及市民就专题活动答疑解惑。还推出专家义诊、便民服务、为老服务、民俗生活、商户优惠等服务项目。
（马伟杰）

【长宁区退管会示范引领服务】 2023年，长宁区退管会发挥劳模示范引领作用，依托劳模工作室、借助社区为老服务示范点资源，开展"学雷锋"便民服务、老年人心理护航、老年人普法、"手把手"智能手机教学、预防失能失智科普知识培训等多项服务活动，累计举办便民服务27场。年内创建市级为老服务示范点1个、区级为老服务示范点2个。得到市退管办定期配送资源的支持，区总工会助力为老服务示范点，分别在街道各社区开展多种形式为老服务，扩大服务群体和服务范围。（胡　磊）

【宝山区退管会多维度提升退休职工幸福感】 年内，宝山区退管会实施惠老举措、开展周到服务，在节日和特定月份为退休职工提供物质资助、精神慰藉和日常需求，从情感支持、生活帮扶到健康促进，多维度提升退休职工的生活质量，充分显示对退休职工的无比关心和人文关怀，多维度提升退休职工的幸福感。一是送去物质慰问与情感关怀。主要在节日期间慰问困难退休人员、高龄退休职工、为老服务志愿者等群体，涉及人数多、资金投入大，不仅传递关爱和尊重，同时缓解部分退休老人的生活压力。二是提供免费便民服务，针对退休职工的日常生活需求，提供家门口的免费服务，如磨刀、修伞、修鞋、理发等。此外，结合退休职工的兴趣和需求，开展耳穴推拿、智能手机培训、法律咨询等特色服务，助力提升生活质量和适应社会能力。三是通过整合多方资源，不定期开展多元化、精细化、个性化服务，为退休职工提供健康体检等服务。
（黎　颖）

【崇明区退管会对退休职工实行多举措双重关爱行动】 崇明区退管会2023年多措并举关心退休职工，从物质和精神两方面为退休职工提供双重关爱。一是坚持开展"冬送温暖、夏送清凉"活动，想方设法在经费有限的条件下，通过调查摸底，实施精准帮扶，尽最大可能为退休职工提供各种关心帮助，为提升困难退休职工生活质量提供支撑。二是坚持开展多样化敬老爱老便民服务，充分利用社区资源，联合区职工服务中心和综合服务站点，为退休职工提供理发、健康检查、政策咨询以及退休职工日常生活需求等多样、贴心服

市退管办开展"申城老人游浦江，共享生活话未来"活动　（黎　颖）

务,帮助解决实际困难。三是坚持不定期地在异地开展为老服务。由崇明"的哥"自发组成的崇明区进城务工人员服务站,旗下的大众市北学"雷锋"爱心班组、大众市北巾帼班组两个志愿服务队,不定期地在宝山区淞南宝境苑小区、南京路步行街为退休职工提供志愿服务。

（黎　颖）

【金山区退管会为退休职工提供全方位人文关怀】　节假日期间,对高龄、重病、特困、独居等特定困难退休职工群体给予帮扶纾困,送去关爱和温暖,并送上慰问金保障基本生活,使其真切体会到获得感和幸福感。高温期间送去"清凉",送给高龄退休职工慰问品和"一丝关爱",体现出的是物质上的给予,传递到的是对高龄退休职工的人文关怀。定期或不定期开展便民服务,通过与街道、镇总工会合作,为退休职工提供代配药、食品配送等各类日常便捷服务,解决独居老人日常生活难题。定期组织健康体检,关心退休职工身体健康状况,使有病早防、早治,重视和关心退休职工的身体健康。开展丰富多彩的文体活动,分别举办高尔夫球邀请赛、外出采风、主题征文、手机摄影、手工艺术作品展等活动,提升退休职工生活乐趣,不断满足广大退休职工日益增长的精神文化需要。助推智慧助老,利用微信公众号平台推送智能数据在线课程,引导退休职工学习、掌握、使用便捷的智能生活类工具,以适应、畅享大数据未来生活,助力退休职工更多的人文关怀。

（黎　颖）

【金山区退休职工分享"守护夕阳红——千名老人送健康"服务】　6月2日,市退休职工管理委员会办公室党总支书记、主任李伟,副主任刘青,基层工作部部长宗樱一行莅临朱泾镇开展调研指导,就金山区退管会的组织架构、开展为老特色服务等情况进行调研座谈。金山区总工会党组书记、副主席徐红强,朱泾镇总工会主席陆剑英,金山区职工服务中心主任陈文参加调研。由市退管会和金山区退管会联合开展的"守护夕阳红——千名老人送健康"体检也于同日举行,216名金山退休职工被邀参加。体检现场还提供健康咨询,对退休职工的体检状况逐一进行解读,给予日常饮食、适量运动等方面健康指导,为金山退休职工送上一份珍贵的健康关怀。

（陈　文）

【松江区退管办定期开展社区为老服务】　松江区退休职工管理委员会办公室把开展社区为老服务作为常年服务项目,年内,根据市退管办工作要求,先后指导岳阳、中山、方松街道的为老服务点在社区内定期开展为老服务。如方松街道江中社区为老服务示范点作为市退管办为老服务示范点,一是推出理发、磨刀、缝补、修伞等便民服务;二是提供量血压、测血糖、中医问诊等医疗服务;三是开展消防安全、垃圾分类、反诈宣传等宣传服务;四是举办文艺演出、写春联、书画学习等文化服务。使退休职工尽情享受到社区就近便利的相关服务,营造孝亲敬老的良好社会氛围。

（周迎晨）

【久事集团退管会全方位做实退休职工管理服务】　2023年,久事集团退管会坚持着眼于提升服务质量、创新服务模式,利用科技信息手段提升管理服务水平,全方位做实退休职工各项管理服务工作,形成"以服务为中心,以稳定为首选,以和谐为目标"的良好管理服务模式。一是开展细致排查,在掌握退休职工基本状况后实施精准帮扶,下拨帮困资金,以"冬送温暖、夏送清凉"形式开展慰问活动,使每位退休职工都能感受到来自组织的关怀。二是建立线上线下沟通平台,妥善处理退休职工及家属的诉求,耐心疏导心理障碍、及时处置各种纠纷,确保职工队伍稳定。三是优化退休职工信息库,加强退休职工信息化管理,按政策规定及时调整生活费发放标准,保障退休职工切身利益。四是为重残或行动不便人员提供个性化服务,开办在线讲堂、开设智能设备培训课程等,帮助退休职工融入数字生活,享受大数据带来的各种便利。五是建立线上群组,发挥退休劳模的引领作用,形成互帮互助的社群氛围,使退休职工感受到群体关爱服务带来的幸福感。

（黎　颖）

【上海石化退管会对退休职工实施分类帮扶】　年内,上海石化退管会以分类服务形式对退休职工实施帮扶。一是依据就近原则,指定5家医院的25个退休职工体检点,于5月4日至10月31日,安排12607人参加健康体检,对75周岁以上的3369名退休职工发给体检费就近参加体检;二是在元旦春节、重阳节和高温季节,对退休老革命工作者、大病特困退休职工、工伤离职或退休、退休高龄老人等特殊群体安排上门家访,并送去慰问金76.95万元;三是对355名生病住院、618名家庭困难的退休职工集中开展"送温暖"纾困帮扶,送去帮扶金22.63万元。

（胡　磊）

【华谊集团退管会关心关爱退休劳模显特色】　2023年,华谊集团退管会结合历年来管理服务退休劳模的实践,配合集团工会修订完善《关于进一步加强集团劳模管理服务工作的意见》,并结合华谊集团162名退休劳模(其中全国劳模7人、市劳模155人)平均年龄均为80岁的特殊状况,对劳模在关心慰问、生活保障、特困帮扶、宣传教育、动态管理等方面工作向集团领导层建言献策,助力劳模管理服务工作进一步制度化、规范化、程序化。与华谊企发劳服公司及各单位退管会,经常性畅通信息渠道,加强与退休劳模的联络与沟通,第一时间传递市总工会、集团公司对退休劳模的各种人文关怀。在每年元旦春节帮扶、中秋国庆慰问、专属健康公益"5+4"升级服务、健康养生体育锻炼等方面,及时将上级组织的关心关爱传递给退休劳模。按照市总工会关于劳模材料收集和平台申报要求,先后为108名退休劳模申报特殊困难帮扶金、11名劳模申报生活困难补助金、7名劳模申报荣誉津贴。对相继离世的17名退休劳模,集团退管会始终做好临终关怀和离世慰问,第一时间向市总工会上报信息、及时下拨慰问金,并将组织的关心问候及时传递给每个退休劳模。

（胡　磊）

【申通地铁组织"老地铁"人"回娘家"活动】　年内,申通地铁集团举行庆祝"上海地铁运营三十周年"系列活动,在12月12日上午的最后一项重要活动中,隆重推出请"'老地铁'回娘家"的专题活动场景。集团党委书记、董事长毕湘利,党委副书记、总裁宋博,党委副书记葛世平,党委委员、工会主席蔡伟东,以及集团公司离退休干部工作部、退管会等相关部门主要负责人出席专题活动。集团公司老领导、机关本部和各直属单

申通地铁"老地铁"回娘家活动

（黎 颖）

位退休职工应邀参加。全体活动参与者共话地铁发展、共叙岁月往事、气氛和谐热烈。"老地铁"人一行还前往 3C 大楼，参观上海轨道交通网络运营指挥调度大厅，邀请欧美同学会医务分会专家为"老地铁"人提供健康坐诊服务。

（徐志华）

文化教育

【概要】 2023 年，市退管办指导全市各级退管组织学习宣传贯彻党的二十大精神，以线上线下结合方式，为广大退休职工搭建文化服务平台，持续传播文化自信主旋律，坚持弘扬社会进步正能量，丰富退休职工精神文化生活。帮助退休职工学习新知识，克服数字障碍，提升生活品质，更好体现申城银发一族健康向上的精神风貌。 （黎 颖）

【市退管办开展学习贯彻党的二十大精神系列活动】 2023 年，市退休职工管理委员会办公室把学习贯彻党的二十大精神与发展退管事业紧密结合，年内开展了形式多样、丰富多彩的系列活动。一是组织退休职工创作以"笔墨凝书香，礼赞新时代"为主题的春联、福字作品，宣传颂扬党的二十大精神，共征集到 53 个单位、197 名作者报送的 447 件作品。二是开展"党的二十大报告知识竞赛"和"寄语党的二十大，我的微感言"活动，1125 名退休职工参与。三是创作、录制《礼赞党的二十大》快板视频，抒发退休职工爱党、爱国情怀。四是开展"学习贯彻党的二十大，同心共筑中国梦"线上才艺展示活动，各级退

管组织选送 316 个节目参加展示。五是举办"翰墨庆盛会，银发谱华章"书法比赛，有 525 人报送作品 1077 件。六是举办"美好生活乐无限，喜见发展在身边"征文活动，共计收到参赛征文 477 篇。 （黎 颖）

【市退管办组织退休职工宣讲团开展劳模工匠事迹宣讲活动】 下半年，为大力弘扬劳模精神、劳动精神、工匠精神，市退休职工管理委员会办公室组织"银发生辉，红心向党"退休职工宣讲团成员赴上海工匠馆，就馆内展示的 10 名劳模、工匠的感人事迹在现场进行解读宣讲，然后将现场讲解摄录的劳模工匠事迹剪辑制作成题为"弘扬劳动精神，推动高质量发展"的 10 集系列片，先后在"退休申活"微信公众号和视频号平台播放宣传。 （黎 颖）

【市退管办助力退休职工畅享数字化生活】 为使退休职工尽快适应数字化社会，融入数字化生活，市退休职工管理委员会办公室继续开办"退休职工数字智能小课堂"，用老年人常用数字化应用场景，全年剪辑制作 5 期智能手机应用的动画教学视频进行授课，并开设课后有奖问答，助力融会贯通，助推掌握使用。同时，为使市退大持续推出的"助享智生活"公益课程与教学工作深度融合，全年推出 6 次线上公益课程，含智能手机应用、摄影摄像摄制技能、非遗文化知识等方面内容，吸引众多退休职工参加在线听课，旨在助力退休职工群体跨越数字鸿沟，畅享智慧生活。

（黎 颖）

【市退管办持续深化退管工作理论研究】 2023 年，从退管工作的创新和良性发展、问题导向和需求导向入手，对退休职工最关心、最直接、最现实的问题进行深入探索，这是市退休职工管理委员会办公室多年来开展专题调研、进行理论探讨的共识和途径，已先后完成《新形势下本市各区退管会的转型发展》《上海市低龄退休职工再就业情况》《退休职工精神文化需求》等课题的调查报告。在此基础上，注重完善舆情信息网络，加强舆情信息与调研内涵的联动融合，及时分析、研判、跟踪信息的动态变化，并提出解决矛盾问题的对策建议。在年内完成市退休职工管理研究会新一届换届选举后，进一步发挥市退管研究会的平台作用，组织协调各成员单位在涉老热点问题、退管工作创新发展、为老特色服务等方面开展有一定深度的调查研讨，征集课题论文和调查报告 213 篇，助推退休职工管理服务工作进一步创新和深化。 （黎 颖）

【市退管办开展公益文化配送服务】 10 月下旬，市退休职工管理委员会办公室向全市退管系统推出"银龄乐享"公益文化课程免费配送服务，以文化素养、健康教育、艺术修养、体育健身、实用技能 5 个方面重点内容，提供文化类、艺术类、养生类等近 30 门老年人喜闻乐见的课程。各级退管组织经申请自选，由市退管办提供免费师资和课程，打通文化服务的"最后一公里"，最大限度满足退休职工对美好生活的向往和需求，全年接受申请并完成课程配送服务 18 场次。 （黎 颖）

【浦东新区退管会举办退休职工书法比赛】 年内，为传承和发扬中华民族优秀传统文化，浦东新区退休职工管理委员会办公室举行以"奋进新时代，妙笔生华章"为主题的 2023 年浦东新区退休职工书法比赛。全区退休职工积极参与，共收到参赛作品 200 余幅，参赛的书法作品有党的二十大报告原文摘抄、有健康向上的古今诗文，也有自撰诗词，内容多彩丰富，展示较高的书法造诣和修养。既为退休职工提供展示自我艺术的才能，搭建相互学习的平台，进而激发对传统艺术的兴趣和热爱，也为更多的参与者和观众感受到中华文化的魅力，增强民族文化的

自信。 （黎 颖）

【上海航天局退管会注重发挥退休职工重要作用】 上海航天局退管会秉持"离、退休人员是党和国家的宝贵财富，是推进新时代中国特色社会主义伟大事业的重要力量"的理念，善于为老同志发挥作用搭建平台，先后推荐4名退休干部，受聘市经信委首批"银龄'经'语"宣讲团成员，在"讲好党的故事、讲好上海故事、讲好产业故事"宣讲活动中发挥作用。持续做好弘扬和传承中华民族传统美德、践行社会主义核心价值观、关心关爱下一代等工作。全年开展航天精神进社区、航天科普进学校、航天文化进企业相关讲座16场，受众超过1500人次。举办航天精神专题访谈、老专家座谈会、邀请老劳模老领导"传经送宝"等活动18次，引导退休职工为弘扬航天精神，建设航天强国、科技强国贡献智慧和力量。开展征文活动，编辑《921工程实施30周年文集》，以纪实之书传承自立自强的报国之心，用精神之光坚定砥砺前行的强国之志。有16名退休职工加入"上海市乐龄慧志愿服务总队"；13人分别加入上海"银发志愿团""新闻晨报早上好老记团""金色学堂智囊团"成员；百余名退休职工参加业余会，社区公益组织志愿者；1名退休老专家评为市"老有所为、强国复兴有我"十大典型人物。不定期以座谈、研讨、访谈等多种形式，开展"话传统、谈复兴、聚力量"专题调研或主题征文活动。 （胡 磊）

【民航局退管会开展有益活动丰富退休职工精神文化生活】 年内，民航华东局退管会不仅在政策制度上保障退休职工权益，在精神文化生活上给予退休职工最大限度地支持和满足。一是深化党建引领，开展主题教育，以线上线下专题培训方式，加强离、退休党支部建设，创建成为"六好"示范党支部，彰显老党员的荣誉感。二是通过调研，对全局离、退休工作成竹在胸，推动党建与业务工作的高效融合，被列入民航局党建工作典型案例选编。三是搭建精神文化活动平台，通过开设多样化的老年大学课程，激发退休职工浓厚的学习热情，借此成立兴趣小组并参与各项活动，除参加各项比赛成绩优异，还参与宣讲、征文等活动，充分施展活力与才

华。该局退管会还开辟惠老信息专栏，供退休老同志有选择性地获取、利用有益信息资源，提升多彩的文化生活品质，不断优化老有所学、老有所乐、老有所为的晚年生活。 （黎 颖）

【上海造币厂退管会关爱退休职工思想文化生活】 2023年，上海造币厂退管会多形式、多渠道、多方向丰富退休职工精神文化生活。以线上平台和专题讲座等形式，开展党的二十大精神主题教育，深入解读时事政治和国家有关政策，鼓励退休职工为国家发展发挥余热、贡献正能量。组织退休职工参与人民银行系统的文艺活动。开展面对退休职工的社会化调研，形成有建议、有价值的调研报告，为制定相关政策提供可参考的依据。先后为退休职工送去困难补助、节日一次性资助、健康体检，或进行上门或电话慰问，在物质上给予帮助、精神上给予慰藉，增进与退休职工的真挚情感。 （胡 磊）

【上海电力退管会探索打造老同志网上"精神家园"】 上海电力退管会根据退休职工居住分散、流动频繁、兴趣爱好多样的特点，在现有"永恒的追光"微信平台基础上，新开设"追光岁月"退休职工信息服务平台。新平台设置"生活分享、主题活动、在线学习、体检、通知、志愿服务"等版块，设有兴趣爱好随时分享、体检活动一键报名、最新养老政策宣贯、助企发展建言献策等功能。平台于2023年10月上线，市委老干部局、市经信委老干部处、市退管办等领导出

席上线仪式，给予高度赞扬和肯定。目前，名为"永恒的追光"和"追光岁月"两个服务平台均覆盖公司全体退休职工，助力退休职工实现更加便捷的自我管理、教育和参与。 （胡 磊）

【华东电网退管会开展话传统、谈未来"三看"主题教育】 2023年，华东电网退管会开展党建工作做到全覆盖，先后组织结对学习、笔记分享、集中研学、座谈学习，为全体老党员送上党的二十大报告、新党章、开展主题教育等学习资料。组织老党员收听6场主题报告会，完成2次调研问卷，并开展在线学习和交流。引导老党员把信心和力量凝聚到党的二十大确定的各项目标任务上来。利用"皓首初心"小程序，拓展互联网+党建服务阵地，邀请退休老同志讲述革命传统，传递企业正能量。秉持团结治网理念，牵头华东四省一市的区域行业老领导开展"三看"政教活动、参观国内首个超导实验室和国之重器C919大飞机组装车间，感受浦东开发开放新面貌。根据主题教育要求，华东分部及上海公司老领导举行学习贯彻习近平新时代中国特色社会主义思想主题教育联学暨"话传统、谈复兴、聚力量"专题调研活动。在调研中，观摩国内首座超高压直流南桥变电站改造工程——拥有完全自主知识产权的换流和控制设备，听取工程改造汇报，并与青年工人展开话传统、谈未来座谈。（胡 磊）

【绿化市容局退管会举办多样化活动丰富退休职工业余文化生活】 年内，市

民航局退管会组织退休女职工开展"繁花似锦心向党"插花活动

（胡 磊）

绿化和市容管理局安排退休职工参与"话传统、谈复兴、聚力量"主题宣讲活动,宣讲赓续革命传统,弘扬爱国精神人物事迹;举办以"学习党的二十大,与时代共奋进"为主题的书画摄影活动,共征集到退休职工创作的书画、摄影作品近百幅,其中 2 幅书画作品被黄浦区老干部局永久珍藏;参与"在党的二十大精神指引下"等主题征文活动;参加卡拉 OK 赛、季度棋牌争霸赛、"笔墨丹青押花,传承非遗文化"团扇彩绘、"看杨浦百年工业之旅"摄影采风等活动;组织退休职工参与"礼赞党的二十大,沪说新时代"沪语说唱、诗朗诵等文艺汇演;退休职工自编自导的歌舞《红旗颂》,在建设交通系统文艺汇演中也闪亮登场。上述活动在参与市级比赛中部分获奖。 (胡 磊)

【**铁路上海局集团公司退管会帮扶退休职工用心用情**】 2023 年,铁路上海铁路局退管会以"六个老有"为目标,用心用情为广大退休职工做好事、办实事,确保铁路及社会的稳定与发展。全局各级退休职工管理委员会办公室按照退休职工的不同年龄层次,全年共为3102 名退休职工祝寿,提供活动经费29 万元。为退休职工开展"夏送清凉、冬送温暖"活动,其中送清凉累计 91205人次、慰问金额 602 万元;送温暖累计98811 人次、慰问金额 2417 万元;大病延伸救助 120 人、送上补助金 36 万元。另外,以现场慰问或写慰问信形式,对退休职工开展重阳"敬老节"慰问。组织开展各类小型多样、适合退休职工身心健康的文体活动。配合信访部门及时调处来信上访,共调处来信来访 9 起。 (郭 骁)

【**中远海运集团工会举办"情暖重阳·向上向善"活动**】 10 月 18 日,中远海运集运工会举办"情暖重阳·向上向善"爱心义卖活动,公司职工纷纷拿出闲置的全新或八成新以上的电子数码产品、小家电、手工艺品等进行义卖。10 月 23 日,中远海运集运工会联合虹口区民政局、上海市学生艺术团仲盛舞蹈团、虹口区工人文化宫、虹口区社会福利院,共同举办"情暖重阳·向上向善"爱心敬老慰问活动,向福利院老人赠送毛毯和重阳糕,献演一场精彩的文艺节目,用歌声和欢笑,同庆属于退休

职工们的节日。 (钱 华)

【**上海市卫生系统退管会举办 2023 年先进表彰暨敬老节文艺展演**】 市卫生系统退管会于 10 月 13 日在上海市第十人民医院举行"奋进新时代,佳节又重阳"上海市卫生系统退管会 2023 年先进表彰暨敬老节文艺节目展演。本次展演活动由市卫生系统退管会主办,市第十人民医院协办,得到市医务工会支持。市总工会副主席赵德关,市卫健委副主任罗蒙,市卫健委二级巡视员、老龄健康处处长葛燕萍,上海申康医院发展中心副主任、市公共卫生临床中心党委书记范小红,市退管会办公室书记、主任李伟,市退管会办公室文化综合部副部长顾国斌,市卫生系统退管会委员、市卫健委科技教育处处长高红,市卫生系统退管会委员、市第一妇婴保健院书记杨新潮,市卫生系统退管会委员、市化工职业病防治院院长顾沈兵,上海市卫生系统退管会委员、上海交通大学医学院附属瑞金医院副院长邱力萍,市医务工会副主席马艳芳等领导以及嘉宾出席本次活动。活动现场举行表彰授奖仪式,市总工会、市退管办、市卫生系统和市医务工会等领导分别为卫生系统选树的"杰出"和"优秀"典型人物、退管工作先进集体、"支持退管工作的好领导"颁发荣誉证书;为参加线上才艺展示、书法比赛、扑克比赛的获奖者授奖。 (胡如新)

【**市监狱管理局做好退管会工作关爱老人身心健康**】 年内,市监狱管理局着力做好退管工作,真心真情关爱退休职工身心健康。一是为退休职工办好实事。在冬、夏两季,为退休职工开展冬送"温暖"、夏送"清凉"。二是做好对平反纠错、提前退休职工困难补助金的统计和发放,并安排 40 名退休职工参加免费体检,6 名退休职工参加市退管办组织的看上海发展一日游活动。三是组织退管干部参加在线讲座或兴趣培训、参加市敬老月活动。四是是丰富退休职工生活,报送 3 个节目参加市退管办组织的"同心共筑中国梦"线上才艺展示,其中合唱《美丽中国梦》节目获"最佳创意奖"。开展老有所为先进人物的宣传报道。 (江海群)

老年教育

【**概要**】 2023 年,上海市退休职工大学在从严防范各项防疫措施的条件下,全面恢复退休职工教学,稳步有序开展各项教学活动,全年开设班级 256 个,招收学员 6635 人次,学员总体满意率占98%。同时发挥行业老年教育指导中心的示范作用,助推各分校全年开设 121个班级、招收学员 4000 余人次。并为 5个行业分中心、8 个市退大分校提供精准教学指导和服务,探索推进行业退休职工老年教育规范化发展的新途径。 (沈 烽)

【**上海市退休职工大学推行课程思政教学实践**】 年内,市退大大胆尝试在退休职工老年教学中设置课程思政科目,从思想引领着手,参与老年素质教育课题研究,将素质教育融入教学全过程。开设的 11 门"课程思政"展示课,皆是教育引导老年学员听党话、跟党走、筑牢思想基础的主旋律。其中《彩色铅笔画——眼神的情绪表达》课程荣获上海市老年学校素质教育示范课交流展示活动"书法绘画组一等奖"。 (沈 烽)

【**上海市退休职工大学推出在线"助享智生活"公益课堂**】 为帮助老年人跨越数字鸿沟,市退大依托"助享智生活"公益课堂教学项目,拓展品牌教学内容,推动公益课程与教学工作深度融合,全年推出 6 次线上公益课,普及智能手机应用、摄影摄像、非遗文化等方面课程内容,助力退休职工老年群体融入数字应用、共享智慧生活,累计在线参与观看学习人数 4000 余人次。 (沈 烽)

【**上海市退休职工大学加强学习型团队建设**】 市退大为培育和发展退休职工老年学习团队,持续加强退休职工学习型团队建设。2023 年申报一星团队 27个、老年智慧学习助学团队 2 个。舞蹈队工作室编排的舞蹈《红菱嫂》获第十八届退休职工老年教育艺术节展演二等奖。 (沈 烽)

【**上海市退休职工大学开展社区教育志愿服务**】 年内,市退大组织保健服务队、巧手编织社、舞蹈队、合唱队等志愿

服务队经常性下社区、到基层，为退休职工提供为老综合服务，保健医疗服务、文艺慰问演出等多种形式志愿活动。累计开展志愿服务61次，参与志愿者526人次，惠及退休职工7198人次。上海市退休职工大学志愿服务工作站被评为2023年度上海社区教育优秀志愿服务工作站。　　　　　（沈　烽）

【上海市卫生系统举办"花之韵"退休职工摄影采风展】 10月16日，"花之韵"——上海卫生系统退休职工摄影班学员摄影采风作业展在上海春秋艺术空间隆重展出。本次摄影展由市卫生系统退管会主办，市医务摄影协会承办，市春秋艺术空间协办。在开幕仪式上，市卫健委副主任罗蒙，市文联副主席、上海摄影家协会主席雍和，原市卫健委二级巡视员吕欣欣，原申康医院发展中心纪委副书记、党办主任陈蓓，市摄影家协会副主席(驻会法人)、医务摄影协会高级艺术顾问曹建国，上海中外文化艺术交流协会副会长、医务摄影协会艺术顾问郭铭海，市医务工会副主席马艳芳，春秋旅游主题旅游部副总经理袁鹏等领导及嘉宾出席，罗蒙副主任致辞，市卫生系统退管干部、部分退休摄影爱好者代表参加摄影展。本次摄影展共征集到卫生系统退休职工摄影爱好者在采风中拍摄创作的佳作近百幅，经过专家指导评选，综合摄影技术、主题内容、艺术表现等方面的评审原则和标准，评出一等奖3幅、二等奖6幅、三等奖9幅、鼓励奖24幅，精选75幅作为此前专题摄影班学员的入选作品列入参展。　　　　　（胡如新）

2024
上海工会年鉴

党建与自身建设

综　述

2023年，市总工会组织人事工作以习近平新时代中国特色社会主义思想为指导，着力推进高素质工会干部队伍建设，为工会事业发展提供坚强组织保障。一是全力做好市第十五次工代会和中国工会十八大组织人事工作，做好市总工会领导班子成员、常委等人选的推荐考察，做好市总工会"两委"委员、上海出席中国工会十八大代表、全国总工会十八届执委和经审委候选人等的推荐工作。采取自下而上、反复酝酿、逐级遴选的方式，指导基层工会严格按照民主程序做好组织人事工作，推选选举产生相关代表和委员。实现80名中国工会十八大代表、830名市第十五次工代会代表、172名委员及33名经审委员候选人的名额分配、个人履历等重要文件零差错。认真履行107位市总第八届女职工委员换届意见征求等民主程序，做好会议选举工作。二是深化机关系统干部队伍建设。加大机关系统干部培养使用力度，全年共完成8名干部提任、2名干部试用期考核、1名干部调任、9名干部职级晋升、3名干部转任、7名干部岗位调整、1名选调生和1名遴选干部录用、1名干部辞职、1名军转干部安置等，启动2024年度工会专职干部遴选工作。实施市总工会系统青年人才储备计划，开展青年储备人才招聘工作，2名应届毕业生充实到机关部室。开展新一轮挂职干部选派工作。做好1名干部赴崇明开展结对帮扶工作。安排机关系统干部参加全总和全市领导干部进修班、专题培训班、专题研讨班共36人次。组织79名上海市出席中国工会十八大代表参加"提升履职能力网络培训班"。开展干部队伍建设调研，做好评优评先工作。三是严格落实干部监督管理工作。认真做好领导干部个人有关事项年度集中填报。按照"逢提必核"和市委组织部干部调研要求，对提任调任干部开展重点抽查核实。开展市总机关系统"一报告两评议"工作，对新提拔任用的9名干部和市总工会干部选拔任用工作进行民主评议。牵头做好市总党组年度主题教育和专题民主生活会相关工作。健全出国（境）证照管理机制。做好保密人员动态管理。四是做深做实干部协管、代表委员统一战线工作。做好各区、局（产业）工会2023年度考核工作。提升新任工会界别市政协委员履职能力水平，做好工会界别市政协委员赴霍尼韦尔、东方财富和上海市园林科学规划研究院（总工会界别委员工作室）三次调研考察活动。制订《关于在市总工会第十五届委员会委员中开展赴基层蹲点调研活动工作方案》，助推委员履职尽责。会同市总机关各部室共同落实工会统战工作。五是全心全意做好老干部工作，加强离退休干部思想政治建设，及时传达上海市工会第十五次代表大会和中国工会第十八次全国代表大会精神，关心老同志精神文化需求，落实老同志各项政策待遇，加强日常服务管理，用心用情做好老干部工作。

（王继平）

组织机构

【概要】 2023年，市总工会组织部认真履行工会干部协管职责，坚持配备标准，完善工作流程，2023年共指导完成16个区、局（产业）工会换届改选、70个区、局（产业）工会届中调整，共调整工会领导班子成员180人次。指导成立上海东方枢纽投资建设发展集团有限公司工会和上海市现代农业投资发展集团有限公司工会筹备组、上海数据集团有限公司工会筹备组。　　（王继平）

【市市级机关工作党委来市总工会调研机关系统党建工作】 2月21日，市市级机关工作党委调研市总工会机关系统党建工作。市市级机关工作党委委员、直属机关党委书记、二级巡视员田霞反馈了市总工会2022年机关党建工作责任制落实情况，经综合测评，市总工会机关党建工作责任制落实情况为好（94.7分）。尔后，一行人调研了进一步加强和改进机关党建工作责任制考核的意见建议和市总工会2023年机关党建重点工作，征求市总工会对《市级机关党的建设2020—2022年行动措施执行情况的评估报告（征求意见稿）》及工委其他相关工作的建议。时任市总工会党组书记、副主席黄红，市总工会党组成员、副主席、直属机关党委书记丁巍，机关党委相关人员参加会议。

（马育群）

【普陀区召开"建设靠谱群团，共创同心家园"党建引领群团组织高质量发展推进会】 5月18日，普陀区召开"建设靠谱群团，共创同心家园"党建引领群团组织高质量发展推进会。市总工会党组成员、副主席丁巍，团市委副书记徐豪，市妇联副主席王剑璋，市工商联副主席杨茜，市科协副主席倪前龙，市侨联副主席程东，市残联副理事长莫彬彬，市红十字会副会长万兴旺，普陀区委书记姜冬冬，区委副书记、区长肖文高，区人大常委会主任谈上伟，区委副书记周艳，区委常委、组织部部长李红珍，区人大常委会副主任、区总工会主席姚军，副区长王珏等出席。区群团组织负责人，相关街道、镇、大口党组织负责人及各群团组织先进代表参加会议。姜冬冬代表区委、区人大、区政府、区政

5月18日，普陀区召开党建引领群团组织高质量发展推进会

（周舸扬）

协向现场受到表彰的 2022—2023 年度普陀区各群团组织培育选树的全国、市级和区级先进集体和个人表示祝贺，向长期以来关心支持普陀发展的市各群团组织领导和社会各界人士表示感谢。希望全区各级群团组织旗帜鲜明强化政治引领，服务大局主动担当作为，改革创新加强自身建设，不断加强和改进党的群团工作，把广大群众的积极性充分调动起来，共同书写普陀高质量发展的精彩华章。会上，区 8 大群团组织发布"靠谱群建重点项目"。群团的先进代表带来了主题为《我们的故事》微访谈。区总工会、团区委、区妇联等群团组织群策群力，为职工学习发展、青少年成长、亲子家庭等方面搭建新平台，发布"半马苏河·工运记忆"地图，启动新时代职工半日学校、半马苏河·彩虹学园、亲子潮玩地标等新项目。各群团组织还通过《普陀的色彩》宣传片、诗朗诵、TED 演讲、音乐小品、同唱主题曲《共画同心圆》等展演形式，展现新时代普陀群团工作风采。 （陆 蕾）

【**普陀区总工会召开七届三次全体会议**】 7 月 26 日，普陀区总工会召开七届三次全委（扩大）会议，区人大常委会副主任、区总工会主席姚军出席并讲话，区总工会党组书记、副主席徐军作题为《汇聚同心之力，建设靠谱工会》工作报告，区总工会副主席郑宣主持会议。区纪委监委第二派驻纪检监察组副组长顾军出席会议，区总工会第七届委员会委员、第七届经审委员会委员，各街道、镇总工会，各系统工会主席、副主席，区总工会机关干部、直管事业单位负责人参加会议。会议要求普陀工会要以更高站位引领思想，广泛凝聚奋进力量；以更高担当建功大局，扎实有为服务高质量发展；以更精准举措回应需求，全面提升维权服务能级水平；以更实作风强化自身建设，有效增强工会组织的政治和组织功能。会议表决通过普陀区总工会第七届委员会有关人事任免事项，选举徐明为普陀区总工会第七届委员会常委。会上还通报区职工文体活动中心工会阵地建设情况。曹杨新村街道总工会、甘泉路街道总工会、长征镇总工会就"县级工会加强年"建设进行交流发言。 （陆 蕾）

【**虹口区总工会召开七届二次全委（扩大）会议**】 9 月 8 日，虹口区总工会召开七届二次全委（扩大）会。区总工会第七届委员会委员、第七届经费审查委员会委员，各街道总工会、行业、直属工会主席，区总机关及事业单位负责人出席会议。会议由区人大常委会副主任、区总工会主席谢海龙主持，区总工会党组书记、副主席周静作工作报告。会议指出，区总工会要奋力推动虹口工会工作在新时代、新征程上实现新跨越。要围绕中心、服务大局，深入贯彻区委全会和市总工会会议精神，切实发挥职工主力军作用；要担当主责主业，守牢安全稳定底线，切实抓好职工维权和服务；要加强自身建设，深化工会改革，提升战斗力，凝聚力。 （马伟杰）

【**杨浦区总工会召开七届二次全委（扩大）会议**】 2 月 14 日，杨浦区总工会召开七届二次全委（扩大）会。区人大常委会副主任、区总工会主席董海明出席会议并讲话。会议明确，2023 年全区工会组织要持续深入学习贯彻落实党的二十大精神，聚焦区委"六句话"重点工作和市总工会十四届十二次全会提出的工作要求，围绕坚定不移举旗帜、建设四高再奋进、民主管理增亮点、服务职工提品质、组织体系再加强、提升队伍硬实力 6 个方面扎实做好各项工作。全会审议并通过董海明代表区总工会第七届常委会所作的工作报告，审议通过 2022 年经费审查工作情况和 2023 年经费审查工作安排的报告，审议通过大会决议及有关人事事项。区总工会第七届工会委员，经审委员，各街道总工会主席、专职副主席，各行业、直属工会主席（主任），区属企业（集团）工会主席，区总工会全体机关干部，区总工会所属事业单位班子成员和部分基层工会主席代表参加会议。 （张秀鑫）

【**静安区总工会召开二届三次全委（扩大）会议**】 7 月 27 日，静安区总工会召开二届三次全委（扩大）会，区人大常委会副主任、区总工会主席林晓珏主持会议。会上，区医务工会、城发集团工会、九百集团工会、彭浦镇总工会、石门二路街道总工会等单位作交流发言。区总工会分管领导讲评各自分管工作并提出下阶段工作思路和要求。会议明确，各级工会要着力加强思想政治引领，凝聚职工团结奋斗磅礴力量；要着

力打造高素质职工队伍，汇聚建功立业澎湃动能；要着力维护职工合法权益，确保劳动关系和谐稳定；要着力服务职工群众，更好满足职工高品质生活需求；要着力加强党的建设，促进保障工会事业高质量发展，推动静安工会工作在新时代、新征程上实现新跨越。会上审议并通过有关人事任免事项。 （张圣奥）

【**宝山区总工会召开八届二次全委（扩大）会议**】 2 月 15 日，宝山区总工会在区工人文化活动中心召开八届二次全委（扩大）会议。区总工会领导班子成员及区总调研员、区总第八届工会委员和经审委员，各直属工会主席及女工委员代表、各部室和各中心负责人参加会议。区人大常委会副主席、区总工会党组书记、工会主席顾瑾主持会议并作年度工作报告。区总工会党组副书记、副主席沈玉春传达学习市总工会十四届十二次全委（扩大）会议精神。会议还审议通过《关于宝山区工会 2022 年经费审查工作情况和 2023 年经费审查工作安排的报告》。 （朱 艳）

【**闵行区总工会召开七届二次全委（扩大）会议**】 2 月 27 日，闵行区总工会在区政府会议中心召开七届二次全委（扩大）会。区总工会第七届全体委员、经审委员、女工委员，各街道、镇总工会主席，各区属单位工会主席、莘庄工业区专职副主席等参加会议。区总工会党组书记、副主席朱冬梅主持会议。会议审议并通过朱冬梅所作的年度工作报告，经审会主任袁飞所作的经审工作报告。区人大常委会副主任、区总工会主席杨其景出席会议并讲话。她指出，全区各级工会要以"钉钉子"的精神做好各项工作，为闵行全面建设创新开放和生态人文现代化主城区，推动上海现代化建设和高质量发展的新征程上敢为人先、走在前列做出贡献。 （王 凯）

【**金山区工会召开第六次代表大会**】 3 月 29 日，金山区工会第六次代表大会胜利召开。时任市总工会党组书记、副主席黄红，区委书记、区人大常委会主任刘健出席会议并讲话。区委副书记、区长李泽龙，区政协主席刘豫峰，区委副书记袁罡，区委常委、组织部部长李铭，区人大常委会副主任朱喜林，区人大常委会副主任、区总工会主席蒋雅

红等领导出席会议。黄红代表市总工会向大会召开表示热烈祝贺。她表示，过去五年，金山区各级工会始终围绕中心、服务大局，在全市工会工作中，创造富有特色的创新实践和经验做法，希望金山区各级工会要切实保持和增强政治性、先进性、群众性，以奋发有为的精神状态和职工满意的工作业绩，推动工会在转型发展中发挥更大优势。刘健充分肯定金山各级工会组织和广大职工在过去五年取得的成绩。他指出，新征程上，希望全区广大职工牢牢把握时代和区域发展的难得机遇，以昂扬向上的精神面貌、一往无前的奋斗姿态，立足本职岗位辛勤耕耘，在投身金山转型新发展、塑造新形象的火热实践中谱写金山工运事业新篇章。蒋雅红向大会作题为《聚力同心担使命，建功立业促发展，奋力谱写新时代金山工运事业新篇章》的工作报告，报告总结回顾过去五年金山工会工作成绩，提出今后五年金山工会工作的指导思想和主要任务。团区委书记王民民代表区各人民团体向大会致词。大会审议通过了《金山区总工会第五届委员会工作报告》《金山区总工会第五届委员会财务工作报告》《金山区总工会第五届经费审查委员会工作报告》《金山区总工会第五届女职工委员会工作报告》。市总工会、上海石化、上海化学工业区有关领导，各镇、街道、园区和部分委办局分管领导、历届区总工会老领导等出席大会。

（郁　蔚）

【松江区工会召开第六次代表大会】
4月19—20日，松江区工会在区工人文化宫召开第六次代表大会。区委书记程向民，区政协主席刘其龙，市总工会党组成员、副主席丁巍，区委副书记韦明，区委常委、组织部部长时建英，区委常委、宣传部部长张磊，区人大常委会党组副书记、副主任、一级巡视员杨飞云，区人大常委会副主任、区总工会主席吴建良，区政府副区长朱明林等领导出席会议。会议指出，新一届工会要铸牢政治忠诚，加强创新理论武装，不断汇聚职工群众坚定不移听党话、跟党走的强磁场；要勇担使命任务，不断引领职工当好奋进新征程、建功新时代的主力军；要强化主责主业，不断满足职工群众对美好生活的新期待。大会选举产生松江区总工会第六届委员会委员、经审委员、松江区参加上海市工会第十五次代表大会代表，审议通过《关于区总工会第五届委员会工作报告的决议》《关于区总工会第五届委员会财务工作报告的决议》《关于区总工会第五届经费审查委员会工作报告的决议》。在新一届工会委员会第一次全体会议上，选举产生区总工会第六届领导班子，确认通过区总工会第六届女职工委员会委员名单。

（周宛琳）

【青浦区工会召开第六次代表大会】
4月24日，青浦区工会召开第六次代表大会。时任市总工会党组书记、副主席黄红，区委书记徐建出席大会并讲话。区委副书记、区长杨小菁，区人大常委会主任朱明福，区委副书记张权权，区人大常委会副主任、区总工会第五届主席高健，区政协副主席高峰出席会议。全区各行业232名代表参加大会。会上，区人大常委会副主任、区总工会主席高健代表青浦区总工会第五届委员会作题为《当好主力军，奋进新征程，为推进中国式现代化的青浦实践团结奋斗》的工作报告。团区委书记叶丽君代表群团组织向大会致祝贺词。大会选举产生青浦区总工会第六届委员会委员、第六届经费审查委员会委员和青浦区出席市第十五次工代会代表。在区总工会第六届委员会第一次全体会议上，选举青浦区总工会第六届委员会常委、副主席、主席。高健当选为区总工会第六届委员会主席。

（朱建强）

【崇明区总工会召开二届二次全委（扩大）会议】
2月14日，崇明区总工会召开二届二次全委（扩大）会。区委副书记杨元飞出席会议并讲话，区人大常委会副主任、区总工会主席张建英作工作报告，区总工会党组书记、副主席秦文新主持会议。会议传达学习贯彻区委二届五次全会精神及市总工会十四届十二次全委（扩大）会议精神。大会总结过去一年工作，围绕区委和市总工会年度工作部署，确定青浦区总工会2023年目标任务。会议强调，要把牢政治方向，加强对职工思想政治引领；要优化服务水平，提升职工群众满意度和获得感；要坚持守正创新，深化工会组织改革发展；要围绕工作中心，在服务发展中体现工会独特作用；要明确工作重点，在履行工会主业中彰显工会影响力；要当好"施工员"，在推动工作落实中展现工会干部优良作风。

（袁佳琪）

【仪电工会召开七届五次全委（扩大）会议】
2月10日，市仪表电子工会召开七届五次全委（扩大）会，仪电工会全体委员出席，会议由仪电工会主席顾文主持，仪电工会经审委员和部分工会干部列席会议。会上，传达市总工会十四届十二次全委（扩大）会议精神，通过有关人事任免事项，审议并通过《仪电工会2022年工作总结和2023年工作计划》《仪电工会2022年经费审查工作情况和2023年经费审查工作安排》《仪电系统工会经费收缴考核和回拨奖励制度（修订版）》《仪电工会本级2022年大额经费支出预算情况报告》《仪电工会本级2022年经费收支决算情况和2023年经费收支预算情况》，下达《各重点子公司、直属单位工会2023年重点工作任

4月19日，松江区第六次代表大会第一次全体会议开幕　　　（朱剑欢）

务建议书》。会议指出,2022 年仪电工会按照仪电集团党委和市总工会工作部署,以增强政治性、先进性、群众性为主线,切实履行工会政治责任、推动民主管理向纵深发展、不断提升职工技能水平、加强职工关心关爱,切实发挥工会组织的桥梁纽带作用,为推动集团高质量发展发挥积极作用。会议要求,仪电各级工会组织要学思践悟党的二十大精神,始终保持工会正确政治方向;要持续推进企业全过程民主管理,保障职工主人翁地位;要汇聚奋斗力量,团结带领职工当好仪电新发展的创新者;要心系职工,以竭诚服务助力职工享受高品质生活;要赋能创新,全面激发各级工会组织的动力和活力。仪电物联、电动所、中央研究院、仪电科学仪器等 4 个工会在会上作交流。 （周黎俊）

【上海医药集团工会召开 2023 年工作会议】 3 月 3 日,上海医药集团工会召开 2023 年工作会议。集团工会全委会、经审会委员,沪内外二、三级单位的工会主席等 130 余人参加会议。集团党委书记葛大维、集团党委委员、工会主席佘群等出席会议。葛大维对过去一年各级工会工作取得的成绩表示肯定,提出要推动建强两支队伍,一是培养一流高技能人才队伍,二是建立高素质专业化工会干部队伍。 （陈玮雯）

【国网上海市电力公司工会召开十届十三次全委会暨 2023 年工作会议】 3 月 10 日,国网上海市电力公司工会召开十届十三次全委会暨 2023 年工作会议。会议总结 2022 年工作、部署 2023 年目标任务,明确为职工办实事各项举措。公司副总经理、工会主席陈春霖出席会议并讲话。他指出,2022 年,公司各级工会组织和广大工会干部坚持以习近平新时代中国特色社会主义思想为指导,全力做好迎接和学习宣传贯彻党的二十大各项工作,团结动员广大职工在加快建设具有中国特色国际领先的能源互联网企业中凝心聚力、担当作为,推进工会各项工作有效开展。在抗击疫情、复工复产、服务职工和战略落地中体现担当,实现"目标不变、标准不降、成效不减",得到上级工会和公司党委的充分肯定。会上,传达市总工会十四届十二次全委(扩大)会议和国网工会二届八次全委会会议精神,审议通

过《关于国网上海市电力公司工会委员会 2022 年经费审查情况和 2023 年经费审查工作安排的报告》,表彰 2022 年度公司工会工作先进集体和个人,部分基层工会代表在会上作交流。会议还就公司第十届工会部分委员调整相关事宜履行民主选举程序,并换聘部分公司第二届董事长联络员。 （蔡 婧）

【上海化学工业区工会召开第五次代表大会】 10 月 18 日,上海化学工业区工会第五次代表大会举行开幕式,120 名园区正式代表参加会议。化工区管委会党组书记、主任向出席大会的各位代表、园区广大职工致以崇高的敬意和亲切的问候,对化工区工会在过去五年取得的成绩予以充分肯定。出席开幕式的市总领导对大会的召开表示热烈祝贺。大会审议通过化工区工会第四届委员会工作报告、财务工作报告和经费审查委员会工作报告,选举产生上海化学工业区工会第五届委员会委员、第五届经费审查委员会委员。 （陆佳慧）

【中远海运集团工会召开二届三次全委(扩大)会议】 4 月 26 日,中国远洋海运集团有限公司工会召开二届三次全委(扩大)会。集团工会全体委员和部分直属单位工会分管领导、工会负责人等 52 人参加会议。集团工会主席张善民主持会议并作题为《牢记使命,踔厉奋发,在建设世界一流企业新征程上再立新功》的工作报告。会议总结 2022 年集团工会工作,围绕深入学习贯彻党的二十大精神,认真落实集团 2023 年工作会议、党建工作会议、二届二次职代

会会议精神,部署 2023 年工会工作目标任务。中远海运集运、中远海运散运、青岛中远海运和海南港航等 4 个单位工会在会上作交流。会议通报集团工会 2022 年度工会财务和经审工作情况,对部分集团工会委员作调整。 （颜龙生）

【上港集团工会召开工作谋划座谈会】 年内,上海国际港务(集团)股份有限公司工会多次召开一线职工和基层工会负责人座谈会,就下年度工会工作集思广益、众议谋划、听取基层工会和职工的意见和建议。集团党委副书记、工会主席庄晓晴在分次召开的座谈会上,宣讲中国工会十八大精神,并结合宣讲指出,集团职工是中国"亿万职工"中的一员,广大职工的才智是集团战胜一切困难实现既定目标的坚强后盾,全港职工要深入贯彻落实中国工会十八大精神,统一思想、统一目标,用实干、实效、实际姿态和共识为完成集团年度各项目标任务而努力。她强调集团各级工会要把深入学习贯彻习近平关于工人阶级和工会工作的重要论述和中国工会十八大精神作为当前和今后一个时期的首要政治任务,认真抓落实。要按照党中央部署和要求,找准工作方向、切入点和着力点,在集团党委和上级工会的坚强领导下,坚持以职工为中心,按照"党政所需、职工所盼、工会所能"担当起主责主业,组织动员全港职工在强港建设中做出工会应有贡献。集团工会全体成员参加座谈交流。（张 容）

【上海电信工会召开第五次代表大会】 2 月 16 日,中国电信集团工会上海市

2 月 16 日,上海电信工会第五次代表大会胜利召开 （殷 茵）

第五次代表大会胜利召开。时任市总工会党组书记、工会副主席黄红，中国电信集团公司工会常务副主席关丽荤，中国电信上海公司党委书记、总经理龚勃，公司领导班子成员以及300余名代表参加了大会，集团部分老领导列席。会上，中国电信上海公司党委委员、副总经理、工会主席常朝晖代表中国电信上海市工会第四届委员会作了题为《奋进新时代，建功新征程，团结动员全体员工为践行云改数转战略推动企业高质量发展而不懈奋斗》的工作报告，报告全面总结回顾五年来上海公司工会的工作实践和工作体会，提出了今后五年的奋斗目标和主要任务。大会听取审议了中国电信上海市工会第四届经费审查报告，审议了工会财务工作报告，表彰了15个2018—2022年度中国电信上海市工会"一家一品"特色品牌，同时为15名专兼职工会工作者代表颁发中国电信上海市工会第四届委员会特别贡献奖。大会选举产生上海公司第五届工会委员会和经费审查委员会。

（殷茵）

【上海机场集团工会召开2023年度工作会议】 3月3日，上海机场（集团）有限公司工会召开2023年度工作会议，集团公司党委副书记、工会主席张永东出席会议并作工作报告。集团公司工会副主席包蕾主持会议。会议传达学习民航工会七届二次全委会、七届二次经审会会议精神。集团公司工会全委、经审会、女职工委员会全体委员，各基层单位工会主席，劳模和先进、五星级班组长、职工文体协会会长代表近90余人出席会议。会议指出，集团各级工会要以更加"接地气"式的学习和宣讲，推动党的二十大精神深入基层、扎根职工；要以更加"成体系"的平台建设，助力职工素质提升、岗位成才；要以更加"深层次"的民主参与，构建和谐劳动关系，广泛调动职工积极性；要以更加"聚人气"的文化活动，繁荣发展职工文化，增强工会凝聚力；要以更加"暖人心"的服务举措，竭诚服务职工群众，为职工做好事、办实事、解难事；要以更加"有成效"的改革措施，深化工会改革创新，不断增强工会工作的动力活力。包蕾对2023年集团公司工会经审工作作部署。会上，集团公司工会对《关于开展"技能强企"进一步提升职工技能素质，助力机场高质量发展的意见（讨论稿）》《集团公司深化星级班组体系建设实施意见（讨论稿）》《关于开展上海机场职工先进操作（工作）法命名工作的通知》《关于开展第二届"上海机场工匠"培养选树有关事项的通知》《关于开展集团公司第三届"百师百徒"结对活动的通知》《关于开展2023年上海机场第十七届职工技能大赛的通知》6个文件进行解读。与会人员根据6个文件中所提示的各项工作，结合各基层工会实际展开深入讨论，并就全面完成2023年工会工作作交流。 （张雯倩）

【上海海事局工会召开七届一次会员代表大会】 4月19日，中国海员工会上海海事局委员会在海事大厦召开七届一次会员代表大会，全局82名会员代表参加会议。大会听取并审议通过上海海事局工会第六届委员会工作报告、财务工作报告及经费审查委员会工作报告，全面回顾总结工会特色工作及工会工作所取得的成效，部署今后五年目标任务。会议选举产生上海海事局工会第七届委员会委员15人、经费审查委员会委员3人。在第七届工会、经审会第一次全体会议上，分别选举产生工会主席、副主席及经审委主任，选举产生女工委主任和委员。时任市总工会党组书记、副主席黄红出席会议并讲话。 （陆智静）

【市绿化和市容管理局工会、市绿化市容行业工会召开第四次代表大会】 12月27日，市绿化和市容管理局工会、上海市绿化市容行业工会召开第四次代表大会。市总工会党组成员、副主席张立新，市绿化市容局党组书记、局长邓建平出席大会并讲话。250名当选代表及列席、特邀代表参加会议。肖龙根代表局工会、行业工会第三届委员会作工作报告，局团委书记孟淑洁致贺词。会上，选举产生局工会第四届委员会委员、经审会委员和行业工会第四届委员会委员。大会明确了今后五年的工作目标任务：一要更加注重职工思想政治引领；二要更加注重聚焦高质量发展这个首要任务；三要更加注重弘扬劳模精神、劳动精神、工匠精神；四要更加注重打造高素质职工队伍；五要更加注重以职工为中心的发展思想；六要更加注重履行好维权服务职能；七要更加注重推动城市优美环境的共建共治共享；八要更加注重有效发挥党联系职工群众的桥梁纽带作用。在随后召开的局工会、行业工会四届一次全体会议上选举周海健为局工会和行业工会主席，陈星华为局工会和行业工会常务副主席，冯磊、周文宏为局工会副主席，冯磊、周文宏、倪永红、李影为行业工会副主席，选举冯磊为局工会经审会主任、女工委主任，董亮为局工会女工委副主任。

（盖永华）

【市水务局（市海洋局）工会召开第五次代表大会】 7月31日，上海市水务局（上海市海洋局）工会召开第五次代表大会。市总工会党组成员、副主席张立新，中国农林水气象工会二级巡视员郭琛，市水务局（上海市海洋局）党组书记、局长史家明出席会议并讲话。会议选举产生局工会第五届委员会和经费审查委员会，通过局工会第四届委员会工作报告、财务工作报告、经费审查委员会工作报告。史家明在讲话中强调，新一届工会委员会要认清发展形势，落实工作要求，进一步增强工会工作责任感和使命感；要发挥工会优势，激发创新活力，进一步增强服务大局、服务发展的强劲动力；要建强服务体系，满足职工文化需求，进一步提升职工幸福指数和生活品质；要加强自身建设，提升工作能力，进一步加强制度建设和管理规范化水平。张立新在讲话中指出，上海水务海洋各级工会围绕"高质量发展、高品质生活、高效能治理"的奋斗指向，为本市经济社会发展和落实重大战略任务做出重要贡献。他强调，上海水务海洋广大职工要在各条战线、各自岗位上不懈奋斗、展现才华，要以昂扬姿态、实干精神、卓越创造在经济发展主战场上建功立业，要在科技创新第一线攻坚克难，在城市建设最前沿勇攀高峰。郭琛在讲话中指出，上海水务海洋工会要围绕上海经济社会发展和城市定位，在着力抓好职工思想引领、行业创新发展、职工维权服务、工会自身建设中要获取显著成绩、取得新的进展。他强调工会仍要坚持不懈用习近平新时代中国特色社会主义思想凝心铸魂，大力弘扬劳模精神、劳动精神、工匠精神，激励广大职工在投身中国式现代化的伟大进程中做出贡献。 （王佐仕）

【市科技工会召开五届六次全委（扩大）会议】 3月31日，市科技工会召开五届六次全委（扩大）会议，市科技党委副书记、市科技工会主席王宇出席会议并讲话。科技工会常务副主席赵福祥总结2022年工作，动员和部署2023年工作。科技系统第五届工会委员、经审委员、各基层单位工会主席、常务副主席（专职副主席）和工会专职干事80余人参加会议。王宇指出，做好2023年科技系统的工会工作，一要深入学习贯彻党的二十大精神，切实把思想和行动统一到党中央的决策部署上来；二要围绕推动高质量发展，组织动员科技系统广大职工在新征程上建功立业；三要深化产业工会组织自身改革，增强新时代工会的组织力、凝聚力和影响力。会议要求各级工会要结合科技系统实际，就如何"践行党的二十大精神，聚焦科创中心建设，团结带领科技系统职工建功立业，更好发挥工会群团组织的作用"进行深入研讨，规划、部署好2023年工作。

（冯莺）

【市医务工会召开九届八次全委（扩大）会议】 8月28日，市医务工会在市妇幼保健中心召开九届八次全委（扩大）会议。市医务工会主席、上海申康医院发展中心党委书记赵丹丹出席会议并讲话。市医务工会副主席、市卫健委一级巡视员方秉华传达市总工会十五届二次全委（扩大）会议精神。市医务工会副主席、市卫生健康委副主任付晨传达上海工会促进安全生产工作会议精神。会议审议市医务工会常务副主席何园所作的《2023年上半年工作总结和2023年下半年工作安排》。市医务

工会副主席马艳芳主持会议。赵丹丹在讲话中指出，迎接和学习贯彻中国工会十八大精神是下半年各级工会的一项重要工作。下半年计划中还要继续推进医务职工休息室创建、开展全国卫生健康职业技能竞赛、进博会立功竞赛等重点工作，需要大家齐心协力、保质保量推进完成。他还就下半年工作提出三点要求，加强政治引领，强化工会组织使命担当；加强组织动员，聚力卫生健康高质量发展；加强维权服务，切实当好医务职工"娘家人"。会上，华东疗养院工会、岳阳医院工会、中冶医院工会、嘉定区医务工会4个单位作交流。市医务工会第九届全体委员和经审委员、各区医务工会、各基层直属单位、有关企业职工医院、民营医院工会负责人参加会议。

（马建发）

【上海工会管理职业学院接受全总省级工会干部院校评估】 根据全总安排，学院于2023年年初对照《省级工会干部院校评估办法（试行）》的评估标准，就办学方针、组织领导、领导班子建设、设施建设、师资建设、课程教材建设、教学管理、培训质量、安全管理、党风廉政建设等10大类66个小项，全面深入细致进行自查自评，形成《省级工会干部院校自评表》及自评报告。根据实地考评查看资料清单，调取历年档案，梳理资料目录，汇总整理好学院制度、干部培训、课程建设、理论研究等40余盒档案资料，精心制作评估汇报材料。12月14日，由中华全国总工会组织部干部教育处处长、一级调研员周忠良带队，全总资产监督管理部、中国劳动关系学院、省级工会干部院校等领导和专家组

成的全国工会干部院校评估工作组莅临学院，开展实地考评。评估工作组认真查阅10大类书面材料，实地查看学校教学、办公环境、学员食堂、安全保障等硬件设施情况，对学院近年来发展和建设取得的成绩给予充分肯定，并对完善领导干部上讲台制度、充分利用校外师资、打通职业化发展道路、优化课程体系建设、大力推动宝山校区建设等5个方面提出意见建议。

（陈亚男）

干部管理

【概要】 2023年，市总工会组织部着力推进高素质工会干部队伍建设，激励干部敢于担当、积极作为，为市总工会事业发展提供坚强组织保障。全力做好工会换届相关组织人事工作，坚持党管干部原则，加强与市委组织部沟通，认真做好市总领导班子成员、常委等人选的推荐、考察工作；主动与相关单位党组织联系，做好市总"两委"委员、上海出席中国工会十八大代表、全总十八届执委和经审委候选人等的推荐工作；严格民主程序，完成选举产生市总工会新一届领导班子的各项工作。深化机关系统干部队伍建设，年内完成8名干部提任、2名干部试用期考核、1名干部调任、9名干部职级晋升、3名干部转任、7名干部岗位调整、1名选调生和1名遴选干部录用、1名干部辞职、1名军转干部安置等工作，同时启动2024年度工会专职干部遴选工作。开展青年储备人才招聘工作，2名应届毕业生充实到机关部室。开展新一轮挂职干部选派工作，选派市总直属事业单位、区总工会和央企、市属国企的13名年轻干部到市总挂职。全面实施《上海市总工会机关工作人员平时考核办法（试行）》，激励干部担当作为。做好1名干部赴崇明开展结对帮扶工作。监督指导直管单位人事工作，指导直管事业单位做好公开招聘工作。按照市委编委《关于推进本市事业单位章程管理工作的实施意见》的有关要求，指导直管事业单位完成章程修订和备案工作。

（范瑜）

【铁路上海局集团公司工会加强工会干部队伍建设】 年内，为加强工会干部教育管理水平，强化实干担当，锤炼过硬作风，上海局集团公司工会开展基层工会主席履职考评。先后组织92个单

上海工会管理职业学院接受全总省级工会干校评估 （张凡）

位开展民主测评,基层单位党政主要领导176人参加评议。经评议和测评,基层工会主席平均优秀率占95.9%。年内,进一步配齐配强基层工会干部,指导12个基层单位完成工会主席替补选,批复同意7个单位配备工会副主席,指导基层工会通过直选配备车间工会主席。进一步加强工会干部教育培训,举办基层工会主席学习贯彻中国工会十八大精神培训班,92名基层工会主席参加。举办基层工会提升管理水平培训班,采取课堂教学、现场观摩、分组讨论形式,学习工会形势、工会实务等课程,102名工会干部参加。举办车间专、兼职工会主席培训班,组织学习车间工会组织建设、民主管理等课程,115名车间专、兼职工会主席参加。结合开展学习贯彻习近平新时代中国特色社会主义思想主题教育,制订《工会干部深入基层蹲点调研工作实施方案》,前后下沉18个基层单位、车间班组开展蹲点调研,帮助解决职工生产、生活急难愁盼问题。

（郭　骁）

【上海工会管理职业学院多措并举提升教师能力】 2023年,学院继续通过开展春季、秋季学期开学进行集中培训,组织教职工参加全国干部教育培训网、上海干部在线学习城等线上学习,定期组织学院讲坛和专题教研活动,努力提升师资队伍的能力和水平。2月8—9日,8月30—31日,学院分别举办春季和秋季学期集中培训。春季学期集中培训以"学习贯彻党的二十大精神推进学院高质量发展"为主题,邀请上海市宏观经济学会会长、市政府重大行政决策咨询专家王思政讲授《当前形势与未来发展重点任务》;上海市科学学研究所党总支书记、所长、研究员石谦讲授《深入学习贯彻党的二十大精神,加快建设科技强国》;上海师范大学知识与价值科学研究所所长、教授、学术辑刊《劳动哲学研究》主编何云峰讲授《文科科研能力提升问题漫谈》。秋季学期集中培训以"砥砺奋进正当时,凝心聚力共发展"为主题,邀请市人力资源和社会保障局调解仲裁管理处处长、复旦大学管理学博士邱宝华作《劳动争议调处若干实务问题》专题讲座;邀请达观数据有限公司董事长、复旦大学计算机专业博士陈运文作《人工智能与AI技术的创新应用》专题讲座;安排赴宝武集团现场

教学,引导教职工了解宝武集团在智慧制造、绿色低碳生产、数字化转型升级及工会工作等方面的先进经验和做法。年内,学院选送1名教师全程参加为期3周的市委党校(行政学院)系统新教师培训班。同时学院结合组织参加"全国工会干部教育培训好课程"评选,邀请浦东新区区委党校党史党建教研部党建教研二室主任丁倩结合自身打磨精品课程历程与经验,讲授《精品课打磨技巧与方法》。

（洪晓敏）

教育培训

【概要】 2023年,市总工会多措并举开展干部教育培训,委托工会学院以线上线下相结合的方式,培训各级工会干部6739人次。组织全市近2000名工会干部参加"学习贯彻中国工会十八大精神"专题网络直播辅导报告。组织79名上海市出席中国工会十八大代表参加"提升履职能力网络培训班",参训率、合格率均达到100%。组织机关系统干部参加"学习贯彻党的二十大精神"线上专题班和"提升公务员数字素养与技能"全员线上培训。举办机关系统青年干部培训班。

（王继平）

【举办市总工会机关系统党务、纪检干部培训班】 12月26日,为加强市总工会机关系统党组织建设,总结交流党支部工作经验做法,提升党务、纪检干部的理论素质和业务能力,市总工会直属机关党委在上海工会管理职业学院举办机关系统党务、纪检干部培训班,市总工会机关系统90余名党务、纪检干部参加。市总工会党组成员、副主席丁巍参加培训并作总结讲话。市市级机关工作党委宣传部部长牛传忠、市老龄大学校长李宋、市纪委监委驻市总工会机关纪检组纪检监察室主任袁忠诚作专题授课。

（马育群）

【普陀区总工会举办"五有"靠谱工会干部能力提升培训班】 为建设一支适应新时代发展需要的"五有"工会干部队伍,3月27日,普陀区总工会举办2023年普陀区"县级工会加强年""五有"靠谱工会干部能力提升培训班。区人大常委会副主任、区总工会主席姚军出席并作开班动员,区总工会党组书记、副主席徐军主持开班仪式。系统、街道(镇)

工会主席、副主席以及基层工会干部近80人参加。开班仪式上,姚军指出,区工会干部要强化政治引领,坚持学深悟透,牢牢把握工会工作的正确方向;要强化使命担当,聚焦中心大局,不断凝聚担当作为的强大合力;要强化靠谱力,学以致用,奋力开拓普陀工会事业新局面。培训班邀请市总工会相关部室领导以基层工会经费规范使用和管理、上海市集体协商工作规范、权益保障等方面工作开展专题培训并进行交流。通过讲政策、讲业务、讲工作方法,着力提升全区各级工会干部的理论水平和业务能力。

（陆　蕾）

【杨浦区总工会举办"学习贯彻党的二十大精神,推动杨浦工会工作高质量发展"专题培训班】 6月15—16日,杨浦区总工会在沪东工人文化宫职工文体中心举办"学习贯彻党的二十大精神,推动杨浦工会工作高质量发展"专题培训班。培训班坚持理论与实践相统一,邀请来自上海工会管理职业学院、市总工会机关、基层一线的资深工会工作者共5名专家,围绕习近平关于工人阶级和工会工作的重要论述、《中华人民共和国工会法》《上海市工会条例》《中国工会章程》修改情况、怎样当好企业工会主席、上海工会财务管理政策、工会劳动保护等5个方面授课。培训班还组织参训学员参观了长白228街坊城市更新项目、美团(杨浦互联)综合指挥中心,见证杨浦人民城市建设新貌,重温杨浦工人阶级荣光。全区80余名基层工会主席参加培训。

（张秀鑫）

【杨浦区总工会举办杨浦工会大讲堂】 6月20日,杨浦区总工会举行党组中心组(扩大)学习会暨2023年第一期杨浦工会大讲堂。市总工会研究室主任、市十五次工代会代表、市工人运动研究会第九届理事会理事、副会长王宗辉受邀作《学习宣传贯彻上海市工会第十五次代表大会精神》专题讲座。8月10日,杨浦区总工会举行2023年第二期杨浦工会大讲堂暨贯彻落实十一届区委七次全会精神专题学习会,持续、全面、深入学习宣传贯彻区委全会精神,区委研究室主任、区委全会精神宣讲团成员朱强受邀作《创新发展再出发奋楫争先正当时——十一届区委七次全会精神宣讲》专题辅导报告。区总党组中心组成

员、各行业、街道、直属工会负责人、区总机关、事业单位全体在职党员和全区职业化工会工作者代表参加大讲堂学习。

（张秀鑫）

【闵行区总工会举办2023年新任工会主席培训班】 9月4—6日，闵行区总工会假座中建八局人才发展中心举办2023年新任工会主席培训班。培训采用现场教学、集中授课、学员交流形式，邀请市总工会有关职能部门领导、上海工会管理职业学院教师，设置党的二十大精神与工会工作解读、工会组建实务与换届选举流程、新就业形态工会组织建设、预防化解劳动关系矛盾"六步工作法"、企业民主管理与职代会制度实务、工会经费管理使用及审计监督等课程进行授课。培训期间，全体学员参观调研圆通速递有限公司工会。

（傅宇鑫）

【金山区总工会举办2023年工会干部培训班】 7月12—14日，金山区总工会举办为期3天的2023年工会干部培训班，区人大常委会副主任、党组成员、区总工会主席蒋雅红出席并作开班动员。区总工会领导班子及区管领导干部，各直属工会主席，安徽省霍邱县、叶集区工会干部，区总机关中层干部、区工人文化宫班子成员等参加培训。蒋雅红强调，要认清形势、统一思想，切实增强学习培训的主动性和紧迫感；要立足实践、抓住关键，切实提升推动工会工作改革创新的能力水平；要端正学风、遵守纪律，确保圆满完成本次学习培训任务。培训班采取集中授课、现场教学等方式，设置《上海市工会第十五次代表大会精神专题宣讲》《党风廉政专题培训》《百年未有之大变局与中美战略竞争》《工会组织建设》《经审工作实务》等课程。

（翁引明）

【青浦区总工会举办基层工会干部业务培训班】 5月31日—6月2日，青浦区总工会召集各镇、街道、委、办、局、区属公司基层工会干部，假座东方绿洲举办工会工作培训班。以"请进来、走出去"形式，邀请上海工会管理职业学院党委副书记、院长李友钟作"学习贯彻二十大精神、准确把握当前工会工作的形势任务"专题报告；邀请全国技术能手、全国劳模、上海工匠金德华讲述"做

企业工匠的必由之路"切身体会；由区总各部室、文化宫负责人就职能部门工作结合基层工会情况作融会贯通的讲授。培训期间，组织学员参观上海工匠馆、包起帆创新之路展示馆，赴顾村镇、长江软件园学习非公企业改革和"小二级"工会工作的经验做法，围绕进一步加强基层工会组织建设，夯实基层工会基础，更好发挥基层工会作用开展研讨。

（朱建强）

【青浦区总工会举办新上岗工会主席培训班】 11月14—15日，青浦区总工会在东方绿洲举办2023年新上岗工会主席培训班。本次培训班分别邀请上海工会管理职业学院党委副书记、院长李友钟，全国工会系统劳动模范、日立电梯（上海）有限公司工会主金世伟解读中国工会第十八次全国代表大会精神，分享企业工会工作心得体会，设置《中华人民共和国工会法》《中国工会章程》及非公企业工会经费使用等课程进行授课。并由区总基层工作部、劳动关系部、宣传教育部、综合保障部、工人文化宫等职能部室专业干部分别就基层工会组织建设、企业民主管理、工会宣传、权益保障、职工文化等方面工作进行实务讲授。全区100余名新上岗工会主席参加培训。

（朱建强）

【崇明区总工会举办2023年县级工会加强年专项工作培训班】 8月9—11日，崇明区总工会举办县级工会加强年专项工作培训班。各乡镇总工会、生态企业集团、长兴企业集团工会主席（主席候选人）、专职副主席及工会干部、工会机关干部参加培训。区人大常委会副主任、区总工会主席张建英在结业仪式上讲话。他指出，要坚持党的领导和行政领导支持，助力党委、行政的中心工作彰显作为；要围绕上级和本级党委、政府工作重心，更好服务中心工作；要组织开展劳动竞赛，在提升职工岗位技能水平中发挥作用；要弘扬劳模精神、劳动精神、工匠精神，引领劳模先进正能量、提升职工精、气、神；要关心关爱身边职工，阵地管理要发挥作用，关心职工思想和心理状况。 （袁佳琪）

【仪电工会开展工会干部职工心理健康知识培训】 4月19日，市仪表电子工会组织工会干部举办职工心理健康

知识培训，来自各重点子公司、直属单位及基层企业的工会主席、工会干部等130余人参加。此次培训是以工会干部EAP（员工心理管理执行）为主要内容而展开，旨在提高工会干部理论水平和工作能力。培训邀请亚太EAP中心高级讲师、心理咨询师潘继东讲师授《工会工作中的心理学》课程。从后疫情时期员工工作中出现的新情况、掌握员工职业心理健康的变化、心理学在工会工作中的多种运用场景、心理学与员工福利、如何展开一场高风险对话等方面进行讲授，对工会干部有很大的启迪。

（周黎俊）

【仪电系统举办2023年工会干部培训班】 12月15—16日，市仪表电子工会以专家授课、研讨交流形式举办为期2天的工会干部培训班，70余名工会干部参加培训。来自劳动报社、浙江省工会干部管理学校、交大医学院等专家分别以《认真学习领会和贯彻落习近平总书记重要讲话精神，切实完成好中国工会十八大确定的目标任务》《推进产业工人队伍建设改革的实践与思考》《基层工会经费规范化管理》《工作中的心理健康能力运用分享》为主题，讲授政治理论、工会干部业务能力、工会财务经审、心理健康辅导等方面课程。围绕新时代工会工作如何服务企业高质量发展、本企业2023年工会工作展望、对上级工会工作建议或意见等方面工作分组开展研讨。在学习交流环节，来自南洋万邦、沪工汽车电子、仪电显示材料、华鑫物业、华鑫股份的工会干部代表在会上作交流。在结业仪式上，仪电工会主席顾文指出，各级工会要牢牢把握正确的政治方向，引领职工听党话、跟党走；要始终遵循工会工作基本原则，切实做到"六个坚持"；要坚持不懈提高职工技能素质，当好"牵头人"，打响职工劳动技能竞赛品牌；要精准有力维护发展职工根本权益，体现"娘家人"责任担当；要奋力争当不负众望的新时代工会干部，敢于担当、能够担当、善于担当，成为职工良师益友。仪电系统各级工会要注重干部党风廉政建设，严于律己，规范用权，不逾"规矩"。（周黎俊）

【市化学工会举办2023年度基层工会主席、工会委员培训班】 9月13—15日，市化学工会在华谊党校举办2023年度

基层工会主席、工会委员培训班。246名市内外专兼职工会干部参加培训。培训采用线上线上结合的形式，邀请上海工会管理职业学院、上汽集团培训中心汽车学院、市总工会教授和顾问，从高技能人才队伍培养、工会经费的管理与使用、劳动争议处理的有效应对方法、运用党的创新理论做好新时代工会工作等方面内容进行讲授。还组织学员赴上海飞机设计研究院进行现场教学，围绕工会工作的重点、热点问题展开专题讨论。 （张雪莲）

【**国网上海市电力公司工会开展工会专业人员岗位培训**】 5月10日，为进一步加强基层工会组织建设，国网上海市电力公司工会在党校（培训中心）开展工会专业人员岗位能力提升培训，公司各基层单位工会、本部工会组织民管部门专职工会干部近40人参加培训。本次培训重点结合各基层工会换届选举工作，系统讲授工代会召开、规范化选举工会干部主要流程和注意事项。 （蔡婧）

【**上海航天局工会举办3期工会干部培训班**】 年内，上海航天局工会举办3期工会干部培训班，下属23个基层单位累计150人次工会主席、副主席、工会干部参加培训。培训班邀请上海工会管理职业学院专家和教授，围绕《学习领会党的二十大精神》《学习贯彻中国工会十八大精神》《中华人民共和国工会法》《上海市工会条例》《基层工会组织规范化建设》《工会经费的管理与使用》等课程进行讲授。同时安排培训

上海航天局工会举办工会干部培训班 （周欣彬）

学员赴中国商飞公司总装制造中心浦东基地参观考察。通过培训，使工会干部了解工会新政策、掌握工会新知识，助力工会干部更好服务职工。（周欣彬）

【**中远海运集团工会举办基层工会主席综合能力提升培训班**】 9月19—22日，中国远洋海运集团有限公司工会在北京大学举办2023年基层工会主席综合能力提升培训班，来自集团各级工会主席、副主席等共97人参加培训。集团工会主席张善民出席开班仪式并讲话，要求各级工会干部要锤炼坚定的政治素养，要具备突出的专业能力，要弘扬强烈的专业精神。培训班特邀中央党校、中国社会科学院、北京大学、国防大学、中国劳动关系学院等专家学者，以业务知识、科学人文素养等内容开展讲授，旨在深入学习贯彻党的二十大精神和习近平关于工人阶级和工会工作的重要论述，提高新形势下基层工会主席的综合能力水平，更好地发挥工会联系党和职工的桥梁纽带作用。 （颜龙生）

【**中远海运集运工会举办工会干部培训班**】 11月29—30日，中国远洋海运集团集装箱运输有限公司工会举办2023年工会干部培训班。来自集运系统各单位的工会主席、工会经审主任、工会干部90余人参加培训。培训班邀请中国劳动关系学院、上海工会管理职业学院老师开设，讲授《基层工会组织建设与民主管理》《工会经费使用与管理》《学习贯彻中国工会十八大精神，持续推进新时代工会工作创新发展》等方面课程内容，前往中共一大会址纪念馆、上海

市劳模风采馆、工匠馆进行现场教学。 （钱华）

【**上港集团工会组织开展新任工会干部培训**】 6月27—28日，上海国际港务（集团）股份有限公司工会举办新任工会干部培训班，集团所属50名新任专、兼职工会干部参加为期两天的培训，上海工会职业管理学院4名专家讲师为培训班授课。培训课程主要通过学习工会理论知识和专业知识，结合工会工作务实开展模拟演练而设定。参加培训人员对在讲授中结合工会工作实际、对实操案例作深入浅出和通俗易懂的剖析受益匪浅。对新任工会干部进行培训是"上港集团工会干部教育培训规划"的重点工作之一，也是集团工会加强自身建设的主要方式，以工会干部履职所需的应知应会内容为授课重点，旨在帮助新任工会干部尽快适应"娘家人"岗位，增强责任心和自身专业工作水平，也为提升集团工会干部队伍整体能力，为更好地维护职工权益、服务集团发展夯实基础。 （张容）

【**上港集团工会举办2023年工会干部培训班**】 12月11—13日，上海国际港务（集团）股份有限公司工会在上海工会学院举办工会干部培训班，集团工会及所属单位工会、部分三级单位和部门工会的70余名工会干部参加，工会学院专家和讲师应邀为培训班授课。课程设置以迎合新时代发展的工会思政类、贴近工会工作实际的实务类为重点，采取课堂学习与团队协作结合、小组课题头脑风暴与爱活力身心放松结合、动静搭配与劳逸结合的授课形式。集团党委副书记、工会主席庄晓晴在开班动员讲话上要求工会干部始终坚定初心使命，牢记责任担当；始终加强学习，提升能力本领；始终注重学用结合，激发组织活力，不断提升工会组织的吸引力、凝聚力、战斗力，不断提升职工群众的获得感、幸福感和安全感，充分激发广大职工强大的奋进力量，把集团"十四五"发展任务，把中国工会十八大各项目标任务落到实处。 （张容）

【**上海邮政工会举办工会干部培训班**】 7月14日，中国电信集团工会上海市委员会在培训中心举办工会干部培训班，来自生产一线的支局（生产科）部门

11月13日—17日，华东电网工会举办基层工会主席培训班 （徐 彬）

工会主席近100人参加培训，上海工会管理职业学院老师应邀为培训班授课。培训内容主要以党的二十大精神、习近平关于工人阶级和工会工作重要论述为指导，提高工会干部的政治理论水平。具体课程设置以服务型工会建设的要义、数字邮政、科技创新管理、基层开展民主管理为重点。通过对一线工会主席培训，使基层工会干部充分了解科技创新工作的概况和大众创新的着眼点，为整体提升工会工作水平提供更好的方法。 （王 瑛）

【上海电信工会举办"数智"赋能工会干部系列培训】 8—9月，中国电信集团工会上海市委员会开展了两期"数智"赋能工会干部培训。培训通过"人文行走"、圆桌会议培训形式，对各基层工会干事、新任部门工会主席、宣教员们进行培训，共60余位工会干部参加培训。电信工会副主席金小铭作开班动员。"圆桌会议"中，邀请专家和参训学员就"深入学习习近平新时代中国特色社会主义思想和党的二十大精神对于工会工作及工会工作者的意义，工会干部如何做才能让宣传教育工作更好的在员工层面入耳入脑入心""如何在新时代背景之下，提升党建工作引领下的工会工作水平，有效发挥工会组织桥梁纽带作用""如何结合企业数字化转型及发展战略任务，推动工会工作并进行服务模式创新，可以用哪些手段、破解哪些难题"等3个问题进行深入讨论，达到了为基层工会干部指明方向、提高公司工会干部服务能力的目的。（殷 茵）

【中交上航局工会举办2023年工会干部培训班】 9月13—15日，中交上海航道局有限公司工会举办2023年工会干部培训班，邀请市总工会、上海工会学院、复旦大学等领导、专家教授进行授课，共有52名专、兼职干部参加培训。上航局党委副书记、工会主席方君华出席结业仪式并讲话，他指出，工会干部要始终牢记"忠诚党的事业、竭诚服务职工"的宗旨使命，步调一致、奋勇前进，团结引导广大职工全面吹响奋战年终目标的"冲锋号"；要勤奋好学、积极上进，以奋发有为的担当精神，持续提升工会干部的综合素质；要学以致用、知行合一，以勇往直前的使命担当，努力开创工会工作的新局面；要真抓实干、履职尽责，以务求实效的工作作风，确保完成年度既定目标任务。培训班以学习贯彻落实党的二十大精神，准确把握工会工作形势任务为切入点，设置劳动关系、劳动竞赛、工会经费、企业宣教、产业工人队伍建设改革等重点课程。并安排基层工会进行特色工作经验交流，助力相互交流、共同提高。通过培训将进一步提高工会干部能力水平，为更好推动上航工会工作、为上航高质量发展夯基础、作贡献。（龚海清）

【上海海事局工会组织开展职工互助保障项目专题培训】 5月12日，中国海员工会上海海事局委员会就实施职工互助保障年度工作举办专题培训，32名工会干部参加，市总职工保障互助中心联络发展部副部长张瑜讲授实务操作相关内容。张瑜在讲述中重点对职工互助保障及会员卡专享保障两个项目

概况、申请与给付重点环节注意事项作最新政策的权威解读和阐释。培训人员围绕保障工作中难点、职工关注的热点问题展开交流，在相互探讨中进一步清晰各项政策性规定、落实政策路径及其关键工作要点，为工会干部有序、妥善做好职工保障工作奠定基础。

（陆智静）

【市交通委工会举办2023年市交通行业工会干部履职能力培训】 7月13—14日，市交通委员会工会举办2023年市交通行业工会干部履职能力培训班，培训班邀请思想政治、音乐艺术、心理健康、城市建设4方面的业内专家授课，市交通行业和系统120多名工会干部参加。培训围绕有效发挥工会桥梁纽带作用这一工作主线，聚焦行业发展与劳动关系和谐、强化职工思想引领与激励职工岗位建功、竭诚服务职工和维护合法权益、行业文化建设与加强队伍建设为重点，切实把党政所需、职工所急、工会所能的事情办好办实。通过培训旨在提高工会干部对工会工作改革创新重要性的认识，了解行业未来发展愿景，助力破解工会工作难点、工会工作制度和活动方式等方面的问题，加强行业和系统基层工会干部队伍建设，助力上海交通行业新时代工会工作创新发展。

（李晓妹）

【市绿化市容管理局工会、市绿化市容行业工会举办工会主席培训班暨主题教育专题学习】 5月9—10日，市绿化和市容管理局工会、市绿化市容行业工会在上海工会学院奉贤校区举办"市绿化市容管理局工会、行业工会主席培训班暨主题教育专题学习"，培训以习近平新时代中国特色社会主义思想、习近平关于工人阶级和工会工作的重要论述为指导，围绕工会工作的实务需要进行。各局所属基层工会、各区绿化市容局工会、行业相关企业（集团）工会近50名工会主席（负责人）参加培训。

（盖永华）

【市税务工会组织工会干部培训】 11月上旬，市税务工会组织所属30个基层单位的60余名工会干部进行业务知识培训。培训内容涵盖学习贯彻党的二十大精神、中国工会十八次全国代表大会精神、工会财务制度解读及基层工

会工作实务等。此次培训课程紧贴工会工作实务及工会干部工作能力提升，有较强的实操性和指导性。培训班还安排参观上海工匠馆。　　（李增强）

【市教育工会举行主席培训会】 12月14—15日，市教育工会在市青少年校外活动营地(东方绿舟)举行教育系统工会主席培训会。市教卫工作党委副书记、市教育工会主席张艳萍围绕学习贯彻中国工会十八大精神在培训会上作主题报告，市教育工会常务副主席李蔚作总结讲话，市教育工会副主席陶文捷主持并作开班动员，市教育系统妇工委副主任张芳传达中国妇女第十三次全国代表大会精神，市教育工会兼职副主席李序颖、王丽红、赵振新，各高校、区教育系统、直属单位的工会主席，以及市教育工会机关干部等百余人参加培训。培训邀请上海工会管理职业学院党委副书记、院长李友钟，市委教育工作领导小组办公室秘书处处长、市教卫工作党委、市教委研究室主任林炊利，上海工会管理职业学院教授袁雪飞，上海工会管理职业学院讲师王华生为学员授课。4位专家分别围绕"新时代工运事业的理论指导和行动指南""当前上海教育改革趋势与重点的思考""工会经费的使用和管理""新形势下学校民主管理与职代会制度实务"做了精彩的主题报告和实务培训。东北片高校、西南片高校、民办高校、直属单位、区教育工会 5个小组，进行分组交流，围绕提升工会工作质量、提高工会组织"三力"、发挥健康促进作用等主题分享学习心得，交流工作经验，提出意见建议。
　　　　　　　　　　　　（沈　瑶）

【市经济和信息化工作系统工会举办工会主席培训班】 6月14—16日，市经济和信息化工作系统工会在上海政法学院青浦校区上合培训基地举办2023年工会主席培训班。本次培训以习近平新时代中国特色社会主义思想特别是习近平关于工人阶级和工会工作的重要论述为指导，深入学习贯彻党的二十大精神和上海工会第十五次代表大会精神，结合各基层单位工会主席实际需求，从政治理论、产业经济发展、工会业务、能力素养、知识拓展等方面进行学习培训。系统工会主任张义为培训班作开班动员并授课，系统所属近90

个单位工会主席参加。（黄　俭、顾　捷）

【市监狱管理局工会举办工会干部培训班】 4月26—28日，市监狱管理局工会在上海工会管理职业学院奉贤校区举办2023年监狱局工会干部培训班，邀请工会管理学院的专家授课，来自各基层单位76名工会干部参加。培训开设习近平关于工人阶级和工会工作的重要论述、新时代工会干部的职责与使命、中国共产党领导中国工人运动百年历程与经验启示、新《工会会计制度》解读、工会"职工之家"建设等5门课程。培训期间，全体学员结合培训内容，围绕素质提升、岗位练兵和凝心聚力等方面内容进行分组讨论。通过培训进一步提升工会干部理论素养和业务能力。10—12月，监狱局基层工会新任工会主席、副主席30人参加市总举办的工会主席上岗培训并取得上岗证。（江海群）

【上海工会管理职业学院承办"县级工会加强年"专项工作培训班】 3月23—24日，2023年县级工会加强年专项工作培训班在工会学院吉林路校区举办，来自全市各街道、镇、园区的50余名专职工会主席参加培训。工会学院党委委员、副院长李学兵出席开班式，并以《学习贯彻党的二十大精神，准确把握当前工会工作的形势任务》为题作辅导报告。学院党委副书记、纪委书记、工会主席马景红出席结业式。培训内容主要包括党的二十大精神解读、新就业形态工会建设、服务职工体系建设、宏观经济形势分析以及工会法律法规等方面的课程，为学员落实"县级工会加强年"专项工作提供新的启发和思考。　　　　　　　　　（陈亚男）

【上海工会管理职业学院承办国有大中型企业工会主席研修班】 5月25—26日，2023年国有大中型企业工会主席研修班在工会学院吉林路校区举办，来自本市国有大中型企业的30余名工会主席参加培训。工会学院党委书记、劳动报社总编辑王厚富出席开班式，并结合学习贯彻习近平新时代中国特色社会主义思想主题教育的相关要求，以《用好传家宝，练好基本功——向毛泽东同志学习调查研究》为题作辅导报告。学院班子成员、全体党员教师参与听课，市委主题教育巡回指导组成员莅临现

场指导。学院党委委员、副院长李学兵出席结业式。培训班为来自各行各业的工会主席搭建畅所欲言的交流平台，围绕工会工作中遇到的突出问题、困难瓶颈以及意见建议提出见解和思考，也分享了生动的工作案例及宝贵的经验做法。　　　　　　　　　（陈亚男）

【上海工会管理职业学院承办上海工会权益保障工作培训班】 9月21—22日，2023年上海工会权益保障工作培训班在工会学院吉林路校区举办，来自本市各区、局(产业)工会的100多名保障条线的分管主席、保障部长参加培训。上海市总工会党组成员、副主席徐珲作开班动员讲话，学院党委书记王厚富出席开班式，并以《学习领会习近平总书记关于工人阶级和工会工作的重要论述》为题作辅导报告，市总权益保障部副部长朱莉颖主持开班式。　（陈亚男）

【上海工会管理职业学院承办上海女工干部培训班】 11月8日，2023年上海女工干部培训班在工会学院奉贤校区开班。市总工会党组成员、副主席、女职工委员会主任桂晓燕作开班动员，来自各区、局(产业)工会的近60名女工干部参加培训。学院党委副书记、院长李友钟主持开班式，并以《学习贯彻中国工会第十八次全国代表大会精神，推进工运事业和工会工作创新发展》为题做辅导报告。全体学员参观五一公园、"匠心阁"职工生活驿站、伽蓝集团、美谷美购展厅等，聆听奉贤区四大特色产业定位、城市客厅以及工会特色服务阵地建设等方面的介绍，为学员做新时期学习型、知识型、创新型女工干部打下坚实基础。　　　　　　　（陈亚男）

【上海工会管理职业学院承办外企工会主席研修班】 7月6—7日，2023年外企工会主席研修班在工会学院吉林路校区举办，来自本市外资企业的工会主席参加培训。学院党委副书记、院长李友钟出席开班式，并以《深刻领会习近平总书记关于高质量发展的重要论述，推进工运事业和工会工作高质量发展》为题作辅导报告。党委副书记、纪委书记、工会主席马景红出席结业式。研修班组织学员前往电装(中国)投资有限公司上海分公司进行现场观摩，并就生产经营状况、劳动关系变化、职工队伍

7月上旬，上海工会管理职业学院承办外企工会主席研修班　（刘一民）

状况及工会职责使命等方面开展座谈讨论，引导外企工会干部进一步提升履职能力，增强做职工群众工作的本领，推动外企工会工作高质量发展。

（陈亚男）

【**上海工会管理职业学院承办新上岗工会主席岗位资格培训班**】 2023年，上海工会管理职业学院共承办新上岗工会主席岗位资格培训班20期（包括1期全脱产班），来自全市国企、非公企业、机关事业单位的1200名新任工会主席参加培训。课程设置围绕政治理论、党性教育、工会业务、知识拓展、能力素养等5大模块，安排了工会组织建设、工会法律保障、劳动争议调处、工会经费使用、服务职工体系、民主管理和职代会运作等多方面内容，具有较强的针对性和实效性。

（陈亚男）

【**上海工会管理职业学院加强课程建设**】 年内，为进一步完善学院干部教育课程体系，打造名师名课，上海工会管理职业学院制订《重点课程建设工作细则》《精品课程建设工作细则》，推进"达标课""重点课""精品课"三级课程体系建设，形成好课建设梯度标准与激励机制。年内学院组织开展第三届教学展示和比武活动，推荐教师对标对表，备课磨课，参加"全国工会干部教育培训好课程"评选。2023年学院共立项《基层以上工会经费收支管理》《工会小组长工作实务》《工伤事故调查处理与工会作为》等11门新课，建设《新形势下企业民主管理与职代会制度实务》《基层工会组织规范化建设》《劳动争议

调处与工会作为》《基层工会经费的管理与使用》等4门重点课程，立项开发《工会服务职工工作专题培训项目》《工会小组长培训项目》，持续推进《街道、镇、开发区工会主席培训项目》《优秀班组长专题培训项目》，动态优化《社会化工会工作者初训项目》。　（郑涵）

【**上海工会管理职业学院扎实推进工会干部教育培训**】 上海工会管理职业学院以学员需求为导向，以信息化技术为抓手，继续采用"线上＋线下"相结合的模式，扎实推进工会干部教育培训工作。年内，共举办市总计划内培训班次72期，培训6016人；计划外委托班次28期，培训1587人；合计办班100期，培训7603人；为基层送教上门504次，培训人数21743人次。其中线上培训班10期，培训人数1510人次。（陈亚男）

机关党建

【**概要**】 年内，市总工会直属机关党委聚焦"围绕中心、建设队伍、服务群众"的职责定位，坚持以党的政治建设为统领、以扎实开展主题教育为契机、以深入开展模范机关创建为抓手，持续强化政治引领，不断夯实基层基础，持之以恒正风肃纪，压紧压实责任链条，在市总工会党组的坚强领导下，认真抓好工作落实，不断提升机关党建工作质量。持续强化理论武装。扎实开展主题教育，坚持把理论学习、调查研究、推动发展、检视整改贯通融合、一体推进，推动主题教育走深走实。设立"3个日"（即周一"集中学习日"、周四"调研日"、周

末双休日利用半天时间"自学日"）学习制度，促进理论学习落地见效。采取"7个学"（即原原本本学、交流研讨学、开展联组学、参观实践学、红色寻访学、及时跟进学、带动青年学），深入学习《习近平关于工人阶级和工会工作论述摘编》，把学习成果转化为破解难题、推动发展的实际成效。持续夯实组织基础。着力打造"一支部一特色"，持续加大对市总工会机关系统21个党支部建设示范点指导力度，不断扩大示范效应。加强党支部规范化建设，在组织设置健全、日常运行规范、先锋作用发挥明显等方面持续改进提高。细化落实"三会一课"、组织生活会、按期换届、组织关系转接、党费收缴使用管理、党员发展等工作要求。主动探索青年理论学习分享会"原文诵读＋实践感悟"全新模式，把青年理论学习分享会经验做法在全市区、局（产业）工会推广复制，党建品牌不断凸显。持续服务中心大局，切实增强发展服务力。推动落实《市总工会创建模范机关三年行动计划》，持续开展"双争"主题实践活动、"聚奋进力量、创模范机关"劳动和技能竞赛，创建模范机关跃上新台阶。在机关系统常态化开展"我会我来说""我为职工办实事""一个支部一件实事""点亮微心愿"等主题实践活动，指导各基层党组织、党员干部持续深入开展"我与职工面对面活动"，更好地发挥桥梁纽带作用。持续推进正风肃纪。落实管党、治党政治责任，严格落实年度党组织书记党建工作述职评议，市总工会党组会每半年听取直管单位党建工作汇报等制度，实现全面从严治党对象、领域、内容全覆盖，推动机关党建高质量发展。强化监督执纪问责，深化运用监督执纪"四种形态"，紧盯重点对象、重点领域和重要环节，推进市总工会机关系统廉政风险防控工作，排查廉政风险点，修订完善风险防控措施，防止巡视整改问题反弹回潮。大兴调查研究之风，推动机关干部转变工作作风。

（马育群）

【**举办"我奋斗·我幸福"——2023年市总工会机关系统总结表彰会暨职工文化展示**】 2月3日，"我奋斗·我幸福"——2023年上海市总工会机关系统总结表彰会暨职工文化展示在市工人疗养院举行。表彰会总结回顾2022年工作取得的成绩，部署2023年

工作,对市总工会机关系统获评的2022年度各类先进集体和个人进行表彰颁奖。时任市人大常委会副主任、市总工会主席莫负春出席会议并讲话,时任市总工会党组书记、副主席黄红总结部署工作。莫负春强调,市总工会要围绕中心大局,扎实开展工会工作;要担当作为,助力宏伟蓝图变为"施工图""实景画",把工会各项工作做到位、做到实、做到职工群众的心坎上;要深入基层,积极开展走访调研,把对职工群众的深厚情感融汇在模范机关建设中,贯穿于工作全过程。黄红指出,工会组织要继续在实现党的中心任务中担当作为,要继续在服务高质量发展中担当作为,要继续在维护职工合法权益中担当作为,要继续在回应职工对美好生活的向往中担当作为,要继续在推进工会自身建设中担当作为。表彰会特别邀请市市级机关工作党委委员、直属机关党委书记、二级巡视员目霞参加。会后,举行了市总工会机关系统职工文化展示,党的二十大代表杨宇、邹丰恒、成慧、钟天使等4位劳模先进受邀参加节目演出。

(马育群)

【召开机关系统党的工作暨推进全面从严治党工作会议】 3月17日,市总工会召开机关系统党的工作暨推进全面从严治党工作会议。会议深入学习贯彻落实习近平关于全面从严治党的重要论述、学习宣传贯彻党的二十大精神,传达学习全市宣传思想文化工作会议精神、十二届市纪委二次全会精神、市级机关党的工作暨纪检工作会议精神,部署2023年市总工会机关系统党的工作暨推进全面从严治党工作。市总工会党组成员与分管部室、直管单位党组织负责人签订落实全面从严治党责任书。时任市总工会党组书记、副主席黄红讲话。她指出,要以党的政治建设为统领,切实提高责任意识、落实"四个责任";要以促进改革发展为引领,切实推动党建工作围绕中心、融入中心、服务中心;要以夯实组织建设为基础,切实推动党建工作更加规范、更加精细、更加扎实;要以落实党建责任制为抓手,切实推动党建工作有部署、有落实、有担当。市总工会党组成员、市纪委监委驻市总工会机关纪检监察组组长胡霞菁传达相关会议精神并作工作部署,市总工会领导班子成员等出席会议。

(马育群)

【新一届市总工会领导班子成员集体瞻仰中国劳动组合书记部旧址陈列馆】 5月18日,在市工会第十五次代表大会闭幕后的第一天,市总工会主席郑钢淼带领新一届市总工会领导班子,集体来到中华全国总工会的前身——中国劳动组合书记部旧址陈列馆参观。静安区委副书记王益群,区人大常委会副主任、区总工会主席林晓珏,区总工会党组书记、副主席许俊陪同。在中国劳动组合书记部旧址陈列馆,新一届市总工会领导班子认真聆听讲解,重温党领导下中国工人运动波澜壮阔的光辉历程。新一届市总工会领导班子表示,新时代、新征程,新起点、新使命,接过历史的"接力棒",既是上海工会事业发展的接力,更是红色基因的赓续与传承,必须把有效发挥桥梁纽带作用落在实处。各级工会要切实履行政治责任,围绕中心、服务大局,大力弘扬劳模精神、劳动精神、工匠精神,竭诚服务职工群众,持续深化工会改革创新和自身建设,不断提高工会工作能力和水平,让职工群众切实感受到工会组织是职工之家、工会干部是职工群众最可信赖的"娘家人"、贴心人。

(姚 馨)

【市总工会举行机关系统庆祝建党102周年党员集体过政治生日暨主题教育学习会】 6月30日,市总工会举行庆祝建党102周年党员集体过政治生日暨主题教育学习会。时任市总工会党组书记、副主席黄红出席会议并讲话。黄红指出,作为工会党员干部,要坚守初心,把稳"思想之舵";要践行初心,高扬"担当之帆";要检视初心,守牢"责任之向"。不忘初心、牢记使命,以"政治生日"为契机,强化党员意识、宗旨意识、担当意识,参与模范机关创建,不忘初心、牢记使命,埋头苦干、勇毅前行,为党的工运事业添砖加瓦,为奋力谱写中国式现代化上海新篇章作出新的更大贡献。市总工会党组成员、副主席丁巍主持会议。

(马育群)

【杨浦区总工会召开党风廉政建设工作会议】 3月29日,杨浦区总工会召开2023年党风廉政建设工作会议。区人大常委会副主任、区总工会主席董海明出席会议并讲话,区纪委监委第五派驻组组长王秀峰莅临会议并提工作要求。会议传达二十届中纪委二次全会、十二届市纪委二次全会、十一届区纪委三次全会精神,总结2022年杨浦区总工会党风廉政建设工作,部署2023年工作任务。会上,区总工会及其所属事业单位领导班子成员、区总工会机关部室负责人签订落实全面从严治党承诺书。区总工会机关全体党员,所属事业单位党政班子成员、区总工会机关退休党支部书记参加会议。

(张秀鑫)

【闵行区总工会召开全面从严治党工作暨党风廉政建设和反腐败工作会议】 3月16日,闵行区总工会召开2023年闵行区总工会推进全面从严治党工作暨党风廉政建设和反腐败工作会议,全体干部职工参加会议。会议由区总工会党组书记、副主席朱冬梅主持。会上,传达中央纪委二十届二次全会、市纪委十二届二次全会、区纪委七届三次全会精神,部署2023年党风廉政建设和反腐败工作,观看警示教育片。区纪委监察委第三派驻组组长何艳芳出席会议并讲话,对区总工会在党风廉政建设和反腐败工作中取得的成绩予以肯定,并提出3点要求:一是深入学习贯彻党的二十大精神,坚决贯彻全面从严治党的战略部署;二是一体推进"三不腐"建设,深化"四责协同"机制的落实;三是同向发力,形成推动工会工作高质量发展的工作合力。区总工会党组书记、副主席朱冬梅就抓好区总工会2023年党风廉政建设强调,要牢牢把握以从严的基调强化正风肃纪的鲜明导向,稳步推进巡察整改落地见效;要用心领会坚持党性、党风、党纪一起抓的重要遵循,严格遵守各项制度规范;要始终保持作风建设永远在路上的清醒和坚定,自觉筑牢廉洁思想防线。

(王 凯)

【宝山区总工会召开2023年机关系统党风廉政建设工作会议】 4月18日,宝山区总工会召开2023年机关系统党风廉政建设工作会议。会议由区总工会党组副书记、副主席沈玉春主持,区纪委监委第三派驻纪检监察组组长陆忠斌到会作指导。区总工会班子成员及处级以上领导干部、区总工会各部室和中心及社工全体人员参加会议。

(朱 艳)

【金山区总工会召开全面从严治党专题会议】 3月31日，金山区总工会召开全面从严治党专题会议，区总工会党组班子成员、区总工会中层以上干部参加会议。区总工会党组书记、副主席徐红强主持会议作讲话。他强调，要加强理论武装，突出思想政治引领；要聚焦"一岗双责"，推进落实主体责任；要持续转变作风，不断强化履职尽责。会议学习传达《金山区进一步深入贯彻落实中央八项规定精神的实施办法》《区委坚持全面从严治党落实党风廉政建设主体责任2023年重点工作方案》，部署区总工会党组坚持全面从严治党落实党风廉政建设主体责任2023年重点工作。会上，分别签订党风廉政建设责任制承诺书。 （封梅芳）

【金山区总工会机关党总支开展"七一"主题党日活动】 6月27日，金山区总工会机关党总支组织全体党员、入党积极分子瞻仰中共一大会址纪念馆，在初心始发地感悟信仰的力量。党日活动一行先后参观"前仆后继·救亡图存""民族觉醒·主义抉择""早期组织·星火初燃""开天辟地·日出东方""砥砺前行·光辉历程"和"不忘初心·牢记使命"等7个展区，重温中国共产党带领全国各族人民取得伟大胜利的百年光辉历程。参观市北高新园区AI企业体验馆和区块链生态谷，了解市北高新园区产业规划发展、园区内大数据代表性企业在AI领域的前沿应用以及在"数据采集、分析、应用、服务"全产业链的技术成果。 （翁引明）

【松江区总工会召开党建暨党风廉政建设工作会议】 3月9日，松江区总工会召开2023年党建暨党风廉政建设工作会议。会上，深入学习贯彻中央纪委二十届二次全会、市纪委十二届二次全会和区纪委六届三次全会精神，研究部署2023年区总工会党建暨党风廉政建设工作。区总工会党组书记、副主席陈军康出席会议并讲话，区总工会副主席金莺主持会议。陈军康强调，要在"强引领"上下功夫，一以贯之增强推进高质量党建的政治自觉；要在"传压力"上下功夫，一刻不停扛起坚持党的全面领导的政治担当；要在"严要求"上下功夫，一抓到底展现推进全面从严治党的政治作为。金莺在会上作区总工会2022年党建和党风廉政建设工作报告。会上，传达中央纪委二十届二次全会、市纪委十二届二次全会、区纪委六届三次全会精神，集中观看《再出发，中央八项规定精神在松江》警示教育片。与区总工会机关各室、直属单位负责人签订《松江区总工会2023年落实党风廉政建设责任制责任书》。区总工会机关、区工人文化宫，工惠社会服务中心全体党员60余人参加会议。 （代玲钰）

【市人保局就业促进中心工会高标准建设党群红廊】 2023年，市人力资源和社会保障局就业促进中心工会以党建为引领，在强化就业促进中心职工之家（党员驿站）建设中，搭建起上海市就业促进中心党群红廊。红廊的展陈内容主要有党委和工会换届选举、走访慰问关爱职工、丰富多彩文体活动、劳动竞赛技能提升、弘扬传承志愿精神、先进个人集体风采、就促系统市与区联动、天山大院区域化群建等板块。党群红廊围绕就业工作大局，着眼人民城市建设，展示市就业促进中心职工队伍昂扬向上的精神风貌，反映市、区就业促进系统及天山路大院区域化建设浓郁的团结氛围。 （瞿葆仁）

【市工人疗养院携手上航客舱服务部开展党建联建工作】 4月17日，上海市工人疗养院党委所属体检中心党支部与上航客舱服务部党委所属综合党群联合党支部，在市工人疗养院举行党建联建签约仪式。党建联建工作坚持以习近平新时代中国特色社会主义理论为指导，以深入学习党的二十大精神为统领，充分发挥共建党组织的优势互补作用，共同实现推动发展、优化管理、促进和谐的目标。上航客舱服务部发挥自身专业优势，为市工疗体检中心的医务和客服职工设计具有针对性的礼仪培训课程。市工疗也结合自身的医疗背景专业，为上航客舱服务部的乘务人员进行基础疾病处置以及意外伤害的简单处理等实操指导。双方将以联合学习理论、联抓党员教育、联手服务群众、联心共同发展、联办公益活动、联升服务质量等多种形式开展党建联建工作，推动双方党建工作共同发展。 （王珏）

关于给予本市相关用人单位一次性吸纳就业补贴的通知

沪人社规〔2023〕21 号

各区人力资源社会保障局、财政局，市就业促进中心，各高等学校：

为进一步贯彻落实党中央、国务院和市委、市政府关于稳就业工作的决策部署，支持用人单位稳岗扩岗，促进高校毕业生等重点群体就业，根据《上海市人民政府关于印发〈上海市提信心扩需求稳增长促发展行动方案〉的通知》（沪府规〔2023〕1 号）相关要求，现就本市用人单位吸纳重点群体就业一次性吸纳就业补贴有关事项通知如下：

一、补贴对象范围

自 2023 年 1 月 1 日至 12 月 31 日期间，吸纳在本市登记失业 3 个月及以上人员或本市 2023 届高校毕业生就业，并签订 1 年及以上劳动合同，按规定缴纳社会保险费的本市企业、社会组织和个体工商户等用人单位。

二、补贴标准

补贴标准为 2000 元／人，吸纳同一名失业人员或高校毕业生只能享受 1 次就业补贴。

三、资金渠道

由单位注册地所在区从市级财政转移支付各区的中央就业补助资金和各区就业补助资金中统筹安排。

四、申请审核

对符合条件的用人单位实行"免申即享"方式发放补贴，区人力资源社会保障局于每月 10 日前通过系统比对就业参保信息，形成符合条件的补贴单位名单，于 10 个工作日内完成审核并报送区财政局，区财政局于 10 个工作日内将补贴资金核拨至补贴单位社会保险缴费账户或其他对公账户。

五、工作要求

（一）各区人力资源社会保障局应根据本通知要求做好审核工作；各区财政局应做好资金保障并确保补贴资金及时发放；市就业促进中心应做好业务指导和经办管理工作。各部门要加强协调配合，实现各环节有效对接，提高工作效率，确保政策落到实处、发挥实效。

（二）各部门要通过多种渠道加大政策宣传力度，提高政策知晓度，并做好用人单位政策咨询和指导工作。

（三）各区应通过适当方式对发放补贴情况向社会进行公示，并加强对补贴资金的管理和监督，防止弄虚作假、欺骗冒领行为。对有骗取补贴行为的单位和个人，要严肃查处；情节严重、构成犯罪的，依法移送司法机关追究有关单位和人员的法律责任。

六、其他

（一）本市高校 2023 届毕业生名单，由市人力资源社会保障局、市教委、市就业促进中心统计汇总后提供各区人力资源社会保障局。

（二）专门承担公益性岗位安置职能的用人单位不属于本通知的补贴对象范围。各劳务派遣公司应遵循公平、诚信原则，与劳务派遣用工单位协商使用补贴资金。

（三）各区可参照本通知规定，对促进重点群体就业制订就业补贴政策。对象范围由各区结合实际确定，所需补贴资金由各区财政统筹安排。

（四）本通知自发布之日起施行，有效期至 2023 年 12 月 31 日。

2023 年 3 月 7 日

2024
上海工会年鉴

理 论 研 究

综　述

2023年，市总工会高度重视理论研究工作，认真落实中共中央《关于在全党大兴调查研究的工作方案》和上海市委《关于大兴调查研究的实施方案》，开展上海工会系统调查研究，有序推进理论研究落实落细。一是部署大兴调查研究工作。根据开展调查研究和主题教育工作安排，围绕产业工人思想引领、素质提升、队伍壮大、地位提高、权益维护等任务，建立常态化调研机制，每周安排走访调研全市民营、外资、国企、园区等单位，形成覆盖各类型企业、园区单位的调研制度，深入开展推进产业工人队伍建设改革的相关调研，了解掌握全市产改工作的具体情况。在大兴调查研究工作中，收集整理各类相关问题，推动问题解决与对策制定、推动开展问题研究、推动专项政策制定，形成相关调研报告。围绕调研主题，结合全国总工会赴基层蹲点调研要求和市总蹲点调研工作机制，安排落实市总工会每周开展各类走访调研制度；围绕重点产业园区、科技企业等制定调研清单，年内累计开展各种形式调研340次，调研对象292个（其中企业188个），收集各类问题192个，建议135条。二是完成2023年市总工会调查研究工作。坚持深入实际、了解实情，通过调研和分析，深入了解上海职工队伍的总体状况及变化规律，摸清职工劳动经济权益、民主政治权利、精神文化权益等基本状况，科学评价职工队伍思想政治素质和技术技能素质，重点研究产业工

人、新就业形态劳动者等群体。最终形成各类重点课题报告、部门专项工作课题报告、直管单位专项工作课题报告和委托工作课题报告，为推动上海工会工作高质量发展提出对策建议。

（王子彧）

【黄红一行赴世纪出版集团调研指导工会工作】 8月24日，时任市总工会党组书记、副主席黄红一行赴世纪出版（集团）有限公司调研工会工作。集团党委副书记、工会主席杨春花，集团工会副主席夏一鸣、石玲凤、黄庆参加调研活动。黄红一行参观了"新时代十年世纪精品好书主题展"，实地走访调研集团职工学堂、世纪出版园健康服务点、职工健身驿站、爱心妈咪小屋等建设情况。在世纪餐厅、世纪客厅与职工亲切交谈，深入了解集团助力职工生活品质提升，打造生活幸福园区情况。随后与集团工会干部进行座谈。杨春花介绍集团职工队伍概况，汇报集团持续开展职工素养和技能提升活动情况。黄红对集团工会在职工素养提升、创新创造等方面取得的成绩表示肯定。她指出，世纪出版集团工会以职工素质提升为切入口，坚持思想引领，坚持依靠基层，坚持属地工会与产业工会融合，坚持高标准，有效开展了工会工作。对于进一步做好工会工作，她强调，要聚焦职工素质提升；要聚焦职工技能提升；要聚焦优秀职工的发现。座谈中，朵云轩集团有限公司、上海世纪朵云文化发展有限公司、上海印刷（集团）有限公司3个单位工会负责人分别就各自企业生产经营特色、工会工作开展情况

以及遇到的问题与建议作汇报。

（施纪仁）

【黄红一行调研上海宝冶】 12月12日，时任市总工会党组书记、副主席黄红一行到上海宝冶建设有限公司进行工作调研，详细了解企业生产经营和工会工作开展情况。她对上海宝冶在国家经济发展建设各个重要阶段发挥的央企主力军作用，以及宝冶工会围绕企业中心工作团结引导广大职工发挥主人翁作用、助力企业高质量发展表示充分肯定。她对做好工会工作提出3点要求，一要加强工会基层组织建设；二要加强职工创新成果转化；三要加强安全生产工作。上海宝冶集团董事长高武久感谢市总工会长期以来给予宝冶的关心和支持。他表示，作为扎根上海的建筑央企，宝冶主动融入上海社会经济发展。宝冶党委高度重视工会工作，不断完善职工成长成才通道，发挥劳模工匠示范引领作用，着力培养产业工人队伍，关心关爱职工，引领职工和企业共同发展进步。上海宝冶将学习借鉴市总工会的先进经验，夯实工会工作，在高质量发展中展现新时代工会的新形象、新作为。黄红一行还参观上海宝冶展示厅、项目运营监控中心和职工文化艺术中心。

（张　舟）

【周奇一行赴静安区调研工会阵地建设】 5月18日，市总工会一级巡视员周奇一行赴静安区走访调研工会服务阵地建设情况，静安区人大常委会副主任、总工会主席林晓珏，区总工会副主席黄亚芳等陪同调研。周奇一行来到玫琳凯大厦白领驿家党群服务站健康服务点，向站点负责人深入了解健康服务点的建设背景和运维管理，详细询问驻点医生的服务项目及服务效果。站点负责人介绍站点情况。调研中，周奇一行还亲身体验站点的健康服务，充分肯定站点建设以职工为中心的思路，鼓励站点努力拓展健康服务。随后，周奇一行来到静安寺街道党群服务中心，详细询问健康服务点、职工综合服务阵地建设情况，对阵地共建共享聚合力、互联互动促发展予以充分肯定和支持，提出在建强阵地"硬设施"的同时，着力实现资源互补、作用互促，提升阵地"软实力"，要持续不断夯实基础，整合服务职工的相关功能，优化服务项目，打通

11月27日，市总领导班子一行赴上海船舶调研工会工作　　（顾卫青）

服务职工的"最后一公里"。（张 兰）

【桂晓燕一行到静安区调研"小二级"工会及组建工作】 6月15日，市总工会党组成员、副主席桂晓燕一行，赴静安区总工会实地走访调研"小二级"工会建设和工会组建情况。静安区总工会党组书记、副主席许俊，南京西路街道党工委书记周惠珍等参加调研。桂晓燕一行先后到恒隆广场工会联合会党群服务站、八佰秀创意园区工会联合会，详细了解工会服务阵地设施情况，询问恒隆广场、创意园区2个工会活动的开展、工会服务企业、职工入会等方面情况。她强调，要进一步扩大宣传，以更醒目的形式做好建会、入会宣传；要进一步扩大覆盖，做好具有上海特色的新就业形态劳动者群体的关心关爱及建会、入会工作；要进一步扩大联动，带动相关产业集团、中智、外服等部门共同推进企业组建工会；要进一步扩大保障，配备好人员及工会组建的经费等资源保障。许俊介绍了静安区总工会联动推进工会组建的经验和体会。座谈中，静工集团党委副书记、纪委书记、工会主席王海峰，南京西路街道总工会专职副主席姜舒，区总工会副主席黄亚芳分别就八佰秀创意园区工会联合会工作的开展、南京西路街道总工会工作推进、静安区"小二级"工会建设和工会组建情况作介绍。（沈诗贤）

【丁巍一行赴宝山里2号调研】 6月29日，市总工会党组成员、副主席丁巍一行，赴五卅运动初期上海总工会遗址（宝山里2号）现场踏勘，实地了解相关工作筹备推进情况。上海工会管理职业学院党委副书记、院长李友钟，静安区人大常委会副主任、区总工会主席林晓珏等陪同调研。丁巍带队查看宝山里2号建筑现状和周边建筑物情况。在随后假座宝山路街道召开的座谈中，区总工会、区规资局、区文旅局、静安置业集团等区修缮展陈领导小组成员单位就宝山里2号保护修缮的相关情况分别作汇报。林晓珏表示，静安对红色工运资源的保护态度明确，下一步将从地块开发的整体性、未来展陈场馆的交通便利度和风貌保护效果等因素综合考虑，进一步优化修缮展陈方案。丁巍对静安红色工运资源保护及宝山里2号修缮前期各项工作予以充分肯定。她强调，要加快推进对红色工运资源的发掘利用，落实时间表和路线图，让工运遗迹唤起上海工会人的红色记忆，用工运资源赓续红色血脉传承红色基因，确保各项工作按照时间节点有序推进。（张 欣）

【徐珲一行赴隧道股份、城市运营公司慰问调研】 1月25日，市总工会党组成员、副主席徐珲，权益保障部副部长朱莉颖，权益保障部四级调研员陈旭军一行，赴隧道股份和城市运营公司开展调研并看望慰问农民工代表。隧道股份（集团）有限公司党委副书记王刚，工会副主席彭瑶，城市运营公司党委书记、董事长戴振宇和党委副书记、工会主席陈克涛，以及相关人员陪同调研。徐珲对隧道股份工会和城市运营工会工作予以肯定，并寄予5点期望，一是进一步引领职工思想，凝聚和发挥职工的智慧和力量；二是进一步加强产业工人队伍建设，推进产业工人队伍改革；三是进一步打造高素质职工队伍，完善职工维权机制，保障职工合法权益；四是进一步织密工会服务网络，推进建设与高品质生活相适应的工会服务阵地，提升工会服务质效，满足职工对美好生活的期盼；五是进一步打造与城市治理现代化相适应的工会工作格局，推进工会工作规范化、数字化，使工会更有组织力和战斗力。（吕 露）

【张立新一行赴奉贤区、虹口区开展调研】 7月19日，市总工会党组成员、副主席张立新一行赴奉贤区开展调研。在奉贤区总工会党组书记、常务副主席邵丹华，区总工会党组成员、副主席贺占伟陪同下，张立新一行前往奉贤工人文化宫规划中的"海之花"活动中心现场、上海之鱼"匠心阁"职工驿站、"五一公园"建设现场进行调研，对奉贤工会在推进职工服务项目建设中的各项工作予以肯定。他希望奉贤工会要按照全总"两性""两化"服务定位，以"文化＋服务＋创新"模式打通服务职工、满足职工精神文化需求的"最后一公里"。7月26日，张立新一行赴虹口区总工会调研。在虹口区总工会党组书记、副主席周静，区总工会副主席曹玉杰、万滨等陪同下，张立新一行参观了虹口区工人文化宫。在随后召开的座谈会上，张立新对虹口工会在阵地建设中坚持聚焦职工、服务基层、打造服务品牌给以充分肯定。同时，他希望虹口工会要按照全总"两性""两化"服务定位，加强调查研究，整合工会服务资源和阵地功能，拓展个性化服务，扩大服务空间，把工人文化宫真正打造成职工的"乐园"和"学校"。周静汇报区工人文化宫"两性、两化"工作及区总工会财务资产工作情况。（薛思涵、马伟杰）

【赵德关一行赴中交上航局开展海外工建专题调研】 12月13日，市总工会党组成员、工会副主席赵德关赴中交上海航道局有限公司开展海外工会建设专题调研。上航局党委副书记、纪委书记、工会主席方君华参加。在听取和了解相关情况后，赵德关对上航局工会工作尤其对海外职工维权服务、关心关爱等方面工作给予肯定。他表示，上航局海外工建工作有深度、有温度、有韧度，形成相对完备的工作体系，对海外职工的关心关爱延展深入、举措精细，在海外树立良好的中国形象，积累的经验做法具有典型推广价值。围绕下一步海外工建工作，赵德关提出3点要求：一要做好提炼总结，上航局作为海外工建的先行者、排头兵，要善于总结经验，推广典型做法，为后续更好推广打下坚实基础；二要做好思考探索，维护劳动领域政治安全，对照境外驻地法律要求，为更好地开展境外工会活动做好衔接；三要做好联络联动，与境外当地工会和中资企业工会沟通联动，尝试依托境外使领馆开展活动，加强对外交流交往合作。方君华介绍了上航局基本概况，并从坚持党的领导、做实关心关爱、完善"海外建家"3方面对海外工建相关工作情况作交流，与会其他相关人员就海外职工基本情况、薪酬福利、轮岗休假、生产生活、安全保障情况作汇报。期间，赵德关一行参观上航局疏浚展示馆。市总工会劳动关系工作部部长曹宏亮，副部长孔瑞琨，上航局工会、海外事业部、中港疏浚公司、达华科技公司负责人参加调研。（龚海清）

【庄勤一行赴奉贤区走访调研】 9月6日，市总工会党组成员、经审会主任庄勤一行，赴奉贤区总工会调研经审工作。奉贤区总工会党组书记、常务副主席邵丹华，区总工会党组成员、经审会主任韩晓燕陪同。在调研座谈会上,庄勤充分肯定了奉贤工会在经审工作创新和规范化建设的做法,希望奉贤工会聚焦主责主业,进一步提高政治站位,夯实基层工会工作基础,着力做好经审工作。邵丹华表示奉贤区总工会将依法履行好审查审计监督职责,推动工会经费规范使用,提升工会经费使用效能,为奉贤工运事业持续健康发展保驾护航。　　　　　　　　（张晓静）

【召开深化上海职工技能竞赛专项调研座谈会】7月13日,市总工会在国网上海电力公司党校(培训中心)召开深化上海职工技能竞赛专项调研座谈会。时任市总工会党组书记、副主席黄红出席会议并讲话,国网电力、上汽、宝武、航天、纺织、医药等15个产业局工会分管主席参加会议。会上,市职工技协汇报全国职工数字化应用技术技能大赛备赛情况进行,市总工会就下阶段竞赛工作提升提出思考建议,与会的各产业局工会负责人结合行业工作就如何提升上海市竞赛水平进行交流发言。黄红指出,开展劳动技能竞赛是工会组织贯彻落实党的二十大关于深入实施人才强国战略,深化产业工人队伍建设改革的具体行动,市委高度重视技能竞赛、劳动竞赛的组织实施。各单位要认真总结,加强完善,以技能竞赛为核心点加强突破,持续深入推进竞赛活动的开展,推进高素质产业工人队伍建设,助推上海高质量发展。　（于 劼）

【闵行区总工会开展工会服务阵地建设调研】4—11月,闵行区总工会党组书记、副主席朱冬梅牵头青年理论学习小组,对闵行区工会服务阵地建设开展调研。调研组全面梳理基层服务站、户外职工爱心接力站、职工书屋、闵工学堂、职工文化体育体验基地、职工法律援助服务站、爱心妈咪小屋、园区(楼宇)健康服务点等8大类、745个工会服务阵地;以全覆盖走访、发放问卷调查等方式调研职工2893人;综合人员配置、服务内容、资金使用、运营机制等情况,形成"一份阵地清单""一场专场培训""一套走访材料"。撰写完成《关于推进新时代闵行工会服务阵地建设的探索和实践》调研报告,将有效推进全区百余个工会服务阵地的优化提级,推动建成一批有质效、有"温度"的

职工之家。　　　　　　　（卫佳雯）

【闵行区总工会举行大兴调查研究学习会】7月7日,闵行区总工会举行全区工会系统大兴调查研究专题学习会,学习会以"大兴调查研究之风,结合工会工作实际,运用党的创新理论研究新情况、解决新问题"为主题,邀请上海工会管理职业学院党委委员、副院长李学兵作题为《工会调查研究工作的几种思维》的辅导报告。区总工会全体机关干部、闵工汇全体社工人员、基层工会课题调研组人员共117人参加听讲。
　　　　　　　　　　　　（王 凯）

【闵行区总工会召开主题教育调研成果交流会】12月14日,闵行区总工会召开学习贯彻习近平新时代中国特色社会主义思想主题教育调研成果交流会,旨在通过学习习近平关于调查研究的重要论述,通过交流调研成果和剖析典型案例,使调研成果更好转化为推进工会各项工作进一步高效、提质。交流会上,结合前期开展的蹲点式调研,区总班子成员围绕各自牵头负责的"工会服务阵地建设""企业民主管理服务""新时代劳动和技能竞赛""职工文化品牌建设"等4个课题,逐一交流调研成果。分别提出以调研破题开路,不断增强工会服务阵地多元化辐射力;以推进"建会建制"双同步方式,创新建立区域性新就业形态群体协商协调机制;以技能竞赛助力,打通人才培养"生态链"等一大批把调研成果转化为指导实践的策略和举措。还对"推进百千万创新型职工选树、培育"和"维护新就业形态劳动合法权益问题剖析"正反2个典型案例展开研讨。通过研讨,启示工会干部必须牢固树立以职工为中心的工作导向,围绕中心、服务大局,以更加有力的举措,不断开创新时代闵行工会工作新局面。会议强调,要以此次交流为契机,着力抓好调查研究"后半篇文章",不断深化理论武装,建立调查研究常态长效工作机制,完善调查研究效果评估机制,奋力书写新时代闵行工会工作新答卷。　　　　　　　　（王 凯）

【金山区总工会召开大兴调查研究工作推进会】6月20日,金山区总工会召开大兴调查研究工作推进会,听取并研究部署工会系统联合调研课题工作,区

总工会党组书记、副主席徐红强出席会议并讲话。区总工会党组领导班子成员、联合调研课题组相关负责人、区总工会相关部室、区总所属单位负责人等参加会议。徐红强指出,要以更高的站位谋划大兴调查研究工作;要以更实的作风推动大兴调查研究工作;要以更好的效果来展示大兴调查研究成果。大兴调查研究工作启动后,区总工会第一时间制定《大兴调查研究工作方案》,领导班子申报课题2个,组成联合调研组1个。区总工会班子及各部室按照中央、市委、区委部署要求和课题调研目标,深入基层一线,走访企业、园区、工地,开展调研实质性工作。　（翁引明）

【机电工会召开异地企业工会工作研讨会】8月2日,为妥善解决上海电气异地生产性企业存在职工人数占比高技能人才偏低、与产业高质量发展不相适应的瓶颈,由机电工会主办、海立股份承办的上海电气异地企业工会工作研讨会假座江西南昌海立股份公司召开。会议围绕加快异地企业技能职工队伍建设展开深入交流和探讨。上海电气集团党委副书记、市机电工会主席朱兆开出席并讲话,南昌经济技术开发区工会负责人、二级调研员雷惠珍致辞。会上,海立股份、集优机械、输配电集团和上海三菱电梯企业工会作交流,各自介绍企业职工队伍现状,分析和梳理目前存在的主要问题,提出下一步解决问题的建议、对策和举措。与会其他代表在会上作发言。市机电工会、集团人力资源部、团委、李斌技师学院、相关产业集团、部分异地企业工会和人力资源条线负责人共40余人参加研讨会。（孙益民）

【电气集团开展技能人才队伍建设大调研】6月初,上海电气技能人才政策辅导报告会在培训基地举行。本次会议采用线上线下相结合的形式召开,来自集团二级、三级企业工会分管领导和人力资源部负责人,以及集团教育中心、李斌技师学院相关人员共160余人参加。报告会邀请上海市职业技能鉴定中心副主任夏莹作《技能人才评价政策与上海工作实践》主题报告。报告对职业技能等级认定制度的政策内涵和主要特征进行深入解读,从技能人才评价制度起讲,阐释了职业分类、国家职业技能标准等相关概念和关系。通过回

溯制度变迁,解读国家在不同发展时期对技能人才评价的政策导向。同时还分享上海市开展技能评价工作实践,为集团企业自主开展技能人才评价、推行"新八级工"制度、畅通技能人才职业发展通道等工作提供政策依据和实践指导。会上,还对技能人才队伍建设大调研工作进行部署。该项工作由上海市机电工会、上海电气集团人力资源部牵头,集团教育中心、李斌技师学院联合推进。

(潘 清)

【上海电建公司工会开展"中国梦·劳动美"工会工作大调研】 年内,根据公司党委关于开展大兴调查研究工作的要求,公司工会制订《关于开展"中国梦·劳动美"上海电建工会调查研究工作的方案》,成立以工会主席为组长的调研工作小组,并拟定调研内容、设计调查问卷。本次调研的主题是:如何发挥工会作用,保障上海电建高质量发展。工会调研小组于4月11日—5月31日相继走访上海电建所属一公司、二公司、建筑公司、福建公司、青海公司、机械公司、调试所、物资公司、监理公司、送变电公司、培训中心和本部机关等12家基层工会;召开9场职工座谈会,参与座谈职工143人;邀请工会会员参与问卷调查,共计回收问卷调查1309份。经汇总职工意见并对问卷数据进行分析后,形成调研报告和整改清单。公司工会以本次调研为依据,提出今后工会工作的4个指导性措施,一是坚持正确政治方向,坚定不移听党话、跟党走;二是切实担当工会基本职责,着力构建和谐劳动关系;三是围绕企业高质量发展,动员广大职工岗位建功投身经济建设;四是围绕当好职工"娘家人"主旨,加强"职工之家"创建。

(傅 诚)

【中远海运集团工会开展工会组建及职工队伍思想状况专题调研】 年内,中远海运集团工会先后在上海、武汉、大连等地开展以工会组织建设和职工队伍思想状况为专题的工作调研,深入了解工会工作中的痛点和难点。通过线上调查问卷,共收到工会组织建设调研问卷342份、职工调研问卷2.3万余份。在召开的调研座谈会上,面对面听取57个基层单位的情况介绍、听取部分船舶

或一线职工的意见建议。集团工会对调研数据和意见建议进行综合性分析,撰写成专题调研报告,并在召开船公司和船员公司专题座谈会、服务船员和海嫂工作座谈会的基础上,谋划改进工作的思路对策,推动调研成果的转化。

(张 洁)

【市医务工会举办工作创新发展论坛暨市卫生健康系统工会工作理论研究会第二十五届年会】 12月19日,"提升职工生活品质,推进卫生健康事业高质量发展——医务工会工作创新发展论坛"暨市卫生健康系统工会工作理论研究会第25届年会在上海市胸科医院举办。上海工会管理职业学院党委书记王厚富,市医院综合评价(评审)中心主任、市医务工会工会副主席方秉华,市医务工会常务副主席何园,市总研究室副主任王子或等出席本次活动,市医务工会副主席马艳芳主持。何园为活动致辞,他说,理论创新是推动工会工作发展的内在动力。卫生健康系统各级工会在工会工作创新发展道路上持续发力、久久为功。希望各级工会勤耕不辍,勇于作工会理论研究的"拓荒人",期待未来有更多工会理论研究成果能够在这里得到充分交流展示,引领工会实践探索创新,推动行业工会工作共同进步。市医务工会办公室主任马建发宣读《上海市卫生健康系统工会工作理论研究会第二十五届年会获奖名单》。会上,市医务工会聚焦工会工作、公立医院发展及医务职工幸福感3大主题,邀请王厚富作《深入学习贯彻中国工会

十八大精神,切实提高新时代工运理论研究水平》,方秉华作《建设公立医院高质量发展新文化,医务工会的使命、责任、角色》的报告,邀请上海健康医学院副教授杜学礼作《高质量发展背景下医务人员工作幸福感的内在机理及对策研究》的报告。会上,发布了4篇优秀研究课题报告。

(马建发)

【上海工会管理职业学院科研工作再上新台阶】 2023年,上海工会管理职业学院教师公开发表学术论文22篇,被《人大复印报刊资料·工会工作》全文转载6篇。同时,在全总"提升职工生活品质,扎实推进共同富裕"理论征文中获二等奖1篇;在第二届大国工匠创新交流大会暨大国工匠论坛主题征文中获一等奖1篇、三等奖1篇、优胜奖一篇;在中国工运研究所"追寻红色记忆铸魂百年工运"理论征文中获二等奖1篇;在全国工会学研究会2023年年会优秀论文评选中获二等奖2篇;在中国中共党史学会中国工人历史与现状研究分会2023年年会论文评选中获一等奖1篇、二等奖1篇;在2023年中南、西南、华东片区工会理论教学研讨会上获一等奖1篇、二等奖1篇;在2022年度上海工会优秀调研报告、论文评选中获一等奖2篇、三等奖1篇。编发《上海工会智库》17期,2期被市总工会采用;编发《学院专报》4期,1期获时任市总工会党组书记、副主席黄红肯定性批示。举办"发展全过程人民民主与工会工作"学术研讨会,出版《工会理论与实践前沿报告(2021—2022)》,工会

医务工会工作创新发展论坛暨上海市卫生健康系统工会工作理论研究会第二十五届年会

(陈德安)

理论研究各项工作不断取得新的突破和发展。　　　　　　　　（祁文昭）

【上海工会管理职业学院学报《工会理论研究》首次获评"AMI（职院刊）核心期刊"】 3月，《工会理论研究》首次被中国社会科学评价研究院评定为"中国职业高等院校期刊AMI综合评价职院刊核心期刊"，对学报吸引力、管理力和影响力等方面予以高度评价。7月，经上海市高等教育学会学报专业委员会、上海市高等学校学报研究会评选，学报荣获第八届上海市高校"优秀社科期刊"奖。本年度，学报共有12篇文章获人大复印报刊资料系列学术刊全文转载，转载率33.33%，转载量和转载率均再创历史新高。　　　　（钟文娜）

【市总工会与复旦大学共建马克思主义工运理论研究基地开展2023年度优秀工运理论研究成果征集工作】 3月10日—6月30日，市总工会与复旦大学共建马克思主义工运理论研究基地开展2023年"马克思主义工运理论研究基地优秀工运理论研究成果"征集工作，面向上海市各高校（干部院校、科研院所）教研人员、在读博（硕）士研究生征集与工人阶级、工会工作、劳动关系、工运史、劳动就业、社会保障、职工权益、产业工人队伍建设改革等领域相关的工运理论研究成果，得到在沪高校广大师生等积极参与和踊跃投稿。在研究基地办公室进行初评的基础上，邀请复旦大学、上海市委党校、上海师范大学、中国劳动关系学院、上海工会管理职业学院5位专家学者组成复评专家组进行独立匿名复评。根据复评结果，经研究基地办公室讨论决定，评选出一等奖1篇、二等奖2篇、三等奖3篇。（祁文昭）

【市总工会与复旦大学共建马克思主义工运理论研究基地出版《工会理论与实践前沿报告（2021—2022）》】 10月，由市总工会与复旦大学共建马克思主义工运理论研究基地编撰成集的《工会理论与实践前沿报告（2021—2022）》一书正式出版。该书由天津人民出版社出版，收录来自复旦大学和上海工会管理职业学院教师2021—2022年的15篇论文，主要包括马克思恩格斯经典理论、中国工人运动史料、就业、劳动关系和社会保障、技能提升和劳动竞赛、新

就业形态劳动者群体权益保障等相关研究内容。每两年编辑出版《工会理论研究与实践前沿报告》，已成为市总工会与复旦大学共建马克思主义工运理论研究基地的一项重点和品牌工作。　　　　　　　　（祁文昭）

【市总工会与复旦大学联合举办"发展全过程人民民主与工会工作"学术研讨会】 12月11日，由市总工会与复旦大学共建马克思主义工运理论研究基地主办的"发展全过程人民民主与工会工作"学术研讨会在复旦大学召开。时任市总工会党组书记、副主席黄红，复旦大学党委副书记尹冬梅，市总工会一级巡视员周奇，市总工会各职能部门负责人及直管单位领导，部分区、局（产业）工会领导，上海工会管理职业学院领导班子及相关教研人员出席研讨会。会议由复旦大学马克思主义学院院长李冉主持，复旦大学政治学系教授、市工运研究会会长陈周旺，市人大常委会研究室副主任李刚，市政协研究室副主任李少慧，上海工会管理职业学院院长李友钟，市总工会劳动关系工作部部长曹宏亮，中国电信上海分公司党委委员、工会主席常朝晖，拉扎斯网络科技（上海）有限公司党委副书记、公共事务总经理周星录等专家学者及工会工作者围绕研讨主题开展交流。复旦大学国际关系与公共事务学院教授、市政治学会名誉会长桑玉成作点评。2023年度"马克思主义工运理论研究基地优秀工运理论研究成果"颁奖仪式同期举行。　　　　　　　　（祁文昭）

【市职工技协开展推动职工创新成果孵化和转化的有效途径调研】 2023年，为激发各类创新主体活力，推动职工创新成果孵化转化，市职工技术协会开展了推动职工创新成果孵化和转化途径的专题调研。课题组采用文献查阅、问卷调查、走访调研、座谈讨论等方法，开展了为期5个月的调查研究。调研对象包括一线职工、上海工匠和区局产业工匠、劳模和工匠人才创新工作室领衔人、工会工作者、企业人力资源部负责人等。其中问卷调查分为企业（工会）卷和职工（个人）卷，共发放1000份，回收企业卷152份，职工卷698份，回收率85%。召开了10场座谈会，实地走访了智能制造类大型国企、高校科研院所、非公企业、社会组织等，深入了解基层单位在职工创新成果孵化和转化的主要做法。研究分析企业在职工创新成果孵化转化中遇到的难题瓶颈，探索推动职工创新成果孵化和转化的有效途径，形成了《聚焦职工创新成果转化全链条服务增强创新意识，搭建创新平台，夯实创新基础——推动职工创新成果孵化和转化的有效途径研究》调研报告。　　　　　　　　（姚星月）

【市职工技协开展提升工匠创新工作室创建能级调研】 2023年，市职工技术协会围绕如何提升工匠创新工作室创建能级课题开展调研工作。通过文献查阅、问卷调查、走访调研、座谈讨论等方法，了解上海工匠创新工作室的组织机构、人员配备、经费投入、场地保障等情况，总结基层单位工匠创新工作室基本经验，认真反馈存在问题和困惑诉

"发展全过程人民民主与工会工作"学术研讨会　　　　　（展　翔）

求,形成了《如何提升工匠创新工作室创建能级调研报告》。调研中发现,市工匠创新工作室具有行业覆盖广、人员素质优、创新能力强等特点,被调研单位工匠创新工作室从自身企业实际出发,围绕生产经营、人才培养、资源整合等,创造并积累了丰硕的成效和经验,并形成了自身鲜明的特色亮点。但是工匠创新工作室能级提升仍然面临活动氛围、制度建设、作用发挥等挑战,调研报告提出了开展群众性创新活动、完善工作室管理规范和创建工作室联盟机制等对策和建议。　　(姚星月)

工运研究会

【概要】 2023 年,在市总工会的领导下,在市社联和市民政局的指导下,在上海工会管理职业学院的统筹推进下,市工运研究会以课题研究、学术交流两大工作为重点,着力发挥研究会学术社团功能,稳步推进工运研究各项工作。一是加强课题研究。深入推进 9 项研究会重点课题,8 项市总工会委托课题。同时,开展 2022 年度上海工会优秀论文、调研报告评选工作,对收到的 133 篇调研论文,评出一等奖 9 篇、二等奖 14 篇、三等奖 20 篇、优秀奖 22 篇。二是加强学术交流。参与举办 2023 年工会理论研究线上培训班。参加全总第二届大国工匠创新交流大会、全国工会学研究会 2023 年年会、中国工人历史与现状研究年会、南方片区工会理论教学研讨会等各类活动,推荐的论文获一等奖 3 项、二等奖 5 项、三等奖 1 项、优秀奖 1 项。组织开展《人工智能与 AIGC 技术的创新应用》等学术讲座,进一步促进学术交流与合作。协办复旦大学共建马克思主义工运理论研究基地"发展全过程人民民主与工会工作"学术研讨会。三是加强日常管理。根据市社联、市民政局要求,完成 2022 年度年报、年检工作。稳步推进工运研究会换届工作,明确总体要求、工作流程、任务分工及相关工作要求。继续做好《上海工运研究》《资料专辑》内刊的编辑、发行工作,做好《2022 年度上海优秀工运论文集》编印工作,为广大会员提供学术研讨的交流、共享平台。　　(陆 非)

【徐汇区总工会工运研究会开展新就业形态劳动者专项调研】 2023 年,徐汇区总工会工运研究会结合主题教育开展关于进一步做好关心关爱新就业形态劳动者的调研,对 13 个街道、镇共 300 名新就业形态劳动者进行抽样调查。通过调查,发现 4 个方面问题,在劳动样态方面,新就业形态劳动群体在劳动中存在工作生活界限模糊、劳动场所不确定、社会融入不易等问题;在就业收入和发展前景方面,新就业形态劳动群体受经济下行和各种突发事件的影响更大,收入波动和失业风险更高;在劳动保障方面,新就业形态劳动群体存在劳动关系难以认定、劳动安全保护和基本社会保障缺乏等问题。在此基础上,提出大力推进新就业形态企业建会和建制工作、加强新就业形态劳动者思想政治引领、实施新就业形态劳动者暖心行动等方面的工作建议。　　(武吉波)

【闵行区工会工作研究会开展大兴调查研究专题培训】 7 月 7 日,闵行区工会工作研究会开展全区工会系统大兴调查研究专题学习培训,重点围绕以"大兴调查研究之风,结合工会工作实际,运用党的创新理论研究新情况、解决新问题"为主题,邀请上海工会管理职业学院党委委员、副院长李学兵作题为《工会调查研究工作的几种思维》的辅导报告。闵行区总工会全体机关干部、闵工汇全体社工人员、各级工会课题调研组等 117 人参加听讲。　　(武吉波)

【机电工会工运研究会开展车间职工工间休息室标准化规范化建设专项调研】 年内,市机电工会工运研究会结合学习贯彻习近平新时代中国特色社会主义思想主题教育要求,围绕"大力推进车间职工工间休息室标准化规范化建设"为课题开展专题调研。通过调研,发现存在基层干部思想不统一、生产场地存在局限、现有休息室利用率不高、资金来源困难等四方面共性问题。针对问题,提出 3 项措施,一是强化顶层设计,落实各方责任;二是坚持实事求是,突出因地制宜;三是注重三个导向(问题导向、需求导向、效果导向),杜绝面子工程。　　(武吉波)

【市化学工会召开市外企业工会工作交流研讨会】 10 月 18 日,市化学工会召开 2023 年华谊集团控股的市外企业工会工作交流研讨会,相关单位工会及控股所属市外企业工会主席通过线上线下方式参加交流研讨。来自广西、安徽、新疆、内蒙等地的市外企业工会,以"激发产业工人创新创造活力""弘扬'阳光华谊家'文化""发挥新时代工会班组的作用"等不同课题进行研讨交流,对"管理属资、关系属地"畅谈各自看法。研讨会还就新时期产业工人队伍建设改革、协助行政开展高技能人才队伍建设,以及市外企业如何开展"阳光华谊"家文化建设,助力"一个华谊,全国业务,海外发展"战略的实施等议题展开深入讨论,并鼓励市外企业工会和上海各级工会加强联动,实现工会重点工作的整体推进,在产业工人队伍建设、基层班组建设管理等方面创新探索、取得突破,在跨市发展的征程上充分发挥工会组织的优势和作用。
　　(张雪莲)

【电信工会工运研究会开展下沉式调研】 年内,上海电信工会工运研究会围绕中心任务,聚焦强基深改,到困难较多、情况复杂的一线单位开展调研。通过基层蹲点、下沉一线、专题座谈,将"员工诉求闭环管理系统"迁移到"随身办—易问"平台等方式,全方位深入了解掌握全口径人员思想工作生活状况,切实解决员工急难愁盼问题,旨在提升工会服务一线、服务员工能力。通过组织思研会课题小组形式,配合承接好市总、市经信委工会思研课题以及本单位工会工作开展有针对性课题调研。各课题小组围绕"企业转型变革发展中数字化工会服务的实践与探索""深化工会服务品牌建设的实践与思考""新形势下加强工会组织建设激发员工活力的思考和研究"等 5 个专题,集思广益、集中调研优势定课题、定进度、定框架,同时把课题组活动延伸到对工会整体工作的研讨,并从不同层面的员工群体着手,以多种途径、多种形式了解员工的思想状况。　　(武吉波)

优秀论文

论文题目:关于深入推进上海新一轮产业工人队伍建设改革的调研——产业工人技能形成体系建设调查分析
作 者:市总工会研究室

内容摘要：为进一步提升产业工人技能形成体系建设，有效释放技能人才活力，助力上海高质量发展，结合主题教育要求，由市总工会主要领导牵头成立课题组，通过实地走访、座谈等形式开展调研并形成调研报告。调研报告总结了上海构建完善产业工人技能形成体系的实践与经验，指出存在的问题与困难，并提出对策与建议，主要包括：一是坚持育用结合，培育高素质产业工人队伍。加强沟通合作，优化产业工人培训体系；畅通职工发展渠道，创新技能人才培养体系；制订高技能领军人才培养计划，推进高技能领军人才队伍建设。二是完善职业教育和培训体系，深化产教融合、校企合作。推动多方联动，优化职业教育发展模式；健全职业教育培训体系，积极探索校企联合培养制度。三是完善劳动技能参与收入分配制度，健全高技能人才岗位使用机制。引导企业建立基于岗位价值、能力素质、业绩贡献的工资分配制度；完善科技成果转化收益分享机制。四是健全多元化技能人才评价制度，扩宽职业发展通道和路径。全面实施技能等级认定；合力打造技能认证系统。　　（武吉波）

论文题目：上海工会探索数字化转型背景下的工会服务新阵地建设

作　者：市总工会办公室

内容摘要：市总工会积极融入和服务城市数字化转型，探索超大城市工会服务与管理的新路径，着力推动工会数字化建设，全面推进上海工会"一网通办"，全力建设"随申办·工会"，为创造上海人民城市数字化美好生活作出工会贡献。报告在系统梳理工会服务新阵地建设背景、全国工会服务新阵地建设情况、上海各区和局（产业）工会服务新阵地建设情况、上海市总工会服务新阵地建设情况等基础上，提炼出如下经验启示：一是要构建网络安全综合保障体系，落实保障主体责任，加强数据安全保护。二是要整合完善工会业务管理与网上协同办公平台，整合优化现有业务系统，拓展强化工会业务技术赋能。三是建立和完善工会数据资源管理体系，建设工会信息资源目录体系，构建工会系统数据开放共享体系。四是持续推进数字化工会服务新阵地建设，挖掘职工

会员真正喜闻乐见的工会公共服务事项，全面提升工会公共服务事项智能化水平。五是助力推进长三角一体化智慧工会建设，为长三角工会履行主责主业提供技术支撑和数据支撑，让长三角工会开展服务实现会员互认、资源共享，推进工会公共服务事项跨省通办、长三角一网通办，打造长三角一体化工会数据驾驶舱。　　（武吉波）

论文题目：关于加强"小二级"工会规范化建设的调研报告

作　者：市总工会基层工作部

内容摘要：结合全总"县级工会加强年"专项工作要求，为进一步做实做强"小二级"工会，切实发挥好"小二级"工会距离职工更近、服务职工更直接的优势，有效发挥桥梁纽带作用，市总工会基层工作部组织开展关于加强"小二级"工会规范化建设的调研。调研梳理"小二级"工会发展基本情况、工作成效，指出存在的问题和不足，并提出对策和建议。主要包括：一是优化布局，打造纵横交错、全域覆盖的"小二级"工会组织体系，明确"小二级"工会设立原则和方式；规范建立"小二级"工会联合会；以"小二级"工会为重要支点，推进建会入会。二是健全服务体系，打造覆盖广泛、服务精准的"小二级"工会服务圈。完善服务载体，扩大工会服务的覆盖面；丰富服务内容，满足职工对美好生活的期盼。三是整合资源，打造坚强有力、充满活力的"小二级"工会。以党建带工建，形成支持"小二级"工会组织建设合力；配齐配强工会干部，确保有人负责"小二级"工会日常工作运行；强化经费保障，建立健全"小二级"工会经费来源长效机制。

　　（武吉波）

论文题目：关于健全完善维权服务机制推动实现职工法律服务工作规范化品牌化信息化的调研报告

作　者：市总工会劳动关系工作部

内容摘要：面对劳动关系领域出现的新情况、新变化以及工会维权服务面临的新形势、新任务，职工法律服务必须要加快向规范化、品牌化、信息化方向迈进。为此，市总工会劳动关系工作部成立课题组开展专项调研，形成本报告。报告介绍了调研工作组织开

展情况及工会职工法律服务工作基本情况，就工会职工法律服务工作面临的主要问题及原因进行分析，最后就改进工会职工法律服务工作提出对策举措，主要包括：一是立足规范化赋能，抓职工法律机制建设"量变"。建立健全法律援助补贴标准动态调整机制，建立健全工会法律服务质量评估机制，探索形成职工劳动权益保护公益诉讼协作配合机制。二是着眼信息化赋智，促职工法律服务流程"质变"。上线"随申办"工会劳动争议调解和法律援助服务，融入解纷"一件事"平台参与推动跨部门劳动争议数据交互，整合实现工会法律服务信息化工作平台系统集成。三是聚焦品牌化赋值，助职工法律服务矩阵"裂变"。着力打造工会公益法律服务品牌，着力发展工会系统多层次法律服务队伍，着力强化新就业形态劳动者法律服务。　　（武吉波）

论文题目：关于上海职工低收入岗位的调研报告

作　者：市总工会权益保障部

内容摘要：为贯彻落实党的二十大关于"扎实推进共同富裕，增加低收入者收入"的指示精神，构建推动共同富裕的体制机制，促进社会公平，增进民生福祉，不断增强人民群众的获得感、幸福感、安全感和认同感，市总工会权益保障部、工会学院对低收入职工开展调研，深入分析低收入群体的岗位分布、影响因素等情况，为实现收入增长，促进共同富裕提出改进建议。调研报告梳理了调研背景等基本情况，以及面临的问题，又从政策建议、工作举措两方面提出相关意见建议。其中，政策建议方面，包括落实行业主管单位责任、加强非公企业收入分配工作、加强用工管理监督执法、加强职工技能提升和激励、建立完善工会低收入职工监测预警帮扶体系；工作举措方面，则从监测预警、源头参与、收入增长、就业创业4个方面提出。　　（武吉波）

论文题目：全国两会召开之际对上海职工思想心理状况的调研分析

作　者：市总工会宣传教育部

内容摘要：为深入了解全国"两会"召开之际本市职工对生产生活的感受度、对是年和未来社会经济发展预

期,按照市委、全总工作要求,市总宣教部针对企业职工思想动态开展专题调研,重点把握职工的所思所想所盼。调查显示,本市职工群体思想心态整体稳定且积极正向,但同时也要密切关注职工的消费热情受到政策限制和配套性制度安排影响等几方面问题。在此基础上,报告提出今后工作举措和相关建议,主要包括:打造"人人都有人生出彩机会"的城市,促进更加充分、更高质量的就业,建设人才集聚高地;打造"人人都能有序参与治理"的城市,充分发挥职工主体作用,充分汲取群众智慧;打造"人人都能享有品质生活"的城市,关注职工日常工作生活中的迫切需求;打造"人人都能切实感受温度"的城市,完善职工权益维护机制,推动精神生活的共同富裕;打造"人人都能拥有归属认同"的城市,让职工感受到生活在上海的暖意、惬意、诗意。 （武吉波）

论文题目:新时期上海工会女职工工作研究

作 者:市总工会女工委

内容摘要:为推进上海工会女职工工作创新发展,上海市总工会女工委全面总结近五年来上海女职工队伍的变化特点、女职工工作取得的经验成效,通过专项调研深入分析工会女职工工作存在的主要问题及原因,并提出相应的对策建议。报告分析近五年来上海工会女职工工作的新特点、新趋势,指出上海工会女职工工作中存在的问题,就完善上海工会女职工工作提出思考和建议。主要包括:一要持续加强对女职工的思想政治引领工作。加强理论武装,加强教育引领,推动精神文明创建。二要增强创新意识推动女职工工作创新发展。积极转变工作思

路,创新基层组织形态,提高工会女职工工作数字化水平,创新女职工工作宣传形式。三要切实维护女职工合法权益和特殊利益。加强工会源头参与,加强维权实效的提升,加强工会女职工法律援助,加强女职工普法教育宣传。四要凝聚女职工立足岗位建功立业。持续提升女职工队伍素质,持续开展女职工劳动和技能竞赛,持续推动在女职工中培养巾帼、劳模、工匠人物,持续发挥先进典型示范引领作用。五要聚焦需求,精准服务,提升女职工生活品质。持续深化女职工关爱行动,推动构建家庭友好型工作场所,积极促进女职工身心健康发展。六要夯实基础加强工会女职工组织自身建设。健全工会女职工组织体系,增强工会女职工工作合力,提高工会女职工干部综合能力。 （武吉波）

论文题目:高质量推进地方工会干校工会学学科体系建设实践研究与深化

作 者:上海工会管理职业学院 邹卫民、曾华铭、李彩虹

内容摘要:构建以工会学学科体系为重点的中国工会自主知识体系,是工会贯彻国家治理体系和治理能力现代化建设的必然要求。工会学学科体系建设需要全国工会上下统筹协调、一体化推进。地方工会干校作为工会干部教育培训的主阵地和工会宣传教育阵地,在中国特色工会学学科体系建设中理应承担重要角色。本文基于工会学学科体系建设的现状,采用文献研究、实地调研、访谈调研等方法分析当前各地方工会干校在推进工会学学科体系建设的状况、面临的问题,并提出相关优化对策。主要包括:进一步加强地方工会干校建设发展的顶层设计与统筹规划,进一步强化地方工会

干校在深化习近平关于工人阶级和工会工作的重要论述体系化、学理化研究与阐述中的应有作用,进一步强化地方工会干校推进工会学学科体系建设的职责定位与路径研讨,进一步围绕工会学学科体系建设健全地方工会干校基础课程、重点课程、精品课程建设体系,进一步聚焦工会学学科体系加强工会干校教材体系建设,进一步以高质量发展为遵循,加强地方工会干校名家、名师形成体系建设,进一步做大做强工会学学科建设、研究学术共同体。 （武吉波）

论文题目:深化改革背景下基层工会工作成效评价体系研究

作 者:上海工会管理职业学院 金世育、邹卫民

内容摘要:2015年群团改革以来,基层工会按照强"三性"、去"四化"的改革要求,全面展开改革实践。构建基层工会工作成效评价体系,可以客观评价前一阶段的改革成效,摸清当前基层工作遇到的突出问题。基层工会是工会改革和建设的核心议题,对其工作进行评价应选择广义概念和整体性目标。本文从"基层工会:工会改革和建设的核心议题""基层工会的工作目标:理论推导与要素识别""工作成效的评价指标:总体原则与指标转化""评价体系运用的效用目标与工作路径"四个块面出发,以"小三级"工会为基层工会概念的实体,通过梳理2015年以来全国总工会出台的涉及"小三级"工会组织建设的文件,确定政治引领、组织建设、职责履行、组织活力四项评价维度,并进行指标转化,最终形成33项评价指标。

（武吉波）

《工会理论研究》2023年要目

类别	题目	作者	期数
理论探讨	习近平总书记关于工人阶级和工会工作重要论述的世界观和方法论	陶志勇	2023-02
	"教科书"视角下中国工会理论形态建构的历史逻辑与未来走向	刘佳	2023-03
	平台资本主义的三维透视及理论评析	李建肖	2023-04
	恩格斯《英国工人阶级状况》中的工人阶级生活品质思想研究	四川省总工会课题组	2023-05
	工会在弘扬劳模精神劳动精神工匠精神中的职责与使命	李睿祎	2023-06

（续表）

类别	题 目	作 者	期数
理论探讨	恩格斯晚年对产业工人队伍建设的思考及其当代价值	陶涛涛	2023-06
热点透视	对接CPTPP劳工标准的启示与举措：基于越南加入CPTPP及其劳工法改革实践	李嘉娜	2023-01
	"劳工标准条款"的履约争端风险及中国工会的应对之策	孙 岩 朱 鸣 洪 慜	2023-01
	全面深化上海工会改革：实践探索、问题挑战与路径思考	洪 慜 邹卫民 李学兵 崔校军	2023-02
	灵活就业劳动的体面化问题	肖 巍	2023-03
	新就业形态集体协商的探索、问题与思考	李 军	2023-03
	弹性团结：数字时代劳工团结的新形态	沈锦浩	2023-04
	安全生产权与劳动安全卫生权	刘 诚	2023-05
	新时代产业工人队伍建设改革：挑战、规律与对策	上海市总工会课题组	2023-06
工运广角	结构性约束与自主性融入：以上海装修工人群体为例	胡 蓉	2023-01
	人工智能时代职业技能　如何迭代更新？——基于世界技能大赛部分项目的分析	孙 岩 朱 鸣 施 思	2023-04
	深化改革背景下基层工会工作成效评价体系研究	金世育 邹卫民	2023-05
	边界消弭、关系联结与叙事重构：社会工作促进新生代农民工城市融入的实践逻辑	华姝姝 曾秀兰	2022-03
国际工运 /港澳台 工运	近年来美国工会的复苏趋势及其面临的挑战	汪 洋 袁钰莹	2023-02
	卡塔尔的外籍劳工：概况、困境与前景	朱耿华	2023-03
	全球南—北方视角下的零工经济与平台劳动——现状、挑战与启示	许 怡 邢玉姣	2023-05
	近年来美国工人运动的动向、成因与挑战	舒惠千	2023-06
工运历史	从"劳工神圣"到"工人政治"：中国共产党成立前后工人话语的变迁	董树婷	2023-01
	重庆"八六"劳协事件与国共工运控制权之争	张龙平	2023-02
	陈望道"劳动联合"论述的理论来源、生动实践与丰富内涵	周 晔	2023-02
	建党初期中共领导工人运动的宣传策略探析——以安源路矿工人运动为例	肖剑忠 芮永康	2023-03
	工部局华员总会争取平等职业待遇的斗争研究（1930—1943）	杨小燕 刘 蕊	2023-04
	民国社会对"八小时制"的认知与实践——基于天津宝成纱厂改行"三八制"的考察	封 磊	2023-05
	延安时期中国共产党开展劳动实践的路径与意义研究——以陕甘宁边区为例	唐普研 乐 昕	2023-06
学术动态	"产业转型升级与产业工人技能形成体系建设"学术研讨会综述	唐 城	2023-01
劳动关系	我国超龄劳动者养老保险待遇与劳动合同终止关系的反思	王文文	2023-01
	"自愿加班"情形下加班认定标准的反思与完善——"用人单位安排"的形式审查与实质审查	余俐桦	2023-02
	平台用工"去劳动关系化"的裁审困境与制度应对——以外卖配送员注册为个体工商户的案件为样本	李梦云	2023-03
	数字时代被遗忘权在劳动法领域的适用	徐蕙萍	2023-04
	新中国工会史史料编撰与研究述评	冯 维	2023-04
	教学实习中校企共担工伤保险责任的制度构建	周云帆	2023-06

综合工作

财务资产工作

【概要】 2023 年,市总工会财务资产管理部深入贯彻落实中国工会十八大、市第十五次工代会确立的各项目标任务,围绕中心大局,扎实推进工会财务和资产工作高质量发展,为工会工作大局提供服务和保障。一是依法组织收入,为工会全局工作提供经费保障。发挥自主收缴优势,保证工会经费稳步增长。力争财政资金支持,确保劳模关爱、困难职工帮扶等专项资金足额列入政府部门预算。着力协调争取本级事业单位退休人员生活补贴。加强大额资金存放管理。超额完成上缴全总预算 3.2 亿元。二是推行全面预算管理,提高经费使用绩效。强化预算编制管理,加强归口管理和资源统筹。加大预算执行跟踪管理力度。制订《关于工会经费项目支出绩效评价实施细则》,全面推进预算绩效管理工作。推进项目库建设,出台《上海市总工会预算项目库管理办法(试行)》,在市财政局组织开展的市级部门 2023 年预算管理工作考核中被评为优秀。三是加强制度建设,从严管理工会财务资产。出台《上海市基层以上工会支出管理暂行办法》,细化支出范围,明确管理原则。统一政策口径,指导区、局(产业)工会制定实施细则。回应基层工会呼声,调整工会会员春、秋游标准。修订《关于加强和规范上海市总工会直管单位重大建设项目监督管理的实施意见》《市总工会直管单位小改小建项目实行工程总承包方式试行办法》,持续加强建设项目监督管理。四是优化支出结构,加大资金下沉力度。新增年度考核一般性转移支付补助,对综合考核评分较高的单位给予更高比例补助,带动各区、局(产业)工会统筹经费、下沉资金,利于服务职工重点工作的开展。出台小额缴费工会组织工会经费全额返还支持政策实施细则,指导督促其上级工会及时返还资金,让符合政策的对象及时享受优惠政策。五是开展“两性两化”(即公益性、服务性,社会化、市场化)工作试点,建立确保工人文化宫运行长效机制。制定下发《关于加强工人文化宫阵地管理的通知》和工作提示,以指导浦东、长宁、静安、杨浦、松江 5 个区总工会为试点,助力工人文化宫名称和品牌的保护、职工文体活动场地的落实以及工人文化宫建设管理。六是强化综合管理,持续保持财务资产工作提质增效。组织市总工会及所属各直管单位、115 个区、局(产业)工会,对 2018—2022 年度工会财务资产管理情况进行监督检查。开展工会电子票据改革省级试点相关工作。开展 2010—2017 年工会经费收入专用收据核销清理工作,整理收集票据 380 万份。做好海鸥饭店改造、银发大厦装修等重大工程项目监督管理,配合推进工会学院宝山校区修缮及改扩建工程,启动“市工人文化宫”功能提升改造装修项目。 (黄银萍)

【完成工会经费收入电子票据管理系统试点】 年内,市总工会深入落实全国总工会《关于开展工会经费收入专用收据(电子)改革试点工作的通知》,作为全国首批 6 个试点单位之一,全面完成市总工会经费收入电子票据管理系统(以下简称电子票据系统)的建立。电子票据系统采用全电子化一站式功能设计,根据上海工会的组织架构,设定 4 级或 3 级管理模式,具备申领、分发、退还、开具和冲红等常规操作,还可统计开票数据,结合职工人数、工资总额等单位基本信息生成相关报表,11 月在机关系统 11 个工会试点开票成功。该系统重点解决了纸质收据管理难题,降低保管风险,提高工作效率。该系统计划于 2024 年 1 月 1 日起正式在全市范围推广使用。 (李 谷)

【制订出台《上海市总工会预算项目库管理办法(试行)》】 12 月 7 日,市总工会制定出台《上海市总工会预算项目库管理办法(试行)》,进一步规范和加强预算管理,夯实预算管理基础,提高预算编制的科学性、规范性和精准性。《办法》共 5 章 16 条,内容包括预算项目库建立目的、适用范围、管理原则、设置和管理、部门职责分工及项目的申报、审核等。其中明确,预算项目库管理基本原则是定期申报、动态管理;严格论证、统筹安排;规范立项、实时清理。项目库实行分级分类设置管理,分别为一、二级项目和经常性、一次性类项目。部门职责是财务资产部具体负责项目库申报的组织管理工作,相关部门负责项目库编制和申报,经审计加强监督。项目的申报流程为各部门和单位提出项目申报,经分管领导签署意见后报财务资产部汇总、初审并形成预立项报告,经财务资产部分管领导审批同意及市总主席办公会议审议通过,作为年度预算项目立项入库。项目库项目实施定期审核、实时清理制度。 (黄 珂)

【修订重大建设项目监管实施意见和小改小建项目管理办法】 年内,市总工会修订《关于加强和规范上海市总工会直管单位重大建设项目监督管理的实施意见》和《市总工会直管单位小改小建项目实行工程总承包方式试行办法(2019 版)》,明确管理权限、优化管理流程、提升管理水平、降低管理风险。修订后,制度对标新政策、新标准,增加立项前费用列支渠道规定。文件明确了机关系统新建、改建、扩建、修缮、装修等基建项目的职责分工、项目管理方式、立项审批及投资调整程序、工程招投标、施工管理、财务管理、资金监管、用印管理等,进一步规范了建设程序和建设项目管理行为,提高建设项目管理水平,达到增强建设资金使用效益的目标。 (周 静)

【开展财务监督和财务资产专项检查】 2023 年,市总工会加强对各直管单位和各区、局(产业)工会的财务监督检查,年内分 4 个阶段开展了财务监督、资产专项检查。检查内容包括市总工会各直管单位和各区、局(产业)工会 2018—2022 年度工会财务管理状况,行政事业性资产和企业资产建设使用管理情况,以及 2022 年度工会经费收缴、市总划拨的全总重点工作专项资金的使用管理,小额缴费工会组织工会经费全额返还支持政策的执行,预算执行与决算管理、预算绩效管理的落实等方面情况。 (柴丽琼)

【完成全市 2022 年度决算汇总和 2023 年度预算汇总】 为掌握上海工会年度经费收支总体情况,更好指导财务工作开展,市总财务资产管理部按照相关规定,分别于 2023 年二季度和三季度组织各级工会有序开展年度预决算汇总工作。经统计,2022 年度工会决算汇总填报单位数为 14197 个,2022 年度工会预算汇总填报单位数为 13217 个,2023 年度工会预算汇总填报单位数为 13409 个。经过数据分析,上海工会经费总收

2023 年财务资产干部培训班 　　　　　　　（李　谷）

入稳中有升、拨缴经费收入稳步增长、经费支出结构更加优化、经费使用持续向服务基层一线和维护职工权益等重点工作倾斜。

　　　　　　　　　　　　　（李　谷）

【开展工会财务资产干部培训】 11 月 2 日，市总工会财务资产管理部举办区、局（产业）工会财务资产干部培训班。黄银萍部长作开班动员，她在讲话中指出，各级工会财务资产干部要提高政治站位、围绕中心工作，持续抓好工会经费收缴、全面预算管理、"两性两化"合作等重点工作，助力上海工会财务资产工作提质增效。培训班上，黄银萍部长传达全国工会十八大会议精神，布置下阶段相关工作，并围绕项目经费绩效管理有关要求，重点对《上海工会项目支出绩效评价实施细则（试行）》进行政策解读，对近年来财务资产相关政策文件进行梳理。培训还邀请市医务工会周莹就项目经费绩效评价进行案例分析。全市区、局（产业）工会财务资产干部 100 余人参加培训。 　　（李　谷）

【召开 2024 年度工会财务资产工作会议】 12 月 28 日，市总工会财务资产管理部召开 2024 年上海工会财务资产工作会议。市总工会党组成员、副主席张立新，财务资产管理部部长黄银萍出席会议并讲话。会议以党的二十大精神为指引，深入贯彻中国工会十八大精神，有效落实全国工会财务资产工作要求，总结 2023 年工作，部署 2024 年工作计划和任务。张立新表示，2023 年各级工会财务资产工作成绩斐然，经费收缴管理、全面预算管理、项目绩效评价、收入收据核销、财务资产制度建设、工会服务阵地"两性两化"试点等多项工作均走在全国工会前列。他强调，在 2024

年的财务资产工作中，上海各级工会要充分发挥龙头示范作用，主动对标对表，切实加强学习，强化资金保障，严格资产管理，助力工运事业高质量发展。黄银萍布置近期工作，并就基层以上工会经费支出管理暂行办法和政策口径、工会预算项目库管理办法及市总本级基本建设项目有关规定等方面工作作政策解读和现场答疑。各区、局（产业）工会和市总直管单位财务干部 150 余人参加会议。 　　　（陈诺希）

【参加全国总工会"学习贯彻党的二十大精神，践行工会财会使命担当"主题征文活动】 2—6 月，中国工会会计学会、中华全国总工会财务部联合举办"学习贯彻党的二十大精神，践行工会财会使命担当"主题征文活动，上海各级工会财会人员踊跃参与，共报送征文 22 篇，其中市总工会机关李谷的《如何充分发挥工会财务人员效能》获评一等奖，市教育委员会财务与资产管理事务中心的《对事业单位工会财务信息化管

理的探讨》获评二等奖，徐汇区康健街道总工会黄灵荣的《新就业形态工会组织工会经费收缴模式研究——以徐汇区为例》和闵行区总工会苏华的《筑基提效，创新作为，助力中国式现代化闵行实践》获评三等奖。 　　（李　谷）

【静安区工人文化宫（北宫）开工】 7 月 7 日，静安区工人文化宫（北宫）建设项目正式启动。静安区委书记于勇，时任市总工会党组书记、副主席黄红，区委副书记、区长王华，区人大常委会副主任、区总工会主席林晓珏，副区长李震、张军，中建八局党委副书记、工会主席于金伟等出席开工仪式。开工仪式后，林晓珏来到北宫建设项目工地，叮嘱广大工友们，夏季在高温下作业要注意做好避暑防护，但更要确保工程质量，并为工友们送上高温清凉慰问品，致以最诚挚的问候。静安区工人文化宫（北宫）项目位于宝山路街道，东至 268—01 地块，西至宝昌路，南至 268—01 地块，北至宝源路，占地面积 4939.2 平方米，总建筑面积 18918 平方米，项目总投资约 2.67 亿元。 　　　　　（杨宇骏）

【宝山区总工会举办工会财务经审专题培训班】 7 月 12 日，宝山区总工会举办工会财务经审培训班，来自全区各直属工会 200 余名工会干部参加，区总工会党组书记、副主席沈玉春主持，市总工会财务资产部部长黄银萍、区审计局企业审计科科长高琰分别以《关于工会经费使用的相关规定》《关于审计监督的一些思考》为题授课。区总工会党组成员、经审会主任冀晓蕾就近期巡察反

2023 年宝山工会财务经审专题培训班 　　（庄轶凡）

馈及审计中发现的共性问题作通报,并部署工会财务经审自查工作。（朱 艳）

【闵行区总工会召开项目支出绩效评价专题培训会】12月19日,闵行区总工会召开项目支出绩效评价专题培训会,区总工会机关和各镇、街道、莘庄工业区总工会,各委、局工会财务和经审及项目绩效负责人140人参加。会议要求,各级工会要从严落实市总工会有关文件精神,要加强组织领导,压实工作责任,落实监督问责,全面落实工会项目绩效管理工作。
（苏 华）

【崇明区总工会举办财务工作专题培训班】4月24日,崇明区总工会举办财务工作专题培训班。区总工会党组成员、副主席陆婷婷出席培训班并作开班动员。各乡镇总工会、生态企业集团及长兴企业集团工会副主席和财务人员,委、局工会和区属企事业单位工会财务人员参加培训。本次培训旨在让全体工会财务人员更加全面系统地熟悉掌握新《工会会计制度》,进一步加强对崇明工会经费规范化收缴工作的认识,提升工会财务人员的业务能力水平。就扎实做好工会财务工作提出3点意见:一要准确把握新形势下工会财务工作新要求;二要努力开创工会财务工作新局面;三要不断提高工会财务人员自身业务水平。
（袁佳琪）

【市仪电工会举办"强基础提能力"工会财务经审人员培训班】11月24日,仪电工会财务经审人员培训班在仪电培训中心举办,仪电工会经审委员、兼职经审员,各重点子公司、直属单位、基层工会经审主任、经审员、财务人员共90余人参加培训。培训班邀请资深工会审计专家进行授课。课程内容涵盖学习贯彻新修订的《中国工会审计条例》《基层工会经费规范化管理》中的案例分析。授课专家还对基层工会财务、工会经审实务工作中遇到的疑难问题为培训人员答疑解惑。
（周黎俊）

【高桥石化公司工会进一步规范工会经费使用管理】2023年,高桥石油化工公司工会着力规范经费使用管理,确保依法依规使用工会经费。一是进一步完善规章制度,先后修订《公司工会工作规定》《公司帮扶救助工作实施办法》,

明确工会经费和帮困基金规范使用制度、工会购买商品和服务的选商要求;修订完善工会经费使用审批及报销管理权限;会同企管、财务、审计等部门,制订公司工会经费审查工作质量评价方案,确保工会经费使用合法合规。二是制订《公司工会开展会员监督工作方案》,在公司与基层两个层面对工会经费收、管实行会员监督。三是邀请上海工会管理职业学院老师系统全面讲授工会经费的收入、支出管理、经费使用中的热点问题进行政策解读,助推各级工会更加合法、规范、透明使用工会经费。
（吴 斌）

【国网上海市电力公司工会开展财务实操及会计实务培训】4月18日,国网上海市电力公司工会在党校培训中心开展工会财务专题培训,公司本部及各基层单位工会财务相关岗位40余人参加。本次培训以系统操作和理论讲授相结合的形式,就工会新会计制度财务核算系统的使用及决算编报系统的填报流程、工会决算平台系统操作、决算数据的编制和汇总及上报、决算编报过程中可能遇到的各种问题进行全面而详细的讲解。8月3日,公司工会在党校培训中心举办工会财务预算填报实操培训,公司本部及各基层单位工会财务相关岗位工作人员40余人参加。培训以新工会会计制度财务核算系统使用操作为重点,依据中华全国总工会预算平台操作模式,对预算系统的填报流程和预算数据的编制、审核、汇总、上报、预算编报和调整的有关问题进行详细讲授。
（于 劼）

上海化学工业区工会2023年度财务经审工作会议 （陆佳慧）

【上海海事局工会开展工会经费管理使用专题培训】9月5日,上海海事局工会举办工会经费管理使用专题培训班,26名工会干部参加。海事局工会主席胡晓昱结合基层工会经费管理使用现状,从明确"高线"、不触"底线"两个维度,讲述工会经费管理使用的基本原则;从收入来源到支出项目逐一进行讲解、分享心得;从工会经费必须要在"精准管"和"高效用"上做到心中有数,执行有方、落实有果,其目的是进一步收好、管好、用好工会经费。她指出,要以审计发现的整改要求为切入点,举一反三告诫,认真自查自纠。培训中就实际工作中的具体问题进行交流。（陆智静）

【上海化工区工会召开年度财务经审工作会议暨业务培训会】7月28日,化学工业区工会召开2023年度财务经审工作会议暨业务培训会。区工会经审办和财务部、特约经审员,各基层工会主席、财务和经审人员参加会议。会上,区工会经审办和财务部分别总结2022年工作、布置2023年财务及经审工作目标任务,表彰2022年度工会财务和经审工作规范化建设考核的优秀单位,并为2023年度"区工会经审会特约经审员"颁发聘书。随后,区工会经审会和财务部分别就年度经审规范化考核、工会经费使用管理、会计核算相关规定等工作进行培训,就经费使用的易错点进行解读。
（陆佳慧）

【中远海运集团工会举办财务和经审干部培训班】9月26—27日,中国远洋海运集团有限公司工会2023年财务和经审干部培训班在集团党校上海分部

4月20日，上海工会管理职业学院宝山校区改扩建工程奠基 （张 凡）

举办，集团工会经审委员、直属各单位工会财务负责人、经审会主任共98人参加。培训课程主要是新《中国工会审计条例》解读、工会经费收管用政策解读、国际国内经济形势与政策解析。通过培训旨在帮助各级财务和经审干部提升专业知识水平和综合素质能力。培训班上，还就财务和经审工作疑难问题进行沟通和交流。 （颜龙生）

【市绿化市容局工会举办2023年基层工会财务经审干部培训班】 9月26—27日，市绿化和市容管理局工会在铜仁路331号报告厅举办基层工会财务经审干部培训班。培训主要以转播市总工会"2023年度工会经审干部培训班"方式，内容包含新修订的《中国工会审计条例》、国家审计对工会的要求、当前国际国内经济形势与政策、2023年经审工作规范化建设考核和基层工会职工会员监督工会经费使用的经验交流等方面。各基层工会财务、经审干部及工会干事50余人参加培训。 （盖永华）

【上海工会管理职业学院宝山校区改扩建项目启动】 4月20日，市发展改革委员会正式作出《关于上海城建职业学院宝山校区改扩建工程项目可行性研究报告（初步设计深度）的批复》（沪发改投〔2023〕70号），同意宝山校区改扩建项目面积10930平方米，投资10228.15万元，资金来源为市级建设财力。10月30日，宝山校区改扩建项目开工建设，市人大常委会副主任、党组副书记，市总工会主席郑钢淼，时任市总工会党组书记、副主席黄红亲临建设

工地视察并召开恳谈会，要求参建各方按照工会干部培训场所及设施需要，把工程建设成为功能完备、设施一流、现代智慧、绿色环保的一流工会干部院校。工会学院和城建职院建立联合工作组，每周召开工作推进会，共同推进宝山校区项目建设。工程计划于2024年年底竣工。 （张 凡）

经审工作

【概要】 年内，市总工会经费审查委员会办公室坚持以习近平新时代中国特色社会主义思想为指导，全面学习贯彻党的二十大精神，贯彻落实习近平关于工人阶级和工会工作的重要论述和对审计工作的重要指示、批示精神。坚持党对工会经审工作的领导，及时将审计中发现的问题、审计整改情况和年度审计计划等向同级党组织汇报。通过工作例会、集中培训等多

层次、多维度形式，将党的精神传达到本市各级工会经费审查委员会。通过自审、互审、"1＋N"等方式开展审计，共对市总本级、直管企事业单位和相关协会和区、局（产业）等工会开展审计审价项目92项，做到工会重大经济政策落实到哪里，重要经济活动决策就贯彻到哪里；大额资金资产分配存放到哪里，经审监督就跟踪监督到哪里。按照全国总工会要求，完成对河北省总工会经审工作规范化建设的交叉考核，完成对湖北省总工会2022年度预算执行情况和财务收支等情况的交叉审计。组织本级及区、局产业工会经审会参加2023年度全国工会优秀审计项目评选。先后完成市总工会本级和5个区总工会社会化工作者专项审计调查项目、《本市工会经审工作调研报告》、近5年全总对市总审计整改情况汇报、全总对部分政策措施贯彻落实情况进行延伸审计材料的收集汇总。协助基层工作部完成对河南焦作职工创新补助资金项目交叉互检等工作。制订《上海市总工会经费审查委员会委员履职办法（试行）》，修订《上海市区局（产业）工会新任经审会主任谈话制度》《上海市总工会审计回访制度》。每季度编撰《上海工会经审工作信息》并报送全总，年内共11篇各级工会经审论文在《中国工会财会》《全总工会经审工作》《上海工运》等刊物发表。参加2022年度上海工会优秀调研报告和论文评选，7篇论文获奖。 （王 翔）

【开展2023年度经审工作规范化建设考核】 为更好地适应新时代工会经审

10月18日，市总工会经审会召开第十五届二次常委会 （李怡婷）

工作要求,充分发挥经费审查委员会在全局工作中的监督和保障作用,年内,市总工会组织开展经审工作规范化建设考核。本次考核根据《关于印发〈上海市区、局(产业)工会经审工作规范化建设考核办法(试行)〉和〈上海市区、局(产业)工会经审工作规范化建设考核标准(试行)〉的通知》《关于开展2022年度上海市区、局(产业)工会经审工作规范化建设考核的通知》要求,对按时上交经审工作规范化建设考核材料的99家区、局(产业)工会经审会进行考核。共设特等奖10个,一等奖30个,二等奖30个,三等奖29个。不申报或不符合考核条件的单位,取消考核评定资格。对长宁区总工会经审会等4个在全总或本市等刊物上发表调研报告和论文的单位,浦东新区经审会等39个参加全总和市总经审会组织的交叉互审和"以审代训"及与市总财务资产管理部联合检查的单位进行通报表扬。经市总经审会常委会审议,报市总工会主要领导审定后,公布获奖名单。

(王　翔)

【开展对区、局(产业)工会审计】 年内,市总工会经费审查委员会办公室对徐汇区、宝山区、金山区等24个区、局(产业)工会就2022年度预算执行、财务收支、工会资金存放管理等情况开展审计,并对金山区总工会等5个2022年度社会化工会工作者专项审计调查项目,对市职工技协服务中心和上海铁路工会等3个2022年度资助晋升技师和高级技师职工及奖励授权发明专利一线职工项目,对徐汇区总工会等8个2022年度职工书屋建设工作项目,对徐汇区总工会等13个2022年度市劳模创新工作室资金进行专项审计。与市总财务资产管理部联合开展对各直管单位和占全市60%的区、局(产业)工会财务监督及财务资产进行专项检查。另外,经审办还组织各级工会经审干部采取交叉互审、"以审代训"等方式参与市总工会的项目审计,以提升经审干部的专业水平。

(周　杰)

【开展2022年度本级审计】 3月10日起,市总工会经费审查委员会对本级2022年度预算执行和财务收支情况及重大政策措施贯彻落实情况开展审计。分别审计市总工会财务资产管理部核算的市总工会(机关)、市总工会(本级)、市总工会资产管理委员会、市振兴中华读书办等4个账套。审计内容主要有2022年度预算执行、全面预算绩效管理政策落实、货币资金存放管理、劳模待遇和劳模资金使用政策落实、困难职工帮扶政策落实、小微企业工会经费支持政策落实、"三公"经费支出、会议费及培训费支出、评比表彰、津贴补贴发放、内部控制制度建设及执行等方面。

(陆　娟)

【开展对市总工会直管单位审计】 2023年,市总工会经费审查委员会办公室对上海工会管理职业学院、市工人文化宫、劳动报社、市职工技协服务中心、市职工技术协会、市总工会职工服务中心、市职工保障互助中心、市职工保障互助会、市总工会幼儿园、海鸥控股(集团)有限公司、市退休职工管理委员会办公室、市退休职工服务中心和市退休职工大学、市劳动模范协会2022年度的预算执行情况和财务收支情况、资金存放管理情况等内容进行审计。对工人文化宫、工会管理职业学院等单位的19个建设项目进行竣工决算审价,核减180.48万元。同时,做好茉莉花剧场项目、闵行养老院建设项目和海鸥饭店建设项目相关工程的结算审核。(王　翔)

【开展经审工作培训】 2023年,市总工会经费审查委员会办公室采用多种形式,对经审干部进行分类培训。举办市总工会经审委员和区、局(产业)工会经审干部培训班,提升经审干部综合素质和专业能力。同时,采取以审代训、交叉审计、联合检查等方式,组织32个区、局(产业)工会的45人次各级工会经审干部安排到市总经审办组织的审计(检查)项目中参与审计,提高经审干部的实战能力。对新中标的6个会计师事务所和3个工程造价咨询公司进行培训,解读工会新制度,明确审计范围、审计重点等。对有需要经审培训的区、局(产业)工会提供上门培训,为基层工会提供更多指导和服务。

(史　雄)

【选树第二批基层工会职工会员监督市级示范点名单和基层工会会员监督工作优秀案例集】 年内,根据《关于在推进"四位一体"立体经审监督体系中充分发挥基层工会职工会员监督作用的实施办法(试行)》要求,市总工会经费审查委员会开展了第二批上海基层工会职工会员监督市级示范点申报活动。经各区、局(产业)工会推荐,市总工会经审办审核,选树91个基层工会为第二批上海基层工会职工会员监督市级示范点。同时,评选出其中的30个基层工会汇编成优秀案例集(其中:国有企业工会10个、机关事业工会10个、其他工会10个),作为可复制、可推广的工作经验。

(李怡婷)

【召开市总工会经审会第十四届十一次全委会】 3月17日,在市总工会机关召开市总十四届经费审查委员会十一次全委会,本次会议采取远程视频连线方式进行,会议应到委员26人,实到委员18人。会议由时任市总工会经审会主任丁巍主持。市总财务资产管理部部长黄银萍和副部长徐冬梅、周静、黄珂列席会议。会议审议通过《市总2022年度经费收支决算(草案)》《市总2023年度经费收支预算(草案)》《市总资产管理委员会2022年度收支决算(草案)》和《2023年度经费收支预算(草案)》《市总本级2022年度经费收支决算》和《2023年度经费收支预算(草案)》等文件。

(史　雄)

【召开市总工会经审会第十五届一次全委会】 5月17日,市总工会经费审查委员会在世博中心召开十五届一次全会。会议应到委员33人,实到委员33人。庄勤主持会议,时任市总工会党组书记、副主席黄红出席会议。会议审议通过《上海市总工会第十五届经费审查委员会表决办法(草案)》《上海市总工会第十五届经费审查委员会第一次全体会议选举办法(草案)》,选举庄勤、陆娟、许俊、孙磊、黄蕾、陈华、张漪琼7人为经费审查委员会常委,选举庄勤为市总工会第十五届经费审查委员会主任。最后庄勤作表态发言。

(史　雄)

【虹口区总工会经费审查委员会召开第七届二次全委会】 7月5日,虹口区总工会第七届工会经费审查委员会第二次全委会在区总工会召开。会议由区总工会副主席、经费审查委员会主任曹玉杰主持。虹口区总工会第七届工会经费审查委员会委员出席会议。会上,全体委员学习市总经审会《关于上海工会 2022 年经费审查工作情况和 2023 年经费审查工作安排的报告》；经审委副主任黄海通报经审委 2023 年上半年工作小结及下半年工作计划。谢仁良、倪佳委员分别从政府采购和资产管理方面作交流发言。会议指出，要全面贯彻党的二十大精神，持之以恒加强全总、市总经审工作要求和相关法规制度的学习，不断提升履职能力；要进一步深化审计工作，加大职工会员监督力度，做好下一步对街道、教育、医务工会的审计工作，充分利用审计结果做好反馈，督促整改；要发挥好经审委员作用，提高发现问题、解决问题的能力，以点带面，解决普遍性问题，推进基层工会规范化建设。 （马伟杰）

【静安区总工会与区审计局召开联席会议】 8 月 17 日，静安区总工会与区审计局召开年度联席会议协调小组工作会议。区审计局党组成员、副局长彭海鹰和区总工会经费审查委员会主任张伟等参加会议。会上，通报区总工会与审计局建立工会经审工作协作机制以来的工作情况、区总年度审计工作计划和推进情况。区审计局通报近年来在对工会经费延伸审计时所发现的问题和提出的建议。会议提出《关于协同推进工会审计问题整改落实工作》的议题。会议认为，区总工会和区审计局认真落实《静安区总工会与静安区审计局建立工会经审工作协作机制的意见》，各项工作得到有效落实。通过两个部门在审计计划、审计内容、审计结果、队伍建设 4 方面联动的不断深化，有效促进全区工会经审工作不断取得新突破，各项工作处于全市工会系统前列。会议强调，在全面贯彻落实党的二十大精神的重要阶段，在加强社会主义协商民主制度建设和提高社会治理能力建设的新形势下，不断健全和完善区总工会与区审计局的联席会议制度，有利于双方更好地沟通信息、统一立场、协调政策、整合资源、发挥优势，共同推动区总工会的多元化"大监督"格局。 （张 伟）

【金山区总工会召开同级审计问题通报整改暨党风廉政建设集体提醒谈话会议】 4 月 14 日，金山区总工会召开同级审计问题通报整改暨党风廉政建设集体提醒谈话会议，区总工会领导班子

成员、区总工会机关中层以上干部、区工人文化宫班子成员、工荟中心负责人参加会议。区总工会党组书记、副主席、经审会主任徐红强主持会议，会议学习传达市总工会《关于开展审计发现问题自查自纠的通知》，通报区总工会同级审计发现的问题，按部门进行专题整改，要求各部室认真落实整改，制定有效整改措施，在规定期限内整改到位。会上，与会人员分别作表态性发言。 （封梅芳）

【金山区总工会与区审计局召开 2023 年工会经审工作联席会议】 5 月 12 日，金山区总工会与区审计局召开 2023 年工会经审工作联席会议。区总工会党组书记、副主席、经审会主任徐红强，区审计局党组书记、局长李永革，区总工会党组成员、副主席孙素华以及区审计局内审科相关人员参加会议。徐红强主持会议，对审计局近年来给予区总工会经审工作的支持、指导表示感谢，将继续沟通、完善审计协作机制，形成工作合力，做到信息互通、成果共享，助推工会经审工作依法开展、提升水平、创新发展。李永革对区总工会经审工作表示肯定，并结合当前审计工作要求，就进一步提升工会经审工作提出 3 点意见：一是坚持问题导向，发挥审计监督作用；二是注重审计整改，做好审计的"后半篇文章"；三是加强培训学习，提升经审财务干部业务水平和履职能力。会议报备区总工会同级审计报告、委托审计报告及各直属工会主席任期审计报告，通报区总工会 2023 年同级审计情况及区总经审会 2022 年工作总结和 2023 年工作要点。 （封梅芳）

【金山区总工会经审会召开六届二次全体会议】 8 月 25 日，金山区总工会经费审查委员会召开六届二次全体会议，区总工会党组书记、副主席、经审会主任徐红强出席会议并讲话。区总工会党组成员、副主席孙素华主持会议。会上，区总工会办公室报告区总工会上半年工会经费收支预算执行情况和经费收支预算开展审计情况，审议通过《金山区总工会 2023 年上半年度工会经费收支预算执行情况的报告》。传达学习《中国工会审计条例》以及 2022 年度市总经审会审计发现突出问题清单和审

计建议。徐红强在讲话中指出，要提高政治站位，切实增强责任感和使命感；要坚持履职尽责，提升经审工作实效；要聚焦队伍建设，提升经审工作水平。 （封梅芳）

【松江区总工会经审会召开六届二次全会】 8 月 14 日，松江区总工会第六届经费审查委员会召开第二次全体会议。区总工会经审会主任杨辉兰主持会议，区总工会第六届经审会委员参加会议。会上，通报 2022 年工会财务收支审计、专项审计工作开展情况、审计发现的问题及其整改情况，并提出下阶段工作安排。审议通过 2023 年度审计计划、2023 年推荐申报第二批基层工会职工会员监督市级示范点名单和 2023 年聘请特邀经审员工作方案。委员们严格审议相关议题，并结合各自经审工作提出工作建议。 （庄靖雯）

【松江区总工会与区审计局召开工会经审工作联席会议】 6 月 30 日，松江区总工会与区审计局召开 2023 年工会经审工作联席会议。区总工会经审会主任杨辉兰，区审计局副局长张新出席会议。区总工会经审会副主任、区审计局财审科科长等参加会议。会上，区总工会通报 2022 年开展工会经费收支审计及审计整改情况。区审计局通报 2022 年被审工会发现的问题、年内计划开展工会"同步审"的工作安排。双方就下一步经审工作作深度交流，在安排全覆盖轮审、专项审计、用好特邀经审员队伍、经审会与审计局联合开展培训等事项进行协商，并形成一致性工作意向目标。 （庄靖雯）

【青浦区总工会召开工会经审工作协调会议】 9 月 1 日，青浦区总工会与区审计局在区总工会召开工会经审工作协调会。会上，区总工会通报 2022 年工会经费审计情况、年内开展工会经费审计项目及主审工作情况，学习新修订《中国工会审计条例》。区审计局介绍 2022 年对重点单位预算执行、专项调查、经济责任等项目开展审计情况及在延伸审计工会经费中发现的问题，并介绍年内上述各项审计项目。双方还就做好审计整改的后半篇文章进行交流探讨。 （朱建强）

【市仪电工会经审会召开第七届全体委员第六次（扩大）会议】 8月8日，市仪表电子工会经审会召开七届六次全委（扩大）会，仪电工会经审委员，各重点子公司及直属工会经审主任、经审员，仪电工会经审会兼职经审员及部分工会干部参加。会上，受仪电工会委托的第三方审计机构和仪电工会经审会6个审计小组，对22个重点子公司、直属单位和基层工会2022年度预算执行和财务收支审计情况分别在会上作报告。经审议，全会通过了上述审计报告。会上还就经审工作做交流。　（周黎俊）

【国网上海市电力公司工会培训经审干部】 9月26—27日，国网上海市电力公司工会在电科院举办为期2天的工会经审干部培训班，公司各基层工会经审干部，经审工作人员40余人参加。本次培训包含政治理论、专业知识、能力素养等方面课程，内容包括新修订的《中国工会审计条例》、民本审计的思考与实践、当前国际国内经济形势与政策、2023年经审工作规范化建设考核、基层职工会员监督工会经费使用的经验交流等方面。通过培训将增强工会经审干部的责任意识，提升优化工作效率，提高经审干部能力水平。（于　劼）

【上海航天局工会加强经审工作规范化建设】 7—11月，上海航天局工会采用全面审计、专项审计相结合的方式，委托第三方机构对下属24个单位开展审计，其中对13个单位展开2022年度审计、11个单位展开2021—2022年度下拨经费使用专审及凭证抽查。根据审计情况，对发现的问题进行整理归类、汇编成案例集，提供各单位有需要时进行对照反思，防止类似问题重复发生。通过开展年度定期审计，旨在提高工会经审干部的能力水平，建设一支政治坚定、业务精通、作风务实、清正廉洁的高素质专业化工会经审干部队伍。（周欣彬）

【市绿化市容局工会经审会开展基层工会经审工作规范化建设考核】 2月，市绿化和市容管理局工会经审会开展2022年度基层工会经审规范化建设考核工作。考核主要依据各基层工会提交的考核印证材料，对照考核指标及评分标准进行。参考基层工会自评，由局工会经审会每位委员对基层工会经审工作规范化建设进行量化评分，综合计算出各单位平均得分。最终，依据得分多少予以排名。以优秀不超过20%、良好不超过30%的比例，经局工会经审会集体讨论，并报局工会研究同意，提出考核意见。经考核，上海市公共绿地建设事务中心工会、上海市辰山植物园工会、上海市环境学校工会3个单位为优秀，上海古猗园工会等6个单位为良好。
（冯　磊）

【市绿化市容管理局工会经审会组织开展部分直属工会财务互检互审】 10月12日，市绿化和市容管理局工会经审会对部分直属工会财务开展互检互审，对2022年及2023年以来的原始凭证、帐册等进行交叉审查。通过互查发现问题，堵塞漏洞，起到相互学习、互相带动、优势互补的作用。并通过举一反三，避免类似错误重复发生，助力工会财务管理规范化建设，强化基层工会经费的审计监督。市绿化市容工会副主席、经审会主任冯磊出席会议并讲话，他指出，一是要以高度的责任感和使命感，做好工会工作，管好用好工会经费；二是要以认真负责的工作态度，全面准确、掌握执行工会经费使用的相关政策；三是要以严肃认真的态度，从严对互检互审中反映的问题进行整改；四是要以完善工作机制的具体举措，举一反三避免类似情况的发生。　（冯　磊）

【锦江集团工会扎实开展经审工作】 2023年，锦江国际集团工会经审会全面深入推进"四位一体"经审监督体系建设，通过"引外力、强内功"，不断提升审计监督管理工作效能。一是完善经审监督体系，推动各级工会主动作为。对11个直属工会经审干部队伍状况开展调查，加强经审会组织建设和专业人员配备；对8个直属工会2022年度经审工作规范化建设主要查看自我测评情况，以自评和汇报方式，找出经审工作工作难点，评定其运行质量。通过规范化建设考核，督促二级工会履行监督职责。二是健全制度夯实基础，提升专业指导服务水平。梳理制作2022版制度汇编，涵盖财务专项监督等34个文件，为各级工会资金使用提供政策依据，为审计审查提供对照检查和审计审查的依据。组织开展年度经审主任培训，采用理论分享和实际案例讨论的方式，提升基层工会经费审计审查人员的实际操作水平。同时，组织各级工会217人次经审人员，参与3场市总工会经审部门举办的在线培训和行政审计联办培训，提高经审队伍整体专业水平。三是聚焦经审主责主业，围绕工会中心工作做好内部审计。集团工会经审会完成4个直属工会主席离任审计，指导8个直属工会经审会上报2023年度工作计划、同级工会上半年预算执行情况审查报告和2022年预算执行和财务收支审计报告，并提出预算调整建议。酒店工会和锦江汽车公司工会完成3个市级劳模创新工作室资金专项审计，并出具管理建议书。配合集团工会财务部门做好2022年度的工会经费收缴、市总划拨全总重点工作专项资金使用管理情况。以及2023年度预算执行与决算管理情况、预算绩效管理落实等自查工作。　（孙　侃）

信息化工会

【概要】 2023年，市总工会认真落实市委、市政府和全国总工会的要求，全力推进工会数字化转型工作、上海工会数据治理应用工作，抓好各信息化项目建设，高效、高质量完成上海工会"一网通办"，年内未发生重大网络安全事件。一是筑牢网络安全防护底线。完成市总机关系统云上信息系统资产底账排摸，参与大规模政务云租户等级保护团队标准发布落地试点，完成市总机关系统21个信息系统等保测评与复测。对市总工会重要信息系统开展渗透测试、漏洞扫描、代码审计等，并进行差距分析，持续跟进各类风险提示与整改加固。进一步修订完善网络安全相关制度，组织开展网络安全专题培训、网络安全警示教育、网络安全应急演练、网站安全监测工作，筑牢网络安全屏障，守住网络安全底线。做好中国工会十八大、市第十五次工代会、第六届进博会等重大活动和重要时期的网络安全保障工作。二是构筑工会智慧便捷服务。定期升级"随申办·工会"服务专栏，稳步推进"扫码入会"，在库实名制会员人数超750万。先后完成"新就业形态劳动者参保""职工健身驿站""市级机关大病慰问"等工会服务上线运行。对接更新8批次"会员福利"商户，惠及职工会员

10月16日，上海航天局工会护航工社APP3.0版本启动仪式在上海航天双创中心举行
（周欣彬）

88万人次。深入推进公共服务"免交用证"、深化推进政策服务"免申即享"、持续推进工会服务"好差评接入"。完成"双100"高频依申请政务服务事项优化，配合完成多元化解矛盾纠纷服务"一件事"工会业务互融及升级改造，完成"一网通办"工会条线公共服务事项标准化建设工作。三是开展工会数据治理应用。着力探索工会数据管理制度创新，制订印发《上海市总工会公共数据管理办法（试行）》。参与公共数据上链会战，编制数据目录43个，目录编制规范率、信息系统覆盖率、目录标准覆盖率、数据资源挂载率达100%。配合市大数据中心，将工会法人证条纳入市法人库，累计归集3万余条有效工会法人数据。持续提升工会组织会员实名制数据质量，实名制核验率提升至99.7%，归集时间提升至0.923天，数据接口被累计调用近2千万次，在全总实名制数据汇聚工作中，数据质量排名第一，实名制核验率排名第一。四是做好机关信息建设服务。完成市第十五次工代会期间信息技术服务与保障，完成长三角高质量一体化发展工会工作联席会等重大视频会议保障，完成市总工会公务网换证分保测评。做好机关常态化运维、信息化项目管理、OA办公系统、申工通、邮件、会缘等系统的管理与服务工作。
（周礼昊）

【中国宝武持续推进"智慧工会"平台建设】 年内，中国宝武钢铁集团有限公司工会不断做强工会和职工的智能服务，持续推进"智慧工会"平台建设。一是围绕"优"不断深耕，改版升级"智慧工会"，重构平台架构，深化"大咖讲""赋能堂"等平台服务品牌，拓展"岗位练兵""班组学堂"等应用场景、上线"文体协会"等全新模块，全面提升职工使用体验。加强职工关心关爱，整合升级内外部优质资源，上线"名医讲堂"，升级"心理服务""赋能堂"模块，累计推送健康资讯100期、健康讲座110期、健康养生听读专栏数百个，为职工提供全方位、全天候身心守护。二是围绕"智"不断探索，搭建宝武工匠等荣誉在线申报系统、打造劳动竞赛榜单管理发布平台、开发智能客服机器人、询比价机器人、实现评优评先工作智能化和网上献计全流程移动端操作，为工会开展工作活动提供便捷、智能服务。尤其在策划开展"智慧平台建设"专项劳动竞赛，智慧工会平台的应用广度、深度、热度均有大幅提升，平台粘性进一步增强。三是围绕服务职工，先后开发数智大屏、完善组织库、搭建数据库、建立用户画像模型，为精准服务、决策管理提供支撑。探索共享共建，打造职工亲情账户体系，共建宝武亲情圈，全面形成"从职工本人到职工家属、从职工工作到职工生活、从职工权益保障到职工身心健康"的服务职工新格局。
（王冠鹏）

【高桥石化工会上线合理化建议网上工作平台】 3月，为进一步规范公司开展合理化建议工作，助力职工优化合理化建议质量，提升公司管理质效。高桥石油化工公司工会上线运行合理化建议网上工作平台。期间，通过对34个系统在运行中出现的问题进行整改，平台作用发挥良好。截止12月底，职工共提出合理化建议4441条、采纳2740条，与往年相比数量提高20多倍，极大激发职工提合理化建议热情。年内，公司在开展主题教育中的建言献策、"我为制度做诊断"、节能宣传周合理化建议等均通过平台展开，通过平台落实解决。
（吴斌）

【市监狱管理局工会全力打造线上工作平台】 年内，市监狱管理局工会为打造展示职工文化和会员风采的连续化、系统化、品牌化线上平台，成功上线运行"菁英汇"小程序线上工作平台，该平台可快速、多元、多频形式传递工会各类信息。年初以来，局工会先后通过平台在线开展"好书诵读"接龙、"我有一双灵巧的手"五一节主题活动、健身运动PK赛、"寻找红色印记"主题活动、"国庆健行"线上健步走等多项活动，累计吸引7300余人次参与。
（江海群）

督查工作

【概要】 2023年，市总工会督查工作始终贯彻落实习近平关于抓督查、促落实的重要论述，围绕学习宣传贯彻党的二十大、中国工会十八大和市第十五次工代会等会议精神，按照全总和市委的工作部署，加强统筹协调和督促检查，推动各项重点工作落实落地，确保全年目标任务顺利完成。一是抓好全总年度专项督查。切实按照全总督查要求，明确责任部室，配合做好全总督查组对市总关于产业工人队伍建设改革、维护劳动领域政治安全、政府与工会联席会议的书面和实地督查，全部获全总督查考核项目优秀评价。二是抓好批示件督办反馈。做好市总主要领导调研活动、专题会议讲话要求及重点关心工作事项的督促落实，学习领会领导批示指示精神，编发领导批示抄清115期，下发《领导指示批示督办通知单》11期，督促承办单位及时报告办理情况，持续跟踪问效，确保领导批示件及时准确高效办理落实。三是抓好市总重点工作的跟踪督查。编制市委、市政府和市总年度重点工作督查项目，督促各责任部室（单位）按照"可执行、可跟踪、可考核"要求，逐项明确目标举措和时间节点，强化制度执行，评估实施效果，编发《市总2023年重点工作落实情况表》9期。
（徐鑫悦）

信息工作

【概要】 2023 年，市总工会信息工作坚持贯彻落实习近平对新时代办公厅工作作出的重要指示精神，围绕服务中心大局和工会工作大局，着力发挥信息参谋助手作用，不断强化咨政建言能力。一是提升信息工作报送质量。重点围绕学习宣传贯彻党的二十大、中国工会十八大、上海工会十五大等内容，编发《专报》29 期、《工会简报》27 期，上报全总、市委约稿信息 27 篇；全面及时完成全总信息约稿任务，多篇信息经全总录用并报送中办、国办，评获 2023 年全总信息工作成绩优异单位。二是持续优化信息管理制度。加强同基层调研、舆情报道、研究智库等渠道的联动，明确报送要求、渠道，确保信息内容真实准确、数据案例新鲜典型、反映情况客观全面、综合研判扎实到位、对策建议切实可行，不断提升专报信息质量。三是加强基层工会信息指导。结合市委大调研以及全总蹲点工作，走访调研各全总信息直报点，下发优秀信息汇编；举办工会信息员培训班，开设工会调研研究、信息报送等方面课程，提升信息工作队伍素质。松江区总工会、工会学院、机电工会、上港集团工会分别获评向全总报送信息工作成绩优异单位。

（徐鑫悦）

信访工作

【概要】 2023 年，市总工会受理和办理职工群众信访的总量 91386 件（次），同比下降 0.7%。其中来信 214 件，同比增加 32.1%；联名信 7 件，同比增加 16.7%；来访 39 批 49 人次，同比批次增加 333.3%，人次增加 308.3%；来电 91053 件（次），同比下降 0.8%。信访反映的主要矛盾集中在职工互助保障、工会工作、劳动关系等方面。一是注重规范办理，不断提高初次信访办理质效。把初次信访作为提升信访办理质量的着力点，压实首办责任、加强办件效果，确保初次信访案件办理程序规范、案件事清明了、及时回应诉求，第一时间推动问题解决。同时，在初次信访办理工作流程中不断优化交办、转送、答复、归类、决策跟踪等信访事项处置模式，形成完整的工作闭环，实现让职工群众"最多信访一次"的工作目标。注重沟通协调，不断推进信访矛盾化解攻坚。在信访矛盾化解中，重视与信访职工群众的沟通，充分了解其诉求；重视与相关单位的沟通，理解信访处理流程、实体调查情况、作出信访处理意见的政策依据；重视与业务部门的沟通，在合法、合规、合理的前提下尽最大可能化解信访矛盾；重视与上级信访部门的沟通，尤其是对疑难、复杂的事项，主动与上级业务指导部门沟通，获取多方专业意见，确保矛盾化解工作实效。二是注重队伍建设，不断提升信访职工群众的满意度。定期召开工会信访网络组例会，组织区、局（产业）工会信访干部传达学习全总与市信访工作会议精神，切实把本市工会信访干部的思想统一起来。9 月 7 日、8 日，举办信访干部培训班，来自本市各级工会及市总直管单位的信访干部 60 余人参加培训，通过办信、接访等信访工作实务、以及宏观经济形势与政策分析、当前劳动争议热点问题分析及应对等课程培训，切实增强工会信访干部围绕中心大局、依法推动问题解决、做好职工群众工作的能力。

（丁贤灏）

对外[1]交往

【概要】 2023 年，上海工会坚持以习近平外交思想为指导，深入贯彻落实总书记对港澳工作的重要指示精神，贯彻落实中央对港澳工作方针政策，主张互相尊重、求同存异，与友好工会建立更紧密的伙伴关系。年内，上海市总工会接待来访的境外友好工会团组有中国台湾省高雄市政府工会、中国香港特别行政区电梯业总工会、中国香港特别行政区工会联合会、非洲工会统一组织、中国台湾省台塑集团南亚仁武厂工会。来访代表团收到市总工会领导的热情欢迎，与有关部室、单位和企业进行全面深入的交流。上海市总工会不定期开展本会和直管单位及各区、局（产业）工会与国（境）外工会的业务交流，与共 20 个国家和地区的工会签署友好交流协议，形成覆盖亚、非、欧、美、大洋五大洲的友好合作交流格局。年内，海鸥集团应邀赴新加坡、中国香港访问，与新加坡千禧酒店集团、洲际国际酒店集团负责人和酒店管理团队就双方合作项目座谈交流。市总工会应邀赴中国香港访问，与香港工会联合会就产业工人技能提升等方面事项进行座谈，并充分了解港方在高水平技能人才建设方面的工作情况。

（曾华铭）

【海鸥集团应邀赴新加坡进行工作访问】 10 月 18—25 日，应新加坡千禧酒店集团和洲际国际酒店集团的邀请，海鸥集团党委副书记王涛一行 5 人赴新加坡的相关酒店集团区域总部和酒店参观访问。期间，双方就国际品牌酒店的资产运作、管理运营、酒店设计和施工经验及国际酒店行业趋势等方面展开座谈交流。工作组在途经及中国香港时，还参观访问了香港相关酒店集团区域总部。

（曾华铭）

【接待非洲工会统一组织来沪访问】 10 月 20—22 日，市总工会接待非洲工会统一组织总书记阿里兹基·马祖德。在沪期间，该团组参观中国劳动组合书记部旧址陈列馆、上海劳模风采展馆、中共一大会址纪念馆、陆家嘴户外劳动者之家等。

（曾华铭）

【黄红一行应邀赴香港进行访问】 12 月 26—30 日，应中国香港工会联合会（以下简称香港工联会）邀请，时任市总工会党组书记、副主席黄红一行 6 人，赴中国香港访问香港工联会、启德 KT5B 矩形顶管地道工程、港铁公司、东方证券香港子公司、香港金融管理学院、上药生物治疗（香港）有限公司、中国旅游公司暨香港中旅集团。在港期间，团组一行人与香港工联会重点围绕沪港两地工会之间交流合作进行座谈，就加强沪港两地产业工人队伍建设、深化高技能人才培养、提升两地职工技能水平、丰富两地职工发展模式，特别是对两地职工在技能、文化、交流等方面形成机制进行深入探讨，签署《上海市总工会与香港工会联合会加强交流合作备忘录》。

（曾华铭）

[1] 本节所指"对外"专指境外。

2024
上海工会年鉴

区局（产业）工会

区总工会概况

【**浦东新区总工会**】 所辖基层工会9652个,其中单独基层工会8405个、联合基层工会1247个,基层工会涵盖单位21986个。职工943460人。工会会员906543人,其中女会员397948人、农民工会员222722人。主要工作:组建劳模先进宣讲团,广泛开展理论大学习、大讨论和案例大评选活动,共组织各类活动718场次,覆盖职工46.3万人次。制定实施《推进新时期浦东新区产业工人队伍建设改革行动方案(2023—2025年)》,并持续把建设改革推向深入。着力构建全国引领性劳动竞赛体系,创新实践"训—赛—证—用"一体竞赛新模式,全区各级工会累计举办竞赛活动4018场次、竞赛项目2448项,参赛职工18.2万人次。培训职工19.6万人次、覆盖职工114万人次。颁发228项职工技能认定证书,其中人工智能创新应用等重点赛事产生孵化投资优质项目,显示出引进培育优质团队等溢出效应。获评全国五一劳动奖4个,市级五一劳动奖79人(个)。选树上海工匠8人、浦东工匠50人。培育劳模工匠创新工作室、职工实训中心、职工科技创新基地46个。评选职工创新成果、合理化建议和先进操作法等385项。探索以多元方法化解劳动关系领域矛盾纠纷,形成"工会+法院+检察院+人社+司法"五方协作联动机制,陆家嘴金融城联调工作站获评全国金牌调解组织。街、镇层面推行政府与工会联席会议制度实现全覆盖,自贸区金桥管理局所在开发区创新联席会议工作建制。着力构建浦东民主管理"1+3"实训模式,推选的职工提案连续三年获评全国优秀职工代表提案。推动盒马等平台龙头企业探索建立职代会制度,首次将新就业形态劳动者关爱保障纳入集体合同。与7个行业主管部门建立户外劳动者关爱"共护"机制。发布《优化提升职工服务体系品质能级的建设指引》,规划全区服务职工"四级"阵地"一张图"。区总工会获评"全国推进工会驿站双15工程中重要贡献单位"。新建市实事项目职工健康服务点1个、升级优化3个、新建职工工间休息室131个。与区市场监管局联手,发布全市首个《爱心妈咪小屋建设和管理规范》标准文件。组织17.5万人次职工参加"看上海、品上海、爱上海"主题活动。组织1.8万名外来建设者参加免费体检。研发城市困难职工帮扶"免申即享"闭环数智模型,全面提升三级职工帮扶服务效能。推动重点企业建会16个,新建社会组织工会243个,建立区级保安、养老护理等行业工会联合会。畅通入会渠道,新就业形态劳动者累计入会5.9万人,全区实名制会员入会93.7万人。构建浦东数智工会"1+1+N"体系,基本建成"工会通"数智平台1个,搭建数字底座1个,研发上线多个数智服务场景,6个应用场景已上线实现试运行。(吴周筠)

【**徐汇区总工会**】 所辖基层工会1744个,其中单独基层工会1325个、联合基层工会419个,基层工会涵盖单位11571个。职工289337人。工会会员285826人,其中女会员123138人、农民工会员72815人。年内,新建工会101个,其中企业工会92个、联合工会9个,入会职工7478人,灵活就业劳动者6919人。扫码入会会员数增至29万人,完成入库数的102.5%。全区企事业单位职代会建制率91%,签订集体合同企业2007个,涵盖职工2.94万人,占应签率97.13%;签订工资专项集体合同企业7433个,涵盖职工16.42万人,占签订数95%。区总获评2021—2023年全国推动厂务公开民主管理工作先进单位。先后为406个企业提供优化和谐劳动关系建设的指导服务,实地审查劳动规章制度和劳动合同,解答企业咨询287个,向企业提出建议260条。为聚焦区域重点产业发展,先后举办"元宇宙"设计创意大赛、一网通办立功竞赛、第一届"长桥杯"徐汇区市集职工技能赛、"徐家汇杯"家政技能赛、妇幼健康职业技能赛、"康健杯"快递外卖配送员职业技能赛、第二届"天平杯"咖啡(西点)职业技能赛、"华泾杯"养老护理员技能竞赛等共56场,参赛职工22907人次。选拔职工参加各类市级比赛,获上海职工家政服务技能竞赛二等奖、优胜奖各1人;获上海生物医药行业职工技能大赛银奖1人、铜奖4人;获市第二届网约配送员职业技能竞赛二等奖1人、团体三等奖1个。组织参加上海职工职业技能竞赛获银奖2人、铜奖和优胜奖各1人。申报晋升技师、高级技师7人并获奖励,获一线职工授权发明专利奖12人,市职工合理化建议创新奖1项。利用地方教育附加资金实施培训直补1310.7万元,申报审核通过的8个企业培训14334人,金额860万元。在服务职工需求中,为8.58万人办理工会专享基本保障,获理赔923人、理赔金434万余元;为19.95万人次职工参保上海职工互助保障金额2350.65万元,获理赔2.4万人次、金额1980万余元;为退休职工办理住院补充保障13.67万人次,保障金5636万元,获理赔25.5万人次、金额6246万余元;为1193名新就业形态和灵活就业劳动者办理集中参保。全年举办线上线下配送心理讲座43场,惠及职工8000人。参加"看上海、品上海、爱上海"活动及疗休养职工6000人。助力职工实现"汇心愿"1200个,升级改造户外职工爱心加油站10家,新建健康服务点3个并升级3个,新建健身驿站2个,累计有爱心接力站、妈咪小屋、健身驿站、职工书屋等服务职工阵地391个。推进"汇课堂"进百家企业开班295个、服务职工近万人次。举办摄影比赛、外卖快递小哥好声音大赛、城市定向赛等活动39场,参与职工5330人次。参与举办枫林科创园文化节、华鑫慧享城樱花音乐会、慧谷创业园、浦原科技园文化日等活动6场。承接市总2023职工智能体质监测团体达标赛,举办工间操进企业(园区)40场。举办职工射击射箭、三对三篮球赛、保龄球、五子棋比赛等各类体育活动70场,参与职工5000余人次。年内,获评全国五一劳动奖章1人、全国五一巾帼标兵1人;获评市五一劳动奖状5个、市五一劳动奖章13人、市工人先锋号12个;评选区劳模(先进工作者)40人、模范集体15个。刘福焕工匠创新工作室获评市工匠创新工作室,于是劳模创新工作室获评市劳模创新工作室。

(周 吉)

【**长宁区总工会**】 所辖基层工会1733个,其中单独基层工会1476个、联合基层工会257个,基层工会涵盖单位11684个。职工260822人。工会会员235232人,其中女会员107962人、农民工会员61432人。主要工作:一是以思想引领为担当,履行工会政治责任,带领职工听党话、感党恩、跟党走。聚焦中国工会十八大、十一届区委七次全会和市十五次工代会上提出的目标任务,带领全区广大职工深入学习领会习近平关于工人阶级和工会工作的重要论述、习近平在同中华全国总工会新一届领导班子成员集体谈话时的重要讲话精神，组织基层工会干部收看市十五次工代会开幕式、聆听全国总工会"学习贯彻中国工会十八大精神"的专题辅导报告。二是以建功立业为时代使命，深化产业工人队伍建设改革，不断提升工会组织感召力、影响力、向心力。年内新建企业工会36个，其中百人以上企业6个；筹建区直管企业工会联合会，发展会员单位31个；全力推进爱奇艺平台企业成功组建工会。全区累计有50个重点企业新建工会组织，建会率占88%。另有4500余名灵活就业人员加入工会。着力推进扫码入会工作，会员库实名制会员人数为24万，提前完成市总工会下达的目标。三是以维护职工合法权益为根本任务，贯彻全过程的人民民主理念，构建广覆盖、多层次、高效率的民主管理工作体系。爱奇艺、科大讯飞、拼多多等3个重点平台企业，建立职代会制度和集体协商制度。全年共签订集体合同4292份，其中签订三项集体合同的企业301个，50人以上的企业签订146个。建立并启动"工会+法院+检察院+人社+司法"五方协作联动机制，与检察院签订《关于建立职工劳动权益保障公益诉讼民事支持起诉协同工作机制的合作协议》。四是以服务帮扶为主要职责，扎实推进实事项目，职工获得感、幸福感、安全感稳步提升。持续开展"安康护航"，全区累计查处、整改事故隐患4181项。各级工会开展送清凉专项慰问721次，慰问企业或工地834个、职工4.8万人次。组织1578人次职工参加工会安排的疗休养。持续做好"职工互助保障"与"工会会员专享基本保障"工作，全年参保职工数22万人，受理给付3.1万人。汇聚辖区内20个企业，建立"长宁区总工会爱心企业联盟"，携手帮助困难职工实现"微心愿"595个。五是以职工阵地为服务圆心，延伸工会服务半径，绘制职工服务精细化、多元化、系统化的"同心圆"。全区8个健康服务点和46个"Health工享站"累计服务职工8000人次。开展健康科普讲座58次，累计服务职工2.6万人次。全区75个户外职工爱心接力站服务职工8.6万人次。全年举办"会聘上海·职等你来"等招聘活动17场，207个单位提供岗位12195个。举办线上线下心理讲座25场，服务职工3.3万人次。开展"卡卡直通

车""'宁'优惠"主题系列活动89场，服务职工7.2万余人次。全年开展公益乐学及各类职工文体赛事，参与职工近10万人次。

（杨柳青）

【普陀区总工会】 所辖基层工会1658个，其中单独基层工会1342个、联合基层工会316个，基层工会涵盖单位5050个。职工164438人。工会会员157960人，其中女会员68558人、农民工会员56999人。主要工作：一是聚焦党建带群建，建设与团结奋斗时代要求相适应的职工思想引领工程。与群团组织联合召开党建引领群团组织高质量发展推进会，发布"普工英计划"靠谱群建项目，表彰首届区级劳模先进。创新成立靠谱工建联盟，推动成员单位组织共建共享，赋能高质量发展。依托党群阵地网络，融合嵌入打造长风湾等4个"普工英靠谱驿站"，累计建成16个。圆满收官"半马苏河·工运记忆"宣传片（23集）的制作发布，并上线新华社客户端、学习强国平台。开展"半马苏河·工运之声"沉浸式主题宣讲、"劳模工匠耀苏河""五进"活动累计165场，服务职工5万余人次。上线全市首个红色工运地标寻访小程序，让百年"赤色沪西"工运史"红起来""活起来"。先后获评全国级五一劳动奖章2人、工人先锋号1个、五一巾帼标兵岗1个；获评市级五一劳动奖状4个、五一劳动奖章10人、工人先锋号8个；被命名上海工匠2人、普陀工匠20人。二是聚焦建功新时代，建设与经济高质量发展相适应的产业工人队伍。聚焦营商环境优化、城市数字化转型、基层社区治理等区委、区政府重点工作，开展"七彩秀带·普陀来赛"职工创新技能比武、劳动竞赛51项，参赛职工1.6万余人次；承办上海市第二届网约送餐员技能竞赛；开展职工先进操作法优秀成果奖、创新奖及合理化建议活动中有6个项目获市创新奖。成功推荐市级劳模、工匠创新工作室4个，命名区级劳模、工匠创新工作室15个。牵头推进产业工人队伍建设改革，接受上海市推进产业工人队伍建设改革第二督查组进行实地督查并获好评。与人社局联手，指导、推进在普环公司开展全市首个保洁员（高级）职业技能等级自主认定工作，首批64

人取得高级证书。三是聚焦新就业群体，建设与全过程人民民主最佳实践地相适应的职工维权服务机制。协调指导"饿了么"平台（全网）企业召开一届一次职代（扩大）会议，签订首份覆盖全国1.1万个配送站点、全网300万新就业形态劳动者权益的集体合同。朱雪芹法援工作室7年来保持"零投诉""零争议"，全年接待来电来访、法律咨询5065人次，其中3人以上群体性争议191件。参与协商调解、代理仲裁、诉讼法律援助案件1892件，为职工挽回经济损失6519万元。召开政府与工会联席会议，推出工会助力优化营商环境的"十五条"措施。编著出版《企业劳动合规与职工维权指引》，旨在以和谐劳动关系护航一流营商环境。年内投入538.2万元，全面完成职工实事项目，惠及职工35.6万人次。市、区两级互助保障计划累计理赔17530人次，理赔金额1362.72万元。创立"626靠谱服务日"工作品牌，推行"四季为你，全天守候"服务，实现"服务职工一件事"项目上线随申办。因地制宜解决一线职工"就餐难"典型案例3个，均入选市总工会"十佳案例"。推进服务职工阵地设计、建设，完成文体中心项目的竣工、验收，打造了普陀职工公共文化体育新地标。

（陆 蕾）

【虹口区总工会】 辖有街道总工会、行业工会、直属企业机关单位工会共32个。基层工会1505个，其中单独基层工会1268个，联合工会237个，基层工会涵盖单位5527个。职工135683人。工会会员131561人，其中女会员40328人、农民工会员19266人。年内工作：一是坚持思想政治引领。贯彻落实党的二十大、全总十八大精神，深化主题教育，认真研读《习近平关于工人阶级和工会工作的论述摘编》，形成班子成员研学和"1+3+X"述学制度，推动工会工作"强三性""去四化"。运用红色工运资源场景，展演自创《先锋正红——愿拼热血如春雨，洒遍劳工神圣花》情景剧目，纪念"五卅"运动98周年。召开五一表彰会，选树虹口工匠、虹口青年工匠各10人。二是坚持职工技能提升。强化制度、财力、服务保障，推进产业工人队伍建设改革走深走实。先后承办第四、第五届市社会工会工作者技

能比武获优秀组织奖；联合相关部门举办家政服务、物业行业、食堂厨艺技能竞赛；与人社、财政、教育等8部门联合开展设有28个项目技能竞赛。开展劳模团队进校园、进楼宇、下社区劳模工匠助企行活动，以"劳模工坊""模拟法庭"等形式发挥产业工会劳模工匠示范引领作用。三是坚持帮扶服务职工。摸排310个服务点，打造"属你最'虹'"工会服务品牌，以线上线下形式开展一站式各类服务15场，4.22万人次职工参与。上线2项服务融入区"放管服"改革，推送惠企政策1个、热点服务6项、领导帮办服务4件。新建职工健身驿站1个、健康服务点2个、爱心接力站4个，获评"全国最美工会户外劳动者服务站点"2个。新建医疗、环卫行业职工工间休息间；为环卫职工赠送饭盒1000套；助力云南文山和青海果洛地区工会创建职工书屋、爱心接力站；与福建三地工会签订疗休养、农特产品入沪、劳务培训合作协议。四是坚持依法维护权益。先后为360个用人单位提供法律指导服务。建立"工会+法院+检察院+人社+司法"协作联动机制，调处法律援助案625件，挽回经济损失1260万元。化解集体裁员、网约车司机、职工劳资纠纷及群体性劳资矛盾。工会《多元化解联出实效，法援服务加出温度》特色经验被市总、区委录用。开展工会法援+就业、心理咨询、困难帮扶工作，先后帮扶69人实现就业。五是坚持先进职工文化。组织62支代表队、1.2万人次参加区职工运动会。"公益乐学"项目开办课程200余场，服务职工6000人次。选送优秀文艺骨干参加市群文新人新作展演，《斫·琴》《浦江朝晖》作品获"群文新作奖"。组织职工参加上海职工文化季，无伴奏音乐《追光者》获上海职工文艺作品展演音乐类金奖、区总获优秀组织奖。组织开展"微光掠影·风尚虹口"职工原创作品展演。六是坚持工会组织建设。召开区第七次工代会。推选参加全国工会十八大、市总工会十五大代表。以"县级工会加强年"为抓手，推动太平船务等一批知名企业建立工会。创建区总官微平台，统一文稿审核管理，发布信息430篇，职工点击阅读量13万人次。机关干部深入基层开展各类调研78次，列出问题清单4个、解决问题10个。修订"三重一大"、四责协同制度，

落实审计反馈整改。制订《区基层以上工会经费支出管理暂行办法》，规范经费收、管、用。清退文化宫外租场地4910平方米，为工会资产保值增值。

（马伟杰）

【**杨浦区总工会**】 辖行业、街道和直属工会组织32个。基层工会2136个，其中单独基层工会1856个、联合基层工会280个，基层工会涵盖单位9691个。职工255058人。工会会员250021人，其中女会员104120人、农民工会员112360人。年内，在区委和市总的领导下，认真履行主责主业，各项工作取得新成效。一是强化学习，传承先进文化。学习贯彻习近平新时代中国特色社会主义思想，习近平考察上海时重要讲话精神和全总十八大精神。以线上线下形式，组织21万人次职工参与主题教育，4万人次参观百年工运红色记忆寻访地。培育全国职工书屋示范点1个、全国示范职工读书会2个、市优秀学习型企事业单位5个。14.2万人次职工参加各类课程或专题活动760期。联合举办长三角体育嘉年华暨森林越野半程马拉松等赛事11场。二是弘扬先进，激励革新创造。经选树推荐，获评全国五一奖章1人；市五一奖状5个、市五一奖章11人、市工人先锋号11个、上海工匠1人；区五一奖章100人、区五一奖状50个。举办劳模精神、劳动教育、工匠课堂进校园活动30余场，并开展劳模讲师团学业指导。举办以创建文明城区、"两网"建设、社区服务、绿化市容、沪明合作·沙县小吃制作为主题职业技能竞赛。深化"五新五小"活动，激励职工参与技术革新、创新创造和提合理化建议。全区19个职工学堂培训职工3.87万人次、累计1.67万个课时。三是聚焦纾困，帮扶服务职工。先后下拨111.83万元，为6089名新就业形态劳动者及1000名困难职工纾困并点亮"微心愿"。开展元旦春节及夏季高温慰问。筹措388万元为4.97万名困难职工纾困并给予稳岗补贴。为700名医养照护，家政服务女性提供"两病"筛查。为15.8万名会员赠送"工会基本保障"，229名会员获理赔235万元。先后整改服务阵地240个。建成园区职工食堂2个、1个入围市十佳职工食堂。创建爱心妈咪小屋17个、升级五星小屋1个。新建全国最美户外职工

爱心接力站1个、职工工间休息室6个、职工健身驿站2个。以"直播带岗"形式举办52场招聘会，提供1.2万个就业岗位。四是维护权益，民主管理企业。年内开展工资集体协商企业7179个、涵盖职工114808人。召开区政府与区总联席会议。指导医养照护行业和哔哩哔哩公司召开职代会，指导新江湾城街道总工会成立"娘家人服务站"，指导长白228街坊召开一届一次工会议事会，指导500个企业实施和谐劳动关系优化建设。织密区、街道、园区、企业信息直报网，化解群体纠纷14件、惠及职工1818人。"三大窗口"累计调解238件劳动争议案。为参加安康杯竞赛的327家企业排查事故隐患，2.5万人次职工参加安康杯知识竞赛。五是夯实基础，强化工会建设。持续推动产业工人队伍建设改革走深走实。清单制推进工会组建，新建工会224个、覆盖企业671个、会员10776人。新增扫码入会会员26240人。强化"小二级"工会建设，推动25人以上单独基层工会进一步建起来、转起来、活起来。推荐2名全总十八大、22名市第十五次工代会代表。获评市模范职工之家4个、市模范小家5个、市优秀工会工作者4人。举办工会实务、工会主席专题培训班，进一步提升基层工会干部工作能力水平。

（张秀鑫）

【**黄浦区总工会**】 辖直属工会41个。基层工会2712个，其中单独基层工会2384个、联合基层工会328个，基层工会涵盖单位10682个。职工313119人。工会会员255456人，其中女会员108043人、农民工会员59140人。年内，在市总和区委的正确领导下，担当工会使命，赓续红色文脉，充分发挥工会组织的桥梁纽带作用。一是持续强化工会组织建设。实施"县级工会加强年"三年行动计划，形成"加强年"专项工作总结，推荐"加强年"典型案例3个、申报"小二级"工会优秀案例5个、协调指导中海楼宇和外滩中心楼宇成立工会联合会。完成5500名灵活就业项目经费申报，吸引更多新就业形态劳动者加入工会。二是在参与经济建设中建功立业。下拨399万元专项资金，开展旅游、家政、美发美容行业职业技能比武。申报获评全国五一劳动奖章1人、市五一劳动奖章12人、市五一劳动奖状

4个、市工人先锋号13个。选树命名2022年"黄浦工匠"10人、"黄浦智慧工匠"6人。创建劳模（工匠、技师、职工）创新工作室12个、补贴36万元资助创新项目6个。推荐3个劳模创新工作室、1个工匠创新工作室申报市级创新工作室。三是帮扶服务职工纾困解难办实事。常态化管理好"户外职工爱心接力站"，年内服务职工37700人次。开展"夏送清凉"活动，以"一辆餐车播洒爱"形式为高温作业职工送去盐汽水和棒冰1600瓶（支），慰问户外职工3000人。先后为382人次困难职工和178名突发重大疾病职工，送去帮扶金73.65元和21.36万元。帮扶368名困难职工实施"菜篮子"行动。累计84892人次职工参加一日捐，捐款576.92万元。支出21万余元安排6000名职工参加疗休养。安排2688名在职女职工、女农民工参加"两病"筛查。四是助力企业创建和谐劳动关系。召开本年度政府与工会联席会议，协商解决一线医务人员工间休息室建造、劳模精神进校园事宜。加强对520个企业和谐劳动关系优化指导服务，对80个重点企业进行劳动关系法律体检。定期开展"一门式""零门槛"法律援助服务，本着"应援尽援""应帮尽帮"原则为职工提供协商调解、代理仲裁或诉讼，累计接待3000人次，受理、办理援助案140件，参与联合调解纠纷案240件。五是传播黄浦职工先进文化正能量。年内，在"黄浦工会"微信公众号开设"基层动态"专栏，入选刊登24个单位工会动态或特色经验93篇，推出9个微视频在平台展播，选送的1个微视频在上海职工微电影节上展播并获二等奖。组织医务和教育职工代表参加全国宣讲赛。开设"科普园地""劳权问答"等主题公益广告传播工会正能量。新建2个职工健身驿站，丰富职工文体活动。组织8000名职工参加上海职工文化网络大赛，其中23个作品参加上海职工文化艺术季展出。在创建星级职工书屋中，6个职工书屋获评三星级、7个获评四星级，开设职工智慧书柜9个。（曹超宇）

【静安区总工会】 所属街道总工会13个、镇总工会1个、园区总工会1个、机关事业工会17个、企业集团工会14个。辖基层工会2490个，其中单独基层工会1978个、联合基层工会512个，基层工会涵盖单位10771个。职工255247人。工会会员225025人，其中女会员107838人、农民工会员24099人。工作机构设办公室、基层工作部、劳动关系部、权益保障部、宣传教育部。另有工人文化宫、工人体育场、职工服务中心3个事业单位。主要工作：一是担当引领职责，凝聚静安职工正能量。举办"学习贯彻二十大，砥砺奋进新时代"职工宣传教育活动，倾力打造"云上思政厅""云上培训吧""云上体验间"，在线推出42节主题党课及活动体验。举办五一劳动节、贯彻中国工会十八大精神"五个一"主题活动。年内获评全国级五一劳动奖章1人、工人先锋号1个；获评市级五一劳动奖状5个、五一劳动奖章11人、工人先锋号11个。落实劳模"四金"专项补助金289.69万元。二是激励岗位建功，提升产业工人技能素养。着力开展2023年"建功'十四五'奋进新征程"劳动技能竞赛，先后举办18项次、140余场劳动技能竞赛。选树命名"静安工匠"16人、"静安能手"30人；命名静安区劳模创新工作室1个、工匠创新工作室3个。落实工会牵头抓、负总责的要求，助力静安产业工人队伍建设改革不断向基层延伸、向纵深推进。三是履行工会职能，确保劳动领域政治稳定。召开区级、各街道和镇级与工会的劳动关系协调联席会议，并实时更新议题库。解决35批、860人次的群体仲裁诉求。实施工会法律援助2647件，为职工挽回经济损失4243万元，且在全市首家实现法律援助在线办理并进驻"随申办"APP。建立"工会＋法院＋检察院＋人社＋司法"五方协作联动机制。与法院建立的"一站式多元解纷"成功率不断提高，承办诉前调解231件。年内签订集体合同882份，覆盖624个企业的11.37万名职工。提供并指导540个企业建立和谐劳动关系优化服务。制定区总工会安全生产工作《意见》，排查事故隐患10929件，整改10075件。四是真心服务职工，感受更多获得感幸福感。启动"暖心静工惠，品质新生活"合作联盟。先后举办17场"幸福直通车"、首届职工文化季静安专场、职工文化展示、送春联进楼宇活动。开办"静享惠·静享购"消费58场，销售额149.19万元。举办"静安工会陪你过大年"、实现微心愿活动。发送新春大礼包价值30万元、节日帮扶金16.64万元、补贴农民工通讯医疗费26.86万元。联合456家企业、举办29场、意向录用893人的就业招聘，为困难职工提供一对一、精准化就业护航服务。打造全区743个"一站式""综合式"服务站点。与街道共同探索文化宫"两性两化"运作，并推出7个系列公益服务项目，惠及职工1.4万人次。稳步推进"北宫"筹建。五是夯实自身基础，有效提升工会能力水平。举办习近平新时代中国特色社会主义思想主题教育，以7个不同主题学习方式，把党的路线方针决策融入工会工作。在开展"暖心静工惠"工作中，《用好"三＋"工作法，提亮静安工会红》，获评年度机关党建"十佳"。年内新增建会数131个、小二级工会51个、会员4.87万人、新就业形态劳动者和灵活就业群体入会2.19万人。下拨补助经费1370余万元，同比增9.6%。优化工会干部培养、教育、储备工作，提升其履职能力。（裴梅芳）

【宝山区总工会】 辖直属工会41个。基层工会2173个，其中单独基层工会2027个、联合基层工会146个、基层工会涵盖单位13752个。职工372727人。工会会员352420人，其中女会员133237人、农民工会员98612人。主要工作：一是加强职工思想政治引领。深入开展习近平新时代中国特色社会主义思想主题教育，学习贯彻习近平关于工人阶级和工会工作的重要论述，引领工会干部和职工深刻领悟"两个确立"、增强"四个意识"、坚定"四个自信"、做到"两个维护"。开展"主席讲、代表说、职工议"全国工会十八大精神宣讲活动。在劳模工匠宣讲活动中，设置"宝山劳模工匠宣讲课程表"进行网上直播，激励职工奋力投身"北转型"经济发展的热情。二是强化发挥"三个精神"正能量作用。举办"五一劳动奖"获得者先进事迹展，大力弘扬劳模、劳动、工匠精神。召开"奋进北转型·建功新征程"五一表彰大会。开展"劳模工匠助企行"活动20场，助力60多个企业解决技术难题，带动200余名一线职工实现技能提升晋级。创建市级劳模工匠创新工作室4个、区级劳模工匠（职工）创新工作室34个，旨在发挥劳模工匠的示范引领作用。三是动员职工为"奋进北转型"建功立业。以宝山"一地两区"建设战略定位为主题，引领广大职工"奋进北转型，建功新征程"。举办首届有21个企业参加的生物医药行业劳动技能竞赛。基层工会举办各类竞赛30余场，近万人次参加。参加全国、全市各类竞赛分别获奖30余项，区总获多项优秀组织奖。深入开展产业工人队伍建设改革调研，及时总结经验、查找短板、改进措施。推举的钢之杰公司成为全市唯一民营企业推进产业工人队伍建设改革的先行典型。四是开展职工技能创新发明活动。广泛开展职工技术创新、"五小"活动，先后获市职工合理化建议和先进操作法优秀成果及创新奖13个，罗店医院创新课程入选全国总工会"五小"优选课程。推荐167个项目参加市职工创新成果转化交易平台首拍，占全市总量89%。联合市知识产权交易中心、区市场局，举办"中知路"长三角高价值专利运营大赛宝山赛区路演活动，推荐的13个职工创新项目全部进入决赛百强榜，其中12个项目分获银奖、铜奖、专项奖。参加第六届中国(上海)国际发明创新展览会，斩获6金、4银、1铜。职工创新成果所获奖项总量居全市各区前列。

（朱 艳）

【闵行区总工会】 辖直属工会38个，其中委、局工会24个，街、镇、工业区总工会14个。基层工会5285个，其中单独基层工会4900个，联合基层工会385个，基层工会涵盖单位13397个。职工548993人。工会会员535047人，其中女会员238138人、农民工会员239388人。年内，以"强信心、聚合力、促发展"为主题，打造"全生命周期服务、全过程人民民主、全方位宣传展示"三大平台。强化自身，深入基层蹲点、走访、调研331次，开设13个班次全覆盖培训工会干部，推进工会工作取得新成效。一是弘扬劳模先进正能量。编发《党的二十大报告和习近平关于工人阶级和工会工作的重要论述基本知识点》1.5万册。举办五一节主题活动、劳模工匠宣讲104场、"百名劳模工匠服务百家企业校园"活动42场。承办上海职工直播课堂闵行专场。选树获评全国级五一劳动奖章2人、最美职工1人、工人先锋号1个；市级五一劳动奖章17人、五一劳动奖状8个、工人先锋号16个、上海工匠1人；区级闵行工匠20人、东方时尚工匠7人、技术标兵200人、技术能

手2000人。二是培植"全闵职工"文化。在开展"全闵职工 e 起来健康运动"中，先后举办职工工间操、"午间一小时"趣味运动会、百强企业乒乓球比赛等文体活动471场。获评全国工会职工书屋示范点1个、市优秀学习型企事业单位4个、闵行职工书屋示范点4个。创建职工文体体验基地22个、职工健身驿站14个，新建或升级工会服务阵地100个。与上海航天技术研究院工会等18个单位成立区域化工会共建联盟。三是助推职工创新创造。联合设立上海大零号湾工匠学院；开设2个街道、镇工匠学院；联合成立闵行工匠未来视野研学基地；与区教育、人社部门联合制订《闵行区推进新时代职工继续教育创新发展的实施意见》。举办6项集成电路设计等技能竞赛、11项招商引资立功竞赛。组团参加中国(上海)国际发明创新展览会和市优秀发明选拔赛，共获93项市级奖。创建市劳模、工匠创新工作室各3个，命名区级创新工作室10个。四是提供"零门槛"法律援助。年内举行法律宣讲32场，为1.6万余名职工提供法律援助，挽回经济损失3亿元。试点成立古美西路商业街联合工会、光华街区工会联合会职代会建制，指导涵盖9363个单位、418013名职工的1039个企业建立职代会制度。举办"闵聚合力、共商共赢"闵行工会集体协商技能竞赛，组建集体协商智库。五是帮扶职工做实事。关心职工劳动生产安全，开展"安康杯"竞赛，参与"查身边隐患、献安全一计、讲预防故事"、隐患排查治理百日专项行动的企业(班组)近7000个，排查整改安全事故隐患850项。开展万名职工"看上海、品上海、爱上海"、千名新就业形态劳动者参加健康体检等10大实事。结合元旦、春节、"五一"等重大节点，对新就业形态劳动者等6大类群体开展关爱慰问活动，慰问职工16.4万人次。发展新就业形态劳动者群体加入工会并参加D类保障10764人。

（王紫安）

【嘉定区总工会】 辖直属工会54个，其中街道、镇总工会12个，委、局工会24个，企业(公司)工会13个，行业工会5个。基层工会2762个，其中单独基层工会2541个，联合基层工会221个，基层工会涵盖单位6997个。职工380420人。工会会员359318人，其中女会员

133109人、农民工会员102525人。主要工作：一是弘扬劳模先进正能量。持续培育先进、工匠人物，年内获评全国级五一奖章1人、工人先锋号1个；获评市级五一奖章13人、五一奖状5个、工人先锋号13个、上海工匠3人；创建市级劳模、工匠创新工作室1个、5个；命名区级工匠5人、技能标兵5人、技术能手10人、工人先锋号示范岗32个、工人先锋号100个。举办嘉定职工文化作品展，其中"网聚职工正能量""同心圆"活动获全总二等奖，职工原创音乐剧在上海职工优秀文艺作品展评、展演中获戏剧语言类金奖、银奖。二是投身创新创造发明活动。深化嘉定区产业工人队伍建设改革，以开展职业技能、技术培训、业务交流、名师带高徒活动提升产业工人技能技能素质，激励职工投身创新创造和技术发明。在开展"五小"活动中，征集合理化建议16项，获优秀成果奖1项、创新奖2项；推荐先进操作法11项，获优秀成果奖1项、创新奖2项。在参加中国(上海)国际发明创新展览会的9个项目中，获5个金奖、3个银奖、1个铜奖。在开展安全生产"金点子"活动中，征集案例136个，评出一等奖3个、二等奖5个、三等奖10个。组织469个单位、2023个班组、10万名职工参加安康杯竞赛。三是履行帮扶服务维权职责。发布《和谐劳动关系"法律体检"白皮书》，对30个企业开展法律体检，排查隐患281个、整改348项；指导企业签订集体合同1312份，工资专项合同1455份、女职工专项合同1308份，区域性集体合同87份，覆盖企业4459个。有5个单位获评市厂务公开先进，2个单位获评市推动厂务公开先进。全年为职工提供法律援助1147件，调处、调解劳动争议案6019件和1181件，挽回经济损失3912.6万元和2138.9万元。服务职工实事涵盖5个方面12项，其中开展"幸福直通车"18场、惠及职工2万人。开展"校园行"和"劳模带岗"招聘会提供岗位2174个，意向就业1336人。获评全国最美工会户外劳动者服务站点2个。依托"定向基金"向新就业劳动者提供"爱心早餐"5000份，并送上1500份专享E类保障。举办"在嘉过节"活动，服务职工3.1万人。四、加强工会组织自身建设。年内，新建基层工会181个，职工入会15989人。"小二级"工会涵

盖新就业形态劳动者5985人，实现"三通一达"站点建会全覆盖。市总下达的灵活就业会员"五送"指标完成数达107.3%。全区扫码入会会员数384476人，为上年指标数108.2%。分别推选全国工会十八大代表2人、上海工会十五大代表29人及市总委员4人。获评市优秀工会工作者6人、市模范职工之家5个、市模范职工小家8个。并推荐申报全国级模范职工之家、优秀工会工作者、优秀工会积极分子。　　（赵艳莉）

【金山区总工会】 辖有直属工会35家。基层工会1808个，其中单独基层工会1496个，联合基层工会312个，基层工会涵盖单位7636个。职工261396人。工会会员243210人，其中女会员98704人、农民工会员76372人。主要工作：一是引领先进正能量。以勤力同心的共识，学习贯彻习近平新时代中国特色社会主义思想、习近平关于工人阶级和工会工作论述、全总及市总工代会精神，开展专题宣讲会150余场，深入基层开展走访调研。召开五一表彰会，表彰获评的全国工人先锋号1个、市五一奖章9人、五一奖状4个、工人先锋号10个、上海工匠2人；金山工匠10人、金山工匠提名奖9人、鑫工巧匠345人、区工人先锋号153个。举办"工匠秀场"活动。参加上海职工文化季、书画展、龙舟赛。"鑫工号"微信推文684条，阅读量24.8万，刊发市级媒体33篇。组织万名职工参与读书节和艺术节、1.4万名职工参与四季健身赛及公益乐学活动。二是围绕大局显作为。聚焦职工技能提升，助力产业工人队伍建设改革。先后开展交运行业技能大赛、优化服务企业立功竞赛、无人机应用竞赛共375项，参与职工8.6万人次；举办金嘉调解、长三角民宿行业比武竞赛；参加市服装设计、家政服务技能赛，5人分获一、二、三等奖。使用地方教育专项资金为215个企业、51697人次职工参加职业培训。成立区域劳模联盟，新建市、区劳模创新工作室4个和7个、区工匠工作室8个。在合理化建议、晋升技师或高级技师、发明专利工作中获市总奖励25个。三是服务职工放实招。吸纳14个工会加入"鑫工益伙伴"职工服务平台，开通"幸福直通车"。开办户外职工爱心接力站、健康服务点、职工书屋及儿童暑托班。获评全国"最美户外

劳动者服务站点"和职工书屋示范点2个。新建妈咪小屋13个、亲子工作室11个。优化13项服务实事惠及职工9.1万人次。开展"看、品、爱"活动惠及职工6000人次。慰问困难、高龄劳模工匠，安排5700名职工参加体检或疗休养，2万名女职工参与"情暖三月天"活动和"两病"筛查。举办4000人参与的10场"鑫工助业"招聘会。开展灵活就业人员艾滋病宣教活动。四是履行职责促维权。制订工会促进安全生产实施意见，650个企业参与安康杯竞赛。开展"鑫工安全""工具包"活动，惠及职工2000人。参与调处职工伤亡事故17起。以多元纷解法形式，调解劳资纠纷600件、法援结案900件。会同区人社局等部门为400个企业提供和谐劳动关系建设优化服务，化解劳资隐患728个。全区职代会建制率占95%，征集职工提案113个，其中金点子75个。指导签订集体合同156份，30个企业参与集体协商竞赛，其中获市优秀案例3个、获市厂务公开先进5个。召开政府与工会联席会议，形成议题20个。五是夯实自身求发展。顺利召开区第六次工代会，选举出席全国工会十八大、上海工会十五大代表。制订《关于建设"魅力鑫工会"实施意见》，建成"魅力鑫工会"220个、新建工会73个。成立养老照护、建筑、交运、物流等行业工会，1个行业工会纳入全总"兜底建"项目。新增实名制会员33644人。落实"四个一"制度，强化工会廉洁建设。联合举办有安徽六安、青年工会干部参加的培训和座谈。接纳13名云南等地工会干部挂职实习。对12个直属工会开展经费审查，整改回访9次。调整2个工会纳入区总管理。　　（郁　蔚）

【松江区总工会】 辖直属工会54个。基层工会3232个，其中单独基层工会3011个、联合基层工会221个，基层工会涵盖单位8964个。职工342291人。工会会员307348人，其中女会员129538人、农民工会员99027人。年内主要工作：一是在开展活动中引领正能量。为全方位解读中国工会十八大精神，推出"强会微课堂"专栏20期，举办专题培训会等宣讲活动70余场，涵盖职工6000余人。建成线上线下松江劳模工匠馆，累计3万多人参观学习。年内，获评全国五一劳动奖章1人、全国

工人先锋号1个、市五一劳动奖章、奖状39人（个）；命名上海工匠3人、松江工匠21人；表彰建功G60的先进个人和模范集体117人（个）；评选松江职工优秀成果和合理化建议奖45项。为弘扬劳模精神，原创并展演情景剧《榜样》。举办第二届职工"原创+"诗歌朗诵和优秀文艺节目展示、快递小哥（外卖送餐员）好声音、职工及班组书画摄影、职工羽毛球比赛活动。新建运行的工人文化宫开展各类活动1379场、服务职工7.3万人次。二是在发展服务中建功立业。与长三角G60科创走廊相关的8个城市总工会就职工创新成果全链条转化进行合作，成立长三角G60科创走廊职工科创成果发布交易中心。举办2场上海市职工创新成果转化拍卖会，合计竞拍11个项目，成交项目价值24.77亿元。承办全总科协和市总网络与信息安全管理员技能竞赛；举办有4.5万名职工参加的数控加工、集成电路、"特设码"系统叉车、物业、家政、三维（CAD）、机器人、餐饮、咖啡、绿化、生物医药等11项技能比赛；街道、镇、委、局和企事业单位先后开展110场和998场职业技能比赛。"公益乐学"实事项目服务职工2.91万人次。三是在实施维权中帮扶职工。开展"职工集市直通车"活动31场，销售区内企业产品27万件，拉动职工消费93.7万元。万名职工"心灵港湾"服务送健康项目惠及职工近2.5万人。"会聘上海"直播带岗活动现场点击量1.1万人。首创"检察+工会"联动维权模式，参与法律援助案6118件，为职工挽回经济损失1亿元。办理会员卡参保专项保障24.92万人。开展送清凉、大病慰问、新就业形态劳动者参保等9类送温暖活动，惠及职工17.6万人次、金额618.6万元。支出224万元，安排4667名职工参加工会疗休养。在全国职工发展基金会发起的"补充医药报销惠工卡"医药公益活动中，有7万余名职工享受关爱。四是在夯实基础中强化自身。年内，新建工会组织468个，建会动态率占85%。制订下发《上海市松江区总工会委托审计管理办法》《关于进一步加强松江区总工会资金存放管理工作的意见》等制度。协同区审计局建立"审计计划联动、审计过程联动、审计结果联动、队伍建设联动"工作机制。对31个在2022年审计的直属工会展开回访，回访

率占 100%。　　　　　　　　（吴 琼）

【青浦区总工会】 辖街道、镇总工会 11 个，委、局工会 30 个，区属公司工会 8 个，行业工会（纺织、建筑、旅游、餐饮、物业、环卫、印刷、快递物流）8 个。所辖基层工会 2221 个，其中单独基层工会 2010 个，联合基层工会 211 个，基层工会涵盖单位 6103 个。职工 377853 人。工会会员 345995 人，其中女会员 124562 人，农民工会员 46278 人。主要工作：开展学习贯彻习近平新时代中国特色社会主义思想主题教育，举办贯彻落实中国工会第十八次全国代表大会精神培训班。深入企业走访调研、宣传宣讲。推进示范区工建共建协同发展。签署青浦与吴江、嘉善三地工会《长三角生态绿色一体化发展示范区工会全面合作框架协议》，并组织开展三地职工立功竞赛活动，团结凝聚广大职工在示范区建设中建功立业。推进服务保障进博会工作，发布"美丽四叶草"项目，成立青浦区服务保障进博会职工突击队，举办"护航进博、奋斗有我"倒计时 50 天主题活动。进一步夯实基层工会组织基础，开展"百日建会"专项行动，探索外企建会新方法、新途径。加强行业工会工作指导，完成纺织、物业、印刷行业工会换届。探索民主管理新模式，实现快递物流重点企业开展全网集体协商，并建立职代会制度。聚焦职工生活品质提升，加强工会对困难职工施行梯度帮扶，完成 10 项服务职工实事项目。与区审计局形成常态化沟通协调机制，进一步强化工会经审工作规范化建设。关心关爱女职工身心健康，免费为 4107 名女职工提供"两病"筛查。举办"玫瑰书香"女职工主题阅读、新就业形态女职工法律宣传、健康关爱等主题活动。加强工会资产管理，收回朱家角大新街、城中路 2 处出租房产。投资 2900 余万元，完成文化宫、职工之家 4900 余平方米活动用房的改造。招录职业化、社会化工会工作者 20 人。

（朱建强）

【奉贤区总工会】 所辖基层工会 2177 个，其中单独基层工会 1981 个、联合基层工会 196 个，基层工会涵盖单位 3315 个。职工 202346 人。工会会员 195574 人，其中女会员 80989 人，农民工会员 62367 人。年内工作：一是强化职工思想引领。学习贯彻党的二十大、区党代会和区委六次、七次全会精神，贯彻落实全国工会十八大、市总第十五次工代会提出的目标任务，开展"中国梦·劳动美""劳模工匠"助企行、乡村行、进暑托等各类活动 114 场次，涵盖职工 3 万人次，进一步增进广大职工对党在创新理论上政治、思想、理论、情感认同。认真落实、筑牢意识形态工作责任制及安全防线，夯实党执政的阶级基础和群众基础。二是展示奉"工"特色文化。以"缤纷贤城'工'绘蓝图"为主题，先后举办奉贤区首届职工嘉年华系列、"I 跑贤城"骑聚汇等文体活动。发挥奉贤 10 大职工特色文体团队和"工慧学苑"的作用，推出舞蹈快闪视频《让我们把劳动歌唱》、主题片《劳动美·奉贤强》等原创剧目进行展演，其中职工情景朗诵原创作品——《劳模·力量》在上海职工文艺作品展评展演中获戏剧语言类金奖。三是担当工会主责主业。完善工会劳动关系协商调处机制，协调区法院、检察、司法、人社部门，成立全市首个"保障农民工工资支付法律服务站"。实施各类法律服务项目 15 项。指导 486 个企业推进优化和谐劳动关系建设，排查不和谐隐患 450 余件、提出整改建议 480 余条。各级工会调解受理各类劳动争议咨询案累计 2398 件，协商调处劳动争议仲裁、诉讼代理等法律援助案 2297 件，为职工挽回经济损失 7372 万元。四是推动产改提质增效。在市总和区委的指导下，由工会牵头协调，按照"思想政治引领、岗位建功立业、技能素质提升和地位提高、队伍壮大"的产改要求，推动产业工人队伍建设改革落地见效。年内，新建市级劳模工作室 2 个，全国职工书屋示范点 1 个。成立"贤城工匠"沙龙，发挥劳模工匠育人基地、学生实训基地、劳模工匠服务队优势，推动职工创新创造并获专利 28 项。五是打造全新服务阵地。打造集思想引领、文化传承、教育培训、便民服务等功能于一体的新颖职工服务综合阵地，新建全市首座五一公园、"匠心阁"职工驿站，进一步为职工提供"家、站、屋、室、点"优化服务。至年末，共创建户外职工爱心接力站 80 个、爱心妈咪小屋 344 个、职工健康服务点 9 个，涵盖职工集聚的园区、楼宇、商圈、村居、街面、建筑工地，并始终以"暖心服务"传递"工会温度"。六是提升工会自身水平。制订《关于在全区工会系统大兴调查研究的实施方案》，开展"'工'深一线听民声"蹲点调研，助力基层解决 84 个问题，形成 20 余篇调研课题。编辑出版《奉贤工会工作创新与实践》《奉贤工会服务阵地录》《奉贤工会构建新时代和谐劳动关系案例选编》工会系列丛书。党组书记、常务副主席邵丹华当选市总第十五届常委、全总十八大代表参加全国工代会，并向大会提交《关于推动健全新就业形态劳动者职业体系、建立职业安全保障制度》的提案。

（冒亚雯）

【崇明区总工会】 辖乡、镇总工会 18 个，委、局工会 46 个，区属企事业工会 18 个。所辖基层工会 1285 个，其中单独基层工会 1056 个、联合基层工会 229 个，基层工会涵盖单位 2860 个。职工 109930 人。工会会员 101224 人，其中女会员 43648 人，农民工会员 32058 人。年内，区总工会深入学习贯彻习近平新时代中国特色社会主义思想，突出"学思想，强党性，重实践，建新功"主题，围绕工作大局，履行主责主业，工会工作取得新成效。主要工作：一是弘扬先进精神，传播职工正能量。召开庆祝"五一"暨先进事迹宣讲会，成立劳模、工匠宣讲团和劳模、工匠进校园进企业活动。经选树推荐，获评全国工人先锋号 1 个；市五一劳动奖章 6 人、五一劳动奖状 3 个、工人先锋号 6 个；市模范职工之家 1 个、模范小家 3 个；市优秀工会工作者 3 人。命名"崇明工匠"10 人、"最美崇明劳动者"10 人。先后举办职工文化艺术节、音乐交流会及游泳、羽毛球、冬季长跑、自行车趣味定向赛等活动。二是提升技能素质，建功生态崇明岛。对标产业工人队伍建设改革，实施并督导产业工人队伍建设改革工作。举办职工厨艺系列竞赛，开展有 7000 余名职工参与的"一网通办"专项立功竞赛、养老护理技能比赛及各企事业单位举办的竞赛比武活动。先后创建市劳模创新工作室 1 个、区工匠创新室 6 个，推广交流创新成果，开展优秀发明、合理化建议、先进操作法征集评选工作。先后有 9700 人次职工在文化宫参加工会设置开办的瑜伽、洞箫、茶艺、烘焙、书法等课程。三是履行维权服务，凸显工会凝聚力。召开区、乡镇政府与工会联席会议，共提出议题 24 个。在实施"零门槛"法律援助中，受理援助案291件、代理仲裁124件、代写法律文书291件，为职工挽回经济损失1213万元。举办劳动保护培训班和"安康杯"竞赛。常态化为职工办理参保、理赔给付，为8035名新增会员、1625名新就业形态劳动者赠送工会保障。为324户梯度困难职工送去558.75万元；元旦春节期间为1800户困难职工纾困解难，送去慰问金110万元。为困难职工发放"菜篮子"1572个。慰问高温作业职工1.6万人。组织8334名职工及劳模、女职工参加"两病"筛查、健康体检和疗休养。举办2场"会聘上海"线上直播带岗活动，提供岗位66个。新建健康服务点1个、升级3个。征集困难职工微心愿682个。组织1万名职工参加"爱上海、看上海、品上海"活动。2个服务站累计服务进城务工人员3.37万人次。四是强化自身基础，推进工作规范化。抓实工会干部业务培训，与临沧市总工会缔结友好工会并开展学习交流。抓实新就业形态劳动者入会，以单独建会、行业建会、区域建会方式，推动劳务分包、快递物流、网约送餐近万名灵活就业、新就业形态劳动者加入工会。抓实"小二级"工会规范化建设，以扫码入会"一网通办"方式加快职工入会。优化工会法律援助案纳入区"双100""智慧好办"事项。优化工会数据共享，规范工会经费收缴、回拨和审计，保证工会经费收、管、用。修订完善加强工会党建6项制度。深入基层开展走访调研，形成"访一线、听心声、鼓干劲、促发展"为主题5篇调研报告。　　（袁佳琪）

区总工会主席、副主席、经审主任、女工主任名录

单位名称	主 席	副主席	经审主任	女工主任
上海市浦东新区总工会	倪 倩（女）	温映瑞　唐雪峰（女）　王 洪　戴 红（挂职，女）　刘华新（兼职）　洪 刚（兼职）　施净岚（兼职，女）	唐雪峰（女）	唐雪峰（女）
上海市徐汇区总工会	朱伟红（女）	黄幽妮（女）　屠 刚　张 朋（挂职）　王 承（兼职）　朱 兰（兼职，女）	袁雁辉（女）	袁雁辉（女）
上海市长宁区总工会	潘 敏（女）	李双珑（女）　秦莉文（女）　江建军（挂职）　戴轶青（兼职）　张 磊（兼职）	沈 婕（女）	秦莉文（女）
上海市普陀区总工会	姚 军（女）	徐 军（女）　郑 宣（女）　赵龙北　傅奇锋（挂职）　于井子（兼职，女）　刘忠生（兼职）	郑 宣（女）	郑 宣（女）
上海市虹口区总工会	谢海龙	周 静（女）　杨海涛　曹玉杰（女）　万 滨（挂职）　张 伟（兼职）　刘 卉（兼职，女）	曹玉杰（女）	曹玉杰（女）
上海市杨浦区总工会	董海明	司徒行喆　杨 洁（女）　吴晓婷（挂职，女）　朱 正（兼职）　叶 芳（兼职，女）	桂静华（女）	杨 洁（女）
上海市黄浦区总工会	张 芹（女）	徐 渭　吕 炜（女）　杨劲松　邱 峰（挂职）　王晓洋（兼职）　顾云尧（兼职，女）	杨劲松	吕 炜（女）
上海市静安区总工会	林晓珏（女）	许 俊（女）　黄亚芳（女）　郭 超（挂职）　舒 燕（兼职，女）　曹敬衡（兼职）	张 伟	许 俊（女）
上海市宝山区总工会	顾 瑾（女）	沈玉春（女）　赖拥军　徐 红（兼职，女）　熊朝林（兼职）	冀晓蕾（女）	冀晓蕾（女）
上海市闵行区总工会	杨其景（女）	朱冬梅（女）　徐建华　丁 琳（女）　卢 羿（兼职，女）　嵇宏华	袁 飞	丁 琳（女）
上海市嘉定区总工会	陆 强	李 敏（女）　沈 蓉（女）　陆松涛（挂职）　李香花（兼职，女）　钱建宏（兼职）	周 红（女）	沈 蓉（女）
上海市金山区总工会	蒋雅红（女）	朱新阳　邢 扬（女）　孙素华（挂职）　季晓丽（兼职，女）　林文晶（兼职）	朱新阳	邢 扬（女）
上海市松江区总工会	吴建良	徐 青（女）　余永丰　金 莺（挂职，女）　薛鸿斌（兼职）　陈隽来（兼职，女）金文彩（兼职）	张晓芳（女）	张晓芳（女）
上海市青浦区总工会	高 健	陈 阳　蔡学锋　陆 超（挂职）　金世伟（兼职）　俞 梅（兼职，女）	高 群（女）	高 群（女）
上海市奉贤区总工会		邵丹华（女）　贺占伟　朱群瑶（挂职，女）　王宇升（兼职）　顾 帅（兼职）	韩晓燕（女）	邵丹华（女）
上海市崇明区总工会	张建英（女）	秦文新　陆婷婷（女）　施天杰（兼职）　施 烨（兼职）　王庭峰（兼职）	陆婷婷（女）	陆婷婷（女）

说明：上述人员职务，以市总工会批复为准。

局（产业）工会概况

【**上海市机电工会**】 所辖基层工会155个，职工44109人，工会会员42743人，其中女会员9532人、农民工会员2075人。年内工作：一是加强职工思想政治引领。在习近平总书记向全国劳模李斌颁发荣誉证书8周年之际，组织策划系列纪念活动，进一步引领职工学赶先进人物，弘扬李斌精神正能量。传达学习中国工会十八大精神及习近平同中华全国总工会新一届领导班子成员集体谈话时重要讲话精神。二是推进产业工人队伍建设改革。着力"技能工匠库"建设，以赋能新产业、新赛道、新工种的技能工匠3＋3＋3培训班年内已开班。启动劳模、工匠研修班"双导师制"专业论文指导工作。召开异地企业工会工作研讨会。举办以"产教融合育匠才、双向奔赴谋新篇"为主题的"李斌论坛"。李斌技术学院全年培训技术工人11100人次。试点启动上海电气"劳模工匠助企行"专项行动。三是丰富机电职工多样文化。举办以"出发·向未来"为主题的"电气坐标"定向赛、以"携手·向未来"为主题上海电气乒乓球邀请赛，举办有57支队伍参加的第五届"电气杯"职工羽毛球比赛。先后举办能源的奋进者——上海电气能源装备产业工人群像展、"凝聚她力量，岗位绽芳华——纪念三八国际劳动妇女节113周年"主题活动。四是开展职工劳动技能竞赛。以新一轮"建功十四五，奋进新征程"为主题，举办"建高质量工程，促高质量发展"工程项目专题劳动竞赛，举办的"李斌杯"职工技能大赛在主赛场和10个分赛场共有42个参赛项目、1694名职工参加决赛；举办的216个数字化技术比武项目吸引30个企业的730名职工参赛；承办了2023年上海职工职业技能竞赛数控装调维修工大赛。五是实施服务职工实事项目。创建"车间职工工间休息室"181个，新建或改建的工间休息室年内交付使用，服务一线职工近万人次。组织职工参加"看上海"活动，惠及职工2.4万余人。精心推出服务职工新品牌，即以直播形式举办"普享乐惠——职工大讲堂"10场，吸引6.5万人次职工参与。六是深化维权服务基础工作。对企业"两会"建制、集体协商等方面工作开展检查调研，加强基层企业集体协商基础工作。组织开展"查身边隐患、保职工安康、促企业发展"安康杯竞赛，保障职工生产生活和安全健康。慰问50多个企业、3.3万名高温下作业职工。会同集团安环部安排106名职工参加有毒有害脱岗休养。搭建"工家云"平台，上线咨询建议、数字展厅、职工俱乐部、法律援助等网上服务事项。年内首次开展工会工作品牌创建活动。

（孙益民）

【**上海市仪表电子工会**】 所辖基层工会70个，职工10623人，工会会员10406人，其中女会员3745人、农民工会员888人。工作机构设办公室、基层工作部。主要工作：一是加强思想引领，荣耀仪电精神。举办仪电工会干部学习贯彻党的二十大精神推进新时代党的建设新的伟大工程、习近平关于工人阶级和工会工作重要论述报告会。召开全国工会十八大、市总第十五次代表大会、市第十六次妇代会精神学习会。开展"解民忧、办实事"为主题的调研。举办"荣耀仪电"百年活动，弘扬仪电企业文化和精神谱系，推进企业文化建设。在媒体平台宣传市五一劳动奖状、奖章、工人先锋号、仪电工匠先进事迹，营造比学赶超的良好氛围。二是推行民管制度，促进和谐发展。以学习贯彻习近平新时代中国特色社会主义思想、关于建立民主制度等要求，组织职工代表专题开展学习讨论。按时召开仪电二届三次职代会、民主管理委员会会议，开展职代表提案、巡视检查工作。召开厂务公开民主管理工作推进会，发布仪电集团13个基层企业职工工作联络点，推进系统内多级职代会制度的建立，健全以职工满意度为导向的工作评价机制。三是深化技能竞赛，融入创新创效。制定关于推动仪电集团高质量发展开展职工技能竞赛方案。举办仪电职工数字化管理师、JAVA程序设计技能竞赛，参加市职工云计算大赛初赛、市网络与信息安全技能等竞赛。开展上海仪电"劳模工匠创新慧"学习参观及业务互动，与上海电子信息技术学院开展交流，搭建校企合作交流平台；贯彻落实仪电集团关于加强产业工人队伍建设的要求，对符合条件的职工实施技能晋级，助力一线职工提升岗位技能。四是厚植企业文化，普惠职工生活。利用线上线下平台，开展以"荣耀百年，奋进仪电"为主题职工文体活动。健全完善"华鑫慧享城职工健身驿站"的运营；承办"仪电杯"2023年第一届市职工射箭大赛；参加"申迪杯"第二届上海职工龙舟大赛、第八届上海职工趣味自行车定向赛。为普惠全体会员，修订仪电集团帮扶职工实施办法，以节日送温暖形式帮扶困难职工，并为职工投保B＋类工会专享保障。举办仪电职工健康小教员培训班、"幸福直通车"内购会。年内有2个企业加入市级"提升职工生活品质"试点。五是夯实工会基础，提高整体水平。指导重点子公司工会完成换届改选和工会隶属关系变更。民主推荐参加全国工会第十八次、上海工会第十五次、市妇联第十六次代表大会代表。举办工会干部心理健康知识培训。在女工委(扩大)会上培训、解读新修订的《妇女权益保障法》。先后举办学习贯彻中国工会十八大精神、产业工人队伍建设改革、工会干部业务水平、工会服务企业高质量发展等方面知识培训班。对年度工会经费预、决算执行情况开展审计，加强对工会财务、经审人员的业务知识培训。 （李琳）

【**上海市化学工会**】 所辖基层工会76个，职工9405人，工会会员9345人，其中女会员2430人、农民工会员64人。工会机构设置办公室、组织部、权益保障部、经济工作部、宣教文体部。主要工作：一是加强工会自身建设。举办为期3天的基层工会主席、工会委员培训班，246名市内、外的专、兼职工会干部以线上线下形式参加培训。经过修订完善，制定下发29项工会工作制度，并结合制度的比对，使工会数字化办公系统各项功能得到优化升级。二是激励职工岗位建功。年内命名表彰首届"华谊工匠"10人，李君工作室被命名为"上海市劳模创新工作室"。组织召开华谊集团工匠座谈会、2023华谊集团劳模大师工作室经验交流会。推荐获评2022年市五一劳动奖状1个、2023年市五一劳动奖章1人、2023年市工人先锋号2个，命名2022年"上海工匠"1人。举办"奋进新征程，建功北部湾"华谊钦州化工新材料一体化基地员工技能比武。组织参加能源地质工会2023年全国化工行业职工职业技能竞赛，获个人和团队奖。组织1400余人参加2023年长三角地区能源化学地质产业安康杯网上安全知识竞赛，开展安全生产知识技能学考活动，举办华谊集团员工安全知识竞赛总决赛。三是开展帮扶关爱活动。年内，通过各种形式对员工开展分类帮扶、兜底帮扶、"应帮尽帮"，累计有 730 人次的困难员工得到各类帮扶，帮扶金额 140 万元。引进外服公司专业服务团队，为驻外员工提供"陪诊服务＋就医绿通＋云配药"一体化健康服务。组织举办"驻外员工家属看华谊活动"，帮助外派员工家属更多了解发展中华谊和建设中的基地。四是丰富华谊多彩文化。借助市总幸福直通车平台，举办集团系统百人交友活动，参与教育工会"四季恋歌"青年职工交友活动。累计有 500 人次员工参加有工会举办的瑜伽、太极、健身、书法、绘画等文体活动项目。成立"阳光华谊羽毛球协会"，举办 2023 华谊集团职工羽毛球比赛。举办《"谊"彩阳光 · 文化讲堂》《健康华谊 · 职工健康关怀主题沙龙》。先后创建"华谊职工健身驿站"、"阳光华谊幸福驿站"。

（张雪莲）

【上海市轻工业工会(上海轻工业工会联合会）】 上海市轻工业工会现有基层工会 4 个，职工 2127 人，工会会员 2127 人，其中女会员 557 人。(下辖上海轻工业工会联合会现有 15 个行业工会，会员单位 168 家。)工作机构设办公室、组织部、民管部、法律部、经济工作部、宣教部、女工部、生活保障部、财务部、技协三产办公室。年内主要工作：一是举办"巾帼绽芳华，奋进新征程"上海轻工女职工纪念三八国际劳动妇女节 113 周年报告会暨养生讲座；举办学习贯彻中国工会十八大精神学习班，组织上海轻工行业大师创新工作室参观交流活动。二是培植命名上海轻工 12 个行业、16 名上海"轻工工匠"。三是组织开展"极挑战 · 聚合力"上海室内装饰行业职工拔河比赛。四是对 40 多个企业高温下作业的 1200 多人次一线职工进行慰问。五是参与有关行业开展的上海钟表装配工技能比赛、全国行业职业技能竞赛第 24 届全国焙烤职业技能"科麦杯"上海赛区选拔赛。

（徐俊彦）

【东方国际(集团)有限公司(上海市纺织)工会】 所辖基层工会 91 个，其中单独基层工会 88 个、联合基层工会 3 个，基层工会涵盖单位 97 个。职工 8816 人，工会会员 8757 人，其中女会员 4135 人，农民工会员 769 人。2023 年，集团工会以习近平新时代中国特色社会主义思想为指导，坚持高站位思想引领、高质量建功立业、高品质服务职工、高标准深化改革、高要求自身建设，各项工作取得新进展新成效。一是引领先进思想，凝聚信心力量。以承办"奋进新征程，建功新时代"——全国财贸轻纺烟草行业暨上海市职工书画展、举办"学思践悟二十大，咱们工人有力量"——职工手机图文作品大赛、编印《喜庆二十大，奋进新征程》画册等多种方式，凝聚职工信心力量。与市总合办劳模、工匠共话发展主题活动，组织劳模参加中国工匠对接会，拍摄《光荣与传承》微视频，激励职工与集团共同发展。年内获评全国级工人先锋号 2 个、巾帼标兵岗 2 个、巾帼文明岗 1 个、"中国纺织大工匠" 1 人、全国纺织行业"最美纺织工" 1 人；获评市级五一劳动奖章、奖状 3 人(个)、工人先锋号 3 个、优秀工会工作者 1 人。二是竞赛提升技能，聚力创新创造。与石家庄市协会合办纺织贸易对接会，推动产业链上下游协同及工贸深度合作。"东方名品汇"共为机关、企事业单位举办活动 50 多场。助推东方 G20 花岛宿集、桃城度假村成为上海职工疗休养基地。举办首届"中华杯"上海市纺织服装设计职工技能大赛，开辟的技能比拼新赛道被中国职工技协纳入城际联赛；在参加服装制版师技能竞赛全国制版大赛中，2 名职工获全国服装十佳制版师称号；举办进博会专场技能竞赛，并在各大电商平台推介集团的进博产品。三是履行维护职责，帮扶服务职工。加强劳动关系动态监测和分析研判，并签订维护政治安全工作责任书。开展安康杯安全竞赛、劳动保护专项培训、月消防演练、安全实务操练等活动，保障企业安全生产和职工身体健康。全年下拨 95.75 万元，慰问帮扶困难职工 1355 人次。为缓解职工后顾之忧，与中华会合办"爱＋"公益班、联合纺博馆设立"职工亲子工作室"、在龙头股份和虹桥品汇等多个企业建立健身驿站。成功举办集团第二届职工健身运动会。集团的"一团二会二队一沙龙"职工业余文化团队活动蓬勃开展。四是发挥行业特色，工会助推发展。各区纺织行业工会举办颇具地区特色活动，如与市宫、松江区总合办普及纺织历史、科技内涵的网络直播；与上海森马开展共建联建，协同互动发展；与闵行区联办服装设计大赛，孵化一批海派旗袍设计师和创业者；与奉贤区纺织企业合力将非遗土布与新材料做成复合结构布艺材料，在中国国际全印展上获好评。举办"东隆杯"青浦区职工技能竞赛、金山纺织服装行业职业技能等竞赛，培植一批纺织服装行业技艺精湛的高技能人才。在年内开展的"全国针织行业技能大赛"中，1 人获技术能手、2 人获纬编操作能手称号。

（叶艺勤）

【上海市医药工会】 所辖基层工会 71 个，其中单独基层工会 69 个、联合基层工会 2 个，基层工会涵盖单位 73 个。职工 19681 人，工会会员 19163 人，其中女会员 9671 人，农民工会员 635 人。工作机构设办公室、权益保障部、经济宣教部、组织民管部及财务室。年内，医药工会以习近平新时代中国特色社会主义思想为指导，围绕集团中心工作，发挥工会大学校、大舞台、大家庭、大平台作用，为打造具有国际竞争力的中国领先医药产业集团作贡献。一是引领弘扬先进思想文化。深入学习贯彻中国工会十八大、上海工会十五大精神，策划、制作、播放弘扬劳模、劳动、工匠三种精神的专题片，引领职工争创一流、赶超先进。经层层推荐，获评全国级五一劳动奖章 1 个、工人先锋号 2 个；获评市级五一劳动奖状 1 个，五一劳动奖章 7 人，劳模创新工作室 1 个、工人先锋号 4 个；获评集团优秀集体 102 个、优秀个人 197 人。组织沪内外 38 个单位的千余名职工参加健康跑、健步走活动。举行集团文艺新人选拔赛。二是技能竞赛助推创新创造。评选 2022 年各类竞赛奖 36 项。开展 2023 年劳动竞赛项目 374 个，承办市总技能竞赛推进会并在全总推进会上作交流。承办市药物检验技能大赛，13 人分获金、银、铜奖。举办有 2000 人参加财务练兵，3 人参加全国中药传统名堂技能赛获三等奖，5 个企业参加市优秀发明赛获金奖 1 个。参加市合理化建议和先进操作法获 8 个奖项，参评市职工优秀创新奖 6 项、申报成果创新奖 9 项，评出 26 人为上药"匠心大师"。申报长三角大工匠 1 人、上海工匠 2 人。举办有 62 人参加的班组长培训，高技能人才占比提升至 37%。三是尽责履职帮扶服务职工。完善劳保监督网络，17000 名员工参与安康杯竞赛。实施事故月报和"零报"、改扩建项目"三同时"制度。先后慰问 150 人次劳模先进；对 800 余人次职工给以大病、助学、一次性帮扶，金额 130.8 万元。实施集团工会"爱·助"计划，下拨帮扶金 139 万元。为员工购买商业医疗险涵盖率占 88.9%。修缮职工餐厅、公寓、浴室、更衣室。扩建职工爱心小屋、书屋、咖啡软饮区、职工健身区等设施，涵盖率 90%。建成 2 个市级四星、五星妈咪小屋。通过技能比赛评出 10 碗"最佳这碗面"。支付 224 万余元，组织 4349 人参加工会疗休养。四是实施民管构建和谐企业。深化职代会民主管理制度，召开集团三届二次职代会，落实"三报"制度，实现职代会制度全覆盖。指导沪内企业开展集体协商，集体合同签订率占 100%。沪内外基层单位厂务公开建制率 90%。为企业提供优化和谐劳动关系指导，25 个单位职工满意度为 92%、24 个单位评为示范级，并形成评估报告。五是强化自身提升能力水平。年内，工会组建率 90%，600 余名劳务人员加入工会。实地调研 13 个沪内外百余名职工，形成解决问题清单。加强换届指导，强化工作考核、干部培训教育，与上实集团工会联办贯彻中国工会十八大精神培训班，17 名工会干部参加市总培训，基层工会主席培训上岗为 97%。年内获评市职工之家 1 个、模范职工小家 2 个、市优秀工会干部 1 人。修订《上海市医药工会经费支出管理办法》，以自查＋抽查方式对 14 个工会进行年度审计，获评市总经审工作规范化建设考核特等奖，3 个基层工会获评职工监督市级示范点。　　　　　　　　（宋世奇）

【国网上海市电力公司工会】　辖基层工会 34 个，职工 13852 人，工会会员 13852 人，其中女会员 3495 人。年内，电力工会坚持以习近平新时代中国特色社会主义思想为指导，学习贯彻全国工会十八大、上海工会十五大精神，深化主题教育，加强工会建设，召开公司第十一次工代会，以建功立业汇聚新动能、维权服务彰显新成效的使命感，进一步激励职工的智慧和力量，促进公

司各项事业创新发展。一是坚持典型引路，弘扬先进精神。制作宣传公司劳模和先进学习贯彻党的二十大精神主题片，举办公司劳模、先进事迹风采展。培育选树劳模、先进人物，获评全国级五一劳动奖章 1 人、巾帼文明岗 1 个、五一巾帼标兵 1 人；获评市级五一劳动奖状 2 个、五一劳动奖章 6 人、工人先锋号 4 个；获评上海市模范职工之家 1 个、模范职工小家 1 个、市优秀工会工作者 1 人。二是深化民主管理，创建和谐企业。推行企业职代会制度，在公司召开的职代会上审议《民主管理事项报告》，职工代表以班组核心能力、数智化转型、素质提升、人员激励、自主管理为主题，向公司建言献策，其中 10 条建议入围国网优秀合理化建议。定期开展董事长联络员与职工代表巡视检查，形成多角度、多层次、全方位的巡视检查调研工作机制。深化产业工人队伍改革建设，《关于推进电力产业工人高质量发展的探索与思考》获市总工会年度优秀论文一等奖。三是聚焦技能提升，激励创新创效。组织参与全国职工数字化应用技术技能大赛、市"建功'十四五'奋进新征程"职工劳动技能竞赛、公司十大专项任务劳动竞赛，激励职工立足岗位创新创效。在参加上海市优秀发明选拔赛中获优秀创新金奖 2 项、"二十佳"合理化建议优秀成果 1 项、先进操作法创新奖 3 项。在参加上海职工职业技能系列竞赛中获集体一等奖、二等奖、优秀个人奖、优秀单位组织奖。获评 2023 年市劳模创新工作室 2 个、上海工匠创新工作室 3 个，荣获 2023 年度"安康杯"上海职工安全生产知识技能比赛三等奖。四是竭诚服务职工，营造温馨之家。试点创办亲子工作室寒、暑假托班，解决职工子女假期无人照顾的急难愁盼问题。发挥"心理援助 EAP"作用，为职工量身定制一对一心理咨询工作坊。先后举办公司职工健康跑、工间操、乒乓球、羽毛球比赛。新建市职工健身驿站 1 个。承办市总工会"四季恋歌"职工联谊活动，举办公司"心电感应"职工交友活动，举办公司职工艺术作品展。创建全国工会职工书屋示范点 1 个、职工阅读站点 4 个、职工健康服务点 41 个。开展"夏送清凉""冬送温暖"及第六届进博会保电专项慰问。　　　　　　　（于　劼）

【上海电力建设有限责任公司工会】　辖在沪基层工会 10 个，职工 2643 人，工会会员 2542 人，女会员 288 人。2023 年，公司工会围绕企业发展总目标，在服务企业高质量发展，维护职工合法权益等方面，充分发挥工会桥梁纽带作用。一是加强形势任务教育。把学习贯彻习近平新时代中国特色社会主义思想作为首要任务，健全学习制度，创新学习方式，深化学习效果，为工会干部上一堂题为《用好工会平台，坚持服务职工，在企业高质量发展中发挥工会的保障作用》党课。组织全体职工开展形势任务教育，制订《关于开展上海电建职工形势任务教育的实施意见》，强化职工"忧患意识""使命意识""融人意识"。汇编职工形势任务教育季刊，形成良好学习教育氛围。二是推行民主管理制度。年内召开公司四届四次职代会，职工代表在职代会评估、职代会提案、职工代表监督、领导干部述职、无记名测评等方面尽责履职。严格集体协商程序，把协商的重点落在职工的经济、安全、保障权益方面。继续推行多级职代会制度，各施工项目、分厂、车间按照公司《项目职代会实施办法》，结合自身实际不断丰富项目职代会内容，践行全过程人民民主理念，确保劳动关系和谐稳定。三是开展技术创新活动。以"建功十四五、奋进新征程"为主题，继续在职工中倡导"人人练、岗岗比、层层赛，让每个职工都有机会出彩"的竞赛理念。先后开展 2023 年核心工种、管理技能 2 大类，8 个专业项目的技能竞赛，共计 170 人参赛。组织职工开展技术创新活动，征集并发布职工在"智慧能量"自主创新创效中的成果，征集技术创新成果 35 项，经专家评审入围并发布 12 项，对评选出的最终获奖成果进行表彰。四是保障职工劳动安全。落实市总工会发起的"查身边隐患、保职工安康、促企业发展"专项行动要求，融合上海电建安全生产现状，提出工会劳动保护"绿标行动"。发动全系统 1200 人次职工参与安全隐患排查，累计排查事故隐患 1452 项、收到整改建议 336 条、排查施工项目或车间存在事故隐患 162 个，所有事故隐患年内均已落实整改。五是关爱帮扶困难职工。持续做好困难职工帮扶工作，下拨困难职工专项慰问资金 46.2 万元。通过多种形式，开展"重大节日"送温暖等活动。借助大病、

重病职工补充互助医疗基金，对76人次患大病、重病的职工给予经济资助66万元。

（傅　诚）

【中国宝武钢铁集团有限公司工会】 所辖基层工会170个，其中单独基层工会167个、联合基层工会3个、基层工会涵盖单位177个。职工46794人，工会会员46777人，其中女会员7671人。2023年，宝武工会在集团党委和上级工会的领导下，以习近平新时代中国特色社会主义思想为指导，全面贯彻党的二十大、中国工会十八大精神，深入贯彻习近平总书记关于工人阶级和工会工作的重要论述，以加强基层工会建设为着力点，紧紧围绕"三个全面"工程，聚焦主责主业，坚持改革创新，竭诚服务职工，持续增强政治性、先进性、群众性，在助推全面完成生产经营发展任务中发挥重要作用，团结凝聚广大职工为建设世界一流宝武集团建功立业。一是持续推进"三个全面"工程。为实现职工队伍能力、活力、动力聚合发展，从全面提升职工能力和素质着手，持续优化与产业升级相适应的技能提升体系，为每个职工提供成长发展的机会；从全面推进职工岗位创新和价值创造着力，持续优化与企业高质量发展相适应的建功立业体系，为广大职工提供建功立业的舞台；从全面提升职工"三有"生活水平着眼，持续优化与向往美好生活相适应的维权服务体系，使人人都能体面工作、体面生活。二是助力施行"授人以渔"计划。为高质量完成衔接振兴乡村重点任务，开展行之高效协调工作，有序落实并完成各项重点任务。其次，以项目化方式，推进"四个示范"品牌建设。进一步优化纾困援扶保障机制，健全援助、扶植工作制度，高质量推动振兴乡村工作任务的完成。三是加强工会自身建设改革。为有序推进基层工会组织的自身建设和改革，进一步强化工会工作优化、评价机制，增强工会自身基础和能力；进一步强化工会财务制度，保证工会经费的收、管、用；进一步强化工会经费监督审查体系建设，形成常态化工会经审工作机制。四是着力建设"智慧工会"平台。为全面形成"从职工本人到职工家属、从职工工作到职工生活、从职工权益保障到职工身心健康"的工会工作新格局，改版升级了智慧工会平台。围绕"优"不断深耕，重构平台架构，加强职工关心关爱，整合升级内外部优质资源，全面提升职工使用体验；围绕"智"积极探索，实现网上献计全流程移动端操作，实现评优评先工作智能化，为广大职工提供便捷、智能服务；围绕共享共建，打造了亲情账户体系，共建"宝武亲情圈"。

（王冠鹏）

【上海宝冶集团有限公司工会】 所辖基层工会21个，职工11211人，工会会员11121人，其中女会员1244人、农民工会员1159人。2023年，上海宝冶工会认真学习贯彻习近平总书记重要讲话精神，贯彻落实中国工会十八大、上海工会十五大精神，推动产业工人队伍建设改革走深走实。聚焦工会主责主业，团结带领宝冶职工为谱写中国式现代化上海新篇章贡献智慧和力量。一是开展主题竞赛。开展"五比、五赛、五满意"立功竞赛，使竞赛作用更明显、品牌更具影响力，邀请业主和当地工会参加重点项目竞赛誓师大会，取得更好竞赛效应。以公司"七个专项行动"为目标，开展业务系统立功竞赛，发挥系统竞赛引领作用。亚运会期间，宝冶亚运赛事保障团队还开展专项立功竞赛，以高水平的保障服务圆满完成赛事保障任务，再次体现了央企担当。二是聚焦创新创造。宝冶创建职工创新工作室工作已10年，共命名职工创新工作室40个。2023年完成课题立项62项、部级14项、专利235件、师徒带教106人。27个创新工作室团队参与22个重大科研项目、29个集团和15个子公司科研项目。年内制订《上海宝冶职工创新工作室联盟管理办法（试行）》，加强创新工作室的协作攻关，助力成果转化。培植并获评全国级、市级五一劳动奖状、市工人先锋号、市劳模创新工作室。三是创建安康宝冶。深入宣传和引导职工确立"守护生命安全"的发展观理念，把开展"安康杯"竞赛融入公司安全文化建设的大平台之中。年内先后举办安全知识讲堂、安全知识竞赛和"一封安全家书寄亲情"活动。开展安全行为之星、安全知识之星、安全技能之星、安全讲师之星的评选。上海宝冶工程技术有限公司荣获上海市"企业健康促进示范单位"荣誉称号。四是帮扶服务职工。开展职工满意度调查，通过对职工普遍关心的问题进行分析比对，形成有针对性地制定和推进职工实事项目。在春节工会开展帮困送温暖期间，走访慰问老干部、劳模、困难党员和职工200人，为驻守境外项目的258名一线员工家属送去节日礼包，为不能回家过年的员工送上年夜饭共庆佳节。继续为职工办理工会专享保障和互助保障。组织安排百名劳模先进参加疗休养。五是展示多彩宝冶。承办《绿色发展看钢铁——"宝冶杯"冶金行业主题摄影展》，在全国钢铁冶金行业展示宝冶"冶金建设国家队"风采。创建宝冶书印艺术创新工作室，探究中华篆刻艺术之美，培养职工篆刻艺术人才。由宝冶职工创作的油画作品，真切地烘托了时代新貌和劳动美的主题，在上海市第八届职工书画展上获金奖、银奖，充分展示"多彩宝冶"的文化软实力。

（张　冉）

【中国石化上海高桥石油化工有限公司工会】 所属公司机关工会、作业部（业务中心）工会11个，所辖基层工会6个。职工4457人，工会会员4457人，其中女会员976人、农民工会员381人。年内，在公司党委领导下，贯彻落实上级工会工作要求，结合党政工作中心，结合企业需要、职工意愿和工会工作目标，着力履行服务保障职能，发挥工会联系职工的桥梁纽带作用，在谱写公司"二次创业"新篇章的实践中发挥工会作用。一是融入中心，引导职工岗位建功。结合公司中心工作，继续开展标准化班组建设。先后开展"检修五比""我为制度做诊断""操作纪律执行标准化视频拍摄"劳动竞赛，有力推进公司重点工作。持续开展劳模、技师创新工作室创建，更好发挥劳模、技师工作室的示范引领、集智创新、协同攻关、技能传承作用，创新创效成果显著。年内，公司授予储运部（潘敏）工作室为集团公司示范性职工创新工作室称号；储运部、化工部ABS装置获评集团公司工人先锋号；多项职工创新成果获表彰。二是关爱职工，履行服务保障职能。召开七届五次职代会和职代会联席会议，以无记名投票方式通过《中国石化职工处分规定》等4个制度。组织职工代表开展防暑降温、夏季职工劳动保护检查、作业现场安全督查工作。持续推进"我为职工办实事"活动，制订、实施并完成12项惠民实事项目。进一步细化公司帮扶工作机制，修订完善《高桥石化帮扶救助工作实施办法》,帮困费用工作权限指引、规范绑卡审批流程、调整困难人员认定标准等事项。举办职工春季健步走、企地共建音乐鉴赏等活动。举办"看上海、品上海、爱上海"系列活动;开办职工舞蹈和羽毛球培训班,丰富职工业余文化生活。三是强化自身,提升工会能力水平。学习和宣传中国工会十八大精神,举办工会干部培训班,召开公司工会七届四次会员代表大会。开展2021—2022年度公司职工小家评比验收和工会先进个人、巾帼标兵、巾帼集体评选活动。加强工会经费使用管理制度,制订在帮困基金使用、购买商品、服务选商等方面的规定。修订完善工会经费批报、使用、管理制度,在市总开展第三方审计时,对经费的依法合规使用予以肯定。 （吴 斌）

【中国石化上海石油化工股份有限公司工会】 所辖基层工会19个,职工7945人,工会会员7945人,其中女会员1471人,农民工会员38人。工作机构设办公室、民管宣教科、权益保障科。年内,上海石化工会坚持政治思想引领,先后举办庆祝中国石化成立40周年职工合唱比赛、职工书画展、职工摄影展等活动,激励广大职工传承石油精神、弘扬石化传统。大力弘扬劳模精神、劳动精神、工匠精神,唱响"劳动光荣、工人伟大"主旋律。主动把工会工作融入党政工作中心,开展"优良日"工作和专项劳动竞赛,提升班组"三基"管理水平,激发职工岗位创新创造能力。加强职工创新工作室创建,提质升级5个工作室。着力构建和谐劳动关系,实施厂务公开民主管理制度,全年召开职代会1次、审议公司年度行政报告和8个专项报告、民主评议公司领导班子和班子成员。召开职代会联席会议7次、收到职工提案84项,办理回复职工代表提案21件。开展集体协商新签公司集体合同。坚持需求导向,开展市职保会、工会会员服务卡专享保障参保与理赔工作,全年理赔5028人次、金额347.27万元。用好职工帮扶互助基金,累计对3571人次给以医疗补助和理赔,金额416.64万元。按照公司党委部署要求,督办主题教育实事。累计投入2509.5万元,完成实事项目190项。助力消费帮扶,先后购买724万元农副产品普惠全体职工,获评"上海市2022年度对口

消费帮扶卓越贡献奖"。坚持以党建带工建,加强工会自身建设,合成树脂部、上海培训中心2个工会完成换届选举。进一步规范工会经费的使用和管理,自觉接受市总工会对工会经费的监督审计。 （袁 玮）

【上海航天局工会】 辖基层工会35个,职工21067人,工会会员20830人,其中女会员5236人,农民工会员671人。年内,在上级工会和局党委的领导下,以习近平新时代中国特色社会主义思想为指导,全面贯彻党的二十大、中国工会十八大、上海工会十五大精神,立足航天发展,团结引领航天职工在岗位建功立业、推行民管制度、加强工会建设等方面取得新进展、新成效。主要工作:一是以弘扬正能量航天文化引领职工思想政治。邀请上海工会管理职业学院专家为航天职工宣讲党的二十大、全国工会十八大精神,鼓励职工在全面建设社会主义现代化国家、实现中华民族伟大复兴进程中,贡献航天智慧、航天力量、航天成就。以各类主题活动为抓手,突出正能量引领作用,先后开展迎春长跑、三八节活动、职工读书节、亲子活动、航天职工书法展等活动,丰富航天职工文化生活。坚持弘扬劳模精神,引领航天职工学先进、赶先进、创先进。经推荐获评全国五一劳动奖章2人、全国工人先锋号3个、市五一劳动奖状(章)、工人先锋号11个(人),公司所属509所取得的显著成就被指定在全国五一表彰大会上作发言。二是以开展创新竞赛活动引领职工岗位建功。继续以"质量效益"为班组建设核心,进一步夯实班组建设和管理,年内新增3个集团级航天金牌班组和5个"六好"班组。持续开展各层级、各类劳动技能竞赛,造就一批结构合理、素质优良、技术精湛的高技能人才。在职工科技创新节上,14个职工创新工作室被院工会命名并作大会交流。年内新建19个职工创新工作室,征集职工创新项目65个、资助立项15个。另外,获市总命名劳模创新工作室3个、通过市技协评审命名工匠创新工作室2个、获市职工合理化建议及先进操作法优秀成果和创新奖9个、获市第35届职工优秀发明选拔赛金奖4个,有74个项目(含个人奖)在2023年上海职工科技节获表彰。三是以落实民管制度和职工实事增强

凝聚力。推行高标准民主管理制度,召开集团四届五次职代会,共征集提案40项、立案8项、完成上年度提案8项,职工满意度100%。为增强工会凝聚力,制定落实《2023年航天局工会实事项目实施方案》,慰问8700余名高温环境下作业一线职工,发放慰问品价值160余万元。慰问5300余名试验队员,慰问金额160万元。举办"天之骄子"寒、暑托班,为554名"航二代"提供托管服务。为提升工会自身能力水平,召开工会工作创新案例发布会,20多个单位交流工会特色工作中新方法新经验。举办3场工会干部专业知识培训班,150余人参加。持续优化网上工会建设,使工会更好融入互联网和新媒体,不断提升工作效率。 （周欣彬）

【中船上海船舶工业有限公司工会】 有基层工会16个,职工81201人,工会会员64619人,其中女会员11766人,农民工会员36067人。工作机构设办公室。主要工作:一是培植弘扬主力军风采。开展产业工人队伍建设改革情况督查,受到市委督查组给予肯定。在开展推荐评选工作中,获评全国级五一劳动奖章1人、工人先锋号1个;获评市级五一劳动奖状1个、五一劳动奖章7人、工人先锋号4个、"上海工匠"2人、模范职工之家1个、模范职工小家1个"上海市优秀工会工作者"2人。在举办三八劳动妇女节活动中,表彰2021—2022年系统级三八红旗手和三八红旗集体。二是真切关爱帮扶职工。年内,工会下拨110万元资金开展送温暖,惠及职工2400人;帮扶困难职工236人、发给帮扶金53.05万元;为42名困难职工子女发放金秋助学金6.38万元。发放5.8万份慰问品慰问高温作业职工。春节期间向职工发放8.5万份新年文化礼包,传递工会的温暖。为保障职工生命健康,在办公楼宇、生产作业现场安置10台AED自动体外除颤器,举办2期AHA急救培训班。关心关爱劳模、先进和职工,先后安排参加疗休养。邀请法律顾问讲授女职工权益知识、妇女权益保障及法律保护。三是举办岗位技能竞赛。组织职工参加2023年上海职工职业技能系列竞赛——钳工、焊工和5G智能项目技能大赛,钳工比赛获银奖1人、铜奖1人、优胜奖3人;焊工比赛获金奖1人、银奖1人、铜奖4

人、优胜奖 1 人。5G 项目技能竞赛获一等奖、二等奖各 1 项。组织举办首届无损检测岗位练兵活动，33 名选手同场竞技、尽展风采。参加"安康杯"竞赛活动有 3 人荣获上海市"职业健康达人"称号。四是传承上船职工文化。在"五一"表彰暨以情景剧表现的特别演出中，集中展示船舶劳模、先进工作场景及风采，并有 3 名劳模、先进参加上海人民广播电台"劳模来了"特别节目。组织 12 个单位的 20 支队伍近 300 人参加广播操比赛、健步走定向赛、趣味运动 3 类项目的市职工趣味运动暨上海船舶职工趣味运动会。举办首届有 10 个基层、15 支参赛队参加的"王者荣耀"电竞比赛。举办有 17 个工会、85 人参加的船舶工会干部红色文化寻访活动。组织参加上海职工（市民）文化网络大赛和文化季活动，推荐的微视频获金奖、推荐的班组全家福照片获银奖，船舶工会获优秀组织奖和最佳组织奖。五是强化工会自身建设。举办 2023 年上海船舶工会干部理想信念、综合能力培训班，学习贯彻习近平关于工人阶级和工会工作的重要论述、中国工会十八大精神。深入基层开展调查研究。委托上海文汇会计师事务所，对基层工会财务收支、工会主席离任进行审计。开展基层工会经审工作规范化建设考评，加强经审工作规范化建设。年内，上海船舶工会荣获中华全国总工会 2022 年财务工作先进单位、上海市总工会 2022 年度经审工作规范化建设考核一等奖。

（周 莺）

【上海市烟草工会】 所辖基层工会 11 个，职工 6951 人，工会会员 6949 人，其中女会员 1706 人、农民工会员 181 人。工作机构设综合科、一科、二科。主要工作：一是组织工会干部认真学习宣传习近平新时代中国特色社会主义思想，贯彻落实党的二十大精神，推动各级工会组织履职尽责，有担当有作为。进一步夯实以先进文化为引领的宣传教育平台，建立共享"职工课堂"，深化劳模工匠、先进典型的选树，用标杆典型弘扬劳模精神、劳动精神、工匠精神，担当起弘扬正能量、引领职工思想的政治责任。二是深化"劳模创新工作室""工人先锋号"等展示职工岗位建功的平台，激发职工创新创造活力，着力培育勇于创新、善于攻关的先进团队。启动

新一年度集团创新工作室创建工作，开展现场考评集团创新工作室，全年共有 7 个工商单位的劳模、工匠工作室被命名并授牌，推荐评选 68 个局级"工人先锋号"班组获表彰。三是分级分层关心关爱广大职工，不断增强职工群众的获得感、幸福感。年内分别开展各类困难帮扶、大病救助、金秋助学、女职工保障等送温暖、纾困解难工作，为职工集中办理工会会员参保专项保障 B 计划和互助保障计划。四是在强化自身建设、守正创新、务实笃行中持续提升工会组织能力水平。以换届选举为契机，夯实工会组织建设，召开烟草工会第七次会员代表大会，选举产生新一届工会委员会，明确今后五年工会目标任务。以调查研究为手段，激发基层工会活力。组织各级工会围绕"职工思想政治建设、劳模工匠精神传承、产业工人队伍建设"等主题展开课题申报，形成调研报告 49 篇。

（余 雪）

【中国能源化学地质工会华东电力委员会（国家电网有限公司华东分部工会）】
所辖基层工会 4 个，职工 1608 人，工会会员 1608 人，其中女会员 518 人。中国能源化学地质工会华东电力委员会（国家电网有限公司华东分部工会）是中国能源化学地质工会在华东地区的派出机构，履行华东电网产业工会和大型企业工会职责，领导国网上海市、江苏、浙江、安徽、福建 4 省 1 市电力工会及直管（代）单位工会。年内，华东电力工会认真贯彻上级工会要求，围绕企业中心工作，服务发展大局，在履行工会主责主业中，进一步融合企业和员工共同发展。主要工作：一是实施企业民主管理制度，推动企业健康稳定发展。二是团结引导广大职工立足岗位建功，举办华东电网特高压变电运维劳动技能竞赛；赴杭州慰问亚运保电系统项目的职工；生产技术部获评"2023 年上海市工人先锋号"。三是弘扬劳模精神，国家电网有限公司华东分部黄志龙 1 人获评"2023 年上海市五一劳动奖章"；关爱劳模、先进的生产生活；组织安排华东电网劳动模范参加疗休养。四是关心关爱职工，完善帮扶长效机制。五是组织举办职工文化体育活动，促进职工身心健康，提升职工文化素养，举办华东电力职工"友谊杯"第九届乒乓球、羽毛球比赛。六是加强工会自身建设，

举办华东电网基层工会主席（含女工干部）培训班，提升工会干部能力水平。汪静 1 人获"上海市经信系统优秀党务工作者、巾帼建功标兵"称号。（史佩敏）

【上海化学工业区工会】 所辖基层工会 37 个，职工 7020 人，工会会员 6983 人，其中女会员 1555 人、农民工会员 858 人。年内工作：一是坚持思想引领，弘扬先进正能量。先后举办以党的二十大、中国工会十八大精神主题宣讲会、报告会、专题培训班。下发指定系列书籍，向基层工会干部和职工开展多种形式的专题学习宣传。评选推荐全国先进 1 人、市级先进 3 人。培育表彰一批"园区工匠"和区级五一劳动奖状（章）、工人先锋号。召开表彰大会，大力弘扬劳模精神、劳动精神、工匠精神。二是举办技能竞赛，助力岗位建设。团结引导广大职工立足岗位建功立业，各级工会举办劳动技能竞赛 16 场次，参与职工 3361 人。开展技术革新项目 28 项、发明创造项目 7 项、取得国家专利项目 24 项、提合理化建议 3312 条。搭建提升职工素质平台，晋级技师 4 人、高级技师 1 人。三是推行民管制度，帮扶困难职工。年内，基层工会建立职代会或职工大会制度企业 30 个、建制率占 79%。实施厂务公开企业 31 个，涵盖职工 5981 人。在冬送温暖、夏送清凉活动中，为 3000 余名一线职工、困难职工、先进职工送去工会的关爱。为 6200 余名职工办理工会专享保障，涵盖职工总人数 90%。组织 6 批、235 人次职工参加疗休养，提升职工获得感、幸福感。四是开展文体活动，创建服务阵地。年内先后举办"华谊·氯碱杯"龙舟竞速比赛、长三角化工园区一体化发展联盟"发展杯"乒乓球邀请赛、第三届"科思创杯"环上海化工区健身骑行挑战赛。组织单身青年职工开展交友联谊活动。与上海大剧院进行战略合作，推动高雅艺术进园区。真心服务职工，新建爱心妈咪小屋、职工之家活动阵地。五是加强自身建设，提升能力水平。召开园区工会第五次代表大会，选举产生新一届工会委员会。指导 2 个非公企业建立工会，指导 6 个基层工会换届选举。组织开展年度财务、经审工作的规范化考核。开展工会经费监督审计，对 9 个下审的一级项目，提出审计意见 23 条，予以落实整改。举办有 200 人次参

加的工会干部培训班,提升工会干部能力水平。　　　　　　(陆佳慧)

【中国铁路工会中国铁路上海局集团有限公司委员会】 辖基层工会31个,职工32318人,工会会员30082人,其中女会员3485人。工作机构设办公室、组织部、生产宣传部、保障和女工工作部、财务部、经审办公室。下设职工帮扶中心、上海火车头文化体育管理中心、职工艺术团3个附属机构,代管火车头体育协会、老年人体育协会、退休职工管委会办公室。主要工作:一是坚定思想政治,以先进精神引导广大职工。组织工会干部学习贯彻党的路线、方针、政策,坚持中国特色社会主义工会发展道路,以坚定的思想政治引领广大职工听党话、跟党走,更好实现支撑中国式现代化建设"火车头"目标。以切实履行"维护职工合法权益、竭诚服务职工群众"的主责主业,部署实施工会各项工作。以先进精神选树劳模先进典型,进一步激发广大职工的正能量。年内推荐获评全国级五一劳动奖5个、省部级五一劳动奖30个、火车头奖44个、表彰集团公司先进集体和个人617个。二是开展各类竞赛,以行使职权推进队伍建设。在把技能竞赛融入上铁大局的工作中,先后开展"建功'十四五'奋进新征程"劳动竞赛和提质、增能、创效及春运立功等多种形式技能竞赛,举办长三角地区铁道行业职业技能竞赛暨第十届集团公司职业技能竞赛。开展"安康杯"竞赛、"安全隐患大家找"活动。开展征集合理化建议和金点子创新创效活动。命名3个劳模创新工作室。把企业实行民主管理与推进产业工人队伍建设改革相融合,开展职工队伍不稳定风险排查,保障劳动领域政治安全。组织劳动法律监督员进行培训。妥善调处各类劳动争议案件。指导103个单位、19个公司定期召开职代会或职代会联席会议,保障职工代表行使民主权利,按程序履行职工董事、职工监事述职评议职能。三是提升生活品质,以真情实意服务上铁职工。制定"十四五"改善职工生产生活方案,年内按期完成实事项目10项。投入"三线"建设补充资金3870万元,有线站区"三线"建设集中整治三年规划已初见成效。开展提升职工生活品质试点工作,已在80个基层单位有序展开。为丰富职工

文化生活,集团先后举办第二届职工艺术节、"火车头杯"系列体育赛事、职工文化大讲堂、优秀作品巡回展演、纪念三八妇女节系列活动、"宣贯二十大、幸福再出发"职工健步走等项活动。四是严格管理培训,以制度建设夯实自身基础。为学习贯彻中国工会十八大精神,先后召开电视电话会议,举办专题研讨班。召开上铁工会标准化、规范化、信息化建设现场会,部署三年推进规划。按期召开全委(扩大)会和常委会,健全季度例会和工会办公会议制度。指导26个工会按期换届,并对基层工会主席的履职情况进行考评。加强工会干部业务培训、工会财务资产管理,修订工会经费收支、物资采购管理办法,对77个基层工会财务展开常态化专项督查审计。对"上铁职工家园"APP3.0进行改版,拓展工会在线服务功能。(郭　骁)

【中国远洋海运集团有限公司工会】 所辖基层工会70个,职工20307人,工会会员20236人,其中女会员4149人、农民工会员304人。主要工作:一是聚焦思想引领,在凝心聚力中唱响主旋律。深入贯彻中国工会十八大精神,下发《习近平关于工人阶级和工会工作论述摘编》并开展专题辅导。举办"中国梦·劳动美——凝心铸魂跟党走,团结奋斗新征程"劳模、工匠主题宣讲活动。在开展主题教育和专题调研中,听取57个基层单位、船舶、一线职工的意见建议,在线收到问卷2.3万份。编撰的《"红蓝共建"聚合力,积极助推"双一流"》获评全总职工思想政治引领优秀案例。举办职工羽毛球和乒乓球比赛、建成职工文体中心长兴基地并举行揭牌仪式。主动担当社会责任,向西藏洛隆县总工会提供援助资金、参与帮扶消费。二是聚焦建功立业,在服务发展中争做主力军。年内举办江苏省海运行业暨"中远海运杯"职工技能竞赛,12项劳动竞赛优秀成果获评表彰。在中国海员技能大比武中,2支比武队连续三届包揽海船企业组团体总分冠、亚军,并包揽全部单项第一名。在全国网络与信息安全技能竞赛中,2个代表队获团体三等奖、1人获个人二等奖并获中国职工技协银牌技工称号。举办集团首期班组建设培训班。命名9个劳模创新工作室、11个职工创新工作室。获评全国级五一劳动奖章1人、工人先

锋号3个、巾帼文明岗1个,五一巾帼标兵1人;获评省部级劳模1人、五一劳动奖章5人、工人先锋号7个;评选表彰集团劳模36人;命名集团职工书屋19个。三是聚焦服务职工,在真情关怀中当好"娘家人"。实施民主管理制度,参与制订《中国船员集体协议》并开展集体协商。召开集团二届二次职代会,征集职代会提案,并落实提案的处理。召开集团职工代表联席会议,审议企业年金调整方案。在"两节"期间,慰问120名困难职工、27名困难劳模、20名困难船员家属、16艘船舶。在高温期间,对57个基层班组、码头、船舶和海嫂联络站开展慰问。向10个直属单位、94名困难职工子女发给助学金。下拨船员疗休养配套补助经费。为保障职工安全生产和生命健康,下发安全生产专题通知,开展"安康杯"系列竞赛。四是聚焦自身建设,在创新实干中作出新表率。年内评选表彰2022—2023年度集团模范职工之家41个、模范职工小家72个。获评上海市模范职工之家1个。1人当选中国工会十八大代表、1人当选全总第十八届执委。先后有273名工会干部参加由集团工会举办的工会主席、工会劳动保护、工会财务、经审干部培训班。召开集团直属单位工会财务和经审工作规范化建设考核会议,以制度促考核,以考核促规范,以规范化提升工作水平。(张　洁)

【上海国际港务(集团)股份有限公司工会】 上海国际港务(集团)股份有限公司(以下简称上港集团)所辖基层工会37个,职工23906人,工会会员23906人,其中女会员2983人、农民工会员9913人。集团各级工会干部384人,工会专职干部52人。2023年,上港集团工会以习近平新时代中国特色社会主义思想为指引,全面深入贯彻落实党的二十大精神,在市总工会和集团党委的领导下,紧紧围绕集团"十四五"规划发展目标,发挥工会组织优势、宣传优势、阵地优势,团结引领广大职工听党话跟党走,促进上港集团强港建设取得新进展,提升职工生活品质感受新体验,工会工作改革焕发新面貌。2023年是上港集团在经历新冠疫情阻击战重大考验后,各项工作得到全面恢复发展的一年。一年来,集团工会始终坚持党的领导,坚定拥护"两个确立"、做到"两个维

护"；始终坚持发挥工人阶级主力军作用，团结动员广大职工为强港建设建功立业；始终坚持围绕中心大局，深化产业工人队伍建设改革，努力建设高素质职工队伍；始终坚持以职工为中心，切实履行主业主责，进一步提升职工生活品质；始终坚持工会自身建设，激发工会创新活力，扎实推进工会改革创新，推动各项工作取得新进展、彰显新成效。

（张 容）

【上海长江轮船有限公司工会委员会】

所辖基层工会 10 个，职工 572 人，工会会员 523 人，其中女会员 114 人、农民工会员 8 人。年内公司工会认真学习贯彻习近平关于工人阶级和工会工作的重要论述、中国工会十八大精神，坚持在"两个维护"中，更好服务公司中心工作、服务公司广大职工。一是提高政治站位，引领先进精神。组织工会干部学习党的二十大精神，引导职工增强"四个意识"、坚定"四个自信"；引导职工在"稳中求进、以进促稳"中推进公司"第三次创业"，不懈奋斗地高质量完成年度目标；引导职工以先进精神鼓舞人，立足自身岗位建功。在开展评选工作中，公司所属长赞轮获评市模范职工小家，船长 8 号班组获评市巾帼文明岗；评选出公司级明星船舶（班组）21 个、明星项目 8 个、明星员工 30 人，通过评选更好激励广大职工勇"闯"、敢"干"、善"创"的精神。二是开展竞赛比武，落实民主制度。围绕公司中心工作，组织职工参加由交通运输部海事局、中国海员建设工会全国委员会联合主办的第六届中国海员技能大比武，内河企业组在比武中获团体三等奖，参加长江海事局选派队比赛获第一名。施行职代会、厂务公开制度，对改革调整、薪酬改革等重大事项提交职代会审议。组织职工代表开展安全巡查，组织各基层单位近 700 人参加安康杯竞赛，开展"安全生产月"应急签名等活动。三是实施消费扶贫，关爱帮扶职工。投入 20 万元支持消费扶贫，用于购买扶贫地区农产品。对 18 名特困职工给以 5.4 万元定期补助，下拨 9.7 万元在元旦春节期间慰问特困职工家庭，支出 6.1 万元资助 16 名困难职工的 20 名子女助力金秋助学。购置价值 17.2 万元大礼包，开展"关爱上船舶"——健康上船、温暖上船、清凉上船活动。下拨 14 万元慰问高温

下作业的 93 艘船舶的岸基职工 592 人、两指人员 39 人。四是开展文体活动，丰富企业文化。年内，先后开设职工羽毛球、篮球、足球、乒乓球、绘画书法、尤克里里兴趣小组。组队参加长航集团职工乒乓球比赛，获男单冠军多个奖项。开展"赓续基因，凝聚合力，向海而生"职工健步走、"深化弘改提，货运再出发"定向打卡团建活动。组织 123 人次职工参加"爱上海．游上海"、莫干山和西山疗休养活动。组织女职工体验"茶盏生花，长江茗香"点茶活动。五是加强自身建设，夯实工会基础。修订完善《上海长江轮船有限公司工会困难职工帮扶资金管理办法（2023 修订版）》。指导 6 个基层工会完成换届改选。开展班组及女职工参观、学习、评选活动。加强工会经费专项审查。

（龚 兰）

【中国邮政集团工会上海市委员会】

所辖基层工会 27 个，职工 16481 人，工会会员 15955 人，其中女会员 5298 人、农民工会员 2365 人。工会专兼职干部 71 人。年内，在学习贯彻党的二十大精神的开局之年、实施"十四五"规划承上启下的关键一年中，中国邮政集团工会上海市委员会（以下简称上海邮政工会）以习近平新时代中国特色社会主义思想为指导，深入学习贯彻党的二十大、中国工会十八大精神，认真贯彻落实习近平关于工人阶级和工会工作重要论述，贯彻落实上级工会和市分公司党委的决策部署，围绕中心、服务大局，切实履行"维护、参与、建设、教育"四项职能，发挥工会桥梁纽带作用。着力加强职工思想政治引领，团结带领广大职工凝心聚力、众志成城、携手并进，为上海邮政高质量发展做贡献。坚持以人为本理念，在服务大局中提升站位，在求真务实中提质增效，服从改革大局，压实工作责任，稳妥推进离退休人员实行社会化管理。进一步加强离退休工作部门建设，提升为老服务工作水平，确保离退休职工队伍和谐稳定。年内，上海邮政获评全国工人先锋号 1 个、中国邮政工会先进集体 2 个和先进工作者 2 人、上海市五一劳动奖状和五一劳动奖章各 1 个、上海市工人先锋号 2 个、上海市模范职工之家 1 个、市劳模创新工作室 1 个、市巾帼建功标兵 1 人、市巾帼文明岗 2 个；上海市优秀工会工作者 1 人。

（王 瑛）

【中国电信集团工会上海市委员会】

所辖有基层工会 56 家，职工 21962 人，工会会员 21962 人，其中女会员 8509 人、农民工会员 202 人，工会专兼职干部 42 人。年内，中国电信上海市工会在上级工会和公司党委的领导下，深入贯彻党的二十大精神和中国工会十八大精神，践行"以员工为本"理念，服务好服务客户的员工，形成企业服务员工、员工服务客户的正循环，有效发挥桥梁纽带作用。2023 年公司工会荣获"2022 年度国防邮电工会模范职工之家"，公司内 4 家营业厅荣获 2023 年"全国最美工会户外劳动者服务站点"，1 人荣获全国五一劳动奖章、1 人荣获全国巾帼建功标兵、1 人荣获首届"长三角大工匠"。主要工作：一是强化员工思想政治引领，开展中国工会十八大精神进班组系列宣讲活动，向全体会员下发《习近平关于工人阶级和工会工作论述摘编》，团结引导广大员工坚定不移听党话、跟党走。二是聚焦强基深改，到困难较多、情况复杂的一线单位开展调研，通过专题座谈、下沉一线，将"员工诉求闭环管理系统"迁移到"随身办—易问"平台等方式，全方位深入了解掌握全口径人员思想工作生活状况，进一步加强工会服务一线、服务员工的能力。2023 年组织开展了职工代表、劳模先进、工会干部和支局长专项座谈会共 50 余场。三是团结动员员工投身云改数转建功立业，加强高技能人才队伍建设，积极参与组织参加全国网络安全职工职业技能竞赛、上海市第一届职业技能大赛云计算赛道、城市数字化转型"智慧工匠"选树等 6 项国家级市级技能竞赛、5 项集团级竞赛，取得多项荣誉奖项；组织开展公司级竞赛 12 项，提升技能水平；印发《中国电信上海公司劳模先进评选指引》，突出科技型、创新型、梯队化、年轻化原则，选树培育新时代劳模。四是坚持立足为员工办实事，围绕员工"衣食住行"的需求，以年度十大员工实事项目为牵引，打造四小建设标杆示范单位、推进智慧餐盘工程；通过运用数字化手段，创新新办法、提升新感知。五是以增强基层活力、发挥基层作用为着力点，结合企业中心工作，组织工会干部"阳光知心人"沟通技巧专项等赋能培训，不断提升服务水平和服务成效。加强经费管理，坚持资金、资源向下向前向主航道倾斜。

（殷 茵）

【中交上海航道局有限公司工会】 所辖基层工会9个,职工5345人,工会会员5151人,其中女会员476人,农民工会员977人。年内,公司工会坚持思想政治引领,组织职工开展学习、教育、文体活动,在体现"初心""人心""匠心""暖心"上凸显工会主责主业,在举办工会主席现场教学活动中强化工会自身。主要工作:一是在凝聚职工思想中守"初心"。年内,认真学习习近平新时代中国特色社会主义思想,以理论知识培训班、劳模事迹宣讲会、红色教育基地寻访等职工喜闻乐见的形式开展学习教育活动。编印《形势与任务100问——班组学习手册》纸质版和电子版下发职工进行形势任务教育。优化上航局职工之家公众号、视频号平台,强化工会舆论阵地,使工会的主旋律更好聚焦一线、聚焦职工。二是在提高职工地位中聚"人心"。开展产业工人队伍建设改革调研,收集职工建议和呼声54条,督导有关部门和相关单位予以重点解决,并以此编撰专题论文上报市总,获优秀调研报告三等奖。年内先后召开职代会、企务公开暨总经理信息发布会、职代会联席会议,参会代表认真履行职权,审议企业重大事项,并督促落实提案的收集、办理、反馈。据统计,共收集职工提案32件,立案并办理10件。充分发挥各基层单位、项目组和船舶职工意见箱作用,并在企业微信公众号、《航道报》、企业公示栏等平台公开公司的重点工作、重大事项。三是在赋能职工成长中铸"匠心"。组织职工参加市重点工程实事立功竞赛和中交集团"六比六创·三型一流杯"夺标劳动竞赛,对参赛获奖的先进集体和个人进行表彰。组织职工参与群众性创新创造活动,召开创新工作室交流推进会,14个省部级创新工作室助力解决一线岗位中存在的急难险重难题,凸显出创新矩阵的规模效应;陈海英创新工作室团队相继攻破长江口滩涂整治和海洋生态修复瓶颈,被授予全国巾帼文明岗和长三角劳模工匠创新工作室称号。以"安康杯"竞赛为载体,健全劳动保护监督制度,组织5000名职工参加安全知识测试。四是在帮扶服务职工中送"暖心"。元旦春节期间,5988人次职工参与"一日捐",募集资金64.32万元;走访困难职工、劳模先进、一线职工582人次;慰问674名退休职工并发给互助金。先后实施职工心理关爱EAP项目,开通24小时心理热线在线服务,开办心理培训课程4次,评选表彰第二届"上航最美职工"。承办上海工会职工书屋运营人才队伍建设暨首期职工"领读者"主题活动。成立上航局英语俱乐部。举办航道职工羽毛球、乒乓球比赛和职工健步走活动,举办航道职工"书香上航,诵读经典"活动,60余名职工精彩演绎读书心得体会,其节目被指定参加首届上海职工文化季活动。

（龚海清）

【上海机场(集团)有限公司工会】 所辖基层工会45个,职工23448人,工会会员22634人,其中女会员6299人、农民工会员3539人。年内,在集团公司党委和上级工会的坚强领导下,上海机场集团工会以习近平新时代中国特色社会主义思想为指导,全面贯彻落实党的二十大精神,深入学习贯彻中国工会十八大、上海市工会第十五次代表大会精神,以"奔向光荣与梦想的新征程"为主题,持续推进思想政治、素质工程、服务职工、深化改革等方面工作走深走实,引领广大职工对标一流、团结奋进,为上海机场高质量发展贡献智慧力量,取得了积极进展和良好成效。（宗宵寅）

【中国海员工会上海海事局委员会】 中国海员工会上海海事局委员会辖基层工会12个,职工1707人。工会会员1707人,其中女会员390人。主要工作:一是对标高质量发展,工会自身建设提质增效。坚持以习近平新时代中国特色社会主义思想为指导,深入学习贯彻习近平总书记关于工人阶级和工会工作的重要论述。完成上海海事局工会换届选举,市总党组书记黄红出席会议。指导4个基层工会完成换届选举,选优配强工会干部队伍。建立"会前预审—会中学研—会上议定—会后督办"闭环管理模式,建立健全固定资产管理办法等4项工会制度,升级工会内部管理机制。开辟"智慧工会"专栏,探索数字化工会建设。二是打造高标准阵地,海事家园矩阵更广更亮。坚持以评促建、以建强管的家园管理模式。3个基层工会职工之家获评直属海事系统模范职工之家。持续打造"水上南京路""清波""小精微全"等工会文化品牌,进一步丰富海事家园阵地文化内涵。完善"海艺轩"职工书屋,打造指尖式、共享式、主题式和辐射式服务阵地,定期推出读书主题活动。开辟特色阵地,新建爱心妈咪小屋2个,申报上海市三星级爱心妈咪小屋4个。新增职工健康服务点1个,配备AED、日常诊查设备及医药箱,为职工健康保驾护航。完善升级职工驿站3个,满足职工对品质生活的向往。三是提升高品质服务,关爱职工工作落细落实。打造上海海事"工"字号服务品牌,制订"看海事、品海事、爱海事、护海事、强海事、聚海事"6项为职工办实事项目,先后举办职工开放日、"幸福直通车"、单身职工交友、健康关怀讲座、职工文化体育、品质家园建设等活动16次。组织2批、共100名先进职工参加赴扬州等地疗休养。开展春秋游、看上海等活动20余次,开展趣味运动会、红色观影、工会红色文化寻访活动40余次。为全局职工和退休职工办理市总职工互助保障计划,开展冬送温暖、夏送清凉活动,做好职工"婚、育、病、丧、难、退"和特定节日的关怀慰问。四是培树高素质典型,职工奋斗舞台更宽更广。分层分级铺开"建功'十四五'奋进新征程"劳动技能竞赛,组织各类竞赛21项,获上海市各类竞赛奖5个。4个职工自主创新项目获评上海市职工合理化建议创新奖及先进操作法创新奖。工作室建设成果丰硕,获评上海市劳模创新工作室1个、上海市工匠创新工作室1个、直属海事系统劳模先进创新工作室2个。典型培树成效显著,被命名"上海工匠"1人、上海"海事工匠"10人、上海市首届"网安工匠"1人、上海市五一劳动奖章2人、上海市工人先锋号2个、上海市巾帼文明岗3个、上海市模范职工小家1个。

（陆智静）

【上海市城乡建设和交通工会工作委员会】 所辖基层工会80个,职工99810人,工会会员99201人,其中女会员21903人、农民工会员9429人。年内工作:一是坚持思想政治引领,弘扬先进模范正能量。召开专题学习会,学习贯彻全国第十八次工代会精神。邀请工会十八大代表畅谈参会感受,与基层工会交流学习体会,利用工会平台学习贯彻大会精神。召开"吹响新时代号角"——庆祝五一劳动节暨劳模先进表彰大会,表彰2022年住建部先进集体、劳动模范和先进工作者、2023年全国和上海市五一劳动奖代表，30多个单位的职工文艺爱好者在会上表演由职工自编自导、反映建交系统广大职工建功新时代的优秀文艺节目。开展培树评先工作，获评市五一劳动奖状4个、市五一劳动奖章6人、市工人先锋号7个；推荐参加全国工会十八大代表1人、上海工会十五大代表11人；推荐2人当选市总工会第十五届委员会委员、1人当选市总经审委员、1人当选市总女职工委员会委员。二是打造高素质职工队伍，赋能高质量城乡发展。以推进重点工程、实事项目和城市综合管理工作为竞赛目标，组织职工参加市住建委14个分赛区的重点工程实事立功竞赛。通过制订竞赛方案，结合各自实际，明确竞赛要求，推动各项竞赛取得实效。发动职工参加群众性科技创新活动，推荐的15个项目获上海市职工合理化建议和先进操作法创新奖。组织开展第三届上海职工优秀创新成果评选、第35届上海市优秀发明选拔赛。申报评选上海工匠、上海市劳模工匠创新工作室。开展2023年度职工技师晋升、职工发明专利奖励工作。组织职工参加2023年上海焊工、BIM等系列项目的职业技能比赛。三是履行帮扶维护职能，担当工会主责主业。贯彻落实职代会两个《条例》，指导所属企事业单位推行以职代会为基本形式的民主管理制度，指导开展民主协商签订集体合同，并讲求履约实效性。选树厂务公开民主管理先进单位，强化典型单位的引领示范作用。以"排查整治安全隐患、共促安全健康发展"为主题，深化"安康杯"竞赛，组织发起"查身边隐患、保职工安康、促企业发展"专项行动，增强职工安全生产意识，保障职工生产生活和健康权益。实施关爱职工实事，慰问春节期间坚守岗位的一线建设者。关切高温环境下作业的一线职工，督促做好劳动保护和防暑降温工作。进一步加强劳模管理服务、创建妈咪小屋、办理工会会员服务卡、上海职工互助保障等实事。继续组织职工参加"看上海、品上海、爱上海"系列活动。（钱　荟）

【上海市交通委员会工会】 辖本市公交、出租、水上客运和道路养护四个行业分会。上海市交通委员会工会兼上海交通工会职能，所辖基层工会15个，职工2829人，工会会员2825人，其中女会员1195人。2023年，市交通委工会认真学习贯彻党的基本路线方针政策，强化思想政治引领，组织开展红色寻访、日记征文、女职工读书等系列文体活动。举行"中国梦·劳动美"、公交行业"520"关爱日等主题宣传活动。举办首届"上海交通工匠"选树和展示分享、第二届出租汽车行业"最美的哥的姐"评选，选树第二届"交通服务先锋"。编撰完成《我撷江水，你接晨露》水上旅游客运行业纪实报告文学。开展交通行业各系统行业9项技能竞赛、汽修行业三新成果推选、交通建设工程数字赋能智慧建造合理化建议征集等活动。组织一线公交职工、劳模代表、疫情防控下沉三同人员共250人参加疗休养。开展春节慰问、夏送清凉、金秋助学等各类帮困送温暖活动，惠及困难家庭职工107人、学生143人。启动委系统交通一线执法队员体质体能达标三年行动计划，组织500名公交驾驶员纯电动车节能技术培训。推进行业劳模（工匠）创新工作室的规范化建设。获评市五一劳动奖状（章）、市工人先锋号（含竞赛专项）2个；获评市巾帼建功标兵1个、市巾帼文明岗1个。协调推进"爱心妈咪"小屋母婴服务设施的建成和管理，创建职工书屋及其他职工服务站点。新建临港集卡服务中心"司机之家"示范点，并为示范点职工提供免费体检、心理健康调适咨询、帮困助学等关爱服务。调研探索新就业形态群体和劳动者的建会入会工作。发布地面公交和轨道交通职工工间休息室的建设和改善标准，建成13个职工休息室样板间，指导建成或修缮轨道交通工间休息室500个、地面公交工间休息室600个。制订《市交通委系统维护劳动领域政治安全工作方案》，加强职工安全生产知识教育培训，组织职工参加"安康杯"安全知识竞赛。持续做好工会财务、审计等基础工作，完成3个委属单位年度预算执行及财务收支情况审计。举办交通行业成员单位工会干部履职能力培训。　　（李晓妹）

【上海海洋石油局工会】 所辖基层工会9个，职工1846人，工会会员1436人，其中女会员276人。年内，局工会深入学习党的二十大精神，贯彻落实习近平关于工人阶级和工会工作重要论述，坚持工会的政治性、先进性和群众性，围绕海洋石油工作大局，团结动员职工投身海域油气高质量发展。主要工作：一是坚持思想政治引领。认真贯彻落实习近平在视察胜利油田和九江石化时所作重要指示，把"四个意识"、"四个自信"、"两个维护"融入主题教育。先后举办全国工会十八大知识竞答。配合党委开展主题教育和调查研究。"五一"活动期间邀请8位劳模先进现场寄语"劳动美·正青春"。举办建局50周年企业文化故事会。建立先进人物数据库并制作《勇立潮头·榜样》《她·力量》《劳动美》典型人物事迹汇编。年内，获评中国石化工人先锋号1个、市五一劳动奖章2人、市工人先锋号1个、市模范职工小家1个、市建交委三八红旗手1人。二是履行民主管理职权。按期召开职代会，审议决定2项涉及公司和职工的改革方案。召开提案办理质询会，对收集的职工提案及时反馈并予以回复。以"职工代表走基层"形式，对经营发展和职工薪酬休假、劳保健康等重大事项履行巡视职权。同时，对14大类、35条具体事项及职工岗位调整、绩效考核、评先树优、福利发放等重要事项形成厂务公开清单在基层公开栏公开，并设立"一扫直通局纪委"二维码。三是助力职工岗位建功。制订下发关于开展"蓝海战略当先锋，油气突破建新功"主题竞赛的3个通知和办法。开展"劳动美·正青春"为主题3项劳动竞赛。累计有40个岗位、2万人次参加应知应会、规范流程操作的岗位练兵。开展先进操作法和合理化建议活动，征集合理化建议21条、先进操作法22项，2个项目获市职工合理化建议和先进操作法创新奖，8人晋升技师，6项专利被授于上海工会一线职工发明专利奖。参与"安全月"活动，637人参加局"安康杯"竞赛，在参与市"安康杯"竞赛中获三等奖。四是真心实意办好实事。通过提案、座谈、走访等形式收集到职工各类建议60条，梳理成5个方面、16件实事项目清单，通过制定路线图、时间表、任务书，明确实施清单的责任、措施、时限，16项实事年内均按靶向式节点确全部落实完成。开展覆盖到95%职工的"走基层，访万家""冬送温暖、夏送清凉"活动。开展"看、品、爱"上海活动。安排135人参加疗休养。举办职工运动会、健步走活动。编排的舞蹈、乐器联奏、表演唱参加上海职工网络文化展演。征集"全家福"摄影作品、"优秀文艺作品"进行展示。建立EAP工作室，开展全员心理检测，制作职工心理手册，发布心理小贴士、创办心理刊物，开办亲子EAP心理沙龙、心理嘉年华、心理微课堂和EAP专员培训。实施幸福海洋工会会员权益"明白纸"权益保障行动。　（耿卫军）

【上海市绿化和市容管理局工会】所辖基层工会24个，职工1651人，工会会员1650人，其中女会员885人。年内主要工作：一是以突出核心价值理念引领职工思想。认真学习贯彻党的二十大和中国工会十八大精神，坚持以社会主义核心价值观引导职工思想。深化"中国梦·劳动美"主题教育，带领职工奏响团结奋斗、奋发有为的时代主旋律，进一步凝聚、宣扬先进精神和先进人物正能量。举办行业职工主题摄影和短视频征集大赛、班组"全家福"摄影、职工文艺创作节目展演等活动，着力打造健康向上的职工文化。二是以弘扬三个精神激励职工岗位建功。围绕城市绿化市容重点工作，开展行业职工立功竞赛，提升职工美化市容的技能，更好发挥行业职工在生态文明建设和市容环境保障中的主力军作用。开展各类人才的培育选树，系统和行业内一批个人和集体获评国家级、市级先进奖项。为职工岗位建功搭建平台，年内新建劳模、工匠创新工作室。以"创造——推动行业高质量发展的不竭动力"为主题，举办劳模工匠事迹宣讲会等多种活动，进一步弘扬劳模精神、劳动精神、工匠精神，发挥劳模、先进引领作用。三是以推行民主制度维护职工合法权益。为构建和谐劳动关系，从源头上政策上保障职工合法权益，年内在环卫、绿化养护行业开展民主协商、签订集体合同，使职工民主权益保障、职工队伍稳定、技能素质提高方面得到保障。定期召开职代会，充分履行职代会职权，行使职代会监督制度。推行企务、厂务公开，实行民主管理企业制度。四是以真心真情多办实事帮扶服务职工。先后开展走访暖人心、爱心一日捐、帮困送温暖、温暖过大年、协商送政策、创建爱心接力站等一系列工作，真心帮扶服务广大职工。落实市总和市政府联席会议部署的"建设改善环卫公厕保洁职工工间休息室"实事项目，为杨浦区

30个环卫道班房配置冰箱、微波炉、电热水壶"爱心三件套"。继续推进非沪籍环卫职工公租房建造租赁事项。组织职工参加第九届"关爱环卫工人·共建洁净家园"专项行动。协调社会各界为行业职工送保险、送清凉、送温暖。并指导具备条件的基层兴建职工书屋、妈咪小屋等服务职工设施和阵地。五是以加强自身建设提高工会能力水平。召开局工会、行业工会第四次代表大会，总结部署局工会、行业工会工作，选举产生新一届工会领导班子。指导4个基层工会完成换届选举。实行工会各项经济活动法治化、财务管理制度化，进一步规范工会经费的收、管、用。举办局系统工会主席和工会财务、经审干部培训班。局工会经审会在市总年度区、局（产业）工会经审工作规范化建设考核中连续荣获特等奖。　（盖永华）

【华东建筑集团股份有限公司工会】所辖基层工会13个，职工9261人，工会会员9148人，其中女会员3729人，农民工会员3人。年内，集团工会学习贯彻习近平新时代中国特色社会主义重要思想，贯彻落实党的二十大、全国工会十八大精神。主动担当引领职工思想政治，竭诚服务广大职工，凝聚职工智慧力量，不断推进各项事业发展。一是创新竞赛，激励职工岗位建功。为赋能集团和行业的数字化发展，组织实施"智设计·创无界"首届职工数字科技创新大赛，共收到数字化创意参赛作品94个，涵盖AI智慧设计、数字化平台、大数据应用、管理数字化、建筑经济、CIM、虚拟现实等方面技术创新领域。经过导师辅导、专家评审，涌现一批高质量数字化创新应用优秀案例、优秀建筑数字化人才及优秀成果，为此专题召开职工岗位建功颁奖大会予以表彰。二是健康服务，提升员工生活品质。作为上海市首批、全总100个提升职工生活品质试点单位，制定上报全总提升职工生活品质三年工作规划、上报市总服务职工优秀项目。开展专题调研，指导各单位选树、孵化18个服务品牌项目。同时作为组长单位主持召开互学、互访评审会。集团医务室作为市总园区健康服务点，协同社区卫生中心每周开展健康咨询、职工便捷就医诊断，建立健康咨询平台。三是评先表彰，着力弘扬三个精神。年内集团职工获殊荣的

分别有：获评全国级工人先锋号1个、2022年度五一巾帼标兵岗1个；获评市级五一劳动奖状1个、五一劳动奖章2人，上海工匠2人，劳模和工匠创新工作室4个和1个、工人先锋号2个、巾帼建功标兵1人、巾帼文明岗2个，并获"安康杯"优秀组织奖；在"她时代"风采活动中展示女职工品牌矩阵获评集团三八红旗手。另有上海院获评金杯公司、3个单位获评先进集体、4个团队获评优秀团队、7人获评建设功臣、优秀建设者。四是踊跃参与，展示华建职工文化。在集团成立25周年之际，先后举办职工文艺汇演、职工篮球赛、垂钓比赛、网上健步走、太极训练营、开设健康精品课程等线上、线下赛事。参加市工间操比赛获二等奖。华建E创健身驿站被市总命名市职工健身驿站、3人获评市"职业健康达人"及优秀组织奖、表彰集团健康达人21人。先后创建职工书屋、开设"职工学堂"和"读书俱乐部"等，推动职工文体活动向全员、自主、业余、多元发展。五是强化自身，提升工会能力水平。年内，举办专题学习会暨工会干部培训班。按期完成工会副主席、经审委主任到届改选，职工董事和监事换届选举。指导7个基础工会完成到届选举及部分工会主席调整。5个分公司开展工会经费审查，确保工会经费收、管、用合法合规。另有2个工会荣获市厂务公开民主管理工作先进单位、1个工会申报"全国模范职工小家"。1人被评为2022年度上海市优秀工会工作者。表彰305名工会积极分子。　（林晨立）

【鲁中矿业有限公司工会】辖基层工会7个，职工4207人，工会会员3746人，其中女会员416人。年内主要工作：一是组织学习培训。组织工会干部认真学习党的二十大精神、习近平新时代中国特色社会主义思想、关于工人阶级和工会工作的重要论述。举办学习贯彻上海工会十五大专题培训班。配发相关专题学习书籍，并在"鲁矿工会"公众号推送学习资料20余篇，受众人数1000余人。二是开展竞赛创效。围绕生产接续、采矿工艺转换、设备达标升级为目标，组织职工踊跃参加以"提速提效""降本增效""矿山环境整治""尾矿管线更换""红旗设备"为主题的合理化建议技能竞赛，通过竞赛创造可计

算的经济效益近千万元。深入开展创新工作室建设，命名公司级创新工作室12个，开设创新课题22个。三是提升职工技能。与人力资源部联合开展职业技能提升行动，通过举办技能竞赛、技能鉴定提升活动，有126名职工通过考核晋升技能等级。四是助力安全生产。组织154个班组、3000余名职工参加全国安康杯（上海赛区）竞赛，参与安全竞赛、安全演讲、安全签名"五个一"活动，职代会安全生产监督委员会和劳动保护专职监督员先后16次开展安全生产督查，整改事故隐患200余项。五是加强班组建设。对采矿、选矿等部门班组建设情况开展调研指导。组织开展"五星六型"班组创建互评，对申报四星以上的35个班组进行考核验收，有22个班组评为四星班组、8个班组评为五星班组。六是选树劳模先进。在"五一"座谈会上，40余名劳模先进代表发起"不忘初心使命弘扬劳动精神推动公司高质量发展"倡议书，并在微信公众号平台上，推送5篇劳模事迹进行宣传，阅读量1600人次。在培植评选劳模先进中，获评市五一劳动奖章1人、市工人先锋号1个、67人和47个集体受到各类表彰。七是实施帮扶纾困。年内，矿两级工会实施帮扶纾困，为107人次困难职工发放救助金8.15万元；为4000名工会会员发放价值28万元的米、面及定制的"福"字春联等慰问品；为20名困难职工子女在"六一"期间送去书包、文具等用品；为全体会员和节日值守职工在端午节送上慰问物品3300份；为23人次患病职工办理市总工会专享基本保障（B类）和职工互助保障理赔，送去理赔金65万元。八是民主管理矿业。年内召开十六届一次职代会，民主选举职代会各专门委员会。表决通过并签订实施鲁中矿业集体合同、女职工权益保护专项集体合同。矿工会召开专题会议15次，对工会重点工作、帮困救助、7名违纪违规职工分别进行专题讨论，对违纪违规职工处理提出工会的意见和建议。九是加强工会建设。召开鲁中矿业工会第九次会员代表大会，对鲁中矿业工会、经审委、女工委进行换届，指导采矿部、莱新铁矿工会进行到届改选。梳理公司工会法人资格证书的换证、办证工作。（刘炜权）

【上海市水务局（上海市海洋局）工会】 辖基层工会17个，职工1237人，工会会员1237人，其中女会员493人。年内工作：一是加强职工思想建设。组织干部职工学习习近平新时代中国特色社会主义思想、党的二十大、全国工会十八大精神，领会工会使命、目标、任务。进一步深化主题教育，邀请劳模党代表在劳模事迹报告会上作专题报告，把"三个精神"融入治水管海实践中，通过培植推荐，获评五一劳动奖4个、工人先锋号2个、市级以上表扬5个。先后举办职工演讲比赛、合办"上善杯"健身跑、羽毛球、乒乓球、网球体育活动，职工文体活动形成常态化。二是开展劳动技能竞赛。围绕市水务海洋工作重大战略、项目"施工图"、"责任单"，在4大行业、26个拓展项目中，开展治水管海比武竞赛。先后参加长三角、市总工会、进博会劳动技能竞赛，指导行业职工参加2项全国大赛。以"四聚焦、四着力"为主题，开展2021—2023年上海治水管海重点工程立功竞赛，涌现120个先进集体和个人。先后有347个单位、1027个团队的25119名职工参加重点工程实事项目立功竞赛，一批集体和个人分别被市竞赛办表彰或被市级和水务局赛区授予各种表彰和表扬。三是开展科技创新活动。组织职工参加市职工合理化建议和先进操作法创新活动。制定《职工创新工作室管理办法》，在水环境治理、闸门运行工、海洋勘测等岗位中，创建职工创新工作室23个，10个已授牌，13个创建中。加强已有3个劳模工作室创建，培植选树水务海洋系统"身边匠人"12人。推荐的农田排口沟高效除磷施工法评为2022年度上海市职工合理化建议创新奖、护岸施工法和蓝藻治理工艺评为上海市职工先进操作法创新奖。四是服务职工生产生活。开展"安康杯"竞赛，健全安全生产领导小组。推进职工学堂和妈咪小屋建设。水利事务中心工会获评市级职工小家。慰问劳模、重病（困难）职工75人次、一线职工800多人次。参与"暖边绿境"关爱职工专项活动，赴黑龙江边境水文站开展慰问和交流。在"三八"节之际，举办"这么收，纳么美"整理收纳主题培训，助力良好工作生活环境。五是加强工会自身建设。召开市水务局（市海洋局）第五次工代会，选举新一届工会。选举市总工会第十五次代表大会代表1人。落实市总关于基层以

上工会经费支出管理要求，强化工会预算、财务资产的监督审查和人员培训，以"四位一体"推进经审监督制度化，规范工会经费的收、管、用。汇编工会经审工作相关制度。（王佐仕）

【上海市税务工会】 辖基层工会14个，职工1619人，工会会员1619人，其中女会员852人。年内主要工作：一是把坚持思想政治建设作为第一主责，助力职工树立正确理想信念。在各级党组织的领导下，扎实开展学习贯彻习近平新时代中国特色社会主义思想主题教育。结合系统工会干部培训，重点学习《习近平关于工人阶级和工会工作论述摘编》以及中国工会十八大会议精神，引导工会干部牢记初心使命，坚定不移听党话、跟党走。二是把开展劳动技能竞赛作为第一主业，引领职工创先争优岗位建功。先后与相关部门开展各类主题的岗位技能竞赛，进一步凝聚税务干部职工迎接新挑战、展示新作为的奋进力量。持续深化创先争优岗位建功活动，培育选树更多先进模范典型。在各项争先创优评比活动中，获评省部级、厅局级工会荣誉15项。三是把帮扶职工是否满意作为第一要务，提升职工群众获得感幸福感。组织开展"元旦春节送温暖""爱心一日捐"、节假日慰问患病困难职工。为市局机关、派出机构和直属事业单位千余名干部职工购买市总工会职工互助保障、工会会员专享基本保障保险。组织职工参加2023年度"看上海、品上海、爱上海"主题系列活动，以多种活动形式提高职工闲暇生活质量。四是把开展文体活动作为职工第一兴趣，彰显税务系统职工特色文化。组织参加市总工会开展的"情暖职工，助力发展"职工摄影图片展。举办"奋进新征程、建功新时代"暨永远跟党走·浦东前滩健步走活动。举办"奋斗新征程、建功新时代"上海市税务系统篮球比赛、上海市税务系统乒乓球比赛、上海市税务系统羽毛球比赛，累计参赛职工2000余人。（李增强）

【上海市人力资源和社会保障局工会】 辖有基层工会14个，职工2356人，工会会员2356人，其中女会员1440人。主要工作：一是以先进正能量引领职工思想。组织职工广泛参与"中国梦·劳动美"——上海职工网络大赛。举

办"我与人社事业"网上征文活动，职工访问点赞量达13.32万人次。先后举办"可爱人社人，筑梦新征程"主题演讲比赛、"凝心聚力跟党走，建功立业新征程"、职工健步行等项活动。在开展评选工作中，先后获评国家级和市级荣誉5项，即获评"全国工人先锋号"1个、"全国五一劳动奖章"1人；获评"上海市五一劳动奖章"1人、"上海市五一劳动奖状"1个、"上海市工人先锋号"1个。二是以帮扶办实事关爱服务职工。对48名符合帮扶条件的职工发给帮扶金12.7万元。支付11.88万元，为2377名职工办理上海工会B类互助保障。探索职工之家与党群服务中心相融合的"建家"路径，完成威海路老干部处和职鉴中心、虹江路信访办及3个社保分中心职工之家的改造升级。指导15个基层工会建立职工书屋、职工健身驿站、职工健康服务点、"方便小灶台"等设施。升级爱心妈咪小屋，建成的30个爱心妈咪小屋有9个评为市五星级、15个四星级、6个三星级。三是以举办多彩活动丰富精神生活。下拨68.5万元，组织职工参加"看上海、品上海、爱上海"和庆祝三八妇女节活动。引入"上海社保EAP员工关爱计划"，为职工及家属提供"三个一"（一门心理热线、一篇心理推文、一堂心理讲座）特色服务，守护职工心理健康。开展"八小时以外"多彩活动，先后举办茶艺、插花、时尚茶饮、咖啡拉花、烘焙、烹饪厨艺、无人机拍摄等7项活动，举办乒乓球、羽毛球、篮球、陆地冰壶、飞镖、大怪路子、卡拉ok、掼蛋等8项体育比赛，丰富"八小时以外"职工精神文化生活。四是以作风制度建设强化工会自身。按照"固本强基"要求，进一步健全工会组织。深入基层开展调查研究，帮助职工解决问题，办好实事，当好职工信赖"娘家人"。健全完善工会委员、工会小组长例会制度。更新思维理念、创新工作方式，更好履职尽责。贯彻落实《工会财务监督暂行办法》，规范工会采购制度，制定《上海市人力资源和社会保障局工会采购管理办法(试行)》。　　　　（瞿葆仁）

【上海市农业农村委员会系统工会工作委员会】 辖基层工会22个，职工3089人，工会会员2578人，其中女会员1154人，农民工会员191人。主要工作：一是服务"三农"大局，提升职业技能水平。以农产品质量安全检测、动物疫病防治、农作物植保员、水产养殖员为主要项目，开展上海市农业行业职业技能大赛。与团委联合开展"我为乡村振兴献一计"非定向课题调研，并开展提合理化建议活动。组织职工参加第三十四届上海市优秀发明评选活动，获优秀发明银奖2个、铜奖1个。在开展评选工作中，获评上海市五一劳动奖状1个、上海市五一劳动奖章2人、上海市工人先锋号1个、市农技推广服务中心植保一科评选为上海市工人先锋号常规表彰候选对象。二是开展文体活动，丰富职工文化生活。组织系统内职工篮球队、钓鱼队参加上海市职工体育联赛，获"优胜奖"。成功举办"勇当乡村振兴先行者"职工羽毛球比赛。组成市农业农村委机关代表队参加2023年上海市市级机关广播操大赛获优胜奖、上海城市徒步嘉年华活动获优秀组织奖。组织职工参加市总工会举办的微电影大赛。下拨系统内各直属单位活动资金83.9万元。支持指导各基层工会开展趣味运动会、亲子活动等形式多样文体活动。三是竭诚服务职工，履行工会维护职责。继续开展职工大病帮扶、金秋助学、"一日捐"送温暖工作，对困难劳模开展帮困慰问。为职工办理会员卡参保专项保障和职工互助保障两项实事。切实做好安全生产、夏季职工劳动保护及防暑降温，组织952人次职工参加防暑降温劳动保护培训，发放防暑降温劳防用品价值40.92万元。筹措划拨83.2万元，安排19个单位职工参加2023年"看上海、品上海、爱上海"主题活动。组织19个单位的200多名女职工参加健康体检。进一步规范职工住院、大病、生育、父母去世慰问及职工节日、生日各项福利规定，助力职工献血基金筹集工作。四是加强自身建设，夯实工会组织基础。进一步加强工会组织建设，指导4个基层工会完成换届改选，3个单位改选工会主席。加强女职工服务设施建设，开展妈咪小屋自查，申报五星级妈咪小屋一个。　（彭忠斌）

【上海市科技工会】 辖基层工会49个，其中单独基层工会44个、联合基层工会5个，基层工会涵盖单位74个。职工29605人。工会会员29041人，其中女会员10449人、农民工会员228人。主要工作：一是深化职工思想政治工作，筑牢共同奋斗思想根基。各级工会以习近平新时代中国特色社会主义思想为指导，学习贯彻党的二十大精神，认真落实习近平关于工人阶级和工会工作的重要论述，动员并要求科技系统工会工作者和广大职工把思想和行动统一到习近平重要讲话精神上来，统一到完成全国工会十八大确定的各项目标任务上来。秉承以职工为中心的发展理念，筑牢思想基础，强化思想引领，助力上海科技事业更好发展。先后参加"弘扬三种精神，凝聚强国力量"全国教科文卫体系统学习宣传中国工会十八大精神长三角地区巡讲活动。二是深化产业工人队伍建设，打造科技人才发展"引擎"。推动适应现代产业体系发展要求的高素质人才队伍建设，组织广大职工参加"建功'十四五'奋进新征程"上海职工劳动和技能竞赛。举办第五届上海科技系统职工技能大赛，激发广大职工建功新时代的主人翁精神，激发职工科技创新创造活力，为培育科技人才搭建"引擎"平台。为稳定产业工人队伍，开展工会法律援助，维护劳动领域政治安全；推广"六步工作法"，预防并化解职工劳资关系矛盾；开展科技系统"安康杯"安全生产竞赛，参加市总"安康杯"上海职工安全知识决赛，维护职工劳动安全权益，强化产业工人队伍建设和改革。三是深化工会服务职工理念，提升职工获得感幸福感。组织开展市总工会"赴长三角区域开展疗休养交流活动"、组织安排科技系统职工参加市总工会发起的"爱上海"主题活动。为单身青年搭建交友平台，举办"四季恋歌——冬之恋"交友活动。助力基层工会"新建或改建职工健身驿站"。助力摄影协会开展各项活动，组织职工参加市总工会"新时代，新征程"—"中国梦·劳动美"第六届上海职工摄影大赛。为丰富职工多彩的精神文化生活，先后举办职工龙舟竞速赛、羽毛球大赛等项活动。四是深化工会自身组织基础，提升工会工作生机活力。进一步抓好工会干部队伍自身建设，不断提升工会整体工作水平。完成上海工会十五大代表和委员、全国工会十八大代表的推荐工作。加强对工会财务人员的培训，优化工会经费收、管、用工作。对2023年财务监督、财务资产专项检查、工会经费收入专用收据等方面工作开展自查。加强工会经审队

伍、经审工作的规范化建设。（冯 莺）

【上海市教育工会】 所辖基层工会 76 个，职工 97533 人，工会会员 94593 人，其中女会员 50064 人、农民工会员 4184 人。工作机构设办公室、基层工作部、宣教文体部、生活保障部、女职工委员会。主要工作：一是提高政治站位，在凝心聚力中砥砺前行。着力抓好思想政治引领、干部队伍建设、服务质量提升，把思想和行动统一到党的二十大精神上来。开展调研和座谈，对 6412 份教职工健康需求问卷形成调研报告，落实有针对性举措，真情解决教职工"关键小事"。举办学习习近平"学思践悟二十大精神，踔厉奋发伟大新征程"用典大赛，在全市系统内掀起学习经典的热潮。征集"为党育人，为国育才"身边的好教师微电影，以先进代表为拍摄对象，制作成 25 部微电影作品，在教育电视台和微信公众号广泛宣传。联手《劳动报》主流媒体，以主题教育、党课学习、工作经验为重点，先后开展 50 期专题系列报道。二是加强示范引领，在履职尽责中彰显作为。组织开展评先创优，发挥典型引领和示范作用，年内，市教育工会获评全国工会先进集体、市教育妇女委获评全国三八红旗集体。进一步健全劳模协会，参与"跟着劳模做志愿"服务、开展劳模精神进校园宣讲活动。择优命名 8 个市教育系统劳模创新工作室。组队参与第六届全国高校青教赛荣获 3 个一等奖，并勇夺工科组全国第 1 名。参与第四届全国中小学青教赛，荣获 3 个二等奖。举办上海市基础教育青教赛，在线直播点击量超过 250 万。举办第八届上海教师书法、板书、钢笔字大赛，旨在提高教学基本功。三是丰富文体活动，在保障健康中体现关爱。启动上海教职工健康促进行动，与市健康促进中心签署合作备忘、制作促进健康视频、持续开展丰富多彩文体活动，为保障教师健康提供支撑。年内，自 2021 年开幕的九运会圆满落幕，全市近百个教育工会的 10 万名教职工参加 18 个大项、243 个小项的比赛或决赛。先后举办趣味运动会、篮球比赛和心理拓展、健身操活动，文体协会举办羽毛球、电竞、龙舟等赛事。开展咖啡制作、合唱和戏剧展演及"校长杯"系列赛事。开展玫瑰花苑联谊活动、教苑之爱玫瑰婚典、三八妇女节在线知识竞赛、科学母爱论坛。年内加快星级妈咪小屋创建。四是坚持维权服务，在强化制度中夯实基础。梳理指导基层工会到期换届，开展片区工作交流考评。实施公办高校教代会制度全覆盖，"双代会"报告制度和教代会职权得到落实。实行高校教代会民主评议校级领导干部制度。开展教育系统优秀提案评选和表彰，2 个提案获评市级优秀。启用上海教育会堂后，成功举办多场重要活动，成为新时代"教工之家"。开设专项资金，修缮院校职工之家。开展选树模范职工之家工作。实施工会补充医保计划，形成多层级保障体系，惠及 12 万教职工。有序恢复疗休养工作。对生活困难的教职工进行资助慰问。承办中国工会十八大精神长三角巡讲活动。组织基层工会主席、经审主任、财务干部参加专题知识培训。举办教育系统妇女工作专题培训，提升工会女工干部能力水平。 （王心愿）

【上海市医务工会】 所辖基层工会 59 个，职工 94591 人，工会会员 94505 人，其中女会员 67485 人、农民工会员 64 人。指导各区医务工会 16 个，企业职工医院工会 8 个。年内工作：在市总工会和市卫生健康委党组的领导下，市医务工会围绕工作大局、服务广大职工，勇于担当、体现作为，推进各项工作有新成效新进展。一是组织基层工会交流学习习近平关于工人阶级和工会工作的重要论述、学习贯彻党的二十大、中国工会十八大、市第十五次工代会精神。联手市教育、市科技工会承办"弘扬三种精神，凝聚强国力量"全国教科文卫体工会系统学习宣传中国工会十八大精神长三角地区巡讲活动。各级工会以举办报告会、劳模宣讲会、红色寻访等多种形式，推动主题学习活动落实落地、走深走实。二是弘扬劳模先进精神，培育选树全国、上海市五一劳动奖、上海工匠、医务工匠等先进典型，以先进典型的正能量示范作用，激励广大职工岗位建功、岗位成才。三是组织医务职工参加"上海职工优秀创新成果奖"、"优秀发明选拔赛"等各类市级评审。组织开展进博会立功竞赛、医务职工科技创新"星光计划"大赛、与委职能处室联合开展各类职业技能竞赛，通过竞赛进一步提升职工岗位技能素质。四是持续开展"冬送温暖""夏送清凉"工作，做实工会维权服务保障。启动 2023 年上海市医务工会实事项目，新建或修缮全市 170 个医疗卫生单位的 204 个医疗职工休息室。五是开展上海市卫生健康系统纪念三八妇女节 113 周年主题活动，推出幸福女性课堂等特色活动，为女职工特殊权益增彩添色。六是组织召开市医务工会九届七次、八次全委（扩大）会议。举办工会干部系列培训班。推动上海市级医疗机构护工、护理行业工会联合会有效运作。深化工会理论调查研究。加强工会经费使用和管理。 （马建发）

【上海市新闻出版工会】 所辖基层工会 13 个，职工 1948 人，工会会员 1910 人，其中女会员 916 人、农民工会员 1160 人。主要工作：一是搭建创新平台，激励岗位建功。为激励职工岗位建功立业，指导 4 个外资企业开展 11 个项目劳动技能竞赛，对申报的 1 个优秀创新成果，以工会绩效考核给予 7 万元奖励。对获得《职业技能等级证书》晋升技术等级的 7 名职工每人奖励 1000 元。举办"我为单位发展献计献策"征文活动，共收到征文 38 篇，评选出一等奖 2 人、二等奖 4 人、三等奖 6 人、鼓励奖 9 人。组织 1075 名职工参加文化网络大赛，对 6 个表现突出的组织单位、入围大赛 300 强的 39 名优秀参赛者予以表彰奖励。二是履行工会职能，维护职工权益。指导各基层单位签订、续订"三项集体合同"，年内基层单位集体合同签订率占 63%，女职工权益保护专项集体合同签订率占 65%，工资专项集体合同签订率占 60%。加强对职代会实施情况的监督检查，依据《上海市职工代表大会条例》规定，对职代会提案执行情况开展自查，及时查找问题，优化工作经验，进一步促进劳动关系和谐稳定。继续开展"安康杯"竞赛，推荐 3 名职工参与"安康杯"上海职工安全生产知识技能比赛并获三等奖。三是多办好事实事，帮扶服务职工。持续开展为职工纾困送温暖活动，为 64 人次困难职工帮扶 7.75 万元。组织 13 个单位的 2165 名职工参加"爱心一日捐"，募集捐款 14.7 万元。为系统 1995 名会员拨出 19.95 万元办理工会专享基本保障，5 人获大病理赔 2 万元并获本级工会资助 1 万元。购买价值 51.1 万元防疫用品和慰问品，助力基层单位做好疫情防控。拨付 60 万元和 69.2 万元,分别购买防暑用品和送温暖物品,用于"夏送清凉""冬送温暖"。为丰富职工精神文化生活,拨给 14.8 万元购买职工电影观摩券。先后支付 20.2 万元,安排 115 名先进职工代表和工会干部参加疗休养。支付 6.72 万元,助力 5 个基层工会开展职工疗休养。四是加强自身建设,提升能力水平。年内,指导 6 个工会进行换届改选。选送 3 名工会干部到工会学院参加培训。对 7 个基层工会开展财务审计,对 1 个工会的上缴经费实行当年全额回拨。经申报评定,获评上海市五一劳动奖章 1 人、上海市五一劳动奖状 1 个、上海市模范职工之家 1 个、上海市工人先锋号 1 个。推荐 1 名基层工会干部出席市总工会十五次代表大会。 (方伟国)

【上海市体育局工会】 所辖基层工会 18 个,职工 1643 人,工会会员 1602 人,其中女会员 681 人。年内,市体育局工会以习近平新时代中国特色社会主义思想为指导,围绕加快全球著名体育城市建设目标和上海体育推进落实"十四五"规划目标任务,立足自身定位、履行工会职责,以高度政治责任感和强烈的使命担当开展工会工作,发挥工会凝心聚力、桥梁纽带作用。一是把牢政治方向,引领先进典型正能量。组织各级工会深入学习贯彻习近平新时代中国特色社会主义思想、党的二十大和中国工会十八大精神,以坚定正确政治方向和高度工会事业责任性,团结引领广大职工听党话、跟党走。组织参观沪东工人运动展示馆,从赓续红色工运基因中汲取奋发有为的强大精神力量。组织劳模参加"中国梦·劳动美"上海劳模、工匠学雷锋志愿服务活动。大力宣讲体育劳模故事,发挥劳模示范引领作用,营造人人尊重、争当劳模的正能量氛围。培树推荐先进典型,年内获评市五一劳动奖状 1 个、市五一劳动奖章 1 人、市工人先锋号 1 个。二是主动担当作为,成为职工群众"娘家人"。进一步梳理局系统职工家庭困难状况,开展"冬送温暖""夏送清凉""金秋助学"活动。对 44 人次患大病、重病困难职工实施帮困救助,送去帮困金 4.4 万元;元旦春节期间慰问 79 户职工家庭,送上慰问金 23.7 万元;高温期间购买防暑降温用品 1955 份,给职工送上一份清凉。以"推动工作规范"、"帮助解决问题"、"开展调查研究"为目标,到基层一线蹲点调研,密切与职工联系,增强工会凝聚力。三是厚植体育文化,搭建服务职工大平台。组织举办纪念"三八"妇女节活动,举办"奋楫新征程,一起向未来"龙舟赛、职工拔河比赛和九球比赛。继续开展鉴赏体育题材电影活动,开展工会干部户外团建和交流活动,组织职工参加市总举办的"新时代工会女职工工作微视频征集展播"。进一步加强工会阵地建设,探索将职工之家、职工书屋等建设成职工活动的主阵地,指导 1 个单位新建职工之家、1 个单位新建职工书屋。四是加强组织建设,推动工会工作上水平。帮助基层工会进一步完善工作制度,指导 5 个基层单位工会完成换届选举。帮助工会干部搭建交流平台,增强服务意识,探索服务职工的新方法新途径。完成局本级工会及所属工会的预算执行和财务收支审计。向市总经审委上报 2022 年工会经审工作规范化建设考核情况报告。 (孙 晔)

【上海市经济和信息化工作系统工会工作委员会】 辖基层工会 268 个,职工 87780 人,工会会员 84985 人,其中女会员 34496 人,农民工会员 3052 人。年内,以习近平新时代中国特色社会主义思想为指导,学习贯彻党的二十大、中国工会十八大精神,以真抓实干精神,推动工会工作高质量发展。一是为贯彻工代会精神抓落实。组织工会干部学习贯彻全国工会十八大、上海工会十五大精神,召开专题学习、宣讲、交流会,开展主题教育和调查研究,把大会精神落实到工作全过程,更好推动工会作风转变、问题解决、工作落实。选举 2 人当选全国工会十八大、10 人当选市总十五大代表。二是为增强职工文化自信赋能。为弘扬劳模先进风采,选树获评全国级五一劳动奖状 1 个、五一劳动奖章 5 人、工人先锋号 5 个;获评市级五一劳动奖状 13 个、五一劳动奖章 46 人、工人先锋号 31 个。联手举办"匠心筑梦,精技传承"劳模工匠进校园宣讲活动;五一期间对获评全国、市级五一劳动奖进行集中表彰,并在主流媒体集中宣传。举办赓续红色文化线上线下读书交流活动。创建职工书屋示范点 5 个。三是为高质量发展凝聚新动能。开展上海城市"智慧工匠"选树、"领军先锋"评选活动。承办长三角地区数字赋能高质量发展技能竞赛。联合下发创建"AI +创新工作室"通知并召开创建互动推进会,命名 22 个"AI +创新工作室"、2 个劳模创新工作室。先后有 120 名职工技能资格获晋升、128 人获授权发明专项奖、16 人被命名上海工匠。120 人参加班组长培训,获评示范班组、优秀班组各 1 个。四是为帮扶服务困难职工尽心。年初下拨 32 万元慰问 283 名困难职工;拨付 19.75 万元帮扶 72 名职工子女就学;为 939 名农民工补贴医疗、通讯费;为高温下作业职工送上 9 千份价值 130 万元慰问品;为职工办理工会保障和理赔;组织 616 人劳模先进和职工参加疗休养;举办劳保知识培训班、"安康杯"竞赛。五是为提升精神文化生活助力。启动"经信乐学"职工文化配送活动,累计举办 70 场次、参与职工 18 万人次。如举办"绿发杯"职工射箭趣味赛,34 支参赛队的 200 人参加;举办有 40 个单位、200 人参加的城市定向挑战赛;举办中式面点技能竞赛。六是为创建和谐劳动关系尽职。开展和谐劳动关系创优工作,21 个工会获评星级示范单位。征集民主管理征文,1 个微视频作品被全总入选。获评市厂务公开民主管理先进单位 7 个、"十佳"先进 1 个。参与《民法典》《中国工会章程》修改。实施稳定职工队伍专项行动,定期开展风险排查。七是为提升能力水平夯实基础。年内新建工会 5 个、换届 14 个、办妥工会撤销和更名。获评全国和市模范职工之家、模范职工小家、优秀工会工作者、优秀工会积极分子。撰写调研报告 56 篇,编撰下发工会调研成果集。举办工会主席及经审、财务培训班。修定工会财务资产管理制度,对 38 个工会的经费、疫情资金使用开展审计。八是为发挥"半边天"作用搭建平台。举办女工干部培训班、策划"巾帼数智"专场,赋能"数字·绿色·未来"发展。获评全国、市级及经信系统红旗集体、巾帼文明岗、巾帼建功标兵、五一巾帼标兵岗、五一巾帼标兵 57 个、38 人。创建三星、四星、五星级妈咪小屋 7 个。举办"缘起经信,爱乐之旅"单身及青年职工联谊交友和四季恋歌活动。3 个家庭获评市"最美家庭"。 (黄 俭、顾 捷)

【光明食品(集团)有限公司工会】 所辖基层工会211个,其中单独基层工会153个、联合基层工会58个,基层工会涵盖单位466个。职工89491人。工会会员86275人,其中女会员31965人、农民工会员14779人。光明食品(集团)有限公司(以下简称光明集团)是以食品产业链为核心的现代都市产业集团,工会在集团党委和上级工会的领导下,以习近平新时代中国特色社会主义思想、习近平关于工人阶级和工会工作的重要论述为指导,学习贯彻党的二十大、中国工会十八大、上海工会十五大精神,围绕集团改革发展,聚焦工会主责主业,扎实有效开展工作。一是引领职工思想,厚植光明文化。把学习贯彻党的二十大精神、工会十八大精神与开展主题教育相结合,以全委会、专题会、宣讲会、培训班形式推进职工主题宣传教育活动进企业、进班组,并实施暖心家访、赠书家访,扩容关爱基金活动。以"学习党的二十大,致敬光明劳动者"为主题,举办集团创建17周年《我们走在光的前面》主题晚会。举办"新时代,新征程,新的一天从光明开始"职工歌会,开展职工"乒羽迎新赛"。编发报道的"丰收之喜,劳动之光"刊发在申工社平台,阅读量达1.7万,进一步激发职工对"因为光明,所以温暖"的动力。二是开展技能竞赛,激励创新奋进。年内先后开展"光明母港杯"粮储质量管控劳动技能竞赛、第二届蓝莓采摘劳动竞赛、"殷实农场杯"节粮立功竞赛、"光明母港杯"职工食堂一碗面竞赛。继续开展劳模、工匠、技师、先进职工各类创新工作室创建,推进劳模、工匠创新工作室联盟建设。进一步厚植"光明文化",先后组织职工参加全国农垦渔业畜牧系统"最美劳动瞬间"职工摄影比赛、由市总工会举办的"奋斗有你·最美是你"首届职工文化季、文化网络大赛、班组全家福摄影大赛、红色文化寻访、微电影大赛、优秀文艺作品展演等活动,展示光明职工多姿风采。三是聚焦和谐稳定,履行权益保障。在职代会闭会期间,组织职工代表对职工实事项目、集体合同等事项开展巡视,对职工食堂、疗休养基地、光明车管家、生产安全、食品安全、劳动保护工作进行巡察,并提出工会意见和建议,维护职工生产生活和健康权益。为创建和谐稳定劳动关系,建立集团工会和谐劳动关系优化指导员库和劳动关系协调员队伍,通过培训、考级、面试后实行持证上岗。制订实施"有事即时平台报"和"无事每天零报告"制度。组织开展"安康杯"暨"光明母港杯"叉车安全、应急消防比武、安全故事宣讲、安全工作大检查、安全和劳保知识培训,推进"安康护航"行动落地。四是办好职工实事,用心用情帮扶。持续开展多层次、多层级的"我为职工办实事"活动,对7000余名职工实施工会专享互助保障、冬送温暖、夏送清凉、金秋助学帮困。以"一碗面"方式,改善职工就餐品质、享就餐选择。开展女职工"两病"筛查,为227名困难女职工开展专项健康体检。建立《光明食品集团提升职工生活品质标准化指标体系》,从120项服务清单中形成46个重点事项予以实施,进一步提升职工生活品质。

(朱菊英)

【上海市监狱管理局工会】 所辖基层工会19个,职工6953人,会员6953人,其中女会员1055人。机构设组宣部和办公室。主要工作:一是引领先进典型正能量。举办贯彻落实中国工会十八大会精神报告会和培训班。开展"掌握民警所思、所想、所盼"和"职工之家建设情况"课题调研。承办全国监狱系统工会工作现场交流活动。助力民警岗位练兵暨职业技能竞赛总决赛。年内获评全国和市五一劳动奖章各1人、全国和市工人先锋各1个、全国和市模范职工小家各1个、市五一劳动奖状1个。其先进事迹刊登《劳动报》等媒体进行宣传。二是履行工会帮扶职能。元旦春节期间,为400名困难职工送去帮困金80万元,为因病去世、因公牺牲职工送去帮扶金7万元。先后为31人患重大疾病职工办理专享保障理赔,获理赔金376万元。组织基层一线抗疫先进、特殊岗位民警参加疗休养。开办安心暑托班,解决民警子女暑期看护难。对取得国家职业资格等级证书的71名在警岗位职工分别给予奖励。三是丰富职工文化生活。年内,成立职工读书协会,改版"菁英汇"小程序平台,开展有7300人参与的"好书诵读"等5项在线活动,局工会主办的系列读书活动获市振兴中华读书活动优秀示范项目。先后举办"知心杯"征文比赛、民警职工书画摄影巡展、职工在线健步走、职工电子竞技活动,邀请上海歌舞团赴基层单位专场慰问演出。组织参加市"双拥杯"军民健身大赛取得好成绩,参加"首届上海职工文化季"展评展演获2银1铜,配合完成警官合唱团的招募、集训和演出。四是助力女工退管工作。举办"三八"节向女会员送花、女工沙龙系列活动,评选表彰三八红旗手和红旗集体。新建"爱心妈咪小屋"1个,对全局8个妈咪小屋开展普查和修缮。组织女职工参加"玫瑰书香"主题阅读活动,评为全国和市级最美阅读点。获评市级机关"最美家庭"称号1个。组织退管干部参加业务培训,持续做好"两送"工作,开展退休职工线上才艺展示,参加免费体检等工作。五是加强工会自身建设。召开"一监一品"建设现场推进会,指导5个监狱创建"一监一品"特色项目。指导7个工会完成换届改选、1个工会完成工作移交。组织基层工会干部、新任工会主席、副主席30人参加培训。指导基层工会创建职工之家,对"一监一品"工作、体锻场地修缮、妈咪小屋创建给予资金支持。严格工会财务和经审工作制度,落实上级工会关于工会经费和会费的使用规定,管好用好工会经费。

(江海群)

【锦江国际(集团)有限公司工会】 所辖基层工会76个,其中单独基层工会75个、联合基层工会1个,基层工会涵盖单位606个。职工33496人。工会会员33496人,其中女会员16348人、农民工会员1209人。年内主要工作:一是夯实工会组织基础。加强对新建企业工会的组建,依法合规指导新建工会运作,支持工会在党的领导下独立自主开展工作。督促指导基层工会完成到届改选、增选补选,指导17个工会及时更换法人资格证、84个工会按时完成工会年报统计等工作。二是加强劳模管理服务。经过历年创建,已建成上海市劳模创新工作室9个、上海市工匠技师创新工作室7个、锦江国际劳模创新工作室9个、锦江国际工匠技师创新工作室10个。集团现有在册劳模83人,年内履行好对劳模的各项关心关爱工作。三是提升职工技能素质。为提升职工队伍综合技能素质,开展对职工岗位技术技能和各项综合素质的培育,广泛开展各类劳动和技能竞赛。举办首届职工文化节,开展"女神驾到·兔破不凡"主题活动,显示锦江职工的能力素养和不凡精神。四是履行帮扶纾困主责。春节期间发起对在城市保障服务中坚守岗位的外来建设者给予通讯、医疗费补贴专项行动，向春节期间在岗留沪过年的外来建设者送上年夜饭套餐慰问礼包。继续开展常态化职工帮扶送温暖、实现金秋助学微心愿、为低收入岗位和困难职工实施"菜篮子"项目等活动，为公司会员投保专享基本保障，组织安排抗疫一线职工参加疗休养。

（顾明方）

【百联集团有限公司工会】 所辖基层工会114个，职工20842人，工会会员20842人，其中女会员11012人、农民工会员1298人。年内，工会坚持围绕集团中心工作，为集团各项改革发展提供保障。主要工作：一是激励正能量。组织工会干部以召开专题学习会、辅导报告会、劳模宣讲会、班组学习会等形式，推动学习贯彻党的二十大精神深入班组、深入人心；组织职工以班组为单位，进一步学习领悟中共党史、新中国史、改革开放史、社会主义发展史、中华民族发展史，凝聚广大职工的爱国主义正能量，形成为集团发展的"同心圆"。二是参与各项活动。在参加上海职工劳动技能竞赛中，第一医药获二等奖，店长朱蓓丽荣获"优秀个人"称号；在年度评选工作中，获评全国工人先锋号1个、市五一劳动奖状1个、市五一劳动奖章4人、市工人先锋号7个；在参加上海职工文化网络大赛中，有2875名职工报名参赛；在市总工会举办的第六届上海职工摄影大赛中，共征集作品258幅，其中1幅获上海市入围奖、30幅获集团优秀奖。三是履行工会职责。年内，工会慰问困难职工277人次，慰问74个企业在高温环境下作业职工累计5061人；为21164名职工投保工会服务卡专项保障；组织4233名职工参加"品上海"活动。在开展为职工办实事工作中，各级工会听取职工意见和建议，因地制宜为职工办实事，共有46个项目获评"2023年百联集团为职工办实事项目"奖。四是强化工会自身。按照民主程序，选举参加全国工会第十八次代表大会代表1人、上海市工会第十五次代表大会代表6人。先后对5个二级工会和11个基层工会开展工会财务基础工作检查、

工会经费收支情况审计，督促审计整改事项的落实。

（姜 杰）

【上海申通地铁集团有限公司工会】所辖基层工会36个，职工32590人，工会会员31622人，其中女会员6676人、农民工会员38人。主要工作：以学习贯彻党的二十大精神为主线，以维权、服务为主责、主业，团结凝聚广大职工投身上海地铁跨越800公里的新征途，推进工会各项工作有新进展。一是思想政治引领彰显新作为。通过举办主题宣讲、宣传报道、红色寻访活动，进一步坚定职工听党话、跟党走理想信念。举办党的二十大、中国工会十八大精神宣传活动40场。举办地铁运营30周年文艺鉴赏演出、职工运动会、"老地铁"回娘家等活动。利用"工会小姐姐"抖音平台、"909艺创空间"、地铁博物馆劳模墙、车站LED屏等载体，激励"三个精神"，扩大榜样引领效应。二是职工技能素质得到新提升。组织19个单位参加"强基础、攻顽疾"、"金徽章"核心岗位、"创精、创优、创新"共30项立功竞赛，评选竞赛先进集体321个、先进个人1138名。参加全国轨道线路工、信号工、行车调度全国总决赛获冠军等奖项。年内先后获评全国级工人先锋号1个、五一巾帼标兵1人；获评住房和城乡建设系统劳动模范1人、市级五一劳动奖状1个、五一劳动奖章4人、工人先锋号4个、长三角大工匠1人、上海工匠2人、交通工匠1人。三是职工创新创造迸发新活力。开展以"学技、创造、共享"为主题的上海地铁创新系列活动，并编纂其成果集。举办"金钥匙"岗位创新大赛，选拔创新成果进行展示。征集职工合理化建议348项、先进操作法53项、发明革新63项、获国家专利项目33个。试点建立创客服务中心、创客加油站，联手推动职工岗位创新服务、孵化、推广和管理，已扶持重点项目2个。四是履行服务职责拓展新阵地。经重建、整修、添置设备，全路网改建完成职工工间休息室500间，部分解决职工远途上班与异地换岗的矛盾。建设地铁职工服务驿站，其中1个驿站命名为市级。安排职工参加"看上海、品上海、爱上海"活动。推出地铁职工手机专享套餐惠及职工一万余名。开展春节对困难职工和先进代表、高温作业职工送清凉慰问，为会员办理大病互

助保障等工作。五是创建和谐地铁取得新成效。通过培训宣讲，落实市总制定的"地铁出行，平安有我"实事。实施职代会民主评议领导干部，以"三公开、三参与、两定期"要求，讲求基层班组开展民主管理的程序和实效。开展"凝聚她力量，奋进新征程"巾帼建功活动，成立"地铁巾帼蓝"消防宣传志愿者服务队。六是建设工会自身彰显新面貌。年内新建工会2个，长期未解决的551人劳务派遣员工全部加入工会。4个工会完成换届或更名。5次开展工会经费专项审计，严格经费收、管、用。按程序推选中国工会十八大代表1人、上海工会十五大代表4人和常委、经审委员候选人各1人。获评市模范职工之家和模范小家各1个、市优秀工会工作者2人、全国优秀工会积极分子1人。七是厚植职工文化喜结新硕果。组织4119名职工参加"中国梦·劳动美"上海职工（市民）文化网络大赛。联手市体育局为开展集团职工体育进行指导、开展培训，选送文体达人在市级平台上获上海职工篮球联赛冠军、市台球团体赛亚军、"浦发一营杯"足球邀请赛亚军。参加上海职工微电影大赛、职工优秀文艺作品展演分别获铜奖。

（蔡伟东）

【上海城投（集团）有限公司工会】辖基层工会156个，其中单独基层工会153个、联合基层工会3个，基层工会涵盖单位159个。职工17025人。工会会员16993人，其中女会员4757人、农民工会员1387人。主要工作：一是引领职工思想彰显新作为。年内举办"感悟思想伟力，建功人民城市"主题成果展暨职工理论学习分享会；举办学习贯彻全总十八大精神培训班；举办"巾帼建功正当时群瑛同心向未来""学习新思想，聆听她声音""行走的讲堂"活动。连续4年开展"学习强国"职工学习拓展活动，引领职工思想，凝聚奋进共识。组织工会负责人分组走访基层，展开听民意、察民情、聚民智、解民忧调研，形成每季"城投职工思想动态报告"。先后发布首部城投职工宣传片；与上海书画院联办"翰墨飘香颂祖国丹青绘色新时代"职工书画作品展；组织近3000名职工及家属参加"中国梦·劳动美"上海职工（市民）文化网络大赛。二是激励岗位建功取得新成效。参加全国和地区创新交流会、"大国工匠"年度

人物竞选，并成立"戎雷学院"。选举劳模兼职工会并在市产改推进会上作交流。培树获评全国级五一劳动奖章1人、三八红旗集体1个、五一巾帼标兵岗1个；获评一批市级五一劳动奖状、奖章及工人先锋号和上海工匠。开展"五比五赛""建功十四五、奋进新征程"等竞赛64项，1398个团队、近4万人次参赛。广泛开展技术革新、技术协作、发明创造、合理化建议、网上练兵和"五小"活动，获评多项先进操作法、合理化建议、优秀发明类奖项。先后开展城投职工创新成果集汇编。培植城投工匠、青年工匠、城投工作室。评选"十佳金点子"、金点子提名奖。三是帮扶服务职工拓展新领域。编修《城投职工帮扶管理办法（试行）》，厘清困难职工现状，开展"冬送温暖、夏送清凉"慰问。安排23800名职工参加"看上海""品上海"活动。成立37人"暖心大使"团队。组织9批382人参加疗休养。举办"城投人看城投"活动。组织劳模体验国产大飞机、国产大邮轮巡游。做好劳模"三金"发放和劳模卡办理工作。制订职工参与安全生产指导意见，开展安全督查和"安全生产主题月"，举行劳动保护促进健康专项行动。签订劳动领域政治安全承诺书，保障职工安全和企业和谐稳定。推出"安居怡养计划"实事品牌，新增职工优享生活购物套餐。创建或升级园区（楼宇）健康服务点，提升职工生活品质。四是夯实工会自身基础呈现新面貌。在创建模范职工之家、职工小家的同时，对星级型和共享型妈咪小屋、职工健身驿站、职工书屋普遍进行自查。按程序推选全总十八大、市总十五大代表。举办新上岗工会主席、女工干部培训班。安排劳动保护人员、劳动关系协调员、二级网评员、骨干网评员参加专题培训。按照《上海市总工会关于上海小额缴费工会组织工会经费全额返还支持政策的通知》，建立小微企业工会经费账户，定期监督检查经费的收、管、用及年度工会经费预决算。

（赵永哲）

【申能（集团）有限公司工会】 辖基层工会58个，职工18788人，工会会员18755人，其中女会员6787人、农民工会员37人。主要工作：一是引领职工思想，凝聚奋斗力量。坚持以习近平新时代中国特色社会主义思想为引领，深入学习贯彻习近平关于工人阶级和工会工作的重要论述，贯彻落实中国工会十八大、上海工会十五大会议精神，凝聚广大职工团结奋斗力量。依托集团融媒体平台，发挥"大宣传"优势，在"申飞扬·能无限"公众号推送工会相关信息27篇，刊发《劳动报—申能周刊》9期，接受《劳动报》专访6期。二是选树劳模工匠，优化队伍建设，组织职工参加长三角地区职工劳动技能竞赛，取得优异成绩。开展"深化劳模、工匠培养选树机制"课题调研，形成3万字调研报告。选树具有申能特色的劳模、工匠培养机制，推动产业工人队伍建设改革。在"安康杯"竞赛中，发起"查身边隐患、保职工安康、促企业发展"专项行动，查处安全事故隐患2076个，年内逐个进行整改。获评全国、上海市五一劳动奖11个（人）、上海工匠2人、市工匠创新工作室2个。三是用心用情纾困，帮扶服务职工。健全完善集团"三级帮扶"机制，年内集团工会资助97.6万元，慰问困难职工246人次；基层工会累计慰问2440人次，送去帮困金266万元。为17577名在册会员参保B类专享基本保障，缴纳参保金88万元。支付1350万元，安排职工参加"看上海"、"品上海"活动，惠及职工2.44万人次。四是落实职工实事，创建和谐申能。组织近千名职工参加"悦动申能"健康跑、茶艺培训、读书分享等职工喜闻乐见的活动。为维护劳动领域政治安全，签订上海工会与集团工会责任书。实施"申情为民、竭诚赋能"——"我为群众办实事"实事项目，连续3年为532户退休困难劳模家庭提供燃气安检、隐患整改、安全宣传、更新燃气用具服务，获市总工会、市劳模协会颁发的爱心企业"公益伙伴"奖牌。五是加强自身建设，提升能力水平。筹备召开集团第六次工代会，完成换届选举工作。新建工会1个，11个基层工会，2个系统工会完成到届改选。召开集团工会主席会、全委会、专题会10次。举办工会干部培训班。获评市模范职工小家1个、市优秀工会工作者1人。下发申能集团工会经费使用管理工作提示，对13个工会经费的收、管、用及预决算进行审计。财务工作被全总评为先进单位，并获局（产业）工会经审工作规范化建设考核一等奖。

（万千）

【上海隧道工程股份有限公司工会】 辖基层工会110个，其中单独基层工会107个，联合基层工会3个，基层工会涵盖单位120个。职工29891人。工会会员29628人，其中女会员6165人、农民工会员11280人。主要工作：以习近平新时代中国特色社会主义思想为指导，贯彻落实市委十二届四次全会和市第十五次工代会精神，强化工会使命担当，团结凝聚职工力量，为隧道股份高质量发展作贡献。一是坚定初心加快隧道发展。根据市总和隧道股份党委部署要求，把学习贯彻中国工会十八大精神与开展主题教育、与习近平关于工人阶级和工会工作重要论述、与隧道工会实际紧密结合，以上率下、学用结合，把目标任务转为化工作重心，始终坚定初心，坚持工会与隧道股份高质、高速发展同频共振，不断提升广大职工日益增长的获得感和幸福感，助推隧道事业快速稳步发展。二是以赛创优助力岗位建功。制定《2023年隧道股份赛区立功竞赛规划》。以"鼓舞人、激励人、凝聚人、培育人"为目标，完成隧道股份赛区21支队伍的立功竞赛和考核。制定《隧道股份"建功十四五，赋能城市高质量发展"职工劳动和技能竞赛实施方案》，有22个项目参加上海市优秀竞赛项目评选。开展"安康杯"竞赛，通过竞赛增强健康理念，改善企业环境、改进服务管理。三是创新创造赓续"隧道匠心"。完善创新隧道股份工匠选评机制，命名3人为上海工匠、10人为隧道股份工匠、1人参加"大国工匠年度人物"评选；获评工匠创新工作室1个，3个创新工作室申报全国职工创新项目。开展劳模事迹专题宣传7期，组织10名劳模和上海工匠参加市总疗休养，36名退休劳模参加健康体检，妥善办好劳模三金申报和发放、劳模脑健康关爱和生日慰问等工作。四是培植营造先进职工文化。与光明集团联办"一本书、一感悟、一段话"工会干部阅读、学习、培训分享活动。升级职工阅读微信平台。新建隧道股份职工书屋7个，对"职工书屋""职工学堂"服务阵地进行普查。组织职工参与上海职工文化季、"全家福摄影展"、职工微电影拍摄活动，提升职工文化素养。申报评选上海市巾帼文明岗4个、上海市巾帼建功标兵1人。五是帮扶纾困履行工会职责。年内，各级工会慰问困难职工和驻外职工、劳模先进 4954 人次，发放款物 297.76 万元。如定帮、助学、助医 112 人次、48.63 万元；资助 99.5 万元关爱 995 人次驻外职工；为 37 户困难家庭实施"菜篮子"帮扶；扶持 29.1 万元为职工实现"微心愿"625 个；补助 330 万元，组织职工参加"看、品、爱"活动；下拨 33.53 万元，安排 60 批次、2166 人次职工参加疗休养。拨付 38.77 万元，对重大工程、重大项目建设的 2501 名一线职工提供流动车现场体检。支出 811 万元，实施"幸福家"8 项职工实事项目，惠及职工 28179 人次。还为 4378 人次职工提供文化、生活、返乡服务。六是强化自身提升能力水平。年内，指导 4 个工会举行到届改选。深入基层开展走访调研、征询民意，解决职工需求。制订规范工会经费的《暂行办法》，规范工会经费预决算、账户管理、专项资金审批、拨付和使用。举办工会财务、经审工作培训班。开展财务资产专项检查、职工书屋专项资金，经济责任和预决算审计。配合党委对 3 个单位进行巡察。　（徐　晶）

【上海世纪出版（集团）有限公司工会】所辖基层工会 47 个，其中单独基层工会 45 个、联合基层工会 2 个，基层工会涵盖单位 53 个。职工 3725 人。工会

会员 3663 人，其中女会员 2069 人、农民工会员 296 人。主要工作：一是深化主题教育，凝聚奋进力量。以贯彻落实中国工会十八大和市总第十五次工代会精神为重点，组织工会干部深入学习工会理论，开展"工"字特色宣教活动，前往崇明举办主题教育现场教学。与光明集团所属崇明农场联组学习习近平生态文明思想，并举行"世纪工会林"命名揭牌仪式。组织职工开展"讲书马拉松"活动，助力书香社会建设。二是弘扬"三种精神"，激励岗位成才。隆重召开以"劳动铸就梦想，奋斗书写精彩"为主题的世纪集团五一先进表彰会，表彰获评各类荣誉的先进人物。发挥区域工会联盟联动优势，主动融入区域工建大格局。参与闵行区"百千万"工匠技能人才培育计划，先后有 5 人被命名"闵行技术标兵"、15 人被命名"闵行技术能手"。三是培树创新载体，提升职工技能。按照制订的管理办法，启动 1—2 万元创建经费，以 1:1 配套资金支持，全面推进创新工作室的逐步建立。在培植"世纪工匠"工作中，命名"世纪工匠"9 人。先后开展首届"世纪讲书人"职业技能大赛、青年编辑技能大比武。围绕重要项目和产业，以编校质量、装帧设计、发行营销为重点，精心组织举

办引领性劳动技能竞赛。四是履行工会职责，服务职工实事。年内，工会为 9 名患大病、14 名困难职工送去慰问金 7.3 万元；为 1 名特困职工申请市总深度困难职工帮扶金 7 千元；为 9 名低收入职工实施"菜篮子专项行动"，18 人次配送给生活必需品；为 3662 名会员集中办理工会互助保障。新建世纪出版园健康服务点、职工健身驿站，提升职工多元生活品质。五是丰富文体活动，营造"世纪"文化。年内，世纪大讲堂·职工学堂邀请秦畅、傅杰等多位著名专家学者，举办 8 场以提升职业素养为内涵的系列讲座。组织职工开展丰富多彩的文体活动，举办瑜伽训练班。进一步探索工会融媒体改革，上线官方公众号"世纪人之家"微信平台，旨在更好服务职工。六是加强工会建设，增强能力水平。召开集团工会第三次工会会员代表大会暨三届一次职代会。指导 3 个工会进行换届改选。先后召开 8 次主席专题学习会，6 次工会干部集中学习，7 名工会干部参加市总举办工会业务知识培训。编制集团工会年度预决算，对 22 个工会经费收、管、用例行监督审查。　（施纪仁）

局（产业）工会主席（主任）、副主席（副主任）、经审主任、女工主任名录

单位名称	主席（主任）	副主席（副主任）	经审主任	女工主任
上海市机电工会	朱兆开	袁胜洲　万敏莉（女）　李　敏（兼职）	袁胜洲	万敏莉（女）
上海市仪表电子工会	顾　文（女）	张　波　王海云（女）	王海云（女）	顾　文（女）
上海市化学工会	顾立立		王　伟	李爱敏（女）
上海市轻工业工会（上海轻工业工会联合会）	庄　勤（女）	应蓓卿（女）　李　黎（兼职）　曹湛卢（兼职）		应蓓卿（女）
东方国际（集团）有限公司工会（上海市纺织工会）	黄　勤（女）	陈　敏（女）　张世军　蒋成乐（女）　陆　益（女）	张世军	黄　勤（女）
上海市医药工会	佘　群	陈　旻（女）　陆全宏　刘　杰（女）　朱　阳（兼职）	张坚挺（女）	刘　杰（女）
国网上海市电力公司工会	陈春霖	金　祎　董渝瑾（女）	丁　钧	董渝瑾（女）
上海电力建设有限责任公司工会	沈刚毅	丁伟荣	陈晓刚	庄　艳（女）
中国宝武钢铁集团有限公司工会	张贺雷	周　瑾（女）　陈英颖（兼职，女）　陈志宇（兼职）	周　瑾（女）	周　瑾（女）
中冶宝钢技术服务有限公司工会		姜　武	文　俭	夏　伟（女）
上海宝冶集团有限公司工会	阳　刚		毛一新	李　琳（女）
上海高桥石油化工公司工会	李海东	刘　学	刘　学	王　霞（女）

（续表）

单位名称	主席（主任）	副主席（副主任）	经审主任	女工主任
中国石化上海石油化工股份有限公司工会	谢 莉（女）	徐 红（女）　　　陆钰琳 王江迪（挂职，女）朱玉萍（兼职，女）	傅和娟（女）	徐 红（女）
上海航天局工会	李 昕	郁媛媛（女）　　王曙群（兼职）	郁媛媛（女）	姚红霞（女）
中船上海船舶工业有限公司工会	顾 奚	姚 莹（女）　　赵海东（兼职）	姚 莹（女）	姚 莹（女）
上海市烟草工会	杨 军	陆 勇　征 嵘　王斯薇（女）	征 嵘	王斯薇（女）
上海汽车集团股份有限公司工会	钟立欣	华恩德	华恩德	吴 丹（女）
中国能源化学工会 华东电力工作委员会	奚 珣（女）	丁 峰	冯新卫	施炜伟（女）
上海华虹（集团）有限公司工会	赵 蓉（女）	王 雷　冯雪静（女）	张 恪	冯雪静（女）
中国华源集团有限公司工会	吴鸿妹（女）			
上海化学工业区工会	李庆红（女）	庄彬英（女）　　支宏斌 肖辉娟　　　　邬平平（女）	庄彬英（女）	邬平平（女）
国药控股股份有限公司工会	刘海建	沈 莉（女）	张 健（女）	方晓红（女）
中国铁路工会上海铁路局委员会	何元庆	徐 晔（女）	徐 晔（女）	徐 晔（女）
中国远洋海运集团有限公司工会	张善民	是 铮	是 铮	是 铮
上海国际港务（集团）股份有限公司工会	庄晓晴（女）	王晶奇	王晶奇	庄晓晴（女）
中国海员工会 上海长江轮船公司委员会	方国涛		赵麒麟	郭琼莹（女）
中国邮政集团工会上海市委员会		李 芳（女）	徐 镔	李 芳（女）
中国移动通信集团工会上海市委员会	梁志强	文 钟	曹毓静（女）	孙 怡（女）
中国电信集团工会上海市委员会	常朝晖	金小铭（女）　　陈晓勤 邱莉娜（兼职，女）徐 珺（兼职）	陈晓勤	金小铭（女）
中国海员工会交通运输部东海救助局委员会	黄金裕	宗爱君（女）	张 铭	宗爱君（女）
中国海员工会 交通运输部上海打捞局委员会	张 戎	王 军	陈 绮（女）	方 芳（女）
中交上海航道局有限公司工会	方君华	杨 新	何金中	王 梅（女）
中交第三航务工程局有限公司工会	马 骏	张 颖（女）	李小宁	张 颖（女）
中国民航工会华东地区管理局委员会	西绍波		雷 晓（女）	孙本芳（女）
中国东方航空集团公司工会	姜 疆		邵祖敏	王春华（女）
上海机场（集团）有限公司工会	张永东	包 蕾（女）　　吴 娜（兼职，女）	包 蕾（女）	张雯倩（女）
中国海员工会上海海事局委员会	胡晓昱（女）	孟庆渤	沈俊文	胡晓昱（女）
上海市城乡建设和交通工会工作委员会	金 燕	绪立渊（女）	刘方定	绪立渊（女）
上海建工集团股份有限公司工会	殷红霞（女）	廉永梅（女）　　吴欣建	廉永梅（女）	廉永梅（女）
上海市交通委员会工会	杜 健（女）	周建荣	王 青（女）	陈红艳（女）
上海市交通工会	曹秀峰（女）	周建荣　严婵琳（女）　　王 勤（女） 许一鸣　李 捷　王 壹　刘 树		
上海海洋石油局工会	谢录杰	张 寅	唐富强	钱碧云（女）

（续表）

单位名称	主席（主任）	副主席（副主任）	经审主任	女工主任
上海市绿化和市容管理局工会	周海健	陈星华　冯　磊（女）　周文宏	冯　磊（女）	冯　磊（女）
上海市绿化市容行业工会	周海健	陈星华　冯　磊（女）　周文宏（女） 倪永红　李　影（女）		
华东建筑集团股份有限公司工会	夏　冰	高慧文（女）　王　鹏　周　怡（兼职，女）	夏　明	高慧文（女）
鲁中矿业有限公司工会	石文鑫	代洪波	魏新峰	代洪波
上海市水务局（上海市海洋局）工会	魏梓兴	高　伟（女）　邓　武（兼职）	陈　洁	高　伟（女）
中国建筑第八工程局有限公司工会	于金伟	王晓波　　　　张　慧（兼职，女） 苏亚武（兼职）　黄德彪（兼职）	王晓波	陈　湘（女）
上海大屯能源股份有限公司工会		顾宏彬		孙莉娟（女）
上海市金融工会工作委员会	葛　平	王燕华（女）　周　健（兼职）吴　勇（兼职） 杨　明（兼职）　马海燕（兼职，女）	高成富	马海燕（女）
上海市税务工会	李俊强	许　萍（女）	陈晓峰	许　萍（女）
上海市人力资源和社会保障局工会	朱　军	周维钢	柳　阳	陈嬿婧
中国教育工会上海市委员会	张艳萍（女）	陶文捷　　　　李序颖（兼职） 于朝阳（兼职）　王丽红（兼职，女） 赵振新（兼职）	陶文捷	张艳萍（女）
上海市科技工会	王　宇	赵福祥　汪显坤（兼职）	汪显坤	
上海市医务工会	赵丹丹	何　园（女）　马艳芳（女）　方秉华（兼职）	周　莹（女）	何　园（女）
上海市新闻出版工会	薛建华	王瑛萍（女）	王瑛萍（女）	陈　舸（女）
上海报业集团工会	刘　可（女）	党　勇　　　　王东华（兼职） 张　裕（兼职）　邱　琳（兼职，女） 童　杰（兼职）　徐莲娜（兼职，女）	吴有培	金文茜（女）
新华通讯社上海分社工会委员会	肖春飞	潘　清（女）	凡　军	潘　清（女）
上海市文化和旅游局工会	张枝俏（女）	杨　兢（女）	余海燕（女）	杨　兢（女）
上海广播电视台（上海文化广播影视集团有限公司）工会	王治平	缪惠琴（女）　马　喆　吴　颖（女）	李　桦（女）	俞菊华（女）
上海社会科学院工会	杨鹏飞	韩汉君　赵蓓文（女）　刘　峰	朱静芬（女）	赵蓓文（女）
上海市体育局工会	宋　慧（女）	伍尚锐　董志成	林中超	孙春芳（女）
上海市经济和信息化工作系统工会工作委员会	张　义	谢书清（女）　那海燕（女）	姚晔麒	
光明食品（集团）有限公司工会	潘建军	邓树梓　　　　储　今 庄　静（女）　郁　非（兼职，女）	孙　磊	庄　静（女）
上海市民政局工会		刘荣华（女）　丁　烨（女）	许夏萍（女）	丁　烨（女）
上海市监狱管理局工会	肖美芳（女）	熊　玲（女）	张顺华	肖美芳（女）
锦江国际（集团）有限公司工会	昝　琳（女）	孙　侃（女）	孙　侃（女）	孙　侃（女）
上海市东湖（集团）公司工会	郑家臻（女）		胡姝萍（女）	胡　明（女）
上海市市级机关工会工作委员会	陈　玲（女）	熊伟芳（女）	张红雷	陈　玲（女）
百联集团有限公司工会	夏柱道	李书鸿	肖　敏（女）	柳立玮（女）
上海市商业行业工会	刘晓敏（女）	王逢祥　姚黄平　林　强		
申能（集团）有限公司工会	苗启新	陈　忠　杜卫华（兼职）　刘先军（兼职）	李争浩	雷　雯（女）

（续表）

单位名称	主席（主任）	副主席（副主任）	经审主任	女工主任
上海久事（集团）有限公司工会（上海市运输工会）	孙江	王雯洁（女）　张正（兼职）　方进（兼职）	张漪琼（女）	王雯洁（女）
上海申通地铁集团有限公司工会	蔡伟东	严婵琳（女）	史军	严婵琳（女）
上海城投（集团）有限公司工会	杨茂铎	孟惠华　毛雪莹（女）　杨戌雷	陈华	毛雪莹（女）
上海电器科学研究所（集团）有限公司工会	陈红洁		何正平（女）	龙黛（女）
上海隧道工程股份有限公司工会		彭瑶（女）　周翀凯（兼职）　李章林（兼职）	彭瑶（女）	彭瑶（女）
上海地产（集团）有限公司工会		王卫卫（女）	王幸儿（女）	徐旺（女）
上海东浩兰生国际服务贸易（集团）有限公司工会	葛平	王鸿　归潇蕾（女）	梁雄燕（女）	归潇蕾（女）
中国联合网络通信有限公司工会上海市委员会	李爽（女）	魏炜	刘宏华（女）	陶晓英（女）
上海市电力股份有限公司工会	顾皑	唐兵	王华	朱劲松（女）
上海市通信管理局工会	王天广		凌坚	张丽云（女）
上海市宾馆业工会联合会		王行泽　徐中尼　高耀敏（女）		
中国商用飞机有限责任公司工会	谭万庚	王深远　陈晖　曹印诺（女）	尹建海	曹印诺（女）
中国民用航空华东地区空中交通管理局工会	孟磊（女）		黄钧	周沅（女）
上海临港产业园区工会委员会	韩国华	陆怡（女）　姚奕竑　郑晟骅（兼职）　张家榕（兼职）	徐建文	陆怡（女）
中国电信集团工会号百信息服务有限公司委员会	罗婧（女）	刘昊英（女）	沈欣	刘昊英（女）
上海上实（集团）有限公司工会	姚嘉勇	季定（女）　佘群	舒东	季定（女）
上海市公安局工会	徐靖	洪兆枫　丁艳（女）　倪蓓蓓（兼职，女）	魏旭瑞（女）	钟灵（女）
上海市农业委员会系统工会工作委员会	叶耿	彭忠斌	彭忠斌	张瑜（女）
上海国盛（集团）有限公司工会	王旭岗	顾远凡	阮峰	李一萌（女）
华能上海分公司工会	陈永平		张晓煜（女）	白伟（女）
上海绿地控股集团工会	王晓东	张海峰	徐欣然	赵琳琳（女）
上海申迪（集团）有限公司工会	金涛	蒋靖　周锋　周斌	刘宁（女）	刘军（女）
上海电影（集团）有限公司工会		施慧琼（女）　陈艳（女）　易磊	陈艳（女）	高羿（女）
中国金融工会上海工作委员会	刘琦	韩爱华（女）　周捷（兼职）　郑明强（兼职）　王燕华（兼职，女）		王翠婷（女）
五冶集团上海有限公司工会	周青平	刘晓龙	谭育红	毛波（女）
上海世纪出版（集团）有限公司工会	杨春花（女）	王云斌　黄庆（兼职）　董龙凯（兼职）　王珺（兼职，女）　管叶（兼职，女）　曲云飞（兼职）	郑淑娟（女）	王珺（女）

（续表）

单位名称	主席（主任）	副主席（副主任）	经审主任	女工主任
中国福利会工会工作委员会	韩先梅（女）	张　霞（女）	王颖淑（女）	张　霞（女）
上海著名外企工会联合会	李香花（女）	陶　骏（执行主席）　归潇蕾（女）项　青（女） 曹敬衡（兼职）　　尹　清（女）徐旭峰（秘书长）	曹敬衡	归潇蕾（女）
上海国有资本投资有限公司工会	陆　雯（女）	江海洲	柯　勇	陆　雯（女）
上海联和投资有限公司工会	孙曦东	应晓明　　　　　于丽辉（女）	孙　雁（女）	王燕清（女）
长三角投资（上海）有限公司工会	施振兴	秦　亿	徐明磊	黄咏华（女）
中国电气装备集团有限公司工会	裴振江		杜丹丹（女）	武艳茹（女）
上海东方枢纽投资建设发展集团有限公司工会	徐孙庆	朱军贤	马晶晶（女）	董　菊（女）

直管单位概况

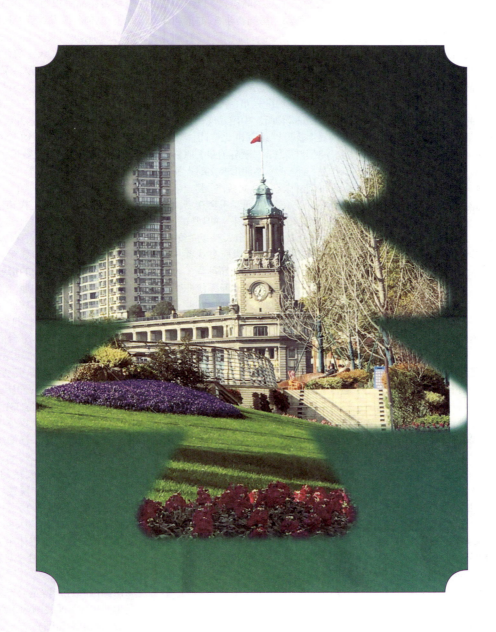

直管单位

【上海工会管理职业学院】 年内,上海工会管理职业学院聚焦学院主责,高效实施工会干部教育培训。全年累计办班 100 期,培训 7603 人;送教 504 次,培训工会干部 21743 人次。在推进课程建设中,共立项开发《党的二十大与工会工作》《学习贯彻中国工会十八大精神,开创工会工作新局面》《基层以上工会经费收支管理》《工会小组长工作实务》等课程。制订学院《重点课程建设工作细则》《精品课程建设工作细则》。组织教师参加"全国工会干部教育培训好课程"评选,举行第三届教学展示和比武,形成好课建设梯度标准与激励机制。推进课题研究,立项院级课题 13 项,参与市总工会"产业工人队伍建设改革"等重点课题研究,完成劳动就业保障跟踪调查工作。2023 年,学院教师发表学术论文 19 篇,其中 6 篇被人大报刊复印资料全文转载;1 篇在全总第二届大国工匠创新交流大会暨大国工匠论坛主题征文中获一等奖;2 篇在中国中共党史学会中国工人历史与现状研究分会论文评选中分获一、二等奖;2 篇在全国工会学研究会 2023 年年会暨第 39 次全国工会理论教学研讨会论文评选中获二等奖;1 篇在中国工运研究所、全总权益保障部开展的"提升职工生活品质,扎实推进共同富裕"理论征文活动中获二等奖;2 篇在市工运研究会 2023 年度论文评选中获一等奖。年内共编发 17 期上海工会智库、4 期学院专报,其中 1 期专报由黄红书记作专题批示。《工会理论研究》学报入选中国人民大学"2022 年度复印报刊资料高转载期刊名录",首次被中国社会科学评价研究院评定为"中国职业高等院校期刊 AMI 综合评价职院刊核心期刊"。有 12 篇学报文章获人大复印报刊资料全文转载。据《中国学术期刊影响因子年报(人文社科·2023 版)》统计,学报复合影响因子为 1.063,在"中国政治"学科 179 种统计源期刊中排序第 67 名。学报获第八届上海市高校"优秀社科期刊"奖,1 位编辑被聘为全市期刊编校质量检查审读专家。学院继续与复旦大学共建工运理论研究基地,开展 2023 年马克思主义工运理论研究成果征集与评选奖励工作;策划召开

"发展全过程人民民主与工会工作"学术研讨会;编辑出版《工会理论与实践前沿报告(2021—2022 年)》。连续第四年被评为市总机关系统年度责任目标考核先进单位。 （张　凡）

【上海市工人文化宫】 2023 年,市工人文化宫获评首批"全国标准化工人文化宫"。年内,承办"我奋斗·我幸福"市总工会机关系统总结表彰会暨职工文化展示、"奋斗启新程,幸福她时代"上海工会纪念三八国际劳动妇女节 113 周年主题活动、"勇当奋斗者,共谱新篇章"上海市庆祝五一国际劳动节特别节目等 3 场大型主题宣教活动。承办首届职工文化季,开展上海职工优秀文艺作品展评展演,举办上海快递小哥(外卖送餐员、网约配送员)歌手大赛。推出器乐朗诵《你听! 中国式现代化的上海声音》获得红途宣讲比赛团体二等奖。原创群舞作品《暖春清泉》、原创话剧作品《斫·琴》参加市群文新人新作展评展演并荣获"群文新作"奖。举办"乐动午后"午间系列音乐会 9 场、"戏苑新风"演出 5 场。"爱乐空间"尝试"艺术周"模式,惠及 15 万余人。举办"致敬! 娘家人"主题图片展,吸引参观者共计 2.34 万人次。承办"奋进新征程·建功新时代"全国财贸轻纺烟草系统职工书画作品展、"160 年人道之旅笃行不怠"图片展巡展上海站、"能源的奋进者"上海电气能源装备产业工人群像展;全国财贸轻纺烟草系统、市红十字会及产业工会的主题展览,累计 1 万余人次参观。运营上海劳模风采展示馆和上海工匠馆,线上线下参观人数 45.2 万人次,两个展馆分别被列为大思政课实践教学基地、上海市就业见习基地。与上海人民广播电台合作推出"劳模来了"广播节目,全年开播 23 场、邀请劳模嘉宾 40 人、平均每期触达听众超 260 万。劳模工匠志愿者大学堂全年开办 19 期,线上线下参与学员超 25 万人。创演上海劳模工匠馆情景剧《创新之约:包起帆的创新之路》。承办"中国梦·劳动美"上海职工(市民)文化网络大赛,报名参与人数达 40.2 万人,创历史新高。举办第 25 届"新时代·新阅读"为主题的上海读书节,先后推出 5 大板块、11 个读书项目、800 余场读书活动,参与人数 500 万人次。与上海人民广播电台、阿基米德社区合作举办 25 期《我们读书吧》融

媒体读书节目,平均每期触达听众 250 万。举办上海工会"五一讲堂"职工文化系列讲座 11 场。与市社科联合作,以线上线下形式举办"千年流觞,盛世新生——中华优秀传统文化的时代传承"主题系列讲座 7 场、20 万人次参加。编辑出版《主人》杂志 6 期。"公益乐学"项目完成新一轮供给主体招募,形成 10 大主题、337 门课程菜单,新增教学点 16 个。上海市振兴中华读书活动、公益乐学两个项目获 2023 年上海市"终身学习新品牌项目"。以线上抢春联、线下送春联、派发春节大礼包等形式开展"送副春联到家乡"活动 200 场、送出春联 5 万多副,在线专场直播参与人数超 2.3 万;举办"灯谜大家猜"在线活动 18 期、参与职工 2 万人;开展 3 场以"我们的节日"为主题特色灯谜系列活动,服务职工 10 万人次。开展传统文化直通车线上线下系列活动 12 场,4 场线上直播专场活动观看人数超 20 万。 （王家辉）

【劳动报社】 隶属上海市总工会直属事业单位。《劳动报》既是上海市总工会的机关报,也是市委宣传部确定的上海主流媒体之一。2023 年,在市总工会的领导和市委宣传部的指导下,报社把牢守好舆论宣传主阵地,扎实开展党史学习教育,各项工作取得积极进展。报社微信、微博、视频号、抖音号、学习强国号等 10 个新媒体平台共覆盖用户 1022 万(不含申工社),同比去年增幅超 20%。截至 2023 年底,劳动报微信公众号粉丝数超 104.4 万,同比去年增幅超 101%,全年 10 万＋达 331 条,平均单条阅读量在上海主流媒体中稳居前二;报社负责运维的申工社粉丝数超 213.8 万,全年 10 万＋达 229 条;抖音号粉丝数超 198.4 万,总播放量超 39.4 亿,总点赞量超 5832.6 万;视频号总播放量超 5 亿,总点赞量 700 万,单条最高播放量超 6518.1 万。年内,网信办报告劳动报多次进入全国媒体短视频影响力排行榜前 20 强。报社全年获各类表扬和各类奖项 30 余个。劳动报入选第六届中国国际进口博览会地方媒体信息量 TOP10。新闻漫画《掰手腕》荣获第三十二届上海新闻奖二等奖,另有 2 篇作品荣获三等奖。在 2022 年度"上海市五一新闻奖"评选中,《拜个师傅(系列)》荣获一等奖;《致敬! 最美劳动者》

《新"4050"人群再就业现象引发关注，年龄危机需"内外发力"共同破解》等2篇作品荣获二等奖，另有3篇作品荣获三等奖。《发烧是身体在"自卫"，不要一烧马上用药》在"上海医药卫生疫情防控好新闻——医学科普奖"评选中荣获一等奖。2023年度《劳动报》发行量18.5万份，《上海工运》杂志发行量2.1万份。　　　　　　　　（胡晓云）

【上海市职工技协服务中心】 下设办公室、财务科、技术创新科、技术培训科、技术服务科、资产管理科、经济发展科。2023年，组织参加第二届大国工匠创新交流大会，搭建的上海展区设置了"人民城市建设者、大国重器攻坚者、现代产业耕耘者、一带一路先行者、长三角大工匠助推高质量一体化"5个板块，用图谱展示"上海工匠十大系列品牌""工匠人才培养选树体系""一线职工创新服务体系"等方面内容。举办2023年上海职工科技节，以"守正创新谱新篇，匠心智造赢未来"为主题，搭建工匠秀场，展示工匠技艺。邀请5位上海工匠在线授课，12.28万人次观看直播。联合浦东、闵行区总工会在上交会举办上海工匠风采展。成立市职工创新成果转化交易平台、市工匠人才知识产权运营促进中心。举行2场市职工创新成果转化交易拍卖，成功拍卖职工创新项目83个、签约上海工匠创新项目17宗、现场交易额合计24.78亿元。征集推荐铁路、航天、宝山区3个工会设置的专题课程分别入选全国"五小"课堂精品和优选课程。开展合理化建议和先进操作法征集命名活动，产生优秀成果奖40项、创新奖200项。推荐宝武集团、商用飞机2个工会遴选的项目入选全国20项职工"五小"优秀创新成果。举办第35届市优秀发明选拔赛，分别评选出优秀发明、优秀创新项目各300项。推荐职工优秀项目参评2022年度市科技进步奖，分别获二等、三奖各1项。培养选树上海工匠，拍摄第八季《上海工匠》纪录片，并于五一节期间在东方卫视频道播出，全国累计502.6万人收看。先后组织百名劳模工匠服务千家企业和校园。择优选树命名80个市级工匠创新工作室。成立上海工匠学院临港分院、中建八局分院、上海市鲁班学院。举办第七期上海工匠研修班和第三期工匠创新工作室领衔人

研修班，举办第五期区、局（产业）工匠研修班，累计培训学员216名。开办匠心学堂，共培训职工1203名。组队参加全国职工数字化应用技术技能大赛焊接机器人、BIM、无人机操作员3个工种决赛，组织开展线上比武，上海获BIM工种第一、第二名。举办2023年上海职工职业技能"1+6+X"系列竞赛，其中服装设计、智能产线调试和网络安全员竞赛纳入中国职工技协的城市主产业联赛。实施职工技能晋升资助和发明专利奖励，全年共奖励7093人次、发放奖金992.7万元。普查全市486家职工学堂，形成《2023年职工学堂调研报告》。组织技术小分队赴新疆喀什、西藏日喀则、云南西双版纳、青海果洛、山西和顺等地开展医疗巡诊、教育交流、技术帮扶。举办云南来沪小学教师、高技能人才、乡村医生、农村致富带头人、医务骨干参加的培训班，共培训246人。开展学习贯彻习近平新时代中国特色社会主义思想主题教育，制订主题教育实施、学习、调研方案，举办读书班22期、撰写调研报告3篇。组织中心组成员、党员、青年理论小组成员观看《致敬！娘家人》图片展等，在线收看"学习二十大 奋力新征程"系列讲座，通过"线上讲"和"线下看"方式提升学习成效。　　　　　　　　　（刘峄钒）

【上海市职工技术协会】 上海市职工技术协会（以下简称市职工技协）是中国职工技协的地方组织，受上海市总工会领导的专业性、非营利性社会团体。主要工作：组织参加第二届大国工匠创新交流大会。举办2023年上海职工科技节，第三十五届上海市优秀发明选拔赛。成立上海市职工创新成果转化交易平台、上海市工匠人才知识产权运营促进中心，举行2场上海市职工创新成果转化交易拍卖。征集并推荐由铁路、航天、宝山区总3个工会的专题课程分别入选全国"五小"课堂精品和优选课程。开展合理化建议和先进操作法征集命名活动，推荐职工优秀科技创新项目参评2022年度上海市科技进步奖。继续开展上海工匠的选树和宣传、工匠学院建设、百名劳模工匠服务千家企业和校园工作。择优选树命名80个市级工匠创新工作室。组队参加全国职工数字化应用技术技能大赛焊接机器人、BIM、无人机操作员3个工种的决赛，上

海获最佳组织奖。举办2023年上海职工职业技能"1+6+X"系列竞赛。实施职工技能晋升资助和发明专利奖励，全年累计发放奖励资金992.7万元。普查全市486家职工学堂，撰写《2023年职工学堂调研报告》。组织技术小分队赴新疆喀什、西藏日喀则、云南西双版纳、青海果洛、山西和顺等地开展医疗巡诊、教育交流、技术帮扶等活动，提升当地医疗、教育和技术水平。举办由云南来沪小学教师、高技能人才、乡村医生、农村致富带头人、医务骨干参加的培训班。召开市职工技协第八次会员代表大会暨八届一次理事、监事会议，选举产生第八届理事会、监事会，市总副主席（兼职）王曙群当选第八届理事会会长。与上海仪表电子工会联合成立人工智能专委会，并联合举办职工Java程序设计技能竞赛。依托数控、汽修专委会，举办职工数控软件及提升操作技能培训、市第二届汽车维修擂台比赛，搭建各领域专业人员创新、学习、展示平台。梳理协会规章制度，修订制订市职工技协在招聘、薪酬、采购、聘请专家、评审费5个方面的管理办法，从严完善内控管理制度体系。根据市委巡视组提出的整改要求，梳理协会人员及资产、专设协会办公室、对协会人员进行集中管理。召开市职工技协常务理事会议，审议通过2023年市职工技协财务预算调整、部分历史遗留问题处置等事项。　　　　　　　　　（刘峄钒）

【上海市总工会职工服务中心】 年内，上海市总工会职工服务中心（以下称"中心"）学习贯彻中国工会十八大、上海市工会第十五次代表大会精神，深化工会"服务职工综合体"建设，推动服务职工各项工作迈上新台阶。主要工作：一是深化服务职工综合体创建。组织试点组成员单位定期开展互学互访，专题召开5次交流会，梳理汇总项目（资源）清单。制订《上海工会服务阵地管理办法（试行）》，全方位加强工会服务阵地考核管理。至年中，已新建24个园区（楼宇）健康服务点，对原50个园区（楼宇）健康服务点进行升级优化，累计涵盖企业12322个、惠及职工49.23万人。以铭牌标准化、制度规范化要求，完成创设工会驿站3383个，选树全总"最美工会户外劳动者服务站点"50个、修善职工工间休息室1512个、创建

职工工间休息样板室42个,开发出了工会服务阵地管理模块。二是落实服务职工重点工作。年内为615户困难职工家庭帮扶纾困,累计帮扶2441户次,帮扶资金860余万元。助力困难职工家庭"菜篮子"行动,累计为4872户次困难职工家庭配送生活必需品。与一中院建立劳动争议多元化解机制,深化"法援+就业"联动服务,全年受理符合法律援助条件的案件38997件、成功调解22511件,为职工挽回经济损失10亿元。在提供"会聘上海"就业服务中,举办线上线下招聘活动262场、服务职工38.56万人次。同时开展就业护航专项行动,为困难职工家庭提供就业指导。开通"幸福直通车",提升职工生活品质,年内共举办各类普惠活动248场、惠及职工30余万人,并带动消费4500万元。三是做优服务职工热线和基金会平台。在当好上海工会总客服、做优12351服务热线工作中,全年累计接听职工来电191558个,总满意率占99.40%。据统计,年编发《每月一报》12期,《热点快报》和专报各3篇,其中外卖员反映平台与其签订霸王条款及劳动争议的2篇快报分别被市领导、市总领导作批示。做优上海市职工帮困基金会,按计划有序推进服务职工的爱心项目,全年累计点亮职工困难"微心愿"13532个,超额完成全年10000个指标的任务。以"一瓶水传递爱"为基点,持续丰富上海工会"夏送清凉"内涵,先后实施"一片雪糕接力爱""一辆餐车播洒爱""公益送清凉"行动,惠及户外职工数万人。 (解建达)

【上海市退休职工服务中心】 年内,市退休职工服务中心以思想引领为主线,力推党的二十大精神深入人心。开展学习贯彻党的二十大精神系列活动、树立优秀典型人物,组织银发志愿团志愿者参加各类志愿服务活动、组织银发宣讲团成员赴社区宣讲,营造强劲正能量氛围。履行关心关爱主责,倾力做好退休职工服务工作,指导各级退管组织全年分时段开展"冬送温暖、夏送清凉、重阳送温情"活动。在敬老月期间,开展"点亮暖心灯,孝老圆心愿"实事。通过整合资源,全市16个区均已建立为老服务示范点,持续不断常态化开展社区示范性为老服务,敬老日大型为老服务活动,形成"我为退休职工办实事"长效机制。组织开展送健康体检、看上海发展一日游、申城老人浦江游、退管系统疗休养等活动。认真负责接待调处来电、来信、来访。开设在线直播普法讲座、"退休职工数字帮扶小课堂"。开展多项专题调研,进一步建立健全舆情信息工作机制。加强退管工作分类指导、退管干部业务工作培训,有效发挥退管组织及退管块组作用。不断丰富退休职工日益增长的精神文化生活需要,不定期开展公益文化课程配送服务,经常性组织银发艺术团以文艺轻骑队形式,参与公益节庆和为老服务活动。市退大在推进老年教育高质量发展的同时,坚持倡导老有所学、老有所为,引导老年学习团队走出校门、走向社会,参与为老服务活动。持续拓展"助享智生活"公益课堂服务新阵地,助力老年群体跨越数字鸿沟,使更多退休职工共享智慧生活。 (黎颖)

【上海市职工帮困基金会】 年内,上海市职工帮困基金会(以下称基金会)在市总工会的领导和市民政局的指导下,做实公募,做强项目,做优管理,促进构建新时代工会帮扶和公益服务双循环格局。主要工作:一是守正创新,拓展公益项目,助推困难职工帮扶工作走深走实。联合市总权益保障部、市总职工服务中心共同谋划,联动尝试在全市54家户外职工爱心接力站最美站点开设"微心愿"专区,得到快递小哥、外卖骑手等新就业形态劳动者的广泛赞誉,助力万名困难职工点亮"微心愿"13532个。联合市总职工服务中心,为本市建档的困难职工家庭实施"菜篮子"帮扶项目,累计为1468户(3481户次)困难职工配送大米、面粉、挂面、食用油、牛奶、肉禽类等基本生活物资。联合市总职工服务中心实施"电话诉亲情、温暖进万家"农民工通讯和医疗费补贴行动,共资助171万元,助力特殊劳动群体亦"享工会保障"。联合市职保中心把灵活就业人员列入"C类、D类"专享互助保障,共资助2076人次、给付310.63万元。运用公募平台,赋能工会传统工作"新内涵",夏季采取"一瓶水传递爱""一片雪糕接力爱""一辆餐车播洒爱"的"公益送清凉三部曲"行动;冬季开展"一瓶暖饮传递爱""一片暖宝宝接力爱""一套保暖品播洒爱""一桌年夜饭守护爱"的"冬日关爱四部曲"行动,叠加惠及职工25万人次,募集物资折合价值705万余元,体现"娘家人"为户外职工、新就业形态劳动者的关爱。二是开放共赢,扩大公募覆盖,促进公益慈善合作伙伴协同协作。畅通基金会公募渠道,开展公开募集的各项工作,尝试献爱心的企业以定向捐赠物资直接帮扶职工的方式,如以实施"菜篮子"专题活动为载体,吸引更多的"爱心企业"加入服务职工的行列。着力挖掘优势、整合公募资源,开展项目合作交流,助推叮咚买菜、来伊份、关爱通、中国职工发展基金会等成为基金会的公益合作伙伴。三是规范运作,提升管理水平,助推公益慈善事业健康发展。健全完善基金会内部管理制度,先后制定11项制度,增强基金会工作规范性、合法性。依照《慈善法》《基金会管理条例》等法律法规,结合捐赠者意向,从严履行捐赠协议,捐赠意向书的签订程序,进一步使公益项目运行契约化、规范化。加强对基金会工作的宣传和推介,发布微信推文21篇,上海电视台新闻综合频道多次播报基金会开展"三个一"送清凉活动的场景视频。(兰烨岚)

【上海市职工保障互助中心、职工保障互助会】 年内,市职工保障互助中心、市职工保障互助会(以下简称中心)以习近平新时代中国特色社会主义思想为指导,认真贯彻党的二十大、工会十八大精神,深入开展主题思想教育,全面落实市委、市总工会重点工作要求,在提质扩面、优化服务上持续发力,有效缓解职工因疾病或突发意外带来的风险,为实现多层次社会保障发挥积极作用。截至12月底,上海工会职工互助保障已覆盖在职职工433万人(其中新就业形态劳动者、灵活就业人员77.1万人),退休职工412万人。一是多措并举,实现"上海职工互助保障项目2020"参保稳中有升。通过比对数据、抓实典型、整合资源、强化"点对点"服务,实现互助保障全程跟踪、应保尽保。在后疫情时期企业关、停、并、转日渐增多窘况下,实现参保人数稳中有升。二是优化整合,超额完成"新就业形态劳动者(灵活就业人员)专享保障计划"。通过推行优化保障方案、广泛组织发动、延伸参保范围等举措,扩大参保涵盖面,截至12月底,累计组织77.1万人参保该保障项目、2359人次给付互助保障金 384.49 万元。三是平稳作好缴费标准调整，稳妥推进"退休住院保障计划"。把单位参保从原 350 元/人提高到 400 元/人，社区参保从原 365 元/人提高到 415 元/人，累计组织 412.49 万人参保，涵盖了占 80% 本市职保退休职工。四是深入调查研究，着力解决职工群众"急难愁盼"。中心班子成员深入基层调研 53 次，把职工"急难愁盼"变成民生"服务清单"。如：把在职丧劳职工纳入"上海职工互助保障项目 2020"参保范围；协调全市 215 个街、镇办妥上海银行智能收款卡，持卡职工可优先办理保费现金存款业务；简化异地重大疾病就医给付申请流程，取消原需回本市医院入院治疗的限制，获得职工交口赞言。五是加强信息化建设，确保职工保障服务高效便捷。落实"双 100"事项优化工作；做好"住院医疗费保障金"免申即享；完成"住院天数保障金免申即享"项目建设；开展网络安全三级等保测评；推进数据库适配改造。六是加强财务风险管理。顺利完成大额资金竞争性安全存放，确保互助保障资金安全。妥善做好市职保中心(会)股票账户清理，稳步推进养老类保障计划清退。七是加强对外省市交流。承办全国职工互助保障行业自律管理委员会第三次全体会议。接待中互会、广东省职工保障互助会、深圳市职工保障互助会、中互会哈尔滨办事处等兄弟省市同行来访学习交流。　　(焦斐斐)

【上海市总工会幼儿园】　隶属上海市总工会，是一所具有浓厚环保气息和教育特色的一流大型寄宿制幼儿园，占地 15201 平方米，建筑面积 9300 平方米，教职员工 140 余人，教师学历 100% 系学前教育本科及以上，毕业于华东师范大学和上海师范大学。幼儿园设有 15 个班，招收 3—6 岁幼儿，以《3—6 岁幼儿学习与发展指南》为依据，深化儿童发展优先理念。依托园内一流教育设施和丰富教育资源，对素质教育模式和寄宿制幼儿园特色课程设置进行专题研究，补充幼儿对寄宿制生活的适应性、情商发育和亲子关系、良好生活和学习习惯、自理能力、交往能力、社会性发展等方面内容，逐步完善园本课程，关注从品牌到卓越的全面建设，成功培养一批又一批个性良好、行为习惯规范、求知欲强、学习兴趣高、知识面广、思维敏捷、审美有情趣、交往、自理和动手操作能力强，表达表现有一定想象力和创造性的学龄前儿童，办出寄宿制幼儿园特色，得到国际友人、社会各界领导、幼儿家长的高度赞誉。多年来，幼儿园在各级、各界领导的关心扶植下，全体教职员工同心同德、开拓创新、求真务实，连续 12 届获上海市文明单位，先后获全国五一巾帼标兵岗、市五一劳动奖状、市五一巾帼奖、市三八红旗集体、市托幼机构保育工作先进集体、市厂务公开民主管理工作先进单位、市先进女职工集体、市平安示范单位、市爱国卫生先进集体、市慈善之星、市花园单位、五星级环保绿色单位等荣誉称号。2 名园长先后荣获"上海市劳动模范""上海市三八红旗手""全国优秀教师""上海市优秀园丁""上海市职工最信赖的(经营)管理者"等称号，并当选为市第八、第九次党代会代表。
　　(秦　峰)

【上海海鸥控股(集团)有限公司】　年内，集团以习近平新时代中国特色社会主义思想为指导，深入学习贯彻党的二十大、市第十五次工代会精神，聚焦集团主责主业，履行使命任务，聚力奋斗、激发活力，按照市总工会的决策部署，开展一系列行之有效的工作。一是认真落实市总工会关于组织职工开展"看上海、品上海、爱上海"主题系列活动，安排落实劳模、职工等不同群体参加长三角及协作区域的疗养或疗休养巡回体检实事项目。二是完成海鸥饭店和银发大厦部分楼层改建，其中海鸥饭店改建项目于 10 月 19 日竣工、11 月 2 日竣工备案、11 月中旬陆续启动分阶段和分楼层的工程移交，并于 12 月 28 日酒店正式对外试运营。三是实现工会资产质量稳中向好、经营质效稳中有进。年初，随着旅游市场逐步回暖，职工疗休养需求日渐激增，集团依托沙家浜大酒店、西山休养院、黄山休养院、上海职工休养旅游服务总社 4 个单位承担的疗休养和旅游业务，趁势借力，在服务好市总疗休养实事项目、服务好职工的同时，多管齐下开拓市场，开发启动新颖旅游产品，着力拓宽营销服务渠道，想方设法提高集团经营业绩。另外，公惠置业在启动"三体系贯标"、争创"市优"和"3A 停车场"的同时，通过提升物业服务质量，稳定商务租赁业务。四是发挥党建引领作用，优化集团整体水平。以"三个一点"工作特色，扎实开展学习贯彻习近平新时代中国特色社会主义思想主题教育，开展"建功新时代，海鸥新作为"立功竞赛，进一步促进党政融合。以"四责协同"为抓手，梳理排摸廉政风险，签订落实全面从严治党责任书，切实担当起各单位党组织负责人党风廉政建设的责任。(邵　晶)

【常熟沙家浜大酒店有限公司】　沙家浜休养院(以下简称沙家浜大酒店)座落在风光秀丽、波光粼粼的昆承湖畔，紧邻阳澄湖，与虞山隔湖相望。沙家浜大酒店临湖而建，拥有湖景房、田园房、母子房、湖景套房及别墅标房等各类房型共 200 多间，房间设施干净整洁并配备无线网络，供商务、休养宾客下塌之用。配套设施有乒乓室、桌球室、健身房、KTV 包房、自动麻将室；有昆承湖畔拓展场地、湖畔篝火草坪；有分别可容纳 20—400 人大小不同的会议室，提供小型、中型、大型会务或培训场所。餐饮配套设施一楼有望湖早餐厅，可同时容纳 200 人享用自助早餐；二楼有大、小不等宴会厅及包房，可同时容纳 500 人用餐。沙家浜大酒店附近有尚湖风景区、虞山风景区、西城楼阁、曾赵园、方塔园、红豆山庄、龙涧瀑布、沙家浜风景区、社会主义新农村—蒋巷村、荡口古镇等旅游景点。为提升沙家浜大酒店的硬件设施，近年来，陆续对客房、康乐场所进行改造。改造后的客房，增加了亲子房、萌宠房、棋牌房、豪华套等多种房型，满足不同客人的入住需求；改造后康乐设施，把其中 2 间 KTV 包房装修风格融入当地"春来茶馆"的文化元素。　　(沈勋玲)

【上海市工人疗养院(上海市职工康复医院)】　上海市工人疗养院(以下简称市工疗)始建于 1952 年，占地面积 96 亩，属公益二类、差额拨款事业单位。多年来，市工疗坚守主责主业，秉持"公益性"和"市场化"融合原则，在着力维护职工健康权益方面担当自身职能。2013 年起，参与市总工会"职工健康体检保障服务计划"，2021 年加入市总工会"关爱新就业形态劳动者实事项目"。至年底，累计服务基层一线职工 40 余万人次，流动体检车送检里程达 30 余万公里，服务范围覆盖本市 16 个区、

30多个产业局工会,服务对象逐步延伸到"物流快递、网约送餐、保洁保安、护工护理、物业家政、街面雇员、工地基建、网约司机、货运驾驶"等新形态就业劳动者群体。体检车小分队先后获评"五四青年集体"、"工人先锋号"。年内,市工疗围绕工会主责主业,坚持党建引领,全力以赴完成年度各项工作目标。一是完成市总工会"组织2万名小微企业、灵活就业、特殊工种职工健康体检"实事项目,完成市总补贴1.5万名职工到院体检项目和全年经营目标任务。二是持续提高医疗水平和服务质量,夯实"职工之家"式服务品牌。市工疗健康管理中心于6月正式启用,工疗体检逐步向"多学科协作、潜在风险评估、慢病管理"等多元化方向衍生,赋能经营能级和工疗品牌内涵的提升。三是不断夯实企业文化建设,以"党委牵头、工会搭台、班组唱戏、党政工团四轮同转"的形式,开展"双争五比"职工劳动竞赛,以关爱暖人心,以文化聚人心,展现工疗人凝心聚力的崭新面貌。(徐 璟)

【上海市总工会洞庭西山休养院】 年内,西山休养院在市总工会和海鸥集团坚强领导下,全年累计接待各类休养人员5.97万人次,实现营收2944.22万元,占全年预算收入101.88%,累计完成自营收入1265.29万元。主要工作:一是开展习近平新时代中国特色社会主义思想主题教育,以《习近平新时代中国特色社会主义思想专题摘编》《习近平新时代中国特色社会主义思想学习纲要》读本为重点,并以书记上党课、支委领学、党员结对共学形式,每周举行党员"领读共学"。二是调整营销策略,优化自身实力,成立新媒体营销宣传小组,在微信公众号及其他多媒体平台,综合推介休养院各类特色营销活动。制定《预定服务合作协议》,以旅行社与个人分销的合作方式扩大营销渠道,双方将预定产品放置平台互为销售。继续以"两新"为主题开展竞赛活动,先后举办餐饮部、客房部、营销部3个部门职业技能比赛。更新内部硬件设施,安装158台客房空调、1号楼大厅2台空调并新增5号楼观光电梯空调。三是凝心聚力创营收,联系协调上海巴士、春秋等20多家旅行社,对接"看上海"活动,完成26931人次;对接各区局产业工会"看上海"活动,完成1553人次;依托申工社平台,优化"E计划、F计划、看上海"线路,推出工会卡优惠活动;扩展禹王庙、缥缈峰、古樟园等10多个景点,主动代理并降低门票支出;与金庭镇旅游集团、牛仔俱乐部、石公山景点、荣海集团、豆瓣伴儿旅居、苏州金庭艳阳酒店、香谷里、宝岛酒店、精彩人生、消夏湾农庄合作,前后安排1500人次用餐和客房入住,并在携程平台推出430元(含早)的均价房。全年餐饮收入累计1219.55万元,占全年总营收额49%,承办喜宴收入133万元。四是持续开展关爱、公益活动,对15名因病住院的在职、退休职工上门慰问。安排在职及退休职工参加健康体检及春节谈心家访活动。开展"保护母亲湖,环保志愿行"沿太湖环境整治志愿服务。先后在4月3日、19日、29日举行义务除草主题党日活动。组织开展"2023吴中慈善"一日捐和义务献血、参与金庭镇政府发起的"99公益"慈善捐款、与金庭镇3户困难家庭开展定向结对帮扶。 (蔡玉蓉)

【上海市总工会黄山休养院】 于1986年开业,系上海市总工会直属事业单位,由上海海鸥控股(集团)管理,是全国工会系统第一个集资建造的上海职工休养基地,主要负责职工在黄山地区疗休养事宜。休养院地处G3京台高速东黄山出口处、著名风景胜地黄山罗汉峰东麓,占地132亩,建筑面积13000平方米,绿化面积占76%,有4栋独立接待楼宇,88间客房,主餐厅能同时容纳200人用餐,会议室、棋牌楼、KTV包厢、垂钓中心、工会超市、养生堂、大型停车场等配套设施齐全。2023年,黄山休养院在海鸥集团的领导下,秉承"新目标、新机遇、新挑战"思路,团结一致、提振信心,在确保安全经营基础上,开展降本增效、创新拓展工作。全年累计接待12467人,实现营收1790.7万元。其中实施年度计划项目人数9266人次,实现营收1329.0万元;自营人数3201人次,实现营收461.7万元。建院30多年来,共接待各类来院修养职工39.9万人,其中劳模5000人。在开展服务中,修养院坚持"迎送"宾客制度以及团队"前置"对接制度,在吃、住、行、旅游、购物、娱乐方面为客户提供全方位服务,为广大职工打造温馨的职工之家。

(胡 巧)

上海市总工会直管单位负责人名录

单 位 名 称	职 务	姓 名
上海工会管理职业学院	党委书记	王厚富
	院长、党委副书记	李友钟
上海市工人文化宫	党委书记、副主任	张桂华(女,2023.2任)
	主任、党委副书记	高 越(女)
劳动报社	党委书记	崔校军
	总编辑	王厚富(2023.09免) 崔校军(2023.09任)
上海市职工技协服务中心	党总支书记	竺 敏
	主任	钱传东

（续表）

单 位 名 称	职 务	姓 名
上海市总工会职工服务中心	党总支书记	杨 敏（女）
	主任	陈 鲁
上海市职工保障互助中心	党总支书记	陈 嵘
	主任	陈 嵘(2023.04任) 顾学庆（2023.01免）
上海市总工会幼儿园	党总支书记、园长	钱 蔚(女,2023.02任)周稼超(女,2023.02免）
上海市退休职工服务中心	党总支书记	李 伟
	主任	李 伟(2023.04任)
上海海鸥控股（集团）有限公司	党委书记、董事长	孙 伟（2023.11任） 吕泰康（2023.11免）
	总裁	孙 伟(2023.11免)

说明：1. 主要负责人名录以2023年12月底为准。2. 上述人员职务以市总工会批复为准。

关于给予本市相关用人单位一次性吸纳

就业补贴的补充通知

沪人社规〔2023〕21 号

各区人力资源社会保障局、财政局，市就业促进中心，各高等学校：

根据《国务院办公厅关于优化调整稳就业政策措施全力促发展惠民生的通知》（国办发〔2023〕11号）相关规定，现就给予本市相关用人单位一次性吸纳就业补贴补充通知如下：

一、拓宽补贴政策受益范围。自 2023 年 1 月 1 日至 12 月 31 日期间，本市企业、社会组织和个体工商户吸纳离校 2 年内未就业高校毕业生、在本市登记失业的 16—24 岁青年就业，签订 1 年及以上劳动合同并按规定缴纳社会保险费的，可享受一次性吸纳就业补贴。

二、本通知所指离校 2 年内未就业高校毕业生包括本市户籍高校毕业生和非本市户籍上海高校毕业生。

三、符合条件的用人单位实行"免申即享"方式发放补贴。

补贴标准、实施期限、资金列支渠道、审核发放流程等，按照《上海市人力资源和社会保障局上海市财政局上海市教育委员会关于给予本市相关用人单位一次性吸纳就业补贴的通知》（沪人社规〔2023〕2 号）规定执行。

四、本通知自发布之日起施行，有效期至 2023 年 12 月 31 日。

特此通知。

2023 年 8 月 4 日

表　彰

2023年上海市全国五一劳动奖和全国工人先锋号名单

（常规表彰）

全国五一劳动奖状

上海张江(集团)有限公司
博世(中国)投资有限公司
上海兆芯集成电路有限公司
上海城建城市运营(集团)有限公司
上海外高桥第三发电有限责任公司

全国五一劳动奖章

肖素枝(女)	星逻人工智能技术(上海)有限公司研发总监
刘伟	上海米哈游网络科技股份有限公司创始人、总裁
刘忠生	波克科技股份有限公司副总经理
张璇(女)	上海市杨浦高级中学教师,高级教师
徐丽华(女)	上海市黄浦区外滩街道宝兴居民区党总支书记,助理社会工作师
董萃(女)	康成(中国)投资有限公司副总经理
吉远君	上海中欣晶圆半导体科技有限公司硅片前道切片作业长
潘阿锁	上海爱登堡电梯集团股份有限公司电梯研发部副部长,高级工程师、技师
杨建强	上海米其林轮胎有限公司成型工,高级工
钱建宏	科世达(上海)机电有限公司设备制造部门副主管,技师
郭爱成	锐奇控股股份有限公司技术总监,高级工程师、中级工
诸育枫	上海锅炉厂有限公司技术部部长,高级工程师
俞振宇	上海海立电器有限公司自动化主管,技师
邵奇	上海上药信谊药厂有限公司所长助理、吸入研发总监,高级工程师、高级技师
赵斌	上海久隆电力(集团)有限公司电缆工程分公司接头三班班长,高级工程师、高级技师
查武华	中冶宝钢技术服务有限公司行车分公司电气点检,设备管理高级工程师
朱士青	上海航天技术研究院型号总设计师,研究员
刘炜	江南造船(集团)有限责任公司总装部主机作业区作业长,高级工程师、高级技师
芦勇	上海汽车集团股份有限公司创新研究开发院常务副院长,高级工程师
倪立华	上海华虹宏力半导体制造有限公司执行副总裁,高级工程师
朱峰	上海联恒异氰酸酯有限公司生产工程师,技师
范莉青(女)	港航纵横(上海)数字科技有限公司首席技术官,助理工程师
华静	中国电信股份有限公司上海政企客户事业群解决方案经理,正高级工程师、高级技师
施军	中交三航局第二工程有限公司副总经理,高级工程师
张吕林	东方航空物流股份有限公司中货航飞行部党委书记,副总经理,一级飞行员
汪思满	上海建工七建集团有限公司总工程师,正高级工程师
马明磊	中国建筑第八工程局有限公司工程研究院院长,高级工程师
俞寿好	上海市人力资源和社会保障局执法总队一支队支队长
刘江来	上海交通大学李政道研究所副所长,特聘教师
周俭	复旦大学附属中山医院副院长、徐汇区中心医院院长,教授、主任医师
张发奇	中国核工业第五建设有限公司施工队长,钳工高级技师
刘振民	光明乳业股份有限公司研究院主任,教授级高工
查庆国	上海市益善殡仪馆接尸化妆技术主管,技师
谷有琪	中华人民共和国上海机场出入境边防检查站执勤十五队警务技术四级主任
叶源新	上海城投(集团)有限公司项目管理部(重大办)总经理(主任),正高级工程师
杨帆	上海市公安局刑事科学技术研究管理中心七室副主任,警务技术二级主管
苏宇	福特汽车(中国)有限公司IT总监兼工会主席
吴琴琴(女)	上海市医疗急救中心120急救调度员,主治医师
陈登龙	上海韵达货运有限公司机动派送员
田丹(女)	拉扎斯网络科技(上海)有限公司(饿了么)网约配送员

全国工人先锋号

上海市浦东新区周浦医院重症医学科
致达控股集团有限公司上海瑞斯达防护制品有限公司技术研发中心
上海梦想成真公益基金会秘书处
欧莱雅(中国)有限公司运营部
上海钢联电子商务股份有限公司钢材事业群
迪克斯汽车电器(上海)有限公司研发中心
上海亚太国际蔬菜有限公司研发班组
上海百康电子元件有限公司智能装配车间
上海美特幕墙有限公司首席技师研发小组
上海凯宝药业股份有限公司小容量注射剂车间
上海静捷农业发展有限公司实操组

上海医药集团股份有限公司研发管理中心全球研发合作部

上海电力绿色能源有限公司前滩项目部

上海电力建设启动调整试验所有限公司性能试验部

上海外高桥造船有限公司邮轮项目部

上海华虹宏力半导体制造有限公司华虹二厂

中国铁路上海局集团有限公司南翔站调度车间调度三班

上海远洋运输有限公司中远海运白羊座轮

中国邮政集团有限公司上海市黄浦区分公司中国共产党诞生地主题邮局(龙门路邮政支局)

中国移动通信集团上海有限公司嘉定分公司重大项目业务拓展攻坚团队

上海市资源利用和垃圾分类管理事务中心设施建设和运营管理科

上海建筑设计研究院有限公司抗疫守"沪"突击队

国家税务总局上海市普陀区税务局第一税务所

上海市社会保险事业管理中心徐汇分中心

中国科学院上海药物研究所化学药物研发中心杨春皓课题组

新民晚报社"帮侬忙"全媒体工作室

上海杂技团有限公司《战上海》剧组

中共上海市委、上海市人民政府信访办公室市民服务热线管理办公室

中共上海市委政法委员会社会稳定处

百联全渠道电子商务有限公司云店项目组

上海地铁维护保障有限公司工务分公司装备管理部轨道检测组

上海市提篮桥监狱二监区

上海国际服装服饰中心有限公司上海时装周团队

特斯拉(上海)有限公司电驱终检技师班组

上海临港联合发展有限公司 G60 临港联合发展招商团队

百时美施贵宝(中国)投资有限公司法务合规部

上海壹佰米网络科技有限公司叮咚买菜台儿庄站

上海迅赞供应链科技有限公司(京东物流)上海保供专班

宋庆龄幼儿园多元文化部

(C919 国产大飞机单列表彰)

全国五一劳动奖状

中国商用飞机有限责任公司民用飞机试飞中心

全国五一劳动奖章

韩克岑	中国商用飞机有限责任公司 C919 基本型总设计师,正高级工程师
沈　波	中国商用飞机有限责任公司上海飞机设计研究院 C919 大型客机项目副总指挥,上飞院院长、党委副书记,研究员级高级工程师
李　强	中国商用飞机有限责任公司上海飞机设计研究院大型客机基本型副总师,研究员
欧旭坡	中国商用飞机有限责任公司质量适航管理部副部长,研究员级高级工程师

全国工人先锋号

中国商用飞机有限责任公司 C919 大型客机项目 IPT 团队

中国商用飞机有限责任公司上海飞机制造有限公司中国商飞复合材料中心

中国商用飞机有限责任公司民用飞机试飞中心试飞运行部

上海市被授予首届"长三角大工匠"人员名单

(共 10 个,按姓氏笔画排序)

李　勇	上海外高桥造船有限公司
李冰寒	上海华虹宏力半导体制造有限公司
沈国兴	上海老凤祥有限公司
张　华	中国铁路上海局集团有限公司上海动车段
周恩杰	上海卫星装备研究所
姚启明(女)	同济大学建筑设计研究院(集团)有限公司
徐　珺	中国电信股份有限公司上海分公司
徐建军	上海地铁维护保障有限公司通号分公司
谢邦鹏	国网上海市电力公司浦东供电公司
熊朝林	上海阿为特精密机械股份有限公司

第七届全国职工优秀技术创新成果获奖情况

(上海市总工会)

序号	奖项	第一完成人	其他完成人	单位	成果名称
1	二等成果	刘　霞	霍　鑫　杨仁杰　丁玉明 乔尚飞　齐艳娜　范曼杰	上海电气电站设备有限公司上海汽轮机厂	华龙一号核电汽轮机低压焊接转子工艺技术研发及产业化应用
2	二等成果	王　军	张华伟　李　明　单旭沂 胡兆辉	宝山钢铁股份有限公司	热轧 1880mm 产线层流区域低温卷取带钢表面净化探索及其应用
3	三等成果	王传存	陈创业　季爱军　陈　阳	上海振华港机重工有限公司	港口机械行走机构数字化关键技术与应用
4	三等成果	王　红	鲁　岩　施　珂　汪　鎏 刘　飞　叶秀成　火　焱	宝山钢铁股份有限公司	高精度 5m 厚板加热关键技术创新与应用

（续表）

序号	奖项	第一完成人	其他完成人			单位	成果名称
5	三等成果	钱美刚	丁东强 童超如	李呈旸 徐伟	金仁兴 吕磊	上海市基础工程集团有限公司	地下非开挖隧道工程自动测量及无损探测关键技术研发及其应用
6	三等成果	雷力明	侯慧鹏 何艳丽	石磊 李雅莉	常斐 王威	中国航发上海商用航空发动机制造有限责任公司	国产商用航空发动机关键构件增材制造质量控制技术及应用
7	优秀成果	姚启明	沈一川 曹文冠 郭晓雨	张敏君 彭浩荣 张兰芳	姚元森 沈琳 魏长春	同济大学建筑设计研究院（集团）有限公司	智能化安全驾驶教育平台系统研发

第七届全国职工优秀技术创新成果交流活动产生100项"全国职工优秀技术创新成果"。其中，上海市总工会推荐成果获得二等成果2项，三等成果4项，优秀成果1项。

何梁何利基金"科学与技术创新奖"：
上海航天设备制造总厂有限公司对接机构总装组组长王曙群，他也是首位获此殊荣的一线产业工人

首批法治上海建设品牌：
上海市总工会《新就业形态民主协商"上海模式"》

第四批上海市社会主义法治文化品牌活动：
上海市总工会《"尊法守法·携手筑梦"服务农民工公益法律服务行动》

全国工会"尊法守法·携手筑梦"法治动漫微视频作品展播活动：
上海市松江区中山街道总工会《"三招式"扎实推进新就业群体维权服务》

2024
上海工会年鉴

统 计 资 料

各区局（产业）工会基层组织数据一览表（一）

单位名称	基层工会	基层工会涵盖单位	职工	女性	农民工	工会会员	女性	农民工
	个	个	人	人	人	人	人	人
总计	48919	156613	7686148	2912413	2144144	7286255	2777448	2001096
浦东新区总工会	9652	21986	943460	411956	242156	906543	397948	222722
徐汇区总工会	1744	11571	289337	124571	73426	285826	123138	72815
长宁区总工会	1733	11684	260822	114759	63142	235232	107962	61432
普陀区总工会	1658	5050	164438	70607	60963	157960	68558	56999
虹口区总工会	1505	5527	135683	41569	20140	131561	40328	19266
杨浦区总工会	2136	9691	255058	104968	113673	250021	104120	112360
黄浦区总工会	2712	10682	313119	129645	61932	255456	108043	59140
静安区总工会	2490	10771	255247	122031	26371	225025	107838	24099
宝山区总工会	2173	13752	372727	138506	109238	352420	133237	98612
闵行区总工会	5285	13397	548993	242801	243006	535047	238138	239388
嘉定区总工会	2762	6997	380420	141282	110078	359318	133109	102525
金山区总工会	1808	7636	261396	105525	82215	243210	98704	76372
松江区总工会	3232	8964	342291	141343	115811	307348	129538	99027
青浦区总工会	2221	6103	377853	138447	140341	345995	124562	124407
奉贤区总工会	2177	3315	202346	82445	63735	195574	80989	62367
崇明区总工会	1285	2860	109930	47609	35407	101224	43648	32058
机电工会	155	155	44109	9772	2803	42743	9532	2075
仪表电子工会	70	70	10623	3881	1021	10406	3745	888
化学工会	76	76	9405	2457	64	9345	2430	64
轻工工会	4	4	2127	557	0	2127	557	0
东方国际（纺织工会）	91	97	8816	4163	779	8757	4135	769
医药工会	71	73	19681	9988	694	19163	9671	635
电力公司工会	34	34	13852	3495	0	13852	3495	0
电力股份工会	23	26	4547	715	0	4512	714	0
电力建设工会	10	10	2643	293	7	2542	288	7
宝武集团工会	170	177	46794	7677	0	46777	7671	0
中冶宝钢工会	13	13	24381	3899	18342	15567	2614	11300
上海宝冶集团工会	21	21	11211	1262	1159	11121	1244	1159
高桥石化工会	6	6	4457	976	381	4457	976	381
上海石化工会	19	19	7945	1471	38	7945	1471	38
航天局工会	35	35	21067	5256	763	20830	5236	671
船舶工会	16	16	81201	12302	52275	64619	11766	36067
商用飞机工会	11	11	17773	4945	86	16969	4796	86
烟草工会	11	11	6951	1707	181	6949	1706	181
汽车工业工会	52	52	98728	20567	8144	96577	20306	7462
华东电力工会	4	4	1608	518	0	1608	518	0

（续表）

单位名称	基层工会	基层工会涵盖单位	职工	女性	农民工	工会会员	女性	农民工
	个	个	人	人	人	人	人	人
华虹工会	7	11	13581	3156	2139	13559	3153	2139
华源工会	1	1	5	0	0	5	0	0
华能工会	8	8	2277	383	0	2277	383	0
化学工业区工会	37	37	7020	1577	873	6983	1555	858
国药集团	21	21	6216	3351	563	6132	3326	563
铁路工会	31	31	32318	4961	0	30082	3485	0
中国远洋海运集团工会	70	70	20307	4161	304	20236	4149	304
国际港务工会	37	37	23906	2983	9913	23906	2983	9913
长江轮船工会	10	10	572	114	8	523	114	8
邮政工会	27	27	16481	5339	2741	15955	5298	2365
移动通信工会	1	1	6701	3304	214	6701	3304	214
电信集团工会	56	56	21962	8509	202	21962	8509	202
中国电信号百公司工会	2	2	261	113	0	261	113	0
东海救助局工会	10	10	951	61	0	951	61	0
打捞局工会	7	7	1304	74	0	1304	74	0
航道局工会	9	9	5345	546	977	5151	476	977
三航局工会	9	9	3236	632	0	3151	609	0
民航华东空管局工会	14	14	2115	512	0	2115	512	0
民航华东工会	7	7	3464	1661	105	3395	1659	87
东方航空工会	36	40	46975	15561	6463	46664	15317	6463
上海机场工会	45	45	23448	6654	3795	22634	6299	3539
海事局工会	12	12	1707	390	0	1707	390	0
建设和交通工会	80	80	99810	22119	9530	99201	21903	9429
建工集团工会	57	584	222031	15002	176240	221697	14926	176240
交通委员会工会	15	15	2829	1195	0	2825	1195	0
海洋石油工会	9	9	1846	279	0	1436	276	0
绿化工会	24	24	1651	885	0	1650	885	0
华东建筑集团工会	13	13	9261	3761	3	9148	3729	3
鲁中矿业工会	7	7	4207	416	513	3746	416	0
水务局工会	17	17	1237	493	0	1237	493	0
中建八局工会	18	685	262539	30478	213008	262524	30476	212948
大屯能源工会	16	16	13011	2604	0	13011	2604	0
金融工会	143	145	273723	146452	382	270811	144954	378
税务工会	14	14	1619	852	0	1619	852	0
人保局工会	14	14	2356	1440	0	2356	1440	0
市农委工会	22	22	3089	1542	298	2578	1154	191
科技工会	49	74	29605	10617	402	29041	10449	228
教育工会	76	76	97533	51423	5916	94593	50064	4184

（续表）

单位名称	基层工会	基层工会涵盖单位	职工	女性	农民工	工会会员	女性	农民工
	个	个	人	人	人	人	人	人
医务工会	59	59	94591	67575	64	94505	67485	64
新闻出版工会	13	13	1948	924	1160	1910	916	1160
上海报业集团工会	37	39	6090	2978	346	6058	2956	335
新华社工会	1	1	170	94	0	170	94	0
上海文化和旅游局工会	25	25	1984	1146	1	1937	1129	1
上海广播电视台工会	64	66	14642	6823	392	14551	6800	388
社科院工会	23	23	871	473	0	870	472	0
体育局工会	18	18	1643	693	0	1602	681	0
经济和信息化系统工会	268	268	87780	35622	3734	84985	34496	3052
光明食品集团工会	211	466	89491	32957	15395	86275	31965	14779
民政局工会	45	48	4575	2774	291	4138	2438	220
监狱管理局工会	19	19	6953	1055	0	6953	1055	0
锦江国际集团工会	76	606	33496	16348	1209	33496	16348	1209
东湖集团工会	24	29	8637	3402	752	6400	2090	607
市级机关工会	459	467	78814	28638	1457	77428	27918	1388
百联集团工会	114	114	20842	11012	1298	20842	11012	1298
申通集团工会	36	36	32590	6952	38	31622	6676	38
久事集团工会（运输工会）	100	124	49392	6789	4236	49323	6474	4236
上海城投（集团）有限公司工会	156	159	17025	4757	1387	16993	4757	1387
申能集团工会	58	58	18788	6797	37	18755	6787	37
电器科研所工会	7	7	1631	475	45	1591	462	45
上海隧道工程股份有限公司工会	110	120	29891	6196	11292	29628	6165	11280
地产集团工会	89	96	6037	2239	188	5438	2077	184
东浩兰生（集团）有限公司工会	32	132	22496	11389	19	22486	11387	19
上海联通工会	1	1	3751	1510	0	3751	1510	0
通信管理局工会	2	6	123	51	0	123	51	0
上实集团工会	47	60	7940	3214	841	5958	2376	819
上海临港产业园区工会委员会	82	105	34698	4218	16224	19991	3131	1224
市公安局工会	32	32	19487	3604	0	19487	3604	0
国盛工会	20	28	1012	388	1	1005	388	1
绿地集团工会	16	16	5400	2184	64	5314	2136	64
申迪集团	10	12	13438	7478	98	13209	7347	98
上海电影（集团）工会	28	52	1839	805	90	1703	754	52
中国金融工会上海工作委员会	39	39	32290	15807	90	31989	15800	90
五冶集团上海有限公司工会	10	10	3360	487	0	3358	485	0
上海世纪出版（集团）有限公司工会	47	53	3725	2094	302	3663	2069	296
中国福利会工会工作委员会	15	15	2763	2260	58	2716	2221	45
上海国有资本投资有限公司工会	2	2	1914	498	0	1914	498	0

（续表）

单位名称	基层工会	基层工会涵盖单位	职工	女性	农民工	工会会员	女性	农民工
	个	个	人	人	人	人	人	人
上海联和投资有限公司工会委员会	17	17	5877	1926	75	5750	1906	75
长三角投资（上海）有限公司工会	10	10	418	168	0	417	168	0
中国电气装备集团有限公司直属工会	1	6	198	48	0	198	48	0

各区局（产业）工会基层组织数据一览表（二）

单位名称	专职工会工作人员	女性	兼职工会工作人员	女性	本级工会建立女职工组织		本级工会女职工工作人员		建立经费审查委员会
					建立女职工委员会	仅设立女职工委员	专职	兼职	
	人	人	人	人	个	个	人	人	个
总计	7964	4468	212568	113344	18858	25289	1588	79267	22813
浦东新区总工会	844	557	36646	20863	4895	4572	122	19864	3370
徐汇区总工会	257	91	6464	3745	703	892	14	2443	350
长宁区总工会	413	323	4038	2465	669	845	212	1638	379
普陀区总工会	236	150	5124	3496	442	1203	40	2380	546
虹口区总工会	199	34	4193	2450	300	781	4	1505	348
杨浦区总工会	92	49	6639	3852	1086	921	23	3594	1558
黄浦区总工会	130	72	9099	4728	1245	1204	36	3916	1111
静安区总工会	101	51	10186	5823	372	1961	20	4426	758
宝山区总工会	51	35	7179	3730	459	1601	17	2745	230
闵行区总工会	1042	671	17305	9195	2376	2189	206	6855	3265
嘉定区总工会	114	57	10374	5224	726	1784	24	3843	1741
金山区总工会	207	119	7082	3878	930	612	54	2978	1334
松江区总工会	110	34	11648	5554	662	1924	17	3715	990
青浦区总工会	163	41	6247	3076	665	1338	13	2620	1134
奉贤区总工会	208	114	7168	3728	818	954	42	2875	1363
崇明区总工会	132	61	3465	1787	247	745	31	1373	838
机电工会	104	49	1769	794	88	63	28	399	152
仪表电子工会	10	6	419	226	21	49	3	144	70
化学工会	38	17	478	245	30	37	4	134	62
轻工工会	15	10	82	40	3	0	2	26	3
东方国际（纺织工会）	21	14	688	398	38	49	7	186	39
医药工会	32	24	762	489	48	22	13	297	59
电力公司工会	125	62	330	136	33	1	23	98	34
电力股份工会	29	11	138	60	19	2	4	56	23
电力建设工会	12	6	82	27	5	3	4	17	10
宝武集团工会	124	61	1581	664	132	36	25	402	170

（续表）

单位名称	专职工会工作人员	女性	兼职工会工作人员	女性	本级工会建立女职工组织		本级工会女职工工作人员		建立经费审查委员会
					建立女职工委员会	仅设立女职工委员	专职	兼职	
	人	人	人	人	个	个	人	人	个
中冶宝钢工会	1	1	116	34	7	4	1	37	2
上海宝冶集团工会	33	9	172	73	17	4	4	58	21
高桥石化工会	8	5	63	28	4	2	0	17	6
上海石化工会	23	12	175	88	18	1	7	59	19
航天局工会	53	30	541	316	26	8	14	179	33
船舶工会	35	19	482	149	14	2	6	80	14
商用飞机工会	51	31	635	278	9	2	6	58	10
烟草工会	40	25	194	111	9	2	5	94	11
汽车工业工会	165	96	3334	1292	49	3	20	247	49
华东电力工会	9	5	37	21	4	0	1	9	4
华虹工会	5	5	160	78	6	1	2	29	7
华源工会	0	0	1	0	0	0	0	0	0
华能工会	8	5	80	35	7	1	2	37	7
化学工业区工会	0	0	251	117	9	25	0	84	36
国药集团	2	1	306	212	11	10	0	45	21
铁路工会	58	17	567	202	28	2	3	93	29
中国远洋海运集团工会	75	30	809	400	43	21	14	205	64
国际港务工会	64	31	675	227	30	6	14	107	34
长江轮船工会	0	0	43	20	4	5	0	17	8
邮政工会	27	24	450	261	24	3	5	87	27
移动通信工会	17	13	194	121	1	0	0	148	1
电信集团工会	42	32	1556	820	46	10	8	287	56
中国电信号百公司工会	0	0	37	21	1	1	0	4	2
东海救助局工会	0	0	63	16	0	6	0	12	9
打捞局工会	0	0	108	14	0	7	0	8	4
航道局工会	29	12	181	36	8	1	8	17	9
三航局工会	26	14	115	42	9	0	7	22	9
民航华东空管局工会	9	7	110	49	12	2	0	35	3
民航华东工会	7	3	132	53	7	0	2	35	7
东方航空工会	89	59	371	212	21	11	22	106	30
上海机场工会	36	19	505	256	40	5	8	173	45
海事局工会	6	3	80	28	4	8	1	22	12
建设和交通工会	305	120	3699	1352	65	15	24	363	76
建工集团工会	117	58	1731	583	27	29	19	209	56
交通委员会工会	12	7	299	177	4	11	2	27	9
海洋石油工会	8	3	87	42	5	4	2	35	9

（续表）

单位名称	专职工会工作人员	女性	兼职工会工作人员	女性	本级工会建立女职工组织		本级工会女职工工作人员		建立经费审查委员会
					建立女职工委员会	仅设立女职工委员	专职	兼职	
	人	人	人	人	个	个	人	人	个
绿化工会	6	4	197	137	3	21	1	37	4
华东建筑集团工会	3	2	347	208	10	3	1	52	13
鲁中矿业工会	5	2	48	9	7	0	0	13	7
水务局工会	1	1	147	80	5	12	1	37	17
中建八局工会	67	34	1665	274	16	2	15	130	16
大屯能源工会	68	32	299	47	16	0	19	105	15
金融工会	231	144	7400	4133	89	49	28	617	129
税务工会	13	6	118	66	4	10	4	24	14
人保局工会	2	1	81	50	6	8	1	28	11
市农委工会	9	5	174	90	6	16	2	60	22
科技工会	26	15	1090	571	23	23	7	330	47
教育工会	220	153	3973	2408	64	12	60	842	72
医务工会	116	86	1144	760	54	5	31	452	49
新闻出版工会	3	3	73	48	9	4	3	31	12
上海报业集团工会	7	4	252	156	12	23	1	72	18
新华社工会	0	0	7	2	1	0	0	2	1
上海文化和旅游局工会	3	3	108	66	6	19	2	31	16
上海广播电视台工会	14	9	641	401	20	36	3	174	56
社科院工会	0	0	88	47	21	2	0	37	4
体育局工会	1	1	106	63	7	11	1	48	10
经济和信息化系统工会	130	71	2643	1406	143	123	24	725	216
光明食品集团工会	57	35	974	559	68	141	21	434	210
民政局工会	19	15	229	158	20	22	7	106	24
监狱管理局工会	45	12	401	105	18	1	9	51	19
锦江国际集团工会	30	10	1212	719	25	36	4	151	55
东湖集团工会	4	0	197	102	7	13	0	45	18
市级机关工会	118	69	3277	1795	202	205	30	988	332
百联集团工会	99	48	760	438	54	50	27	209	71
申通集团工会	28	13	255	154	26	9	3	101	33
久事集团工会（运输工会）	106	55	781	381	40	50	19	273	55
上海城投（集团）有限公司工会	85	59	1037	544	55	69	18	258	121
申能集团工会	50	32	637	382	27	21	13	116	50
电器科研所工会	0	0	65	27	5	2	0	22	7
上海隧道工程股份有限公司工会	74	44	608	328	37	67	11	204	70
地产集团工会	14	6	367	202	19	52	1	129	53
东浩兰生（集团）有限公司工会	12	7	166	103	10	15	5	44	24

（续表）

单位名称	专职工会工作人员	女性	兼职工会工作人员	女性	本级工会建立女职工组织		本级工会女职工工作人员		建立经费审查委员会
					建立女职工委员会	仅设立女职工委员	专职	兼职	
	人	人	人	人	个	个	人	人	个
上海联通工会	4	3	161	84	1	0	0	5	1
通信管理局工会	0	0	22	10	2	0	0	4	2
上实集团工会	2	1	438	195	8	29	0	70	21
上海临港产业园区工会委员会	32	15	420	220	8	46	6	108	56
市公安局工会	3	0	225	92	22	9	0	73	5
国盛工会	1	0	102	61	3	10	0	28	15
绿地集团工会	2	2	92	51	2	14	1	24	14
申迪集团	10	9	311	186	6	4	0	29	8
上海电影（集团）工会	8	4	99	67	5	10	3	22	6
中国金融工会上海工作委员会	37	22	866	520	28	6	4	121	36
五冶集团上海有限公司工会	14	7	99	25	9	1	5	22	10
上海世纪出版（集团）有限公司工会	4	2	268	152	25	13	0	103	37
中国福利会工会工作委员会	3	1	116	85	10	4	0	41	14
上海国有资本投资有限公司工会	1	1	18	9	2	0	0	6	2
上海联和投资有限公司工会委员会	7	4	171	106	10	5	2	47	13
长三角投资（上海）有限公司工会	1	1	39	22	0	6	0	9	5
中国电气装备集团有限公司直属工会	0	0	9	3	1	0	0	3	1

工会基层组织建设状况（一）

所在行业	基层工会	基层工会涵盖单位	职工	女性	农民工	工会会员	女性	农民工
	个	个	人	人	人	人	人	人
总计	**48919**	**156613**	**7686148**	**2912413**	**2144144**	**7286255**	**2777448**	**2001096**
按国民经济行业分组								
1- 农、林、牧、渔业	775	1336	115544	43365	25224	113663	42601	24578
2- 采矿业	53	71	21448	3700	712	20497	3672	195
3- 制造业	10629	20001	1727315	590047	633843	1595707	553651	557663
4- 电力、热气、燃气及水生产和供应业	456	462	67874	17845	5615	67289	17706	5458
5- 建筑业	2023	3899	820393	114267	502147	797068	110539	490916
6- 批发和零售业	4459	17049	427955	192704	91285	412392	185745	88132
7- 交通运输、仓储及邮政业	2032	2520	454254	102507	77234	439844	97892	73557
8- 住宿和餐饮业	1877	5381	204698	105029	73495	188578	95686	69935
9- 信息传输、软件和信息技术服务业	2626	6743	409124	155330	122269	379442	146858	108459
10- 金融业	974	1711	380150	197581	8349	373803	194518	8094
11- 房地产业	1321	2804	130376	50310	18318	117348	45186	15838
12- 租赁和商务服务业	3665	24574	523496	206835	146606	500813	199323	140817

（续表）

所在行业	基层工会	基层工会涵盖单位	职工	女性	农民工	工会会员	女性	农民工
	个	个	人	人	人	人	人	人
13- 科学研究和技术服务业	1114	1653	175304	63763	16609	171385	62427	15662
14- 水利、环境和公共设施管理业	840	899	84095	27041	24006	81505	26257	23315
15- 居民服务、修理和其他服务业	4972	36088	755839	294684	226884	671770	263747	214142
16- 教育	3381	3491	340160	242381	12749	332900	238115	10816
17- 卫生和社会工作	1199	1725	300912	206320	16591	293919	202666	15936
18- 文化、体育和娱乐业	1250	1787	88244	43307	7910	85998	42406	7767
19- 公共管理、社会保障和社会组织	5273	24419	658967	255397	134298	642334	248453	129816
按经济类型分组								
110- 国有企业	1488	3532	391892	115701	68712	369800	111273	57493
120- 集体企业	1552	9443	203975	75531	54407	195605	72546	52321
130- 股份合作企业	293	682	44654	16554	9854	36889	14905	9674
140- 联营企业	30	30	2850	1020	906	2830	1020	906
151- 国有独资公司	1369	2317	597913	116242	276412	573157	112168	258905
159- 其他有限责任公司	3843	7987	612298	211120	97049	532994	183057	88492
161- 股份有限公司中的国有控股公司	960	1031	674600	239859	44381	662711	237761	41710
169- 其他股份有限公司	621	1290	177482	75412	31893	171768	73716	29748
170- 私营企业	22640	73867	1977119	751406	777568	1891644	720699	747788
190- 其他内资企业	464	2130	219103	26201	181495	211142	22540	181076
200- 港澳台商投资企业	1186	2855	334742	136867	162906	282637	118114	134852
300- 外商投资企业	3112	4776	751200	305923	187454	697695	288125	161911
401- 财政拨款的事业单位	4918	5472	535737	348202	14656	529316	344898	12661
402- 其他事业单位	826	1169	174531	109169	10325	172973	108473	10179
500- 机关	1464	1731	215117	73595	1732	212947	72553	1435
600- 个体经济组织	232	3333	25673	11149	11074	24610	10590	10843
701- 社会团体	311	1892	37820	16895	15099	36405	16531	14821
702- 民办非企业单位	900	1232	81004	48951	12605	76737	45740	11876
703- 基金会	11	11	277	158	1	255	149	1
704- 其他组织	2699	31833	628161	232458	185615	604140	222590	174404

工会基层组织建设状况（二）

所在行业	专职工会工作人员	女性	兼职工会工作人员	女性
	人	人	人	人
总计	**7964**	**4468**	**212568**	**113344**
按国民经济行业分组				
1- 农、林、牧、渔业	63	31	2548	1279
2- 采矿业	68	29	667	194

（续表）

所在行业	专职工会工作人员	女性	兼职工会工作人员	女性
	人	人	人	人
3- 制造业	1307	686	44510	20862
4- 电力、热气、燃气及水生产和供应业	309	163	2471	1160
5- 建筑业	869	375	12865	4830
6- 批发和零售业	492	285	14999	7785
7- 交通运输、仓储及邮政业	679	335	9887	4643
8- 住宿和餐饮业	237	132	6352	3568
9- 信息传输、软件和信息技术服务业	280	181	10057	5367
10- 金融业	337	207	11179	6313
11- 房地产业	178	107	4565	2603
12- 租赁和商务服务业	396	230	13066	7159
13- 科学研究和技术服务业	229	119	6004	3134
14- 水利、环境和公共设施管理业	151	88	3611	1928
15- 居民服务、修理和其他服务业	467	241	15903	8532
16- 教育	778	537	21341	15408
17- 卫生和社会工作	320	248	6962	4641
18- 文化、体育和娱乐业	154	88	4596	2675
19- 公共管理、社会保障和社会组织	650	386	20985	11263
按经济类型分组				
110- 国有企业	840	457	9509	4929
120- 集体企业	187	128	5101	2445
130- 股份合作企业	37	21	860	414
140- 联营企业	4	2	105	61
151- 国有独资公司	752	383	12129	5676
159- 其他有限责任公司	761	352	16443	8453
161- 股份有限公司中的国有控股公司	1180	616	18042	8773
169- 其他股份有限公司	98	54	4213	2430
170- 私营企业	1625	860	66533	33382
190- 其他内资企业	25	8	1965	794
200- 港澳台商投资企业	184	121	4694	2403
300- 外商投资企业	328	207	14948	7602
401- 财政拨款的事业单位	1066	733	30019	20348
402- 其他事业单位	224	165	4975	3011
500- 机关	333	181	8014	4211
600- 个体经济组织	2	1	723	357
701- 社会团体	30	21	1294	682
702- 民办非企业单位	63	44	3405	2276
703- 基金会	2	1	28	18
704- 其他组织	223	113	9568	5079

工会基层组织建设状况(三)

所在行业	本级工会建立女职工组织		本级工会女职工工作人员	
	建立女职工委员会	仅设立女职工委员	专职	兼职
	个	个	人	人
总计	**18858**	**25289**	**1588**	**79267**
按国民经济行业分组				
1- 农、林、牧、渔业	196	491	20	1054
2- 采矿业	33	18	13	190
3- 制造业	3911	5689	244	15780
4- 电力、热气、燃气及水生产和供应业	221	182	62	797
5- 建筑业	711	1075	127	3073
6- 批发和零售业	1323	2641	114	6159
7- 交通运输、仓储及邮政业	710	1115	119	3189
8- 住宿和餐饮业	710	941	48	2530
9- 信息传输、软件和信息技术服务业	1035	1338	58	4059
10- 金融业	515	415	55	2099
11- 房地产业	388	784	51	1921
12- 租赁和商务服务业	1417	1895	102	6634
13- 科学研究和技术服务业	487	537	63	2156
14- 水利、环境和公共设施管理业	271	463	40	1331
15- 居民服务、修理和其他服务业	1910	2549	97	7385
16- 教育	2032	1293	108	8222
17- 卫生和社会工作	722	395	100	2786
18- 文化、体育和娱乐业	360	732	37	1823
19- 公共管理、社会保障和社会组织	1906	2736	130	8079
按经济类型分组				
110- 国有企业	610	692	176	3009
120- 集体企业	514	925	54	2037
130- 股份合作企业	84	134	10	318
140- 联营企业	9	20	3	53
151- 国有独资公司	582	667	137	2930
159- 其他有限责任公司	1133	2106	132	5582
161- 股份有限公司中的国有控股公司	572	337	211	3037
169- 其他股份有限公司	241	311	23	977
170- 私营企业	8075	12373	319	31216
190- 其他内资企业	176	271	4	688
200- 港澳台商投资企业	476	639	52	1986
300- 外商投资企业	1453	1453	94	5352
401- 财政拨款的事业单位	2555	2062	194	11195
402- 其他事业单位	406	356	58	1800

（续表）

所在行业	本级工会建立女职工组织		本级工会女职工工作人员	
	建立女职工委员会	仅设立女职工委员	专职	兼职
	个	个	人	人
500-机关	540	727	67	2594
600-个体经济组织	88	80	0	305
701-社会团体	106	176	3	477
702-民办非企业单位	362	469	12	1638
703-基金会	1	5	0	10
704-其他组织	875	1486	39	4063

工会权益保障工作（一）

所在行业	开展创建劳动关系和谐企业活动	工会所在单位签订劳动合同			
		基层工会	涵盖单位	签订劳动合同的职工人数	签订劳动合同的农民工
	个	个	个	人	人
总计	13315	41549	115841	5779797	1189068
按国民经济行业分组					
1-农、林、牧、渔业	205	636	1012	42994	10669
2-采矿业	25	53	71	20018	100
3-制造业	4450	10593	19023	1605198	451813
4-电力、热气、燃气及水生产和供应业	225	453	459	67268	4735
5-建筑业	865	2004	3007	381494	73555
6-批发和零售业	1195	4388	15620	399243	65511
7-交通运输、仓储及邮政业	736	1993	2311	421954	64788
8-住宿和餐饮业	528	1863	4990	182809	59418
9-信息传输、软件和信息技术服务业	674	2589	5793	383210	109013
10-金融业	257	968	1705	371863	7856
11-房地产业	555	1297	2759	119222	15291
12-租赁和商务服务业	1204	3579	21482	452896	113308
13-科学研究和技术服务业	327	1045	1405	158287	12411
14-水利、环境和公共设施管理业	254	720	762	75924	21657
15-居民服务、修理和其他服务业	1110	3788	23499	461446	127610
16-教育	75	1746	1846	169731	8848
17-卫生和社会工作	135	1005	1041	248406	11016
18-文化、体育和娱乐业	297	1115	1388	75914	6262
19-公共管理、社会保障和社会组织	198	1714	7668	141920	25207
按经济类型分组					
110-国有企业	997	1487	3531	365364	49353
120-集体企业	619	1545	9279	187678	37207
130-股份合作企业	128	292	681	43562	8570
140-联营企业	16	30	30	2843	677

（续表）

所在行业	开展创建劳动关系和谐企业活动	工会所在单位签订劳动合同			
		基层工会	涵盖单位	签订劳动合同的职工人数	签订劳动合同的农民工
	个	个	个	人	人
151- 国有独资公司	914	1368	2316	387406	71260
159- 其他有限责任公司	1559	3843	7987	531197	59067
161- 股份有限公司中的国有控股公司	670	959	1030	643839	31653
169- 其他股份有限公司	314	619	1275	172762	29079
170- 私营企业	6160	22636	73863	1860019	631123
190- 其他内资企业	123	463	1602	41820	4421
200- 港澳台商投资企业	438	1185	2854	315462	119401
300- 外商投资企业	1338	3112	4776	721814	125036
401- 财政拨款的事业单位	0	3141	3316	342837	7858
402- 其他事业单位	0	702	842	145106	6658
500- 机关	0	0	0	0	0
600- 个体经济组织	39	167	2459	18088	7705
701- 社会团体	0	0	0	0	0
702- 民办非企业单位	0	0	0	0	0
703- 基金会	0	0	0	0	0
704- 其他组织	0	0	0	0	0

工会权益保障工作（二）

所在行业	单独签订了综合集体合同		其中有劳动安全卫生专章或附件		其中有女职工权益保护专章或附件	
	合同数（覆盖企业数）	覆盖职工数	合同数（覆盖企业数）	覆盖职工数	合同数（覆盖企业数）	覆盖女职工数
	个	人	个	人	个	人
总计	19239	2917771	7362	1198585	6251	308788
按国民经济行业分组						
1- 农、林、牧、渔业	326	23785	132	11815	79	3047
2- 采矿业	22	5978	11	3396	10	667
3- 制造业	6884	1111103	2754	411634	2412	113265
4- 电力、热气、燃气及水生产和供应业	214	33655	90	17033	61	2934
5- 建筑业	1028	279102	423	160942	321	21977
6- 批发和零售业	2099	168068	998	93301	851	26681
7- 交通运输、仓储及邮政业	1104	277518	442	142953	462	21077
8- 住宿和餐饮业	732	88283	250	29137	200	14138
9- 信息传输、软件和信息技术服务业	1150	202521	337	46910	330	16029

（续表）

所在行业	单独签订了综合集体合同		其中有劳动安全卫生专章或附件		其中有女职工权益保护专章或附件	
	合同数（覆盖企业数）	覆盖职工数	合同数（覆盖企业数）	覆盖职工数	合同数（覆盖企业数）	覆盖女职工数
	个	人	个	人	个	人
10- 金融业	483	187090	178	70655	113	18729
11- 房地产业	612	57768	241	25575	173	8268
12- 租赁和商务服务业	1650	132323	572	46852	466	17892
13- 科学研究和技术服务业	453	65022	138	32768	116	5767
14- 水利、环境和公共设施管理业	275	44105	110	20790	68	3360
15- 居民服务、修理和其他服务业	1268	156881	395	60804	339	23495
16- 教育	112	7935	23	1405	20	709
17- 卫生和社会工作	263	29887	86	12017	86	5679
18- 文化、体育和娱乐业	379	21113	144	6974	101	2389
19- 公共管理、社会保障和社会组织	185	25634	38	3624	43	2685
按经济类型分组						
110- 国有企业	745	197394	357	101652	233	13756
120- 集体企业	853	76431	225	18579	205	8667
130- 股份合作企业	156	20304	61	8031	62	3448
140- 联营企业	24	1935	6	314	9	193
151- 国有独资公司	842	312258	524	137667	301	22282
159- 其他有限责任公司	1938	307657	831	147169	691	32615
161- 股份有限公司中的国有控股公司	551	432040	364	240526	236	38762
169- 其他股份有限公司	372	78838	144	28246	122	8161
170- 私营企业	11108	840202	3863	316065	3564	101480
190- 其他内资企业	189	16078	63	6257	61	3384
200- 港澳台商投资企业	651	221034	234	46086	181	17595
300- 外商投资企业	1788	412119	677	147192	578	58037
401- 财政拨款的事业单位	0	0	0	0	0	0
402- 其他事业单位	0	0	0	0	0	0
500- 机关	0	0	0	0	0	0
600- 个体经济组织	22	1481	13	801	8	408
701- 社会团体	0	0	0	0	0	0
702- 民办非企业单位	0	0	0	0	0	0
703- 基金会	0	0	0	0	0	0
704- 其他组织	0	0	0	0	0	0

工会权益保障工作(三)

所在行业	单独签订工资专项集体合同		单独签订劳动安全卫生专项集体合同		单独签订女职工权益保护专项集体合同	
	合同数(覆盖企业数)	覆盖职工数	合同数(覆盖企业数)	覆盖职工数	合同数(覆盖企业数)	覆盖女职工数
	个	人	个	人	个	人
总计	**18414**	**2449058**	**3101**	**710253**	**11840**	**655820**
按国民经济行业分组						
1- 农、林、牧、渔业	330	24660	52	3936	245	5355
2- 采矿业	12	2326	2	1219	16	952
3- 制造业	6482	924842	976	288594	3865	230123
4- 电力、热气、燃气及水生产和供应业	194	29603	48	6020	140	5320
5- 建筑业	1038	236238	211	80677	707	31668
6- 批发和零售业	2085	156247	335	21988	1216	54348
7- 交通运输、仓储及邮政业	1005	246641	180	90775	571	31752
8- 住宿和餐饮业	730	74623	124	7168	523	27620
9- 信息传输、软件和信息技术服务业	970	189142	202	109646	682	67539
10- 金融业	423	65051	37	8706	346	70711
11- 房地产业	674	54363	151	12431	465	14428
12- 租赁和商务服务业	1618	123491	245	16484	1086	31434
13- 科学研究和技术服务业	359	50053	75	8459	262	13739
14- 水利、环境和公共设施管理业	266	40941	60	10264	200	9902
15- 居民服务、修理和其他服务业	1315	149828	245	31179	886	37162
16- 教育	111	7464	22	2066	91	3940
17- 卫生和社会工作	246	27707	47	4886	164	9434
18- 文化、体育和娱乐业	369	20409	53	3493	246	6376
19- 公共管理、社会保障和社会组织	187	25429	36	2262	129	4017
按经济类型分组						
110- 国有企业	710	172945	166	55769	522	40869
120- 集体企业	851	71795	127	7920	562	15916
130- 股份合作企业	154	18899	20	2983	85	4413
140- 联营企业	23	2356	6	364	14	572
151- 国有独资公司	740	216331	126	129905	548	43315
159- 其他有限责任公司	1723	262278	347	78546	1196	73648
161- 股份有限公司中的国有控股公司	389	195964	57	64926	329	91304
169- 其他股份有限公司	355	79413	87	25911	220	20872
170- 私营企业	11009	840721	1764	161543	6887	205240
190- 其他内资企业	194	16669	33	2785	112	4061
200- 港澳台商投资企业	615	206990	91	86656	388	59547
300- 外商投资企业	1624	362798	272	92607	962	95470
401- 财政拨款的事业单位	0	0	0	0	0	0

（续表）

所在行业	单独签订工资专项集体合同		单独签订劳动安全卫生专项集体合同		单独签订女职工权益保护专项集体合同	
	合同数（覆盖企业数）	覆盖职工数	合同数（覆盖企业数）	覆盖职工数	合同数（覆盖企业数）	覆盖女职工数
	个	人	个	人	个	人
402- 其他事业单位	0	0	0	0	0	0
500- 机关	0	0	0	0	0	0
600- 个体经济组织	27	1899	5	338	15	593
701- 社会团体	0	0	0	0	0	0
702- 民办非企业单位	0	0	0	0	0	0
703- 基金会	0	0	0	0	0	0
704- 其他组织	0	0	0	0	0	0

工会权益保障工作（四）

层次	本级工会签订区域性集体合同			本级工会签订行业性集体合同		
	合同	覆盖企业	覆盖职工	合同	覆盖企业	覆盖职工
	个	个	人	个	个	人
总计	3007	67427	1013582	414	8790	408563
1- 省级地方工会	0	0	0	0	0	0
2- 地市级地方工会	0	0	0	0	0	0
3- 县级地方工会	3007	67427	1013582	187	6866	159277
4- 省级产业工会或履行产业工会职能的厅、局、公司工会	0	0	0	64	1053	162666
5- 地市级产业工会或履行产业工会职能的局、公司工会	0	0	0	0	0	0
6- 县级产业工会或履行产业工会职能的局、公司工会	0	0	0	163	871	86620
7- 企业集团工会	0	0	0	0	0	0
81- 乡镇、街道总工会	0	0	0	0	0	0
82- 其他乡镇、街道级工会	0	0	0	0	0	0
9- 村工会联合会	0	0	0	0	0	0
10- 社区工会联合会	0	0	0	0	0	0
11- 工业园区工会	0	0	0	0	0	0

工会民主管理工作（一）

所在行业	建立职代会制度情况		本年度召开过职代会（包括职工大会）		职代会职工代表（建立职工大会制度单位不填）		工会所在单位实行厂务公开情况
	建立职代会制度	建立职工大会制度	基层工会	涵盖单位		女性	
	个	个	个	个	人	人	个
总计	11188	26268	29266	75010	454370	184982	38851
按国民经济行业分组							
1- 农、林、牧、渔业	113	488	502	784	3161	1129	614

（续表）

所在行业	建立职代会制度情况		本年度召开过职代会（包括职工大会）		职代会职工代表（建立职工大会制单位不填）		工会所在单位实行厂务公开情况
	建立职代会制度	建立职工大会制度	基层工会	涵盖单位		女性	
	个	个	个	个	人	人	个
2- 采矿业	27	22	34	51	1642	308	52
3- 制造业	3021	5868	6525	10887	122959	42848	9330
4- 电力、热气、燃气及水生产和供应业	205	206	348	354	9247	2798	420
5- 建筑业	589	1156	1299	1378	24720	6018	1807
6- 批发和零售业	847	2860	2757	9151	29348	12303	3862
7- 交通运输、仓储及邮政业	579	1160	1314	1584	28830	8076	1799
8- 住宿和餐饮业	442	1132	1230	2426	14326	5923	1627
9- 信息传输、软件和信息技术服务业	563	1693	1727	3181	23861	8902	2335
10- 金融业	253	614	751	1087	15750	7859	893
11- 房地产业	252	917	948	1523	8926	3264	1206
12- 租赁和商务服务业	710	2331	2462	13460	27347	9942	3146
13- 科学研究和技术服务业	287	637	725	949	12686	4612	978
14- 水利、环境和公共设施管理业	207	503	575	616	8009	2482	729
15- 居民服务、修理和其他服务业	993	2268	2475	17284	33960	12658	3398
16- 教育	1094	1862	2800	2891	48028	32832	2966
17- 卫生和社会工作	551	423	858	867	27900	17213	990
18- 文化、体育和娱乐业	203	768	744	865	6255	2689	1019
19- 公共管理、社会保障和社会组织	252	1360	1192	5672	7415	3126	1680
按经济类型分组							
110- 国有企业	649	714	1173	2888	30797	10032	1401
120- 集体企业	357	988	1068	5176	12391	3472	1398
130- 股份合作企业	78	136	157	225	2593	804	240
140- 联营企业	9	15	19	19	301	112	25
151- 国有独资公司	575	724	1149	1414	28598	8783	1330
159- 其他有限责任公司	1039	2005	2411	4453	39461	14011	3227
161- 股份有限公司中的国有控股公司	618	299	817	874	38127	13539	932
169- 其他股份有限公司	229	296	417	472	11199	4154	550
170- 私营企业	4080	15335	14294	46910	130175	46746	20080
190- 其他内资企业	177	224	331	1470	5976	2703	450
200- 港澳台商投资企业	376	583	703	1166	16974	6747	1011
300- 外商投资企业	1120	1477	1976	2789	52691	20190	2724
401- 财政拨款的事业单位	1536	2993	4128	4271	67479	44126	4595
402- 其他事业单位	253	412	505	667	14904	8530	729
500- 机关	0	0	0	0	0	0	0
600- 个体经济组织	92	67	118	2216	2704	1033	159
701- 社会团体	0	0	0	0	0	0	0
702- 民办非企业单位	0	0	0	0	0	0	0

（续表）

所在行业	建立职代会制度情况		本年度召开过职代会（包括职工大会）		职代会职工代表（建立职工大会制单位不填）	女性	工会所在单位实行厂务公开情况
	建立职代会制度	建立职工大会制度	基层工会	涵盖单位			
	个	个	个	个	人	人	个
703- 基金会	0	0	0	0	0	0	0
704- 其他组织	0	0	0	0	0	0	0

工会民主管理工作（二）

所在行业	工会所在单位建立董事会涵盖单位	董事	女性	职工董事	女性	工会主席或副主席进入了董事会
	个	人	人	人	人	个
总计	4692	16884	3021	1643	585	850
按国民经济行业分组						
1- 农、林、牧、渔业	55	147	23	13	7	9
2- 采矿业	2	17	1	1	1	0
3- 制造业	1160	4881	758	439	143	178
4- 电力、热气、燃气及水生产和供应业	74	389	56	34	10	23
5- 建筑业	251	1169	153	160	42	99
6- 批发和零售业	363	1434	301	135	49	80
7- 交通运输、仓储及邮政业	237	1127	152	77	22	52
8- 住宿和餐饮业	609	350	81	41	16	24
9- 信息传输、软件和信息技术服务业	227	1081	208	98	27	37
10- 金融业	232	1513	279	64	20	35
11- 房地产业	314	1207	220	121	41	61
12- 租赁和商务服务业	641	1324	274	152	63	83
13- 科学研究和技术服务业	120	544	91	64	19	29
14- 水利、环境和公共设施管理业	66	282	45	43	16	28
15- 居民服务、修理和其他服务业	180	697	125	82	18	61
16- 教育	54	280	151	72	62	29
17- 卫生和社会工作	23	100	15	5	2	4
18- 文化、体育和娱乐业	77	314	78	36	22	16
19- 公共管理、社会保障和社会组织	7	28	10	6	5	2
按经济类型分组						
110- 国有企业	0	0	0	0	0	0
120- 集体企业	254	399	84	56	26	33
130- 股份合作企业	64	315	59	56	19	21
140- 联营企业	10	36	4	0	0	2
151- 国有独资公司	474	1928	362	229	89	141
159- 其他有限责任公司	1004	4075	738	387	116	196

（续表）

所在行业	工会所在单位建立董事会涵盖单位	董事	女性	职工董事	女性	工会主席或副主席进入了董事会
	个	人	人	人	人	个
161- 股份有限公司中的国有控股公司	426	2512	416	166	54	116
169- 其他股份有限公司	715	1030	210	121	43	40
170- 私营企业	968	3126	570	441	167	221
190- 其他内资企业	57	334	123	48	31	17
200- 港澳台商投资企业	177	707	134	28	8	26
300- 外商投资企业	543	2422	321	111	32	37
401- 财政拨款的事业单位	0	0	0	0	0	0
402- 其他事业单位	0	0	0	0	0	0
500- 机关	0	0	0	0	0	0
600- 个体经济组织	0	0	0	0	0	0
701- 社会团体	0	0	0	0	0	0
702- 民办非企业单位	0	0	0	0	0	0
703- 基金会	0	0	0	0	0	0
704- 其他组织	0	0	0	0	0	0

工会民主管理工作（三）

所在行业	工会所在单位建立监事会涵盖单位	监事	女性	职工监事	女性	工会主席或副主席进入了监事会
	个	人	人	人	人	个
总计	**3157**	**6128**	**2179**	**1864**	**872**	**705**
按国民经济行业分组						
1- 农、林、牧、渔业	46	66	25	25	12	11
2- 采矿业	2	34	0	1	0	1
3- 制造业	783	1383	460	416	178	192
4- 电力、热气、燃气及水生产和供应业	62	167	65	56	30	19
5- 建筑业	206	460	149	142	66	73
6- 批发和零售业	305	540	204	131	59	57
7- 交通运输、仓储及邮政业	196	414	133	123	42	35
8- 住宿和餐饮业	46	89	31	18	8	15
9- 信息传输、软件和信息技术服务业	176	392	149	111	59	36
10- 金融业	204	639	220	244	116	53
11- 房地产业	277	536	217	162	79	56
12- 租赁和商务服务业	429	539	178	159	73	62
13- 科学研究和技术服务业	98	201	53	57	25	22
14- 水利、环境和公共设施管理业	56	130	43	40	21	13

（续表）

所在行业	工会所在单位建立监事会涵盖单位	监事	女性	职工监事	女性	工会主席或副主席进入了监事会
	个	人	人	人	人	个
15- 居民服务、修理和其他服务业	124	211	76	64	25	25
16- 教育	52	120	78	51	44	16
17- 卫生和社会工作	20	39	13	13	8	6
18- 文化、体育和娱乐业	65	144	75	43	22	9
19- 公共管理、社会保障和社会组织	10	24	10	8	5	4
按经济类型分组						
110- 国有企业	0	0	0	0	0	0
120- 集体企业	218	212	80	59	31	34
130- 股份合作企业	52	103	30	24	4	14
140- 联营企业	5	12	5	2	0	1
151- 国有独资公司	468	1017	392	327	155	108
159- 其他有限责任公司	821	1506	537	441	188	157
161- 股份有限公司中的国有控股公司	383	1153	405	369	175	132
169- 其他股份有限公司	167	470	175	180	94	52
170- 私营企业	570	943	312	302	140	140
190- 其他内资企业	50	150	77	60	36	10
200- 港澳台商投资企业	116	155	54	34	17	18
300- 外商投资企业	307	407	112	66	32	39
401- 财政拨款的事业单位	0	0	0	0	0	0
402- 其他事业单位	0	0	0	0	0	0
500- 机关	0	0	0	0	0	0
600- 个体经济组织	0	0	0	0	0	0
701- 社会团体	0	0	0	0	0	0
702- 民办非企业单位	0	0	0	0	0	0
703- 基金会	0	0	0	0	0	0
704- 其他组织	0	0	0	0	0	0

工会劳动保护工作（一）

所在行业	工会建立劳动保护监督检查委员会	工会小组劳动保护检查员	本年度本级工会劳动保护监督组织受理举报案件	提请劳动安全卫生监督部门处理案件
	个	人	件	件
总计	**9992**	**36652**	**680**	**86**
按国民经济行业分组				
1- 农、林、牧、渔业	156	301	13	2
2- 采矿业	23	262	0	0

（续表）

所在行业	工会建立劳动保护监督检查委员会	工会小组劳动保护检查员	本年度本级工会劳动保护监督组织受理举报案件	提请劳动安全卫生监督部门处理案件
	个	人	件	件
3- 制造业	3070	12137	304	37
4- 电力、热气、燃气及水生产和供应业	168	2072	29	3
5- 建筑业	581	4473	41	7
6- 批发和零售业	714	1629	15	0
7- 交通运输、仓储及邮政业	446	3635	39	6
8- 住宿和餐饮业	314	628	4	0
9- 信息传输、软件和信息技术服务业	328	877	19	1
10- 金融业	122	459	12	0
11- 房地产业	213	390	7	0
12- 租赁和商务服务业	688	859	17	0
13- 科学研究和技术服务业	224	864	1	1
14- 水利、环境和公共设施管理业	177	538	42	23
15- 居民服务、修理和其他服务业	713	1091	40	5
16- 教育	1161	3141	26	1
17- 卫生和社会工作	409	2607	23	0
18- 文化、体育和娱乐业	172	254	5	0
19- 公共管理、社会保障和社会组织	313	435	43	0
按经济类型分组				
110- 国有企业	506	3710	29	0
120- 集体企业	475	917	60	1
130- 股份合作企业	74	120	11	0
140- 联营企业	14	22	0	0
151- 国有独资公司	467	5423	11	1
159- 其他有限责任公司	790	3620	65	9
161- 股份有限公司中的国有控股公司	437	7673	0	0
169- 其他股份有限公司	161	335	31	0
170- 私营企业	4132	5453	328	39
190- 其他内资企业	187	412	26	0
200- 港澳台商投资企业	250	500	23	5
300- 外商投资企业	700	2191	42	7
401- 财政拨款的事业单位	1577	4873	19	1
402- 其他事业单位	195	1386	35	23
500- 机关	0	0	0	0
600- 个体经济组织	27	17	0	0
701- 社会团体	0	0	0	0
702- 民办非企业单位	0	0	0	0
703- 基金会	0	0	0	0
704- 其他组织	0	0	0	0

工会劳动保护工作（二）

所在行业	本年度工会参加安全生产检查	本年度工会组织职工查找事故隐患和职业危害数量	事故隐患和职业危害整改数	本年度工会参加处理工伤事故	女职工劳动保护		
					执行女职工禁忌从事劳动的有关规定	执行女职工在经期、孕期、产期、哺乳期享有特殊待遇的有关规定	建立女职工哺乳室
	次	件	件	件	个	个	个
总计	117811	236747	226474	2660	42978	43081	7826
按国民经济行业分组							
1- 农、林、牧、渔业	3279	3526	3497	15	670	675	86
2- 采矿业	235	5818	5810	6	51	52	10
3- 制造业	30158	146816	141628	840	10517	10501	1384
4- 电力、热气、燃气及水生产和供应业	3827	2979	2900	27	448	450	92
5- 建筑业	10585	31868	31688	94	1976	1981	272
6- 批发和零售业	8245	3107	2285	71	4366	4370	506
7- 交通运输、仓储及邮政业	7564	20041	18727	329	1982	1987	281
8- 住宿和餐饮业	2740	1077	722	66	1853	1844	133
9- 信息传输、软件和信息技术服务业	2681	1234	1161	48	2562	2559	339
10- 金融业	969	128	100	29	950	961	300
11- 房地产业	6373	3931	3756	24	1285	1295	229
12- 租赁和商务服务业	7425	3016	1944	103	3548	3551	387
13- 科学研究和技术服务业	2827	5609	5566	42	1078	1079	258
14- 水利、环境和公共设施管理业	5188	4287	4118	144	778	784	140
15- 居民服务、修理和其他服务业	6500	924	623	107	3781	3790	385
16- 教育	9718	542	315	251	2967	3002	2009
17- 卫生和社会工作	4723	947	818	348	1031	1037	496
18- 文化、体育和娱乐业	2233	495	434	49	1152	1172	225
19- 公共管理、社会保障和社会组织	2541	402	382	67	1983	1991	294
按经济类型分组							
110- 国有企业	12943	29690	28630	317	1433	1447	421
120- 集体企业	4363	890	677	86	1529	1532	183
130- 股份合作企业	579	296	291	22	271	270	45
140- 联营企业	143	69	69	0	30	30	6
151- 国有独资公司	13499	42814	40454	203	1343	1358	455
159- 其他有限责任公司	15073	26430	25768	281	3766	3783	553
161- 股份有限公司中的国有控股公司	11637	86545	85682	257	949	956	388
169- 其他股份有限公司	1448	669	585	53	612	609	154
170- 私营企业	24596	6613	4588	455	22518	22493	1646
190- 其他内资企业	2978	87	77	3	462	462	105
200- 港澳台商投资企业	2610	2084	1566	59	1177	1177	182

（续表）

所在行业	本年度工会参加安全生产检查	本年度工会组织职工查找事故隐患和职业危害数量	事故隐患和职业危害整改数	本年度工会参加处理工伤事故	女职工劳动保护		
					执行女职工禁忌从事劳动的有关规定	执行女职工在经期、孕期、产期、哺乳期享有特殊待遇的有关规定	建立女职工哺乳室
	次	件	件	件	个	个	个
300- 外商投资企业	8303	36428	34295	259	3087	3085	674
401- 财政拨款的事业单位	17226	2757	2467	488	4830	4890	2689
402- 其他事业单位	2181	1375	1325	177	786	807	291
500- 机关	0	0	0	0	0	0	0
600- 个体经济组织	232	0	0	0	185	182	34
701- 社会团体	0	0	0	0	0	0	0
702- 民办非企业单位	0	0	0	0	0	0	0
703- 基金会	0	0	0	0	0	0	0
704- 其他组织	0	0	0	0	0	0	0

工会法律工作（一）

所在行业	建立工会劳动法律监督组织	工会劳动法律监督员	劳动保障法律监督员	本年度工会劳动法律监督组织受理违法、违规案件
	个	人	人	件
总计	7450	12545	8683	400
按国民经济行业分组				
1- 农、林、牧、渔业	124	169	135	6
2- 采矿业	13	111	86	0
3- 制造业	2113	3367	2491	184
4- 电力、热气、燃气及水生产和供应业	86	266	133	3
5- 建筑业	428	942	909	19
6- 批发和零售业	585	833	457	12
7- 交通运输、仓储及邮政业	316	704	568	4
8- 住宿和餐饮业	264	354	198	6
9- 信息传输、软件和信息技术服务业	308	362	197	14
10- 金融业	116	193	146	0
11- 房地产业	165	235	136	4
12- 租赁和商务服务业	484	698	407	17
13- 科学研究和技术服务业	176	252	198	12
14- 水利、环境和公共设施管理业	117	174	120	0
15- 居民服务、修理和其他服务业	683	940	633	43
16- 教育	769	1467	655	12
17- 卫生和社会工作	304	959	851	16

（续表）

所在行业	建立工会劳动法律监督组织	工会劳动法律监督员	劳动保障法律监督员	本年度工会劳动法律监督组织受理违法、违规案件
	个	人	人	件
18- 文化、体育和娱乐业	140	185	102	4
19- 公共管理、社会保障和社会组织	259	334	261	44
按经济类型分组				
110- 国有企业	301	654	545	3
120- 集体企业	375	550	303	57
130- 股份合作企业	47	99	53	6
140- 联营企业	7	13	9	0
151- 国有独资公司	283	813	673	4
159- 其他有限责任公司	565	1056	825	20
161- 股份有限公司中的国有控股公司	233	813	778	6
169- 其他股份有限公司	117	211	170	3
170- 私营企业	3532	4248	2455	240
190- 其他内资企业	182	414	382	6
200- 港澳台商投资企业	171	251	160	11
300- 外商投资企业	468	844	655	32
401- 财政拨款的事业单位	1008	2215	1312	8
402- 其他事业单位	141	339	342	4
500- 机关	0	0	0	0
600- 个体经济组织	20	25	21	0
701- 社会团体	0	0	0	0
702- 民办非企业单位	0	0	0	0
703- 基金会	0	0	0	0
704- 其他组织	0	0	0	0

工会法律工作（二）

所在行业	工会所在单位建立了劳动争议调解委员会	劳动争议调解委员会中工会成员（职工代表）	本年度劳动争议调解委员会受理劳动争议	本年度劳动争议调解委员会调解成功劳动争议
	个	人	件	件
总计	**11474**	**31422**	**1011**	**650**
按国民经济行业分组				
1- 农、林、牧、渔业	167	354	6	2
2- 采矿业	17	56	0	0
3- 制造业	2950	8027	394	213
4- 电力、热气、燃气及水生产和供应业	156	579	0	0
5- 建筑业	613	1630	19	5
6- 批发和零售业	938	2923	14	14

（续表）

所在行业	工会所在单位建立了劳动争议调解委员会	劳动争议调解委员会中工会成员（职工代表）	本年度劳动争议调解委员会受理劳动争议	本年度劳动争议调解委员会调解成功劳动争议
	个	人	件	件
7- 交通运输、仓储及邮政业	444	1764	60	50
8- 住宿和餐饮业	505	1268	2	2
9- 信息传输、软件和信息技术服务业	552	1267	20	4
10- 金融业	170	414	2	2
11- 房地产业	267	615	18	15
12- 租赁和商务服务业	869	2052	33	24
13- 科学研究和技术服务业	267	749	8	3
14- 水利、环境和公共设施管理业	168	506	10	9
15- 居民服务、修理和其他服务业	1096	2710	165	134
16- 教育	1405	3672	34	22
17- 卫生和社会工作	410	1691	36	20
18- 文化、体育和娱乐业	207	474	4	0
19- 公共管理、社会保障和社会组织	273	671	186	131
按经济类型分组				
110- 国有企业	438	1584	25	22
120- 集体企业	498	1196	70	9
130- 股份合作企业	87	182	6	0
140- 联营企业	12	27	0	0
151- 国有独资公司	360	1483	16	13
159- 其他有限责任公司	726	1835	45	40
161- 股份有限公司中的国有控股公司	366	2010	53	49
169- 其他股份有限公司	157	420	17	9
170- 私营企业	5515	13081	306	118
190- 其他内资企业	173	444	9	3
200- 港澳台商投资企业	316	852	70	54
300- 外商投资企业	899	2580	108	66
401- 财政拨款的事业单位	1666	4837	277	260
402- 其他事业单位	185	755	8	7
500- 机关	0	0	0	0
600- 个体经济组织	76	136	1	0
701- 社会团体	0	0	0	0
702- 民办非企业单位	0	0	0	0
703- 基金会	0	0	0	0
704- 其他组织	0	0	0	0

工会经济技术工作(一)

所在行业	本年度工会开展劳动和技能竞赛	本年度参加劳动和技能竞赛职工	本年度职工提出合理化建议	本年度已实施合理化建议
	个	人次	件	件
总计	**9643**	**1931261**	**1082505**	**918157**
按国民经济行业分组				
1- 农、林、牧、渔业	175	12337	482	281
2- 采矿业	24	14406	3993	1977
3- 制造业	2076	452935	1020647	885149
4- 电力、热气、燃气及水生产和供应业	218	40562	3170	2026
5- 建筑业	540	380645	3309	2331
6- 批发和零售业	689	78441	6177	3086
7- 交通运输、仓储及邮政业	487	220812	12639	4821
8- 住宿和餐饮业	337	34216	1565	866
9- 信息传输、软件和信息技术服务业	316	68889	6024	2962
10- 金融业	200	203961	7871	4014
11- 房地产业	408	22335	2633	1610
12- 租赁和商务服务业	451	32401	1955	1122
13- 科学研究和技术服务业	223	40985	2873	1747
14- 水利、环境和公共设施管理业	301	35383	1182	813
15- 居民服务、修理和其他服务业	508	40630	878	482
16- 教育	1649	98394	3247	2499
17- 卫生和社会工作	516	106611	2616	1594
18- 文化、体育和娱乐业	217	20225	544	343
19- 公共管理、社会保障和社会组织	308	27093	700	434
按经济类型分组				
110- 国有企业	727	230872	21674	12511
120- 集体企业	250	13146	685	375
130- 股份合作企业	56	5265	573	405
140- 联营企业	9	631	66	42
151- 国有独资公司	696	436975	201883	158336
159- 其他有限责任公司	853	168015	507582	480540
161- 股份有限公司中的国有控股公司	607	445708	142585	116444
169- 其他股份有限公司	142	38584	2182	919
170- 私营企业	2758	155997	6856	4642
190- 其他内资企业	33	5502	932	27
200- 港澳台商投资企业	193	18565	2742	2011
300- 外商投资企业	627	160344	186650	136208
401- 财政拨款的事业单位	2377	192000	6323	4437
402- 其他事业单位	280	55215	1763	1251

（续表）

所在行业	本年度工会开展劳动和技能竞赛	本年度参加劳动和技能竞赛职工	本年度职工提出合理化建议	本年度已实施合理化建议
	个	人次	件	件
500- 机关	0	0	0	0
600- 个体经济组织	35	4442	9	9
701- 社会团体	0	0	0	0
702- 民办非企业单位	0	0	0	0
703- 基金会	0	0	0	0
704- 其他组织	0	0	0	0

工会经济技术工作（二）

所在行业	本年度技术革新项目	本年度职工发明创造项目	本年度取得国家专利项目	本年度推广先进操作法项目	本年度开展岗位练兵活动
	项	项	项	项	个
总计	18316	17827	27104	6997	5091
按国民经济行业分组					
1- 农、林、牧、渔业	30	11	57	24	69
2- 采矿业	436	31	30	46	20
3- 制造业	9711	7769	9915	3421	777
4- 电力、热气、燃气及水生产和供应业	628	498	566	92	144
5- 建筑业	2216	2601	4611	1510	311
6- 批发和零售业	425	324	611	96	318
7- 交通运输、仓储及邮政业	511	238	182	279	280
8- 住宿和餐饮业	9	4	2	44	183
9- 信息传输、软件和信息技术服务业	831	758	744	96	138
10- 金融业	265	165	176	46	84
11- 房地产业	31	7	13	20	217
12- 租赁和商务服务业	254	175	52	75	184
13- 科学研究和技术服务业	1034	2334	4700	352	114
14- 水利、环境和公共设施管理业	626	710	181	102	171
15- 居民服务、修理和其他服务业	342	160	9	82	221
16- 教育	336	733	2964	283	1151
17- 卫生和社会工作	624	1304	2278	372	428
18- 文化、体育和娱乐业	5	5	12	18	118
19- 公共管理、社会保障和社会组织	2	0	1	39	163
按经济类型分组					
110- 国有企业	1222	2592	3438	528	448
120- 集体企业	109	100	33	28	98
130- 股份合作企业	35	28	38	19	32
140- 联营企业	0	0	0	2	6

（续表）

所在行业	本年度技术革新项目	本年度职工发明创造项目	本年度取得国家专利项目	本年度推广先进操作法项目	本年度开展岗位练兵活动
	项	项	项	项	个
151- 国有独资公司	4944	2295	3712	1326	388
159- 其他有限责任公司	1734	931	2078	608	428
161- 股份有限公司中的国有控股公司	4608	4873	5306	931	403
169- 其他股份有限公司	290	354	803	1114	74
170- 私营企业	1491	969	1440	712	1021
190- 其他内资企业	15	3	45	6	10
200- 港澳台商投资企业	364	547	203	130	61
300- 外商投资企业	2093	1936	1771	696	226
401- 财政拨款的事业单位	899	1623	5808	631	1678
402- 其他事业单位	512	1576	2429	266	211
500- 机关	0	0	0	0	0
600- 个体经济组织	0	0	0	0	7
701- 社会团体	0	0	0	0	0
702- 民办非企业单位	0	0	0	0	0
703- 基金会	0	0	0	0	0
704- 其他组织	0	0	0	0	0

职工文化体育工作

所在行业	建立职工书屋
	个
总计	**8583**
按国民经济行业分组	
1- 农、林、牧、渔业	119
2- 采矿业	22
3- 制造业	1111
4- 电力、热气、燃气及水生产和供应业	147
5- 建筑业	391
6- 批发和零售业	461
7- 交通运输、仓储及邮政业	436
8- 住宿和餐饮业	133
9- 信息传输、软件和信息技术服务业	257
10- 金融业	234
11- 房地产业	350
12- 租赁和商务服务业	428
13- 科学研究和技术服务业	263
14- 水利、环境和公共设施管理业	268
15- 居民服务、修理和其他服务业	469
16- 教育	1646

（续表）

所在行业	建立职工书屋
	个
17- 卫生和社会工作	485
18- 文化、体育和娱乐业	230
19- 公共管理、社会保障和社会组织	1133
按经济类型分组	
110- 国有企业	623
120- 集体企业	170
130- 股份合作企业	39
140- 联营企业	8
151- 国有独资公司	568
159- 其他有限责任公司	673
161- 股份有限公司中的国有控股公司	405
169- 其他股份有限公司	132
170- 私营企业	1456
190- 其他内资企业	34
200- 港澳台商投资企业	129
300- 外商投资企业	511
401- 财政拨款的事业单位	2486
402- 其他事业单位	277
500- 机关	525
600- 个体经济组织	37
701- 社会团体	39
702- 民办非企业单位	119
703- 基金会	3
704- 其他组织	349

工会财务和经费审查工作

所在行业	工会经费情况			建立工会经费审查组织	
	按工资总额2%拨缴工会经费	有拨缴，但不足额	没有拨缴工会经费	建立经费审查委员会	建立经费审查委员会办公室
	个	个	个	个	个
总计	**21242**	**14294**	**13383**	**22813**	**3406**
按国民经济行业分组					
1- 农、林、牧、渔业	367	231	177	396	67
2- 采矿业	40	5	8	41	8
3- 制造业	3331	4276	3022	5666	943
4- 电力、热气、燃气及水生产和供应业	288	93	75	308	60
5- 建筑业	868	712	443	1052	138
6- 批发和零售业	1380	1183	1896	1484	171
7- 交通运输、仓储及邮政业	875	423	734	865	129

（续表）

所在行业	工会经费情况			建立工会经费审查组织	
	按工资总额2%拨缴工会经费	有拨缴，但不足额	没有拨缴工会经费	建立经费审查委员会	建立经费审查委员会办公室
	个	个	个	个	个
8- 住宿和餐饮业	465	747	665	724	88
9- 信息传输、软件和信息技术服务业	765	998	863	942	60
10- 金融业	602	219	153	574	54
11- 房地产业	818	322	181	695	82
12- 租赁和商务服务业	1327	1160	1178	1429	191
13- 科学研究和技术服务业	530	351	233	533	80
14- 水利、环境和公共设施管理业	575	155	110	458	62
15- 居民服务、修理和其他服务业	1493	1778	1701	1958	232
16- 教育	3012	183	186	1841	262
17- 卫生和社会工作	752	210	237	719	158
18- 文化、体育和娱乐业	662	269	319	546	73
19- 公共管理、社会保障和社会组织	3092	979	1202	2582	548
按经济类型分组					
110- 国有企业	1343	56	89	955	227
120- 集体企业	1028	368	156	738	123
130- 股份合作企业	151	83	59	130	31
140- 联营企业	22	4	4	19	3
151- 国有独资公司	1331	17	21	947	152
159- 其他有限责任公司	1818	816	1209	1731	268
161- 股份有限公司中的国有控股公司	913	33	14	784	93
169- 其他股份有限公司	262	217	142	303	61
170- 私营企业	4144	9744	8752	8796	908
190- 其他内资企业	138	256	70	297	3
200- 港澳台商投资企业	479	379	328	529	122
300- 外商投资企业	1553	868	691	1627	307
401- 财政拨款的事业单位	4648	170	100	2830	488
402- 其他事业单位	608	131	87	538	130
500- 机关	1297	81	86	874	168
600- 个体经济组织	16	93	123	79	6
701- 社会团体	142	57	112	131	14
702- 民办非企业单位	433	224	243	386	63
703- 基金会	6	3	2	3	0
704- 其他组织	910	694	1095	1116	239

索　引

B

C

K

L

M

P

T

Z

图书在版编目（CIP）数据

上海工会年鉴. 2024 / 《上海工会年鉴》编纂委员会编. —— 上海：上海社会科学院出版社，2025.
ISBN 978-7-5520-4700-4
Ⅰ. D412.851-54
中国国家版本馆 CIP 数据核字第 2025RH2896 号

上海工会年鉴（2024）

编　著：《上海工会年鉴》编纂委员会
责任编辑：赵　天　沈明霞
装帧设计：桂　赟
出版发行：上海社会科学院出版社
上海顺昌路 622 号　邮编 200025
电话总机 021-63315947　销售热线 021-53063735
https: //cbs.sass.org.cn　E-mail: sassp@sassp.cn
印　刷：上海盛隆印刷有限公司
开　本：890 毫米 × 1240 毫米　1/16
印　张：22.25
插　页：18
字　数：910 千
版　次：2025 年 3 月第 1 版　2025 年 3 月第 1 次印刷

ISBN 978-7-5520-4700-4　定价：260.00 元